长春年鉴

2013

CHANGCHUN
ALMANAC

长春市人民政府 主办
长春市地方志编纂委员会 编

吉林人民出版社

长春年鉴(2013) *CHANGCHUNALMANAC*

编　　者：长春市地方志编纂委员会
责任编辑：陆　雨　　　封面设计：祁贵鹏
吉林人民出版社出版 发行(中国·长春市人民大街7548号　邮政编码：130022)
印　　刷：长春方圆印业有限公司
开　　本：889mm×1194mm　1/16
印　　张：20　　字数：900千字　　插页：40
标准书号：ISBN 978－7－206－08350－1
版　　次：2013年10月第1版　　　印　次：2013年10月第1次印刷
印　　数：1-1 000册　　　　　　定　价：298.00元

长春年鉴编纂委员会

长春年鉴编纂人员

长春市域图
黑
龙
江
省
哈尔滨市
平房区
阿城市
双城市
肇州
肇源
松原市
前郭
扶余
榆树市
德惠市
农安
五常市
扶
余
县
市
原
前郭尔罗斯蒙古族自治县
松
永乐镇
双发乡
丰乐镇
头合镇
四站镇
太平镇
王岗镇
新华镇
永源镇
平房镇
金利乡
红旗满族乡
三站镇
薄荷台乡
和平乡
永利乡
古恰乡
茂兴镇
临江乡
五家镇
东官镇
周家镇
双丰镇
玉泉镇
乐群满族乡
万隆乡
伊家店乡
长春岭镇
三骏满族蒙古族
锡伯族乡
牛家满族镇
兴隆乡
平凤乡
长山镇
伯都乡
大洼镇
韩甸镇
希勤满族乡
朝阳乡
大林子镇
更新乡
兰棱镇
拉林满族镇
新城乡
兴原乡
毛都站镇
达里巴乡
善友镇
永平乡
三井子镇
弓棚子镇
蔡家沟镇
育民乡
红星乡
八号镇
延和朝鲜族乡
青山乡
安家镇
新万发镇
肖家乡
大岭镇
太安乡
新庄镇
吉拉吐乡
社里乡
新立乡
增盛镇
新站乡
五家站镇
三岔河镇
新城局乡
弓棚镇
恩育乡
泗河镇
套浩太乡
大山乡
宝甸乡
大三家子乡
新源镇
王府站镇
哈拉毛都镇
先锋乡
向阳镇
青山口乡
黄鱼圈乡
陶赖昭镇
环城乡
城发乡
深井子镇
洪泉乡
靠山镇
五棵树镇
刘家镇
闵家镇
小城子乡
菜园子镇
长龙乡
新农乡
松花江镇
土桥镇
高家店镇
哈拉海镇
杨树林乡
达家沟镇
岔路口镇
秀水镇
新立镇
万金塔乡
边岗乡
天台镇
保寿镇
大坡镇
大房身镇
朝阳乡
三盛玉镇
黑林镇
永安乡
万顺乡
夏家店街道办事处
五台乡
莲花乡
巨宝山镇
郭家镇
上河湾镇
法特镇
水曲柳镇
平安镇
大青嘴镇
天德乡
北京—哈尔滨高速公路
G202
S301
S302
S204
S205
125°
125° 30′
126°
126° 30′
127°
45° 30′
45°
44° 30′

图例
省、市级行政中心
县(市)级行政中心
镇、乡级行政中心
旅游景区
铁路
规划铁路
高速公路
G302 国道
S206 省道
县道
省界
市界
县(市)、区界
长春市
吉林市
九台市
公主岭市
双阳区
伊通
永吉
(口前镇)
磐石市
桦甸市
辽源市
东辽县
长春龙嘉国际机场

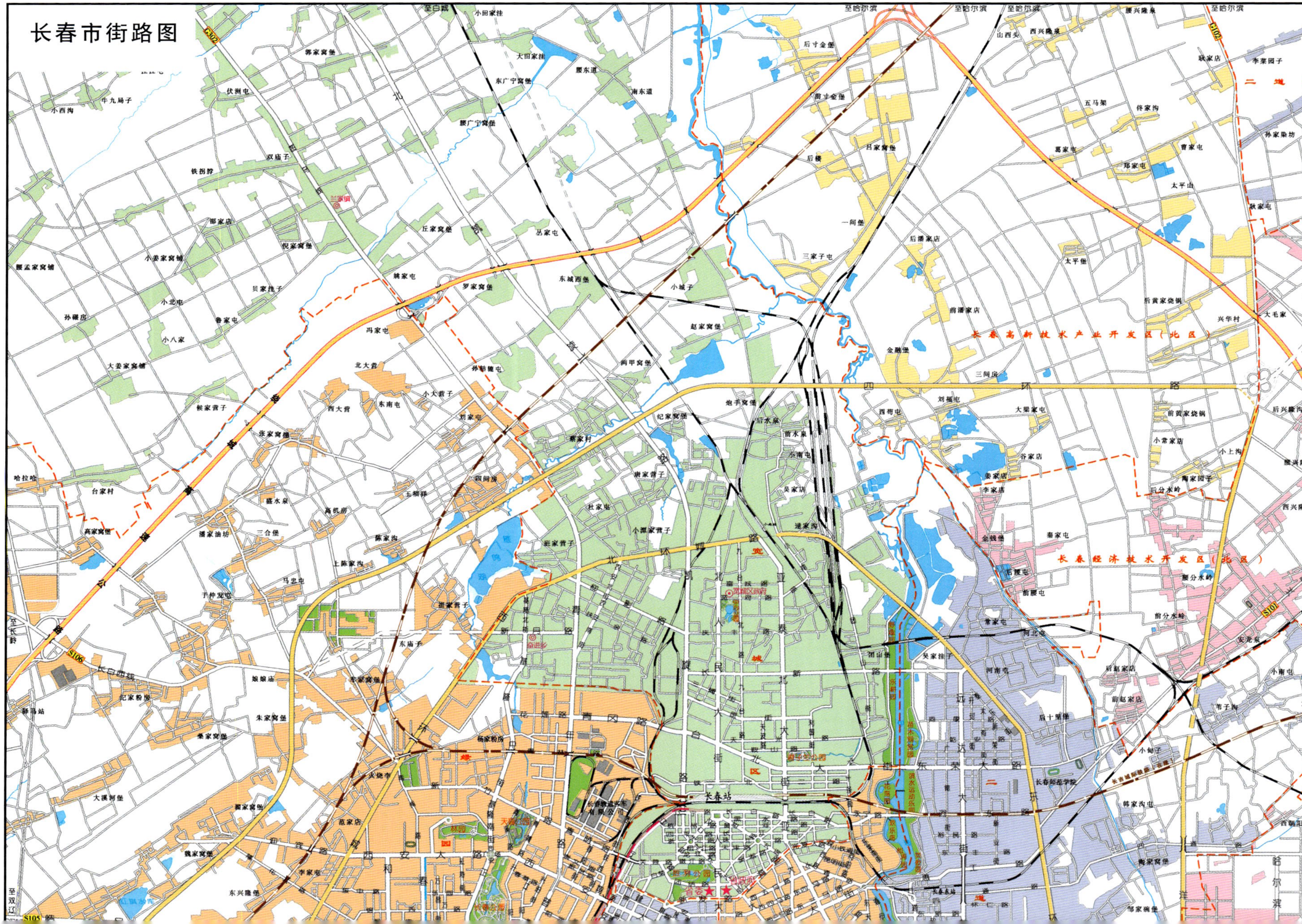
长春市街路图
长春高新技术产业开发区（北区）
长春经济技术开发区（北区）
长春站
四环路
长春师范学院
至哈尔滨
至白城
至长岭
至双辽

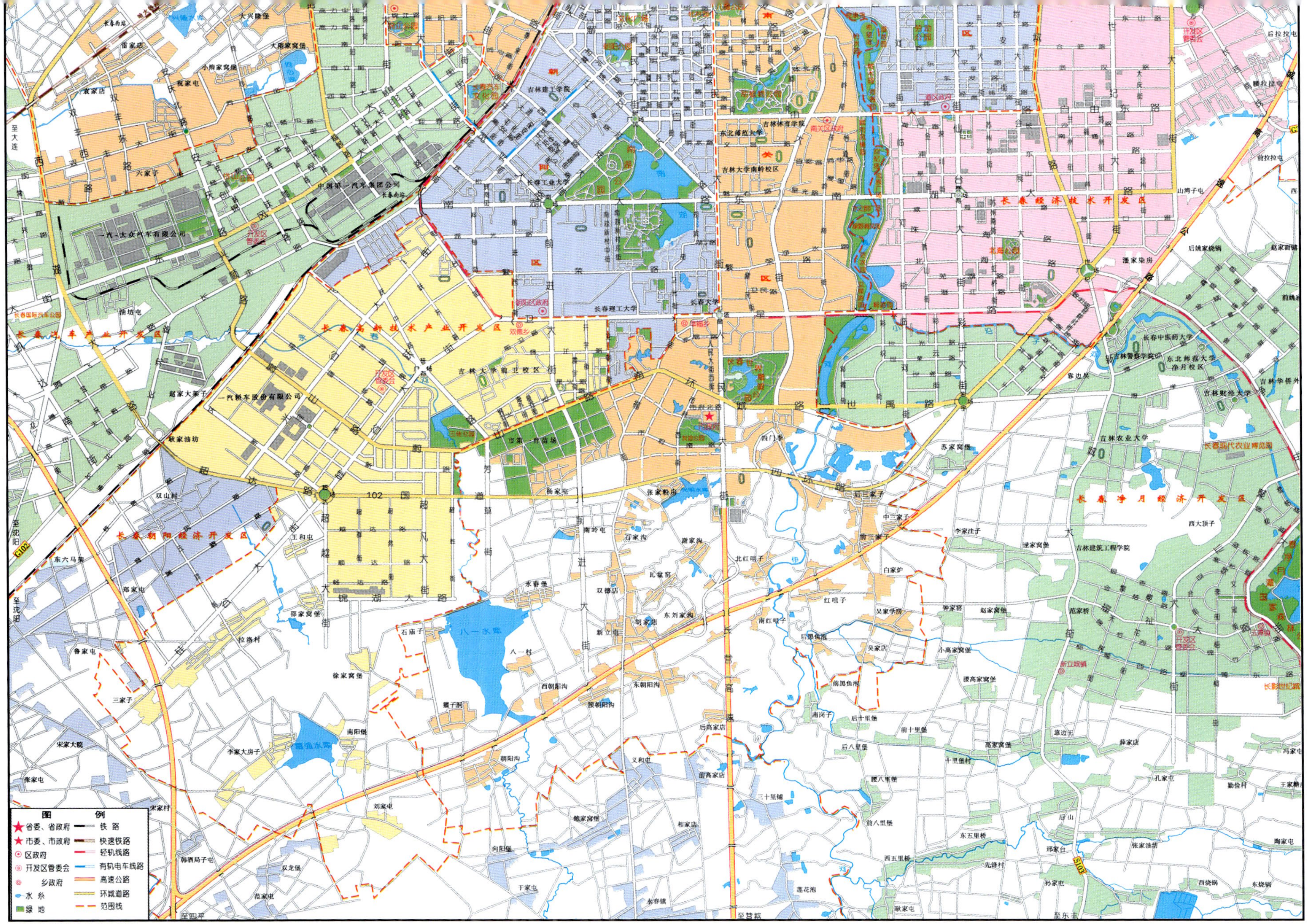

本图由长春市测绘院提供

长春的一天

清晨，长春火车站的钟声打破拂晓的沉寂。在全市 20 604 平方公里的大地上，756.9 万名（259 万户）辛勤的长春人从睡梦中醒来，开始新的一天生活，其中包括 386.3 万名工人、农民、知识分子、干部和社会各界人士，135.32 万名大中小学生，11 万幼儿园儿童。

2012 年，每天有 4 560 辆公共汽（电）车通过遍布长春纵横交错的 240 条线路，其中公交专用道 28 条；1.5 万辆出租车、70.6 万辆私家轿车运行在长春市区，每天将 471.8 万人（次）送到各自所要到达的目的地。

每天勤劳的长春人民为国家创造生产总值 122 098.63 万元，创造农林牧渔业总产值 15 410.96 万元，创造工业增加值 526 660.27 万元，使财政获得 25 416.44 万元收入，其中地税收入 9 336.99 万元。地方财政支出 15 219.80 万元，其中教育支出 2 816.44 万元，社会保障和就业支出 1 690.41 万元，医疗卫生支出 1 098.63 万元，交通运输支出 289.04 万元。一天生产汽车 5 121 辆，其中轿车 3 986 辆，公路客车 153 辆，载货汽车 606 辆；一天生产铁路客车 5 辆，拖拉机 5 台，轮胎 10 685 条，变压器 1.5 万千伏安，金属切削机床 1 台，电子元件 2.43 万件，工业自动调节仪表与控制系统 1 台；一天的水泥产量达 4.61 万吨，原煤产量 16 446.58 吨，焦炭产量 1 435.62 吨，钢材产量 1 490.41 吨；每日发电量 6 873.97 万千瓦时；一天生产精炼食用植物油 506.85 吨，卷烟 5 095.89 万支，啤酒 898.63 吨，软饮料 1 315.07 吨，服装 1.89 万件，中成药 11.41 吨，饲料 9 841.09 吨。每日上市蔬菜 6961.64 吨，牛奶 186.30 吨，肉类 3 249.32 吨，禽蛋 928.77 吨，出栏生猪 1.65 万头，出栏家禽 71.23 万只，粮食 24 964.38 吨，其中玉米 20 367.12 吨，水稻 3 482.19 吨。

智慧的长春人民每天专利申请量约 17 件，每天民营科技企业技术合同成交额 571.78 万元，科技管理部门投入经费 21.51 万元。

善良的长春人民每天社会福利彩票收益 272.29 万元，为社会募集善款 12.10 万元，支出善款 9.39 万元，救助困难群众 219 人次。

来自 216 个国家和地区的雕塑家，为长春市创作积累的 800 多件（组）精美雕塑作品，分别落置在长春世界雕塑公园、双阳雕塑公园、汽车公园雕塑园、高新长东北湿地雕塑公园内，在装扮这座美丽城市的同时，日均迎接 1 644 人次幸福的长春人民入园参观游览。

长春地处中国东北地区辽、吉、黑、蒙四省区通衢的十字要冲，每日公路完成货运量 42.40 万吨，铁路发送货物 1.93 万吨，民航货邮吞吐量 180.82 吨，有 40.77 万人次通过公路、铁路、航空等运输渠道进出长春。每天来长春旅游观光的人数达 10.02 万人次，其中有 927 名游客是外国人、华侨和港澳台同胞，创旅游（外汇）收入 61.31 万美元。

邮电职工每天将 2 356 件特快专递送到千家万户，邮电业务收入 3 931.51 万元，每日有 640 万户互联网用户在上网，其中宽带用户 92 万户。

随着长春投资环境的不断改善，对外开放水平的进一步提高，许多世界著名的大财团、大公司和有实力的港澳台商人在长春投资。平均每天实际利用外资 1 008.22 万美元，直接利用外资 232.88 万美元，每天有 794.52 万美元的商品出口到世界 120 多个国家和地区，同时也有 4 597.62 万美元的商品从世界各地进口到长春。

城市投资建设成绩斐然，平均每天有 8.69 亿元用于固定资产投资，其中房地产开发投资 1.78 亿元，新增固定资产 6.41 亿元。每天销售商品房 2.49 万平方米，二手房 0.91 万平方米。每天金融机构本外币各项存款 18.20 亿元，贷款 15.97 亿元，其中城乡居民储蓄存款 7.65 亿元。每天保险费收入 2 452.05 万元，保险赔付 868.49 万元。每日有价证券成交总额 9.13 亿元，其中股票交易成交额 6.69 亿元。

城乡人民生活质量明显提高，平均每天社会消费品零售总额 4.77 亿元，城市平均每天消费性支出 17 765.12 万元，比 2011 年增长 1 447.62 万元；乡村农民平均每天生活费支出 6 318.91 万元，比 2011 年增长 1 320.68 万元。

惠民政策温暖城乡千家万户，每天各项惠农补贴支出 643.83 万元，为农民提供种子、种苗服务 3.78 万元，帮助农民实现收入 85.10 万元，平均每天有 148 位农民接受免费技术培训、咨询服务；城区每天有 25 户棚户区及危旧房改造住户按期回迁，日均改造老旧楼宇 3.35 万平方米。

每天有 212 名新生儿在长春降生，有 257 人因各种原因而离开人世；有 236 对新人喜结良缘，有 82 对夫妇准予离异；有 276 人迁出长春，有 188 人来长春落户发展。

市民安全感和满意度明显提升，全市每天新增监控探头 48 个，破获刑事案件 21 起；新增供热能力 5 000 平方米，新增绿化面积 1.37 公顷，新植树木 126 株；平均每天发生安全事故 10 起，直接经济损失 12.58 万元。其中，道路交通事故 3 起，比 2011 年减少 2 起；发生火灾 7 起，比 2011 年减少 1 起。

城区每天排放生活污水 56.78 万吨，工业废水 14.07 万吨，产生工业危险废物 83.10 吨，综合利用 5 吨，处置 78.05 吨。减排二氧化硫 18.30 吨，减排氮氧化物 21.33 吨，减排化学需氧量 4.93 吨，每天增收排污费 38.36 万元。

午夜零点，当人们开始进入梦乡时，来自全市各水厂、电站和煤气站的计量表显示，全市日供水量 118.9 万立方米，日售电量 4 123.01 万千瓦小时，液化石油气日供气量 187.95 吨、人工煤气日供气量 40.11 万立方米、天然气日供气量 82.12 万立方米。

（邱志华）

城乡居民收入（元）

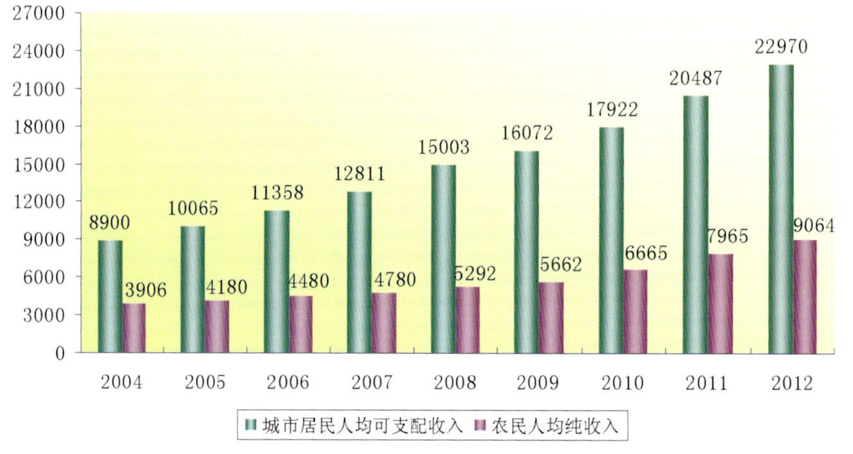

对外贸易进出口总额（亿美元）

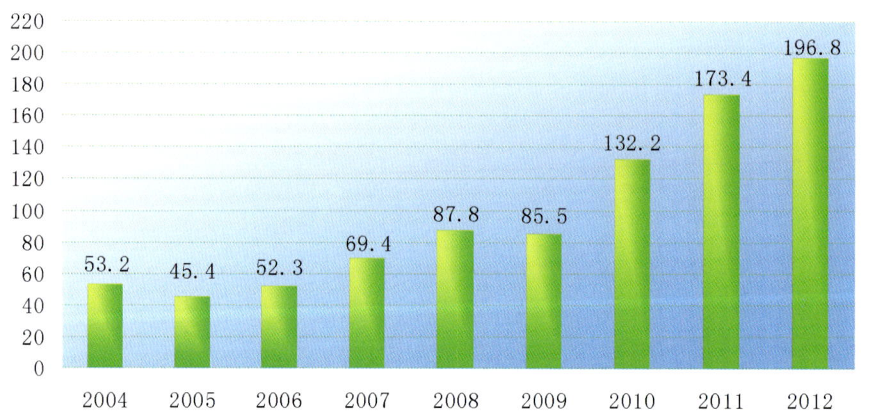

社会消费品零售总额（亿元）

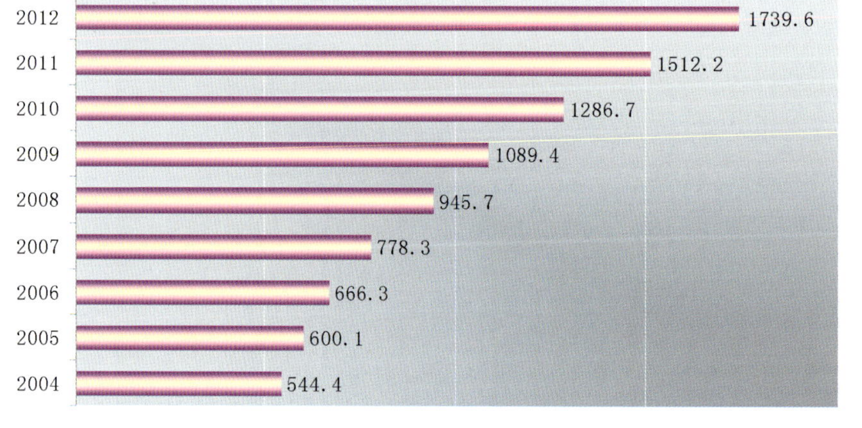

固定资产投资总额及增速

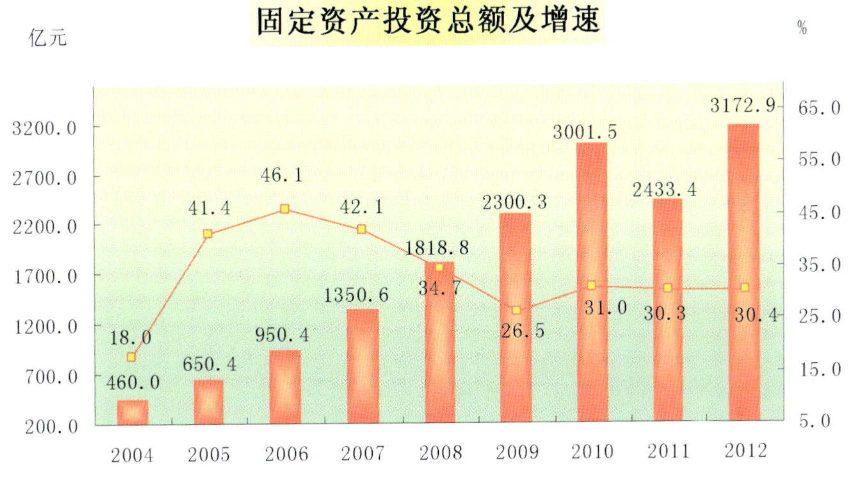

地区生产总值（亿元、当年价）

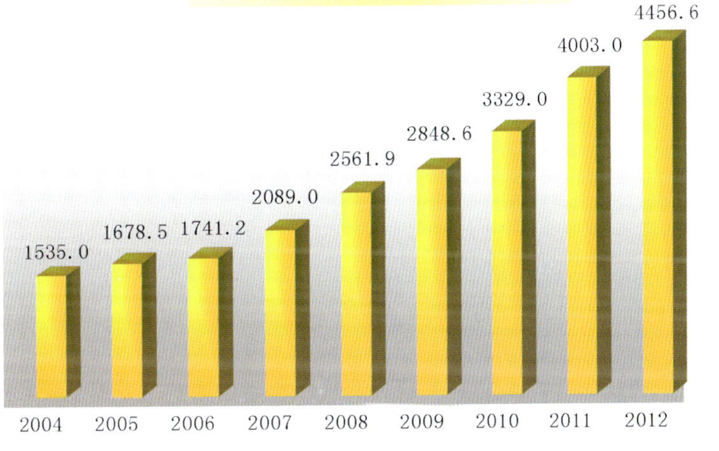

规模以上工业总产值（亿元）

2012年十五个副省级城市GDP情况及增速

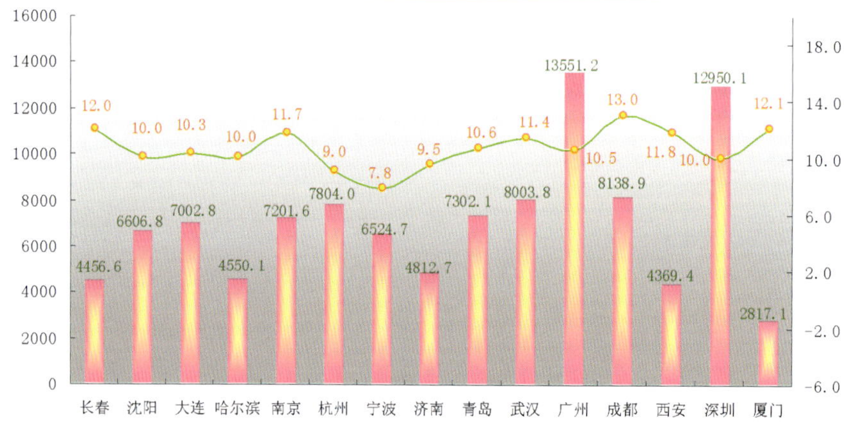

一般预算全口径财政收入（亿元）

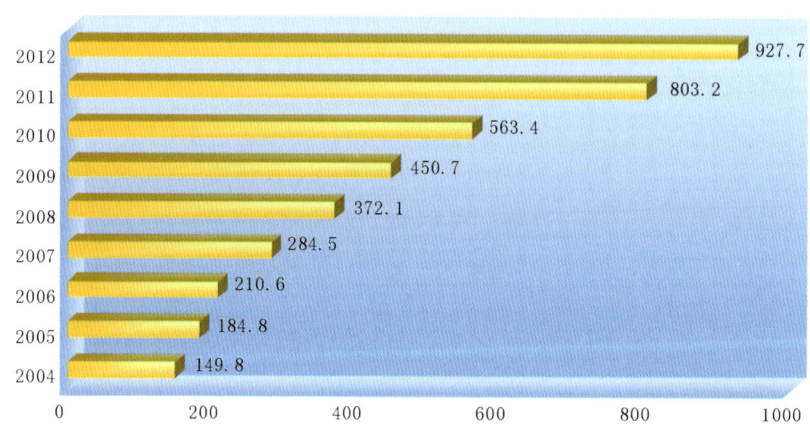

地方财政收入及支出（亿元）

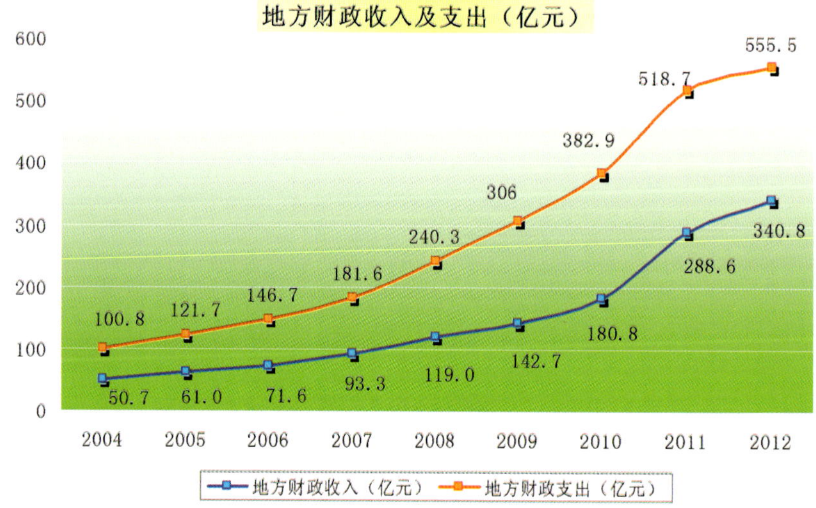

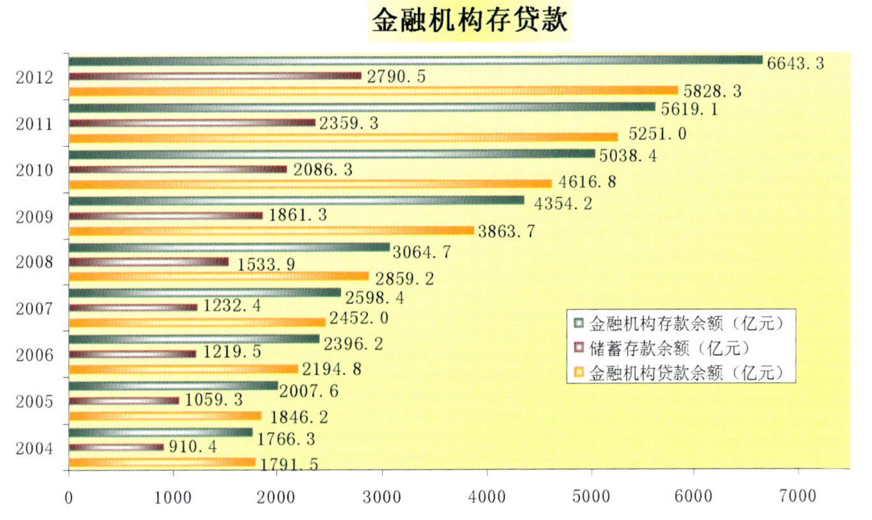
金融机构存贷款
2012
6643.3
2790.5
5828.3
2011
5619.1
2359.3
5251.0
2010
5038.4
2086.3
4616.8
2009
4354.2
1861.3
3863.7
2008
3064.7
1533.9
2859.2
2007
2598.4
1232.4
2452.0
2006
2396.2
1219.5
2194.8
2005
2007.6
1059.3
1846.2
2004
1766.3
910.4
1791.5
0
1000
2000
3000
4000
5000
6000
7000
金融机构存款余额（亿元）
储蓄存款余额（亿元）
金融机构贷款余额（亿元）

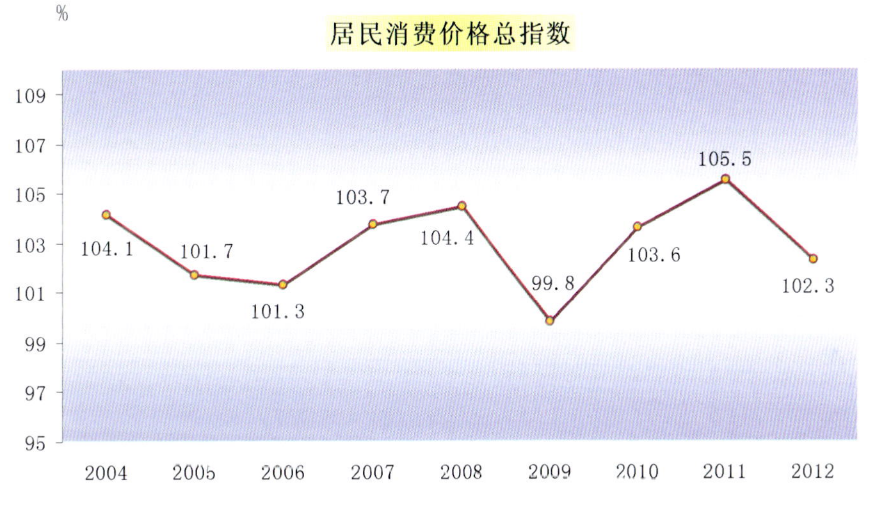
%
居民消费价格总指数
109
107
105
103
101
99
97
95
104.1
101.7
101.3
103.7
104.4
99.8
103.6
105.5
102.3
2004
2005
2006
2007
2008
2009
2010
2011
2012

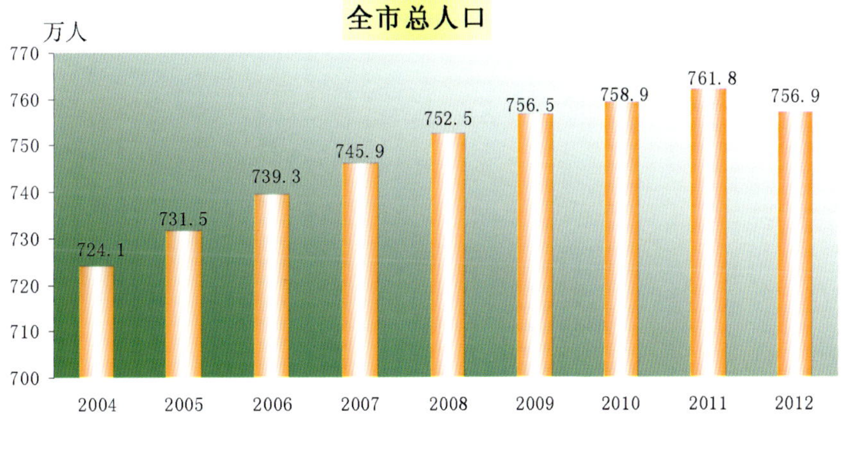
全市总人口
万人
770
760
750
740
730
720
710
700
724.1
731.5
739.3
745.9
752.5
756.5
758.9
761.8
756.9
2004
2005
2006
2007
2008
2009
2010
2011
2012

1. 长春龙嘉国际机场
2. 莲花湖的春天

1

2

1. 解放大路
2. 会展中心
3. 净月潭风光
4. 世纪广场

1

2

3

4

1. 长东北城市生态湿地公园
2. 长春西站
3. 长春火车站北出口
4. 吉林大学前卫校区

1

2

3

4

1. 东北师范大学净月校区
2. 儿童公园一角

1. 省委常委、市委书记高广滨会见菲律宾SM公司总裁
2. 省委常委、市委书记高广滨会见朝鲜驻沈阳总领事
3. 市长姜治莹会见日本群马县知事
4. 市长姜治莹会见俄罗斯后贝加尔边疆区客人并合影
5. 中国长春—曼谷经贸交流会
6. 长春市与罗马尼亚肯普隆格市建立友好合作城市签字仪式

1

2

3

4

5

6

1. 全市经济工作暨招商引资动员大会
2. 2012年长春市十大城市商业综合体集中开工
3. 长东北科技创新中心北科建科技孵化园等重大项目集中开工
4. 哈尔滨至大连的高速铁路正式开通运营，图为在长春站的开通仪式

1. 长春市南部新城专题推介会暨项目签约仪式
2. 2012长春房地产暨相关产业产品展示交易会开幕式
3. 长春名嘉广场大型城市商业综合体项目签约仪式
4. 2012年长春东部中央商务区现代服务业项目集中开工

1

2

3

4

1. “两横三纵”和机场大道快速路开工仪式
2. “两横三纵”卫星路仙台大街交会施工现场
3. “两横三纵”快速路系统宽平大路标段
4. 长春兴隆综合保税区

1. “一汽”集团总部大厦
2. “一汽”轿车生产线
3. 德尔塔汽车座椅有限公司生产线

1. 中国北车长客股份公司泰国曼谷轨道交通公司战略合作协议签字仪式
2. 中国北车长客股份公司生产的国内首列100%低地板轻轨车
3. 中国北车长客股份公司生产的哈尔滨地铁列车
4. 中国北车长客股份公司生产的CRH380B哈大线高寒动车组

1

2

3

4

1. 皓月集团外景
2. 皓月集团生产车间
3. 皓月集团流水线

1

2

3

1. 大成集团厂区外景
2. 大成集团生产设备
3. 大成集团生产车间

1

2

3

1. 全市民生工作会议
2. 市社保局举办社会保险宣传周活动
3. 西康路社区慈善医院免费为老人检查身体
4. 长春市首批未成年人社会主义核心价值体系教育基地启动仪式

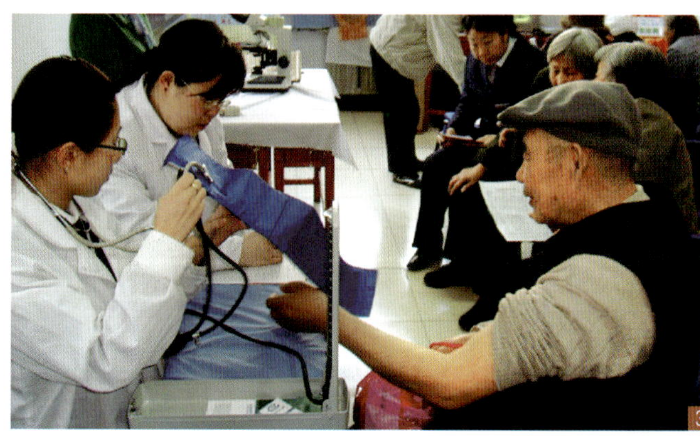

1．长春市总工会深入推进“三帮扶”金秋助学活动
2．长春市质量技术监督局组织开展“关注民生，计量惠民”大型宣传活动
3．东朝阳路南社区开展关心下一代活动
4．农机惠残活动

1

2

3

4

1．建和谐舒适公交启动仪式
2．市农委蔬菜基地环境监测
3．绿园区百日惠民系列活动启动仪式

1. 长春市迎七·一"幸福惠民卡"发放仪式
2. 健康长春行动计划走进社会福利院为无牙低保老人免费镶牙
3. 长春市开展小学校医应急救护培训

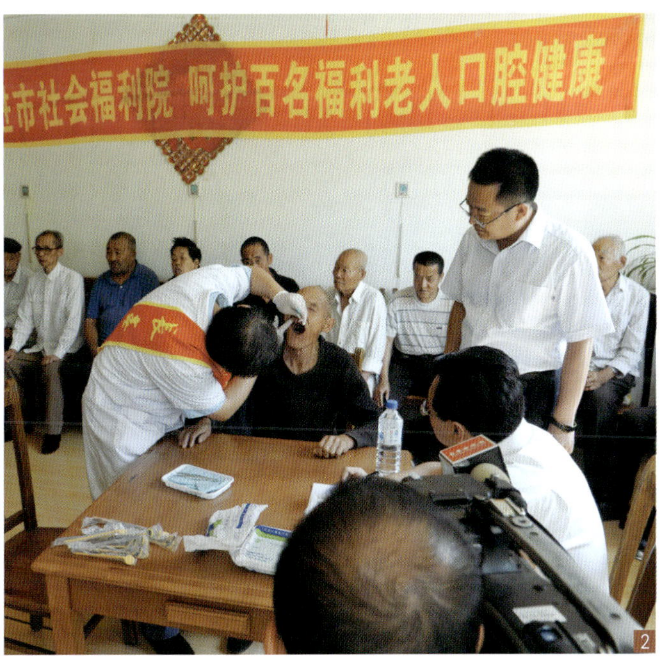

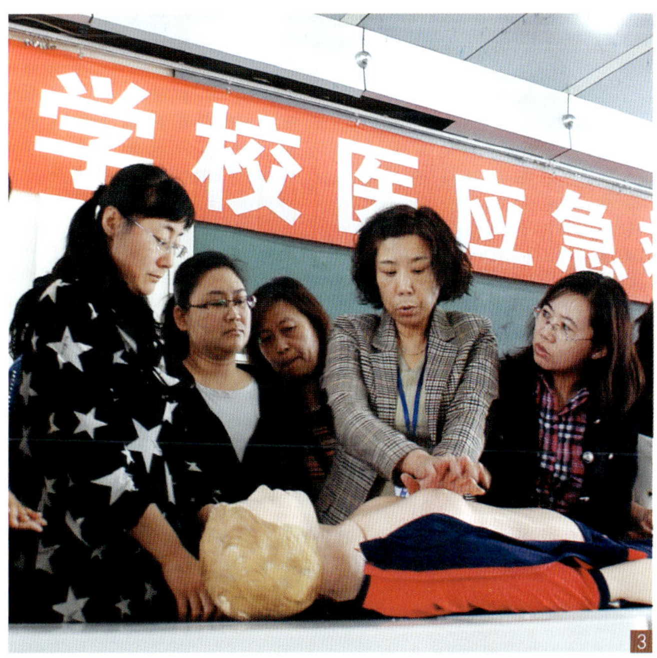

1. 市长姜治莹参加全国文明城市书记(市长)访谈
2. 绿园区启动“暖房子”、老旧散小区综合改造工程

1

2

1. 朝阳区人大代表体验夜巡
2. 风雪中站岗执勤的女交警
3. 夜巡民警护送群众
4. 派出所民警深入社区走访
5. 长春市公安消防支队比武竞赛活动现场

1. 长春市开展慈善活动
2. 长春市第四届残疾人文艺汇演
3. 市妇联开展贫困妇女“两癌”援助行动

1

2

3

1．长春市新民大街入选第四届中国历史文化名街
2．长春市机关工委组织救灾保粮活动
3．朝阳区农机助残活动

1

2

3

1．第十一届中国长春国际农业·食品博览(交易)会开幕式
2．第八届中国吉林·东北亚投资贸易博览会开幕式
3．第七届中国(长春)民间艺术博览会开幕式
4．第九届中国(长春)国际汽车博览会开幕式

1

3

4

5

1．第十三届中国长春（净月区）国际雕塑作品邀请展开凿仪式

2．第八届中国（长春）国际动漫艺术博览会比赛现场

1

2

1. 第十一届长春电影节开幕式
2. 爱读书·荐馆藏——亲子阅读团荐购活动
3. 举办第八届中国长春君子兰节
4. 文化广场一角
5. 举办2012中国长春净月潭瓦萨国际滑雪节

1

2

3

4

5

1. 举办无限极2012世界行走日(中国)活动
2. 全国第十二届冬季运动会火炬传递
3. 长春亚泰队参加中超联赛

1

2

3

1. 全国第十二届冬季运动会开幕式
2. 举办安利纽崔莱健康跑活动
3. 朝鲜族群众艺术节专场演出
4. 快乐冬泳
5. 环卫工人清雪作业

1．长春市第五届农民文化节开幕式文艺演出
2．社区群众庆祝“十八大”胜利召开
3．长春市朝鲜族传统文化体育活动
4．“体验文化长春、感知幸福长春”城市形象主题活动

1

2

3

4

编辑说明

《长春年鉴》是由长春市人民政府主办、长春市地方志编纂委员会编纂、吉林人民出版社出版的大型综合性资料年刊，每年编辑出版一卷，旨在连续记述长春市改革开放、经济建设和社会发展的历史进程，为各级领导了解市情、实施科学决策，为各行各业查询资料信息、推动事业发展，为国内外广大读者全面、系统、翔实地了解、研究、认识长春市提供服务。

《长春年鉴》采用分类编辑法，主体内容分类目、分目和条目3个层次。《长春年鉴》2013卷在内容和体例上基本与2012卷年鉴保持了相对的连续性和稳定性，根据《吉林省地方综合年鉴编纂规范》要求，全书类目做了局部调整，设文献、专辑、大事记、长春概貌、党政机关、人民团体、军事、政法、城建环保、开发区、对外经济贸易、农业、工业、民营经济、交通、信息产业、综合经济管理、商业旅游业、会展经济、金融、教育、科学、文化、卫生体育、社会、县（市）区概览、人物、领导干部名单、附录等29个类目。书前设全书英文目录，书后附主题索引。

《长春年鉴》2013卷所载稿件内容由长春市各县（市）区，市直各部门，中央、省驻长有关单位及驻长部队撰（供）稿，并经各有关单位领导审核，主要统计数据由长春市统计局审核认定。

《长春年鉴》2013卷在编纂过程中得到全市各有关单位和吉林人民出版社的热情支持，在此深表感谢。全书文字虽经多次审校，仍难免有差错和疏漏之处，敬请读者批评指正。

目 录

党政机关

·中国共产党长春市委员会·

·长春市人民代表大会常务委员会·

·长春市人民政府·

·中国人民政治协商会议长春市委员会·

·市纪委　市监察局·

·民主党派·

人民团体

·长春市总工会·

·长春市妇女联合会·

信息产业

综合经济管理

商业　旅游业

会展经济

金　融

教　育

科 学

·科学技术·

·科学技术协会·

·防震减灾·

·社会科学·

文 化

·文化产业·

·文学艺术·

·群众文化·

·长春报业·

·文化广电新闻出版·

CHANGCHUN ALMANAC
TABLE OF CONTENTS

DOCUMENTS

FEATURES
CHRONICLE FOR IMPORTANT EVENTS

A GENERAL SURVEY OF CHANGCHUN

POLITICAL PARTIES

SOCIAL ORGANIZATIONS

MILITARY AFFAIRS

POLITICS AND LAW

URBAN CONSTRUCTION AND ENVIRONMENTAL PROTECTION

DEVELOPING AREAS CONSTRUCTION

FOREIGN ECONOMIC RELATIONS AND TRADE

AGRICULTURE

INDUSTRY

PRIVATE ECONOMY

TRAFFIC

INFORMATION INDUSTRY

COMPREHENSIVE ECONOMIC ADMINISTRATION

COMMERCE AND TOURISM

THE ECONOMY OF EXHIBITION BANKING

EDUCATION

SCIENCE

CULTURE

HYGIENE & SPORTS

SOCIAL LIFE

A GENERAL SITUATION OF DISTRICS AND COUNTIES

FIGURES
APPENDIX
LEADERS' NAME LIST

SUBJECT INDEX

科学发展加快发展率先发展
努力让城乡居民生活得更加美好

——在中国共产党长春市第十二次代表大会上的报告

高广滨

（2012 年 1 月 10 日）

同志们：

这次大会的主要任务是，回顾总结过去五年工作，研究部署今后五年各项工作任务，选举产生中共长春市第十二届委员会和纪律检查委员会，选举产生出席省第十次党代会代表，动员全市广大党员干部和人民群众，立足新起点，抢抓新机遇，全力推进长春科学发展、加快发展、率先发展，努力让城乡居民生活得更加美好。

现在，我代表中国共产党长春市第十一届委员会向大会作工作报告。

过去五年的工作回顾

市十一次党代会以来的五年，是长春发展史上不平凡的五年。五年来，在中央和省委领导下，全市各级党组织团结带领广大党员干部群众，深入贯彻落实科学发展观，紧紧围绕加快发展、改善民生、建好城市、促进和谐大局，全力推进“三化”统筹，大力实施“三动”战略，积极促进开发区、城区、县域“三大板块”协调发展，努力构建工业和服务业双拉动增长格局，全面加强经济建设、政治建设、文化建设、社会建设、生态文明建设和党的建设，较好地完成了各项目标任务。

——这五年，始终坚持加快发展不动摇，全市经济在转型升级中实现翻番增长。面对老工业基地振兴的历史性机遇，面对国际金融危机的冲击和影响，面对加快经济发展方式转变的紧迫任务，我们确立了“两个高于、一个不低于”的发展目标，制定出台了一系列支持企业发展、产业振兴、改善发展软环境的政策措施，经济持续保持平稳较快增长。紧紧抓住投资拉动和项目带动这个关键，150 个重大项目成为拉动全市经济发展的重要增长点。5 年累计完成投资近万亿，既有力促进了当期发展，又为未来奠定了坚实基础；全力抓好招商引资，新引进世界 500 强和国内 500 强企业 50 户；大力推进骨干企业扶持工程和中小企业成长工程，5 年新增纳税超千万元民营企业 216 户。在重大项目和骨干企业的强力拉动下，全市经济以年均 15%以上的速度增长，增速在 15 个副省级城市中始终位居前列，三年排第一、两年排第二。突出产业结构调整这个重点，工业和服务业双拉动增长格局初步形成。在继续抓好两大支柱、三大主导、五大重点产业基础上，坚持“拉长补短”，提出并全力实施三大世界级产业基地建设，汽车产业 5 年新增产能 100 万辆，新引进丰田、通用等一批重大项目；农产品加工业成为继汽车之后又一个千亿级支柱产业；投资近百亿元建设的轨道交通装备制造产业园，成为世界级高速动车整车制造基地。全力推进五大战略性新兴产业发展，年均增速达到 32.8%。同时像抓工业一样抓服务业，服务业发展提速、质量提升，在扩大就业、增加财政收入和推进城镇化方面的作用更加突出。坚持“三大板块”协调发展这个基本要求，全市上下呈现出竞相发展的良好态势。把开发区作为全市经济转型升级和对外开放的“大平台”,高新区、经开区两个国家级开发区对全市经济的贡献率进一步提高，西新开发区正式升格为国家级开发区,净月开发区成为国家服务业综合改革试点区。全力抓好县域经济,农业现代化水平明显提高,粮食产量由140亿斤达到200亿斤历史最好水平，县域财政收入平均达到5年前的4.59倍以上,在全省县域发展综合评比中,我市四县(市)均位居前列,农安县位居全省第一,榆树市连续多年蝉联全国产粮大县冠军。城区继续保持快速发展,以高新技术产业、现代服务业、文化产业为重点的高端产业已经形成良好发展态势。牢牢把握改革开放和自主创新这个根本动力，发展活力进一步激发。国有企业改革任务基本完成,一批历史遗留问题逐步解决,文化体制改革等重点领域改革取得重要进展。对外开放步伐不断加快,外经外贸以年均26%以上的速度增长,全省第一个综合性保税区——长春兴隆综合保税区正式获得国务院批准并启动建设,与大连合作的陆路干港一期投入使用,东博会、汽博会、全国农博会、电影节等一批高层次节庆展会成功举办。充分发挥长春创新资源密集优势,一批高新技术成果成功转化,中俄科技园等重点科技园区建设初具规模,长东北科技创新中心被列为“国家创新型科技园区”试点,我市被确定为全国创新型试点城市。经过全市上下连续5年的拼搏攻坚,2011年全市地区生产总值实现4 003亿元，是2006年的2.3倍;全口径财政收入实现803亿元,占全省49.6%,是2006年的3.8倍;地方财政收入实现288.6亿元,是2006年的4倍;规模以上工业总产值实现7 005亿元,是2006年的3.3倍。主要经济指标超额实现翻番目标。

——这五年,始终坚持改善民生不动摇,广大群众在经济社会发展中得到更多实惠。坚持把群众呼声作为第一信号,把为群众办实事作为第一选择,把群众评价作为第一标准,连续实施了五轮民生行动计划,累计办成民生实事近500件。着力解决生存性民生问题。千方百计增加群众收入,5年新增就业岗位60万个，职工最低工资和离退休人员养老金逐年提高,城市居民人均可支配收入和农民人均纯收入分别达到20 487元和7 965.1元,是 5 年前的1.79倍和1.7倍。下大力气改善群众住房条件，5年累计投资518亿元进行了历史上最大规模的棚户区改造工程,总面积达1 614万平方米,惠及22万个家庭,城市中心区基本完成棚户区改造;累计投资68.65亿元开工建设11 975套公租房和32 408套廉租房;累计投资约28亿元完成“暖房子”改造3 442栋、1 660万平方米,100多万群众从中受益。加快社会保障体系建设,社保总支出是5年前的2.6倍;累计投入低保补助资金17.98亿元,城镇低保和农村低保补助标准分别比5年前提高83%和110%;深入开展“万户特困户结对救助”活动,近30万特困群众基本生活得到有效保障。努力解决安全性民生问题。持续开展“安全建设年”活动,重点解决食品安全、交通安全、消防安全、卫生安全、生产安全等重大安全问题，一批安全隐患得到及时排查整改和有效预防;着力打造“平安长春”,集中开展社会治安综合整治行动,严厉打击各类违法犯罪活动,夜治安巡逻防控工作效果明显,立体化社会治安防控网络基本形成,公检法司职能进一步强化,长春连续多年被评为“全国社会治安综合治理优秀市”。注重解决发展性民生问题。大力发展教育、科技、文化、卫生、体育、广电、新闻出版、人口计生、民族以及残疾人等各项社会事业。突出办好人民满意教育,学前教育、基础教育、职业教育、高等教育发展水平全面提升;积极推进“健康长春行动计划”,医疗卫生体制改革走在全国前列;深入开展丰富多彩的文化活动，长春被确定为全国首批创建国家公共文化服务体系示范区试点城市,中国光学科技馆、省科技文化活动中心、省博物馆、省图书馆等一批场馆相继开工建设,国际雕塑展、广场文化等文化活动蓬勃开展,在黑土地上“种”文化的“欢乐庄稼院”活动得到群众广泛好评，全国经验交流会在我市召开。特别值得一提的是:2010年面对历史罕见的特大洪灾,全市党政军民勇敢投身抗洪抢险第一线，转移安置受灾群众22万人，全市19座大中水库无一垮坝、1 094公里国堤无一溃堤,书写了长春抗洪史上浓墨重彩的一笔。

——这五年,始终坚持建好城市不动摇,城市化水平和城市面貌在大开发大建设中全面提升。坚持把推进特色城镇化作为大战略,把打造绿色宜居城市作为发展方向,高标准规划城市,高水平建设城市,高效能管理城市。积极落实中部城市群战略,长吉一体化建设全面提速。在长吉北线新建了133.8平方公里的长东北开放开发先导区，累计完成投资146.9亿元,完成基础设施配套73.5平方公里,累计开工工业项目1 526个,现已成为长春新型工业集聚区和开发开放、体制机制创新示范区；在长吉中线谋划启动了莲花山生态旅游度假区,高标准规划了九台新城;在长吉南线,净月、双阳等重要节点建设取得重大进展。同时全力推进长吉间重大基础设施建设,长吉高铁通车运行。进一步调整和完善生产力布局,南部新城(含净月)、北部新城和西部新城建设全面铺开。根据生产力发展需要,编制完成了新一轮《城市总体规划》和《土地利用总体规划》,为长春未来发展留足了空间。5年间,城市建成区每年以近12平方公里的速度迅速扩张,已经由310平方公里增加到370平方公里。南部新城以城市副中心建设为核心,累计投入150多亿元进行土地整理和基础设施建设，主要路网已经形成,一大批国内外知名企业落户南部中央商务区,南部净月新城大学区建设基本完成，新建占地106万平方米的农博园成为展示现代农业的重要窗口；北部新城重点推进大铁北改造,基础设施、环铁区域商贸条件和人居环境全面改善;西部新城完成区域规划并启动建设，总投资20.2亿元的西客站综合交通换乘中心主体工程完工。全力推动重大基础设施建设,事关城市长远发展的重点工程全面实施。总投资129亿元、总长18.5公里的地铁1号线通过国家审批并开工建设,总投资47.9亿元、总长33.69公里的轻轨二三期工程相继竣工并投入使用，总投资100亿元的伊通河城区段百里综合整治工程全面推进,总投资30亿元、总面积9.7平方公里的东北最大的城市湿地公园——长东北城市生态湿地公园一期完工,总投资30亿元、占地105万平方米的长春国际汽车公园建成开放，四环路、长春站综合交通换乘中心、龙嘉国际机场等一批重大工程相继开工建设或投入运营，为长春加快进入现代化大都市奠定了坚实的基础。5年累计新修新建亚泰大街快速路等各类道路1 230公里、桥梁120座，总投资14.5亿元的燃气、供水、供热三大管网改造工程同步跟进，整个城市的承载能力和服务功能进一步增强。集中精力抓好“奋战150天市容环境综合整治行动”，城市绿化美化亮化净化水平进一步提升。一批精品街路和精品商圈全面升级，一批老旧散小区环境得到改善，全市新增绿化面积19平方公里，新增亮化面积130平方公里，整个城市变大了、变高了、变亮了、变美了。

——这五年，始终坚持促进和谐不动摇，精神文明和民主法制建设在统筹推进中不断巩固。在抓经济发展的同时，更加注重抓好社会建设，坚持把经济建设与社会建设统筹起来谋划，把物质文明和精神文明联系起来推动，把社会管理与维护稳定结合起来实施，努力促进经济与社会协调发展。全国文明城创建实现历史性突破。始终把创建“全国文明城市”作为加强精神文明建设、提高城乡群众生活质量、提升整个城市综合实力和对外影响力的重要抓手，坚持“创城为百姓、百姓共创城”的工作理念，集中开展了系列主题创建活动，集中进行了多次大规模清理、整治和规范行动，一大批事关群众利益的突出问题得到有效解决，市民素质和城市文明程度得到全方位提升，继2009年获得“国家卫生城市”荣誉后，2011年又在东北三个省会城市中率先跻身“全国文明城市”行列。社会稳定和社会管理取得新成效。深入开展“信访积案化解年”和“大排查、大走访、大接访”活动，全面建立社会风险防控化解机制，集中解决了一批群众反映强烈的历史遗留问题。大力加强和创新社会管理，体制机制建设进一步完善，基层基础工作进一步夯实，矛盾纠纷进一步化解，群众工作科学化水平进一步提高，“联调联动”综治民调模式在全国推广。民主法制建设进一步加强。积极支持人大依法履行职能，立法和依法监督工作成效明显；积极支持政协开展工作，政治协商、民主监督、参政议政职能得到充分发挥；积极支持工青妇等群团组织开展工作，桥梁纽带作用进一步增强。全力抓好“双拥”工作，长春连续六次荣获国家“双拥模范城”称号，锦程街道成为全军“真情服务官兵模范街道”典型。

——这五年，始终坚持加强党建不动摇，党的创造力、凝聚力和战斗力在领导发展实践中明显增强。深入开展学习实践科学发展观和创先争优活动，全市各条战线涌现出了一批创先争优的先进典型。大力加强学习型党组织建设，全面强化“理论中心组”学习制度，深入学习贯彻胡锦涛总书记“七一”重要讲话精神，组织了纪念改革开放30周年、长春解放60周年和建党90周年系列活动。圆满完成县乡、村和社区换届工作，营造了风清气正、奋发有为的发展环境。扎实推进基层党组织建设，在全国率先探索创立了基层党组织服务民生工作体系，全市共建立6 472个服务民生工作站，此项工作荣获中组部“十七大”以来地方特色工作成果奖。深入开展“三帮扶”活动，切实帮助困难党员和群众解决了一批生产生活中的实际问题。全力抓好“人才长春”建设，实施了年轻干部梯次培养选拔“四个一”工程，建立了东北首个“人才特区”和15个产业人才高地，集聚了一大批发展急需的各类人才，2010年我市首次实现人才流入大于人才流出。突出抓好作风和反腐倡廉建设，市委常委班子带头向全市作出“八项承诺”，“三满意”机关和“万人评议机关”活动成效显著，群众满意率达到97.94%；着力强化惩防体系建设，积极预防腐败，切实加大违纪违法案件查处力度，5年累计查处局、处级党员干部236人，全市上下为民、务实、和谐、清廉的风气进一步形成。

五年来，在各种有利机遇和困难风险交织叠加的背景下，在保持经济平稳较快增长和让城乡居民生活得更加美好的时代要求下，在加快省会城市自身发展和辐射带动全省发展的双重使命下，我们能够取得这样的成绩很不容易。这得益于党中央、国务院和省委、省政府的坚强领导，得益于历届市委、人大、政府、政协班子和老干部、老同志打下的坚实基础，得益于全市广大党员干部和人民群众的团结拼搏，得益于驻长中央和省级机关、企事业单位、高校、人民解放军、武警官兵和各兄弟市州的大力支持，得益于各民主党派、工商联、人民团体、无党派人士的广泛参与。在此，我代表中共长春市第十一届委员会，向所有关心、支持和参与长春改革开放、发展振兴的同志们、朋友们表示衷心的感谢和崇高的敬意！

在看到成绩的同时，更要清醒地看到当前工作中存在的困难和问题，主要是：老工业基地体制性和结构性矛盾依然存在，加快转变发展方式的任务还很繁重，尤其是现代服务业还相对滞后，县域经济仍是发展的一个“短板”；城乡居民收入还不高，群众生产生活中还有许多困难和问题没有从根本上得到解决；城市运行当中交通拥堵、要素制约等问题越来越突出，对城市发展的影响越来越大；加强和创新社会管理、做好新形势下群众工作、维护整个社会和谐稳定的任务还很重，特别是由企业改制、社会保障、征地拆迁等引发的社会稳定问题比较突出；党的建设特别是党风廉政建设有待进一步加强，少数干部在工作作风、廉洁自律方面还有差距。对这些问题，我们要切实采取措施，认真加以解决。

今后五年经济社会发展的奋斗目标和主要任务

经过多年发展，我市已经到了加快转变经济发展方式、统筹推进“三化”、大力实施“三动”、努力实现科学发展、加快发展、率先发展的关键节点，已经到了发挥科教优势、构建人才高地、打造创新型城市、提高城市软实力的关键节点，已经到了加强社会建设和管理创新、推动文化大发展大繁荣、满足群众日益增长的物质文化需求、努力让城乡居民生活得更加美好更加幸福的关键节点。展望未来，我们必须看到，长春发展正处在一个大有可为的战略机遇期。我国经济长期向好的基本态势没有改变，国家支持东北振兴、加快长吉图开发开放以及省里推动长吉一体化、打造中部城市群的力度都在不断加大，同时我市经过多年打基础、调结构、聚能量，已经进入发展的快车道，只要我们坚定信心、抓住机遇，就一定能够实现更大的跨越。展望未来,我们不能忽视,长春发展仍面临很多复杂严峻的挑战。宏观经济不稳定、不确定性上升,支撑我市经济发展的支柱优势产业受到一定程度的冲击,经济增长下行压力和物价上涨压力并存,加之现阶段已进入社会矛盾凸显期,这些都将对今后发展产生较大影响。展望未来,我们务必牢记,科学发展加快发展率先发展是长春始终不渝的发展主题。一定要坚持科学发展,把握一个"好"字不动摇,在全力做大经济总量的同时,更加注重提高发展的质量和效益,全力推动经济社会全面协调可持续发展;一定要坚持加快发展,抓住一个"快"字不松劲,稳中求进、好中求快,加快在副省级城市中实现"争先进位";一定要坚持率先发展,盯住一个"先"字不懈怠,自觉地把长春发展放到全省、全国乃至更大的布局中去定位、去谋划、去推动,先行先试,切实担负起支撑、辐射、带动全省发展的重大使命。

今后五年的总体思路是:以邓小平理论、"三个代表"重要思想和科学发展观为指导,以科学发展、加快发展、率先发展为主题,以加快转变经济发展方式为主线,围绕加快发展、改善民生、建好城市、促进和谐大局,坚定不移地推进工业化、城镇化、农业现代化"三化"统筹,坚定不移地实施投资拉动、项目带动、创新驱动"三动"战略,坚定不移地推动开发区、城区、县域"三大板块"协调发展,坚定不移地走工业和服务业双拉动增长路径,坚定不移地加强精神文明建设、民主法制建设和党的建设,全面建设繁荣长春、和谐长春、开放长春、美丽长春、幸福长春,加快完成老工业基地振兴历史性任务,率先实现全面建设小康社会的目标。

——未来五年,经济总体上要保持平稳较快增长。全市地区生产总值保持年均14%左右的增长速度,力争到2016年人均GDP超过10 000美元,进入全国先进城市行列,经济总量在现有基础上实现翻番。

——未来五年,结构调整要实现重大突破。逐步形成以现代农业为基础、以工业和服务业双拉动为支撑的现代产业体系,三次产业结构力争调整为5∶51.5∶43.5,三大世界级产业基地和战略性新兴产业基地更具规模,民营经济增加值占GDP比重达到61%,县域经济占GDP比重提高6个百分点以上。

——未来五年,城乡居民收入水平要实现大幅提升。城镇居民人均可支配收入力争5年实现翻番,超过全国平均水平,农民人均纯收入力争5年左右实现翻番,进入全国上游水平,城镇登记失业率力争控制在4%以内,每年新增就业岗位争取达到12万个以上,社会保障能力进一步增强。

——未来五年,城镇化和长吉一体化建设要取得实质性进展。长吉一体化建设全面提速,城乡一体化建设加快推进,四县(市)力争达到中等城市规模,重点城镇城乡双向一体化试点取得重要进展,全市城镇化率达到62%以上,城镇化成为扩大内需、增加就业、发展服务业的重要载体和支撑。

——未来五年,创新型城市建设要取得阶段性成果。思想观念、发展模式、体制机制、对外开放、企业管理和城市管理等多个领域的创新深入推进,创新资源更加富集,创新主体更加活跃,科技进步对经济增长贡献作用进一步凸显。

——未来五年,精神文明和民主法制建设要得到全面加强。教育、文化、卫生、体育等各项社会事业蓬勃发展,全社会文明程度进一步提高,社会管理更富成效,民主法制进程不断加快,社会保持和谐稳定。

实现上述目标,必须抓好以下重点工作。

1. 要突出转变经济发展方式,努力推动经济更好更快发展。加快长春经济发展,必须牢牢抓住转方式这条主线不放松,全力稳增长、扩内需、调结构、抓改革、促开放。要大力实施投资拉动、项目带动、创新驱动战略。重中之重是要全面推进"十二五"确定的150个重大项目建设,注重优化投资结构,注重提高投资强度、科技含量和投入产出比,注重引进战略投资者,加快引进一批层次高、带动强的大项目好项目;注重发挥在长高校和科研院所优势,积极构建企业、科研院所(高校)、开发区、政府四位一体的"创新驱动联盟"。要积极扩大消费,培育新的增长点。坚持把扩大消费摆在更加突出的位置,鼓励创新消费产品,培育新兴消费业态,发展新型消费模式,拓展新的消费空间,尤其是要加快释放农村消费潜能,力争到2016年,居民消费占GDP比重达到38%左右。要全力推进三大世界级产业基地和战略性新兴产业发展。汽车产业要突出抓好300万辆整车扩能工程,继续举全市之力支持一汽、服务一汽,加快核心零部件产业发展,加大自主品牌汽车和节能与新能源汽车研发力度,加快打造真正意义上的"国际汽车城";农产品加工业要全力扶持大成等一批龙头企业发展,进一步延长产业链条,大力发展高附加值产品,加快打造"绿色食品城";轨道客车产业要进一步打造世界级的高速动车整车制造、配件生产、维修服务、研发检测基地。先进装备制造、光电信息、生物医药、新能源、新材料等战略性新兴产业要尽快形成规模,加快打造一批特色园区,促进产业集群集聚发展,力争到2016年,战略性新兴产业新增产值占GDP比重达到20%左右。要进一步发展现代服务业。坚持生产性服务业与生活性服务业并重、现代服务业与传统服务业并举,重点发展和加速壮大现代物流、特色旅游、金融服务、信息服务、商务服务、科技服务、总部经济、服务外包等现代服务业。要加快发展民营经济。启动实施民营经济新一轮腾飞计划,进一步放开民营经济准入领域,加快推进全民创业,着力解决小微企业融资难题,不断优化民营经济发展软环境,力争5年新增规上中小企业1 000户。要下大力气抓好改革开放。继续推进行政管理体制、财税体制、地方金融体制改革,注意改善投融资环境,稳步发展多层次资本市场,积极扶持小额担保公司,大力推动企业上市,加快建立健全有利于经济发展方式转变的体制机制。要加快开发区转型升级步伐,推进长春兴隆综合保税区等开放平台建设,不断提高开放型经济水平。

2.要突出做好"三农"工作,努力实现县域更大突破。"三农"问题事关全局,要按照"三化"统筹要求,全力落实好强农惠农富农政策,加快促进农业增产、农民增收、农村发展。要大力发展现代农业，提高农业综合生产能力。狠抓粮食生产不放松，进一步实施好商品粮增产工程和500万亩高标准基本农田建设；着力调整农业结构，加快畜牧业、园艺特产业、养殖业和林业等产业发展；大力加强农田水利基础设施建设，切实为粮食增产提供有效保障。要坚持“产城融合”，全力推进县域经济发展和县城、重点城镇建设。把产业发展和县城建设、县域工业集中区建设以及重点城镇建设结合起来，加快把四县(市)打造成中等城市，加快打造一批经济强镇，力争用5年左右时间，有1～2个县(市)进入东北十强乃至全国百强。要加快农业科技进步，深化农村各项改革。继续加强农业科技创新体系建设，切实强化农业技术推广。着力稳定和完善农村基本经营制度，探索完善农村土地股份合作制和农村新型合作组织；加快建立现代农村金融制度，完善农村信贷担保机制；加大农村综合配套改革力度，进一步激发农业农村发展活力。与此同时，要大力发展劳务经济，加快农村剩余劳动力转移。要扎实抓好新农村建设，不断改善农村生产生活环境。大力实施“百村示范、千村提升”工程，加强农村水、电、路、气等基础设施建设，突出抓好农村环境整治，全面提升农村养老、教育、文化、医疗事业水平，争取未来5年，农村面貌和农民生活条件有一个全新的变化。

3.要突出保障和改善民生，努力让人民群众生活得更加幸福。幸福长春是人民群众的新期待，也是全面建设小康社会的内在要求。未来五年要紧紧围绕幸福长春建设，重点抓好增收富民、保障惠民、实事利民三项工程。增收富民工程就是要大力实施“收入倍增计划”，坚持就业和创业并举，在突出抓好农民、企业职工、中低收入者和困难家庭增收的基础上，全面提高群众的工资性、经营性、财产性和转移性收入，加快建立企事业单位和机关工作人员收入正常增长机制，加快建立有利于促进就业的大就业格局，积极完善创业培训、政策扶持、创业服务“三位一体”的全民创业体系，努力让老百姓的“钱袋子”鼓起来。保障惠民工程就是要着眼建设覆盖城乡居民的社会保障体系，进一步提高最低生活保障能力，城乡低保补助标准增幅要高于同期城乡居民收入增幅，“大救助”体系要继续扩大覆盖范围，切实让城乡困难群众基本生活有保障；进一步提高养老保险保障能力，提高企业退休人员基本养老金标准，加快实现新型农村养老保险和城镇居民养老保险全覆盖，积极推行和完善“五险一金”制度，力争在岗职工应保尽保，同时加快完善劳动维权管理体系；进一步提高医疗卫生保障能力，继续深化医药卫生体制改革，全面落实基本药物制度，切实提高基本公共卫生服务水平，尤其是要加快完善以城镇职工医保、城镇居民医保、新农合和大病救助为主的医疗保障体系，努力解决群众就医难、就医贵问题；进一步提高住房保障能力，大力加强保障性住房和商品房两个体系建设，着力扩大保障性住房受益面，积极促进商品房市场健康发展，出台并实施商品房开发按比例配建廉租房制度，确保城乡群众住有所居，今年要新建续建1万套廉租房和1.7万套公租房。实事利民工程就是要全力抓好教育、科技、文化、卫生、体育、人口计生以及残疾人等各项社会事业，坚持多看百姓的身边事，多听百姓的心里话，多算百姓的生活账，每年围绕群众衣食住行的实际需要，滚动实施好民生行动计划，多为老百姓办几件看得见、摸得着的好事实事。要大力实施素质教育，提高教育质量，努力办人民满意教育；要突出抓好稳定物价和市场供应保障工作，进一步实施好社会救助和保障标准与物价上涨挂钩联动机制以及“菜篮子”工程；要突出抓好“暖房子”工程和D级危房改造，今年确保完成1 000万平方米暖房子改造任务。总之，天下之大，民生为最，我们就是要通过全市上下共同努力，让百姓收入更多一些，饮食更安全一些，生活环境更美一些，出行更方便一些，文化生活更丰富一些，就学就医养老等基本生活保障更充分一些。

4.要突出文化大发展大繁荣，努力建设东北亚现代文化名城。大力实施“文化兴市”战略，坚持把社会主义核心价值体系建设作为文化建设的首要任务，积极倡导“创新、公正、包容、守法、诚信”的价值取向，弘扬“宽容大气、自强不息”的城市精神，全面抓好精神文明建设。在此基础上，突出抓好文化发展、文化惠民、文化改革三项重点工作。在文化发展上要坚持文化产业与其他产业融合式发展，与产业文化、科技创新、资本运作、城市特色相结合，重点发展文化创意、数字动漫、文化会展、影视传媒、出版印刷、民间工艺、演艺娱乐等产业，加快推进项目建设“千百十工程”，积极抓好净月文化产业发展区、月亮岛关东文化园等重点文化园区建设，着力扶持一批中小骨干文化企业和一批文化品牌，力争把文化产业打造成又一个千亿级支柱优势性产业，力争到2016年全市文化产业增加值占GDP比重达到10%以上。在文化惠民上要围绕满足人民群众日益增长的精神文化需求，继续加大公共文化事业投入力度，加快建立覆盖城乡的公共文化服务体系。要大力加强文化基础设施建设，全力推进市规划展览馆、市博物馆、市文化艺术展览馆等重点文化场馆建设，今年要启动建设美术馆；要充分整合各类文化资源，注重向基层街道(乡镇)和社区(村)倾斜，力争5年内，全市每个社区和行政村都要建成一个达到“四有”标准的综合性文化活动场所。要积极发展具有鲜明长春地域特色的汽车文化、影视文化、雕塑文化、冰雪文化、历史警示文化和“东北二人转”文化，同时努力创造更多的文艺精品力作。要认真做好物质和非物质文化遗产及历史文化街区和建筑的保护工作。在文化改革上要进一步突出文化体制机制改革这个关键环节，着力在深化上做文章、在搞活上下功夫、在创新上见成效，特别是要加快文化发展投融资机制创新，抓紧建立文化产业发展基金、创业投资基金和风险投资基金，积极引导金融资本和社会资本投入文化建设，努力实现公共文化服务供给由文化系统的“内循环”到市场和社会的“大循环”。

5.要突出特色城镇化建设，努力打造绿色宜居城市。要把长春的城市发展放到东北亚区域发展的高度、放到国家实施长吉图开发开放战略的高度、放到省里推进长吉一体化的高度去思考、去定位、去谋划，统筹抓好城市规划、建设、管理各项工作。要着眼打造中部城市群，加快推进长吉一体化进程。按照省里部署，进一步深化长吉间重点产业、区域规划、基础设施、户籍管理等方面对接，着力推动重要节点、重点项目和主要功能区建设，加快提升两市的融合度。在此基础上，加快打造长春—九台—吉林和长春—德惠—五棵树两条经济走廊，积极构筑以长吉为中心、周边城市和县城为基础、重点城镇为节点、城际高铁和高速公路为骨架的长吉都市经济圈，带动整个中部城市群共同发展。要着眼城市未来发展，进一步优化生产力布局和城市功能布局。未来五年，要在改造、提升、优化老城区的基础上，进一步加大“三城两区”等新城新区建设力度，优化布局，提升功能，特别是要突出规划的引导作用，注重资源整合、要素配套，避免乱铺摊子、无序竞争，引导城市理性发展。在城市南部，要加快建设城市副中心，全力打造南部新城和净月生态新城，使南部成为全市现代服务业的增长极。在城市北部，要加快大铁北改造步伐，打造北部新城。在城市西部，要加快建设以西客站商务区和轨道交通装备制造产业园为核心的西部新城。在城市西南，要加快打造西南工业区。在城市东北，要集中推进长东北开放开发先导区建设，加快把长东北打造成装备制造产业、生物产业、新能源产业、新材料产业和现代物流产业簇群发展的新型工业集聚区，同时加快打造莲花山生态旅游度假区。要着眼提高城市综合承载能力，全力抓好城市重大基础设施建设。顺应城市规模、产业规模和人口规模迅速扩张的需要，集中力量推进左右城市发展的重大基础设施工程特别是交通工程建设。重点是要抓好地铁建设，5 年内 1 号线要通车，2 号线要争取完工；抓好城市快速路体系建设，尽快缓解主城区交通压力；抓好西客站建设，今年要建成并投入使用；抓好机场快速路建设，明年要争取通车；抓好远达大街建设，今年彻底打通贯穿城市南北的大通道，缩短主城区到长东北开放开发先导区的空间距离；抓好一汽物流通道建设，力争 5 年内全部完成；抓好城市南出口外移工程，力争两年完工；抓好水电气热等老旧地下管网改造，实施好地下管理信息化工程，3 年内要全部完成 800 公里危旧燃气管网改造任务；抓好以中部引水、“气化吉林”为重点的战略性资源保障工程建设，抓好水厂、电厂等供应源建设，全面强化城市运行的要素保障。要着眼全面提升城市品质，努力提高城市管理和生态建设水平。抓住我市被评为“全国十大低碳城市”机遇，进一步加大节能减排和城市生态环境保护力度，不断提高国土资源节约集约利用水平，大力发展绿色产业，积极倡导绿色生活；全面推进伊通河综合治理工程，5 年内彻底解决好伊通河防洪、排污治理和景观带建设问题；加强城市管理，滚动实施好“奋战 150 天市容环境综合整治行动”，积极推进“三网”融合，加快建立城市数字化管理体系；深入推进绿化美化亮化净化工程，加快把长春打造成拥有“蓝天、碧水、绿地、清新空气”的绿色宜居城市。

6.要突出社会管理创新，全面加强社会和谐稳定和民主法制建设。适应经济体制深刻变革、社会结构深刻变动、利益格局深刻调整和思想观念深刻变化的新形势，大力推进和谐长春建设。要在社会管理创新上下功夫。重点是强化基层基础工作，全力推动街道社区工作重心向社会管理、服务民生、平安建设和打造幸福社区转型，探索推行“人性化、网格化、信息化”社会管理服务新模式，不断提高基层的社会管理服务能力。要充分发挥非公经济组织和社会组织在社会管理和公共服务方面的作用，进一步提高网络舆论的引导能力。要在维护社会稳定上下功夫。继续开展好“大排查、大走访、大接访”活动，切实通过信访渠道解决好事关群众切身利益的各类民生问题；要着力完善社会风险防控化解机制，全面提高矛盾排查、事件预警和调解处置能力；要进一步强化对消防安全、生产安全、食品药品安全、交通安全、燃气安全的监管排查，确保不发生有重大影响的公共安全事故；要加大社会治安综合整治力度，深入开展平安创建活动，保持对各类违法犯罪活动的高压态势。要在民主法制建设上下功夫。支持各级人大及其常委会和各级政协依法依规履行职责。加强同各民主党派、工商联、无党派人士合作共事。充分发挥工会、共青团、妇联等人民团体联系群众的桥梁纽带作用。认真做好民族、宗教、外事、侨务和港澳台工作。深入开展“六五”普法教育，积极打造“法治长春”。继续抓好“双拥”工作，走军民融合发展道路，努力争创“全国双拥模范城”七连冠。

全面加强和改进党的建设

实现未来五年的发展目标，关键在党，关键在人。全市各级党组织和广大党员干部一定要认清党的建设面临的新情况新问题新挑战，坚持总揽全局、协调各方，坚持解放思想、求真务实，坚持以人为本、民生为先，坚持党要管党、从严治党，以改革创新精神全面推进党的建设各项工作，不断提高党的建设科学化水平，为推动长春科学发展、加快发展、率先发展提供坚强的政治保障和组织保障。

1.大力加强思想政治建设，永葆党的先进性和纯洁性。面对执政考验、改革开放考验、市场经济考验、外部环境考验，我们必须更加重视党的思想政治建设，突出抓好学习型党组织建设，进一步强化党的基本理论学习，引导党员干部始终保持对中国特色社会主义伟大事业的坚定信念，着力解决好党员干部在对待是与非、公与私、真与假、实与虚的态度和行为上存在的思想修养问题。要紧密结合当前和未来一个时期长春改革开放和发展振兴实际，通过理论中心组学习和党校培训等多种方式，深入开展形势任务教育，进一步增强党员干部加快发展、改善民生、建好城市、促进和谐的责任意识和忧患意识。要进一步推动思想解放，着力破解思想观念和体制机制上的各种束缚，提升各项工作的层次和水平，切实以党员的先锋模范作用，影响和带动全市人民始终保持昂扬向上的精神状态、攻坚克难的顽强意志和锐意进取的干事激情。

2.大力加强各级领导班子、干部和人才队伍建设，全面提高领导和推动科学发展的能力与水平。要以更宽的视野、更高的境界、更大的气魄，广开进贤之路，把各方面优秀干部及时发现出来、合理使用起来，特别是要坚持德才兼备、以德为先的用人标准,真正把那些政治坚定、有真才实学、实绩突出、群众公认的干部选拔出来。要重点抓好领导班子建设,进一步优化班子结构,引导领导干部深入贯彻落实科学发展观,牢固树立正确政绩观,着力提高转变经济发展方式能力、社会管理能力和应对突发事件能力。要继续深化干部人事制度改革,大力推行干部交流制度,规范干部选拔任用提名制度,完善干部退出制度,加大竞争性选拔力度,尤其是要抓好后备干部队伍建设,着力实施好"四个一"工程和"年轻干部千人优选计划"。要坚持党管人才原则,结合建设创新型城市,加快建立和完善有利于创新型人才开发培养的政策保障与服务体系;进一步加强与企业、高校、科研院所合作,建设一批创新型人才培养基地;全力实施"创新创业人才千人引进计划"和"千名青年科技英才开发计划",加快引进和培养一批高层次、高科技、高技能人才和经济社会发展需要的紧缺型人才,全面构建具有长春特色的产业人才高地。

3.大力加强基层党组织建设,不断提高基层党组织的创造力、凝聚力和战斗力。基层党组织是党全部工作和战斗力的基础。必须坚持以"创先争优"为统揽,全力推进城市社区基层组织"五有一创"工程,加快实施新一轮农村基层组织建设"三项工程",突出抓好非公有制经济组织、社会组织等领域的党建工作。特别是要围绕"基层组织建设年"要求,把基层党建工作和新时期的群众工作结合起来,坚持胸中始终有大局、心里时刻有群众,把人民放在心中最高位置,把群众利益高高举过头,努力实现"组织创优秀、干部争先进、党员受教育、群众得实惠"的目标。要进一步抓好基层党组织服务民生工作,深入开展"三帮扶"活动,达到"一改善、三加强、一促进"的目标。基层党务工作者长期奋战在一线,非常辛苦,一定要多关心他们,让他们没有后顾之忧、安心工作。

4.大力加强党的作风和反腐倡廉建设,进一步形成为民、务实、和谐、清廉的风气。党风廉政建设关系党的形象、关系人心向背、关系党的生死存亡。必须把作风建设作为一项"硬任务",在全市大兴艰苦奋斗之风,大兴执政为民之风,大兴求真务实之风,大兴团结干事之风。特别是要在全市干部中强调落实落实再落实,坚持"快、实、细、新"的工作作风,坚决治理"虚、拖、懒、散、庸"等不良风气。党员干部特别是领导干部一定要坚持少说多做、重行务实,绝不搞短期行为、绝不搞急功近利、绝不做表面文章,一步一个脚印地把各项工作推向前进。要强化制度约束,全面实施好开发区、县(市)区经济目标责任制和市直机关岗位目标责任制,市级领导班子服务重大项目、服务重点企业、服务基层群众的协调服务机制和重点工作任务的督导落实机制。要把反腐倡廉建设摆在更加突出的位置,以更加坚定的信心、更加坚决的态度、更加有力的措施,推进惩治和预防腐败体系建设,重点推进保障体系、预防体系、惩治体系、矫治体系建设,严格执行党风廉政建设责任制,切实强化"一岗双责",坚持用制度管人、管权、管钱、管事,严肃查处发生在群众身边的腐败问题,真正以反腐败斗争的实际成效取信于民。

同志们,新的征程已经开启。让我们更加紧密地团结在以胡锦涛同志为总书记的党中央周围,在省委、省政府坚强领导下,团结和带领全市人民,振奋精神,团结拼搏,为打造全省科学发展领头羊、民生改善排头兵、社会和谐首善区,让城乡居民生活得更加美好而努力奋斗,以优异成绩迎接党的十八大和省第十次党代会的胜利召开!

深入贯彻落实党的十八大精神
全力推进幸福长春建设
为率先全面建成小康社会而努力奋斗

——在中共长春市委十二届二次全会上的报告

高广滨

(2012年12月14日)

同志们:

这次会议的主要任务是:学习贯彻落实党的十八大精神,回顾总结2012年工作,研究部署2013年和今后一个时期的重点任务,组织动员全市各级党组织和广大党员干部群众,全力推进幸福长春建设,为率先全面建成小康社会而努力奋斗。下面,我代表市委常委会向全会报告工作。

一、2012年工作情况报告

即将过去的2012年,全市上下认真贯彻中央和省委各项决策部署,深入落实"三化"、"三动"等重大战略,大力推动"三大板块"协调发展,坚持走工业和服务业双拉动增长路径,有效应对了各种不利因素的影响和冲击,较好地完成了年初确定的各项目标任务。

1.全力以赴稳增长,全市经济在高基数高增幅基础上继续保持良好的发展态势。集中出台了一系列稳增长的专项意见,滚动推进总投资 5 650 亿元的五大类 150 个重大项目建设,一批左右经济社会发展全局的重大项目相继开工投产达效。进一步加大骨干企业和中小企业扶持力度,鼓励和支持科技创新,加快重点领域改革和对外开放步伐,整个经济发展活力不断增强。全年地区生产总值实现 4 456.6 亿元,增长 12%;全口径财政收入实现 18.1 亿元,增长 15.4%,地方财政收入实现 927.7 亿元,增长 18.1%;规上工业总产值实现 8 263.5 亿元,增长 17.4%;进出口总额实现 196.8 亿元,增长 13.4%;固定资产投资累计完成 3 172.9 亿元,增长 27.4%。各项主要经济指标增幅继续位居 15 个副省级城市前列。特别是反映全年经济效益的重要指标,规上工业企业利润实现 623.2 亿元,增长 10.1%,比全国平均水平高 4.8 个百分点。

2.坚持走工业和服务业双拉动增长路径,多业支撑的产业格局进一步夯实。支柱优势产业加快发展,汽车整车生产能力突破 200 万辆大关,农产品加工业产值在去年突破千亿后继续保持 29.5%的高速增长,长春轨道交通装备产业开发区被国家工信部授予“装备制造国家级新型工业化产业示范基地”。先进装备制造、光电信息、生物医药、新能源、新材料等五大战略性新兴产业产值首次突破千亿元大关。现代服务业和文化产业实现跨越式发展,服务业增加值完成 1 847.6 亿元,增速首次跃升为副省级城市第 1 位,农博会、汽博会、东博会、民博会、电影节等重大节庆会展活动成功举办。扎实推进创新型城市建设,科技贡献率不断提高。开放开发水平明显提升,兴隆综合保税区联检大楼等主体设施竣工,净月开发区升格为国家高新技术产业开发区。

3.着力发展现代农业,县域突破取得实质性进展。农业综合生产能力和现代化水平稳步提升,粮食产量再创新高,达到 182.2 亿斤。县域“产城融合”发展成效明显,经济增速达到 20%以上,在全省县域发展综合评比中,我市四县(市)全部进入综合发展指数前 10 名;农安县在全国县域经济与县域基本竞争力评比中,进入百强县行列。新农村建设扎实推进,农业基础设施和农村环境面貌明显改善。

4. 认真办好民生实事,群众的幸福指数和满意度明显提升。增收富民、保障惠民、实事利民三大工程扎实推进,列入民生行动计划的 99 项 252 件民生实事全部完成。“收入倍增计划”有序实施,创业就业工作走在全国前列,我市被国务院授予“全国优秀创业城市”,城市居民人均可支配收入和农民人均纯收入分别达到 22 969.7 元和 9 064 元,增长 12.1%和 13.8%,居民收入与 GDP 增长实现同步。社会保障体系更加健全,基本医疗、养老、失业保险保障面进一步扩大,城镇户籍人口基本医疗参保率达到 99%,医疗保险付费制度改革走在全国前列。住房、交通、教育、卫生等领域群众关注的热点难点问题得到有效解决,高标准完成了 1 221 万平方米的“暖房子”建设改造任务,为全市 4.9 万低保户发放了“幸福惠民卡”,长春连续五年被评为“最具幸福感城市”。

5.及时启动新一轮城市大建设大改造,新型城市化进程明显加快。坚持“重民声改造交通、讲科学建好城市”,下大力气推进城市重大基础设施建设,总投资 408 亿元的十大类 78 项城建重点项目全面启动,“一环、两横、三纵”快速路工程加快推进,地铁 1 号线全程施工、2 号线开工,轻轨三期 4 号线竣工试运行,总投资 11.6 亿元、可实现七种交通方式“零换乘”的长春站综合换乘中心北枢纽投入使用,全市瞩目的西客站经过两年紧张建设正式投入运营。燃气、供热、供水、排水管网改造同步实施,城市综合承载能力全面提升。北部新城、南部新城、西部新城和长东北开放开发先导区、西南工业区建设深度推进,净月、莲花山、九台、双阳等长吉一体化重要节点建设取得重大进展,四县(市)县城和重点城镇城镇化步伐明显加快。进一步加强城市精细化管理,新一轮 150 天市容环境综合整治行动持续实施,占地 9.7 平方公里的长东北城市生态湿地公园正式对外开放,伊通河城区段百里综合整治工程取得明显进展,城市面貌发生了新变化。

6.扎实推进社会管理创新,全社会始终保持和谐稳定。作为全省社会管理创新综合试点城市,我们结合阶段性市情特征,全面铺开“人性化、网格化、信息化”社会服务管理新模式,广泛开展“三关爱”志愿服务活动,并形成一批典型经验,中央文明委“三关爱”志愿服务活动座谈会在长春召开。认真抓好平安长春建设,深入开展“安全建设年”、“信访积案化解年”和“大排查、大走访、大接访”活动,妥善处置和稳控了一批突发事件和信访积案,有力保障了党的十八大和省党代会等重大会事期间的社会稳定,政法和信访工作满意度进一步提高;切实加强社会治安综合治理,全面落实夜治安巡逻等防控措施,群众安全感提高了 6 个百分点。精神文明和民主法制建设切实加强,人大立法监督、政协参政议政作用明显,工青妇桥梁纽带作用充分发挥,锦程街道真情服务官兵经验在全国推广,我市实现“全国双拥模范城”七连冠。

7.进一步加强和改善党的领导,党的建设科学化水平明显提高。深入开展学习实践科学发展观活动,学习型党组织建设扎实推进。深化干部人事制度改革,“年轻干部千人优选计划”正式启动,市委顺利完成换届,人大、政府、政协换届工作有序推进,首批“双百工程”专业技术选调生招录圆满完成,市委党校新校区落成并投入使用。以创先争优活动为统揽,全力推进“基层组织建设年”活动,进一步完善了基层党组织服务民生工作体系,所有县(市)区都建立了民生服务大厦,农村党组织“三项工程”建设取得明显成效。积极开展“三满意”机关创建和“三帮扶”活动,集中整治“虚、拖、懒、散、庸”等不良风气,基层、企业、群众的满意度进一步提高。深入实施“反腐倡廉制度建设年”活动,认真落实市委常委班子廉政建设“八项承诺”,扎实推进反腐倡廉“四个体系、三个建设”,切实加大对发生在群众身边的腐败问题的查处力度,集中查办了一批大要案,为民、务实、和谐、清廉的风气深入人心。

在肯定成绩的同时,也要清醒地看到发展中存在的一些问题，主要表现在：在宏观经济形势复杂多变的情况下，保持经济增长的压力还比较大；经济结构性矛盾比较突出，培育新的经济增长点任务还比较艰巨；围绕改善民生办了一些实事，但与老百姓追求美好生活的新期待还有较大差距；城市发展和运行中还存在一些瓶颈难题，解决交通拥堵问题还要加大力度，城市要素保障能力有待进一步提高；社会建设和社会管理领域存在一些薄弱环节，信访和维稳任务还比较重；党的建设需要进一步加强，一些干部在密切联系群众、服务群众方面还有差距。对这些问题我们要高度重视，在今后工作中采取切实措施，认真加以解决。

二、深入贯彻落实党的十八大精神，全力推进幸福长春建设，向率先全面建成小康社会目标迈进

党的十八大是在我国进入全面建成小康社会的决定性阶段召开的一次十分重要的会议。学习好、宣传好、贯彻好十八大精神是当前全市上下首要的政治任务。我们一定要按照中央和省委要求，着力在领会精神实质上下功夫，在紧密结合上下功夫，在强化措施上下功夫，在学以致用上下功夫，采取各种深化、实化、具体化的措施，把十八大精神的学习贯彻不断推向深入。特别是要深刻领会党的十八大主题，准确把握我们党举什么旗、走什么路、以什么样的精神状态、朝什么样的目标继续前进等重大问题；深刻领会过去5年和10年党和国家事业取得的新的历史性成就，倍加珍惜改革发展稳定的良好局面和积累的宝贵经验；深刻领会科学发展观的历史地位和指导意义，进一步增强贯彻落实科学发展观的自觉性和坚定性；深刻领会中国特色社会主义的丰富内涵和夺取中国特色社会主义新胜利的基本要求，坚定不移地沿着中国特色社会主义道路前进，切实增强中国特色社会主义道路自信、理论自信、制度自信；深刻领会全面建成小康社会和全面深化改革开放的目标，为在全省率先全面建成小康社会而努力奋斗；深刻领会社会主义经济建设、政治建设、文化建设、社会建设、生态文明建设等方面的重大部署，以更加务实的举措抓好事关全局的各项重点工作；深刻领会全面提高党的建设科学化水平新要求，切实为长春发展振兴提供坚强的政治保证和组织保证。

最近，习近平总书记在参观《复兴之路》展览后作了重要讲话，他指出："实现中华民族伟大复兴，就是中华民族近代以来最伟大的梦想。这个梦想，凝聚了几代中国人的夙愿，体现了中华民族和中国人民的整体利益，是每一个中华儿女的共同期盼。"总书记的讲话，展现了中华儿女不懈追求的美好愿景，彰显了以爱国主义为核心的民族精神，道出了中国梦最为本质的核心内容，在全国上下引起了强烈反响。落实十八大精神，实现"中国梦"，让人民群众生活得更加美好、更加幸福，是我们每一名共产党人的政治任务和奋斗目标，也应该是我们的人生追求。全市各级党组织和广大党员干部一定要认清形势，担起责任，把党中央的号召体现到推进长春各项事业发展、建设幸福长春、率先全面建成小康社会的具体实践中。

建设幸福长春，是我们贯彻中央和省委省政府要求部署，推动长春科学发展的实践总结，也是我们建设繁荣长春、和谐长春、开放长春、美丽长春的落脚点。我们要把它作为实现人民群众物质富足和精神富有的重要抓手和载体，作为全面建成小康社会题中应有之义和必由之路，按照即将出台的《中共长春市委长春市人民政府关于推进幸福长春建设的实施意见》抓好落实，并根据形势的发展变化不断丰富其核心内涵、指标体系和战略举措，努力做到经济发展和城乡居民生活水平同步提高，开发区、城区、县域"三大板块"同步发展，国家创新型城市、东北亚现代文化名城和绿色宜居的森林城建设同步推进。总的讲，建设幸福长春必须坚持以人为本，这是建设幸福长春的根本原则，只有从群众的需要和感受出发来开展工作，并让群众参与我们的建设，评价我们的工作，感受城市的变化，分享发展的成果，我们建设幸福长春才有意义，老百姓才会对这座城市有认同感、自豪感和归属感；必须坚持以经济社会发展为支撑，这是建设幸福长春的物质基础，物质基础越牢，幸福就越有保障；必须坚持以改革开放和自主创新为动力，这是建设幸福长春的必然选择和必要途径，只有依靠改革带来效率和潜力，依靠开放带来资源和空间，依靠创新带来优势和特色，我们建设幸福长春才有源源不断的动力；必须坚持维护社会公平正义，这是建设幸福长春的内在要求，要让每个市民都享受公平正义的阳光；必须坚持促进社会和谐，这是建设幸福长春的重要保证，老百姓的幸福感很大程度取决于社会是否和谐稳定，没有和谐稳定的环境，幸福就无从谈起。具体工作中，重点就是要抓好"十个推进"：推进收入倍增计划，使人民群众生活更加富裕；推进社保体系建设，使人民群众生活更有保障；推进安居工程建设，使人民群众居住条件更加舒适；推进交通设施建设，使人民群众出行更加便捷；推进人居生态改善，使人民群众生活环境更加优美；推进教育公平均衡发展，使人民群众享有更加优质教育；推进医疗卫生服务体系建设，使人民群众身体更加健康；推进城市文化软实力提升，使人民群众生活更加充实；推进平安长春建设，使人民群众更有安全感；推进社会公平正义，使人民群众生活更加和谐。

三、2013年重点工作安排

明年是全面深入贯彻党的十八大精神的开局之年，是实施"十二五"规划承前启后的关键一年。明年工作总的考虑是，深入学习和全面贯彻落实党的十八大精神，坚持以邓小平理论、"三个代表"重要思想、科学发展观为指导，紧紧围绕主题主线，围绕率先全面建成小康社会、打造幸福长春目标，围绕科学发展、改善民生、建好城市、促进和谐大局，进一步实施好"三化"、"三动"、"三大板块"协调发展、工业和服务业双拉动等重大战略，以提高经济增长质量和效益为中心，坚持稳中求进总基调，促进经济持续健康发展，加快调整产业结构，积极稳妥推进城镇化和城市重大基础设施建设，深化改革开放和创新驱动，着力保障和改善民生，促进社会和谐稳定，切实把经济建设、政治建设、文化建设、社会建设、生态文明建设和党

的建设各项任务落到实处。力争全市地区生产总值增长13%左右，全口径财政收入增长13%左右，固定资产投资增长25%以上，规上工业增加值增长14%，居民收入与经济保持同步增长。重点要抓好以下几方面工作。

1.要以提高经济增长质量和效益为中心，推动经济持续健康发展。按照十八大要求，我们既要讲加快发展，更要讲加快转变、加快改革；既要注重保持一定的发展速度，更要注重发展的质量、效益和可持续性。要牢牢把握稳中求进的工作总基调，不回避矛盾，不掩盖问题，突出转变经济发展方式，加快促进经济转型。要努力使经济发展更多地依靠内需特别是合理投资和消费需求拉动，着力促进投资稳定增长和结构优化，突出抓好"十二五"确定的150个重大项目建设，不断培育新的经济增长点。同时要把扩大消费摆在更加突出的位置，抓好商品流通体系建设，积极培育一批拉动力强的消费增长点，力争明年消费对经济增长的贡献率提高2个百分点以上。更多地依靠支柱优势产业、战略性新兴产业和现代服务业带动，加快汽车、农产品加工、轨道交通装备制造三大产业基地建设，突出抓好300万辆整车扩能工程，重点抓好自主品牌、新能源汽车、汽车零部件和物流通道建设，全力打造"国际汽车城"；突出抓好大成200万吨化工醇等农业产业化项目，抓好粮食深加工、畜产品加工等十大龙型产业，全力打造"绿色食品城"；突出抓好轨道交通装备产业开发区建设以及配套产业发展，进一步提高生产能力。要把战略性新兴产业和现代服务业摆在更加突出的位置，着力发展先进装备制造、光电信息、生物医药、新能源、新材料等战略性新兴产业，加快发展现代物流、旅游会展、金融服务、信息服务、商务服务、科技服务、总部经济、服务外包等现代服务业，明年战略性新兴产业产值占规上工业产值比重力争再提高1个百分点以上，服务业增加值要力争突破2 000亿元。更多地依靠改革开放和创新驱动，深化改革是加快转变经济发展方式的关键，要加快财税体制改革，特别是要加快财政投资体制改革，利用市场化的办法，解决发展中的资金瓶颈问题，加快建立起公共资源出让收益合理共享机制；要深化国有企业改革，进一步完善国有资产管理机制；要深化农村土地流转制度改革和征地制度改革，坚持和完善农村基本经营制度，加快构建集约化、专业化、组织化、社会化相结合的新型农村经营体系；要深化行政审批制度改革，继续加大简政放权力度，不断提高政府办事效率。扩大开放是我们这样的内陆城市，迅速提升经济实力的重要手段，明年要加大招商引资力度，开展大规模招商引资，特别是要利用冬季这段时间，组织相关部门和企业多出去走走，采取叩门招商、产业招商等形式，积极争取引进一批大的战略投资者，努力在全市形成大招商、招大商的浓厚氛围，这是我们经济工作的重中之重，须臾不能放松。同时要抓好高新、经开、净月、汽开以及长东北开放开发先导区、莲花山生态旅游度假区、兴隆综合保税区、空港经济开发区等开放平台建设，不断增强经济发展活力。打造创新型城市是我们转型升级的重要目标，前几天省里刚刚召开科技创新大会，我们要按照会议要求，进一步提高我市首创的科技成果本地转化率，进一步依托科技资源优势加快发展高端大产业，进一步依靠科技创新抓好重要战略性资源开发利用，进一步加大对在长科研院所和高校科技创新的支持力度，进一步解决好企业技术创新主体地位问题，进一步抓好科技成果孵化基地建设，进一步提高科技成果产业化综合配套能力，进一步优化科技创新软环境，全市各级党政一把手一定要亲自抓科技创新，努力通过科技创新解决事关全局的重大问题。尤其是要抓好"四位一体"的创新驱动联盟，发展好P-OLED等新兴高技术产业。当前重点就是要举全市之力推进净月创新型生态城建设，落实好即将出台的《中共长春市委长春市人民政府关于加快净月创新型生态城建设的意见》，把净月打造成南部新城建设的样板区和创新型城市建设的示范区。更多地依靠骨干企业和中小企业推动，继续实施好骨干企业成长工程和中小企业扶持工程，一方面加快一汽、大成、长客、中粮、皓月、亚泰、欧亚、东光、大陆电子、新大石油等一批大企业发展，着力打造百亿级企业集群；另一方面要大力推动民营经济和中小微企业发展，促进全民创业，认真落实好国家和省、市出台的一系列支持中小企业特别是小微企业、科技创新型企业的金融财税政策，力争明年新增规模以上企业50户、中小企业1 500户。同时支持企业走向国际市场，大力发展进出口贸易。更多地依靠开发区、城区、县域"三大板块"协调互动，坚持错位竞争、共同发展，加快推进开发区"二次创业"、城区率先发展和县域重点突破，尤其是要把县域作为长春未来发展的重点所在、潜力所在和希望所在，按照"产城融合"要求，进一步抓好现代农业和县域工业集中区建设，落实好强农惠农富农政策，加大农田水利基础设施建设力度，加快把四县（市）打造成中等城市，努力为经济的长远稳定增长奠定坚实的基础。同时，要加大节能减排工作力度，积极发展清洁能源和新型能源，进一步加快产业体系低碳转型，努力实现绿色发展、循环发展、低碳发展。

2.要把改善民生摆在更加突出的位置，努力让发展成果更多更公平地惠及人民群众。人民对美好生活的向往，就是我们奋斗的目标。要按照十八大"努力让人民过上更好生活"的要求，多为老百姓办实事、解难题，重中之重就是要继续实施好增收富民、保障惠民、实事利民三大工程。在增收富民上，要以实现居民收入增长和经济发展同步、劳动报酬增长和劳动生产率提高同步为目标，全力落实"收入倍增计划"，特别是要紧盯国家即将出台的收入分配制度改革方案，抓紧研究制定更多有利于提高居民劳动性、财产性和经营性收入的具体办法，切实提高群众的收入水平。同时要突出就业这个民生之本，实施更加积极的就业政策，形成发展经济推动就业、帮扶企业稳定就业、政策扶持鼓励就业、重点人群统筹就业的良性格局。在保障惠民上，要继续扩大养老、医疗、失业、工伤、生育五大社会保险的覆盖面，认真做好被征地农民的社会保险工作。同时进一步完善"大救助"体系，深入开展好"万户特困户结对救助"活动，让群众实实在在地感受到党和政府的温暖。在实事利民上，要全力抓好教育、科技、文化、卫生、体育、人口计生以及残疾人等各项社会事业，每年围绕群众衣食住行的实际需要，多办几件老百姓看得见、摸得着的好事实事，着重推动教育均衡发展，深化医药卫生体制改革，抓好物价稳定和市场供应保障，促进房地产健康发展，特别是要抓好保障性住房建设、“暖房子”工程以及棚户区和老旧危房改造。总之，就是要通过努力，让群众得到更好的教育、更稳定的工作、更满意的收入、更可靠的社会保障、更高水平的医疗卫生服务、更舒适的居住条件、更优美的环境。

3.要全力推进城镇化和城市大建设大改造，加快打造美丽长春。推进城镇化是拉动内需的重要着力点，也是落实“三化”统筹战略、加快长吉一体化进程的关键环节。我们必须顺应新型城市化要求，结合城镇化建设，加快城市大建设大改造步伐，着力解决好群众关心的交通、环境、城市要素保障等问题。要加快构建现代交通体系。重点是要加快推进符合省会城市规模和特点的快速路体系、轨道交通体系和公共交通体系建设。明年要突出抓好“一环、两横、三纵”城市快速路体系建设，抓好“一环”就是充分发挥好四环路的连通作用，把城区和开发区有效串联起来；抓好“两横”就是加快推进以台北大街、东荣大路为重点的北部快速路和以硅谷大街、卫星路为重点的南部快速路建设；抓好“三纵”就是在中部亚泰大街快速路实现主线通车的基础上，加快东部以远达大街、东盛大街、仙台大街、彩宇大街为主线和西部以青年路、普阳街、宽平大路、前进大街为主线的快速路建设，力争明年年底实现主线通车。同时加快打通西客站－景阳大路－解放大路－吉林大路－机场高速这条贯穿城市东西的主轴线，和人民大街一起构成城市交通“大十字轴”，从而构建起快捷通畅的现代化、立体化交通大格局。要全面推动绿色宜居的“森林城”建设。十八大提出了“五位一体”的总布局，特别是把生态文明建设纳入到总布局当中，恰合长春的城市特点和建设目标。我们要加快让绿色概念走进整个城市，走进人民生活。特别是要建好城市森林，依托大黑山、哈达岭山脉，重点建设好净月潭、莲花山、新立城等城市森林以及机场路风景林带和环城绿化带，力争全市森林覆盖率再提高 0.5 个百分点以上，让森林拥抱城市、让城市走进森林；建好城市湿地，城市东部要突出抓好以石头口门、饮马河为重点的湿地群落建设；城市中部要突出抓好以伊通河为中线的湿地轴带建设，加快启动上游南溪湿地，着力提升下游长东北城市生态湿地建设层次和水平；城市西部要突出抓好串湖、雁鸣湖等生态水系恢复工程，进一步放大城市湿地的水源涵养功能、环境改善功能、休闲旅游功能；建好城市水域，着力建设好城市南面的南湖、北面的北湖、东面的东湖，同时再加快在城市西面高标准建设一个西湖。建好城市绿地，继续按照增加园林绿地、增加开敞空间的“双增”要求，建设“百木园”等一批城市公园和景观绿地，同时坚持点、线、面结合，通过拆墙透绿、见缝插绿、见空植绿等办法，进一步增加绿化面积，不断提高城市绿化水平，努力打造“天蓝、地绿、水净、城美”的绿色宜居森林城。要着力抓好“三城”建设。北部新城要突出抓好大铁北改造，进一步提升环铁商圈市场环境和铁北区域人居环境；南部新城要加快城市南出口外移，着力推进中央商务区建设，全力打造城市副中心；西部新城要抓住哈大高铁运营的有利契机，进一步加大基础设施跟进力度和招商引资力度，全力打造城市西部综合交通枢纽区、现代服务业集聚区和高品质生态居住区。要进一步提高城市要素保障和精细化管理能力。着眼满足城市规模、产业规模和人口规模扩张需求，全力抓好水、电、气、热等城市要素保障，重点加大水厂、热电厂、污水处理厂、地下管网等重要基础设施建设力度，切实为城市长远发展打好基础。同时要抓好城市精细化管理，继续实施 150 天市容环境综合整治行动，积极运用物联网、云计算等信息化技术成果，构建高技术管理平台，推进城市重要基础设施智能化升级改造，全力打造智慧长春。

4.要大力实施“文化兴市”战略，进一步推动文化大发展大繁荣。文化是民族的血脉，是人民的精神家园。要坚持把社会主义核心价值体系建设作为实施“文化兴市”战略的首要任务，倡导富强、民主、文明、和谐，倡导自由、平等、公正、法治，倡导爱国、敬业、诚信、友善，弘扬“宽容大气、自强不息”的城市精神，全面抓好精神文明建设。在此基础上，要继续抓好文化发展、文化惠民和文化改革等各项重点工作。文化发展，要立足打造“千亿级文化支柱产业”，加快推进文化与科技、创意、金融、旅游等产业的融合，加快发展文化创意、动漫游戏、文化会展、影视传媒、数字出版等新型文化业态，不断提高文化产业规模化、集约化、专业化水平，明年重点要抓好净月文化产业发展区、长影世纪城二期、东北亚文化创意科技园、吉美文化创意港等文化产业“双十工程”，力争文化产业增加值达到 580 亿元以上。文化惠民，一方面要以建设全国公共文化服务体系示范区为契机，加快市规划展览馆、市博物馆、市文化艺术展览馆等重点文化场馆建设，不断健全文化基础设施网络；另一方面要坚持贴近实际、贴近生活、贴近群众原则，创作更多群众喜闻乐见的文化精品力作，开展更多百姓广泛参与的群众文化活动，努力满足群众日益增长的精神文化需求。文化改革，要继续深化文化管理体制改革，进一步完善扶持文化事业、发展文化产业、鼓励文化创新的政策措施，特别是要加大财政、税收、金融、用地等方面对文化产业的支持力度，加快引导金融资本和社会资本投入到文化发展上来，努力实现公共文化服务供给由文化系统的“内循环”到市场和社会的“大循环”。

5.要突出社会管理创新，全面加强社会和谐稳定和民主法制建设。要把社会管理、维护稳定、民主法制建设摆在更加重要的位置，全力推进和谐长春建设。要着力创新社会管理。按照十八大加快建立“党委领导、政府负责、社会协同、公众参与、法治保障”的社会管理体制要求，落实好即将出台的《长春市加强和创新社会管理总体规划（2012—2016 年）》，加快推进社会体制改革，全面提高社会管理科学化水平，特别是要坚持把更多的精力放到基层，把更多的人力、物力、财力投到基层，全力推动街道工作重心向社会管理和公共服务转移。重点是要落实好“人性化、网格化、信息化”社会管理新模式，推行“街道社区一体化”工作机制，开展幸福社区建设，加快使全市城乡社区成为管理有序、服务完善、文明祥和的社会生活共同体。要着力维护社会稳定。继续开展好“大排查、大走访、大接访”活动，切实通过信访渠道解决好群众反映强烈的突出问题；着力完善社会风险防控化解机制，全面提高矛盾排查、事件预警和调解处置能力，同时要加快建立社会风险评估机制，凡是涉及群众切身利益的重大决策出台、重大改革措施制定、重点工程建设，都必须进行经济效益和社会稳定风险“双评估”；进一步强化对消防安全、生产安全、食品药品安全、交通安全、燃气安全的监管排查，确保不发生重大公共安全事故；加大社会治安综合整治力度，始终保持对各类违法犯罪活动的高压态势，确保城市安全、社会稳定、百姓平安。要着力加强民主法制建设。支持各级人大及其常委会和各级政协依法依规履行职责。加强同各民主党派、工商联、无党派人士合作共事。充分发挥工会、共青团、妇联等人民团体联系群众的桥梁纽带作用。认真做好民族、宗教、外事、侨务和港澳台工作。全面推进科学立法、严格执法、公正司法、全民守法，深入开展“六五”普法教育，积极打造“法治长春”。继续抓好“双拥”工作，努力走军民融合式发展道路。

6.要进一步提高党的建设科学化水平，加快建设学习型、服务型、创新型党组织。事业兴衰，关键在党；为政之要，贵在得人。全市各级党组织和广大党员干部，面对新形势下的“四个风险”、“四个考验”，一定要深刻领会党的十八大关于提升党建科学化水平的要求，牢牢把握加强党的执政能力建设、先进性和纯洁性建设这条主线，坚持解放思想、改革创新，坚持党要管党、从严治党，全面加强党的思想建设、组织建设、作风建设、反腐倡廉建设、制度建设，努力增强自我净化、自我完善、自我革新、自我提高四种能力，切实为推进幸福长春建设，率先全面建成小康社会提供坚强的政治和组织保证。要改进工作作风，密切联系群众。“空谈误国、实干兴邦”，办好长春的事情，干部是关键，作风是保障。前不久，中央政治局审议通过了关于改进工作作风、密切联系群众的八项规定。根据中央和省委要求，省里正在研究制定具体意见，市里也将出台实施细则，专门就调查研究、会议活动、新闻报道等进行明确规定，市委常委要充分发挥表率作用，带头改进调查研究，不走过场、不搞形式主义；带头精简会议活动，切实改进会风，开短会、讲短话，力戒空话、套话；带头精简文件简报，切实改进文风；带头规范公务活动，严格控制随行人员，简化迎来送往，按规定乘坐交通工具；带头厉行勤俭节约，严格遵守廉洁从政有关规定；带头改进新闻报道，努力以我们自身的实际行动来促进和优化工作作风。道虽迩，不行不至；事虽小，不为不成。各级党组织特别是领导班子一定要以身作则、重行务实、少说多做，要求别人做到的自己先要做到，要求别人不做的自己坚决不做，绝不提不切实际的口号，绝不做表面文章，绝不搞短期行为。要扎扎实实地开展好以为民务实清廉为主要内容的党的群众路线教育实践活动，认真推进“三帮扶”和“三满意”机关创建活动，一件一件地把基层、企业和群众反映最强烈的问题解决好，一步一个脚印地把我们的事业推向前进。要推进干部人事制度改革。这是加强领导班子和干部队伍建设的根本之举，也是防止和克服用人上不正之风的治本之策。要坚持正确的用人导向，坚持德才兼备、以德为先的用人标准，不断提高选人用人公信度。重点是要进一步完善干部选拔任用提名、干部交流、干部退出等制度，加大竞争性选拔力度，特别是要注重从基层一线选拔培养一批政绩突出、能力过硬、作风扎实、群众公认的优秀年轻干部，不断增强干部队伍的整体活力。要加快确立人才优先发展战略布局，进一步深化人才特区建设，启动实施青年科技人才开发培养“双千计划”，积极营造尊重劳动、尊重知识、尊重人才、尊重创造的浓厚氛围。要强化基层组织建设。党的基层组织是贯彻党的方针政策、落实各项任务的战斗堡垒。要坚持重心下移，继续围绕“基层组织建设年”活动，着力抓好城市社区基层组织“五有一创”工程和新一轮农村基层组织建设“三项工程”，力争率先实现城乡社区建设全域化。要突出“服务群众、做群众工作”这个主要任务，进一步完善基层党组织服务民生工作体系，创新做好新形势下群众工作的方式方法，切实发挥基层党组织凝聚民心、联系群众的重要作用。要加强反腐倡廉建设。“物必先腐，而后虫生”。十八大鲜明指出，反腐倡廉必须常抓不懈，拒腐防变必须警钟长鸣。我们一定要坚持标本兼治、综合治理、惩防并举、注重预防的方针，全面推进惩治和预防腐败体系建设。阳光是最好的“防腐剂”，制度是最可靠的“防火墙”，要继续深化“反腐倡廉制度建设年”活动，坚持用制度管人、管权、管钱、管事，特别要按照改革限权、依法确权、科学配权、阳光示权、全程控权的“五权”建设要求，着力推动公共资源、优质资源、紧缺资源公开化配置，全市各部门应该公开的、可以市场化配置的权力，都要依法依规公开，不搞暗箱操作，真正让权力在阳光下运行。要始终保持惩治腐败高压态势，严肃查处重点领域尤其是群众身边的腐败问题，努力形成干部清正、政府清廉、政治清明的良好环境。

同志们，明年工作任务艰巨而繁重。我们要以全面贯彻落实党的十八大精神为契机，紧密团结在以习近平同志为总书记的党中央周围，在省委、省政府领导下，团结带领全市人民，解放思想，改革开放，凝聚力量，攻坚克难，全力推进幸福长春建设，为率先全面建成小康社会而努力奋斗！

政府工作报告

——2012 年 12 月 20 日在长春市第十四届人民代表大会第一次会议上

市长　姜治莹

各位代表：

现在，我代表市人民政府，向大会报告工作，请各位代表审议，并请市政协委员提出意见。

一、2012 年和本届政府工作回顾

2012 年是极不寻常的一年。在市委的坚强领导下，在人大、政协的监督支持下，我们紧紧依靠全市人民，坚定信心，迎难而上，顽强拼搏，从容应对复杂多变的外部环境，成功保持了经济社会持续健康发展的良好态势。

地区生产总值完成 4 456.6 亿元，增长 12%；工业增加值完成 1 922.1 亿元，增长 12.1%；服务业增加值完成 1 847.6 亿元，增长 11.8%；固定资产投资完成 3 172.9 亿元，增长 30.4%。这些主要经济指标的增长速度在 15 个副省级城市中均排在前列。

实现全口径财政收入 927 亿元，增长 15.5%；地方财政收入 340.8 亿元，增长 18.1%；规模以上工业企业利润 623.2 亿元，增长 10.1%；城市居民人均可支配收入 22 969.7 元，增长 12.1%；农民人均纯收入 9 064 元，增长 13.8%。这些体现经济增长质量和群众收入水平的指标均与经济实现了同步增长。

实践表明，长春经受住了困难和风险的考验，在全面振兴的道路上又迈出了新的坚实步伐。

一年来，我们主要做了以下工作：

(一)积极克服下行压力，经济增长实现稳中有进

先后出台 25 项稳增长政策，连续采取促进自主品牌汽车销售、壮大战略性新兴产业等一揽子措施，不仅稳定了经济大局，还促进了结构调整。

全年生产汽车 186.9 万辆，增长 14.5%，完成产值 4 888.5 亿元，增长 16.5%，这两项指标增速分别高于全国 8.8 个和 4.8 个百分点。

农产品加工业产值增长 27.8%，为工业增长做出了突出贡献。

先进装备制造、光电信息、生物医药、新能源、新材料五大战略性新兴产业产值突破千亿元大关，科技创新引领发展作用日益显现。

现代物流产业增加值增长 18.5%，金融服务业增加值增长 21%，文化产业增加值增长 40%，旅游业总收入增长 27%，现代服务业占经济比重稳步提高。

引进富士康等 9 户世界 500 强、国内 500 强企业，实际利用内外资均增长 20%以上。

农业战胜春旱、虫灾、台风灾害喜获丰收，粮食产量达到 182.2 亿斤，再创历史新高。

在全省县域综合发展考评中，四县(市)全部进入综合排序前十名，农安县连续两年位列第一。

(二)全力加快项目建设，城市发展后劲明显增强

“十二五”规划确定的 5 大类 150 个重大项目按预定计划顺利推进，全市投资 3 000 万元以上项目总数达到 2 480 个，比上年增加 400 余个。

城市中心区，实施了 300 多个投资亿元以上项目，推动服务业全面扩容、提档升级。

城市西南，一汽丰越 10 万辆整车竣工投产，轿股三厂 50 万辆整车、轴齿工业园、乘用车研发中心等重大项目相继开工，世界级汽车产业集群正在崛起。

城市西北，36 个轨道客车配套项目开工建设，建筑面积 28 万平方米的轨道客车装备园区初具规模。

城市东北，北远达大街、北湖大桥建成通车，打通了连接城市中心区的两条主干线，引进并建设了 67 个战略性新兴产业项目，总投资额同比提高近一倍。兴隆保税区具备封关运营条件，首批落位 18 个外向型项目，长春对外开放的新高地正在形成。

城市东部，莲花山度假区、二道物流产业园区、九台空港新城、长德新区竞相建设、齐头并进，长吉一体化步伐不断加快。

净月西部，直通新立城坝下的生态大街全线贯通，重大项目纷纷落位，总长 15 公里的高端服务业产业带已现雏形，正在全力建设创新型生态城。

(三)努力加大投入力度，城市建设改造全面铺开

今年，城市建设实施了 78 项重点工程，资金投入达到 408 亿元，相当于上年 5.4 倍。

“两横三纵”快速路全线开工，亚泰大街跨繁荣路、自由大路高架桥投入使用，机场大道建设顺利推进，三环路开始拓宽改造，初步构建起立体化的城市道路主框架。

轻轨 4 号线投入运营，地铁 1 号线转入全程施工，地铁 2 号线开工建设，长春西站综合换乘中心、长春站综合换乘中心北枢纽投入使用，长春大踏步地迈向轨道交通时代。

长平高速改扩建以及长春至双辽、九台至双阳高速公路

开工建设，哈大高铁正式投入运营。

新建扩建4座净水厂、5座污水处理厂。伊通河城区段截污干管完成改造，串湖水系及3条城市明沟实现污水截流。改造燃气危旧管网340公里、供热管网311公里、供水管网264公里、排水管网130公里。新增供热能力2 799万平方米。主次街路机械化清扫率由21.4%提升到47.2%。

新建续建7座公园，9.7平方公里的长东北湿地公园正式对游人开放。改造精品绿地63处，绿化彩化街路121条，新建城市绿地500余公顷。

新一轮土地利用总体规划通过国务院审批，新增建设用地指标4.82万公顷。

强化交通管理，在全年新增12万辆新车、城市道路改造全面铺开的情况下，城市交通基本保持通畅。

深入开展市容环境综合整治，城市管理水平不断提高。

（四）坚持民生第一目标，切实办好惠民利民实事

今年，我们把市级新增财力70%以上用于改善民生，为群众办了100余件实事。

创业促就业工作取得突出成效，被国务院命名为全国创业先进城市。

提高了职工最低工资标准、个体工商户个税起征点、退休人员养老金标准以及"三无"人员、农村五保户供养标准。

新增农村居民、城市居民、城镇职工养老保险参保人数170余万，养老保险扩面取得历史性突破。

为4.9万户低保群众发放"幸福惠民卡"，低保救助力度进一步加大。

建立了贫困家庭子女从学前教育到高等教育全程资助的政策体系，力争不让一个孩子因贫失学。

积极开展听障、脑瘫、孤独症儿童康复医疗救助，一批残疾人家庭实施无障碍改造，残疾人康复中心启动建设。

新建保障性住房10 645套。2 123户低保家庭入住廉租房。200万平方米无籍房完成确权。1 221万平方米老旧楼宇完成"暖房子"改造。600余栋住宅完成楼道粉刷。拆除D级危房117栋。综合整治老旧散住宅区33个。住房公积金覆盖面稳步提高。

深入创建幸福社区，社区管理和公共服务能力进一步增强。

提高了职工医保、居民医保和新农合报销封顶线，新增20个定额治疗病种，70余项常规诊疗项目费用平均降低23%。全面推广五城区成功经验，四县（市）和双阳区中心医院启动基本药物制度改革。率先在全国免费开展乙肝病毒母婴阻断工程。市中医院开工建设，市中心医院扩建顺利推进，市心理医院建成投入使用。首轮健康长春行动计划全面完成。国家卫生城市复检顺利通过验收。

新建改建38所公办幼儿园，增加普惠性幼教学位5 500个。孤独症儿童康复教育中心、2所民族中小学、4所城乡接合部学校建成投入使用，40所中小学完成校舍、操场、消防设施标准化改造。开展"大学区"改革，推动义务教育学校资源共享、优势互补，稳步提高教育均衡水平。大力发展职业教育，合隆职教园区前期准备顺利推进，农业学校异地新建项目一期工程竣工。新购657台标准校车，4.5万名农村中小学生获得安全校车服务。

深入开展国家公共文化服务体系示范区创建，孔子文化园建成开放，市档案馆完成改造，市图书馆改造顺利推进，新建改建7个县级图书馆、文化馆，114个乡镇（街道）综合文化站、1 320个村（社区）文化活动室达到国家规定标准，308个社区、841个行政村配备文化专干，公共图书馆、文化馆、乡镇（街道）综合文化站实现免费开放。市县两级文化体制改革顺利完成。

圆满完成第十二届全国冬季运动会长春赛区承办任务，以29块金牌的成绩荣列金牌榜第二名。奥林匹克公园3个体育场馆完成主体工程。

（五）加强和创新社会管理，社会大局保持和谐稳定

自觉接受人大及其常委会的法律监督、工作监督和政协的民主监督，坚持重大事项向人大报告、与政协协商制度。认真听取各民主党派、工商联以及无党派人士的意见建议。办理人大议案4件、人大代表建议191件、政协提案287件。

按照"人性化、网格化、信息化"的要求，夯实基层基础，创新社会管理服务体系，积极化解社会矛盾，强化为民服务能力。

深入开展"安全建设年"活动，排查整改安全隐患2.2万处，安全生产事故发生起数、死亡人数、经济损失分别下降43.5%、20.4%和49.6%。

深入开展平安创建活动，严厉打击各类刑事犯罪，110有效警情、刑事案件立案数分别下降31%和13.3%，命案破案率达到95.9%，群众安全感进一步提升。

深入开展食品安全专项整治和"百日会战"，食品安全监管取得新成效。

充分利用信访机构接待、市长公开电话、局长接待日、读报读网制度等各种渠道，及时掌握群众诉求，主动解决群众困难，群众信访总量降低12%。

扎实开展"三满意"机关建设和"万人评议机关"活动，经济发展软环境进一步改善。

强化依法治市，严格依法行政，坚持从严治政，政府自身建设取得新进展。

深入开展双拥共建，实现全国双拥模范城"七连冠"。

国家安全、工商、质监、统计、民族、宗教、外事、侨务、保密、人防、气象、地方志、红十字等工作都取得了新成绩。

各位代表，今年我们取得的丰硕成果，标志着长春经济社会发展跃上了一个新台阶，为本届政府五年任期画上了圆满句号。

自2007年市十三届人大一次会议以来的五年，长春不仅肩负着老工业基地调整改造的艰巨任务，而且遭遇了国际金融危机影响的严重冲击。全市人民战胜重重困难大踏步前行，经济社会发生了前所未有的深刻变化。

过去的五年，是综合经济实力全面跃升的五年。地区生产总值比2007年增长1.2倍，全口径财政收入增长2.2倍，规模以上工业总产值增长1.9倍，固定资产投资增长1.3倍，进出口总额增长1.5倍。在15个副省级城市中，经济增长速度始终位居前列，全口径财政收入由第14位前移到第12位，规模以上工业总产值由第12位前移到第9位，固定资产投资由第13位前移到第11位。主要指标翻番式增长、位次明显前移，标志着长春踏上了全面振兴的新征程，进入了大发展、快发展的新阶段。

过去的五年，是改革开放攻坚突破的五年。国有企业完成改制攻坚任务，国企改革遗留问题基本得到解决。民营企业由3.5万户增加到5.4万户，新增纳税超千万元民营企业230余户。先后与5个外国城市建立友城关系。引进13家世界500强、227户外资企业，外资企业税收占工业税收比例达到1/3以上。高新区、经开区新区建设取得实质性突破，汽车区、净月区晋升为国家级开发区，19个省级开发区迅速发展壮大，开发区进入了新一轮快速成长期。改革开放为长春发展注入了强大活力，也为未来奠定了坚实基础、拓展了广阔空间。

过去的五年，是产业结构不断优化的五年。200万辆整车、2 000辆轨道客车、百万吨化工醇扩能工程顺利完成，三大世界级产业基地初具规模。国家创新型城市建设取得明显进展，五大战略性新兴产业迅速发展壮大，成为支撑长春经济增长的新生力量。服务业投资连续5年位居三次产业之首，对经济增长的贡献率持续递增。长春已经基本形成了多业支撑、多业并举的产业格局，经济运行的稳定性和抗波动能力显著增强。

过去的五年，是农业农村蓄势变革的五年。新增粮食综合生产能力30亿斤，3个县(市)稳居全国十大产粮县行列，榆树连续9年产粮全国第一。农机化综合水平稳步提高，解放了农村劳动力，促进了土地规模经营。农产品加工业成为支柱产业，工业在县域经济中开始发挥主导作用，县(市)财政收入增长近4倍。农村人口开始向城镇集聚，县城人口均达到中等城市规模。现在的县域，以农耕为主的传统模式正在快速转型，初步形成了工业化、城镇化、农业现代化加速推进、良性互动的新局面。

过去的五年，是城市面貌日新月异的五年。先后启动了南部新城、西部新城、长东北、莲花山等区域开发建设，进一步加快北部新城、西南工业区改造开发，建成区每年以15平方公里以上的速度快速扩张。基础设施建设扎实推进，道路面积增长1.2倍、发电能力增长1.3倍、供热能力增长1.5倍、天然气供应能力增长1.4倍。29个公园、460余处绿地完成新建改造，30余条主要街路实施综合整治，2 000余万平方米棚户区变成了环境优美、功能齐全的现代化居住区。2008年长春被命名为国家卫生城市，2011年进入全国文明城市先进行列，城市综合质量显著提升，正向绿色宜居城市的目标阔步前进。

过去的五年，是社会事业繁荣进步的五年。医疗卫生体制改革取得突破性进展，率先在全国实行医疗保险付费方式改革，公办基层医疗机构全部完成标准化改造并实施了基本药物制度。基本完成中小学校舍安全改造，学前教育、基础教育、职业教育、特殊教育长足发展。修缮改造沙俄领事馆、南大营抗战陈列馆、南广场等历史建筑和历史街区，新建改造科技文化中心、光学博物馆、艺术剧场、杂技宫等文化设施。广场和社区演出、数字电影放映、送戏下乡等活动已成常态，群众文化生活日益丰富。全民健身活动蓬勃开展，冬夏奥运会均实现金牌零的突破。

过去的五年，是民生状况显著改善的五年。坚持每年召开一次民生大会、出台一个民生行动计划、为群众办100件左右实事。五年城镇新增就业45万人，城镇登记失业率始终控制在4%以内。职工最低工资、社会平均工资、离退休人员养老金都提高了80%以上。养老、失业、工伤、生育保险和住房公积金参保人数均增加70%以上，城乡医疗保障基本实现全覆盖。4次提高城乡低保标准、困难劳模补助标准，及时根据物价上涨情况向困难群众发放生活补贴。贫困家庭精神病人、白内障患者、唇腭裂儿童康复医疗救助基本实现“有一助一”。二次供水设施不达标、居民小区临时用电、退休职工进医保、困难群体接续养老保险等历史遗留问题的解决使60余万群众受益。棚户区改造、保障房建设、泥草房改造、“暖房子”工程帮助100余万中低收入群众改善了居住条件。民生工作得到了群众的认可和社会的高度评价，长春连续5年被评为最具幸福感城市，全市人民在更加和谐的社会环境中不断增进福祉、共享发展成果。

各位代表，在过去五年发展实践中我们深刻地体会到：只要我们在市委的坚强领导下，坚定方向、坚持不懈，就一定能够战胜各种困难和险阻；只要我们自觉接受人大、政协的监督，汲取力量、争取支持，就一定能够科学民主决策；只要我们把人民群众的利益高高举起，以人为本、执政为民，就一定能够赢得可靠持久的动力源泉。在此，我代表市政府，向为长春发展做出突出贡献的全市人民致以崇高的敬意！向给予我们监督与支持的人大代表、政协委员和社会各界人士，向积极参与长春发展建设的中省直驻长单位，人民解放军和武警驻长部队以及海内外的朋友们，表示衷心的感谢！

成绩鼓舞人心，经验弥足珍贵。我们也清醒地认识到，经济社会发展和政府工作还面临着许多困难和问题。主要是：经济总量仍然偏小，产业结构不尽合理，自主创新能力不强，资源环境矛盾突出，部分群众生活仍然比较困难，社会还存在一些不稳定因素，政府管理和服务水平有待提高，廉政建设需要进一步加强。这些问题都需要我们在今后工作中高度重视并着力加以解决。

二、未来五年主要任务

党的十八大、省十次党代会、市十二次党代会，为我们明确了未来五年的主要任务，这就是建设幸福长春，率先全面建成小康社会，让城乡居民生活得更加美好。

为完成这样的任务，我们要坚持以邓小平理论、“三个代表”重要思想、科学发展观为指导，紧紧围绕主题主线，围绕科学发展、改善民生、建好城市、促进和谐大局，进一步实施好“三化”、“三动”、“三大板块”协调发展、工业和服务业“双拉动”等重大战略，以提高经济增长质量和效益为中心，坚持稳中求进总基调，促进经济持续健康发展，加快调整产业结构，积极稳妥推进城镇化，深化改革开放和创新驱动，着力保障和改善民生，促进社会和谐稳定，切实把经济建设、政治建设、文化建设、社会建设、生态文明建设的各项任务落到实处。

实际工作中，我们要采取以下措施：

——推动经济转型增长。我们不仅要连续保持不低于副省级城市平均水平、全省平均水平的增长速度，还要更加重视质量、更加重视效益、更加注重科技创新，在不断转变发展方式、优化经济结构、提高发展可持续性的基础上，力争实现地区生产总值和地方财政收入翻番，人均 GDP 达到 15 000 美元以上，综合经济实力进入中等发达城市行列。

——大力调整经济结构。我们要调整城乡结构，稳步提高城镇化率和城镇化质量，初步形成城乡一体化发展格局。调整产业结构，充分发挥科技创新对产业升级的支撑引领作用，做精一产、做强二产、做大三产。调整工业结构，加快建设汽车、轨道客车、农产品加工三大世界级产业基地，推动战略性新兴产业在全国形成较强的竞争力。调整投资与消费结构，在发挥投资对经济增长关键作用的同时，逐年提高消费对经济增长的贡献率。

——加强城市建设管理。我们要保持城市化的旺盛势头，高标准建设“三城两区”，构建“双心、两翼、多组团”的城市空间结构。建设快速路、轨道交通、现代公交和慢行交通系统，形成能够承载百万辆汽车的现代交通体系。全面改造地下管网设施，确保水、电、气、热等生产要素能够满足当期需求并适度超前。基本完成夹馅棚户区、危旧房屋、历史文化街区改造，切实加强城市管理，实现城市形象全面提升。

——统筹“三大板块”发展。我们要坚定不移地支持开发区转型升级、率先增长、带动发展，加速成为以新型工业化、高端服务业为主要产业内容的现代化新城区。各城区要成为服务业的主战场，在环境建设、城市管理、民生改善、社会和谐等各领域实现全面进步。各县(市)都要成为中等城市，尽快形成以二、三产为主的经济结构，人口加速向城镇集聚，社会主义新农村建设全面推进。

——强力推进改革开放。我们要以更大的勇气和智慧，不失时机深化重要领域改革，坚决破除一切不合时宜的束缚和桎梏。不断深化国有企业体制机制创新，推动国有资本更多地投向公益性行业和关键领域。支持和引导民营经济加快发展，完善中小企业发展政策，善待和支持小微企业。实施更加积极主动的开放战略，吸引国内外资金、技术、人才向长春快速集聚，全面提升开放型经济水平。

——全力改善生态环境。我们要加快建设城市森林、城市湿地、城市水域、城市绿地，不断加大自然生态系统修复保护力度。全面强化节能减排，能源、土地、水消耗强度分别降低30%以上，主要污染物排放总量下降50%以上。增强全民节约意识、环保意识、生态意识，积极推行循环经济、低碳经济等绿色经济模式，努力把长春建设成为天蓝、地绿、水净、城美的绿色宜居森林城。

——推进社会管理创新。我们要加强基层社会管理和服务体系建设，引导社会组织健康有序发展，充分发挥群众参与社会管理的基础作用。畅通和规范群众诉求表达渠道，建立健全重大决策社会稳定风险评估机制，从源头减少和化解社会矛盾。健全民主法制，保障公共安全，提高社会公平正义水平，努力开创社会和谐人人有责、和谐社会人人共享的生动局面。

——提高人民生活水平。我们要实施更加积极的就业政策，努力让更多群众实现更加稳定、更高质量的就业。大力推动富民增收，力争城乡居民收入实现倍增，群众收入差距不断缩小，中等收入群体持续扩大。加快完善基本公共服务体系，努力办好人民满意的教育，群众健康水平明显提高，基本文化权益得到更好保障，保障性住房力争应保尽保，城乡养老保险基本实现全覆盖，人人享有基本生活保障。

三、2013 年重点工作

全市经济社会发展主要预期目标是：地区生产总值增长13%左右，地方财政收入、城乡居民收入与经济保持同步增长，固定资产投资增长 25%以上，工业增加值增长 14%，进出口总额增长 15%，社会消费品零售总额增长 15%左右。

实际工作中，我们不仅要保持经济持续健康发展的好势头，取得质量效益同步提升的好成绩，还要在转变发展方式上取得新进展，在改革开放上取得新突破，在改善民生上取得新成效。

(一)突出增量调整，做大做强工业

明年，我们要坚持大上工业不动摇，依靠增量推动工业转方式、调结构、提质量。

狠抓工业项目建设，一汽轿股三厂 50 万辆整车、轴齿工业园、大成老厂区搬迁、长客装备等重大项目取得实质性进展。积极吸引世界 500 强、国内 500 强等战略投资者来长投资，在建投资 10 亿元以上工业项目数量达到 50 个，3 000 万元以上工业项目达到 1 000 个，工业投资增长 20%以上。

大力发展产业集群，汽车区核心零部件、经开北区生物化工、宽城和绿园轨道客车、净月汽车电子、高新北区战略性新兴产业、皓月清真产业要尽快达到千亿元产值规模。

加快建设创新型城市，强化“四位一体”创新驱动联盟，新建科技孵化器 50 万平方米，转化重大科技成果 100 项以上，战略性新兴产业增加值增长 20%以上。突出企业科技创新主体作用，尽快壮大光显示、激光技术、半导体照明、稀土镁合金等重点产业，使之成为长春未来发展的重要支撑。

实施骨干企业成长工程，努力培育一批产值超百亿元、超500 亿元的大企业。全面加大对中小企业的扶持力度，年内新增规模以上企业 50 户、中小企业 1 500 户。

加快调整产品结构，提高产品附加值，抢占产业链中高端，工业增加值率提高 2 个百分点以上。大力实施质量强市、商标品牌战略。

(二)突出融合互动,强化动力支撑

明年,我们要更加重视服务业,积极促进工业、服务业深度融合、良性互动,加快构建"双拉动"的发展格局。

加快建设长东北核心区、南部新城核心区、净月生态大街三大高端服务业聚集区,在建项目力争达到80个以上。北部新城要加快构建环铁商圈。经开南区部分区域要"退二进三"。长春西站周边、汽车区汽车公园周边要尽快启动服务业开发。莲花山度假区高端生态旅游开发要出形象、出进度。各城区要启动建设一批商业中心、特色商业街区,完善商贸流通体系,推动传统服务业晋档升级。

支持国内外企业在长设立区域性总部、研发中心、数据中心。新建续建4家五星级酒店、8家区域性批发市场。积极引进域外金融机构。大力支持企业上市融资。

加快建设区域性教育中心、医疗中心、购物中心、旅游中心、会展中心,集聚省内外高端消费。加快培育一批拉动力强的消费增长点,消费对经济增长贡献率提高2个百分点。

全面推进新一代信息技术应用,建设数字城市、无线城市、智慧旅游城市。大力发展软件与服务外包、电子商务、云计算数据平台等现代高端服务业。

启动建设长东北铁路物流园区,加快完善汽车物流通道,不断提升物流服务功能。

(三)突出城乡统筹,加快县域突破

明年,我们要以工促农、以城带乡,推动城乡一体化发展,努力开创县域发展振兴的新局面。

推动农安合隆、德惠米沙子、九台卡伦等县域开发区尽快与主城区融为一体,承接产业、吸纳就业、集聚人口、建设新城,成为拉动县域发展的强大引擎。长德新区要完成3平方公里项目摆放,经九合作区要启动建设,尽快形成国家级开发区带动县域发展的新格局。

四县(市)要以更大的力度推进工业化、城镇化,都要培育有特色的工业集群,都要按照中等城市标准抓好县城建设,都要突出培育一批重点乡镇。

启动新一轮粮食增产工程,逐步推广高光效农业,建设50万亩标准化粮田,玉米保护性耕作面积达到150万亩。推广农业机械深松。进一步提高农机化综合水平。创新农业经营体制。积极引导城郊退出普通粮食种植,向都市农业转型。抓好"菜篮子"工程,当年新增棚膜菜田2万亩。实施现代畜牧业提升计划,建成标准化养殖示范区200个。大力发展农业信息化。严格保护耕地,强化节约集约用地。

建立农业产业化发展基金,扶持农产品加工企业,农产品加工业增加值增长10%以上。

大兴农田水利,改造3处大型灌区、22处中型灌区,推进德惠五大围堤加固工程,完成10座病险水库除险加固。

启动幸福乡村建设计划,新建160个省级新农村示范村,绿化美化村屯200个,更新改造农防林600公顷,新建科学储粮仓5万套,解决20万农村群众饮水安全问题。

(四)突出建管并重,提升城市形象

明年,我们要以更大的力度推动城市建设、强化城市管理,力争城市绿色宜居水平有新的明显提高。

"两横三纵"快速路力争主线通车,机场大道城区段投入运行,三环路拓宽改造以及吉林大路、南湖大路东延长线等骨干工程取得实质性进展。加快建设腾飞大路跨绕城高速等立交桥。打通50条卡脖路、断头路。

续建地铁1、2号线,启动建设轻轨3号线东延长线、北湖快轨,54路有轨电车延伸线力争投入运营。

加快扩建一、三水厂,完成二、四水厂升级改造,启动建设六水厂。新建第五热电厂,供热能力新增1 000万平方米。改造供热管网200公里、燃气危旧管网240公里。加快升级城市电网。新建生活垃圾焚烧发电厂、餐余垃圾处理厂。

新建续建4座污水处理厂,力争3座污水处理厂建成投入使用。实施伊通河城区段雨污分流改造,启动新凯河、西部串湖和城市明沟生态综合整治,尽快形成美丽、生态、清澈的城市水系。

新建续建17座公园,新植街路40条、绿化彩化街路100条,新增城市绿地600公顷。

深入开展市容环境综合整治,从严治理城市管理顽疾,提高精细化管理水平。

伴随城市建设改造高峰的来临,明年城市交通拥堵压力将有增无减。我们要采取一切可以采取的措施,保畅通、保运转、保出行,全力克服暂时的困难,确保平稳有序地度过这段阵痛期。

(五)突出健全体系,推动文化繁荣

明年,我们要以健全基本公共服务体系为突破口,加快提升文化软实力,更加主动地迎接城市文化的大发展、大繁荣。

推动文化和科技融合,大力扶持文化创意、数字出版、影视传媒、动漫游戏等新兴行业和新型业态,壮大知合动漫、净月广告创意等一批文化产业园区,扶持100户文化骨干企业,尽快把文化产业培育成新的支柱产业。

加快推进市博物馆建设,新建群众文化活动中心、朝鲜族群众艺术馆、市图书馆铁南分馆,完成长影老厂区、方志馆改造,长影世纪城二期对外开放,县、乡、村文化基础设施全部达到国家规定标准,确保通过国家公共文化服务体系示范区验收。开展全民阅读活动,举办广场文化活动200场,放映公益数字电影22 000场以上。

不断深化文化体制改革,加快构建有利于文化繁荣发展的体制机制。

广泛开展全民健身活动。社区健身路径实现全覆盖,为10个乡镇、100个行政村安装健身器材。体育职业技术学院新建工程竣工,奥林匹克公园部分投入使用。

(六)突出改善民生,强化公共服务

明年,我们要围绕增收富民、保障惠民、实事利民三大工程,制定实施幸福长春行动计划,努力为长春群众创造更多的福祉。

增收方面,新增城镇就业12万人,农村劳务输出100万人次,应届高校毕业生就业率达到85%以上,“零就业家庭”保持动态为零,城镇登记失业率控制在4%以内。健全职工工资正常增长、集体协商和支付保障机制,努力增加职工收入。强化创业培训,增加创业贷款,力争新增小微型企业5 000户、个体工商户2万户,推动创业成为富民的重要途径。多渠道增加居民财产性收入。

养老方面,积极推动城镇职工、城乡居民进入养老保险体系,力争年内实现城乡养老保险基本全覆盖。进一步提高养老金发放标准。加快建设第二福利院,回族福利院投入使用。增加非营利性养老机构建设补贴和运营补贴,鼓励社会力量兴办养老服务机构。采取政府购买服务的方式为生活困难的居家老人提供日常养老服务。

救助方面,深入开展“万户特困户结对救助”活动。进一步提高城区最低生活保障标准、失业保险金发放标准和“三无”人员、农村五保户供养标准。向城乡低保和低保边缘家庭中小学生发放营养午餐补贴。城区17岁以下贫困听障少年助听器配发、贫困残疾人家庭无障碍改造基本实现“有一助一”。制定出台城镇贫困残疾人参加养老保险优惠政策。残疾人康复中心完成主体工程。

教育方面,全面实施基础教育质量提升工程。新建改建15所公办幼儿园,新增普惠性幼教学位4 000个。积极扶持民办幼儿园特别是普惠性民办幼儿园发展。规范幼儿园办学行为。提高义务教育生均公用经费,推动办学设施标准化,加强教师队伍建设,创建新优质学校。实施新一轮特殊教育三年规划。积极推动国家高职改革试点,合隆职教园区主体工程竣工,农业学校新校区投入使用。

健康方面,启动实施第二轮健康长春行动计划,创建国家健康促进示范城市。加快推进儿童重症诊疗中心、市中医院、市中心医院建设改造工程。在部分市级公办医院推广基本药物制度。大幅度提高职工医保、居民医保门诊报销限额。建立儿童白血病、血友病、再生障碍性贫血等10个重大疾病定额治疗制度,超出定额费用由医保全额报销。建立城镇居民大病保险制度,完善新农合大病二次补助制度,设立贫困群众大病救助专项资金,减轻群众大病医疗支出负担。加强全科医生培养,提高基层医疗卫生服务水平。

居住方面,加快建设保障性住房,年内力争竣工1万套。完成老旧楼宇“暖房子”改造1 000万平方米。加大D级危房改造力度。确权无籍房200万平方米。综合整治老旧散住宅区30个。下大气力解决居民小区弃管问题,力争用三年左右时间实现基本物业管理全覆盖。充分发挥住房公积金作用,帮助中低收入家庭改善住房条件。

出行方面,新建农村公路1 000公里以上,确保村村通、屯屯通覆盖率分别达到100%和60%。建立村村通公路维修养护长效机制,力争三年内道路完好率提高到90%以上。改造农村公路危桥险桥,力争两年内全部达到安全标准。改造城区巷道1 000条,四环内街路路灯基本实现全覆盖。新建公交候车亭100个,新购公交车500台以上,进一步增加公交专用道,建设智能公交管理系统,全面提升公交服务水平。

(七)突出改革创新,加强社会管理

明年,我们要以改革创新为统领,全面强化社会管理体制机制建设,努力营造既充满活力又和谐稳定的社会环境。

按照“人性化、网格化、信息化”的要求,不断加强和创新社会管理、公共服务体系。进一步简政放权,强化区级政府社会管理职能。积极推动街道办事处转型,把主要精力转到社会管理和改善民生上来。全面创建幸福社区,努力提高社区服务能力,城区社区公共服务用房面积三年内力争全部达到1 000平方米。培育社会组织,强化居民自治。

继续开展“大排查、大走访、大接访”活动,不断完善联合接访机制,充分利用市长公开电话等各种载体,畅通诉求表达渠道,排查化解民生难题。推行政务公开,加强行风建设。

深入开展“安全建设年”活动,全面排查整治生产、交通、消防等领域安全隐患,坚决遏制重特大事故发生。加强防灾减灾基础设施建设,逐步完善应急物资储备和联动救援机制。

建立食品安全质量可追溯体系,批发市场、农贸市场、大型超市食品快速检测基本实现全覆盖,强化食品安全监管,创建食品安全城市。

深入开展平安创建活动,落实社会治安打、防、控措施,严厉打击各类刑事犯罪活动,坚决做到黄赌毒必治、黑恶势力必除,命案破案率保持在90%以上,不断提高人民群众安全感。

推进“六五”普法和法律服务惠民行动。进一步做好国家安全和民族宗教工作。

创新开展双拥共建,推动军民融合式发展,为争创全国双拥模范城“八连冠”打下坚实基础。

各位代表,为了肩负起建设幸福长春这一艰巨而光荣的历史重任,我们必须高度重视并切实加强政府自身建设。

一定自觉接受人大及其常委会的法律监督、工作监督和政协的民主监督,坚持依法行政,努力建设法治型政府。

一定认真学习党的方针政策、各种专业知识,适应不断变化的新形势,努力建设学习型政府。

一定奋发有为地努力工作,狠抓工作作风转变,狠抓各项工作落实,努力建设务实型政府。

一定全心全意为群众谋福祉,始终与长春人民同甘共苦、团结奋斗,努力建设服务型政府。

一定加大反腐倡廉力度,做到干部清正、政府清廉、政治清明,努力建设廉洁型政府。

各位代表,幸福长春的美好前景鼓舞人心,全面建成小康社会的宏伟蓝图催人奋进。在新的五年征程里,让我们紧密团结在以习近平同志为总书记的党中央周围,在市委的坚强领导下,满怀激情,锐意进取,为建设幸福长春、让全市人民生活得更加美好而努力奋斗!

长春市全面推进社会管理创新工作

2012年4月，长春市被确定为全省社会管理创新综合试点城市后，长春市研究确定了以“创新社会管理、建设幸福长春”为目标，以“人性化、网格化、信息化”为主推模式，以改善民生和基层基础建设为重点，以平安建设和幸福社区建设为载体，打造具有时代特征、省会特点、长春特色的社会管理体系的总体思路。“人性化”就是以人为本，由管理向服务转变，由过去的能为群众做什么、就做什么，向现在的群众需要什么、就做好什么转变；“网格化”就是明确服务对象，落实服务人员和责任，让群众知道有事找谁；“信息化”就是利用现代信息手段，提高工作效率和服务水平。按照这一思路，制定出台了《关于加强和创新社会管理的意见》、《综合试点工作实施方案》、《基层基础规范化建设意见》、《综合信息系统建设意见》等文件，组织召开了一系列会议进行部署和推进。组织市委市政府政策研究室、发改委等部门学习借鉴外地经验，制定了《加强和创新社会管理总体规划》。2012年6月5日，新华社内参以《长春探索网格化模式强化基层社会管理》为题进行了报道，2012年10月7日，《人民日报》以《创新社会服务管理模式—长春依托“三化”建设幸福城市》为题，头版头条刊发了长春市工作情况。

一、保障综合治理工作开展

1. 完善组织领导体制。成立新的综治委，把市直50个职能部门纳入成员单位，由市委书记、市长亲自担任综治委主任，由市委副书记、常务副市长、政法委书记担任副主任，由政法委书记负责常务工作。各县(市)区、开发区和164个街道乡镇全部参照市里做法，建立了新的综治委及其领导体制，有效调动了各部门积极性。在411个社区、1 672个村全面建立综治工作站的基础上，按照中央综治委意见，探索组建村和社区综治委工作。同时，在南关区试点，成立社会服务管理局，整合政务中心、民生工作办公室、政府公开电话、应急办及基层党组织服务民生指导中心，在综治委的领导和综治办的指导下，负责社会管理工作，实现了资源整合、效率提高和成本节约。

2. 健全工作运行机制。在工作谋划上，做到“四个结合”，即把社会管理创新与基层党组织服务民生工作体系和民生行动计划紧密结合，与“三满意”机关创建和软环境建设紧密结合，与加强社会主义核心价值体系建设和全国文明城创建活动紧密结合，与推进社会主义新农村建设和依法治市紧密结合，真正做到顶层设计、统筹推进。在工作推进上，做到“四个纳入”，即把社会管理创新纳入经济社会发展总体规划，纳入党政领导班子政绩考核，纳入机关岗位目标责任制考评，纳入群众满意度测评，真正把工作落到实处。在工作要求上，做到“四个同步”，即把社会管理创新与经济建设等重点工作同部署、同检查、同考核、同奖惩。

3. 建立群众评价制度。市委提出要把社会管理创新和各项工作的评价权交给群众，在全市深入开展了“三满意”机关创建和“万人评议机关”等活动，认真征求群众意见，尊重群众感受，从最具体的服务群众工作抓起，从解决好群众不满意的问题做起，让群众满意。在社会管理创新中，还建立了让群众评价社区网格、让社区网格来评价部门的工作机制，并将结果与各部门奖惩挂钩，形成了机关围绕基层转、干部围绕群众转的局面。一些地方还针对群众需求，开展了家政服务、康复指导、课后辅导、老人照料陪护等特色服务，受到了广大群众的好评。

4. 推进机关职能下沉。探索和全面推行了街道领导班子成员和分管科室全部下社区、进网格的“街道社区一体化”工作机制，并明确要求全市各级各部门都要把职能和力量下沉到社区、把服务和管理工作延伸到网格。政法部门率先示范，社区法律咨询服务站建设、检察工作站建设、流动法庭、流动派出所、警务工作室建设等工作全面铺开,公安执法服务网格化、消防安全管理网格化经验在全省推广。

二、提升基层社会服务管理水平

1. 全面推进社区标准化建设。在创建幸福家庭和幸福社区基础上,深入开展"社会管理创新示范社区"评选活动,提升社区服务管理水平。加强社区硬件建设。2012 年是社区建设投入力度最大、速度最快的一年,投资总额和改扩建数量创历史新高,全市已有 252 个社区达到 500 平方米以上,有 59 个社区达到 1 000 平方米以上。加强社区规范化建设。在调查研究和总结典型的基础上,提出社区建设"五有八无"的目标,即有综治工作室、有信息化服务管理网络、有社会服务管理工作制度、有视频监控系统、有完备的社会服务管理队伍体系和无刑事案件、无未成年人犯罪、无邪教活动、无非正常上访、无安全事故、无吸毒人员、无家庭暴力、无零就业家庭;特别是社区社会服务管理站必须要做到名称统一、职能统一、标识统一、服务规范统一"四个统一"。加强农村社区化建设。在已经城镇化的乡镇、村和外来人口较多的乡镇、村,逐步推行农村社区化管理体制。尤其是针对被合并乡镇管理不到位问题,对 47 个撤并乡镇实行社区化管理。

2. 全面推行网格化服务管理。按照人口和地域规模,将全市初步划分为 12 400 多个网格。按照"一网多格、一格多员、一员多能"的原则,组成了一支以社区党组织成员、居委会干部、大学生助理、社区公益岗人员为主体,以 13 400 余人的综治协管员、14 700 余人的人民调解员和 30 余万人的群众志愿者为辅助的网格管理员队伍, 并在社区和网格内以公示板的形式公布了网格管理员姓名和联系方式,做到零距离服务。针对网格员队伍存在的倾向性问题,研究制定了《关于进一步加强社区网格管理员队伍建设的意见》, 解决社区聘用人员待遇问题,完善网格员队伍的管理、培训和使用等机制,稳定基层队伍,调动基层工作积极性。

3. 全面推行社区 1+4、农村 1+5 基层组织工作模式。结合基层组织建设,在社区探索总结和全面推行了"1+4"组织模式,即以党组织为核心,居民自治组织、社会公共服务组织、综治维稳组织和志愿者组织协调联动的组织工作模式, 在农村全面推行包括经济合作组织在内的"1+5"组织工作模式,有效发挥了基层党组织在社会管理创新中的引领作用, 推动了基层组织体系的建立、责任的落实和作用的发挥。组织开展综合治理进企业、进"两新"组织、进医院、进学校、进物业、进网格等综治"六必进",有效推动了基层和企业事业单位普遍建立综治组织,设立综治工作室,加强综治工作力量,完善综治工作机制,调动了社会力量参与到社会管理中。

4. 总结树立先进典型。在全市深入开展"谭竹青式社区工作者楷模"评选活动,着力培育和选树一批典型。经市委常委会研究决定, 在全市开展了向宽城区长山花园社区书记吴亚琴学习活动,号召社区干部以吴亚琴为学习榜样,做谭竹青式的社区工作者;同时,深入开展向翟树全学习活动,推动政法干警公正廉洁执法、维护社会公平正义;开展向交警支队特勤大队学习活动,激励广大公安交警爱岗敬业、无私奉献,服务群众。

三、打造社会服务管理平台

利用现代信息手段,着力打造资源共享、互联互通、全面覆盖的社会服务管理综合信息平台。2012 年,南关和宽城 2 个区已完成了平台建设,并正式运行,其他县(市)区、开发区正在建设之中。

1. 在县(市)、区和街道乡镇普遍建立社会服务管理中心。在县(市)、区整合资源,全面推行社会服务管理中心与社会矛盾调处大厅、政务大厅、民生大厅"一个中心三个大厅"的工作模式;在街道乡镇社会服务管理中心普遍建立集社会保障、就业服务、产业管理、信息管理、财经管理、党群建设等功能于一体的公共服务大厅,搭建便民利民服务管理平台。

2. 在社区普遍建立社会服务管理站。强化和完善社区服务功能,整合综治、维稳、信访和养老、医疗、教育、就业、低保、优抚、文体、计生、法律服务等职能,实行各类事务一站式办理,通过综合信息平台与县(市)、区和街道(乡镇)联网,使群众在社区就能够得到方便、快捷、高效的服务。

3. 筹建市级信息服务平台。与相关部门沟通协调,制定完成了《信息服务平台建设推进方案》,准备按照"1+5+X"的模式(以市长公开电话和应急指挥中心为主体,建立社会服务管理中心,整合政务中心、公安指挥中心、交通指挥中心、互联网信息中心、社会矛盾调处中心 5 个分中心,汇聚其他信息系统),推进市级信息服务平台建设,并与各县(市)、区和市直各部门互联互通。

四、全力建设和谐长春

市委、市政府每年都制定一个民生行动计划, 为群众办 100 件左右的民生实事, 每年新增财力的 70%都用于改善民生,并连续 3 年开展了"奋战 150 天市容环境综合整治"、"万户特困户结对救助"和"三帮扶"等活动。2012 年针对社会管理中的突出问题,在市综治委成立了 11 个专项组,全面做好流动人口、两新组织、特殊人群服务管理等工作。

1. 全力解决群众反映强烈问题。2012 年全市建设廉租房 1 万套、公租房 1.7 万套,实施 1 000 万平方米"暖房子"改造工程;启动了总投资上百亿元的"一环两横三纵"快速路建设,全力提升城市交通承载能力;对 33 个老旧散小区进行了集中改造,同步建立物业管理长效机制,受益群众达 80 万人;特别是对物业弃管小区由政府出面协调,探索实行了"准物业管理"等新的模式,做到居民诉求有人管,让弃管小区居民共享城市发展成果。

2. 全力做好综治专项工作。针对流动人口,组织开展了实有人口、实际住址、实有单位及从业人员"三实"全覆盖采集工作,2012 年办理流动人口居住证 12 万个,为流动人口就业、医疗、住房、子女入学和参加驾驶员考试提供保障。针对特殊人群,成立了全省首家城区社区矫正管理局,全市累计接收社区服刑人员 2 673 人,通过服务管理无一重新犯罪;加大了刑释解教人员的安置和帮教工作,帮教率达 100%、安置率达 85%。针对虚拟社会,成立了互联网信息办公室,建立了一支专业化的网评队伍,对涉长网情做到第一时间发现、第一时间报告、第一时间妥善处置。针对两新组织,加大党群和综治组织组建力度,建立了社会组织分类监管机制,2012 年,全市登记非公经济组织 10 035 家,新社会组织 4 700 家,建立党组织 3 268 家,规模以上覆盖率达 100%。针对校园及周边环境治理,连续开展了两轮大检查活动,发现了食品、消防隐患 205 处,对城区 788 辆校车逐一安检,有效保障了校园和师生安全。针对妇女儿童权益维护和预防青少年犯罪,深入开展了"和谐家庭"评选、"妇女儿童维权直通车"、"一帮一结对助学" 等活动,启动了流浪儿童救助、关爱工程等 12 个项目,长春市承担的服刑在教人员未成年子女服务管理和预防犯罪试点工作取得成效。

3. 全力化解社会矛盾。组织全市性的"大排查、大走访、大接访"活动,将每个月的 21 日确定为市直各局长、县(市)、区委书记和政法部门主要领导信访接待日, 全市 15 个县 (市)区、开发区、42 个职能部门、29 个公用企业 500 多个单位同时接访;围绕解决信访突出问题,设立了维稳专项资金,落实领导包案制度,做到"一个案子、一名领导、一套班子、一个方案、一抓到底";围绕深化源头治理,实行重大事项社会稳定风险评估机制,对应当办但时机不成熟、群众反映强烈的一律缓办停办,有效预防和减少了因决策不当引发新的矛盾。

五、打造最具安全感城市

2012 年 9 月, 省综治委下发全省群众安全感满意度测评情况通报后,长春市全面开展社会治安集中整治,着力构建立体化的治安防控体系, 并派出由政法委领导带队的专项督导组,深入各地驻点督促落实,有效扭转了社会治安形势。

1. 严厉打击各类违法犯罪活动。坚持"命案必破、逃犯必追、两抢一盗必打、黑恶势力必除",指导公、检、法、司等部门协同一致, 密集调度各警种在全市集中开展了打击 "三类组织"、打击"五类犯罪"和治安乱点整治专项行动,强力推进了"清网追逃"行动和冬季治安综合整治会战,打掉涉黑涉恶团伙 36 个, 打掉一般违法犯罪团伙 142 个, 命案破案率达 98.3%,破获"两抢一盗"案件 1 156 起,端掉"四黑四害"窝点 123 处,抓获网上逃犯 1 547 人,及时破获了一批大案要案,有效遏制了刑事犯罪高发势头,受到省市领导的肯定,市公安局被公安部记集体一等功, 特警支队等 3 个单位和 5 名干警受到国务院表彰。

2. 加强社会治安防控体系建设。重点打造社会治安防控"六张网":夜治安巡逻防控网,将全市划分为 152 个夜治安巡逻区,抽调 1 000 多名警力、200 余辆巡逻车,进行网格化巡逻防控;警务责任区防控网,将全市划分 234 个警务责任区进行日间治安防范,打破警种界限,实行一警多能、综合执法;街路治安防控网,调整交警勤务机制,增设固定岗 84 个、流动岗 46 个、警务巡逻岗 203 个,既管交通又管治安,有效保障了全市道路交通安全和街面治安安全;单位内部防控网,在全市划列 563 家重点要害单位,内部治安保卫组织和保卫人员配备率达 100%, 技防设施安装率达 100%, 报警监控系统安装率达 100%;视频监控网,在重点街路、小区、机关单位、要害部位安装探头 10 万个,协助破案 1 685 起,抓获犯罪嫌疑人 435 人;群众志愿者防控网,配备社区保安 4 292 名,组建群防群治队伍 1 472 支,协助公安机关化解矛盾纠纷 4 126 起,提供破案线索 914 条。社会治安防控"六张网"的建立和完善,特别是夜治安巡逻防控网的实行,深受广大市民群众的欢迎,社会治安状况明显好转。2012 年上半年,全市"110"刑事警情比 2011 年下降 25.25%,治安警情下降 30.73%,"两抢一盗"可防性案件下降 23.4%, 交通事故数量下降 61.43%, 火灾事故数量下降 59.9%,长春市被省委、省政府授予"平安吉林建设先进市"称号。

3. 大力加强综治基层基础建设。明确提出了乡镇(街道)、村屯要达到"五有",乡镇(街道)要有社会服务管理中心、综治工作机构、综治工作机制和制度、综治工作基础簿册台账、治安联防队伍;村屯要有综治工作机构、专职治保主任、综治协管员、百姓说事点、"平安之声"大喇叭。社区要实现"八个一",一个社会服务管理站、一个综治工作机构、一个警务室、一个特殊人群信息库、一个百姓说事点、一名专职治保主任、一名综治协管员、一支治安联防志愿者队伍。在全市建立百姓说事点 2 279 个,发挥了查找隐患的"排查站"、群众意见的"收集器"、密切党群干群关系的"连心桥"作用,有效化解社会矛盾、防止民转刑案件发生;"平安之声" 大喇叭联防互助工程实现全覆盖,做到 24 小时开通,3 公里声音覆盖,5 分钟传输到位。

4. 切实维护城市安全。深入开展"安全建设年"活动,加强交通安全、消防安全、生产安全、食品安全和校园安全等方面的专项整治,特别是着眼于维护食品安全,以零容忍的态度,全面加大了食品安全工作力度, 努力把长春打造成食品放心城市。

(李志国)

“两横三纵”快速路工程

长春市绕城高速公路以内区域及永春区域两部分的快速路长度 220 公里，截至 2012 年底，已建成 102 公里（含四环路），在建 71 公里，未来规划建设 47 公里。绕城高速公路以内区域规划为“一环、两横、三纵”为核心的快速路体系。“一环”即四环路，“两横”即南部快速路、北部快速路，“三纵”即东部快速路、西部快速路、亚泰大街快速路。

“两横三纵”快速路是“一环、两横、三纵”快速路体系的重要组成部分，全长 84.5 公里。其中，东部快速路由远达大街、东盛大街、仙台大街、彩宇大街组成，全长 19 公里，设置 4 座互通式立交，分别为东部快速路与南四环路立交（彩宇大街－四环路立交），与吉林大路（东盛大街－吉林大路立交），与北部快速路立交（远达大街－东荣大路立交），与北四环路立交（远达大街－四环路立交）；西部快速路由青年路、普阳街、宽平大路、前进大街组成，长 16.8 公里，设置 7 座互通式立交，分别为西部快速路与南四环路立交（前进大街与四环路立交），与南三环路立交（前进大街与三环路立交），与开运街立交（宽平大路－开运街立交），与景阳大路立交（普阳街－景阳大路立交）、与北部快速路立交（青年路－青冈路立交），与北三环路立交（青年路－四环路立交），与北四环路立交（长农公路－四环路立交）；南部快速路由硅谷大街、卫星路组成，长 14 公里，设置 5 座互通式立交，分别为南部快速路与西四环路立交（硅谷大街与西四环路立交），与南三环路立交（硅谷大街－飞跃路立交），与西部快速立交（硅谷大街－前进大街立交），与亚泰大街立交（卫星路－亚泰大街立交），与东部快速路立交（卫星路－彩宇大街立交）；北部快速路由花莲路、青冈路、台北大街、铁北四路、东荣大路组成，长 15 公里，设置 7 座互通式立交，分别为北部快速路与西四环路立交（已建成全互通立交，需对主线进行改造）、与西三环路立交（花莲路与三环路立交）、与西部快速路立交（青冈路－青年路立交）、与凯旋路立交（台北大街－凯旋路立交）、与北亚泰立交（台北大街－北亚泰大街立交）、与东部快速路立交（东荣大路－远达大街立交）、与东四环立交（安龙泉立交）；亚泰大街位于人民大街与东部快速路之间，南起南三环、北至北三环，长 19.7 公里，是贯穿城市南北的交通大动脉，远期规划亚泰大街将跨越绕城高速公路，向南延伸至新立城水库，向北延伸至长松公路，作为“两横三纵”快速路的重要组成部分，亚泰大街快速路的建成将极大地改善城市交通运输条件，为过境交通提供快速通道，缓解市区道路的交通压力，同时将 10 多条干线公路有机地联系在一起，进一步完善城市路网结构。“两横三纵”快速路系统以慢进快出为设计理念，全程以高架式为主，设计时速 60 公里至 80 公里，建设工期为 2 年。

“两横三纵”快速路于 2012 年 3 月初开工建设，2013 年 3 月中旬，各标段陆续开（复）工建设。计划除部分节点受拆迁及铁路天窗时间等因素制约外，“两横三纵”快速路力争 2013 年底前实现主线贯通。

“两横三纵”快速路系统建成后，将成为中心城区内外交通转换的重要枢纽，不仅能够有效缓解中心城区的交通压力，提高道路通行能力，而且将进一步构建起整个城市的立体化路网骨架，成为带动周边功能区发展，实现区域开发的重要纽带，进而形成中心城区的生态走廊。

（周卫涛）

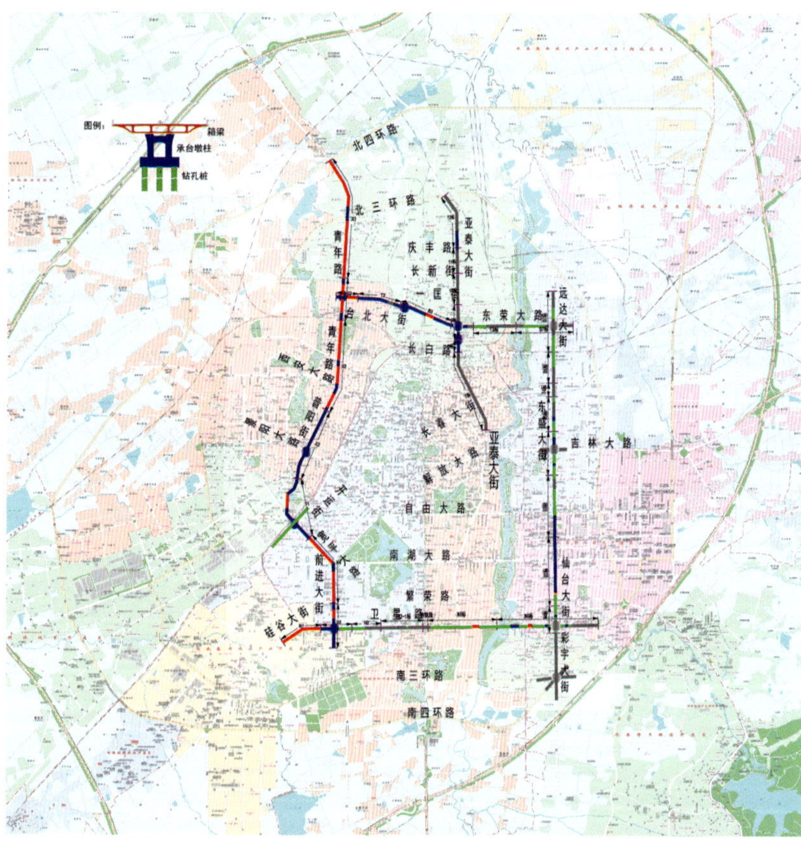

“两横三纵”快速路工程建设情况示意图

创建“全国双拥模范城”七连冠

长春是一个驻军较多,科技资源丰富的城市,截至2012年底,已连续7次荣获“全国双拥模范城”称号。长春市先后7次被沈阳军区与东北三省评为“双支”模范单位和“三联”工作先进单位,特别是探索开展的军民融合式发展的双拥新路子,受到中央军委的高度评价,2011年7月30日,中央军委副主席徐才厚在《人民日报内参》上批示:“长春市的经验在双拥工作指导中,应予以提倡”。

一、推进军民融合式发展体系建设

军地领导高度重视,融合思想牢固。2008年,新一届全国双拥模范城创建工作伊始,市委常委会就把“服务和促进军民融合式发展”确立为新时期双拥工作的主导思想,使各级领导干部牢固树立了“讲融合就是讲政治、抓融合就是抓全局、促融合就是促和谐”的思想观念。

机制健全有力,领导组织到位。建立了市长任组长,39个市直部门、22个师旅以上单位参加的双拥工作领导机制;将双拥工作纳入各级党委、政府的重要议事日程、党代会及政府工作报告,纳入全市经济社会发展总体规划和各级党政领导考核内容;健全了党委议军会议、定期走访慰问等工作制度,增加了人大代表、政协委员监督检查双拥工作制度。制定出台《长春市双拥模范单位命名管理办法》等10余项双拥政策。

宣传教育深入,双拥氛围浓厚。在国家、省、市各级媒体上刊发报道1 200余篇,长春拥军专题片《绿色之城—长春》在央视播出;在市区设立拥军公益广告牌1 300块;投入1.2亿元,新建长春革命烈士纪念馆、纪念碑,修缮革命烈士建筑物97处、300余座;在全市开展国防爱国主义教育报告100余场。锦程街道20年如一日的“跟踪教育稳军心”典型事迹,得到中央军委副主席徐才厚重要批示。2011年7月29日,锦程街道被吉林省委、省政府、省军区授予“真情服务官兵模范街道”荣誉称号。

二、深化拥军服务体系建设

拓展科技拥军理论研究。组织开展支持部队信息化建设研讨,编辑出版了全国第一本支持部队信息化建设论文集,为科技拥军深入发展提供了理论支持。

强化科技拥军保障。2008年以来,全市投入信息化拥军经费3 000多万元,为国防建设研制、革新装备900余项,支持部队信息化建设项目27个,其中《155自走炮APU辅助装置》等项目,获得国防科技进步一等奖。长春科技拥军模范、吉林大学研究生院副院长赵丁选研制的坦克制动系统,结束了中国大型坦克刹车制动系统长期依赖进口的历史。2011年,投入1 725万元,组建了民兵预备役抢险救援应急队伍。高标准完成了万台微机进军营活动,为驻军赠送电脑2 700余台。

加大科技拥军人才培养。依托高校开办15期军官复合型人才培训班,500多名军官获得本科以上学历;依托45所技校开办22期技能培训班,万余名官兵接受培训,3 820人获得了技能证书。2010年建立全军首个“军营数字化学习港”,解决了困扰部队多年的教育难题,受到沈阳军区的高度评价。

三、完善拥军优属社会化体系建设

提高优抚对象补助标准。2012年长春市抗日老兵达11 040元/年;城镇烈士遗属达12 330元/年,农村烈士遗属达8 640元/年,分别高于国家标准3 600元和3 400元。抗日老兵等3类优抚对象补助标准达到东北地区同类城市最高水平。

加强优抚对象医疗保障。出台了《长春市城区优抚对象医疗保障实施管理暂行办法》,将重点优抚对象全员纳入城镇职工基本医疗保险,一级至六级优抚对象全额报销住院费用,其他优抚对象报销90%,补助比例全省最高。全市开展的优抚对象一站式医疗服务经验在全省推广。

广泛开展“向老兵献爱心”活动。组织68家市直单位连续开展“在乡老复员军人包保”活动。计划外投入1 200万元,为16栋、6.2万平方米的军休干部住房,进行了暖房子改造。投入2 000万元,让1 800多名在乡老兵全部告别了泥草房。

全力落实军人优惠优待政策。下发了《关于现役军人免费乘坐公交车、轻轨的通知》,在全省率先实施军人持证免费乘坐市区公共汽车、电车和轻轨。为4 600余名军人子女实施中考加分,为2 700余名军人子女择校落实了政策。安置退役官兵6 000余名,军休干部980人,安排随军随调家属377名,安置工作受到16军等驻长部队好评。

四、支持驻地经济社会建设

面对各种急难险重任务时冲锋在前。2009年,驻军紧急出动兵力4 100余人次,完成农交会110万株苗木紧急移栽任务。2010年,驻军数万名官兵日夜奋战抗洪第一线,营救被困群众21 000余人,巩固堤坝7 600米,抢救和保护国家财产上亿元。

主动支援地方发展。出动官兵3万余人次,车辆1 800余台次,参与城市绿化美化,植树6万余棵,清理垃圾190余吨。协调资金66.3万元,动用民兵7 380余人次,使20个试点村全部达到“乡容村貌综合整治”目标。

平安建设成效明显。驻军出动万余人次,参与综合治理行动50余次,处置各类突发事件650余起。积极开展平安社区、村镇、家庭创建活动,向驻地群众发放法制教育图书2 000余册、宣传单5万余张。积极开展扶贫帮困活动。驻长部队持续参与“慈善救助双日捐”、“万户特困户结对救助”活动,累计捐款捐物价值380余万元,帮扶贫困户88户。

(杨李军)

大事记

1月

2日

2012中国长春冰雪旅游节暨净月潭瓦萨滑雪节开幕。本届冰雪节由四大滑雪产品及冰雪旅游、冰雪体育、冰雪文化、冰雪经贸四大板块活动构成，历时87天。

同日

2012长春冰雪旅游节暨净月潭瓦萨国际滑雪节经贸洽谈会在长春香格里拉大饭店举行。上海丰靖投资有限公司等12家企业与净月开发区签订了137.5亿元的项目合同。

3日

中华人民共和国第十二届冬季运动会在长春五环体育馆开幕。这是首次由省级政府承办的大型综合性冬季赛会。

4日

长春国家汽车电子高新技术产业化基地产业园一期在长春高新区建成投入使用。该区的长春国家汽车电子创新型产业集群同时被国家科技部认定为首批“创新型产业集群”(试点)。

6日

《长春市城市总体规划(2011～2020年)》正式获得国务院批复。在《总体规划》确定的3 891平方公里城市规划区范围内,实行城乡统一规划管理。

8日

长春高新区与澳门名嘉集团正式签约，总投资约110亿元人民币的长春名嘉广场大型城市商业综合体项目正式落户长春高新区长德新区。

9日

长春市政府与国家服务外包人力资源研究院合作协议签约暨东北院揭牌仪式在南湖宾馆举行。

10日

中国共产党长春市第十二次代表大会在省宾馆礼堂开幕。高广滨代表中国共产党长春市第十一届委员会向大会作了题为《科学发展、加快发展、率先发展,努力让城乡居民生活得更加美好》的报告。

13日

第12届全国冬季运动会在吉林省长春市东方大剧院闭幕。长春队取得金牌榜第二名。

同日

中国共产党长春市十二次代表大会闭幕。选举产生了中共长春市第十二届委员会委员、候补委员、中共长春市纪律检查委员会委员和长春市出席吉林省第十次党代会的代表。会议通过了《中国共产党长春市第十二次代表大会关于第十一届委员会工作报告的决议》和《中国共产党长春市第十二次代表大会关于市纪律检查委员会工作报告的决议》。同日下午，中共长春市第十二届委员会举行第一次全体会议，选举产生了新一届市委常务委员会。

15日

长春市政协主席、市政协港澳友好促进会名誉会长张元富在香格里拉大饭店会见了市政府国际经济顾问、中国世贸集团主席曾智雄，香港万陆投资有限公司董事长王路达一行。香港客人此次来长，主要是与净月开发区等洽谈文化产业投资项目。

16日~2月6日

第三届吉林冬季农业博览会暨净月潭新春大集开幕。大会设科技示范、展示展销、观光休闲、文化活动4大板块。22天时间接待52万人次。

2月

3日

长春民生直播间正式投入使用。

4日

全市民生工作会议在长春会堂召开。会议出台了《长春市2012年民生行动计划》,确定了就业增收、保障性住房和“暖房子”、文化教育等8个方面的99件民生实事。

9日

由中国北车长客股份有限公司自主研发制造、首批两列阿根廷布宜诺斯艾利斯市A线地铁车从上海起运。这是中国首次向阿根廷出口地铁车辆。

13日

全国模范法院、全国模范法官表彰大会在北京举行。长春市法官翟树全当选“全国模范法官”。

同日

中国轨道交通装备行业首个跨国战略合作协议在上海签署，中国北车长客股份公司与泰国曼谷轨道交通公司(BTSC)达成共识，决定共同开发泰国轨道交通市场。

14 日

2011 年度国家科学技术奖励大会在北京人民大会堂召开。一汽集团工人齐崇宇研制的“电阻点焊工艺质量自动监控技术”项目，荣获国家科学技术进步奖二等奖。吉林大学 4 项科技成果荣获国家科学技术奖。

同日

长春出版社数字出版中心成立，同时启动“68 所名牌学校 100 分试卷网”。

23 日

吉视传媒股份有限公司在上海证券交易所正式上市。

27 日

全国双拥模范城(县)命名暨双拥模范单位和个人表彰大会在北京人民大会堂隆重举行。长春市第 7 次荣获“全国双拥模范城”称号。

3 月

2 日

长春市第十三届人民代表大会第六次会议在省宾馆闭幕。大会补选姜治莹为长春市市长；接受崔杰辞去长春市市长职务的请求。

8 日

长春兴隆综合保税区投资环境说明会暨项目签约仪式在北京举行。市领导高广滨、姜治莹等出席仪式。

同日

伊通河综合治理项目投资合作协议签约仪式在北京举行。副市长孙亚明与泛华集团总裁杨天举、国家开发银行吉林省分行副行长白洪义共同签署三方合作协议。

9 日

中关村科技园区与长春高新区战略合作框架协议签约仪式在钓鱼台国宾馆举行。根据协议，中关村国家自主创新示范区将支持长春高新区创建吉林省自主创新示范区，打造吉林的“创新策源地”。

11 日

富士康科技集团长春玉山新天地项目签约仪式在京举行。根据协议，富士康集团将投资 70 余亿元，在朝阳区打造系列城市综合体项目。长春市副市长滕佳材，富士康集团赛博国际控股公司董事长、三创数位控股公司董事长张瑞麟分别代表合作方签订协议。

13 日

长春市委常委、常务副市长肖万民，副市长侯建民在长春香格里拉大饭店会见了法国佛吉亚集团总裁兼首席执行官颜德胜一行。法国客人此次来长，主要是考察相关企业，并就扩大合作进行商洽。

19 日

省委组织部、市委组织部和长春高新区党工委举行首批“长白慧谷”英才计划入选英才命名大会，命名赵柏松、杨竞平为海外高端领军人才，才兴、陈毓华、于树怀、李彦等为高层次创新创业人才。唐谦为高技能人才。高新区将累计投入 945 万元，对这 14 名入选英才的项目给予资金支持。

20 日

长客股份出口巴西里约州首列电动车组正式上线运营。这是长客股份生产的车辆首次在南美大陆投入运营。

21 日

长春——马尼拉经贸交流会在马尼拉举行。菲律宾华美集团投资长春世界贸易中心、菲律宾西岭农业公司投资种植水稻、菲律宾华商总会名誉长黄祯潭投资炼米厂等 4 个项目正式签约。省委常委、市委书记高广滨出席活动并致辞。

21~31 日

省委常委、市委书记高广滨率长春经贸代表团出访东南亚，开展友好交流和经贸合作活动。代表团签约 8 项，外资投资总额达 138 亿元。

22~26 日

第八届中国长春君子兰节在长春君子兰花卉交易中心开幕。参展参会人数突破 30 万人次，现场交易额 300 万元。

22 日

长春首座智能变电站——66 千伏丰越变电站正式投入运行。该变电站的投入运行彻底解决了一汽丰越公司生产用电难题。

同日

2012 第十三届东北(长春)国际工程机械、建筑机械及专用车展览会在长春国际会展中心举行。小松、日立、中联重科等国内外知名工程机械企业参加本次展会。

23 日

工业转型升级规划贯彻实施工作会议暨第三批“国家新型工业化产业示范基地”授牌仪式在北京举行，长春绿园经济开发区被国家工业和信息化部确定为“国家新型工业化产业示范基地”。

24~25 日

中共中央政治局常委、中央纪委书记贺国强到吉林省长春市就学习贯彻全国两会和十七届中央纪委第七次全会等重要会议精神进行调研。贺国强先后到长春大成实业集团有限公司大成生物产业园、长春市朝阳区义和社区等地考察。

25 日

中国长春——曼谷经贸交流会在曼谷举行，长春市党政经贸代表团曼谷主推各重大项目取得重大成果，长春轨道客车股份有限公司与曼谷轨道交通股份有限公司签订曼谷轻轨合作备忘录，泰国荣鹏集团与长春市宽城区政府就在长春轨道客车园 LED 等项目签订合作意向书。

26 日

省委常委、市委书记高广滨率领长春市党政经贸代表团考察了泰国正大集团。并与正大集团董事长谢国民进行会谈，探讨“三农”问题，深化长春与正大集团的合作，助推正大与榆树 1 亿只肉鸡合作项目。

28 日

第十届中国会展财富论坛在无锡市举行。在论坛举办的中国节庆产业“金手指奖”评选活动中，中国长春冰雪旅游节荣获“2011 年度最具体验价值中国节庆”奖，中国长春消夏节荣获“2011 年度最具品牌魅力中国节庆”奖。

29 日

省委常委、市委书记高广滨在缅甸首都内比都会见了缅甸商务部副部长崩山。

30 日

长春市双阳区在全市率先举行招商引资项目集中签约仪式，锐意美光电、东鳌鹿产品、嘉泰生物等32个项目集体“入驻”双阳区，合同投资126亿元。

31日

长春都市陵园人文游暨长春人文纪念园揭牌仪式在原长春息园孔子文化广场举行，长春息园正式更名为长春人文纪念园。

4月

2~7日

长春市委常委、常务副市长肖万民率长春市经贸代表团随以省长王儒林为团长的吉林省代表团赴日开展经贸交流活动。长春市代表团开展会见、考察、洽谈、推介活动近20项，签订重点投资项目6个，投资总额42.2亿元。

3日

长春市首家数字陵园开通暨时空信箱启动仪式在长春人文纪念园举行。

6日

2012第五届中国长春装备制造业博览会与2012第八届中国长春汽车零配件展洽会在长春国际会展中心开幕。

7日

由国家工业和信息化部发布的“2011年度中国工业年度人物公告榜”出炉，吉林省中科电缆附件有限公司董事长毛士杰荣获“中国工业十大杰出人物”称号，这是吉林省企业家首次荣登“中国工业十大杰出人物”榜单。中科电缆公司还被评为“中国工业年度先锋示范单位。”

10日

在一汽轿车股份有限公司与日本马自达汽车株式会社合作10周年庆典活动上，一辆崭新的马自达6轿车下线，至此，一汽轿车累计生产马自达6轿车达55万辆。

同日

第三届中国国际会议产业周上，长春市获得“中国魅力会议目的地”殊荣，长春国际会展中心获得“中国品牌会议中心”称号。

12日

参加中国第28次南极科考队，在经历163天后圆满完成任务的吉林大学两名80后博士张楠、范晓鹏返回长春。

13日

中国职业教育史展览在长春市揭幕，职业教育博物馆、吉林省职教教师教育联盟同期揭牌。

同日

万豪地产与欧亚车百在长春国际会展中心正式签署合作协议，总投资额5亿元、建筑面积近6万平方米的“欧亚东方购物广场”落户经开区。

同日

新华社吉林分社新闻教育基地揭牌仪式暨信息时代与青少年新闻信息教育研讨会在东北师范大学附属中学清华校区举行。

14日

九台市重点项目集中开工、招商引资项目签约暨长春东北金属交易中心项目奠基仪式在九台经济开发区举行。九台市13个亿元以上重点项目正式签约，涉及总投资71亿元。

17日

长春市见义勇为纪念广场落成仪式在市九龙源革命烈士公园举行，市领导王振华、冯占祥、高学章出席仪式。

19日

《国务院国资委与省政府合作备忘录》签字暨“央企走进吉林”活动启动仪式在南湖宾馆举行。此次活动是经省政府、国务院国资委共同商定，由吉林省具体承办的一次重要企地对接活动。此次全省签约的46个项目中，长春独占33个，总投资额520亿元。

20日

长春市十大城市商业综合体项目集中开工仪式暨明宇东北亚商务广场开工剪彩仪式在净月开发区举行。这次集中开工的十大商业综合体项目，主要布局在长春南部新城、净月西部新城等现代服务业集聚区。

同日

长春市启动扶残助残工程暨脑瘫儿童康复项目，对0到6岁贫困脑瘫儿童实施康复训练与矫治手术救助。

同日

长春市农安县130个项目集体开工仪式在长春合隆经济开发区举行。这130个项目计划总投资279亿元，占地面积560万平方米，涉及食品加工、医药化工、农产品加工等多个领域。

20日

第七届“中华慈善奖”颁奖晚会上，长春市民夏志国、陈玉珍夫妇获得了“最具爱心慈善楷模”称号。

26日

长春市连续举行两场集中开工仪式，总计1 000万平方米的“暖房子”工程和以现代服务业为核心的75个重点项目，掀起了城市建设发展的高潮。2012年长春将有2 000余栋、1 000万平方米既有建筑实施“暖房子”改造。

同日

市委常委、常务副市长肖万民在长春宾馆会见了日本丸红株式会社中国公司副总代表、丸红(北京)商业贸易有限公司总经理崛嘉刚一行。日本客人此次来长，主要是就在净月开发区建设商业综合体项目进行深入洽谈。

26~30日

第五届中国长春华夏文化艺术节暨2012中国长春文化产业博览会在长春欧亚卖场会展中心启幕。第五届东北地区群众文化艺术大赛同时开赛。有50余万人次观展，成交额近4亿元。

28日

吉林省暨长春市庆祝“五一”国际劳动节大会在省宾馆举行。巴音朝鲁、包秦、王尔智、郑文艺等省市领导出席会议并为荣获国家、省、市“五一”劳动奖状、奖章和“工人先锋号”的先进集体、先进个人颁奖。省暨长春市各条战线的职工代表、获奖先进集体代表和获奖先进个人700余人参加会议。

5月

7日

长春高新科技大市场投入试运营。该市场位于高新区南区东北亚文化创意科技园内，占地面积1万平方米，由长春高新区管委会投资建设、运营管理。

8日

长春市召开安全建设年大会。明确提出，要努力打造最具安全感城市。会上表彰了一批在2011年“安全建设年”建设中贡献突出的单位和个人，下发了《长春市2012年“安全建设年”活动总体方案》及各《推进方案》。

10日

长春市“两横三纵”快速路和机场大道全面开工建设。快速路主要包含东、南、西、北4个部分。全线总长64.8公里。计划投资201亿元。

11日

由中国教育装备行业协会主办，长春市人民政府、吉林省教育厅联合承办的第63届中国教育装备展示会在长春国际会展中心开幕，来自全国36个省（市）代表团、800余家企业的精英参会。

14日

四川一汽丰田汽车有限公司长春丰越公司新工厂落成暨卡罗拉下线仪式在汽车区举行。随着3辆卡罗拉轿车驶下生产线，长春丰越扩能项目正式投产。该工厂总投资40亿元，占地面积97万平方米，规划产能20万辆。

16日

第八届深圳文博会吉林省文化产业项目推介会在深圳君悦酒店举行。会上重点推介了吉林省30个文化产业项目，有15个项目现场签约，其中长春市签约项目8个，签约金额21亿元。

17日

全市中小学新标准校车运行启动仪式在双阳区第一五八中学举行。双阳区100辆校车投入运行。

18日

国务院发布关于表彰全国公安机关先进模范集体的决定，对北京市公安局西城分局府右街派出所等一批公安机关先进模范集体予以表彰，长春市公安局特警支队被授予“特别能战斗特警队”荣誉称号。

21日

全程数字化一汽——大众技术开发部车辆安全中心在长春落成，并成功进行了首次正面碰撞试验。这是一汽——大众在国内建立的首个车辆安全中心。

24日

绿园区68个轨道客车、汽车配套项目在绿园经济开发区交通装备产业园集中开工。这次集中开工的69个项目，计划总投资111亿元。

25日

中科院长春应化所在聚乳酸塑料研究中取得突破，并与浙江海正集团建成我国第一家、世界第二家年产千吨以上聚乳酸塑料生产线。聚乳酸塑料具有良好的生物相容性和生物可降解性，从生产到使用废弃过程，对环境不会带来任何危害。

25~27日

第三届中国·长春创业就业博览会在长春国际会展中心开幕。展会期间，推出就业岗位3.5万个，现场发放创业扶持资金80万元，参观人数42万人次。

28日~6月1日

长春副市长滕佳材率长春代表团一行50余人赴京参加首届中国（北京）国际服务贸易交易会。代表团签下服务外包大单。

29日

由科技部主办的高速列车科技创新国际论坛在北京举行，由中国北车长客股份有限公司自主研发生产的新一代高速动车CRH380CL首次发布，这是我国第一列拥有完全自主知识产权的高速动车组。

30日~6月5日

第八届中国（长春）国际动漫艺术博览会在长春国际会展中心开幕。吸引近300家单位参展，达成签约10余项，参展商成交金额突破387.1万元。

同日

长春数字图书馆开通。

6月

8日

一汽——大众整车试验场奠基仪式在农安县巴吉垒镇举行。该试验场总占地面积14平方公里，项目总投资约13亿元。计划2014年建成并投入使用。该试验场建成后，将成为国内规模最大、技术最先进、功能最完善的综合性整车试验场。

同日

长春市的新民大街正式入选第四届“中国历史文化名街”。

8~12日

2012长春房地产暨相关产业产品展示交易会在长春国际会展中心开幕。推出可售房源261万平方米、2.7万套。实现房地产暨相关产业产品交易总额12.2亿元，成交房屋2 106套。

12日

长春市交通信息发布中心启动仪式在市交通指挥中心举行。该中心是全国首个全方位、全天候、全覆盖的交通信息发布和宣传平台。

17~28日

长春市委常委、常委副市长肖万民率长春经贸代表团，随以省委书记孙政才为团长的吉林省代表团赴韩国及东南亚开展考察招商和经贸交流活动。签订重点投资项目15个，投资总额99.26亿元。

20日

长春市长姜治莹在中日友好会馆会见了日本群马县知事大泽正明一行。大泽正明一行此次来长，主要是考察长春市相关企业，寻求在农业、食品加工、汽车工业等领域开展交流合作。

28日

长春市文化广播电视新闻出版局、长春市文化市场综合执法支队和长春演艺集团有限公司揭牌。

29日

长春市创先争优表彰大会在省宾馆礼堂召开。会议表彰了全市先进基层党组织、优秀共产党员和先进县（市）、区党委，进一步凝聚全市各级党组织，不断把创先争优活动引向深入。

30日

中国农业发展集团有限公司长春现代农业科技产业园暨年产8万吨预混饲料浓缩项目开工仪式在高新区长东北核心区举行。

7月

4日

市政府发布《长春市庭院绿化管理办法》、《长春市河道管理办法》，自2012年8月15日起施行。

5~6日

东北亚高端人才峰会暨吉林省第七届海外华侨华人专业人士恳谈及项目对接会在长春国际会展中心开幕。对接会签订各类合作项目42个，总投资额76.59亿元。

9日

一汽铸造有限公司铸造一厂新厂奠基仪式在汽车区举行。一汽集团为铸造一厂注资20.8亿元，进行工厂改造和新建。新厂规划用地面积近28万平方米，建筑面积近12万平方米，土建工程已开始施工。

同日

长春市基隆学校暨七十二中教育发展共同体青年城校区举行开工奠基典礼。该学校是长春市为解决城乡结合部学生日益增多的现状而新建的一所九年制公办学校。

10日

长春市工商联私募股权投资基金成立仪式暨长春(2012)私募股权投资基金高峰论坛在中日友好会馆举行。该基金是长春市第一只有限合伙制私募股权投资基金，也是第一只以民间资本为募集对象和第一个由市工商联(总商会)发起成立的商会性质的私募基金。

12日

生物医药类国家科技兴贸创新基地第一次联席会议在长春召开。近年来长春市政府大力支持生物医药产业发展，长春已成为亚洲最大疫苗生产基地。

15日

《长春市城市雕塑管理办法》正式实施。

15~22日

第九届中国(长春)国际汽车博览会在长春国际会展中心开幕。省、市领导王儒林、马俊清、高广滨等出席开幕式。本届汽博会由汽车展览、汽车论坛、汽车节庆活动3个板块组成，总展出面积19万平方米。观众累计达65万人次，销售各种汽车12 380辆，购车交易额30亿元。

17日

全国就业创业工作表彰大会在北京人民大会堂召开。长春市荣获首批“全国创业先进城市”称号。

21~22日

全国政协副主席董建华及香港特别行政区全国政协委员赴吉林省考察团一行来长春市考察。考察团实地考察了一汽轿车股份有限公司和长春轨道客车股份有限公司。

28日

长东北城市生态湿地公园开园仪式和北湖大桥等重大交通节点工程通车仪式在长春高新北区举行。长东北城市生态湿地公园总投资30亿元，规划面积11.97平方公里。北湖大桥是贯通长春市北四环快速路的重要节点，全长2 781.5米，是吉林省最长的跨湖、跨铁路大桥。

同日

长东北科技创新中心北科建科技孵化园等重大项目集中开工仪式在高新北区举行。此次集中开工亿元以上项目43个，总投资417.3亿元，总占地面积597万平方米。

同日

长春高新区举行北湖大桥等重大交通节点工程通车仪式。北湖大桥西起宽城区亚泰大街东约650米处，东至远达大街西约1 100米处，全长2 781.5米。

30日

长春——吉林粮食经济战略合作签约仪式在中日友好会馆举行。仪式上，长吉两市粮食局和粮食行业协会共同签署了《长春——吉林粮食经济战略合作意见》。

8月

1日

长春市长姜治莹在长春中日友好会馆会见了日本丸红株式会社社长朝田照男一行。日本客人此次来长主要是考察具体项目。

2日

市政府在南湖宾馆举行2011年度长春友谊奖颁奖仪式。表彰为长春经济建设和社会发展作出突出贡献的外国专家和国际友人。仪式上，有23位外国专家获奖。

2~3日

第九届“中国会展之星”颁奖盛典在上海举行，中国长春冰雪旅游节荣获“2011～2012年度中国十大品牌节庆”奖项。

3~8日

第七届中国(长春)民间艺术博览会在长春国际会展中心开幕。有134.1万人次参观展会，成交额21 181.5万元。

6日

第十三届中国长春(净月区)国际雕塑作品邀请展开凿仪式在净月开发区爱克塞罗厂区举行。来自17个国家和地区的20余位雕塑家带着47件雕塑作品的创意齐聚长春，作品在净月国际雕塑公园展出并永久保存。

8日

中国北车长春客车制造基地及零部件配套企业集中开工仪式在宽城区工业集中区举行。该项目是长春轨道客车装备有限责任公司整体搬迁建设项目的二期工程，计划投资10.3亿元。

11日

农安等县(市)发生严重的二代黏虫危害农作物灾情，有的地块底部叶片已经被黏虫吃光。有虫地块面积近4万公顷，其中灾情严重的有1 000公顷。

同日

吉大二院举行亚泰院区奠基典礼暨开工仪式，新院区的建设使该院占地面积增加10万平方米，新增床位2 000多张。

17~26日

第十一届中国长春国际农业·食品博览(交易)会在长春农博园开幕。此次展会安排展示和活动两大类22项内容。活动类8项内容。参会人数193万人次，项目签约总金额233亿元。

18日

中国发展研究院吉林分院正式挂牌。

20~25 日

第十一届中国长春电影节在长春国际会展中心举行。

22 日

一汽轿车股份有限公司在北京举行新车上市发布会，推出自主研发的一汽旗下奔腾品牌全新中高级旗舰轿车B90。

28 日

中国北车集团长客股份公司为哈尔滨地铁 1 号线打造的国内首列耐高寒地铁车在长下线。

28~29 日

台风“布拉万”在长春过境，给长春带来强风和一场罕见的大暴雨，对城市公共设施造成破坏。

30 日

第三届中国长春·东北亚文化艺术周开幕式在长春东北亚艺术中心举行。

9 月

1 日

2012 中国企业 500 强发布暨中国大企业高峰会在长春开幕。在高峰会项目签约仪式上，吉林省与国内 500 强企业在重点产业、基础设施、科技创新等领域集中签约 38 个重点合作项目，投资总额 1 274 亿元。促成长春市 27 个项目签约，揽金 1 295 亿元。

3 日

长春市远达大街“两跨一穿”工程竣工并全线通车。“两跨”分别为跨三环路的三泰桥和跨新开河的望龙桥，“一穿”为下穿铁路框构桥龙兴桥。

5 日

长春市心理医院新院正式投入使用。医院新址位于亚泰北大街与庆丰路交会处，总投资 8 778 万元。

6 日

第四届“节庆中华奖”颁奖晚会在西安举行，中国长春冰雪旅游节荣获第四届“节庆中华奖”最佳人气节庆奖。

6~11 日

第八届中国吉林·东北亚投资贸易博览会在长春国际会展中心举行。

10 日

长春广播网开通。长春人民广播电台进入现代多媒体时代。

11 日

位于净月潭国家森林公园的王大珩纪念园正式开园，王大珩铜像同时落成揭幕。

15 日

长春市与罗马尼亚肯普隆格市结为友好合作城市，签字仪式在香格里拉大饭店举行。副市长苏志芳与肯普隆格市市长卡林·安德雷共同签署协议。

同日

净月国家高新技术产业开发区揭牌暨建设推进大会在省宾馆举行。净月高新区成立于 1995 年 8 月，原为长春净月潭旅游经济开发区，2006 年 3 月更名为长春净月经济开发区。2012 年 8 月 19 日，国务院正式批准净月区升级为国家级高新技术产业开发区。

16 日

第十三届中国长春（净月区）国际雕塑作品邀请展开幕。净月中央公园迎来第一批 45 件雕塑精品。

17 日

为纪念中国科学院长春光学精密机械与物理研究所建所 60 周年，中国国家天文台决定将 1997 年发现的一颗小行星正式命名为“长光星”，这是我国第一颗以科研机构命名的小行星。长春光机所举行“长光星”小行星命名仪式。

20 日

长春站综合交通换乘中心北枢纽正式启动运营，长春站北站房同时投入使用。长春站综合交通换乘中心北枢纽工程概算投资 11.6 亿元，分为地上和地下两部分，地面广场面积为 3.4 万平方米，地下部分总建筑面积 8.1 万平方米。

20~26 日

2012 长春图书博览会在长春国际会展中心开幕，吉林省暨长春市第四届农民读书节同日开幕。展销各类出版物 20 余万种，累计接待读者 82 万余人次，销售码洋 3 100 万元。

21 日

省委常委、市委书记高广滨在香格里拉大饭店会见了菲律宾 SM 集团公司总裁施汉生一行。施汉生一行此次来长主要是对长春市进行考察访问，进一步推动菲律宾 SM 集团在长春市的投资合作。

22 日

长春市首条“潮汐车道”正式投入使用。这条“潮汐车道”连接东岭北街和东岭南街，有效缓解了早晚高峰的拥堵状况。

23 日

长春市重点现代服务业项目——长春净月潭益田喜来登酒店落成开业。东北地区首家白金五星级酒店落户净月高新区。

25 日

中国兵装·天威新能源（长春）风电产业基地在长春高新区长东北核心区正式落成投产，该基地 2010 年 6 月开工建设，项目投资 23 亿元。

26 日

国际汽车零部件供应商德国大陆集团在长举行大陆汽车电子（长春）有限公司高端传感器投产仪式暨爆震传感器第 3 000 万支下线庆典。

同日

长春国家汽车电子高新技术产业化基地挂牌暨长春高新区汽车电子产业园开园仪式举行。

28 日

吉林省长春·净月国家广告创意（文化）产业示范园区在净月高新区开工建设。园区已经吸引吉广传媒、吉视传媒、知合动漫等 20 多家大型文化创意企业落户。

同日

历时两年建设的长春孔子文化园正式竣工开放。

同日

长春市亚泰大街跨繁荣路、跨自由大路立交桥正式建成通车。同日建成开通的安龙泉互通立交桥是京哈公路长春至德惠段重要组成部分，也是四环路一个重要节点。

10 月

11 日

长春地铁2号线暨重大项目秋季集中开工仪式在文化广场举行。此次集中开工的79个重点项目，总投资969亿元，涵盖工业、现代服务业、基础设施等重点领域。

15~16日

2012中国长春高新技术成果展示暨合作洽谈会在净月高新区开幕。展示在长高校院所、高新技术企业的300个重点科技成果和产业化项目。有50个项目达成合作意向，30个项目达成合作投资协议。

17日

长春净月电动汽车换电站正式建成并投入使用。这是我国东北高寒地区第一座电动汽车换电站。

19日

由中国北车长客股份公司研制的中国首列100%低地板轻轨车正式在长春轻轨线路上载客运行。

24日

第二十二届中国新闻奖、第十二届长江韬奋奖评选结果揭晓。吉林省推荐的作品有7件获奖。由《长春晚报》记者采写的“地瓜爷爷”系列报道获中国新闻奖一等奖。

25日

中国科学院东北地理与农业生态研究所新园区在高新区北区正式落成并投入使用。同时，作为长东北科技核心区五大平台之一的生态农业创新平台也随之启动。

25日

长春至四平(改扩建)、长春至双辽、通化至梅河口、九台至双阳等4条高速公路同时开工。

同日

中国北车长客股份公司与巴西里约热内卢州政府签署了60列、240辆地上电动车组的销售合同。

26日

长影集团领衔出品的史诗巨作《铜雀台》获得第八届中美电影节“最佳电影金天使”终极大奖。

29日

净月生态大街竣工通车。这条全长15公里的街路贯穿净月新城区，与仙台大街、东盛大街、远达大街相连，成为总长42公里的长春城市南北又一交通大动脉。

30日

吉林省惠农能源技术股份有限公司年产3亿立方米天然气液化项目开工仪式在九台市龙嘉镇举行。这是长春市落实全省“气化吉林”工程的一项重大举措。

11月

5日

经国务院批复，长春西新经济技术开发区正式更名为“长春汽车经济技术开发区”。

7日

长春地铁1号线首条隧道——庆丰路站至北环路站左线隧道成型。

19日

长春市机场大道跨铁路高架桥桥梁转体施工成功进行。填补了吉林省市政桥梁工程的一个空白。

20日

中国北车武汉长客轨道装备修造基地开工仪式在武汉举行。该基地是中国北车长客股份公司打造华中地区轨道交通产业发展核心的最新成果。

26日

第十八届亚洲旅游业金旅奖盛典暨大中华区旅游文化大奖发布会在北京举行。长春市荣获“亚洲金旅奖·十大自然生态旅游休闲名市”称号。

30日

吉林省、长春市人才特区建设工作会议暨第二批“长白慧谷”英才计划入选英才命名大会在长春高新区举行。会议命名了28位第二批“长白慧谷”英才计划入选英才，并决定给予344万元资金支持。

12月

1日

哈尔滨至大连高速铁路正式通车运营。开通运营仪式在长春、哈尔滨、沈阳、大连4地同时举行。

6日

德国大陆集团在长春市建设的第二个汽车零部件工厂——大陆汽车电子(长春)有限公司净月分公司正式落成。新工厂建筑面积近11万平方米，总投资3亿元，是大陆集团在亚洲最大的生产基地。

8日

中国工程院与中国第一汽车集团公司在长春市正式签署科技合作协议。根据协议，双方将在战略研究、成果转化、人才培养等方面开展合作。这是中国工程院与中国汽车行业签订的唯一科技合作协议。

10日

在第十二届全国县域经济与县域基本竞争力评比中，长春市农安县挺进“全国百强县”行列，同时，农安县经过国家爱卫办审查验收，获“国家卫生县城”称号。这是长春市各县(市)、区首次获得这两项殊荣。

19日~24日

长春市政协第十二届委员会第一次会议召开。(内容见P67)

20日~25日

长春市第十四届人民代表大会第一次会议召开。(内容见P56)

21日

“环球视野·亮点中国”高峰论坛暨2012环球时报总评榜发布典礼在北京举行。长春市、长春高新区分别荣获“2012年度最具投资吸引力城市”、“2012年度最具投资吸引力园区”称号。

28日

中国北车长客股份公司与深圳市地铁集团有限公司签订了价值16.758亿元的铝合金A型地铁车辆销售合同，用于装备深圳地铁2号线与5号线。这批车辆将运用高速动车组的制造和测试手段打造而成，成为国内首批“高铁版”地铁车辆。

30日

2012中国城市幸福盛典在北京钓鱼台国宾馆举行。长春市当选“2012中国(大陆)最具幸福感城市”，并获得组委会特别大奖“中国城市公共服务市民满意大奖”。

(常　颖)

自然概况

【位置面积】 长春市位于北半球中纬地带，欧亚大陆东岸的中国东北大平原腹地，居北纬 43° 05′ ~45° 15′；东经 124° 18′ ~127° 05′ 。幅员 20 604 平方公里。辖 4 县(市)6 区：榆树市、农安县、德惠市、九台市、朝阳区、南关区、宽城区、二道区、绿园区和双阳区。西北与松原市毗邻，西南和四平市相连，东南与吉林市相依，东北同黑龙江省接壤。城市面积 4 789 平方公里。市区中心城区建成区面积 330.16 平方公里。

【地质地貌】 长春市属天山——兴安地槽褶皱区吉黑褶皱系松辽拗陷的东部边缘，城区下部分布着深厚的白垩系泉头组，为一套红色较粗粒碎屑岩(页岩、泥岩、细砂岩和砂页岩互层)，均为不透水层或含水性极微层，地层深厚(500 米尚未穿透)，岩层致密，倾角很小（5° ~ 10° ）。第四世纪沉积相当普遍，洪积层上部为黄土状物质，下部为红色粘土或砂砾层。新构造运动以来，地体微升，地表受流水切割，沟谷发育，形成微波状台地平原。二级阶地黄土状亚粘土厚 15 ~ 25 米，抗压强度 20 ~ 25 吨 / 平方米，是较佳的天然地基。一级阶地(二道区)亚粘土层地基抗压强度 8 ~ 11 吨 / 平方米，但地表下 2 ~ 4 米深处有一淤泥层，不适于天然地基，下部是砂、砂砾层，抗压强度 25 ~ 35 吨 / 平方米，距地表 6 ~ 11 米以下是基岩，对大型、特大型建筑基础置于基岩上最为有利。长春市的地貌特点，是远依山，近傍水，以台地平原为主。主要地貌类型为：1.低山丘陵。分布于市区东南部，属大黑山脉的一部分，略呈东北西南走向，海拔大部分在 250 ~ 350 米之间，相对高度为 50 ~ 100 米；东部的大顶子山海拔 407 米，组成的岩石有花岗岩、安山岩、极岩等变质岩系，其中以花岗岩分布面积最广，久经侵蚀，已成浑圆状；山地丘陵面积在市区内所占面积比重甚微，山地丘陵中有森林，低丘之间有些冲积平原和盆地，为农业区；伊通河出大黑山北麓，从南向北穿过市区东部，在狭口处有修筑水库的良好条件。2.台地平原。城区台地面积约占总面积的 70%，并高出伊通河一级阶地 10 ~ 20 米，地表微波起伏，土质主要由黄土状土构成，海拔在 200 ~ 230 米之间，最高压 245 米；浅谷谷坡漫长，市区有近 80%的地面坡在 10 度以下。3.冲积平原。主要由伊通河冲积作用形成，在河流两岸形成了比较宽阔的带状平原，面积近 30%，地势低平，海拔多在 200 米左右；沿河两岸的低洼部分，汛期常被洪水淹没，属河漫滩部分，组成物质多为粗砂或细砂，河漫滩两侧为宽窄不等的高漫滩或一级阶地，宽度一般在 4 ~ 5 公里间；一级阶地高出河床 3 米左右，其组成物质上部是亚砂土、亚粘土，下部是砂砾层，冲积物厚 10 米左右；二级阶地面积较小，河床两侧可提供建筑用砂；平原上的河迹洼地，因多为淤泥质粘土或亚粘土，并夹灰色砂质透镜体，大多排水不畅，土体抗压性较差，但在大部分台地平原上的沟谷系统则成为城市自然排水通道。4.火山锥体。台地平原西接松辽分水岭，系第四纪更新世末期沿断裂带呈地垒式隆起，并有火山活动，因此在长春西南的大屯、范家屯一带，火山锥体突起在波状平原之上。多由玄武岩构成，是良好的建筑材料。

【水文气候】 长春市的地表水属松花江水系，松花江、饮马河、伊通河的中下游，还有沐石河、双阳河、雾开河、新开河及卡岔河等流经境内，有波罗泡子、敖宝吐泡子、元宝泡子等主要泡子湖泊 7 处；市区的地表水，较大的河流为松花江的支流，也是饮马河的支流——伊通河及其支流——新开河等。由于市区的下部基岩为中生代白垩系红色岩系，岩层致密，为一不透水层或含水性极微，因而无深层地下水源，故地下水贫乏。长春市的气候介于东部山地湿润与西部平原半干旱区之间的过渡带，属温带大陆性半湿润季风气候类型。东部和南部虽距海洋不远，但由于长白山地的阻挡，削弱了夏季风的作用；西部和北部为地势平坦的松辽平原，西伯利亚极地大陆气团畅通无阻，故气候总的特点是冬季严寒漫长，春季干旱多风，夏季温暖短促，秋季晴朗温差大。冬季，受强蒙古高压系统影响，冷气流经常自北及西北侵入，盛行偏西风，气候寒冷、干燥。天气变化主要取决于高空西风带中的低槽过境：低槽移近时，常有较盛的偏南风入境，形成多云、多雪的阴湿天气；低槽过后，高压脊的前部侵入，致使风向转为西北风，气温骤降，并有时出现雪暴天气，然后高压系统全部占据，天气晴朗、干燥、风力微弱。这种更替，一次大约3～4天，形成冬季“三寒四温”的天气特征。平均气温零下12摄氏度，最低气温出现在农安县，为零下37.2摄氏度。春季，地表温度增高，蒙古高压系统势力减弱，这时低压系统自贝加尔湖区侵入，形成东北低压并经常过境，低压前部常出现强大的西南气流，后部有猛烈的西北气流，大风天气多，最大风速可达30米/秒，且低压系统后部引起北方寒流冷气南下，形成寒潮天气。夏季，东南风盛行，有从小笠原状群岛吹来的东南风，也有渤海补充的湿气，自南而来的夏季风极锋锋线位置也移到本地，并有温带气旋过境。平均气温21.9摄氏度，最高气温出现在德惠市，为32.1摄氏度；全年最大日降水量出现在九台市，为98.8毫米。秋季，贝加尔湖低压系统虽有入侵，但发展的机会不如春季显著，高压在本区停滞的机会较多，因而在秋季可形成持续数日的晴朗而温暖的天气，温差较大，风速也较春季小。

【自然资源】 长春市地域辽阔，土地资源较丰富，有土地面积20 604平方公里，其中耕地135.04万公顷。土质主要是黑土、草甸土、黑钙土等，分别占耕地面积的34.5%、29.06%和15.28%。土质肥沃，一般黑土层厚达0.6～1.0米。全市共有林地26.5万公倾，森林的组成以东亚阔叶林成分为主，华北系成分、长白区系成分也有渗入，如黑松、樟子松、云杉、冷杉、长白落叶松、侧柏、桧柏、胡桃楸、水曲柳、黄菠萝、花曲柳、山杨、黑桦等。野生植物资源群落中，有森林植物、草甸植物、草原植物等，具有经济价值的野生植物300余种：可供药用的有五味子、大活、党参、苍术等到150多种；可做工副业原料的有胡枝子、芦苇、蒙古栎等50多种；可供食用的有蕨菜、黄花菜、山楂、山葡萄等30多种；可做饲料的有碱草、草木樨、小叶樟等50多种。野生动物资源有豹猫、红狐、鸿雁、林蛙、中华鳖、虎斑文蛇、背角无齿蚌等5类34种。长春市的矿产资源，除已探明的煤、油质岩矿、水泥石灰岩矿、水泥粘土矿、珍珠岩砂、膨润土、萤石、铸型用砂矿、铜、银、铁以外，石油、天然气也有一定储量。

人口情况

【总人口及分布情况】 截至2012年末，长春市有2 592 938户，7 569 037人。其中，男性人口3 811 781人，占人口总数的50.4%；女性人口3 757 256人，占人口总数的49.6%。市区（南关区、宽城区、朝阳区、二道区、绿园区、双阳区）人口为3 629 752人，占全市总人口数的48.0%；县（市）（农安县、九台市、榆树市、德惠市）人口为3 939 285人，占全市总人口数的52.0%。总人口数比2011年减少48 626人，增长率为-6.4‰，增长率比2011年下降10.2‰。长春市人口占吉林省总人口数的28.0%。

（孙连阁）

2012年长春市人口增长及分布情况统计表

单位：人

区、县（市）	2011年末总人口	2012年末总人口	增加人口	增长率‰
全　市	7 617 663	7 569 037	-48 626	-6.4
市辖区	3 648 045	3 629 752	-18 293	-5.0
南　关	664 805	659 580	-5 225	-7.9
宽　城	665 140	663 492	-1 648	-2.5
朝　阳	739 547	732 664	-6 883	-9.4
二　道	558 910	554 568	-4 342	-7.8
绿　园	629 146	636 229	7 083	11.1
双　阳	390 497	383 219	-7 278	-19.0
农　安	1 115 550	1 104 321	-11 229	-10.2
九　台	710 735	700 423	-10 312	-14.7
榆　树	1 306 100	1 307 748	1 648	1.3
德　惠	837 233	823 793	-13 440	-16.3

【人口自然变动】 2012年，全市出生77 423人，出生率为10.20‰，比2011年上升0.84‰。市区出生38 475人，出生率为10.57‰，比2011年上升1.53‰。平均每天出生212人；全年死亡93 736人，死亡率为12.34‰，比2011年上升7.20‰。市区死亡37 846人，死亡率为10.40‰，比2011年上升3.08‰。平均每天死亡257人。全市自然增长减少16 313人，增长率为-2.15‰，比2011年下降6.37‰，市区自然增长629人，增长率为0.17‰，比2011年下降3.75‰。

2012 年长春市人口自然变动情况统计表

单位:人

区、县(市)	出生人口		死亡人口		自然增长人口	
	人数	出生率‰	人数	死亡率‰	人数	增长率‰
全 市	77 423	10.20	93 736	12.34	−16 313	−2.15
市辖区	38 475	10.57	37 846	10.40	629	0.17
南 关	7 019	10.60	5 488	8.29	1 531	2.31
宽 城	7 437	11.19	8 825	13.28	−1 388	−2.09
朝 阳	7 149	9.71	5 420	7.36	1 729	2.35
二 道	6 184	11.11	8 239	14.80	−2 055	−3.69
绿 园	7 405	11.70	4 464	7.06	2 941	4.65
双 阳	3 281	8.48	5 410	13.98	−2 129	−5.50
农 安	11 156	10.05	21 047	18.96	−9 891	−8.91
九 台	6 798	9.63	13 754	19.49	−6 956	−9.86
榆 树	12 600	9.64	4 669	3.57	7 931	6.07
德 惠	8 394	10.11	16 420	19.77	−8 026	−9.66

【人口机械变动】 2012 年,全市迁入人口 68 445 人,迁入率为 9.04‰;迁出人口 100 629 人,迁出率为 13.29‰;机械增长人口出现负增长 32 184 人,增长率为 −4.25‰,比 2011 年下降 3.84‰。其中,市区的南关、朝阳、二道、双阳;县(市)的农安县、九台市、榆树市、德惠市均出现迁出人口高于迁入人口,呈现负增长情况。

2012 年长春市人口机械变动情况统计表

单位:人

区、县(市)	迁入人口		迁出人口		机械增长人口	
	人 数	迁入率‰	人 数	迁出率‰	人 数	增长率‰
全 市	68 445	9.04	100 629	13.29	−32 184	−4.25
市辖区	51 480	14.18	70 483	19.42	−19 003	−5.24
南 关	12 964	19.65	21 670	32.85	−8 706	−13.20
宽 城	8 127	12.25	8 010	12.07	117	0.18
朝 阳	13 279	18.12	20 836	28.44	−7 557	−10.31
二 道	5 600	10.10	7 895	14.24	−2 295	−4.14
绿 园	9 436	14.83	5 721	8.99	3 715	5.84
双 阳	2 074	5.41	6 351	16.57	−4 277	−11.16
农 安	5 716	5.18	6 963	6.31	−1 247	−1.13
九 台	2 470	3.53	5 841	8.34	−3 371	−4.81
榆 树	5 619	4.30	11 892	9.09	−6 273	−4.80
德 惠	3 160	3.84	5 450	6.62	−2 290	−2.78

【人口结构】 2012 年,在性别比例上,以女性人口为 100,全市性别比例 101.5,比 2011 年上升 0.1%。在农业人口与非农业人口的构成上,全市有非农业人口 3 428 411 人,占总人口的 45.3%,与 2011 年比持平;有农业人口 4 140 626 人,占总人口的 54.7%,与 2011 年比持平。县(市)非农业人口德惠市较高为 26.5%,比 2011 年上升 8.7%;榆树市略低为 15.8%,与 2011 年比持平。

2012 年长春市人口结构情况统计表

单位：人

区、县(市)	总人口数	性别		性别比例	农业人口与非农业人口		
		男性人口	女性人口	(女性人口为 100)	农业人口	非农业人口	非农业人口比重%
全　市	7 569 037	3 811 781	3 757 256	101.5	4 140 626	3 428 411	45.3
市辖区	3 629 752	1 799 515	1 830 237	98.3	1 035 759	2 593 993	71.5
南　关	659 580	320 719	338 861	94.6	98 035	561 545	85.1
宽　城	663 492	329 867	333 625	98.9	254 801	408 691	61.6
朝　阳	732 664	359 348	373 316	96.3	84 219	648 445	88.5
二　道	554 568	275 480	279 088	98.7	210 590	343 978	62.0
绿　园	636 229	319 020	317 209	100.6	107 400	528 829	83.1
双　阳	383 219	195 081	188 138	103.7	280 714	102 505	26.7
农　安	1 104 321	566 414	537 907	105.3	873 670	230 651	20.9
九　台	700 423	357 788	342 635	104.4	522 507	177 916	25.4
榆　树	1 307 748	668 053	639 695	104.4	1 100 501	207 247	15.8
德　惠	823 793	420 011	403 782	104.0	605 189	218 604	26.5

（孟令彦）

【民族】 截至 2012 年底，全市有 46 个少数民族，人口 27.6 万人，占全市总人口的 3.6%。其中，城市少数民族人口 13.8 万人，占全市少数民族人口的 54.7%，农村少数民族人口 11.4 万人，占全市少数民族人口的 45.3%。满族、回族、朝鲜族、蒙古族、锡伯族 5 个世居少数民族人口 24.8 万人，占全市少数民族人口的 98.4%。其中，满族 15.3 万人，占 57.6%；朝鲜族 5.3 万人，占 19.9%；回族 4.8 万人，占 17.6%；蒙古族 1.3 万人，占 4.5%；锡伯族 1 017 人，占 0.4%。全市有 4 个民族乡：双阳区双营子回族乡、九台市胡家回族乡、九台市莽卡满族乡和榆树市延和朝鲜族乡，有 43 个少数民族聚居村，258 个少数民族聚居社，全市有少数民族干部 5 837 人，占全市干部总数的 2.75%。有少数民族社团 8 个，市级朝鲜族群众艺术馆 1 所，乡级少数民族文化站 4 所；民族中、小学 19 所；民族医院 1 所，民族乡医院 4 所，少数民族民族聚居村合作医疗点 43 个。

（赵志平）

行政区划

【行政建置】 截至 2012 年底，长春市辖朝阳、南关、宽城、绿园、二道、双阳 6 个区(含长春经济技术开发区、长春净月高新技术产业开发区、长春高新技术产业开发区、长春汽车经济技术开发区、长春莲花山生态旅游度假区 5 个开发区)；九台市、榆树市、德惠市、农安县由省直辖。辖 68 个街道，30 个乡，67 个镇；有 1 691 个村，404 个社区居委会。

【行政区划】 区划调整工作　在宽城区成立欣园街道办事处。欣园街道办事处，下辖台家村、姜家村、六马村、孟家村 4 个村。幅员为 26.9 平方公里，耕地面积 1 786 公顷，有 14 个自然屯，26 个社，总户数 2 056，总人口 7 395 人，其中，农业户 2 018 户，农业人口 6 995 人。办事处辖区内轨道园区建成后总户数将达到 2.92 万户，总人口 8.76 万人。将宽城区奋进乡的新月村、奋进村、上台子村和小南村行政区域划归兰家镇管辖。行政区划调整后，兰家镇幅员为 91.15 平方公里，辖 15 个村，总人口 63 890 人，其中，农业人口 43 931 人，非农业人口 19 959 人。界线勘定工作完成了长春市市辖区城区间行政区域界线的勘定工作。涉及县(市)、区级界线 7 条，包括绿园——宽城线、朝阳——绿园线、朝阳——宽城线、宽城——二道线、宽城——南关线、南关——朝阳线、二道——南关线，共 60.57 千米。

【地名管理】 1.楼牌、单元牌设置工作。申请财政资金 148.8 万元，为“暖房子”工程改造后的 2 287 栋住宅楼补设楼牌、单元牌。2.门牌全覆盖工程。2012 年，财政投入专项资金 408 万元，在全市设置门牌 20 400 块，工程施工后城区内主、次干道将实现门牌全覆盖。3.分区地名规划编制。2012 年，长春市 4 个县(市)、6 个市辖区均编制了分区地名规划，形成了标准的规划文本和说明。4.数字地名工作。2012 年，正式开通独立域名的长春区划地名网（网址：www.ccqhdm.gov.cn)，建立了全市门牌查询管理系统，通过此系统可以查询全市每块门牌信息，包括单位名称、邮政编码等，每块门牌都能够在电子地图上显示其所在具体位置。5.日常地名管理工作。开展了全市地名清理整顿工作，并印发了《长春市民政局关于做好地名清理整顿工作实施方案的通知》(长民发〔2012〕33 号)，排查命名街路 108 条。对全市街路名称进行了统计，编印了长春市街路标准名录。

（张　强）

2012年长春市区(市)、县、街道、镇(乡)区划一览表

朝阳区 (街10镇2乡1)	湖西街道办事处　硅谷街道办事处(高新区代管)　重庆街道办事处　红旗街道办事处　清和街道办事处　永昌街道办事处　南湖街道办事处　桂林街道办事处　南站街道办事处　富锋街道办事处　永春镇　乐山镇　双德乡(高新区代管)
宽城区 (街10镇5乡1)	新发街道办事处　南广街道办事处　东广街道办事处　站前街道办事处　柳影街道办事处　群英街道办事处　凯旋街道办事处　团山街道办事处　兴业街道办事处　欣园街道办事处　兰家镇　兴隆山镇(经开区代管)　奋进乡(高新区代管)　合隆镇(农安县代管)　米沙子镇(德惠市代管)　万宝镇(德惠市代管)
南关区 (街15镇3乡1)	新春街道办事处　长通街道办事处　南岭街道办事处　永吉街道办事处　曙光街道办事处　全安街道办事处　民康街道办事处　自强街道办事处　桃源街道办事处　永兴街道办事处(净月区代管)　净月街道办事处(净月区代管)　临河街道办事处(经开区代管)　鸿城街道办事处　明珠街道办事处　富裕街道办事处　玉潭镇(净月区代管)　新立城镇(净月区代管)　新湖镇(净月区代管)　幸福乡
二道区 (街8镇6乡1)	八里堡街道办事处　远达街道办事处　东站街道办事处　东盛街道办事处　吉林街道办事处　荣光街道办事处　东方广场街道办事处(经开代管)　长青街道办事处　英俊镇　泉眼镇(莲花山开发区代管)　劝农山镇(莲花山开发区代管)　四家乡(莲花山开发区代管)　卡伦湖镇(九台市代管)　龙嘉镇(九台市代管)　东湖镇(九台市代管)
绿园区 (街9镇3)	铁西街道办事处　普阳街道办事处　青年路街道办事处　春城街道办事处　正阳街道办事处　林园街道办事处　同心街道办事处　锦程街道办事处(汽开区代管)　东风街道办事处(汽开区代管)　合心镇　西新镇　城西镇
双阳区 (街4镇3乡1)	平湖街道办事处　云山街道办事处　奢岭街道办事处　山河街道办事处　太平镇　鹿乡镇　齐家镇　双营子回族乡
榆树市 (街4镇15乡9)	正阳街道办事处　培英街道办事处　华昌街道办事处　城郊街道办事处　八号镇　大坡镇　弓棚镇　刘家镇　五棵树镇　闵家镇　秀水镇　保寿镇　黑林镇　新立镇　土桥镇　大岭镇　新庄镇　于家镇　泗河镇　育民乡　红星乡　太安乡　先锋乡　青山乡　延河朝鲜族乡　恩育乡　城发乡　环城乡
九台市 (街4镇9乡2)	九台街道办事处　九郊街道办事处　营城街道办事处　西营城街道办事处　上河湾镇　其塔木镇　土们岭镇　沐石河镇　城子街镇　苇子沟镇　兴隆镇　纪家镇　波泥河镇　胡家回族乡　莽卡满族乡
德惠市 (街4镇10乡4)	胜利街道办事处　建设街道办事处　惠发街道办事处　夏家店街道办事处　郭家镇　天台镇　大房身镇　菜园子镇　松花江镇　布海镇　大青嘴镇　朱城子镇　达家沟镇　岔路口镇　朝阳乡　五台乡　同太乡　边岗乡
农安县 (镇11乡10)	农安镇　伏龙泉镇　高家店镇　哈拉海镇　开安镇　烧锅镇　靠山镇　华家镇　巴吉垒镇　三盛玉镇　三岗镇　杨树林乡　万顺乡　龙王乡黄鱼圈乡　永安乡　前岗乡　青山口乡　新农乡　小城子乡　万金塔乡

2012年长春市行政区划统计表

单位：个

	县(市)、区	街道	镇	乡	村	社区
长春市	朝阳区	10	2	1	24	53
	宽城区	10	5	1	20	57
	南关区	15	3	1	7	57
	二道区	8	6	1	34	35
	绿园区	9	3		24	54
	双阳区	4	3	1	133	15
	榆树市	4	15	9	388	12
	九台市	4	9	2	310	15
	德惠市	4	10	4	308	10
	农安县		11	10	377	16

县级市	县	自治县	市辖区	合计
3	1		6	10

街道办事处	镇	乡	社区	村委会		
68(城区56)	67(城区22)	30(城区5)	404	1 691		

(社区：经济开发区23个；高新开发区22个；净月开发区23个；汽车产业开发区12个。村：经济开发区10个；高新开发区12个；净月开发区35个；汽车产业开发区9个)

气象气候

【概况】 2012年，长春市总的气候特点是气温偏低，降水偏多，日照时数略少。全市年平均气温为4.6摄氏度，比常年低1摄氏度；全市年平均降水量为717.6毫米，比常年556.5毫米多160.8毫米即多29%；年平均日照时数为2 344.8小时，比常年少186.9小时。农作物生长季(5～9月)气温略高，降水略多，日照略少。春播以来(4～9月)农业气象条件特点是气温略高，冷暖阶段性变化明显。降水总量稍多且匹配及时，多数时段土壤墒情良好。虽然日照略少，但光温水条件能满足作物生育需求。初霜较常年偏晚，大部分农作物于霜前成熟，属于偏丰年气候年景。2012年出现的主要气象灾害：暴雨、暴雪、冰雹、寒潮、大风沙尘、大雾等。

气温 年平均气温主要特征是2012年(1～12月)气温偏低，全市年平均气温为4.6摄氏度，比常年同期低1摄氏度，比2011年低0.5摄氏度。各地分布如图1，其中长春市区和九台市分别为5.3摄氏度和5.4摄氏度，其他地方3.9～4.7摄氏度。与常年相比，长春市区和九台市分别略低0.9摄氏度和0.4摄氏度，其他地方偏低1.0～1.2摄氏度。

年内极端最高气温为32.9摄氏度，7月17日出现在榆树市；极端最低气温为-36.4摄氏度，12月23日出现在德惠市。

气温阶段性变化明显。逐月温度变化如图2，全年3个月份(5月、7月和9月)气温高于常年同期，4月与常年持平，其余各月低于常年同期。3～10月全市平均气温13.6摄氏度，比常年同期低0.1摄氏度，5～9月全市平均气温19.7摄氏度，比常年同期高0.3摄氏度。气温季节变化特征冬季气温偏低，春、夏、秋季均略低。

冬季(2011年12月～2012年2月)气温偏低，全市季平均气温为-15.1摄氏度，比常年同期低1.8摄氏度。2011年12月气温偏低，全市月平均气温为-14.4摄氏度，比常年同期低1.7摄氏度；2012年1月气温偏低，全市月平均气温为-17.9摄氏度，比常年同期低1.8摄氏度；2012年2月气温偏低，全市月平均气温为-12.9摄氏度，比常年同期低1.9摄氏度。

春季(3～5月)气温略低，全市季平均气温为7摄氏度，比常年同期低0.2摄氏度。整个春季前低后高，3月气温偏低，全市月平均气温为-4摄氏度，比常年同期低1.8摄氏度；4月气温与常年持平，全市月平均气温为8.2摄氏度；5月气温偏高，全市月平均气温为16.7摄氏

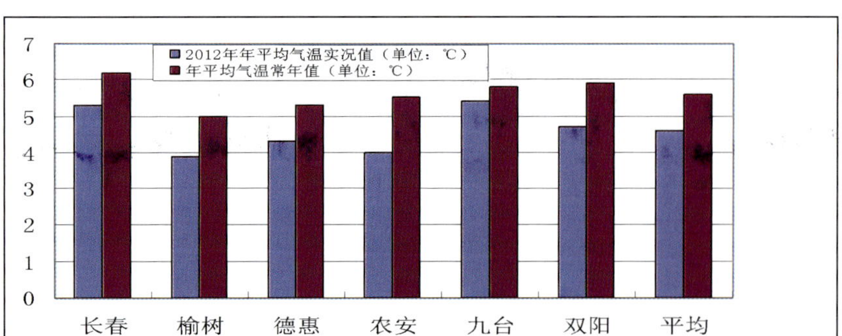

图1 2012年长春市年平均气温及与常年对比柱状图

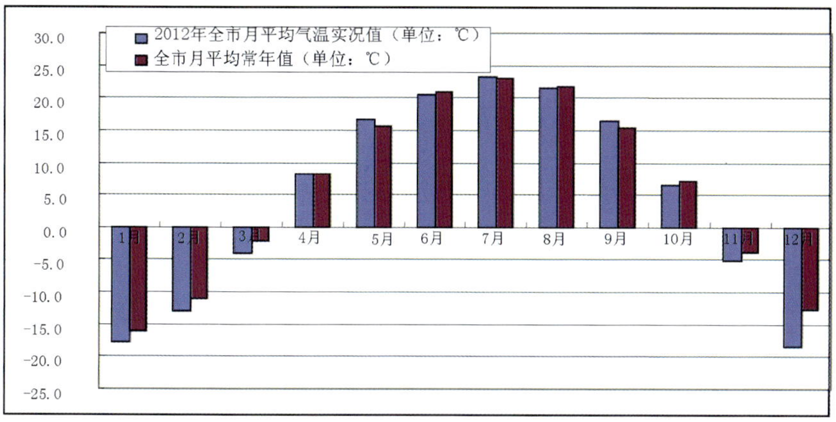

图2　2012年长春市逐月气温变化曲线

度，比常年同期高1.1摄氏度。

夏季(6～8月)气温略低，全市季平均气温为21.8摄氏度，比常年同期低0.2摄氏度。6月气温略低，全市月平均气温为20.6摄氏度，比常年同期低0.4摄氏度；7月气温略高，全市月平均气温为23.3摄氏度，比常年同期高0.2摄氏度；8月气温略低，全市月平均气温为21.5℃，比常年同期低0.3℃。

秋季(9～11月)气温略低，全市季平均气温为6摄氏度，比常年同期低0.2摄氏度。9月气温略高，全市月平均气温为16.4摄氏度，比常年同期高0.9摄氏度；10月气温略低，全市月平均气温为6.6摄氏度，比常年同期低0.5摄氏度；11月气温偏低，全市月平均气温为-5.2摄氏度，比常年同期低1.3摄氏度。

降水　降水量时空分布特征是2012年降水量偏多，全市年(1～12月)平均降水量为717.6毫米，比常年多29%，比2011年436.3毫米偏多281.3毫米(多65%)，为1959年以来同期多雨的第4位。各地年降水量实况如图3，各站年降水量在597.5～837.5毫米，均多于常年。其中农安县略多19%，其他地方偏多20.4%～45.1%。

逐月降水变化如图4，全年中只有4个月份(1月、5月、7月、10月)降水量少于常年，其余均多于常年。3～10月，全个月平均降水量656.1毫米，比常年同期偏多24%，为1959年以来同期多雨的第6位。5～9月全市平均降水量556.1毫米，比常年同期多18%。

冬季(2011年12月～2012年2月)降水偏少，全市平均降水量为10.5毫米，比常年同期少28%。其中，2011年12月降水特少，全市平均降水量为0.5毫米，比常年同期少91%；2012年1月降水特少，全市平均降水量为0.4毫米，比常年同期少91%，2012年2月降水特多，全市平均降水量为9.6毫米，比常年同期多125%。

春季(3～5月)降水偏多。全市平均降水量114.7毫米，比常年同期多38%，为1959年以来同期多雨(雪)的第7位。其中3月降水特多，全市平均降水量为27毫米，比常年同期多117%，为1959年以来同期多雨(雪)的第5位；4月降水特多，全市平均降水量为50.5毫米，比常年同期多119%，为1959年以来同期多雨的第4位；5月降水偏少，全市平均降水量为37.2毫米，比常年同期少22%。

夏季(6～8月)降水略多。全市平均降水量439.2毫米，比常年同期多16%。其中6月降水特多，全市平均降水量为150.2毫米，比常年同期多64%，为1959年以来同期多雨的第3位；7月降水略少，全市平均降水量为136毫米，比常年同期少16%；8月降水偏多，全市平均降水量为153.1毫米，比常年同期多21%。

秋季(9～11月)降水特多。全市平均降水量为142.2毫米，比常年同期多

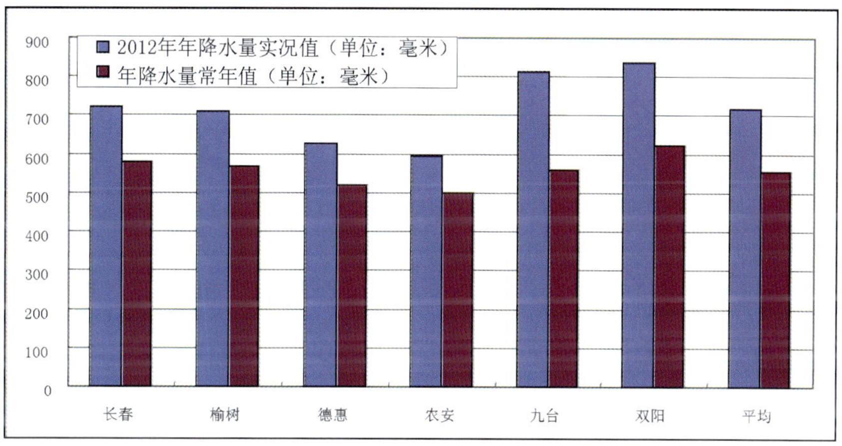

图3　2012年长春市年降水量及常年对比柱状图

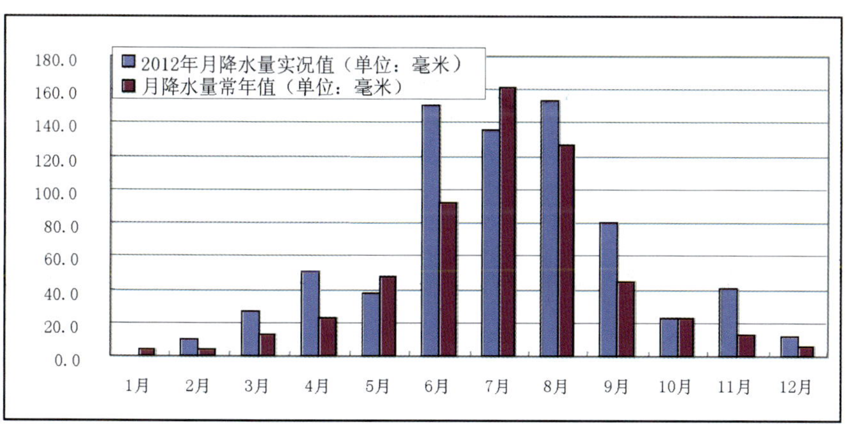

图4　2012年长春市逐月降水量变化图

78%，为 1959 年以来同期多雨(雪)的第 3 位。其中 9 月降水特多，全市平均降水量为 79.7 毫米，比常年同期多 79%，为 1959 年以来同期多雨的第 8 位；10 月降水略少，全市平均降水量为22.5 毫米，比常年同期少 1%；11 月降水特多，全市月平均降水量为 40.0 毫米，比常年同期多 220%，为 1959 年以来同期多雨(雪)的第 1 位。

日照 2012 年日照时数略少，全市年平均日照时数为 2 344.8 小时，比常年同期少 186.9 小时，比 2011 年 2 580.3 小时少 235.5 小时。其中只有双阳区日照时数略多为 2 442.6 小时，比常年同期多 10.5 小时；农安县日照时数最少为 2 180.4 小时，比常年同期少 486.1 小时；九台市和榆树市为 2 290.6 小时和 2 291.3 小时，分别比常年同期少 144.2 小时和 308.7 小时；长春市区和德惠市为 2 438.3 ~ 2 426 小时，分别比常年同期少 142 和 50.7 小时。(3 ~ 10 月)全市平均日照时数 1 727 小时，比常年同期少 115.3 小时。农作物生长季(5 ~ 9 月)全市平均日照时数 1 112 小时，比常年同期少 63.8 小时。

霜 2012 年全市终霜结束时间偏早，九台市和长春市区为 4 月 17 日，其他地方均为 4 月 18 日。比常年同期早 12 ~ 16 天。2012 年全市初霜出现时间略晚或偏晚，德惠市为 9 月 24 日出现初霜，与常年持平，其他地方均为 9 月 30 日，比常年天气晚 5 ~ 9 天。2012 年无霜期在 156 ~ 163 天，比常年同期多 14 ~ 21 天。

【主要气象灾害及其影响】 暴雨。2012 年全市出现 1 次区域性暴雨，3 次局地暴雨。受台风“布拉万”影响，8 月 28 日 20 时 ~ 29 日 20 时长春市出现了区域性暴雨天气，其中，长春市区、德惠市和榆树市为大暴雨，降雨量分别为 117.9 毫米、109.7 毫米和 132.1 毫米；九台市、农安县和双阳区为暴雨，降雨量分别为 90 毫米、52.2 毫米和 88.9 毫米。受冷涡影响，6 月 17 日午后到夜晚长春市出现了短时强降雨，其中九台市区出现了暴雨，降雨量为 58.3 毫米。受冷涡影响，7 月 3 日白天到夜间长春市出现雷阵雨，雨量分布不均，双阳区出现了暴雨，降雨量为 55.2 毫米。受低空急流影响，7 月 29 日长春市出现分布不均的降雨天气，榆树市出现了暴雨，降雨量为 55.2 毫米。

暴雪。受高空槽及河套倒槽东移北上影响，2 月 22 日早晨开始长春市出现降雪天气过程，长春市区、双阳区出现暴雪。长春市区降雪量 10.8 毫米，双阳区 10.2 毫米。受高空槽及地面倒槽影响，3 月 5 日夜间开始长春市出现较明显降雪天气，3 月 6 日双阳区出现暴雪，降雪量 10.2 毫米，其他市县出现中到大雪。受蒙古气旋东移影响，3 月 23 日夜间开始长春市出现明显降雪天气，榆树市出现暴雪，降雪量为 11.1 毫米，其他市县出现中到大雪。受高空槽和地面气旋东移影响，10 月 21 日夜间开始长春市出现了雨转雪天气，长春市区、九台市和双阳区出现暴雪，九台市 13.2 毫米、长春市区 14.9 毫米、双阳区 16.1 毫米。受高空低涡和地面气旋共同影响，11 月 12 日长春市普降大到暴雪，其中，长春市区、德惠市、榆树市、九台市和农安县降雪量超过 10 毫米。

冰雹。2012 年长春市冰雹主要出现在 6 月份，6 月 8 日 17 时至 20 时，长春市九台市、双阳区、榆树市出现局地暴雨、冰雹等强对流天气。11 日下午农安县、德惠市部分乡镇出现了冰雹。6 月 12 日傍晚九台市和德惠市部分地方出现了冰雹。6 月 17 日下午农安县哈拉海和青山口、九台市兴隆镇、榆树市区降了微小的雹粒。6 月 20 日午后双阳区部分地方出现了局地暴雨、冰雹等强对流天气，石溪村降水量达 73.6 毫米，并伴有冰雹，冰雹最大直径约 2 厘米左右。

寒潮。2012 年全市寒潮天气过程频繁，降温幅度大。全市出现寒潮 56 站次。其中，有 6 次区域性寒潮，分别为 3 月 17 日、3 月 25 日、4 月 11 日、10 月 28 日、11 月 17 日和 12 月 16 日。

大风天气。2012 年度全市出现大风 59 站次，比常年偏少。其中，九台 6 次，长春市区 8 次，德惠市和双阳区 10 次、农安县 12 次、榆树市 13 次。8 月 29 日受台风“布拉万”影响，长春市出现大风和强降水天气，最大风力达 8 ~ 10 级，部分乡镇受大风袭击导致农作物倒伏和房屋损毁。

大雾。2012 年出现大雾天气 16 站次。其中，德惠市和九台市为 1 次，榆树为 2 次，长春市区和农安县为 3 次、双阳区为 6 次。

(梁衍波)

国民经济和社会发展综述

【概况】 2012 年，全年实现地区生产总值 4 456.6 亿元，按不变价格计算，比 2011 年增长 12.0%。其中，第一产业增加值 317.1 亿元，比 2011 年增长 4.3%；第二产业增加值 2 291.9 亿元，增长 13.1%；第三产业增加值 1 847.6 亿元，增长 11.8%。三次产业结构为 7.1∶51.4∶41.5。对经济增长的贡献率分别为：2.5%、57.2%和 40.3%。人均生产总值达到58 691 元（按户籍年平均人口数计算)，比 2011 年增长 12.1%，折合 9 338 美元。全市一般预算全口径财政收入 927.7 亿元，增长 15.5%。全市地方财政收入 340.8 亿元，增长 18.1%。其中，税收收入 276.7 亿元，增长 22.0%。地方财政支出555.5 亿元，增长 7.1%，其中，教育支出 102.8 亿元，增长 42.5%；社会保障和就业支出 61.7 亿元，下降 10.7%；医疗卫生支出 40.1 亿元，增长 17.5%；交通运输支出 14.2 亿元，下降 29.2%。全口径财政收入占 GDP 的比重为 20.8%，比 2011 年提高 0.7 个百分点。全年居民消费价格总指数为 102.3%，增幅比 2011 年回落 3.2 个百分点，分 8 大类看，食品、烟酒及用品、衣着、家庭设备用品及维修服务、医疗保健和个人用品、娱乐教育文化用品及服务、居住价格比 2011 年有所上涨，交通和通讯价格有所下降。工业品出厂价格上涨 1.8%，其中，生产资料价格上涨 2.1%，生活资料价格上涨 1.5%。工业生产者购进价格上涨 1.5%。全市从业人员总数达 386.3 万人，增长 0.5%。其中，城镇单位从业人员

100万人，从事个体劳动的有34.5万人。2012年城镇非私营单位就业人员平均工资46 272元，比2011年增长12.2%。

【农业】 全年完成农林牧渔业总产值562.5亿元，比2011年增长5.4%。其中，种植业产值284.1亿元，增长5.2%；林业产值3.8亿元，增长20.6%；牧业产值255.2亿元，增长5.5%；渔业产值4.2亿元，增长9.0%；农林牧渔服务业产值15.1亿元，增长3.5%。全年农作物总播种面积134.4万公顷，比2011年增长0.8%。粮食总产量911.2万吨，比2011年增加98.7万吨。其中，玉米产量743.4万吨，增长20.1%；水稻产量127.1万吨，减少17.1%。猪出栏602.8万头，增长6.8%，牛出栏122.1万头，增长1.8%，羊出栏35.3万只，增长5.3%，家禽出栏2.6亿只，增长8.3%。肉蛋奶产量分别为118.6万吨、33.9万吨和6.8万吨，分别增长5.2%、4.6%和7.9%。全年农业机械总动力为500万千瓦，比2011年增长6.8%。全市蔬菜耕地面积为72 300公顷、蔬菜总产值85.2亿元，分别比2011年增长2.8%和3.9%。全市已认定无公害农产品和绿色食品基地120个，新认证无公害农产品3个，新认证绿色产品10种。全市有效使用绿色食品标志产品162个，有机食品36个，无公害农产品453个，认定无公害农产品基地64个，面积4.91万公倾。全年落实国家粮食直补、农资综合直补、农机购置补贴和重大技术补贴资金25.3亿元。全市高标准建设省级新农村示范村167个，落实新农村建设项目6大类167项，获得省新农村建设项目补助资金3 157万元；重点打造了合隆镇陈家店村、卡伦镇任家村、龙嘉镇红光村、合心镇新农家村4个新农村建设标杆村和一批样板村群。全市农产品加工业规上企业产值实现1 360亿元，比2011年增长9.5%。新开工建设3 000万元以上项目105个，完成投资262亿元，比2011年增长11%。省级以上和市级龙头企业数量分别发展到90户和122户。

【工业和建筑业】 全年完成规模以上工业增加值1 822.3亿元，比2011年增长11%。规模以上工业企业万元增加值综合能源消耗降低率为6.61%。全年完成规模以上工业总产值8 263.5亿元，比2011年增长17.4%。汽车制造业累计完成产值4 888.5亿元，增长16.5%，占规模以上工业总产值的59.2%；农副食品加工业完成产值1 251.7亿元，增长27.8%，占规模以上工业总产值的15.1%；生物与医药工业完成产值106.4亿元，增长21.2%，占1.3%；光电子信息工业完成产值102.8亿元，增长15%，占1.2%；建材工业完成产值562.7亿元，增长21.8%，占6.8%；能源工业完成产值566.6亿元，增长15.4%，占6.9%；装备制造业完成产值468亿元，增长7.4%，占5.7%。51户重点工业企业完成工业总产值6 464.4亿元，占规模以上工业总产值的比重达78.2%。全年实现主营业务收入8 595.1亿元，比2011年增长11.9%；利税总额1 083.1亿元，增长14.9%；盈亏相抵后实现利润总额623.2亿元，增长10.1%。全年建筑业完成增加值369.4亿元，比2011年增长18.8%。资质以上建筑业完成总产值971.8亿元，比2011年增长23.4%。实现工程结算收入869亿元，增长9.4%。

【固定资产投资】 全年完成全社会固定资产投资总额3 172.9亿元，比2011年增长30.4%。其中，房地产开发投资649.7亿元，下降2.5%。新增固定资产2 340.8亿元。固定资产交付使用率为75.4%，比2011年提高0.8个百分点。房屋面积竣工率为30%，比2011年提高1.1个百分点。从各产业完成投资情况看，第一产业投资32.3亿元，增长3.9%；第二产业投资1 425.2亿元，增长26.3%；第三产业投资1 646.0亿元，增长37.0%。从投资主体看，国有经济投资796.8亿元，增长43.2%；非国有经济投资2 306.8亿元，增长27.9%，占全社会固定资产投资的比重为74.3%。全市工业投资1 400亿元，增长25.2%，对全社会投资增长的贡献率达37.9%。民间投资2 147.7亿元，增长30.4%。全市商品房施工面积5 123.7万平方米，比2011年增长25.3%。商品房竣工面积913.9万平方米，增长22.2%。商品房销售面积908.0万平方米，增长3.1%。商品房销售额503亿元，下降6.9%。空置面积320.3万平方米，增长32.4%。2012年，二手房成交3.39万套，成交面积333.5万平方米，比2011年下降7.3%，其中，二手住房成交3.18万套，成交面积257.2万平方米，比2011年下降4.3%。

【国内贸易】 全年实现社会消费品零售总额1 739.6亿元，比2011年增长15%。分行业看，批发零售贸易业零售额1 567.3亿元，增长14.8%。其中，限额以上批发零售贸易业零售额720.4亿元，增长10.5%；限额以下批发零售贸易业零售额846.9亿元，增长18.2%。住宿和餐饮业零售额172.3亿元，增长17.0%。其中，限额以上住宿餐饮业零售额26.5亿元，增长10.0%；限额以下住宿餐饮业零售额145.8亿元，增长18.0%。2012年，长春市限额以上批发和零售企业汽车类零售额199.2亿元，增长3.1%；粮油、食品、饮料、烟酒类零售额77.2亿元，增长24.7%；服装鞋帽针纺织品类零售额139.3亿元，增长11.9%；金银珠宝类零售额23.6亿元，增长26.0%；家用电器和音像器材类零售额46.5亿元，增长5.7%；石油及制品零售额108.8亿元，增长10.7%。

【对外经济】 全年实现进出口总额196.8亿美元，比2011年增长13.4%。其中，进口167.8亿美元，增长11.3%；出口29.0亿美元，增长27.9%。在出口企业中，一般贸易企业出口20.4亿美元，增长24.6%，加工贸易企业出口8.5亿美元，增长43.1%。全年新批外资项目(企业)42个，其中投资总额超千万美元项目10个。全年实际利用外资36.8亿美元，比2011年增长19.6%。其中，直接利用外资8.5亿美元，增长9.9%。

【旅游和会展业】 全年来长旅游人数3 655.87万人次，比2011年增长17.4%。其中，接待入境游客35.66万人次，比2011年增长18.2%；接待国内旅游者

3 620.21 万人次,增长 17.4%。全年旅游总收入 548.3 亿元,增长 27.0%。旅游外汇收入 22 379.1 万美元,增长 31.8%。全市举办各类会展活动 238 项,会展直接收入 30 亿元,带动其他相关产业收入 270 亿元,分别比 2011 年增长 20%和 21%。

【交通邮电业】 全年公路货物周转量 312.5 亿吨公里,增长 22.7%;旅客周转量为 50.9 亿人公里,增长 6.8%。民航完成货邮吞吐量 6.6 万吨,增长 6.4%;完成旅客吞吐量 582 万人,增长 17.1%。2012 年末全市民用汽车保有量 87.7 万辆,增长 13.5%。其中,私人汽车保有量 70.6 万辆,增长 17.6%。2012 年完成邮电业务总量 143.5 亿元,增长 6.5%。其中,邮政业务总量 4.5 亿元,增长 5%;电信业务总量 139 亿元,增长 6.5%。全年特快专递完成 86 万件,下降 11%;邮政储蓄平均余额 202.5 亿元,增长 24%。全市市话年末达 156 万户,增长 9.9%;农话年末达 27 万户,下降 27%;小灵通电话用户 7 万户,下降 68.2%。移动电话年末达 1 118 万户,增长 3.7%。互联网用户已经达 640 万户,增长 23.6%,其中宽带用户 92 万户,增长 4.5%。

【金融证券和保险】 截至 2012 年末,全市拥有银行 24 家,保险公司 28 家,本地和异地驻长证券公司 22 家。金融机构本外币各项存款余额 6 643.3 亿元,比 2011 年初增长 18.2%。其中,单位存款余额 3 393.2 亿元,增长 19.1%;储蓄存款余额 2 790.5 亿元,增长 18.3%。全市金融机构本外币各项贷款余额 5 828.3 亿元,比 2011 年初增长 11.0%。全市证券公司 22 家,其中,本地证券公司 2 家,异地证券公司 20 家,拥有股票交易网点 47 个。A 股上市企业 19 家。股民账户数达 130.2 万户,比 2011 年增长 1.5%。全市有价证券成交总额 3 331.5 亿元,比 2011 年下降 11.8%。其中,股票交易成交额 2 442.1 亿元,下降 31.2%;国债成交额 740.3 亿元,增长 5.5 倍;基金成交额 38.4 亿元,下降 25.3%。全市拥有保险公司 28 家,保险专业中介法人机构 34 家。全年保费收入 89.5 亿元,比 2011 年增长 5.9%。其中,财产险保费收入 38.92 亿元,增长 17.9%;人身险保费收入 50.6 亿元,下降 1.8%。全年赔付总金额 31.7 亿元,增长 25.5%。其中,财产险赔付金额 20.3 亿元,增长 35.4%;人身险赔付金额 11.4 亿元,增长 11.1%。

【城建和公用事业】 2012 年末,全市完成道路新建和扩建长度 168.62 公里,全市道路总面积 6 456.58 万平方米,道路长度 2 850.24 公里,人均道路面积 17.89 平方米。2012 年,全市水厂日综合生产能力为 118.9 万立方米/日,城区使用自来水人数达 359.92 万人。全市人工煤气和天然气供气总量分别达 14 641.39 万立方米和 29 974.54 万立方米;液化石油气供气总量 6.86 万吨。城区使用煤气、天然气、石油液化气户数 119.2 万户。城区集中供热面积 13 305.93 万平方米。2012 年末,全市园林绿地面积 9 868 公顷,公园绿地面积达 4 567 公顷,建成区绿化覆盖面积达 11 220 公顷,建成区绿化覆盖率达 41.5%。

【科技和质量技术监督】 全年专利申请量由 2011 年的 5 387 件增加到6 165 件,增长 14.4%。全年通过鉴定、验收和认定的科技成果 235 项,获得市以上科技进步奖励成果 231 项。其中,获国家级奖励 10 项,省级奖励 173 项。2012 年末,在全市各级各类科技人员中,"两院"院士 27 人。全市拥有独立科学研究与技术开发机构 95 个。其中,自然科学和技术领域研究与开发机构 60 个,社会科学与人文领域研究与开发机 14 个,科技信息与文献领域机构 5 个。全市民营科技企业技术合同成交额达 20.87 亿元,累计技术合同成交额 219.69 亿元。市科技管理部门共投入科技经费 7 850 万元。全市新认定高新技术企业 22 户,新认定产值超亿元的高新技术企业 10 家。全市有法定产品质量检验机构 6 个,法定计量技术机构 6 个。全年定期监督检验产品 1 703 批次。受理委托检验 17 426 批次。国家和省监督抽查产品质量平均合格率分别达 95.5%和 94.2%。

【教育】 2012 年,长春市各级各类教育学校(园)2 533 所。其中,在长普通高校 37 所,成人高校 8 所,中等职业学校 104 所,普通高中 65 所,普通初中 265 所,职业初中 3 所,小学 1 349 所,特殊教育 9 所,工读学校 1 所,幼儿园 692 所。全市各级各类学校(园)招生人数 43.6 万人,其中,在读研究生 1.6 万人,普通本专科 11.1 万人,成人本专科 4.1 万人,中等职业学校 2.7 万人,普通高中招生 4.8 万人,初中阶段招生 6.3 万人,小学招生 7 万人,特殊教育学校招生 139 人,入园儿童 6 万人。全市各级各类学校在校(园)人数146.3 万人,其中,在读研究生 4.8 万人,普通本专科在校生 38.8 万人,成人本专科生 9.1 万人,中等职业学校在校生 8.1 万人,普通高中在校生 14.5 万人,初中阶段在校生 19.7 万人,小学在校生 40.2 万人,特殊教育在校生 0.12 万人,在园儿童 11 万人。全市各类教育学校专任教师 9.8 万人。其中,普通高等学校专任教师 2.5 万人,成人高校专任教师 0.14 万人,中等职业学校专任教师 0.57 万人,普通高中专任教师 0.94 万人,初阶段专任教师 1.94 万人,小学专任教师 2.91 万人,特殊教育学校专任教师 326 人,幼儿园专任教师 0.78 万人,小学适龄儿童入学率达 99.98%。

【文化卫生和体育】 2012 年,全市有文化(文物)事业机构 228 家。其中,艺术表演团体 3 家,艺术表演场馆 4 家,公共图书馆 12 家,艺术馆、文化馆 12 家,文化站 161 家,文化艺术科技、科研机构 2 家,文物保护研究机构 1 家,文物保护管理机构 4 家,其他文化事业 6 家,其他文化企业 1 家,博物馆 7 家,文化市场管理机构 15 家。公共图书馆总藏量 401 万册,其中少儿图书馆藏量 75 万册。国家综合档案馆 11 个,馆藏档案 138.8 万卷、94.3 万件,开放档案 15.2 万卷、6.8 万件。有各类文化经营场所 1 440 家,其中,互联网上网服务营业场所 827 家(连锁 70 家);文化娱乐场所 327 家;演出场所 31 家;音像制品经营场所 246 家,古玩(美术品)经营店 9 家。其中市区(含开发区)文化经营场所 1 049 家,互联网上网服务营业场所578家(连锁69家);文化娱乐场所253家;演出场所23家(市直3家);古玩(美术品)经营店9家。长春电影制片厂全年共生产故事片6部,科教片10部。全市有广播电台5座,节目10套,中波发射台和转播台2座,转播台7座,广播人口覆盖率为100%;电视台5座,节目9套,电视人口覆盖率为100%。2012年末,全市卫生医疗机构4 092个,下降1.47%。其中,医院、卫生院302所,下降1.31%,拥有医疗、疗养床位4.23万张,比2011年增长6.47%。卫生技术人员为4.3万人,比2011年增长5.5%。每千人拥有执业医师和执业助理医师2.44人。2012年末,市辖区建成社区卫生服务中心51家,城区人口覆盖率达100%,367万农民参加了新型合作医疗,参合率达99.7%,筹集资金10.6亿元,有121万参合农民受益,支付补偿金10.2亿元,占筹资总额的96.2%。全年成功承办全球华人羽毛球球锦标赛、瓦萨国际越野滑雪赛、世界杯自由式滑雪赛等国际国内大型体育赛事20项次。举办市青少年短道、速滑、篮球等省市各级各类体育赛事220项次。长春市代表团参加了十二届全国冬季运动会3大项10分项91小项角逐,夺得金牌29枚、银牌16枚、铜牌20枚、金牌总数列全国第二的优异成绩,继续保持了长春市冬季项目全国前列位置。以"健康长春——体育伴随你我他"为主题,开展全民健身活动1 000项次,公布了《长春市民体质状况报告》。投入资金450万元,为城区安装43套健身路径,为10个乡镇、62个行政村安装健身器材。全年体育彩票销售9.9亿元,占全省销售比例的42.3%。

【环境保护】 2012年,全市工业废水排放达标率和工业固体废物综合治理率分别达97.4%和100%,重点工业污染源实现全面达标排放。到2012年末,全市烟尘控制区面积327.71平方公里,环境噪声达标区面积236.46平方公里,区域环境噪声平均值控制在53.6分贝,道路交通噪声平均值控制在68.6分贝,噪声达标区覆盖率78%以上,达到全国文明城市A类标准。全市开展生态示范区试点面积1.9万平方公里,达到幅员的91.4%,国家级生态示范区建成率达100%。全年城区空气污染指数(API)为69;空气环境质量优良级天数339天,占总天数的92.6%。其中,优级天数78天,占21.3%;良级天数261天,占71.3%;空气首要污染物总悬浮颗粒物(PM_{10})年日均值每立方米87微克,比2011年上升4微克;二氧化硫年日均值每立方米30微克,比2011年下降4微克;二氧化氮年日均值每立方米44微克,比2011年下降2微克;饮用水源水质达标率100%。

【人口和就业】 2012年末,全市户籍总人口为756.9万人。其中,市区人口363万人,4县(市)人口393.9万人。全市人口出生率为10.2‰。

【人民生活和社会保障】 2012年,城市居民人均可支配收入22 969.7元,比2011年增长12.1%;人均消费性支出17 863元,增长9.4%。城市恩格尔系数为29.6%。城市居民每百户拥有汽车21.57台,拥有彩电124.84台,电冰箱及冰柜97.71台,洗衣机97.97台,拥有家用电脑和移动电话83.99台和237.58部。城市人均住宅建筑面积由2011年的32.8平方米增加到34.2平方米。2012年底,全市城镇企业职工基本养老保险参保人数177.8万人,比2011年增长6.1%。其中,在职职工126.1万人,增长7.5%;城镇失业保险参保人数87万人,增长4.5%。全年征缴养老保险基金88.8亿元,增长21.3%;征缴失业保险基金9.5亿元。全年为51.7万名离退休人员发放养老金91.5亿元,增长19.8%;为2.4万名失业人员发放失业金1.9亿元。城镇医疗保险参保人数405.8万人,其中城镇职工参保160.6万人。城镇居民基本医疗保险参保总数245.2万人,工伤和生育保险参保人数分别达111.6万人和111.9万人。全年开发就业岗位13.9万个,实现城镇新增就业11.3万人,安置下岗失业人员实现在就业5.2万人,其中大龄就业困难对象再就业1.4万人。全市就业困难群体从事公益性岗位人员稳定在2.2万人以上,扶持686户零就业家庭实现就业。创建充分就业社区280个。累计实现农村劳动力转移就业120万人次。到年底,城镇登记失业率为3.78%。截至到年末,全市城市居民有7.66万户、14.14万人享受最低生活保障;农村居民有10.69万户、15.82万人享受最低生活保障。累计全年发放城乡低保资金5.83亿元。全市建设保障性住房10 645套、建筑面积58.13万平方米、总投资额223 366万元。其中,建设廉租住房2 845套、建筑面积13.66万平方米、投资额52 108万元;建设公共租赁住房7 800套、建筑面积44.47万平方米、投资额171 258万元。全市在民政部门注册养老服务机构有191家,总床位数15 043张。其中,国家办养老机构10家,社会力量投资兴办的养老机构181家。农村社会福利服务中心97所。全年销售社会福利彩票9.96亿元。募集善款4 417万元,总支出慈善募捐款3 426万元,受助群众达8万人次。

(曹军飞)

精神文明建设

【创建全国文明城市】 5月份,召开"创建全国文明城市暨2011年全市奋战150天市容环境综合整治总结表彰动员大会",对做出突出贡献的333个先进集体和1 025个先进个人进行表彰,对新一轮的创建全国文明城市工作进行了部署。坚持以评促创,委托专业调查机构对全市创建全国文明城市工作进行模拟测评,发现4大类29个问题,为解决问题、改进工作提供了依据。在全市主要街路交通道路指示牌安装创城公益广告54块;制作安装路灯广告6 240块,户外大型LED 22块,LED条1 200余块;更换主要街路、繁华路段候车亭广告牌550幅;利用出租车顶灯、公交车内广告等流动媒体全天候播放创城公益广告;在城区、开发区公共信息栏、公益宣传板宣传创城公益广告6 000块次,悬挂条幅万余条,在全市营造了创建全国文明城市、共建幸福长春的浓厚氛围。8月份，通过了中央文明委组织的全国城市文明程度指数测评。长春市在全国省会和副省级城市中排名第12名，比2011年前进了3个名次，实现了年初制定的"争先进位"的工作目标。

【道德领域专项教育和治理活动】 制定下发了《长春市道德领域突出问题专项教育和治理活动实施方案》、《长春市道德领域突出问题专项教育和治理活动联席会议成员单位工作职责》。加强道德讲堂建设，制定了《长春市"道德讲堂"建设实施意见》、《长春市"道德讲堂"建设责任分工》，明确建设内容和标准，按照"试点先行、梯次推进、全面覆盖"的方法，在全市各街道、社区、村镇、文明单位、机关、企事业单位建立道德讲堂800多个，举办各种形式的道德讲座5 000余场，受教育人数100多万人次。7月份，中央文明办在长春市举办两场"道德模范故事汇"巡讲活动；8月份，组织9名道德模范深入中之杰等食品企业进行巡讲；9月份，启动"道德模范高校巡讲活动"，近6万名大学生参加道德教育活动。组织第四届长春市道德模范评选活动，评选出长春市道德模范21名，另有10人获得道德模范提名奖。

【学雷锋"三关爱"志愿服务活动】 成立长春市"三关爱"志愿服务工作领导小组，制定下发《关于进一步推进志愿服务工作的意见》和《长春市志愿服务工作指导手册》。3月份，召开了"长春市社区学雷锋志愿服务站授牌仪式"，实现了全市社区学雷锋志愿服务站和文明单位学雷锋志愿服务队全覆盖。开展"万户特困户结对救助"志愿行动，组织志愿者对特困家庭结对帮扶。以帮助贫困家庭和单亲家庭子女为重点，开展"代理妈妈"志愿服务活动；以帮助空巢老人、留守儿童为重点，开展"快乐周末"志愿服务活动活动；以减少交通违法、缓解交通拥堵为重点，开展"文明交通"志愿服务活动，引导人们自觉做到文明走路、文明行车、文明乘车；围绕生态文明建设，开展"关爱母亲河"志愿服务活动，共同建设绿色宜居的幸福城市。8月份，中央文明委在长春市举办全国"三关爱"志愿服务工作座谈会议。省委常委、市委书记高广滨在大会上介绍了长春市学雷锋"三关爱"志愿服务活动经验。

【思想道德建设】 推进"做一个有道德的人"主题活动，在全市开展"美德少年"评选活动和"学习雷锋、做美德少年"、"诵中华经典、做有德之人"系列活动；开展"童心向党"歌咏活动，引导未成年人心向党、爱劳动、讲道德、有礼貌。开展"悦读故事汇"青少年读书系列活动，推动中华经典和红色经典诵读，培育未成年人养成良好的阅读习惯，有30多万名学生参与活动。推进社会文化环境净化工程，开展专项整治行动10余次，收缴违法音像出版物3 000余件，为未成年人健康成长创造有利条件。开展万户特困户子女助学活动，全市副局级以上领导干部745人与生活困难家庭子女结对帮扶。有500余名社会实心公益事业人士参与，1 280名生活困难家庭子女得到资助。加强课外活动场所建设，建成青少年校外活动场所387个，其中，政府投资兴办的专设少年宫12所，农村学校自行投入开办的乡村校办少年宫111所，社会各企事业单位(社区)开办的文化活动场所191个。

【精神文明创建活动】 开展"做文明有礼的长春人"主题活动。在旅游景区、公园等休闲娱乐场所，开展文明旅游活动，引导广大市民自觉遵守《文明旅游公约》，做到文明出行；开展"文明餐桌"活动，在全市倡导文明用餐、不剩饭菜；开展"文明交通"活动，把每周二定为全市"文明走路日"，组织志愿者、市民巡视员在全市主要交通路口维护行人过街秩序，倡导文明走路、不闯红灯。开展创建文明单位、文明窗口活动。举办创建文明单位培训班，编印《创建文明单位工作汇编》，推进创建文明单位工作规范化。召开文明单位"五个一"建设现场会，在全市各级文明单位推进道德讲堂、道德宣传栏、文明网络传播、学雷锋志愿服务和扶贫帮困工作。开展创建文明社区活动，以"五进社区"活动为载体，以创建文明示范小区为切入点，调动了广大市民参与创建积极性，推动了创建活动的健康发展。开展创建文明村镇活动，以创建文明户、文明村、农村文化广场、文明集市为重点，推进农村精神文明建设。开展军(警)民共建社会主义精神文明工作，开展科技拥军、文化拥军、智力拥军。举办15期军官复合型人才培训班，500多名部队干部获得本科以上学历；依托45所技校开办22期技能培训班，820名部队士兵获得等级技能证书，促进了军地双方建设。

(张文强)

法治政府建设

【服务中心】 2012年，对市直50个部门的行政权力进行全面清理，审核确认行政权力7 246项，取消行政审批项目15项，调整33项。对11个部门下达了整改意见。压缩审批要件，将长春市工业项目并联审批要件由164种减少到50种，规范了6类文书和相关制度。为市直28个执法部门下发《行政执法检查通知书》30份，有效减轻了企业负担。选定100名律师仲裁员，为300家中小企业轮流提供一年的免费法律咨询服务，由专人现场解答企业涉法问题。对没有固定生活来源的残疾人、最低生活保障对象和困难企业，减免缓交仲裁费用36万元。与九台市苇子沟镇西山村结成帮扶对子，投资4万余元维修了村路。

【法治政府建设工作】 开展"法治政府建设提升年"活动。领导力度不断加大，多数县(市)、区和部门成立了由主要领导挂帅的依法行政工作领导小组，加强对法治政府建设的组织领导。市交通局与各基层单位签订目标责任书，把依法行政与业务工作同部署、同落实，被交通部评为年度交通运输依法行政先进集体。市政府制定了5年依法行政和法治政府建设规划。市农委、市规划局等部门也制定了依法行政提升计划。制度建设不断完善，长春市地税局建立和完善了

107项依法行政工作制度，依法行政工作走在全国地税系统前列。市财政局、九台市、绿园区也建立了规范行政决策等制度。示范单位创建活动不断推进，省、市在榆树市召开了依法行政示范单位创建活动现场会，总结推广榆树市、九台市和长春市公安局、市工商局的创建经验。加快示范点建设扩面延伸步伐，经市政府批准，新增市地税局、市计生委、市规划局、市财政局等4个单位为市级依法行政示范单位。市工商局创建活动做到了基层单位全覆盖，农安县、德惠市、绿园区、市规划局还在所属基层单位评选示范单位，并授匾挂牌。市计生委抓的2个示范乡镇还被国家计生委评为依法行政示范单位。宣传教育工作不断深入，市和县(市)、区政府都按要求举办领导干部依法行政专题研讨班，形成理论研讨文章394篇。认真开展纪念《纲要》颁布8周年系列宣传活动，全市各级行政机关制作展板300余块，悬挂条幅900多幅，发放宣传单30多万份，接待群众咨询5万多人次。市住房公积金管理中心印发5万份法制宣传资料，并在省、市电视台就依法行政问题与群众交流，市档案局、市计生委还开展了法律知识竞赛。在《长春日报》开设政府法制宣传专栏，刊发稿件20余篇。向省政府法制办报送法制信息472篇，被省政府法制办采用374篇，被国务院法制办采用61篇，长春市在全省法制信息工作会议上介绍了经验。加强网络宣传，九台市开通全市首家县级政府法制网站。依法行政考评工作不断加强，完善考评方案，创新考评方式，利用行政执法监督员QQ群开展民主评议。在全省政府法制工作会议上，市政府法制办作了法治政府建设的典型经验交流。

【科学民主立法】 2012年，完成3部地方性法规和10部政府规章的起草、修改、审核工作；完成18部政府通告的审核修改工作；办理国家、省、市相关部门征求意见函29件；进行8部政府规章的英文译审工作。出台《长春市行政执法责任追究办法》、《长春市规范性文件监督办法》和《长春市规范行政处罚自由裁量权实施办法》等3部政府规章，使责任追究、规范性文件监管和规范行政处罚自由裁量权做到了有法可依。落实公开征求意见制度，年度立法建议项目在《长春日报》上向社会公开征集，所有立法草案都在网上公开征求意见，并召开50次协调会、论证会和座谈会听取各方面的意见。落实立法草案多元起草制度，邀请吉大法学院教授和实际工作者一道起草《长春市传统工艺美术保护办法（草案）》。落实立法听证制度，选择《长春市城乡居民最低生活保障办法》、《长春市汽车租赁管理办法》2部社会关注度较高的立法草案，分别就居民最低生活待遇认定和汽车租赁备案制度等问题举行听证，并认真吸取和采纳了听证意见。落实立法后评估制度，对《长春市城市建设档案管理办法》、《长春市工程造价管理办法》2部政府规章的实施情况进行全面评估。落实立法成本效益分析制度，对《长春市献血管理办法》、《长春市招标拍卖挂牌出让国有建设用地使用权管理办法》进行了立法成本效益分析。落实立法风险评估制度，对《长春市汽车租赁管理办法》进行了立法前风险评估并形成报告。针对长春市经济类立法薄弱的实际情况，形成了《我市经济类立法项目偏少的原因与对策》用于指导未来五年的立法工作。

【行政执法监督】 完善行政裁量基准制度，从规范行政处罚自由裁量权向行政许可裁量权延伸。推行“三段式”执法，落实“三段式”执法案件季报告制度。2012年，全市各级行政执法部门实行“三段式”执法项目达4 665项，解决一般性违法问题49万多个，减少行政处罚1.3万多人次和3 487万元。对“窗口”和一线执法人员使用文明用语情况进行20多次明察暗访，摄录100多分钟的影像资料，对发现不使用文明用语现象进行了及时纠正。《长春市规范性文件监督办法》出台后，对14个县(市)区、开发区和市直57个部门的法制机构负责人进行了3次培训。加强监督平台的开发应用，通过平台上传执法人员信息15 645条，执法主体信息555个，报备的重大处罚案件384件。建立健全了行政执法评议考核、投诉举报、受理查处等监督机制，增聘了150名行政执法监督员，启动了全市新一轮行政执法人员3年培训计划，以《行政强制法》等法律法规为主要内容，培训行政执法人员3 800多人次，并建立了行政执法人员培训档案。

【行政复议】 2012年，全市受理行政复议案件1 740件，比2011年增长21%，其中，撤销、变更行政机关决定的案件876件，占50%。市本级受理案件76件，增长90%，纠错率达15%。市本级办结案件中的24%以和解、调解方式结案。

【民商事仲裁】 2012年，受理案件3 341件；标的额11.14亿元，比2011年增长97.9%；事业收费845万元，增长51.7%。其中，仲裁办案384件，标的额9.15亿元，事业收费544.7万元。仲裁调解办案2 957件，标的额1.99亿元，事业收费300.36万元。仲裁结案率达59.3%，调解和解率达76%，自动履行率达85%，当事人满意率达90%。仲裁调解新增4个受理处，并加强了工程造价、信息技术、汽车行业调解中心的工作。仲裁调解的和解率达99.8%、自动履行率达99.6%、当事人满意率达99%。

（王凤翔　张海光）

党政机关

中国共产党长春市委员会

【概况】 2012年,出台了一系列稳增长的专项意见,滚动推进总投资5 650亿元的5大类150个重大项目建设,一批左右经济社会发展全局的重大项目相继开工投产达效。全年地区生产总值实现4 456.6亿元,增长12%;全口径财政收入实现927.7亿元,增长15.5%;规模以上工业总产值实现8 263.5亿元,增长17.4%;固定资产投资累计完成3 172.9亿元,增长30.4%。各项主要经济指标增幅继续位居15个副省级城市前列。特别是反映全年经济效益的重要指标,规上工业企业利润实现623.2亿元,增长10.1%,比全国平均水平高4.8个百分点。

产业格局 支柱优势产业加快发展,汽车整车生产能力突破200万辆大关,农产品加工业产值在2011年突破千亿后继续保持27.8%的高速增长,长春轨道交通装备产业开发区被国家工信部授予"装备制造国家级新型工业化产业示范基地"。先进装备制造、光电信息、生物医药、新能源、新材料等五大战略性新兴产业产值首次突破千亿元大关。现代服务业和文化产业实现跨越式发展,服务业增加值预计完成1 847.6亿元,增速首次跃升为副省级城市第1位,农博会、汽博会、东北亚博览会、民博会、电影节等重大节庆会展活动成功举办。兴隆综合保税区联检大楼等主体设施竣工,净月开发区升格为国家高新技术产业开发区。农业综合生产能力和现代化水平稳步提升,粮食产量再创新高达182.2亿斤。县域"产城融合"发展成效明显,经济增速达20%以上,在全省县域发展综合评比中,4县(市)全部进入综合发展指数前10名;农安县在全国县域经济与县域基本竞争力评比中,进入百强县行列。

群众幸福指数和满意度 增收富民、保障惠民、实事利民三大工程扎实推进,列入民生行动计划的99项252件民生实事全部完成。"收入倍增计划"有序实施,创业就业工作走在全国前列,长春市被国务院授予"全国优秀创业城市",居民收入与GDP增长实现同步。社会保障体系更加健全,基本医疗、养老、失业保险保障面进一步扩大,城镇户籍人口基本医疗参保率达到99%,医疗保险付费制度改革走在全国前列。住房、交通、教育、卫生等领域群众关注的热点难点问题得到有效解决,高标准完成了1 221万平方米的"暖房子"建设改造任务,为全市4.9万低保户发放了"幸福惠民卡",长春连续5年被评为"最具幸福感城市"。

新型城市化进程 坚持"重民声改造交通、讲科学建好城市",下大力气推进城市重大基础设施建设,总投资408亿元的10大类78项城建重点项目全面启动,"一环、两横、三纵"快速路工程加快推进,地铁1号线全程施工、2号线开工,轻轨三期4号线竣工试运行,总投资11.6亿元、可实现7种交通方式"零换乘"的长春站综合换乘中心北枢纽投入使用,全市瞩目的西客站经过两年紧张建设正式投入运营。燃气、供热、供水、排水管网改造同步实施,城市综合承载能力全面提升。北部新城、南部新城、西部新城和长东北开放开发先导区、西南工业区建设深度推进,净月、莲花山、九台、双阳等长吉一体化重要节点建设取得重大进展,4县(市)县城和重点城镇城镇化步伐明显加快。新一轮150天市容环境综合整治行动持续实施,占地9.7平方公里的长东北城市生态湿地公园正式对外开放,伊通河城区段百里综合整治工程取得明显进展,城市面貌发生了新变化。

社会管理创新 作为全省社会管理创新综合试点城市,长春市结合阶段性市情特征,全面铺开"人性化、网格化、信息化"社会服务管理新模式,广泛开展"三关爱"志愿服务活动,并形成一批典型经验,中央文明委"三关爱"志愿服务活动座谈会在长春召开。认真抓好平安长春建设,深入开展"安全建设年"、"信访积案化解年"和"大排查、大走访、大接访"活动,政法和信访工作满意度进一步提高;切实加强社会治安综合治理,全面落实夜治安巡逻等防控措施,群众安全感提高6个百分点。精神文明和民主法制建设切实加强,人大立法监督、政协参政议政作用明显,工青妇桥梁纽带作用充分发挥,锦程街道真情服务官兵经验在全国推广，长春市实现"全国双拥模范城"七连冠。

党的建设　深入开展学习实践科学发展观活动，学习型党组织建设扎实推进。深化干部人事制度改革，"年轻干部千人优选计划"正式启动，市委完成换届，人大、政府、政协换届工作有序推进，首批"双百工程"专业技术选调生招录圆满完成，市委党校新校区落成并投入使用。以创先争优活动为统揽，全力推进"基层组织建设年"活动，进一步完善了基层党组织服务民生工作体系，所有县(市)区都建立了民生服务大厦，农村党组织"三项工程"建设取得明显成效。积极开展"三满意"机关创建和"三帮扶"活动，集中整治"虚、拖、懒、散、庸"等不良风气，基层、企业、群众的满意度进一步提高。深入实施"反腐倡廉制度建设年"活动，认真落实市委常委班子廉政建设"八项承诺"，扎实推进反腐倡廉"四个体系、三个建设"，切实加大对发生在群众身边的腐败问题的查处力度，集中查办了一批大要案，为民、务实、和谐、清廉的风气深入人心。

中国共产党长春市第十二次党代会　2012年1月10～13日，中共长春市第十二次党代会举行。会议听取和审议中共吉林省委常委、长春市委书记高广滨代表中共长春市第十一届委员会所作的题为《科学发展加快发展率先发展努力让城乡居民生活得更加美好》的工作报告，回顾总结过去5年工作，研究部署今后5年各项工作任务，动员全市广大党员干部和人民群众，立足新起点，抢抓新机遇，全力推进长春科学发展、加快发展、率先发展，努力让城乡居民生活得更加美好。会议选举产生中共长春市第十二届委员会和纪律检查委员会，选举产生了出席省第十次党代会代表。

中共长春市委十二届一次全体会议　2012年1月13日，中共长春市委十二届一次全体会议举行。会议选举产生中国共产党长春市第十二届委员会常务委员会委员和中国共产党长春市第十二届委员会书记、副书记；审议通过《中国共产党长春市纪律检查委员会第一次全体会议选举结果的报告》；中共吉林省委常委、长春市委书记高广滨代表新一届市委领导班子作重要讲话，明确新班子的主要任务、工作要求和责任纪律。

中共长春市委十二届二次全体会议　2012年12月14日，中共长春市委十二届二次全体会议举行。会议听取和审议中共吉林省委常委、长春市委书记高广滨代表市委常委会所作题为《深入贯彻落实党的十八大精神全力推进幸福长春建设为率先全面建成小康社会而努力奋斗》的工作报告，学习贯彻落实党的十八大精神，回顾总结2012年工作，研究部署2013年和今后一个时期的重点任务，组织动员全市各级党组织和广大党员干部群众，全力推进幸福长春建设，为率先全面建成小康社会而努力奋斗。会议还审议通过了《中共长春市委长春市人民政府关于推进幸福长春建设的实施意见》、《中共长春市委长春市人民政府关于加快净月创新型生态城建设的意见》、《中共长春市委十二届二次全体会议决议》。

（石　磊）

【组织工作】　**领导班子和干部队伍建设**　完成市十二次党代会和市本级人大、政府、政协换届相关工作。有9人转任人大、政协专职常委，8人转任政府专职参事，29人转任非领导职务。换届后，市直部门"一把手"平均年龄由55.5岁降至51.5岁，下降4岁，配备2名党外正职干部。稳步推进干部教育培训"五项工程"，全市举办各类班次1 792期，培训干部18.4万人次。

培养年轻干部　全面实施"千人优选"计划，完成首批"双百工程"选调生招录，启动第二批招录工作。招录长春市急需的紧缺专业优秀应届毕业生88人。在招录的选调生中，博士11人，硕士35人，其中，城建规划专业25人，金融投资专业16人，同济大学毕业生36人，中国人民大学毕业生19人。第五批党政综合类选调生招录工作，注重对选调生的培养锻炼，通过竞岗和遴选，2012年有33人走上副乡镇长和副科级领导岗位，32人遴选到县区直部门工作，1人当选省人大代表，1人当选长春市委候补委员。干部人事制度改革，在城建系统启动全市首次处级干部跨部门公选工作，8名年轻干部走上处级领导岗位。

人才特区建设　继出台长春市支持人才特区建设12条措施之后，2012年又制定出台26条补充意见，政策体系不断完善。集聚人才，注重优化人才服务环境，开辟海外高端人才证照办理绿色通道和人才子女双语教学基地，成立海外人才服务中心，为各类高层次人才提供9大类27项专业化服务。福布斯发布权威数据表明，长春市人才指数跻身全国前10位，带动长春商业城市排名从51位提高到39位。长春人才特区进入全国12大人才特区行列，人才工作经验被编入中组部《科学人才观实践读本》。

基层组织和党员队伍建设　基层党

全市组织部长会议召开

组织服务民生和“三帮扶”工作扎实推进，助春耕、志愿服务、惠民卡发放等10项行动引领作用更加显现，“红细胞工程”、“蒲公英”党员志愿服务等特色载体有效开展。第一轮农村基层组织建设“三项工程”任务全面完成，村党组织书记“一定三有”、后进村党组织转化、城乡结对共建取得成效，长春市被评为全省“三项工程”标兵市。社区党组织基础保障水平明显提高，社区干部“三项待遇”有效落实，社区场所面积达500平方米以上，1 000平方米以上社区达61个。非公企业党组织组建工作取得新进展，党组织覆盖率比2011年提升30个百分点。党员队伍结构、分布更加优化，党员队伍素质不断提升。

自身建设 以“一培育两提高”为着力点，在全系统开展了自身建设年活动。3月份，市委组织部班子成员分别带队，到农村蹲点一周，与农民同吃、同住，从农民收入和村集体收入“两个收入”入手，深度透视和研究农村经济社会发展和党的建设，解决了一批基层发展的“瓶颈”问题。坚持组工干部能力培养，深入开展学习贯彻十八大精神集中学习研讨活动，开展实战式培养锻炼，培养了一批组织工作的业务能手。设计以“家”为核心的组工文化标识，组织全系统讲党性演讲比赛，开展各项文体活动，组工文化氛围更加浓厚。制定《组织部门工作规范》，实行重点工作项目化管理，科学设岗定责，提高了规范化、制度化水平。2012年，市委组织部被评为全省文明单位。

（刘庆国）

【宣传思想文化工作】 2012年2月14日，召开全市宣传思想文化工作会议。总结市十一次党代会以来工作，安排部署2012年工作。表彰2011年度全市宣传思想文化工作先进单位和先进个人，颁发2011年度全市宣传思想文化工作“创新奖”。

开展“建学习型党组织、做学习型党员”活动 依托“书香长春学习网”、“城市热读”等载体平台，组织开展多种形式的学习活动，推动学习型机关、学习型企业、学习型街道（乡镇）、学习型社区（村屯）创建。《经济日报》宣传报道长春市建设学习型楼栋党支部推进基层社会管理创新的经验做法。12月20日组织召开全市学习型党组织建设经验交流会。二道区理论中心组、市国土资源局、市市容环境卫生管理局、南关区纪委监察局、德惠市民政局、长春热力集团等6家单位作发言交流，24家单位作书面交流。中共长春市委宣传部、中共长春市委组织部联合下发〔2012〕15号文件，命名市政府办公厅等45家单位为第二批学习型党组织暨党员教育示范点。

市委理论中心组学习 7月5日，召开市委理论中心组学习暨“稳增长”工作半年调度会议，中心组全体成员参加会议。省委常委、市委书记高广滨主持学习会并做重要讲话。市委副书记、市长姜治莹客观分析当前经济形势并就落实稳增长的重要措施进行部署，市委常委、常务副市长肖万民汇报上半年全市经济运行情况，市委常委、政法委书记王振华汇报全市信访维稳情况。经开区、宽城区、榆树市，市发改委、工信局、建委等县（市）区、开发区和部门负责人做相关汇报。

社会主义核心价值体系宣传教育实践活动 组织开展社会主义核心价值体系宣传教育实践活动，开通“长春市社会主义核心价值体系”宣传教育网，命名未成年人社会主义核心价值体系教育基地，利用少儿阅读大讲堂开展优秀传统文化教育。

对外宣传和互联网管理工作 围绕加强和改进对外宣传，利用全国“两会”、对外招商引资等重要平台积极宣传推介长春。“两会”期间，长春市共在各级各类媒体开办专版、专栏10个，刊发新闻200余篇（条），图片80多幅。精心组织“幸福长春”大型主题系列宣传活动。4月1日参与吉林省与宫城县结好25周年纪念活动暨吉林电视周在日本仙台市举办的“吉林·日本电视周”活动。5月27日为纪念中日邦交正常化40周年，在长春市日章学园高中举行“2012中国长春中日交流日”活动。6月6日组建成立互联网信息中心，网上舆情监控和引导开始常态化运行。组织“聚焦幸福长春”网络媒体长春行活动，加大网上涉长舆情监控和引导，成功处置多起网络突发事件。7月16日，召开“聚焦美好吉林——第六届全国网络媒体吉林行”推介会，市委常委、宣传部长吴德金出席推介会并向采访团介绍长春经济社会发展情况。9月10日举行纪念长春人民广播电台成立67周年暨长春广播网开通仪式。市委常委、宣传部长吴德金出席仪式并为长春电台门户网站——长春广播网上线剪彩。

巩固全国文明城市创建成果 2月27日召开全市文明办主任会议。回顾总结2011年精神文明建设工作，安排部署2012年精神文明建设工作。5月22日组织召开全市创建全国文明城市暨奋战150天市容环境综合整治总结表彰动员大会，对下步工作做出安排部署。制定《长春市城市文明程度指数测评体系》、《长春市文明县（市）区考评细则》，加强组织动员，细化工作分工，明确责任落实，顺利通过全国城市文明指数测评。推进文明县（市）区、文明社区、文明示范小区、文明单位、文明窗口、文明村镇、军（警）民共建和“清洁乡村“等工作进程”。美化家园”村屯环境整治，广泛开展文明旅游、文明餐桌活动，努力创造良好人居和生态环境。5月16日在长春工业大学举办在长高校“高校文明杯”竞赛活动暨“十佳大学生”颁奖典礼，对2011年“高校文明杯”竞赛活动暨长春市“十佳大学生”和“十佳大学生思想政治教育工作者”进行表彰。

开展学雷锋、“三关爱”志愿服务活动 组织全市广大志愿者积极投身关爱空巢老人、农民工、残疾人等志愿服务实践。3月1日组织召开座谈会，对全市深入开展学雷锋活动做出安排部署。组织召开“弘扬雷锋精神，引领社会风尚”座谈会。与会的模范人物和先进典型代表向全市人民发出了“积极行动起来，让雷锋精神永驻”的倡议。3月2日召开的全省首届志愿服务工作表彰大会上，长春市志愿者联合会被授予吉林省志愿服务“标兵单位”称号。5月12日启动省暨长春市“弘扬雷锋精神——吉林志愿者在行动”走进社区活动。8月21日全国关爱他人、关爱社会、关爱自然志愿服务活动座谈会在长春市召开。6月29日下发《长春市关于开展“道德讲堂”建设的实施意见》,对在全市范围内开展“道德讲堂”建设做出具体部署。6月30日组织召开全市道德领域突出问题专项教育和治理活动大会。7月18日召开全市道德领域突出问题专项教育和治理活动座谈会暨东站十委街道道德讲堂揭牌仪式。全市已建“道德讲堂”示范点400多个。

深化典型宣传 组织“万名官兵辅导员进校园、万名官兵志愿者献爱心、万名官兵宣传员传承雷锋精神”、“万户特困户”子女助学等主题活动,进一步巩固学校、家庭、社会“三位一体”的未成年人思想道德建设工作格局。总结宣传葛长江、“慈善夫妻”等先进事迹,深入开展“我们的榜样”、“长春好人”典型宣传和第四届长春市“道德模范”评选,相继推出50多位各行各业先进典型。3月19日下发《中共长春市委关于在全市开展向葛长江同志学习活动的决定》,要求全市广大党员干部向葛长江学习。3月29日举行葛长江先进事迹报告会。7月6日在长春宾馆举办“全国道德模范故事汇”长春巡演活动。12月17日举行长春市第四届道德模范颁奖典礼,隆重表彰31位道德模范及提名奖获得者。

3月19日召开全市创建国家公共文化服务体系示范区工作会议。3月21～24日国家文化部督查组对长春市国家公共文化服务体系示范区(项目)建设及“三馆一站”免费开放情况进行督查,在25项督察指标中长春市有10项达优秀标准,12项达良好标准,3项达中等标准。4月1日市委副书记、市长姜治莹带领财政等相关部门,到长春文庙长春孔子文化园工程现场办公、解决项目建设中的难题。4月22日在新华文化图书城举行书香长春——新华文化读书节暨新华文化图书城揭牌仪式,并为新华文化图书城颁发“长春市全民阅读特殊贡献单位”奖牌。组织开展“文化惠民情暖万家”百场公益巡演、文化科技卫生“三下乡”、“雅乐春之声”交响音乐走进基层、东北亚文化艺术周、社区艺术节、农民文化艺术节等群众性品牌文化活动。1月2日《长春晚报》推出文化导播专版,打造全新文化信息活动平台。编印推出《2012年长春公益文化指南》。1月10日举行“祝福长春”中共长春市第十二次代表大会专场文艺晚会暨2012长春市春节联欢晚会,市领导及市党代会代表观看演出。2月10日联合12个城市电视台录制的《姹紫嫣红中国年——2012年12城市百姓春节联欢晚会》在央视直播,成为全国农民春晚收视率最高的一台晚会。5月22日在文化广场举办2012年创建国家公共文化服务体系示范区“唱响长春·共筑家园”主题文化活动暨第十一届中国长春电影节群众电影文化活动启动仪式。7月10日在长春五环体育馆成功举办“唱响中国——群众最喜爱的新创作歌曲”长春演唱会。8月17日举行第十一届中国长春电影节“精彩电影惠万民”系列活动启动暨中国长春电影节20周年纪念图片展揭幕仪式。9月5日在长春世界雕塑公园成功举办“凝固与脉动”逍遥音乐会。9月21日举办“大地情深”长春创建国家公共文化服务体系示范区群众文化展演。9月28日举办长春孔子文化园开园仪式。10月7日,在双阳区文体中心举办长春市2012年创建国家公共文化服务体系示范区“唱响长春·共筑家园”主题文化活动暨第五届农民文化节。12月2日长春电视台首播推出《文化周刊·坐标》栏目,充分发挥文化阵地引领导向作用。加强文艺创作生产统筹指导,强化资金保障支持,完善文艺创作奖励机制。3月25日全国第十一届“韬奋出版奖”在京揭晓,长春出版社社长杨德宏荣获“韬奋出版奖”。5月22日颁发第三届“长春文学奖”。谷长春、李发锁、高君获第三届“长春文学奖”金奖,祖阔等6人获银奖,王曦昌等11人获铜奖,张帆、陈锐获新秀奖。马录等118人获第二届“长春百名文艺新秀”称号。5月23日启动首届“君子兰”文艺奖评选。9月19日,在第十届全国少数民族文学创作“骏马奖”颁奖仪式上,朝鲜族作家金仁顺创作的长篇小说《春香》夺得“骏马奖”。10月16日在全省精神文明建设“五个一工程”表彰大会上,长春市选送的歌曲《扶起你》、戏剧《宰相胡同》、广播剧《中国母亲》等作品荣获吉林省“五个一工程”奖。

发展文化产业 规划论证月亮岛文化园、国际标识与东北亚旅游产业创意园、东部凤凰城科教文化产业园等26个重点文化产业项目,东北亚创意产业交易中心等一批重点项目建设进展顺利,朝阳区创意产业园、动漫软件与新媒体科技园等一批重点园区的要素聚集功能和产业高地效应进一步凸显,东北亚文化创意产业园被评为国家级文化产业试验园区。5月18～21日组织参加第八届深圳文博会。12月17日进入长春演艺市场的刘老根大舞台长春旗舰店剧场隆重开业。1月3～13日成功举办中华人民共和国第十二届冬季运动会。1月2日～2月25日成功举办2012中国长春冰雪旅游节暨净月潭瓦萨国际滑雪节。开展冰雪旅游、冰雪体育、冰雪文化、冰雪经贸4大板块59项活动。8月10日在上海举行的第九届“中国会展之星”颁奖典礼上,中国长春冰雪旅游节荣获“2011——2012年度中国十大品牌节庆”奖项。3月22～26日在长春君子兰花卉交易中心成功举办第八届中国长春君子兰节。4月26～30日在欧亚卖场成功举办第五届中国长春华夏文化艺术节暨2012中国长春文化产业博览会。5月25～27日在长春国际会展中心举办“第三届中国·长春创业就业博览会”。5月30日～6月5日在长春国际会展中心成功举办第八届中国(长春)国际动漫艺术博览会。6月17日～9月27日成功举办第六届中国长春消夏节。8月3～8日成功举办第七届中国长春民间艺术博览会。8月19～25日成功举办第十一届中国长春电影节。8月6～16日成功举办第十三届中国长春(净月区)国际雕塑作品邀请展。9月20～27日在长春国际会展中心成功举办2012长春图书博览会。12月17日在“2012中国会展行业年会·2012年度中国会展产业颁奖盛典”上,第十一届中国长春电影节被评为“2012中国十大影响力节庆”。

宣传文化队伍建设 组织开展创先争优、创建学习型党组织、基层组织建设年、纪律作风建设年等活动。制定出台《关于宣传文化系统干部人才专项工作计划的实施意见》,启动实施宣传文化系统干部人才专项工作计划，推动人才引进与培养。加强县(市)、区委宣传部长、基层理论骨干、文化产业高级人才、企业政工专业职务人员、舆情信息员、网络评论员的教育培训，宣传思想文化战线干部“能说、能写、能干,会谋划、会协调、会落实”能力得到提高。按照《“长春市宣传思想文化工作创新奖”评比表彰办法》,深入组织开展评选表彰活动。评选表彰中共长春市直属机关工作委员会《展现机关文化风采，提升机关建设水平》等18个“2012年度全市宣传思想文化工作创新奖”项目。6月19日在全省舆情信息工作会议上，市委宣传部被省委宣传部评为“舆情信息工作标兵单位”。8月23日,在全省精神文明建设工作表彰大会上，市委宣传部被省委、省政府评为“2011——2012年度全省文明单位”。9月18~23日全国城市宣传刊物研究第23届年会、第21次理事会在长春市召开。来自全国21个城市31名代表参加会议,《长春宣传》再次被评选为“全国城市十佳宣传刊物”。11月7日,召开庆祝第十三届记者节暨长春市第四届“名记者、名编辑、名主持人”表彰大会,授予刘庆发、杨宝迪、张晓黎、周雪、陈璐、李岩巍、姜阳、孙建德、郑策、史末10人长春市四届名记者、名编辑、名主持人荣誉称号。

(孙国志)

【政策研究】 **重大课题研究** 围绕市委、市政府的总体要求和工作重点,对涉及经济、社会各个方面的9个重大课题进行了研究。1.关于推进幸福长春建设问题的研究。对“进一步改善民生,推进幸福长春建设问题”进行专题研究,形成了《关于进一步改善民生,推进幸福长春建设的总体设想》,在市委常委会上作为主要议题进行讨论。在此基础上,起草了《中共长春市委、长春市人民政府关于推进幸福长春建设的实施意见》,成为今后一个时期指导幸福长春建设的纲领性文件。2.关于推进自主创新能力跃升问题的研究。对长春市推进自主创新能力跃升的基础条件、主要差距、跃升路径和政策措施进行深入研究,起草了《中共长春市委、长春市政府关于推进自主创新能力跃升 加快建设创新型城市的意见》。3.关于当前影响社会稳定突出问题的研究。对当前影响长春市社会稳定的突出问题做了全面、深入的分析,梳理出影响社会稳定的10大类30个重点问题,分析了特点和趋势，对切实维护长春市的社会稳定提出了许多具有针对性和操作性的对策建议,形成了《对当前影响我市社会稳定突出问题的调研报告》,市委予以转发。4.关于社会管理创新问题的研究。形成《长春市加强和创新社会管理总体规划(2012-2016年)》,《规划》包括加强和创新社会管理的基础条件、总体思路、基本原则、主要目标和保障措施等9个部分、30条内容。5.关于优化税源结构、促进财力增收问题的研究，就优化税源结构，防止税收流失，增强地方可支配财力等问题开展深入调研，形成《关于优化税源结构增加地方财政收入的研究报告》,并起草了《长春市人民政府关于加强地方税源建设促进财政增收的若干政策》。6.关于净月未来发展战略的研究。针对净月晋升国家级高新区这一背景，从净月基础和优势出发，按照国家级高新区发展要求，注意从差异化发展的角度提出了净月未来发展的定位、发展目标、总体战略、功能分区、产业布局，形成了《净月国家级高新技术产业开发区未来发展构想》，起草了《中共长春市委 长春市人民政府关于加快净月创新型生态城建设的意见》，成为指导净月国家高新区新一轮发展的纲领性文件。

对策研究 1.围绕实施“工业、服务业”双拉动开展调研。形成了《实施工业和服务业双拉动加快推进长春产业结构优化升级》调研报告,“工业服务业双拉动”已经上升为长春市发展战略。2.围绕食品安全问题开展调研。市政研室会同市食品安全办公室等部门，对长春市食品检验检测资源整合问题进行了专题调研,形成了《关于加快推进资源整合构建食品安全监测检验体系的调研报告》,并针对现行体制下长春市食品检验检测工作中存在的矛盾和问题,起草了《关于加快推进资源整合构建食品安全监测检验体系的实施意见》。3.围绕物业管理问题开展调研。针对长春市物业管理问题多,居民对物业服务意见大的实际，会同市房地局对住宅物业管理问题进行了专题调研,经过深入调研,形成了《长春市住宅物业管理情况的调研报告》。4.围绕推进企业上市融资开展调研。对长春市企业上市的总体情况进行深入调研，形成了《长春市企业上市融资现状分析及推进建议的调研报告》,专报市领导,提出有关建议付诸实施。5.围绕绿色宜居城建设开展调研。结合长春发展实际和历史禀赋,提出相应对策建议,形成了《长春市绿色宜居城市建设研究》。6.围绕公共文化服务发展开展调研。与文化局联合组成课题组，就如何加快构建公共文化服务体系开展调研，在鼓励和引导社会力量创办公共文化设施和提供公共文化服务，满足人民群众不断增长的文化需求等方面深入研究。形成了《长春市关于鼓励和引导社会力量参与公共文化服务的若干意见》。7.围绕加快农业经济发展开展调研。针对长春市“三农”问题开展了深入调研,形成了《关于我市农业科技创新情况的调查报告》、《我市农业经营形式创新情况调查报告》、《我市三农问题的简要汇报》3篇文稿,对长春市农业科技创新和农业经营形式创新进行了深入阐述，并提出了长春市未来三农问题的发展思路及主要任务。8.围绕两新组织党建工作开展调研。形成了《长春市非公组织党建调研报告》和《长春市新社会组织党建工作调研报告》两篇调研报告。9.围绕加快科技与经济进一步紧密融合开展调研。长春市具有一定经济基础和雄厚的科技实力，但二者结合得并不紧密，已成为长春市经济进一步发展的瓶颈制约,影响了经济发展质量。就此问题作了专项调研，提出了具体的对策建议,形成了《关于加快科技与经济进一步融合的调查研究》。

决策咨询和信息服务 1.做好决策咨询工作。在原有市委决策咨询顾问的基础上，增聘3位专家为市委决策咨询顾问。起草了《中共长春市委决策咨询工作规则》，以长办发[2012年29号]文件下发实施。开展咨政活动，定期为顾问提供全市经济社会运行情况、15个副省级城市经济指标比较分析等相关材料。2.加强政策动向研究。针对国内外宏观环境复杂多变的形势，密切关注政策环境的发展变化，加强前瞻性研究，形成了《结构性减税将重点从五方面推进》、《支持农业产业化企业政策出台》、《温州金融改革试验区全面启动》、《各地积极争取"营改增"试点避免成为"税收洼地"》等政策分析。

构建调研工作新格局 1.提升优秀调研成果评审质量。对全市2011年度优秀调研成果进行评选表彰，征集参评调研成果270余篇。选出128篇优秀调研成果获奖。其中，一等奖10篇，二等奖22篇，三等奖32篇，优秀奖64篇，评选出调查研究工作组织奖8个，调查研究工作先进个人33个。2.搭建调研成果转化的新平台。为提高调研成果的转化率，使调研工作更加贴紧决策核心，对《决策研究》进行升级，在栏目设置、内部彩页等方面都进行重新设置和整合，全年刊发《决策研究》6期，刊发稿件58篇。对《决策参考》进行重新改版，增加了"政策动向、热点分析、外地经验、专家建议"4个栏目，全年刊发6期、稿件18篇。3.配合有关部门进行课题研究。起草了《关于加强静态交通管理的调研报告》、《实施环境空气质量标准，加快推进长春市大气污染治理》、《大力推进建筑节能与绿色建筑改造，实现长春市住房城乡建设可持续发展》、《关于对"冒黑烟"车辆进行治理的建议》、《实施重点流域水污染防治规划，加快长春市污水处理进程》、《关于无障碍环境建设问题的研究》。

（王诗伟）

【统战工作】 **社会主义核心价值体系宣传教育活动** 举办非公有制经济典型事迹报告会、专题研讨会、民主党派会章会史学习会以及统一战线传统教育等主题活动50余场，在民主党派成员中开展向九三学社成员、中国科学院研究生院教授杨佳学习征文活动，引导统一战线成员努力践行社会主义核心价值体系，不断增进与中国共产党团结奋斗的政治共识。

"同心"思想教育活动 把"同心"作为思想政治引导的重点，组织"同心"理论与实践征文活动，收到各类体裁文章79篇；举办"同心"理论与实践网络论坛，刊发稿件30余篇，宣传"同心"思想，弘扬"同心"理念，把对"同心"思想的认识理解转化为围绕中心、服务大局的具体行动。

服务科学发展 加强议政调研工作指导，组织民主党派、工商联围绕完善自主创新体系、促进汽车物流产业发展、小微企业发展等重大问题开展议政调研，完成专题议政调研课题8项。其中，《关于加快长春市民营经济发展的调研报告》等2篇得到市领导批示。先后组织创业文化、小微企业成长、资本的力量、房地产市场解析等一系列主题论坛，探索转型升级、加快发展的战略突破口。

服务项目建设 开展"引入资金、引进项目、引荐人才"活动，参与组织"2012中国长春国际友好城市市长会议"、"加拿大安大略省项目推介会" 等大型商贸交流活动，拓展海外商贸渠道。探索商会组织服务区域经济发展新途径。建立商会（德惠）产业园区，围绕生物制药、农产品深加工、新型建筑材料签约14个项目，总投资19.9亿元。加强对台经贸交流合作，组织政府经贸团组赴台招商、推介项目，与台湾鸿海集团、旺旺集团等签署了5项合作协议。全年引进项目47个，签约资金45.9亿元，到位资金32.3亿元。

服务小微企业发展 开展"小微企业服务年"活动，探索建立多元化的融资服务体系，为小微企业提供多渠道金融服务。建立银企对接服务机制和"银行——商会——担保"融资模式，与工商银行吉林省分行联合成立小微企业融资服务中心，为长春昌驰宏成混凝土有限公司等6户企业投放信贷资金1亿多元。成功引进瀚华担保公司，强化融资服务功能。组建了国内第一只由工商联组织发起的私募股权投资基金——吉林省卓创众银股权投资基金，募集金额1.43亿元人民币。

服务社会管理 召开全市统一战线服务社会管理现场会，总结交流了宽城区等4个单位的经验和做法。探索建立社区统战工作体制，完善社区统战工作组织网络，采取"联手"、"结对"、"互帮"、"共建"等措施，开展爱心驿站、就业指导、文化大讲堂等活动，服务社区群众，推进社区建设和管理。

强化工商联职能 指导市工商联召开了第十五次会员代表大会，完成新老交替和政治交接。成立全省首家开发区工商联组织—汽车贸易产业开发区工商

市委统战部开展"小微企业服务年"活动

联，新建农业科技、消毒餐具等3个行业商会，扩大了工作覆盖面。与中国发展研究院联合成立长春市民营经济研究中心，开办民营经济转型升级大讲堂，邀请中国发展研究院专家作了《长吉图战略下民营经济发展机遇》等3场主题报告，为民营企业提供发展战略、运行策略和创新思维咨询。召开市光彩事业促进会三届一次理事会，健全了组织体系。建立了千名工商界代表人士数据库。

开展“同心·创业扶持”行动 与市民革、市工商联、绿园区政府联合组建“长春同心创业创新服务联盟”，为创业者提供政策咨询、技术指导、融资信贷、法律维权等多方面服务。创办“同心创业科技园”，搭建中小企业创业的孵化器平台。召开全市侨界“创新创业”经验交流会，选树归国留学人员创业典型，引导海外高端人才回国服务家乡经济社会发展。

开展“同心帮扶”活动 整合统一战线力量，引导统战成员、特别是非公经济人士累计结成帮扶对子890个，建立同心”帮扶基地29个，帮扶困难学生1 941名，援建中小学、敬老院46所，提供帮扶资金约4 700万元；开展“同心助医”活动130余次，义诊23 700余人；向中华海外联谊会申请资金15万元，在双阳区、农安县建立了3所“海联新农村卫生室”；为“城乡结对共建”单位——德惠市布海镇侯家村捐助资金11万元改善村容环境，被评为全市“城乡基层党组织结对共建活动先进单位”。指导各民主党派、工商联、以及基层统战部门结合实际，开展了建立“同心”书屋、城乡少年手拉手、“同心·光明行”、“同心同行共创未来”文艺演出等一系列实践活动，产生了良好的社会反响。

开展“同心献智”活动 指导国企、高校“同心服务团队”开展“我为科学发展献计策”、“献一策、立一项、攻一关”活动，不断提升科技创新服务能力，在推进产业结构调整升级、促进科技成果转化、服务民生改善等方面发挥了重要作用。吉林农业大学科技服务团队录制农业实用技术指导电视节目80多期，受众达2万余人次，解决农业生产技术难题4万多个。成立了“同心”海外归国留学人员科技服务团队、医疗服务团队、青年服务团队，举办科技学术交流活动16场；“同心”医疗服务队深入双阳区黑鱼村为300余名当地农民免费义诊，发放药品价值近万元。

促进民族乡村和民族企业发展 会同市民委指导双阳区双营子回族乡和九台市莽卡满族乡理清发展思路，制定发展规划，打造特色优势产业。引导少数民族企业家协会会员企业深入民族乡村兴办种植业、养殖业项目，促成长春皓月集团与九台胡家回族乡达成建立养牛基地项目协议，为胡家回族乡168名少数民族群众进行健康体检。举办少数民族大学毕业生招聘会，有6户少数民族企业与512名大学生达成用工意向。

加强民族宗教界代表人士教育引导 实施“531”培训计划（利用5年时间，通过发现一批、锻炼一批、储备一批，建立一支宗教界代表人士队伍），举办全市首次宗教界代表人士研修班，邀请全国基督教三自爱国运动委员会主席傅先伟长老，为全市5大宗教、70余位教职人员讲解党和国家的宗教方针政策和法律法规。开展民族宗教工作基础数据情况统计，建立了135人的民族宗教界代表人士信息数据库。

党外代表人士培养选拔 成立长春市党外知识分子联谊会，选举产生新一届领导班子，建立党外代表人士的“蓄水池”。拓宽选拔视野，改进推荐方式，全年新发现、掌握党外处级领导干部298人、无党派代表人士55人、新社会阶层代表人士25人、各领域党外领军人物47人，党外代表人士队伍数据库更新达1/3。举办党外中青年干部培训班、宗教界代表人士研修班等重点班次10期，培训人员793名。

海外联谊工作 加强海外统战工作基本力量、基层组织和基础数据库建设，增补海外联谊会理事13人，成立长春市海外留学人员联谊会青年委员会，建立归国留学人员QQ群，基层台联、侨联组织建设发展到21个。建立健全港澳、海外华侨华人、归侨侨眷代表人士和归国留学人员等11类人员档案。开展全市涉台基础情况调研，建立台胞、台属人士数据库和岛内百强台商数据库。以海外联谊会、留学人员联谊会、侨联、台联、中华文化学院、市黄埔同学会为平台，不断加强与港澳台及海外工商社团的联络交流，接待了中国旅美科特协会、澳门吉林省联谊总商会、台湾烟酒股份有限公司等海外及港澳台考察团组24个、428人次；组织出访团组13个、162人次。促进对台交流。开展长台两地民间交流活动，促成农安县合隆镇与台湾仁爱乡、农安镇与信义乡结为友好乡镇，做好冬季农博会参展台商的接待服务工作，增进两地人民友谊。以冬令营和夏令营互访活动为平台，增强台湾青年一代对祖国大陆的认同感，促成长春广播电视大学与台湾澎湖社区大学签署合作协议，拓展长台教育文化交流的新渠道。

统战理论研究和宣传信息工作 加强统战理论研究和调研工作的部署指导和成果应用，完成课题29个，编辑《“同心”理论与实践征文》专刊和《议政调研成果》专辑。《实施“以德为先”考核评价党外干部的问题研究》获得中央统战部年度创新成果三等奖、全市优秀调研成果二等奖。《关于加强统一战线建设促进长春社会和谐发展》通过市科技局软科学课题项目验收。拓宽统战宣传工作渠道，首次举办统战宣传干部培训班。全年在市级以上党报党刊发表稿件达95篇，获得《中国统一战线》宣传工作先进单位。信息工作被评为“全市党委系统信息工作标兵单位”。

（王庆军）

【老干部工作】 截至2012年12月31日，长春市有离休干部5 075人。其中，红军时期1人，抗战时期246人，解放战争时期4 828人；享受省级新单项待遇有14人，享受地（厅、司、局）级待遇有19人，享受副地（厅、司、局）待遇有216人，县（处）级待遇有2 852人，一般及其他干部有1 974人。分布在机关1 031人，事业单位1 829人，企业2 215人。全市有专兼职老干部工作人员1 270人。

落实政治待遇 为老干部举办经济形势通报会、人大政协换届情况通报会、

全市离退伍休干部、工作人员学习葛长江事迹报告暨动员大会

春节联欢会。组织老干部参观考察汽博会、农博会,组织50名副局级退休干部去北戴河、白洋淀、西柏坡等地健康休养。开展走访易地安置老干部活动。发放各种学习资料9 200多册。组织老干部收看十八大实况,举办全市离退休干部"颂歌献给十八大,弘扬葛长江精神"文艺演出,召开了学习贯彻十八大精神座谈会,迅速掀起了学习贯彻十八大精神的热潮。创建省级离退休干部发挥作用先锋岗196个,省级"双百"标兵36个。全市成立离退休干部党支部282个,老干部党支部组织覆盖、班子健全、制度完善、活动经常。

老干部生活待遇 在全市范围内,对党的十七大以来的老干部政策落实情况进行全面检查,98.1%的老干部对政策落实情况感到非常满意。增加市直离休干部定点医院工作平稳有序,兑现老干部住房货币补贴工作基本完成,推进城区方便离休干部就医工作成效明显,市直和县(市)、区医疗费统筹标准全部达到省里要求,离休干部"两费"保障机制运转正常。召开创建省级离退休干部服务实验社区经验交流会,有3个社区通过省里的考核验收。开展特困老干部帮扶工作,发放帮扶资金69.3万元。

老干部阵地建设 全市建成活动场所270余个,面积达67 823平方米,总投资12 708.1万元。长春老年大学还被评为吉林省精神文明建设先进单位。长春老年大学异地新建工程开工,总投资2亿元。

调研和信息工作 开展纪念干部离退休制度建立30周年理论研讨活动,共撰写研讨文章31篇,其中,4篇研讨文章分获中组部和全省优秀研讨文章3等奖和1、2等奖,1篇研讨文章被中组部编入《"总结工作干部离退休制度建立三十年来老干部工作理论研讨活动"获奖文章选编》,1篇研讨文章在十九城市信息交流会上交流。全年报送信息42篇,《当代长春》、《长春党建》、《长春日报》、《省老干部工作》、《夕阳红》、长春信息港等媒体多次宣传长春市老干部工作。特别是开通长春市委老干部局网站、改版《长春老干部工作》、制作长春老干部工作专题片,进一步扩大了长春市的宣传影响,为做好老干部工作营造了良好氛围。在全市创建"三满意"机关活动中,老干部工作综合满意率达98.6%,被评为群众满意机关。

(于长胜)

【信访工作】 **领导干部接访下访活动** 市级领导亲自参与接待,通过领导高位协调,解决了一批重点难点信访案件;长春市2012年年初制定并实施《长春市领导干部接访下访制度》〔2012〕3号文件,对全市领导干部接访下访活动进行统一、全面的安排和部署。通过组织发动、责任推动、领导带动、督查触动等措施,深入开展领导干部接访下访活动。2012年,长春市及所属各县市区党政领导干部共接访975批次,25 817人次。其中,市级领导接访47批次,1 850人次。县(市)、区主要领导接访150批次,3 680人次;县(市)、区其他领导接访778批次,20 287人次。市直各部门局长接待日共接待来访9 784人次,接谈3 170个问题。

加大信访积案的排查化解力度 从2012年2月份开始,每月召开一次全市信访积案调度会,要求各单位各部门要高度重视此项工作,进一步明确积案化解和进京重复非访终结的目的和意义,把积案化解和进京非访案件终结工作做细、做实;成立了由市委、市政府督查室牵头的积案督查小组,与涉事单位逐案分析案情,研究化解办法。2012年省联席办交办市信访积案206件,已全部化解。

开展矛盾纠纷排查化解工作 坚持日常排查与集中排查相结合的方式,全方位、多角度、深层次地开展排查工作,不放过任何隐患苗头。对排查出的矛盾隐患,逐一建立了台账,制定了应急预案和化解措施,落实了领导包案责任,着力化解信访突出问题。落实责任包排查。建立并落实主要领导亲自抓、分管领导具体抓、其他领导"一岗双责"的信访工作责任体系。落实领导包化解。对重大疑难复杂信访问题,按照"属地管理、分级负责","谁主管、谁负责"的要求和"一个案子、一名领导、一套班子、一个方案、一抓到底"的"五个一"工作机制,由领导负责包案化解,落实"四包"责任制。落实措施包稳控。对于排查出的信访问题和隐患,通过召开协调会、专题会的方式进行集体"会诊",逐个认真分析,诊断问题症结,研究制定方案,拿出具体的化解措施。对于每件信访事项的办理,在明确责任和具体措施的同时,提出办结的时限要求,通过信访督查室以督办单形式下发至各责任部门,定期调度,限时督办,限期解决。

完善信访工作长效机制 完善源头预防机制。对于土地征收、房屋拆迁、企业改制、规划审批等重点项目、重大工程,涉及群体利益的方案出台前,启动风险评估机制和信访预警机制,提前加强调查研究和风险评估,提前介入,防患于未然。完善科学的信访问题处理机制。按照分类指导、逐案施策的原则,研究改进信访问题处理机制,对初信初访要实行首接责任制,提高一次性办结率;对重信重访案件要深入分析,找寻合理成分,酌情解决困难,理顺群众情绪。加大处置力度,规范正确的信访秩序。长春市出台了《关于进一步落实预防和处置集体访责任制的意见》和《关于进一步加强非正常上访处置工作的意见》,依法依规规范信访秩序。

完善联合接访机制 长春市信访接待中心于2012年12月投入使用。信访接待中心通过开展联合接访,整合信访工作资源,实行信访事项统一接待、综合协调、集中办理、及时答复,形成“一站式接待、一条龙办理、一揽子解决”联合处理信访问题的工作机制,切实解决信访工作中存在的分头接待、多头交办、责任不清、信访群众四处奔波等问题,进一步规范信访工作程序,提高解决信访问题的效率,促进信访秩序的根本好转。

(赵岩松)

【档案工作】 **档案馆维修改造工程** 长春市档案馆维修改造项目被列入《长春市2012年民生行动计划》,工程于2012年3月动工,11月通过验收交付使用。

加大依法治档力度 对10个县(市)、区进行档案工作年度考核。对全市93个市直单位进行年度考核和行政执法检查。全市有5个单位通过了机关档案规范化管理示范等级测评,58个单位通过了优秀等级测评。规范档案行政审批工作,通过了市政务公开办对长春市档案局行政审批ISO9001质量管理体系的内审及第三方认证(抽检)工作。长春市档案局档案行政审批办公室被市政务公开办评为先进窗口单位。档案教育培训工作深入开展。举办档案继续教育培训班3期,培训市直机关、企事业单位人员360人,培训县(市)区档案业务指导和管理人员近40人次。组织开展法制知识竞赛活动,共计1 500人参加。长春市档案局被吉林省档案局评为2012年度全省档案法制宣传工作成绩突出单位。

档案资源体系建设 对市直部门2011年度纸质、电子文件归档工作进行监督指导和验收,完成了94个市直单位41 722件纸质文件归档和21 263件电子文件数据的接收。接收市直机关、临时机构和破产企业1.1万卷(件)档案进馆。接收了43家助产机构出生医学证明档案34 888件。馆藏总量突破100万卷(件)。

档案利用体系建设 毛泽东亲笔起草(内容包括拟将长春作为我党首都)的电文高仿真件以长春市委的名义征集回档案馆后,省委常委、市委书记高广滨认真研读了这份档案,对电文中涉及的历史情况责成长春市档案馆调研。

精神文明创建工作 参与长春文庙建成140周年大型纪念活动,筛选了196件有代表性的档案资料,制成仿真品展览。2012年,长春市档案馆被市委宣传部、市文明办、市文广新局和市教育局命名为“长春市未成年人社会主义核心价值体系教育基地”,成为首批命名的15个教育基地之一。

编辑出版《苏联专家在长春》 2012年是中俄合作项目中方主办的“俄罗斯旅游年”,为纪念20世纪50年代苏联专家对长春社会主义建设事业的大力援助,市档案馆、市政协文史委、一汽集团公司档案馆编辑出版了《苏联专家在长春》一书。

推进档案信息化建设 经市编委批准,局(馆)增设了档案信息化工作处。印发《长春市纸质档案数字化技术标准》。长春市局(馆)被长春市信息化工作领导小组办公室评为2012年度全市信息化工作先进集体。参与国家(核心电子器件、高端通用芯片及基础软件产品)重大科技专项课题研究。2012年初,国家工信部正式批准市档案馆作为试点单位参与国家“核高基”2012年课题1-6“基于国产CPU/OS的数字档案信息系统应用研究及示范工程”(地方分课题)的研究。通过对该项目的研究,提升了全市档案信息化和档案科研工作的水平。开展民生档案信息资源馆际共享实现方式的研究。出台了《长春市电子档案远程利用管理暂行办法》,进一步规范和深化了档案远程利用工作。

【党校工作】 **教学工作** 2012年,举办计划内培训班57期(包括公务员培训),培训人数13 927人。教学工作以提高培训针对性、实效性为主导,集中优质师资抓好主体班课堂教学,开发了包括《传统文化与党性修养》、《从政为官的典范——“老三篇”的时代精神》、《推进“三化”统筹,实施“三动”战略》、《发展现代服务业,实现长春经济“双拉动”》等一批新专题,课程滚动更新率接近70%。在培训方法上,新推出“自学+导读+研讨”式、年轻干部“三练一管”(心智模式+优良传统+实战能力训练+全程跟踪管理)等特色能力训练模式,现代教学方法采用率达85%;在“双百工程”选调生培训中,采取选调生导师制和“四同”教育等活动。在公务员培训方面,首次将公检法队伍纳入党校培训中;采用“电化教学为主,集中辅导和个人自学相结合”的培训形式,广泛运用电化教学、网络教学、送教上门等培训手段,被省公务员局作为创新模式予以推广。构建开放式教学格局。2012年,在主体班开办“带着问题来,留下建议走”研讨课7次,提出创新性意见或建议近百条,形成《市情要报》。充分利用校外资源,储备上百名优秀兼职教师,首次邀请杨伟民、周文彰等10位国内外知名专家学者为“荣誉教授”;主体班坚持每周一次外请报告,邀请罗援将军主讲《周边安全环境和软实力建设》、黑龙江省委党校副校长祝福恩主讲《胡锦涛7·23讲话精神解读》、常务副市长肖万民主讲《长春市经济工作分析》等25场讲座。市委领导2人次、正局级领导5人次、专家教授20人次走进党校课堂。充分发挥首批10家干部教育现场教学基地和10家域内外党性教育基地功能,先后组织学员到长春轨道客车、文化产业园区等教学基地进行党性锻炼和现场教学,全年组织现场教学达13

次。

送理论下基层　充分发挥“长春市党的创新理论宣讲团”作用，继续组织实施“百场万人送理论下基层活动”。开展了“幸福长春”市党代会精神解读、“美好吉林”省党代会精神解读、社会主义核心价值体系教育和胡锦涛在省部级领导干部学习班讲话辅导、学习贯彻党的十八大精神。坚持“五个走进”，把宣讲活动深入到全市的各个角落。全年宣讲150余场次，受众达6万余人。2012年9月，“长春市党的创新理论宣讲团”被中宣部评为“全国理论宣讲先进集体”。

科研资政　强化政策引导，制定出台《科研成果资助与奖励办法》、《科研绩效考核暂行办法》等系列科研管理制度，把优秀科研成果同奖励资助、评聘晋级、进修培训等紧密结合，鼓励教研人员多出精品力作。全年申报各级各类课题100项，获立项50项，还有跨年课题18项结项。全年公开发表论文60篇，出版著作2部。有2名教授被评为全省党校系统优秀科研工作者。承担市级资政类课题4项，其中2项已结项。党的十八大召开期间，组织副教授以上理论工作者召开座谈会。《长春日报》先后4次利用30个版面，围绕学习贯彻落实党的创新理论，集中发表市委党校教师的理论文章，全体校委成员分别领题撰文，彰显了党校作为哲学社会科学研究机构的权威地位；《长春党校学报》、校图书馆和校园网站，通过开设《学员论坛》、《地方问题研究》栏目和理论宣讲网页，为教研人员课题成果转化搭建平台。

对外办学　与一汽、长客进行战略合作，在党校为两家企业建立了“党员干部实践教学基地”和“企业管理人员理论教育基地”。举办计划外培训班次155期，培训12 750人次；其中，合作交流班次共74个，10 400人；大学生创业培训班81期，培训2 350人。继续教育工作从无到有。初步构建了协作式的研究生教育、本专科教育和专业人才教育的立体化教育模式，专业覆盖管理学、理学、工学、医学和农学5大学科门类。师大“MPA研究生班”、吉大网络教育本科班等都已经完成招生计划。与清华大学、长春高新区三方共建“国家服务外包人力资源研究院东北院”项目，已正式落地。

人才建设　制定全员培训、重点培训和多层次培训相结合的“四个一”大培训计划。先后选派11名学科带头人到新加坡、韩国和清华大学、中央党校、国家行政学院做访问交流，接受高端培训；先后安排15名青年教员到一汽集团等国有大型企业、驻区街道办事处及党政机关进行挂职锻炼；分期分批组织相关教研部和骨干教师参加省委党校和兄弟党校举办的专业学科理论培训班和“师资培训班”。6月组织包括县（市）、区党校在内的教学人员50多人到天津市委党校进行集中培训。12月2～7日，举办了面向全校教职工的“全面推进质量立校”专题培训班。

校庆活动　10月12日，市委党校庆祝建校60周年大会暨新校区落成典礼在高新校区隆重举行，省委常委、市委书记高广滨作重要讲话。

新校区建设　2012年10月，新校区在长春高新区落成；11月10日，在一年一度的“沈、哈、长”三市优质工程观摩活动中，新校区建设工程荣获金奖第一名。

（于建玮）

【党史工作】　党史规划建设　2012年围绕育人、资政和资料征集3个方面加强调查研究，制定了《中共长春市委关于进一步加强和改进新形势下党史育人工作的意见》、《中共长春市委党史研究室2013—2015年资政工作实施方案》、《中共长春市委党史研究室2013—2015年资料征集工作实施方案》，对加强和改进全市党史工作具有重要意义。

党史编纂工作　编纂出版长春市委执政建设的资料性文献书籍《中国共产党长春市第十一届委员会文献》（2011年卷），全书67万字；编纂出版《长春大事记》（2011年卷）。全书60余幅图片，14.3万字。编纂出版长春地方党史教材党员干部读本《长春，不能磨灭的记忆》。全书8万字，60余幅图片；2012年编辑发行6期《春潮》双月刊的工作。刊物在内容上加大了地方史料的刊登数量，开设了学习专栏对党史部门学习十八大情况进行了报道；为推广和转化革命遗址普查成果，再次对重要革命遗址遗迹进行了踏访，形成了《长春革命历史中的丰碑》一书的初稿。

党史宣教活动　组织榆树市、九台市、德惠市和农安县党史部门开展纪念“三下江南”战役胜利65周年活动。5月14日，在《长春日报》上整版刊登了《与临江保卫战共同开创东北解放战争新局面的一场重大战役》一文。为纪念周保中诞辰110周年撰写了《功勋卓著垂青史　中华骄子真英雄》的文章，参与了吉林省委党史研究室组织的专题座谈会并发言。撰写了《弘扬党史文化是开展社会主义核心价值体系的主旋律》论文，上报中央党史研究室。配合吉林电视台《关

中共长春市委党校庆祝建校60周年暨新校区落成典礼

东》栏目组录制了《黎明前的潜伏》、《红色交通线》专题片，在吉林卫视播出。开展主题活动，为党的十八大献礼，11 月 6 日举办了长春地方党史知识系列普及读本的首册《长春，不能磨灭的记忆》首发式。

党史工作会议 3 月 30 日召开了长春市党史办主任会议，会上传达了全国、全省党史研究室主任会议精神、全国党史育人工作座谈会、地方和部门党的文献编辑工作座谈会主要精神，以及市委常委、市委组织部长杨子朋在听取市委党史研究室工作汇报后的讲话要点。会上对贯彻落实指示精神提出了具体的安排意见。指导丰泰社区建立了吉林省首家社区党史教育基地，2012 年 10 月 10 日揭牌。

（于芳源）

【市直机关党的工作】 **机关党建服务中心工作** 在市直机关党组织中开展“服务发展先锋行动、改善民生春风行动”主题活动（简称“两锋（风）行动”）。“服务发展先锋行动”主要是检验机关党组织创新服务中心、促进发展的方式方法和创新举措，以及在促进本单位中心工作完成上作出的新业绩和新成效。“改善民生春风行动”主要是考评机关党组织在改善民生、促进和谐上开展活动的内容、形式和成果，以及在解决事关群众切身利益的各类民生问题、化解不和谐因素方面取得新进展和新成效。集中开展“万人下乡抗灾保粮”行动。8 月末，在长春市遭受严重自然灾害的紧要关头，为落实市委提出的要求和指示，对市直机关开展抗灾保粮行动任务进行对接和分解，制定出救灾包保联络表，使每个机关单位与受灾乡镇都能够实现逐一有效对接。组织全市机关党员干部 11 000 余人次，深入到田间开展人工扶起作业，切实为受灾村屯解决实际困难，为夺取抗灾救灾提供坚强的保证。加强对长春机关党建研究会指导。制定了“2012 年长春市直机关党建研究论文”工作方案，设计下发了 5 个研究课题。全年收到评比论文 98 篇。选取研究会历年优秀论文推荐到《吉林机关党建》、《当代长春》杂志上发表并在长春机关党建网开辟专栏，刊发优秀党建研究获奖论文 16 篇。

基层组织建设 1.开展基层组织建设年活动。出台《关于市直机关在创先争优活动中开展基层组织建设年活动实施方案》，召开基层组织建设年活动动员会，组织引导机关各级党组织紧紧围绕服务中心、建设队伍、自身建设等 3 个方面查找问题。市直机关 1 096 个党组织均完成了定级工作，其中，标兵党组织 172 个，占总数的 15.7%，先进党组织 617 个，占总数的 56.3%，一般党组织 288 个，占总数的 26.3%，后进党组织 19 个，占总数的 1.7%。3 月份召开市直机关基层组织建设年工作推进会，下发《关于做好市直机关党组织整改提高晋位升级工作的指导意见》，并于 5 月 23 日召开整改提高晋位升级工作会议，提出机关党组织要达到“双提双百”的目标，后进党支部转化提升率达 100%，一般党支部晋升先进率达 100%。2. 深入开展“深入基层、深入群众、深入实际”活动。召开了市直机关“三帮扶”工作经验交流暨“三深入”服务月活动工作部署会，将机关作风的转变、党员素质的提升体现在“三深入”服务之中、体现在群众满意度提高上。开展 2012 年元旦春节期间服务民生集中行动，市直机关共开展走访慰问 2 911 次，帮扶困难家庭 3 320 户，送去慰问金 266.54 万元。在“三帮扶”服务月期间，组织机关 3 697 名党员干部走出机关，广泛联系群众，深入基层调研，深化结对帮扶，解决 4 146 个实际问题，有 83 名贫困党员脱贫，有 657 名困难群众生活得到改善。3.对创先争优活动进行表彰评比。2012 年度对 31 个直属党组织、122 个所属党组织、296 名机关党员、50 名机关党务干部进行表彰。经过推荐，有 16 个机关基层党组织、13 名机关党员分别被市委授予长春市先进基层党组织、优秀共产党员。

思想宣传建设 1. 继续深入开展“建学习型党组织、做学习型党员”活动。在机关党的工作会上表彰了 245 个先进集体和先进个人；评选 50 篇局级领导干部的理论辅导材料为“领导讲座表率奖”、“领导讲座最佳奖”、“领导讲座优秀奖”。2.抓好机关党建宣传工作。为创建“三满意”机关、加强机关纪律作风建设，协调相关部门制作了“三满意”机关建设公益宣传片，每天在长春电视台一套新闻联播重要时段播放。对长春机关党建网进行改版升级，将市直机关各单位的党建工作经验和做法在《长春日报》、机关党建网上及时宣传报道，并以市直机关作风建设活动简报形式登载。3.举办全国城市机关党建工作经验交流会。8 月 7～8 日，在松苑宾馆举办了第二十四届全国城市机关党建工作经验交流会，来自全国 45 个城市机关工委 151 位代表齐聚长春，围绕“交流、创新、发展，提高机关党建科学化水平，以一流业绩迎接党的十八大胜利召开”主题进行深入交流。4.提高《彩话长春机关》编办质量。全年有 84 家市直单位和县（市）、区党工委上报各类图片近 2 万张，出《彩话长春机关》17 期，刊登 670 张照片及图片，集中反映 6 大类内容（会议参观、帮扶走访、学习教育、作风建设、文体活动、典型宣传），153 项机关党建活动，其中，党建重要活动专刊 4 期、专版 4 个。

机关作风效能建设 1.开展反腐倡廉宣传教育。运用机关党建网、《彩话长春机关》、长春市直属机关加强纪律作风

第二十四届全国城市机关党建工作经验交流会

建设简报以及其它网络载体，开展反腐倡廉宣传教育活动，引导机关党员干部学习掌握相关政策法规。2.开展市直机关“纪律作风建设年”活动。治理市直机关党员干部的“虚、拖、懒、散、庸、奢”等不良风气，倡导“快、实、细、新”的工作作风，规范市直机关办公秩序，严肃工作纪律，转变工作作风。3.开展市直机关“三满意”示范窗口评选活动。为提高市直机关窗口单位的服务水平和办事效率，强化窗口单位创先争优意识，在开展市直机关“纪律作风建设年”活动的同时，工委一并组织开展“三满意”示范窗口评选活动，有43个符合条件的窗口单位进行了申报，通过各阶段的创建工作，各窗口单位特别在队伍建设、服务环境、服务态度、办事效率、法制观念、纪律作风等方面有了明显转变加强。4.注重督导检查。对47个市直单位52家窗口单位进行了明察暗访。发现问题及时指出并要求尽快加以解决。5.注重建章建制。制定完善《关于对市直机关工作人员进行效能谈话和函询的暂行办法》、《长春市直属机关作风效能建设明察暗访制度》、《市直机关作风效能建设情况通报制度》、《长春市直属机关工作人员公务礼仪规范(试行)》以及《长春市直属机关作风效能义务监督员管理办法》等制度。6.做好来信来访工作。受理群众来信2件，接待来访(电话)7件(次)。对群众来信来访能够热情接待、认真处理，并且做到了事事有着落，件件有回音。

和谐文明机关建设　编辑出版《知行集——长春市直机关文化采风》。本书辑录了长春市直属机关84个委、办、局机关文化建设的丰硕成果，展示了市直机关精神风貌和文化风采，凝聚了市直机关万余名党员干部的心血与智慧。开展机关干部职工文体生活。组织市直机关职工乒乓球赛、羽毛球赛、游泳比赛、“迎十八大书画展”、首届职工健身活动表演赛、机关干部职工参加第六届长春消夏节瓦萨徒步节。以《做一名合格党员》为歌词，开展了面向社会各界的“市直机关党员之歌”曲谱征集等活动。为机关干部职工办实事、做好事。投入10万元，为市直机关近30个部门购买书籍、健身器材等文体活动设施。组织2批共计170余人参加的北戴河先进模范人物休假疗养活动。联合长春爱尔眼科医院，组织为市直机关干部职工进行眼部保健检查。全年指导8个部门进行了机关工会换届，指导6个部门进行了妇委会换届。推荐市委组织部等3家单位申报省级文明单位评选，推荐市纪检委等10家单位申报省级先进单位评选，推荐5名机关干部参加省级精神文明先进个人评选。推选出长春市五一劳动奖章5人，推选长春市五一劳动奖状1个，推选吉林省五一劳动奖章1人；在长春市第33届劳模大会上，来自市直机关各条战线的25名先进人物被评为市级劳动模范，4人被评为长春市特等劳动模范，4个单位被评为劳动模范集体，2人被评为“‘十一五’期间感动长春劳动模范”。

（陈　刚）

【保密工作】　保密工作会议　4月17日，召开2012年全市保密工作会议。全面部署2012年保密工作的具体任务，强调要从着力提升保密科学技术水平、深入开展保密宣传教育、夯实保密管理基础、强化保密执法监督检查、加强组织领导等5个方面入手，做好保密工作。

保密工作发展和建设方向　制定《长春市“十二五”时期保密事业发展规划》，对未来五年全市保密工作进行规划和部署；制定《长春市“六五”保密法制宣传教育规划》。对长春市“六五”保密法制宣传教育内容、形式、范围、步骤、时限和要求作出统一规定，要求各县(市)区、各单位按照市里规划，制定出本地区、本单位的具体规划，切实把普法工作落到实处；全面实施《长春市保密科学技术发展“十二五”规划》。按照《规划》的整体部署，长春市保密局重点做好全市涉密计算机保密技术综合防护系统“三合一”建设的筹划工作。

保密宣传教育工作　加强对涉密人员的教育培训工作。组织部分保密干部去国家保密学院进行专业培训；开展县(市)区定密工作调研；开展多种形式的保密宣传教育。抓好形象化保密教育。长春市保密局积极组织全市20家单位集中播放警示教育案例片，播放60场次，12 000人次观看接受教育。

保密技术防范和专项检查　规范保密技术防护产品使用管理。为进一步加强涉及国家秘密的通信、办公自动化和计算机信息系统的保密管理，防止未经国家保密行政管理部门检测批准的保密技术防护产品随意使用，长春市保密局与长春市财政局联合制发保密技术防护产品推荐目录，对各单位采购保密技术防护产品实行定点销售、单独采购。为规范涉密技术产品的维护维修管理，确定“长春乾元科技发展有限公司”为全市第

长春市2012年保密工作会议

二家涉密办公自动化设备和涉密计算机信息系统维护维修定点单位，确保涉密信息安全。开展保密专项检查工作。检查范围包括长春市司法局、教育局、财政局、卫生局、人力资源和社会保障局及九台市委保密办等单位，这些单位在国家教育、国家公务员录用、国家职(执)业资格与聘任专业技术职务相关的考试中负有命题和考务工作职责。11月1日～12月4日，长春市保密局组建3个检查组，对全市80个涉密重点机关、单位进行年度综合检查。开展经常性网上信息搜索检查工作。全年上网检查次数100余次，检查单位89家，核查信息3 100余条，未发现涉密信息上网现象。

定密和保密要害部门管理 明确无权定密处理办法。做好保密要害部门部位的管理。长春市保密局重点强调新《保密法》对确认保密要害部门与保密要害部位规定的条件，明确要害部门与要害部位不同是因为涉密条件的不同而不同，从而实现保密要害部门、部位最小化原则，为全面实行保密要害部门部位年审制度做好准备工作。做好涉密人员的管理。长春市保密局重点明确涉密岗位的涉密内容，明确法定内容和岗位具体涉密内容，结合涉密岗位保密职责，落实涉密人员的保密责任。

重大涉密会议和活动的保密工作 长春市保密局积极参与党代会、人大会、政协会等重要涉密会议的保密工作，充分发挥服务保障作用。认真研究制定保密工作方案和保密守则，采取保密技术措施，及时纠正存在的问题，保证“两会”的顺利进行。监督指导国家教育考试的保密工作。制定《全市高考、中考保密工作突发事件应急处置预案和应急处理流程图》，为高考、中考的顺利进行提供了可靠保障。监督指导各类职业资格考试的保密工作。在国家司法考试、国家执业医师考试、国家兽医资格考试、高职高专院校自主招生考试、会计资格考试中，了解考试保密工作实施情况，并对考试保密工作的重点环节依法进行规范，保障考试工作的顺利进行。监督指导全市事业单位招聘考试的保密工作。长春市保密局指派专人对事业单位招聘考试的保密管理工作进行监督指导，对“入闱”人员进行保密教育，提出具体要求，要求每一位“入闱”人员签订《保密责任书》，明确保密责任，确保事业单位招聘考试的顺利进行。

（宋　耀）

长春市人民代表大会常务委员会

【长春市第十三届人民代表大会第六次会议】 3月1～2日，长春市第十三届人民代表大会第六次会议在长春召开。会议表决通过了关于接受崔杰、陈凤超辞职的决定；会议以无记名投票的方式补选姜治莹为长春市市长；补选张海胜为长春市人民检察院检察长。467名代表出席会议，法律规定的列席人员和由市人大常委会决定的列席人员列席了会议。

【长春市第十四届人民代表大会第一次会议】 12月20～25日，长春市第十四届人民代表大会第一次会议在长春召开。会议听取和审议了长春市人民政府工作报告、长春市人民代表大会常务委员会工作报告、长春市中级人民法院工作报告、长春市人民检察院工作报告；审查和批准了长春市2012年国民经济和社会发展计划执行情况与2013年国民经济和社会发展计划草案的报告及2013年国民经济和社会发展计划；审查和批准了长春市2012年预算执行情况和2013年预算草案的报告。会议选举李树国为长春市第十四届人民代表大会常务委员会主任，龙华、王宁、闻弘、陈克信、杜剑为副主任，吴强为秘书长，选举产生44名长春市第十四届人民代表大会常务委员会委员；选举姜治莹为长春市市长，肖万民、吴兰、陈巳、孙亚明、桂广礼、李祥为副市长；选举张德友为长春市中级人民法院院长；选举张海胜为长春市人民检察院检察长；会议选举出长春市出席吉林省第十二届人民代表大会代表117名。会议表决通过了关于各项报告的决议。492名代表出席了本次会议。法律规定的列席人员和由市人大常委会决定的列席人员列席了会议。

【长春市第十三届人民代表大会常务委员会会议】 全年举行8次常委会会议，即第三十三次至第四十次。2月1日，常委会举行第三十三次会议。38名市人大常委会组成人员出席会议。会议表决通过《长春市第十三届人民代表大会常务委员会关于召开长春市第十三届人民代表大会第六次会议的决定》。会议决定：长春市第十三届人民代表大会第六次会议于3月2日在长春召开。建议会议议题为：人事事项。2月24日，常委会举行第三十四次会议。40名市人大常委会组成人员出席会议。会议传达吉林省十一届人大五次会议精神；听取关于调整市十三届人大常委会代表资格审查委员会部分组成人员的议案和说明，表决通过长春市人民代表大会常务委员会关于调整市十三届人大常委会代表资格审查委员会部分组成人员的决定(草案)；听取关于召开长春市第十三届人民代表大会第六次会议的意见；审议了《长春市人大常委会2012年度工作要点（草案)》；听取市政府关于市十三届人大五次会议议案办理方案的报告；书面审议关于长春市人大常委会2011年立法计划执行情况的报告。会议表决通过长春市人民代表大会常务委员会代表资格审查委员会关于对补选的市十三届人民代表大会代表的代表资格的审查结果报告；审议通过长春市第十三届人民代表大会第六次会议议程草案、日程草案；审议通过市十三届人大六次会议主席团和秘书长名单草案；审议通过市十三届人大六次会议常务主席名单草案、副秘书长名单草案；表决通过了《长春市人大常委会2012年度工作要点(草案)》；表决通过人事任免事项。4月27日，常委会举行第三十五次会议。34名市人大常委会组成人员出席会议。会议听取和审议市政府关于提请审议制定《长春莲花山生态旅游度假区管理条例(草案)》的议案及所作的说明、关于提请审议修改《长春市社会科学优秀成果奖励条例》的议案及说明、关于市人大代表王兴成采取强制措施的议案，听取人事任免议案。会议表决通过《长春市人民代表大会常务委员会关于修改<长春市社会科学优秀成果奖励条例>的决定》；会议决定任命：吕凝为市发展和改革委员会主任，郝晶祥为市工业和信息化局（市中小企业发展局）局长，周亚昆为市园林绿化局局长，刘景辉为市中级人民法院副院长、审判委员会委员、审判员。6月25~26日，常委会举行第三十六次会议。42名市人大常委会组成人员出席会议。会议听取关于提请审议制定《长春市历史文化街区和历史建筑保护条例》的议案及所作的说明；听取市政府关于畜牧业发展情况的报告；听取市人大常委会、市人民政府、市中级人民法、市人民检察院提请审议的各项人事任免议案。会议审议并表决通过市十三届人大常委会代表资格审查委员会关于对有关代表辞去市十三届人大代表职务审查结果的报告；表决通过《长春莲花山生态旅游度假区管理条例（草案表决稿）》。会议决定任命：李祥为长春市副市长，赵军为长春市人民检察院副检察长。7月30日，常委会举行第三十七次会议。37名市人大常委会组成人员出席会议。会议听取和审议市人民政府提请的免职和任职议案。会议决定任命：吴强为市民政局局长、张洪彬为市司法局局长、崔永泉为市文化广电新闻出版局局长。8月28~29日，常委会举行第三十八次会议。38名市人大常委会组成人员出席会议。听取和审议市人民政府关于提请审议制定《长春市著名商标认定和保护条例》的议案及所作的说明、关于全市公安机关打击犯罪维护稳定工作情况的报告、关于公共文化服务体系示范区创建情况的报告、关于2012年国民经济和社会发展计划上半年执行情况及下半年主要工作安排的报告、关于2011年财政决算和2012年预算上半年执行情况的报告、关于2011年度市本级预算执行和其他财政收支情况的审计工作报告；听取和审议市人大财经委关于长春市本级2011年财政决算的审查结果的报告。会议表决通过《长春市历史文化街区和历史建筑保护条例（草案表决稿）》，《长春市人大常委会关于批准长春市本级2011年财政决算的决议》；表决通过《关于接受滕佳材辞去长春市副市长职务的决定》，《关于接受宋利菲辞去长春市中级人民法院院长职务的决定》，《关于张德友为市中级人民法院代理院长的决定》。会议决定任命张德友为长春市中级人民法院副院长、审判委员会委员、审判员。10月26日，常委会举行第三十九次会议。40名市人大常委会组成人员出席会议。会议听取和审议市中级人民法院代院长张德友所作的《长春市中级人民法院关于民事审判工作情况的报告》；听取《市人大常委会关于长春市第十四届人民代表大会代表名额分配和选举有关问题的决定草案的说明》。会议表决通过《长春市著名商标认定和保护条例（草案表决稿）》。表决通过《长春市人民代表大会常务委员会关于召开长春市第十四届人民代表大会第一次会议的决定》，决定长春市十四届人大一次会议于2012年12月中旬在长春召开。会议表决通过了《长春市人民代表大会常务委员会关于长春市第十四届人民代表大会代表名额分配和选举有关问题的决定》。会议表决通过《关于接受高学章辞去长春市副市长职务的决定》，并报长春市第十四届人民代表大会备案。12月12日，常委会举行第四十次会议。39名市人大常委会组成人员出席会议。会议听取和审议了市十三届人大常委会代表资格审查委员会关于市十四届人民代表大会代表资格的审查报告，市人大常委会关于召开长春市第十四届人民代表大会第一次会议的意见，市人大常委会执法检查组关于检查长春市《中华人民共和国税收征收管理法》实施情况的报告，市人大常委会工作报告（审议稿），关于市人大常委会2012年立法计划执行情况的报告；听取和审议市人民政府关于市十三届人大五次会议议案办理情况的报告，关于长春市2012年度市本级预算超收收入拟安排使用情况的报告，关于长春市2011年度市本级预算执行及其它财政收支审计结果落实情况的报告，关于市十三届人大五次会议代表建议、批评和意见办理情况的报告；书面审议了市人大人事代表选举委员会关于市十三届人大五次会议代表建议处理情况的报告，市人大城乡建设环境保护委员会《关于在我市尽快组织落实暖房子工程的议案》、市人大内务司法委员会《关于加强城市交通管理的议案》和《关于加强我市养老服务体系建设的议案》、市人大教育科学文化卫生委员会《关于推进长春文化产业大发展，文化事业大繁荣的议案》办理情况审议结果等报告。会议表决通过市十三届人大常委会代表资格审查委员会关于长春市第十四届人民代表大会代表资格的审查报告，市十四届人大一次会议日程草案，市十四届人大一次会议主席团和秘书长名单草案，市十四届人大一次会议常务主席名单草案、副秘书长名单草案，市十四届人大一次会议决定列席人员名单草案；市人大常委会工作报告（审议稿）。

【立法工作】 2012年，审议制定地方性法规3件，即《长春莲花山生态旅游度假区管理条例》、《长春市历史文化街区和历史建筑保护条例》、《长春市著名商标认定和保护条例》。审议修改地方性法规1件，即《长春市社会科学优秀成果奖励条例》。对市政府报送的3件规章，16件决定、命令，各县（市）区人大及其常委会报送的9件决议、决定进行了备案审查。完成了对《中华人民共和国军人保险法（草案）》、《中华人民共和国国有资产评估法（草案）》等4件法律法规草案的征集意见工作。2012年10月10日，长春市第十三届人民代表大会常务委员会发布第46号公告，《长春莲花山生态旅游度假区管理条例》由长春市第十三届人民代表大会常务委员会第三十六次会议于2012年6月26日通过，经吉林省第十一届人民代表大会常务委员会第三十四次会议于2012年9月28日批准，自2012年11月1日起施行。2012年10月19日，长春市第十三届人民代表大会常务委员会发布第47号公告，《长春市社会科学优秀成果奖励条例》由长春市第十三届人民代表大会常务委员会第三十五次会议于2012年4月27日通过，经吉林省第十一届人民代表大会常务委员会第三十四次会议于2012年9月28日批准，自公布之日起施行。2012年11月28日，长春市第十三届人民代表大会常务委员会发布第48号公告，《长春市历史文化街区和历史建筑保护条例》由长春市第十三届人民代表大会常务委员会第三十八次会议于2012年8月29日通过，经吉林省第十一届人民代表大会常务委员会第三十五次会议于2012年11月21日批准，自2013年1月1日起施行。2012年4月28日，长春市第十四届人民代表大会常务委员会发布第3号公告，《长春市著名商标认定和保护条例》由长春市第十三届人民代表大会常务委员会第三十九次会议于2012年10月26日通过，经吉林省第十二届人民代表大会常务委员会第一次会议于2013年3月29日批准，自2013年6月1日起施行。

【监督工作】 2012年，听取和审议市人民政府、市中级人民法院、市人民检察院专项工作报告9项，开展执法检查、视察12次。2月24日、12月12日，常委会第三十四次、三十九次会议分别听取和审议市政府关于市十三届人大五次会议议案办理方案、办理情况的报告；6月25日，常委会第三十六次会议听取市政府关于畜牧业发展情况的报告；8月28日，常委会第三十八次会议听取审议市人民政府关于全市公安机关打击犯罪维护稳定工作情况的报告、常委会会议还听取市政府关于公共文化服务体系示范区创建情况的报告、听取和审议市政府关于计划、预算上半年执行情况及其他财政收支情况的审计工作报告，审查批准了2011年财政决算。常委会执法检查组于10月23～24日，分别深入到朝阳区、二道区、绿园区、双阳区、榆树市、德惠市、九台市、长春国家高新技术产业开发区、长春净月国家高新技术产业开发区、长春经济技术开发区、长春西新经济技术开发区，对全市贯彻执行《中华人民共和国税收征管法》情况进行执法检查。12月12日，市十三届人大常委会第四十次会议，专题听取执法检查组关于检查全市《中华人民共和国税收征收管理法》实施情况的报告。10月19日，市人大常委会部分组成人员对长春市城建重点工程建设情况进行视察。视察组实地查看了“两横三纵”快速路、54路有轨电车改造工程、长春西站综合交通换乘中心及铁路站房、四环路建设工程、百木园、亚泰大街快速路、长春站综合交通换乘中心北枢纽、地铁庆丰路站、长东北城市生态湿地公园。11月5～6日，市人大常委会组成人员对全市固定资产投资和重大项目建设情况进行视察。视察组实地踏查了汽车区、净月区、双阳区、经开区和绿园区44个项目的进展情况，听取市政府关于长春市固定资产投资和重大项目建设情况的汇报。

【人事任免】 2012年，常委会按照相关法律规定和市人大常委会、市人民政府、市中级人民法院和市人民检察院的提请，审议、任免地方国家机关工作人员104人次。其中，市人大常委会7人次，市人民政府16人次，市中级人民法院35人次，市人民检察院46人次。

【议案和建议、批评和意见办理工作】 市十三届人大五次会议期间，代表共提出议案、建议、批评和意见219件（以下简称建议），大会主席团将《关于加强我市生态文明建设的议案》、《关于统筹城乡双向一体发展，加快中心城市及特色小城镇建设的议案》、《关于鼓励社会力量投资停车场（库）建设的议案》、《关于加强老旧散住宅区物业管理的议案》等4件议案。确定为大会议案，常委会主任会议确定《关于加强中小学校园周边食品安全监管的建议》、《关于在净月大街建设中医药博物馆的建议》、《关于尽快解决企业欠缴职工养老保险费问题的建议》、《关于加大微小型企业扶持力度的建议》、《关于完善长春市重大投资建设项目社会风险评估机制的建议》、《关于依法加强地下管网建设和监管力度确保城市建设有序发展的建议》、《对优先发展我市城市公共交通的建议》、《关于加强我市废润滑油污染管理的建议》、《关于加快推进长春市皓月省级清真产业园区发展，促进畜产品出口基地建设的建议》、《关于加快我市蔬菜产业发展的建议》、《关于加大资金投入，推进我市农业产业化快速发展的建议》等11件代表意见比较集中、群众普遍关注的建议作为重点建议。常委会听取政府关于议案办理方案和办理结果的报告，对议案办理工作进行跟踪督办，组织市人大代表进行视察、检查，召开议案、建议办理工作面复会等形式，推进议案和建议办理工作落实。全部议案、建议都在规定期限内办理并答复代表。

【人大宣传工作】 充分利用多种传媒方式，加强与新闻单位的联系与沟通，切实做好对人大各种会议、视察、检查、调查等日常工作及代表履职情况的宣传报道工作，全年共刊播各类宣传稿件410余篇，继续开展全市人大新闻奖评选活动，评选出23件获奖作品。加强和改进《长春市人民代表大会常务委员会公报》、《长春人大》的编辑工作，全年编印公报8期、出版《长春人大》4期。加强长春人大信息网站建设，优化栏目设置，丰富网页内容，充分发挥网站信息传播功能。

【联系群众工作】 坚持邀请公民旁听常委会会议制度，全年有56名市民旁听了常委会会议。采取多种方式向社会公开常委会依法履职的有关情况，自觉接受广大人民群众的监督。扎实开展“三帮扶”活动，常委会局级以上领导干部每人联系1名贫困户，不定期开展帮扶活动。2012年，全机关为贫困户捐款捐物价值28 000余元。认真做好群众来信、来访接待工作，全年接待人民群众来信来访1 800余人（件）次，按照信访条例的规定，分别转交并督促相关责任单位进行处理，促进了一些问题的解决，化解了矛盾，维护了社会和谐与稳定。

【全市政情通报会】 7月30日，常委会组织召开全市政情通报会。市委常委、常务副市长肖万民代表市人民政府向人大代表通报了关于全市2012年上半年全市经济社会发展情况和下半年主要工作安排。市人大常委会、市中级人民法院、市人民检察院书面通报了上半年工作开展情况。常委会充分肯定和高度评价了市政府上半年工作，要求市政府要全力做好防汛工作，确保全市城乡人民群众的生命财产安全，确保全市城乡安全度汛。要继续密切注意宏观经济形势的变化，及时解决项目建设中遇到的问题，为经济持续发展注入新的活力。要发挥财税金融的杠杆作用，认真做好地方债务的风险防控工作，确保财政、金融等手段的作用达到最大化。要全力抓好城市大建设、大改造，确保工程质量，千方百计把工程建设对居民群众生活的影响减小到最低程度。要进一步保障和改善民生，多渠道增加城乡居民收入，稳步提高社会保障水平，着力构建“幸福长春”。

（单大维）

长春市人民政府

【概况】 2012年，长春市地区生产总值4 456.6亿元，按不变价格计算，比2011年增长12.0%。其中，第一产业增加值317.1亿元，增长4.3%；第二产业增加值2 291.9亿元，增长13.1%；第三产业增加值1847.6亿元，增长11.8%。三次产业结构为7.1：51.4：41.5。对经济增长的贡献率分别为2.5%、57.2%和40.3%。人均生产总值58 691元（按户籍年平均人口数计算），比2011年增长12.1%，折合9 338美元。全市一般预算全口径财政收入927.7亿元，增长15.5%。全市地方财政收入340.8亿元，增长18.1%。固定资产投资完成3 172.9亿元，增长30.4%。规模以上工业企业利润623.2亿元，增长10.1%。城市居民人均可支配收入22 969.7元，增长12.1%；农民人均纯收入9 064元，增长13.8%。

【经济发展】 全年生产汽车186.9万辆，增长14.5%，完成产值4 910亿元，增长17.5%。先进装备制造、光电信息、生物医药、新能源、新材料五大战略性新兴产业产值突破千亿元大关。现代物流产业增加值增长18.5%，金融服务业增加值增长21%，文化产业增加值增长40%，旅游业总收入增长27%，现代服务业占经济比重稳步提高。引进富士康等9户世界500强、国内500强企业，实际利用内外资均增长20%以上。农业战胜春旱、虫灾、台风灾害喜获丰收，粮食产量达到182.2亿斤，再创历史新高。在吉林省县域综合发展考评中，4县（市）全部进入综合排序前10名，农安县连续2年位列第一。“十二五”规划确定的5大类150个重大项目按预定计划顺利推进，长春市投资3 000万元以上项目2 480个，比2011年增加400余个。城市中心区，实施300多个投资亿元以上项目，推动服务业全面扩容、提档升级。城市西南，一汽丰越10万辆整车竣工投产，轿股三厂50万辆整车、轴齿工业园、乘用车研发中心等重大项目相继开工。城市西北，36个轨道客车配套项目开工建设，建筑面积28万平方米的轨道客车装备园区初具规模。城市东北，北远达大街、北湖大桥建成通车，引进并建设了67个战略性新兴产业项目。兴隆保税区具备封关运营条件，首批落位18个外向型项目。城市东部，莲花山度假区、二道物流产业园区、九台空港新城、长德新区竞相建设、齐头并进，长吉一体化步伐不断加快。净月西部，直通新立城坝下的生态大街全线贯通，重大项目纷纷落位，总长15公里的高端服务业产业带已现雏形。

【城市建设】 2012年，长春城市建设实施78项重点工程，资金投入408亿元，相当于2011年5.4倍。“两横三纵”快速路全线开工，亚泰大街跨繁荣路、自由大路高架桥投入使用，机场大道建设顺利推进，三环路开始拓宽改造。轻轨4号线投入运营，地铁1号线转入全程施工，地铁2号线开工建设，长春西站综合换乘中心、长春站综合换乘中心北枢纽投入使用。长平高速改扩建以及长春至双辽、九台至双阳高速公路开工建设，哈大高铁正式投入运营。新建扩建4座净水厂、5座污水处理厂。伊通河城区段截污干管完成改造，串湖水系及3条城市明沟实现污水截流。改造燃气危旧管网340公里、供热管网311公里、供水管网264公里、排水管网130公里。新增供热能力2 799万平方米。主次街路机械化清扫率由21.4%提升到47.2%。新建续建7座公园，长东北湿地公园正式对游人开放。改造精品绿地63处，绿化彩化街路121条，新建城市绿地500余公顷。

【社会事业】 全年专利申请量由2011年的5 387件增加到6 165件，增长14.4%。全年通过鉴定、验收和认定的科技成果235项，获得市以上科技进步奖励成果231项。其中，获国家级奖励10项，省级奖励173项。2012年末，在全市各级各类科技人员中，“两院”院士27人。全市拥有独立科学研究与技术开发机构95个。其中，自然科学和技术领域研究与开发机构60个，社会科学与人文领域研究与开发机14个，科技信息与文献领域机构5个。全市民营科技企业技术合同成交额达20.87亿元，技术合同成交额219.69亿元。市科技管理部门共投入科技经费7 850万元。全市新认定高新技术企业22户，新认定产值超亿元的高新技术企业10家。全市有法定产品质量检验机构6个，法定计量技术机构6个。全年定期监督检验产品1 703批次。受理委托检验17 426批次。国家和省的监督抽查产品质量平均合格率分别达95.5%和94.2%。2012年，长春市各级各类教育学校（园）2 533所。其中，在长普通高校37所，成人高校8所，中等职业学校104所，普通高中65所，普通初中265所，职业初中3所，小学1 349所，特殊教育9所，工读学校1所，幼儿园692所。全市各级各类学校（园）招生人数43.6万人。其中，在读研究生1.6万人，普通本专科11.1万人，成人本专科4.1万人，中等职业学校2.7万人，普通高中招生4.8万人，初中阶段招生6.3万人，小学招生7万人，特殊教育学校招生139人，入园儿童6万人。全市各级各类学校在校（园）人数146.3万人，其中在读研究生4.8万人，普通本专科在校生38.8万人，成人本专科生9.1万人，中等职业学校在校生8.1万人，普通高中在校生14.5万人，初中阶段在校生

19.7 万人，小学在校生 40.2 万人，特殊教育在校生 0.12 万人，在园儿童 11 万人。全市各类教育学校专任教师 9.8 万人。其中，普通高等学校专任教师 2.5 万人，成人高校专任教师 0.14 万人，中等职业学校专任教师 0.57 万人，普通高中专任教师 0.94 万人，初中阶段专任教师 1.94 万人，小学专任教师 2.91 万人，特殊教育学校专任教师 326 人，幼儿园专任教师 0.78 万人，小学适龄儿童入学率达 99.98%。2012 年全市有文化（文物）事业机构 228 家。其中，艺术表演团体 3 家，艺术表演场馆 4 家，公共图书馆 12 家，艺术馆、文化馆 12 家，文化站 161 家，文化艺术科技、科研机构 2 家，文物保护研究机构 1 家，文物保护管理机构 4 家，其他文化事业 6 家，其他文化企业 1 家，博物馆 7 家，文化市场管理机构 15 家。公共图书馆总藏量 401 万册，其中少儿图书馆藏量 75 万册。2012 年末，全市卫生医疗机构 4 092 个，下降 1.47%。其中，医院、卫生院 302 所，下降 1.31%，拥有医疗、疗养床位 4.23 万张，比 2011 年增长 6.47%。卫生技术人员为 4.3 万人，比 2011 年增长 5.5%。每千人拥有执业医师和执业助理医师 2.44 人。全年成功承办全球华人羽毛球锦标赛、瓦萨国际越野滑雪赛、世界杯自由式滑雪赛等国际国内大型体育赛事 20 项次。举办市青少年短道、速滑、篮球等省市各级各类体育赛事 220 项次。长春市代表团参加了十二届全国冬季运动会 3 大项 10 分项 91 小项角逐，夺得金牌 29 枚、银牌 16 枚、铜牌 20 枚、金牌总数列全国第二的优异成绩，继续保持长春市冬季项目全国前列位置。2012 年，长春市深入开展“安全建设年”活动，排查整改安全隐患 2.2 万处，安全生产事故发生起数、死亡人数、经济损失分别下降 43.5%、20.4% 和 49.6%。深入开展平安创建活动，严厉打击各类刑事犯罪，110 有效警情、刑事案件立案数分别下降 31%和 13.3%，群众安全感进一步提升。深入开展食品安全专项整治和“百日会战”，食品安全监管取得新成效。充分利用信访机构接待、市长公开电话、局长接待日、读报读网制度等各种渠道，及时掌握群众诉求，主动解决群众困难，群众信访总量降低 12%。扎实开展“三满意”机关建设和“万人评议机关”活动，经济发展软环境进一步改善。强化依法治市，严格依法行政，坚持从严治政，政府自身建设取得新进展。深入开展双拥共建，实现全国双拥模范城“七连冠”。

（房　明）

【“12345”市长公开电话】 **提升电话受理能力**　2012 年，在共享资源上下功夫，实现与全市 5 条便民服务热线电话的对接，搭建资源共享平台；在提高受理人员业务能力上下功夫，使受理能力大幅提升。日均受话量由 1 300 件上升到 1 700 件，全年受理市民投诉和咨询电话 470 472 件，比 2011 年增加 51.1%。2012 年办理投诉 286 810 件，通过委托中介机构对投诉的 2 278 位市民进行回访，市民满意率达 84.8%，办理结果反馈率达到 94.5%。2012 年组织 12 次局长接待日，“一把手”到位率达 94%，接待市民 8 883 人，处理问题 3 554 件。一些长期积累的信访问题得以解决。将读报读网工作纳入公开电话网络管理系统，对超时办件进行网上催办；对较大敏感问题，下达督办单进行重点督办；对回复不符合要求标准的办件一律退回重办。各网络单位每天坚持读报读网主动发现问题，主动解决问题。双阳区还将新浪、搜狐等网络媒体纳入读报读网范围，二道区通过处理个案解决了毒胶囊等一类问题，绿园区、汽车开发区、净月开发区、水务集团建立“双发现”制度，使问题主动发现率高达 99%以上。2012 年，读报读网发现和解决问题 10 017 件，主动发现率在 85%以上，媒体满意率达 98%。《长春市政府帮助网民渡过难关》被人民日报评为 2012 年度全国办理网民留言优秀案例，长春市连续 3 年获得全国网民留言办理先进单位荣誉。

（蔡　波）

【决策咨询工作】 **重大决策课题研究**　完成《山水长春之路——我所设想的 2050 年的长春生态园林建设》专著；《长春市 2011—2021 年品牌建设十年规划纲要》；完成《农安烧锅、太平池地区三乡镇发展规划纲要》；完成《农安太平池地区建设国际休闲基地项目策划书》初稿；关于南关区产业发展的意见和建议；九台市旅游产业发展规划纲要；《对今后五年经济发展与生产力布局的宏观思考与建议》，在经济运行会上发言；完成全市党史育人的总体构想。

参与决策咨询工作　参与莲花山度假区管理条例的起草、修改工作，已发布；参与全市民生工作创新突破问题调研，提出咨询意见；关于完善市直机关局长接待日制度的若干想法；关于给予南关区若干特殊政策支持的建议；关于下届政府整体工作的思考与建议提纲；对文庙园区改造提出咨询意见。对博瑞智教育集团发展提出建议；为选调大学生乡镇长讲党性教育；对市委党校筹建市情研究会提供咨询意见；对万达影城与长春电影发展提出建议；对长春站换乘中心文化产业进入提出建议；加快推进富士康与中科院长春光机所合作提供智力支持；为加快推进富士康与中科院长春应化所合作提供智力支持；加快推进富士康与一汽集团在新一代的自主品牌汽车、新能源汽车领域的合作提供智力支持；重点规划并推进吉林昆仑能源 LNG（液化天然气）产业链项目落位提供智力支持。提出珲春边境合作区体制机制框架设计；提出延龙一体化的若干建议。

（梁永红）

【民生工作】　2012 年，完成全市民生行动计划的 99 项实事 252 件具体任务。

就业增收工程　2012 年，全市开发就业岗位 13.5 万个，城镇新增就业 11 万人，安置下岗失业人员 5.06 万人，安置残疾人就业 2 838 人，转移农村劳动力 103.4 万人次，城镇登记失业率为 3.29%。成功举办第三届中国长春创业就业博览会，推介创业项目 1 716 个，提供岗位 2 万余个，举办“模拟商战对抗赛”等系列主题活动 10 个，作为全国创业就业的品牌项目，相继荣获全国“最佳创新型展览会”、“最具发展潜力展会”和“十大创新特色展会”称号。通过实施“春风送岗"、"送岗直通车" 等系列活动,实现了就业援助的动态化和常态化,全市就业社区达90%以上。被国务院命名为全国创业先进城市。高校毕业生创办"注册资本零首付"的公司制企业450户,新增农民专业合作社1 152个、新建农户储粮仓5万套,农民增收又添新的渠道。城市居民人均可支配收入22 969.7元,增长12.1%;农民人均纯收入9 064元,增长13.8%,群众收入水平与经济实现了同步增长。

社保提升工程 完善社会保险体系,推动社保扩面提标,截至2012年底,全市城镇职工基本养老保险参保人数达174万人、城乡居民养老保险参保人数达182万人、被征地农民养老保险参保人数突破4万人,参保人数总计达360万人,其中,108万人享受养老保险待遇;为符合参保条件的老知青、五七工、厂办大集体等群体累计办理参保约2.1万人;改制、破产企业退休人员养老保险社会化托管服务总量达到21万人。2012年,市本级人均月养老金1 640元,失业金月人均标准达574元。城镇居民基本医疗保险参保244.1万人,城镇职工基本医疗保险参保158.8万人,工伤保险参保111万人,生育保险参保110万人,综合参保率在95%以上。在全国率先实行了医保议价谈判、血液透析起付线治疗和单病种定额治疗等医保惠民政策,转变医保基金支付模式,探索降低医药费支出的有效措施,对居民和职工基本医疗保险的14项相关政策进行调整,提高最高支付限额、门诊统筹报销比例等11项医保待遇。职工和居民医保统筹基金最高支付限额分别提高到9万元和6万元;门诊统筹基金支付比例由30%提高到50%;职工门诊统筹年度最高支付限额由400元提高到1 200元,居民门诊统筹最高支付限额由400元提高到800元;门诊慢性病范围扩大到24种,统筹基金补助比例由50%提高到60%。开展中医门诊10个项目的特色治疗,在2011年10个单病种定额治疗的基础上,拿出20个病种实行定额治疗。实行区属公立医院"起付线治疗制度",参保人员在区属医院实现了405个病种的住院起付线治疗,提高统筹基金支付比例和最高支付限额,有效提高参保人员待遇水平。与40家定点医疗机构进行406项常规检查项目价格下调谈判,最终实现3 233项诊疗项目价格下调,平均降幅达23%,最高降幅达61%。

"大救助"工程 开展万户特困户结对救助活动,累计投入1 600万元,为全市16 275户(其中,城区8 528户,4县市7 647户)"万户特困户结对救助家庭" 每户发放价值1 000元的实物和现金补贴。面向城区、开发区低保家庭实行"幸福惠民卡",为4.9万户低保家庭提供购物、购书、就医、配镜优惠以及水电气费减免等多项惠民待遇,投入640余万元,为2.9万户特困低保户发放了购物补贴。开展"幸福长春·圆梦助学"活动,举办助学金发放仪式,总计为5 194名困难学生发放贷款2 960.8万元,为2 960名困难学生,发放助学金1 075万元,市教育局、团市委、红十字会共筹资102万元,为榆树市、农安县、德惠市、九台市511名贫困学子提供了资助,实现了助学地域上的全覆盖。充分发挥"大救助"资金作用,全年投入60.9万元,帮扶慈善单位3家,救助困难群众13人。

文化繁荣工程 孔子文化园建成开放,市档案馆完成改造,市图书馆改造顺利推进,新建改建7个县级图书馆、文化馆,114个乡镇(街道)综合文化站、1 320个村(社区)文化活动室达到国家标准,308个社区、841个行政村配备文化专干,公共图书馆、文化馆、乡镇(街道)综合文化站实现免费开放。市县两级文化体制改革顺利完成。全年举办广场文化活动200场,各类讲座80场,放映公益电影21 992场。开展了"情暖万家"系列公益演出、"千场文艺演出进农家大院"等系列文化活动。成功举办第十一届中国长春电影节、第三届长春图书博览会。继续实施"经典剧目抢救恢复工程",复排了一批评剧传统剧目。谋划了新的文化艺术品牌"戏剧星期六"——长春青年实验话剧系列演出。举办评剧艺术周和儿童剧艺术周公益性演出,创作演出儿童剧《大山里的红灯笼》。历史街区保护再创佳绩,新民大街正式入选"第四届十大中国历史文化名街"。挖掘了《袁喜和鱼皮画》和《满族神鼓制作》等10个非遗项目,举办非物质文化遗产保护系列活动。

教育惠民工程 新建改建38所公办幼儿园,增加普惠性幼教学位5 500个,对200名骨干园长、1 100名幼师和100名育婴师进行强化业务培训。孤独症儿童康复教育中心、2所民族中小学、4所城乡接合部学校建成投入使用,40所中小学完成校舍、操场、消防设施标准化改造。对近5 000个公办优质空余学位进行电脑派位,并在全市所有中小学起始年级实施电脑均衡分班。开展"大学区"改革,对1 244名中职学校骨干教师和"双师型"教师进行了轮训,稳步提高教育均衡水平。新建50个社区数字化学习服务站。发展职业教育,合隆职教园区前期准备顺利推进,农业学校异地新建项目一期工程竣工。新购657台标准校车,4.5万名农村中小学生获得安全校车服务。投入307万元,为全市低保、低保边缘家庭学生免费提供教材和校服,并将全市低保、低保边缘家庭幼儿入园补贴由每月100元提高到200元。

交通畅通工程 "两横三纵"快速路全线开工,亚泰大街跨繁荣路、自由大路高架桥投入使用,机场大道建设顺利推进,三环路开始拓宽改造,初步构建起立体化的城市道路主框架。轻轨4号线投入运营,地铁1号线转入全程施工,地铁2号线开工建设,长春西站综合换乘中心、长春站综合换乘中心北枢纽投入使用,长春大踏步地迈向轨道交通时代。纠正处罚交通违法总量161万件次,设置交通调流单行线20条、方向性限制路口33处,全年新增12万辆新车、城市道路改造全面铺开的情况下,城市交通基本保持通畅。

医疗保障工程 为15.6万人次失业人员办理医疗保险,4 103名失业人员享受医保待遇。全市城镇居民医保参保244.1万人,新农合参保率保持在99.2%,为35万名65岁以上老人配备家庭医生。为27 758名农村贫困适龄妇女进行"两癌"检查,新生儿疾病筛查65 806人,孕产妇产前筛查53 158例,救助孤独症儿童101人，为100名贫困脑瘫儿童实施一次性免费手术治疗，为5 600名贫困精神病人免费送药；企业职工医保、工伤、生育参保分别达158.8万人、111万人和110万人，综合参保率达95%以上。

扶残助残工程 采取民办公助、购买服务等形式加快推进托养服务体系建设，城区新增残疾人托养床位410张。全面启动贫困脑瘫儿童康复救助项目，实施矫治手术40例，提供免费康复训练168人；继续实施听障儿童康复救助项目，实施耳蜗植入手术22例，配发助听器177台，配发助视器1 200例；为贫困精神病患者免费送药5 136人次、提供免费住院1 477人次；为贫困白内障患者免费手术426例；为孤独症儿童提供机构康复训练121人；训练盲人定向行走1 200人；适配辅助器具2 263件。长春市被评为“十一五”全国无障碍建设创建城市，被确定为国家“十二五”残疾儿童随报及早期康复工作试点城市。落实残疾人特殊教育工程，出台新的“扶残助学金”政策，全年省、市累计投入134.2万元，为506名残疾学生提供了本科3 000元、大专2 000元、中专1 000元的扶残助学金；为新考入高中的残疾学生提供1 000元的一次性扶残助学金。实施国家彩金助学项目，利用专项资金37.5万元，资助125名学前教育阶段残疾儿童。落实残疾人就业富民工程，全年建立残疾人扶贫就业基地12个，其中3个基地被确定为省级阳光助残扶贫基地和残疾人就业基地；征集第三届中国·长春创业(就业)博览会残疾人创业项目60个；举办了春秋两季残疾人就业专场招聘会；全年城镇新增残疾人就业2 838人，培训残疾人6 710人次，其中培训农村残疾人3 176人次。投入46万元，对城区、开发区92家符合条件的盲人按摩机构给予一次性资金扶持。继续深化农机扶贫工作，组建农机合作社2个，互助组198个，入组残困户1 181户，免费耕种土地649公顷。继续实施危房改造工程，投入265万元为城区、开发区330个农村贫困残疾人家庭进行危房改造。继续实施“三无一靠”成年重度残疾人生活补贴项目，为城区1 123名符合条件的残疾人发放生活补贴，总金额为186.6万元。将贫困残疾人家庭无障碍改造的救助范围扩大到低保边缘户，全年投入经费42.98万元，为700户有需求的残疾人家庭进行了改造。

公共环境改善工程 新建保障性住房10 645套。2 123户低保家庭入住廉租房。200万平方米无籍房完成确权。1 221万平方米老旧楼宇完成“暖房子”改造。综合整治老旧散住宅区33个。600余栋住宅完成楼道粉刷。拆除D级危房117栋。

（温　新）

【人力资源和社会保障工作】 **就业创业** 完成创业型城市创建工作，被评为全国创业先进城市。全年开发就业岗位13.5万个，实现城镇新增就业11万人，下岗失业人员再就业5.06万人，扶持就业困难人员就业14 514人，城镇登记失业率为3.29%。2012年5月举办第三届中国长春创业就业博览会。展会现场推介创业项目1 716个，提供招聘岗位4万余个，举办“模拟商战对抗赛”等系列主题活动10个，推介招商场地112万平方米，展示创业扶持平台50个。本届展会首次引入了“智联招聘”和“前程无忧”等国内知名的民营人力资源中介机构；首次设立“创业体验馆”和“大学生创业就业服务馆”，开发“大学生素质测评软件”和“高级人才评价服务软件”；首次设立海外人才交流区，与11个外国专家组织和机构签订培训合作协议。创博会作为全国创业就业的品牌项目，已经成为立足长春、覆盖全省、辐射东北、面向全国的长春“四大品牌展会”之一，相继荣获全国“最佳创新型展览会”、“最具发展潜力展会”和“十大创新特色展会”称号。推进高校毕业生就业工作。启动“万名大学生创业扶持计划”，全面实施“一村一名大学生”和“三支一扶”工程，开展应届毕业生未就业登记工作，全年为高校和职技校毕业生提供就业服务23万人次。规范了“零就业家庭”援助程序，全年新发生零就业家庭567户，在规定时间内全部得到解决。全市公益性岗位种类已达40余种，公益性岗位总量为22 908个。做好劳务输出工作。推出“春风行动”、“送岗到乡直通车”等系列活动，组织农民工专场招聘会121场，提供免费就业服务63万人，组织农村劳动力引导性培训10万人，全年实现农村劳动力转移就业103.4万人次，劳务经济收入112亿元。发挥职业技能培训作用。全年培训155 508人，其中，培训失业人员20 120人，培训在职职工33 692人，培训新成长劳动力5 584人，创业培训7 691人，农村劳动力技能培训27 084人，其他培训61 337人。人力资源市场

长春市开展“万名大学生创业扶持计划”启动仪式

和人才市场共举办各类招聘洽谈会298场，其中主题特色招聘会50余场，接待求职者近百万人次；全面加强公共就业服务体系建设，对62家市直及各区（开发区）所属的人力资源市场、民营人力资源中介服务机构184名从业人员进行人才中介相关业务知识、执业能力的培训，对全市范围内53家职业中介服务机构、人力资源中介服务机构换发了《人力资源服务许可证》。

社会保障 全市新型农村养老保险和城镇居民社会养老保险实现全覆盖，五七家属工实现应保尽保。完成厂办大集体企业改革131户，涉及职工11 931人，发放经济补偿金9 175万元，为23户企业职工支付社会保险补贴600万元，有5 253名失业人员享受了医疗保险待遇。城镇居民基本医疗保险参保244.1万人，城镇职工基本医疗保险参保158.8万人，工伤保险参保111万人，生育保险参保110万人，综合参保率达95%以上。在全国率先实行医保议价谈判、血液透析起付线治疗和单病种定额治疗等医保惠民政策，转变医保基金支付模式，探索降低医药费支出的有效措施，对居民和职工基本医疗保险的14项相关政策进行了调整，提高最高支付限额、门诊统筹报销比例等11项医保待遇，开展中医门诊10个项目的特色治疗。在2011年10个单病种定额治疗的基础上，再次拿出20个病种实行定额治疗，新增职工医保门诊慢性病病种8个，实行区属公立医院“起付线治疗制度”，参保人员在区属医院实现了405个病种的住院起付线治疗，提高参保人员待遇水平。实现居民医保参保人员血液病透析的低自付治疗。

工资收入分配 全年为55 167名机关事业单位工作人员晋升并履行工资手续，组织市直机关18 659名公务员进行健康体检。及时调整最低工资标准，全市最低工资标准由1 000元提高到1 150元。针对不同类型的企业，按行业和隶属关系分类，进行较大规模的抽样调查，共下发“企业工资信息调查报表”2 883份，问卷调查1 600份，涉及职工17.7万余人。生成1 336个职位（工种），其中单独形成40个外商投资企业职位（工种）、6个学历等级、10个年龄段、8个工龄段、9个专业技术等级、14个国民经济行业、4个隶属关系、10个登记注册类型、35个家政（社区）服务业岗位，面向社会发布企业工资指导价位共5 399个。制定下发2012年长春市企业工资增长指导线，中线、上线和下线分别为17%、22%和9%。

人事制度改革 完成2012年全市各级机关公务员招录的报名审核工作，组织完成17 658名报考人员的笔试工作。开展以提高政府行政效能和公共服务水平为主题的公务员大规模培训，共培训市直机关公务员及参照公务员法管理事业单位人员1.5万人次。完成长春市市属事业单位高层次和紧缺人才招聘工作，招聘134人，完成427家市属事业单位管理和工勤技能岗位的设置，全市事业单位岗位设置工作完成95%以上。完成了2012年计划分配军队转业干部培训任务，培训298人，为2011年度60名自主择业军转干部办理了退役金的核定和医疗保险，完成了1 494名自主择业军转干部退役金调整、医保基数调整、冬季采暖费发放等项工作。2012年，全市接收军队转业干部318人，其中，计划安置转业干部267人，自主择业转业干部51人，随军、随调家属183人。

人才队伍建设 坚持以高层次创新型科技人才为重点，有计划、分领域、分类别、分层次开展大规模的继续教育活动，共培训专业技术人员2.3万人。全面深化职称制度改革，全年完成4 439名专业技术人员的职称评定工作，开展国务院特殊津贴、省突出贡献人才和市政府特殊津贴人才的选拔工作，有129人分获上述奖项。围绕汽车、农副产品深加工、生物制药、信息和光电子等长春市主要产业，全力加大引智工作力度，全年共有43个项目列入国家引智计划，引进国外人才153人次，派出培训271人次，审批外国专家来华工作许可133件，评选10位外国专家荣获“长春友谊奖”。长春市职业技能公共实训鉴定基地职业技能鉴定工种16个，全年组织参加职业技能鉴定6.3万人，其中高技能人才6 489人。推荐54名职业技能培训专家入选全省专家库。组织各级各类政策性人力资源考试和社会化考试68项，涉及13.6万人次。

劳动关系和劳动者权益维护 在全市范围内组织开展了劳动关系促和谐系列活动，全市劳动合同签订率98%，企业用工备案率达到96%。按照调裁并举、以调为主、公平公正、开拓创新的工作思路，共处理劳动人事争议2 785件，结案2 756件，结案率99%，为劳动者维权3 900余万元。组织全市152个街、镇、乡，372个社区，就近就地解决各类劳动争议1 513件，指导全市各类企业调解机构调解劳动争议1 259件，协调机关事业单位人事争议调解组织调解劳动人事争议案件23件。妥善接待职工群众来信来访6 373件。保护劳动者的合法权益，全年共接待来人、来访7 800批次，涉及1.8万人。立案365件，为3 335人讨回工资、抵押金4 516万元；补办工伤保险3.2万人，补办医疗保险2.9万人，为3万名农民工补签劳动合同。全市共取缔非法职业中介6家，检查建筑工地53个，642个栋号，为3 015名农民工人追讨工资4 490万元，农民工工资当期支付率100%。

（李　钢）

【外事工作】 **开展对外经贸合作** 省委常委、市委书记高广滨等市领导率团出访东南亚、北美、南美和欧洲等多个国家，加强友好联系，开展经贸合作，在农林、畜牧、汽车、旅游和友好交往等方面达成多项合作协议。省委常委、市委书记高广滨率长春市经贸代表团于3月出访菲律宾、泰国和缅甸3国，代表团先后在菲律宾和泰国举办了2次大型推介会，有6个项目在会上签约，8个项目达成合作意向或签订合作协议，涉及外商投资、对外经济合作和外贸出口等3个方面，总金额达177.51亿元人民币。市外办策划组织市工业代表团出访德国、芬兰和瑞典，参加了德国汉诺威工业博览会和芬中经贸座谈会，举办长春市政府招商推介和项目洽谈会，80多家欧洲企业和中介机构代表参加长春市推介会。

招商引资工作 2012年，邀请接待了美国驻华大使、荷兰驻华大使、香港贸发局等多个国家和地区的政要、经贸高层团组50余个，以项目为切入点，邀请了美国IBM、通用技术、德国西门子、法国欧尚、香港嘉里集团等20余家世界知名企业来长，参观考察净月开发区、西客站、长春轻轨、净水厂等一批重点项目，涉及电子、交通、地产等多个领域，并组织专门的对接洽谈。多次赴北京、沈阳、大连等地，拜访了30余家世界500强企业和贸易、金融机构，开展招商工作。曙光集团与净月开发区签署了《曙光长春云计算中心项目合作框架协议》，项目总投资约2.5亿人民币；中国通用技术集团与长春市水务集团就第二、四净水厂升级改造、应急抢修中心基地项目达成合作意向，总投资3.5亿人民币。6月香港贸发局总裁林天福率全球各办事处首席代表第9次访问长春市，协助代表团举办了“吉林——香港共同拓展国际市场”研讨会等活动。东博会期间，市外办协助香港贸发局组织110家香港企业来长参展，成交额达1 000多万人民币。积极推动了泰国正大集团百万亩农业示范基地等系列重大投资项目、新加坡维信集团投资1 000万美元汽车销售项目、联系巴真府开展水果贸易等重点项目。

拓展融资渠道 长春市暖房子工程热计量改造项目成功申请了德国政府促进贷款5 000万欧元，该贷款项目的省、市手续均已办理完毕并上报国家发改委；吉大一院医疗及教学设备改造项目申请以色列政府贷款2 700万美元，该项目已于2012年8月签订正式协议。市外办通过长春润德集团与美国IBM公司就长春市高铁西客站及“三馆”电子设备建设项目开展融资洽谈，涉及金额6 000万人民币。联系市卫生系统申请以色列政府优惠贷款2 000万美元，该贷款项目已在市发改委立项。

商务旅行卡和领事认证工作 组织举办“APEC商务旅行卡推介及经验交流座谈会”，邀请长春市48家企业的55名负责人和代表参会，会上详细宣传、解读了商务旅行卡的作用和优势。进一步加大对民营企业的扶持力度，就商务旅行卡的推介工作对8家企业进行了走访调研，为22家民营企业的44人办理了APEC商务旅行卡申请手续。领事认证工作有序推进，严格办理程序，加大宣传推广力度，先后走访6家涉外公证处，发放领事认证宣传卡片350份。为全市赴韩国、俄罗斯等16个国家的各类人员办理了12 505份认证材料。

因公出国管理工作 2012年审核、审批全市党政机关和企事业单位因公出国(境)团组300个，1 119人次，分别比2011年同期减少12.04%和29.4%。其中，企业团组129个，452人次；党政机关和参公事业单位团组171个，党政人员525人次，事业单位142人次。完成28个市级领导团组162人次的因公出访报批工作，其中包括3位副省级领导。缓派8个团组30人，拒派9个团组61人，调整减少2个团组的出访时间8天。出国境团组分别前往25个国家和地区开展对外友好交往。陪同副市长苏志芳对韩国、日本、法国和美国驻沈阳总领馆进行工作访问。妥善处理7起日遗化武事件，着手成立了“长春市处理日本遗弃化学武器工作领导小组”，有效处理了3起涉外案件。

对外友好交流 8月下旬，长春市代表团出访澳大利亚瓦南布尔市，签署两市建立友好城市关系协议。长春市已与世界18个国家的19个城市建立友好城市关系。9月中旬，长春市还与到访的罗马尼亚肯普隆格市政府代表团签署两市缔结友好合作城市关系协议，扩大长春市对外友好交往渠道。通过组织与友城间的互访及参加第十九届日本仙台国际半程马拉松赛、第十五届世界冬季城市市长会议等多项国际活动，深化与日本仙台、韩国蔚山、俄罗斯乌兰乌德和新西兰马斯特顿等城市的传统友好关系。6月中旬，副市长苏志芳率长春市代表团赴京出席由全国友协和中国国际友好联合会主办的“2012百城论坛”，长春市荣获组委会颁发的“国际友城战略发展奖”。经市外办推荐，新西兰马斯特顿市在成都召开的2012年中国国际友好城市大会上荣获“对华友好城市交流合作奖”。与日本国际交流基金会于5月下旬在长春市日章学园主办了“2012中国长春中日交流日”等活动；举办了“美国风光文化展”，参观人数2.8万人次，受到各界好评；举办了“长春——明斯克缔结友好关系20周年”等系列交流活动；举办首届东北亚青年文化艺术节，开展了区域文化与青年发展主题论坛等系列活动；成功组织第八次市民走进友城活动。组团参加第二届中非民间论坛，展示非洲马孔德木雕等120件作品，受到与会嘉宾的欢迎。9月中旬举办2012长春国际友好城市市长会议。共邀请到11个国家的14位国际友好城市市长和市长代

省委常委、市委书记高广滨会见香港贸发局总裁林天福并赠送纪念品

表参会。

参与筹办大型国际性活动 2012年,市外办参与冰雪节、消夏节、汽博会、农博会、东北亚博览会等大型国际性活动的组织筹备工作,做好邀请、接待、翻译、礼宾和会务等各项工作。策划组织多项专题性的国际活动,促进了长春市的国际交往。5月下旬与市体育局共同承办第三届外国友人运动会。全市有27个涉外单位的533名外籍运动员报名参赛,分别来自70多个国家和地区。承办“中俄国家旅游年——长春中俄旅游交流周”活动。并将此次活动列入中俄国家旅游年重点活动之一。7月下旬,市外办与雕塑办、会展办和吉林艺术学院共同承办第二届国际陶艺展,邀请14个国家的20位中外陶艺家来长参展,创作60余件精美的陶艺作品,并在市雕塑艺术馆进行展示,受到社会各界的一致好评。市外办联合市体育局和体育总会共同承办的第二届国际友城半程马拉松赛于9月15日在净月潭成功举办。来自长春市15个国际友好城市和友好合作城市代表团的50余名外国运动员、200余名在长外籍友人和国内25个城市的运动员,总计超过1 800名长跑爱好者参加比赛。

外语网站建设 2012年,发布信息3 700条,290万字,新建13个专题栏目,80余万字。对兴隆综合保税区、省宇平工艺制造有限公司等企业进行重点走访调研,创建了“长春市涉外企业平台”专题网页,为长春市中小企业开展对外经济合作搭建了网上招商平台。办结《市长信箱》受理工作,先后上报8封外籍友人罗伯特先生关于长春市交通问题的市长信函,协调市交警支队当面听取了其建议,得到市长姜治莹和有关部门的高度重视,并对其合理化建议予以采纳。长春市外语网站在第六届中国政府网站国际化程度测评中荣获“领先奖”。

(朱东来)

【侨务工作】 **承办海外华侨华人专业人士回国创业研习班** 8月下旬,第9期“华侨华人专业人士回国创业研习班”在长春市举行,邀请到来自美国、日本、香港等16个国家和地区的79位华侨华人专业人士参会。本期研习班,以引进海外高层次人才为主题,以高新区“长白慧谷”英才项目为载体,配合长春市文化产业发展和兴隆“保税区”招商需要,举办创业辅导、政策发布、项目考察、“保税区”项目洽谈对接等活动,组织长春市16个人才和招商部门、69户企业与海外代表进行对接,推介高新技术合作项目85项,达成合作意向24个,其中有2个高新技术项目已在长春市人才特区落户。

侨务捐赠工作 截至2012年底,通过海外侨胞个人和香港应善良福利基金会等慈善组织,为长春市争取到8个捐赠项目,捐赠金额180万元人民币,主要用于农村贫困薄弱校的校舍改建等基础工程。通过香港应善良福利基金会和香港轩辕教育基金会为农安县哈拉海镇韩达营子小学校舍改建项目和吉林大学助学种子基金项目,争取到25万元捐款。

侨务扶贫、信访和三侨考生身份认定工作 2012年,争取到省侨办专项扶贫经费5万余元,走访慰问90户贫困归侨侨眷,发放侨务扶贫资金8万元。接待侨务信访20余件(次),结案率达85%,有效维护了侨务稳定,被国侨办评为“全国侨务系统信访示范单位”。开展对长春地区高考、中考三侨考生和归侨、侨眷的身份认定工作,认定22名三侨考生,审核确认147名归侨、侨眷身份,全部上网公示。

(朱东来)

【地方志工作】 **志书编纂工作** 长春市地方志编委会聘请长春市著名史志专家于祺元老师担任二轮市志执行主编。完成第二卷、第三卷两卷志稿200余万字的编审任务,上报委党组审批,送至省地方志编委会复审。《德惠市志(1989—2000)》通过终审。7月25日,吉林省地方志编委会召开《德惠市志(1989—2000)》志稿终审会议,省地方志编委会主任党组书记、副主任刘淑坤参加并主持会议。7位省地方志终审组专家分别对《德惠市志》进行了分析讲评,提出修改意见。省地方志编纂委员会副主任李云鹤结合专家意见,对该部志稿提出终审意见。《南关区志(1989-2003)》通过终审。2012年11月7日,长春市地方志编委会组织召开《南关区志(1989—2003)》终审会议。市人大教科文卫委、市委组织部、宣传部、统战部、政法委、保密局、长春警备区等部门的市志、鉴审查验收小组成员参加会议。《南关区志(1989—2003)》通过终审,同意出版。《长春市国土志》(1991～2010)完成终审。9月7日,长春市地方志编委会在华苑宾馆召开《长春市国土志》(1991～2010)评审验收会。市地方志编委会、市国土资源局领导及市志鉴审查验收小组有关成员参加会议。《长春市国土志》(1991～2010)通过终审验收,同意出版。

《长春年鉴(2012)》出版 《长春年鉴(2012)》于11月由吉林人民出版社出版。《长春年鉴(2012)》采用分类编辑法,主体内容分类目、分目和条目3个层次。本卷年鉴在内容和体例上基本与2011卷保持相对的连续性和稳定性,全书100万字。该书在第七届全国年鉴编校质量检查评比中荣获一等奖。

《志说长春》出版 2012年11月,由长春市地方志编纂委员会编纂的《志说长春——长春地情研究(2011)》正式出版。该书为吉林省地方志资源立项开发重点项目,全书以开发利用志书资源、地情资源和长春地方历史文化资源为主线,对长春的历史与现状采取系列编辑,从城市历史、行业兴衰、古今人物、“新奇特要”事件等方面进行重点记述,全面解读,撷史记事,是一部内涵丰富,通俗易读,融资料性、知识性、可读性、借鉴性为一体的读本。

长春市情网建设 2012年,长春市方志委加大网站采编工作力度,及时更新市情网信息,更新动态信息50余条,及时发布地方志工作动态。为了发挥地情网站的作用,开展市情网站改版工作,将网站名称改为“长春地情网”,并与长春新闻网达成合作意向,制定改版方案。

长春市方志馆建设 长春市方志馆(道台衙门博物馆)建设项目被列为2012年全市民生行动计划和重点文化建设项目,长春市编办批准设立方志馆工作机构，为正处级事业单位，编制6人，隶属于长春市地方志编纂委员会。成立以主管市长为组长，主管副秘书长和市地方志编委会主要负责人为副组长，市发改委等相关部门负责人为成员的领导小组，对方志馆建设工作进行高位统筹。完成《长春市方志馆(道台衙门)建设工作总体方案(草案)》。

《长春地情活页》连续出版 《长春地情活页》自2011年创刊以来，得到社会各界的广泛好评。《活页》全年出版6期，赠阅量5 000余册。《活页》的出版得到了全市各界的认可，被评为全市宣传思想文化工作创新奖(提名奖)。

志鉴书获奖 在吉林省地方志编纂委员会组织召开的"2011年度全省地方志系统编纂出版图书质量评估会"上，长春市选送的10部志书、年鉴全部获奖，获奖数量和质量在全省都名列前茅。《九台市志(1988～2000)》获得志书类优秀等次；《宽城区志(1989～2000)》和《高新区志(1988～2005)》获得志书类良好等次。《长春年鉴(2011)》获得年鉴类优秀等次；《榆树年鉴(2009)》、《德惠年鉴(2008～2009)》、《九台年鉴(2007)》、《九台年鉴(2009)》、《宽城年鉴(2010)》、《长春高新技术产业开发区年鉴(2011)》获得年鉴类良好等次。

(崔玉恺)

【接待服务工作】 2012年，接待各类团组523批次，5 332人次。其中，接待国家领导人14位、副部省级领导140位、司局级领导399位。圆满完成市委112个团组、市人大111个团组、市政府105个团组、市政协105个团组、市纪委48个团组的接待任务。接待党政代表团10个。接待大公司大企业的董事长、总裁30余位。完成长春市领导临时交办的各项公务接待活动109次。积极参与完成"2012年中国长春冰雪旅游节暨净月潭瓦萨国际滑雪节"、"景阳街道军民共建记者采访活动""第三届中国长春创业(就业)博览会"、"中国长春消夏节.吉林省暨长春市中俄旅游交流周"、"唱响中国长春演唱会"、"全国三关爱志愿服务活动座谈会"、"第十一届中国长春国际农业.食品博览(交易)会"、"第三届中国长春世界雕塑大会"、"第十一届中国长春电影节"、"第十九届全球华人红牛羽毛球锦标赛"、"第八届东北亚博览会"、"2012中国长春高新技术成果展示暨合作洽谈会"等大型会展活动12项。2012年，接待办围绕"规范、创新、提高"六字要求，全面实施《长春市接待办公室工作手册》，规范个人着装、仪容仪表、言谈举止；规范办公室的桌牌、物品摆放、接人待物；规范工作纪律、接待工作中的流程、标准。在连续3年开展"学习年"活动的基础上，继续开展创建"学习型集体"活动，大练内功，注意在强化内部管理，搞好自身建设，提高人员素质。开展"学政治、学业务、学技能"活动，营造人人讲学习的浓厚氛围，努力建设学习型单位。

(聂福荣)

市委常委、副市长吴兰到市方志馆(道台衙门博物馆)现场办公

中国人民政治协商会议长春市委员会

【全体会议】 2012年12月19～24日，市政协召开第十二届委员会第一次会议。中共吉林省委常委、长春市委书记高广滨出席开幕会并作重要讲话，对市政协工作给予高度评价。十一届市政协主席张元富作常务委员会工作报告，十一届市政协副主席张晓华作提案工作情况报告。会议选举了十二届市政协主席、副主席、秘书长和常委。十二届市政协主席崔杰主持闭幕会并讲话。会议期间，市委、市人大、市政府和市政协有关领导出席会议。委员听取并讨论政府工作报告、长春市中级人民法院工作报告、长春市人民检察院工作报告。会议举办主题为《建设幸福长春》委员论坛和市长网上接待活动。

【常委会议】 市政协十一届二十二次常委会议于3月23日召开。会议传达全国政协十一届五次会议精神，审议通过《政协长春市第十一届委员会常务委员会2012年工作要点》和有关人事事项。市政协十一届二十三次常委会议于6月8日召开。会上，5位委员和专家就扶持长春市小微企业健康发展做专题发言，审议通过《关于扶持长春市小微企业健康发展的建议案》。市政协十一届二十四次常委会议于8月10日召开。会议听取市委常委、常务副市长肖万民所做的《2012年上半年全市经济社会发展情况通报》，5位委员和专家就推进长春市公共文化服务体系建设做专题发言，审议通过有关人事事项。市政协十一届二十五次常委会议于9月14日召开。会上，4位委员和专家就加快推进长春市现代农业发展做专题发言。市政协十一届二十六次常委会议于11月27日召开。会议听取并审议《政协长春市第十一届委员会常务委员会工作报告（审议稿）》、《政协长春市第十一届委员会常务委员会关于提案工作情况的报告(审议稿)》,审议通过《政协长春市第十二届委员会委员建议名单》和政协长春市第十二届委员会第一次会议的方案(草案)、议程(草案)、日程(草案),听取了市政府《关于扶持我市小微企业健康发展的建议》办理情况通报、市委办公厅、市政府办公厅关于市政协十一届五次会议提案办理情况的工作报告(书面)、市政协十一届委员会各专门委员会及有关部门工作报告（书面),审议通过有关人事事项。市政协十二届一次常委会议于12月24日召开。会议审议通过市政协十二届委员会副秘书长名单。会议决定市政协十二届委员会设提案委员会、文化教育卫生体育委员会、经济科技委员会、港澳台侨和外事委员会、文史资料委员会、社会法制民族宗教委员会、人口资源环境委员会7个专门委员会，审议通过了市政协十二届委员会专门委员会主任、副主任，办公厅主任、副主任,研究室主任名单。明确市政协十二届委员会主席、副主席、秘书长工作分工。

【专题协商】 1.召开常委会，就扶持小微企业健康发展进行专题协商,通过《关于扶持长春市小微企业健康发展的建议案》，围绕优化小微企业发展的政务环境、加大财政资金扶持力度、加大税费优惠力度、加强对小微企业融资支持、引导成立长春市民间借贷登记服务中心、提升小微企业科技创新能力、促进小微企业集聚发展、大力支持小微企业开拓市场、强化对小微企业的管理咨询和培训服务、充分发挥长春市中小企业综合服务平台作用等10个方面提出意见建议。2. 针对城市公共文化服务体系建设，认真开展专题调查研究，召开常委会进行专题协商,提出公共文化服务体系建设、公共文化设施建设、改革创新公共文化服务体系、公共文化服务保障体系建设、公共文化重点工程建设等5个方面意见建议。3.围绕发展现代农业,形成《长春现代农业发展问题研究总论》、《长春市农业科技创新问题研究》、《长春市农业信息化发展问题研究》、《长春市农业机械化发展问题研究》等4份调研报告,召开加快推进长春市现代农业发展专题常委会进行协商。

【提案工作】 1.与市委、市政府组成联合检查组,对部分县(市)、区和政府相关部门,就中发[2006]5号、吉发[2006]44号和长发[2010]19号文件及中办发[2012]13号文件和新修订的《政协长春市委员会提案工作条例》的学习贯彻落实情况进行督促检查，形成调查报告，对加强和改进政协工作提出意见建议。2.利用电视台、电台、政协网站等媒介，全面深入报道提案工作经验和提案办理取得的实效。编辑《十一届政协优秀提案选编》。加强与《协商新报》协作,对提案工作采取综合报道或个案宣传等方式加强宣传。3.加强主席会议对重点提案的视察督办,先后对长春二实验中学、欧亚超市卫星路店、阿满食品有限公司进行视察,实地察看食品生产加工、流通、消费3个环节的情况。就加强食品安全工作,提出加强组织领导,强化源头治理，抓好全程监管和日常监管，强化对重点食品、重点环节、重点时段、重点区域和特殊行业的监管等意见建议。

【对外交往交流】 邀请和接待了中国世贸集团主席曾智雄（长春市政府国际经济顾问)、香港万陆投资有限公司董事长王路达(长春市政协常委)、香港其士国际集团董事局主席周亦卿先生一行来长进行投资考察，邀请中国财富排行榜创办人胡润出席由长春华荣泰置业有限公司主办的“财富论坛”活动。开展“感知长吉图”港澳委员考察活动,实地考察了珲春、图门口岸、长春兴隆保税区的建设发展情况。率长春市友好经贸代表团赴坦桑尼亚、南非和阿联酋进行工作访问,有力推进了长春市大型企业、旅游度假区、高等院校与上述3个国家在矿产资源开发、节能建筑材料、旅游景区开发、商业地产、地质科研等领域的多个合作项目，建立和巩固了与南部非洲吉林商会和坦桑尼亚华侨华人总会等华人社团特别是吉林籍新华侨群体的联系。

【文史工作】 不断推进史料挖掘整理工作,与长春市民进合作出版《长春中东铁路记事》,与市档案馆合作出版《苏联专家在长春》专题性文史资料。广泛征集白求恩医科大学、长春文庙恢复重建情况以及长春市各个历史时期重要人物的专题文史资料。围绕市重点文化建设项目——孔子文化园和长春市文庙小学项目建设,提出关于以长春文庙为中心、打造长春市孔子文化园的建议,受到市委、市政府高度重视。市政府拨款1.9亿元建设孔子文化园和重修文庙小学。

【立法协商】 完成《长春市莲花山生态旅游度假区管理条例》、《长春市历史文化街区和历史建筑保护条例》、《长春市著名商标认定和保护条例》、《长春市国有土地上房屋征收与补偿条例》4部地方性法规的立法协商。

【社情民意信息】 充分运用调研视察、民情恳谈、社情民意征集站、网站、电子邮件、公开电话等形式,倾听群众和委员的意见建议,广泛收集社情民意,及时向全国政协、省政协和市委、市政府报送信息。收到社情民意信息200余条,编辑报送《政协信息专报》30期,向全国政协编辑报送《值班日报》21期,其中10余条信息被市领导批复。

【政协新闻宣传】 办好《议政》杂志、“政协论坛”电视节目、市政协网站,深入宣传市政协、民主党派、工商联和县(市)区政协工作，构建多手段并重、多渠道拓展、多层次推进的政协新闻宣传工作新格局,共出版《议政》杂志6期,制播《电视论坛》12期。与市新闻工作者协会联合举办第十三届宣传政协工作好新闻评选活动,评选出好新闻16篇,其中,一等奖4篇,二等奖5篇,三等奖7篇。

【机关建设】 围绕学习贯彻省第十次党代会和市第十二次党代会精神，召开机关干部大会，把切实加强作风建设作为机关建设的重要内容，就提振精神状态、提高工作能力、增强责任心、增强组织纪律观念、增强团结协作意识提出具体要求。党的十八大召开后，分别召开主席（扩大）会议、常委会议和机关干部大会，对十八大报告进行系统学习。充分发挥长春市人民政协理论研究会的作用，组织开展人民政协理论与实践征文活动，征集论文 69 篇，召开理论研讨会，出版论文集。积极发挥政协组织优势，加强机关文化建设，发动部分市政协委员和政协机关干部，成立长春市政协合唱团。建立健全会议、活动、接待、后勤等 30 项工作和管理制度，为优质、高效服务委员、服务基层、服务群众提供制度保证。

（刘朝辉）

市纪委　市监察局

【纪委全会】 2012 年 1 月 13 日，中共长春市第十二届纪律检查委员会召开第一次全体会议。会议由史继山主持。会议讨论并通过了《中共长春市纪律检查委员会第一次全体会议选举办法》；郑文芝作关于市纪委常务委员会委员、书记、副书记候选人名单情况的说明；推选并通过监票人。会议选举了中共长春市纪律检查委员会常务委员会委员，选举了中共长春市纪律检查委员会书记、副书记；提出了市纪委常委、书记、副书记选举结果的报告；报市委一次全会通过。会上，史继山当选为市纪委书记，李家祺、李刚、胡书君当选为副书记。1 月 20 日，中共长春市第十二届纪律检查委员会召开第二次全体会议。深入学习贯彻十七届中央纪委七次全会、省纪委九届八次全会和市第十二次党代会精神，分析当前反腐倡廉形势，研究部署 2012 年工作任务。省委常委、市委书记高广滨讲话，对贯彻落实党的十八大和中央纪委、省纪委全会精神及全市党风廉政建设和反腐败工作任务提出要求。市委常委、市纪委书记史继山代表常委会作了题为《贯彻落实市第十二次党代会精神，开创全市党风廉政建设和反腐败斗争新局面》的工作报告。

【案件查处】 2012 年，全市纪检监察机关受理信访举报 3 808 件（次），立案 918 件，结案 904 件，给予党政纪处分 929 人，涉嫌犯罪移送司法机关处理 40 人，通过查办案件为国家挽回经济损失 1 105.91 万元。

【反腐倡廉宣传教育】 1.深入开展反腐倡廉宣传工作。组织开展“反腐倡廉五年回眸”、“三满意建设进行时”、“加强机关作风建设”、“我们的榜样”等系列宣传活动，全市刊发新闻稿件 1 130 多篇。市纪委首次被中央纪委评为全国先进通联站。2.深入开展“廉政一日”教育活动。省委常委、市委书记高广滨等市级领导和市直机关各部门的主要负责人带头参观廉政教育展。全年组织 23 000 多名党员干部到廉政教育基地接受廉洁从政教育。3.着力加强从政道德教育。组织开展“维护党的纪律、永葆党的纯洁”知识竞赛活动，组织初赛 240 多场、复赛 5 场，总决赛在长春电视台录制播出，市委常委、市纪委书记史继山，省纪委常委孙继光等领导为获奖队伍颁奖。4.积极开展廉政谈话教育。在九台市先行试点谈话教育工作，省纪委在长春市召开全省廉政谈话教育现场会。5.深入推进廉政文化建设。全面开展“廉政文化建设年”活动，长春市 12 个廉政文化示范点被省纪委命名为“吉林省百佳廉政文化示范点”。组织廉政文化“五个一”精品工程创作活动，全市创作各类廉政文艺作品 3 700 多件，有 68 个作品在全省廉政文化“五个一”精品工程创作评比中获奖。组织开展“廉政格言警句创作评选”活动，编辑出版《廉政格言警句汇编》。

【惩防体系建设】 1.以制度建设年活动为载体，深入推进反腐倡廉法规制度建设。各县（市）区、开发区和市直部门清理制度 4 891 项，修订完善 23 项，新制定出台 91 项，具有长春特点的反腐倡廉制度体系初步形成。制定下发《关于开展制度廉洁性审查评估的意见》，市本级对 30 件法规制度开展制度廉评，县（市）、区和开发区组织开展 41 次制度廉评。组织长春日报社、长春人民广播电台、长春电视台、长春交通之声广播电台等新闻媒体对制度建设经验和成果进行集中采访，开设“反腐倡廉制度建设领导访谈”专栏专题进行连续刊播。2.以“五权”工作为重点，深入推进惩治和预防腐败体系建设。加强科学配权工作，落实市直机关主要领导“五个不直接分管”制度，优化权力结构，进一步规范权力运行。加强风险防控管理，按照省纪委部署抓好九

中共长春市第十二届纪律检查委员会召开第二次全体会议

台市、九台卡伦镇、朝阳区南湖街道3个省级试点单位廉政风险防控工作的跟踪指导。加强惩防体系建设，系统总结5年来惩防体系建设工作成果和经验，长春市惩防体系建设《实施意见》确定的304项重点任务，已完成98%。加强社会领域预防腐败工作，对全市中介组织基本情况开展全面调查摸底，建立数据档案资料，研究通过规范中介组织管理、有效预防腐败的思路和对策。

【党风廉政建设】 1.巩固深化农村党风廉政建设"3+1"模式。制定实施《长春市乡镇政务服务中心工作规范》；完成农村"三资"监管平台建设并实现市、县、乡三级联网；组织开展《农村基层干部廉洁履行职责若干规定》贯彻执行情况的专项检查；培树乡镇政务服务和村务监督工作先进典型29个。2.全面落实社区党风廉政建设"监、管、控"工作。制定出台《加强城市社区党风廉政建设的实施意见》，全市所有街道、社区全部建立财务核算代理服务中心和社区监督委员会。省纪委在长春市召开全省城市社区党风廉政建设工作经验交流会。二道区被中央纪委确定为吉林省唯一的城市社区党风廉政建设联系点。3.抓好专项治理工作。在全市开展机关事业单位人员"吃空饷"专项清理工作，清理579个单位，清理出"吃空饷"人员2 543人，研究制定《关于解决机关事业单位人员"吃空饷"问题，进一步加强人事编制管理的意见》。在全市深入开展公车问题专项治理工作，对767台违规车辆进行处理，研究起草《长春市党政机关一般公务用车配备使用管理实施办法》、《长春市局级领导干部公务用车管理办法》。4.强化领导干部监督和廉洁自律工作。加强领导干部因公出国（境）的监督和管理，制定下发《市委、市政府关于加强因公出国（境）管理工作的通知》，建立领导干部因公出国（境）计划联席会议审核制度、经费先行审核制度、经费预算及用汇额度双控制度。认真贯彻执行《廉政准则》和中央"八项规定"，制定印发《严格遵守廉政准则，确保廉洁过年的通知》。5.做好党风廉政建设责任制检查考核工作。对长春市党风廉政建设责任制5项制度进行修订完善，研究制定《市管领导班子主要负责人向市纪委全会述职述廉暂行办法》，组织起草《长春市党风廉政建设责任制检查实施细则》。成立15个检查组，分别由市级领导带队，对10个县（市）区、5个市直部门进行年度责任制检查考核。6.深化基层党务公开工作。制定《长春市党的基层组织推行党务公开工作实施方案》，在全市开展党务公开"回头看"工作，查找问题792个，征求意见建议354条，制定整改措施15个。

【纠风专项治理】 1.查处违法违规征地拆迁问题。全市查处骗取、挪用征地拆迁补偿案件8件，给予党政纪处分8人，移送司法机关3人，给予批评教育、诫勉谈话等组织处理共15人。群众投诉比2011年下降了64.86%。2.监督检查"保障性住房"建设分配。组织对全市2008年以来廉租住房租赁补贴和实物配租分配情况进行专项检查，取消廉租房保障资格2 523户，追缴补贴资金155.69万元，收回住房49套；查处案件2件，给予党政纪处分2人。3.监督检查"暖房子工程"工作。参加招投标监督4次，全市排查已实施"暖房子工程"的楼房3 732栋，发现问题1 433个。4.治理教育乱收费问题。全市查处违规办班、乱收费。等问题17件，给予党政纪处分和组织处理29人，向家长退还不合理收费246万元。5.查处涉农乱收费和侵害农民土地权益问题。纠正和整改强农惠农资金发放中的违规问题36个，向农民退还不合理收费40.7万元；纠正和查处损害农民土地权益问题146个；查处哄抬农资价格、制售假劣农资坑农害农问题66个。全市查处违反强农惠农政策和加重农民负担案件47件，给予党政纪处分和组织处理57人。6.治理公路"三乱"。全市查处村民私自设卡收费问题4件，给予党纪政纪处分和组织处理2人。7.会同有关部门开展纠正大型零售企业向供应商违规收费问题、银行业金融机构乱收费和电信领域侵害消费者权益问题、食品药品安全领域不正之风、医疗服务和医药购销领域不正之风、公务员考录及企事业单位招聘中不正之风，清理规范庆典、研讨会、论坛活动等工作。全市查处医药购销及医疗服务不正之风案件9件，给予党政纪处分和组织处理12人。取消庆典活动2项，节约经费15万元。8.大力加强全市政行风建设。打造"政行风热线"节目。建立电台、电视台、报纸、网络"四位一体"的媒体联动政风行风热线模式，播出"政行风热线"节目80期，接听热线427个，反馈听众咨询投诉问题121个。开展"百家窗口看行风"暗访活动。发现正面典型106个，发现问题268个，提出整改建议187条，给予组织处理、通报批评等26人。开展道德领域及行风突出问题专项教育和治理活动。稳步推进民主评议。同有关部门对城区范围内30个供热企业、2个供气企业、1个供水企业，全市58所中小学校、10家市属医院进行了评议；指导各县（市）、区对公安、司法、财政、土地等共1 620个基层站所进行民主评议。

【经济发展软环境建设】 1.深入推进行政审批制度改革。推进基本建设领域工业项目并联审批工作。制定受理负责制、联席会议制、联合踏查制等相关办理制度，编印工业项目并联审批建设工程规划许可和施工许可两个阶段的《办事指南》，设立并联审批综合服务窗口。现场踏查等程序由18次整合为2次，建设工程规划许可申报材料由78项减至21项，施工许可申报材料由67项减至30项，审批时限可由过去302个工作日压缩到51个工作日，压缩率为83.1%。完善行政审批"直通车"制度。通过"直通车"办理项目755项，提前办结效率为60%。扩大重大项目审批"绿色通道"范围。为102个项目集中办理前期审批手续，集中开工项目超过300个。2.稳步开展清理和规范行政权力工作。成立全市清理和规范行政权力工作领导小组，组建了清权工作办公室，开发《长春市清理和规范行政权力工作平台》，51个部门上报行政权力5 366项，有47个部门3 397项行政权力得到初审确认。3.积极推进行政裁量权基准制度建设。起草《长春市规范行政处罚自由裁量权管理办法(草案)》,开展行政许可裁量权细化量化试点工作。4.积极推行“三段式”执法模式。各级行政执法部门通过教育规范,处理解决一般性违法问题1 900个,减少行政处罚1 800多人次,减少行政罚款1 900多万元。5.进一步规范涉企收费行为。开展对民政、人防、人社、技术监督、房地、公证等部门行政事业性收费政策执行情况监督检查。6.加大行政执法责任追究力度。制定《长春市规范性文件监督办法》,发布实施《长春市行政执法责任追究办法》。7.积极推进电子监察系统建设。实现省市县三级联网,加快推进电子监察系统升级改造建设,出台《电子监察系统管理办法》。8.严肃查处违规违纪行为。全市受理软环境和行政效能投诉举报382件,办结率98.4%、反馈率100%,满意率96.5%。为企业协调解决涉软问题792件。强化效能监察,加大暗访和涉软案件查处力度,全市立案调查涉软案件57件,给予党政纪处分58人,公开曝光12起典型涉软案件。9.加强软环境建设舆论宣传。在长春电视台新闻栏目制作播出创建“三满意”机关公益广告;在长春电视台、《长春日报》开辟专栏对各县(市)区、开发区和市直27个重点部门加强机关作风和软环境建设的新举措和工作成果进行系列报道。

【执法监察】 2012年,全市执法监察立项57项,查出违纪违法金额973.74万元,收缴违纪违法金额817.12万元,立案51件,给予党政纪处分50人。其中,市本级立案10项,收缴违纪违法金额242.24万元。加强政府投资重大项目同步监督检查。向重大项目建设派驻纪检监察组,服务监督重大项目建设工作,向长春市地铁1号和2号线、伊通河综合治理、保障性住房、两纵两横“井”字型快速路4个项目派驻了纪检监察组,对28个政府性投资重点项目建设开展服务监督,协调解决和查处问题12个,督促有关部门和项目建设单位建章立制42项。加强对惠民政策落实情况的监督检查。检查资金3 437.23万元,查出违规资金275万元,纠正整改违规问题10个。对水利系统贯彻落实《中共中央、国务院关于加快水利改革发展的决定》和依法行政情况进行监督检查,纠正整改违规问题20余个。

【作风建设】 开展纪律作风专项整治活动。坚决治理“虚、拖、懒、散、庸”等不良风气,组织各级各部门围绕加强机关作风建设进行集中整改。通过《长春日报》向社会公布市直28个重点部门整改情况;在长春广播电台“政行风热线”开辟专栏,10个县(市)、区纪委书记带队走进直播间,宣传软环境建设工作新举措和整改成果;全市各级各部门走访企业45 953户、个体工商户85 192户、群众136 088户,收集意见建议6 904条,制定整改措施1 381条,整改问题6 346个,整改率92%。全市各级纪检监察机关开展明察暗访249次,对存在执法不规范,吃拿卡要,违规审批,办事效率低,服务质量差,空岗,工作时间上网看电影、打游戏、聊天等问题的116人进行责任追究。其中,给予提醒谈话13人、通报批评97人,效能告诫3人,调离工作岗位3人;制作了《机关暗访实录》专题片,在全市加强机关作风建设工作汇报会上公开曝光。深化“万人评议机关”活动。在全市组织开展“万人评议机关”活动,组织万名以上的社会各界代表、基层代表和服务对象,围绕办事效率、服务态度、依法行政、企业负担、办事公开、工作作风、廉洁自律、政务诚信8个方面内容,对市直机关80个单位、9个公共服务行业、29个行政审批办公室、13个稽查局、12个办事服务大厅开展评议。

【调查研究】 1.开展理论研究工作。组织召开全市推进“四个体系”、加强“三个建设”研讨会,编印研讨文集,收录47篇理论研讨文章。加强理论文章撰写工作,《加强反腐倡廉建设,维护党的纯洁性》被中央纪委收入优秀论文集;《纪检监察机关为加快经济发展方式转变提供保障作用探析》在《中国纪检监察报》全文刊发;《开展反腐倡廉建设与加强和创新社会管理》等4篇文章分获省监察学会优秀理论研究成果特别奖和一、二、三等奖。在《纪检监察工作》杂志和“长春纪检监察”网站开辟了“工作研究”专栏,刊发理论调研文章8篇。2.加强课题调研工作。印发《调研工作要点》,确定两大类7项103个调研参考课题,对反腐倡廉重点难点工作集中开展调查研究,完成70项相关调研成果,编印《2012年长春市纪检监察调研成果选编》,收入46项优秀调研成果。3.反腐倡廉软科学课题专项研究。成立以市委常委、市纪委书记史继山为项目负责人的“构建预防腐败科学体系”课题组,向省科技厅申报立项,并通过课题专家组答辩论证。《关于涉农违纪违法案件的调查与分析》,被中央纪委评为全国纪检监察优秀调研报告。

(邢慧英)

民主党派

【中国国民党革命委员会】 截至2012年底,中国国民党革命委员会长春市委员会(以下简称市民革)有基层组织23个,其中,委员会7个(下属31个支部),独立支部委员会15个,小组1个。党员总数1 061名,其中,具有高级职称的472名,占党员总数的44%。各级人大代表和政协委员138名,长春市特邀检务监督员1人。

参政议政 在长春市政协十一届五次全会上提交《关于推进长东北开放开发先导区综合配套改革的建议》、《关于推进长春市生化产业健康发展的建议》、《对推进我市农业保险健康发展的几点建议》3件党派提案。其中《关于推进长东北开放开发先导区综合配套改革的建议》获优秀提案。完成《关于促进长春市对外贸易发展的建议》、《关于重塑长春创业文化的建议》、《关于完善区域自主创新体系加快我市创新型城市建设步伐的建议》3份党派提案,并提交市政协十二届一次全会。民革党员中的人大代表和政协委员在各级人大、政协全会期间,共提交议案、提案89件,均得到答复、确认和采纳。全年共征集社情民意信息23件。

祖国统一和海外联谊工作 市民革

有台胞、台属党员及有海外关系的党员244人，占党员总数的23%。市民革对原“民革长春市祖国统一工作委员会”进行调整，并将原名称更改为“民革长春市祖国统一和海外联谊工作委员会”，为做好祖国统一工作奠定基础。在中秋节来临之际，祖国统一和海外联谊工作委员会与老年工作委员会共同举办“月圆人团聚　民革一家亲”中秋茶话会。10月在西安市举行的民革全国祖统工作表彰会议上，市民革荣获先进集体称号，祖国统一和海外联谊工作委员会主任白建英荣获先进个人称号。

社会服务工作　2012年市民革联合长春市工商联、绿园区政府共同发起成立“长春同心创业与创新服务联盟”，是市民革创新社会服务又一标志性品牌。开展“民革北方城市旅游宣传协作网”贵阳行活动。民革中央秘书长李惠东、社会服务部部长李宁和贵阳市政协的领导出席此次活动，受到社会各界的好评，为协作网城市旅游产业的发展做出贡献。积极开展“同心扶农兴村”工作。市民革为临江市苇沙河子镇三道河子村援建一个“同心书屋”，捐献各类图书、期刊4千余册，电脑1台。开展各具特色的“扶贫济困”活动。民革宽城区委员会一直致力于开展“爱心成就未来”扶贫助学活动——为宽城区自立小学捐资助教，为“同心”书屋捐书500册。民革南关区委员会再次赴德惠开展“同心助教德惠行”活动，为菜园子镇白鱼村小学师生捐赠了价值8万余元的办公桌椅和学生校服。民革朝阳区委员会为朝阳小学、红旗小学、安达小学的特困生开展捐赠助学活动，还举办九九重阳敬老活动。民革吉大南岭校区支部持续资助2名贫困生。民革二道区委员会到东新社区，为“三老”人员发放大米、豆油，为二道区交警送去价值近2万元的消暑慰问品。民革东北师大委员会在教师节、中秋节、国庆节期间，看望委员会老干部。民革绿园区委员会为青年街道办事处15户烈属送医送药，为宇航社区铺设价值5万元的方砖。民革妇女工作委员会和民革二道区委员会第三支部联合组织开展慰问南关区巡警活动。民革一汽集团支部开展“为您爱车体检”活动等等。9月云南省昭通市彝良县连续发生地震，造成74万多人受灾，市民革积极组织党员为灾区奉献爱心。各级组织和民革党员通过不同渠道捐款3万余元，受到社会好评。2012年11月，市民革被民革中央评为“民革全国社会服务先进集体”。

自身建设　以长春民革网站和《长春民革》期刊为宣传阵地，通过将主题鲜明、形式多样的学习培训与开展“同心”实践主题教育活动相结合，以提高广大党员的思想政治素质；通过各种培训班、学习会、报告会等形式对党员进行轮训，在全体党员中大力开展“外树形象、内生信仰”活动，增强广大党员的政党意识和奉献精神，为履行参政党职能夯实思想基础。2012年，市民革努力加强制度建设，建立起一整套工作制度，在组织发展上，市民革不断探索创新，把党员的培养关口前移，从联系人士开始考察、培养，把真正合格的人士吸收入党。要求各基层组织主动与党外优秀人士联系，改变以往被动等待发展党员的方式。2012年市民革共发展新党员34人；完成民革市直支部的换届工作；举办第22期新党员培训班。市民革制定机关干部岗位责任目标，完善机关工作程序，改善机关办公设备，支持机关干部参加知识更新培训班。

（沙　晶　任海燕）

民革长春市委员会参政议政工作会议

【中国民主同盟会长春市委员会】　截至2012年底，中国民主同盟长春市委员会（以下简称市民盟）有基层组织39个。其中，盟委27个，直属支部12个；盟员总数2 421人（具有高、中级职称者2 145人），占盟员总数的88.5%；50岁以下的盟员1 280人，占盟员总数52.8%；全市盟员平均年龄53.1岁。盟员中担任市级以上人大代表12人，市级以上政协委员40人。

参政议政　市民盟在市政协十二届一次会上，提交《关于发展银发产业，解决居民养老问题的建议》、《关于进一步提升长春市旅游业发展的建议》、《以“请客式直补”带动民间文化创意产业发展》和《关于加快长春市商贸流通业发展的建议》4份团体提案。其中，《关于加快长春市商贸流通业发展的建议》作为大会发言，《关于进一步提升长春市旅游业发展的建议》被列为市政协重点提案。4月，市民盟承担市政协《推进长春市公共文化服务体系建设——城市公共文化服务单位改革与创新发展研究》课题的任务，运用数据和问卷分析、定性与定量分析等方法，形成了专题调研报告，并在市政协十一届二十四次常委会上做大会发言。2012年，盟内市政协委员分别就扶持小微企业健康发展和加快推进长春市现代农业发展的专题协商议题，在市政协十一届二十三次、二十五次常委会上，作题为《抓住新机遇，培育新动力》、《关于对长春市小微企业融资支持的调查与建议》和《长春市农业信息化发展问题研究》的大会发言。完成《关于加快长吉一体化路径选择的建议》；完成《宏观政策总体紧缩对政府融资平台的影响》、《解决中小企业融资难，增强中小企业融资能力》等12个市级参政议政课题；完成《新形势下我国民主党派的功能研究》、《高校统战工作与文化建设》、《浅谈影响党派成员参政议政的环境因素》等3份市级统战理论课题。年初对各专门委员会人员进行调整，举行了民盟第3批参政议政特聘专家聘任仪式，聘任21位盟内骨干为参政议政专家。组织参政议政专家组到吉林市调研考察，学习交流参政议政工作经验。全年收到各专委会及专家组提案和建议31份，市民盟采纳18份。

自身建设 在领导班子成员中开展“学理论、讲政治”活动。选派新任领导班子成员到中央社会主义学院和市委党校学习，使领导班子成员在思想上牢固树立坚持中国共产党领导的多党合作和政治协商制度的信念，提高领导班子成员的“四种能力”。在盟员中开展“读盟章，学盟史”活动，交流思想、探讨问题，推动盟的思想建设。与市社会主义学院共同举办“读盟章、学盟史”活动暨第32期新盟员培训班，有200多位盟员及联系人到会，聆听专家所作的《中国共产党领导的多党合作和政治协商制度的形成及优势》专题报告。2012年市民盟荣获民盟中央“民盟思想宣传工作先进集体”称号。充分利用互联网平台报送信息，使盟内信息沟通更加快捷，更新信息120条。加强对外信息交流，积极向省民盟、长春统战、协商新报投稿，对宣传民盟形象，扩大社会影响产生了积极的作用。全年发展新盟员127人，其中“双高”(高职称、高学历)人员61人。加强后备干部的培养和推荐工作，分别选送2批盟务骨干参加中央和省社会主义学院的培训学习，在长春市人大和政协换届中，有10位盟员当选为市人大代表，其中，有2人选为常委；有27位盟员协商安排为市政协委员，其中，1人当选为副主席、4人为常委。召开2011——2012年度“创先评优”表彰大会，授予民盟东北师范大学委员会等18个基层组织“先进基层组织”称号；授予丁肇勇等36人优秀盟务干部”称号；授予于海等126人“优秀盟员”称号。在民盟吉林省委召开的2011——2012年先进基层组织、优秀盟员和信息工作先进集体、先进个人表彰会上，民盟吉林大学委员会等15个基层组织被授予“先进基层组织”称号；王跃等35人被授予“优秀盟员”称号；丁肇勇等3人被授予“民盟反映社情民意信息工作先进个人”称号。

市民盟举办“读盟章学盟史”活动

“同心”工程 市民盟继续贯彻民盟中央的“烛光行动”工程，开展“传递爱心、捐资助学”活动。积极参与全市统战系统“同心”品牌工程和“同心”示范基地建设，各专委会及基层组织以“同心”活动为依托，相继开展社会服务工作并取得良好的社会反响。6月，普教专委会开展“同心献智——长春市民盟助力104中学子迎战中考”为主题的考前心理辅导；9月，卫生专委会组织盟内专家赴泉眼镇卫生院开展“同心献智”义诊活动；二道区盟委开展“同心帮扶 感恩救助”等活动。以市政府“2012年全民终身学习活动周”为平台，市民盟与长春电视台合作，组织王连忠、刘宝瑞、汤卓炜等3名盟内专家学者，就长春经济、文化及城市发展等到“三区”(社区、校区、厂区)进行公益巡讲活动。9月，市民盟为建设“同心”品牌工程，组织部分专家到泉眼镇开展调研活动。对镇内的岗子村、勤劳村、新立村进行实地考察，与当地政府沟通了解泉眼镇的基本情况以及未来的发展思路和前景，并与当地达成长期帮扶合作意向。市民盟在全市统战部长工作会议上，荣获“‘同心’实践创新成果先进单位”荣誉称号。

(张 宇)

【中国民主建国会长春市委员会】 **议政调研工作** 归纳整理形成32个调研参考题目。在市政协十一届五次会议上，向市政协提交了4份团体提案并得到市农委等部门的积极采纳落实。其中，《关于加快发展农业产业化的建议》被市政府采纳，《关于加快我市农业基础设施建设，推动粮食稳定增产的建议》获得市政协2012年度优秀提案，在2012年12月召开的市政协全会上受到表彰奖励。

打造社会服务品牌 2012年，组织3次“同心·共植民建林”、9次“同心·捐资助学”、1次“同心·光明行”、8次“同心·敬老助弱”等“同心”品牌系列活动，开展“同心·就业招聘”活动，新建2个“同心·书屋”。建设社会服务2个基地。2012年绿园区民建在林园社区建立了“同心·民生改善”实施基地。5月24日，宽城民建组织会员捐款，向长春市宽城区新发街道辖区的220名困难家庭学生和农民子弟兵提供3万余元助学金和学习用品。敬老助弱工作。市民建机关和各基层组织积极开展“同心·敬老助弱”活动。二道区民建春节夕，走访慰问220户特困家庭，会员捐款11万元。开展慈善复明公益活动。6月15日，朝阳民建和南关民建首次共同开展了“同心·光明行”慈善复明公益活动。为吉林黄埔军校同学会66名老人及多名家属提供免费体检、医疗和复明手术。

基层组织建设 市民建起草了《民建长春市委关于加强基层组织建设的意见》，经十二届三次常委会议审议通过并下发到各基层组织。为了使基层组织工作目标明确，市民建制定《关于对基层组织工作实行目标管理量化考核的暂行办法》，为基层组织开展工作提供依据。6月14日，召开基层组织建设工作会议。一汽等6个基层组织交流了工作经验。为了进一步调动骨干会员的积极性，提高参政议政水平，经民建长春市十二届二次常委会审议，重新组建6个专门委员会。决定成立经济委员会，撤消老会员委员会，重新组建财政金融、科教文化、法律、企业家和妇女委员会，经十二届三次常委会批准。重组前有专委会委员147人，重组后委员为208人，增加61人。市民建认真做好代表人士的推荐工作。有63名代表人士当选为省、市人大代表和政协委员。

加强思想建设 市民建开展2次征文活动，引导会员在学习社会主义核心价值体系的同时，对照学习会章会史，弘扬民建优良传统，把握时政动态。市民建领导班子带头撰写征文。上传本会网站稿件168篇，民建中央、省委会和市委统战部网站以及有关新闻媒体共采用稿件625篇，荣获民建省委2012年度宣传报道一等奖。2012年6月份，市民建在全市统战宣传工作情况统计通报中，以被《人民政协报》等新闻媒体采用30篇稿件的成绩，位列全市25个重点单位的第二名。

（葛建民　张芝红）

【中国民主促进会长春市委员会】 截至2012年末，民进长春市委员会（以下简称市民进）有基层组织38个，其中，县（市）级市委会（榆树市委员会）1个，基层委员会11个，直属支部24个，会员总数1 405人。会员中具有中高级职称的1 255人，占总数的89.3%，教育文化界会员1 051人，占总数的74.8%。会员中各级人大代表26人，其中，省级人大代表4人，市级人大代表10人，区级人大代表12人；各级政协委员122人，其中，全国政协委员1人，省级政协委员15人，市级政协委员24人，区级政协委员82人。特邀人员25人次。

机关建设 完善《中国民主促进会长春市第十一届委员会各项规章制度》，并编印成册下发，对提高班子成员各项能力起到促进作用。积极参加第五次东北副省级城市会务工作交流研讨会，以《努力加强和谐型机关建设，积极树立和践行社会主义核心价值体系》为题，介绍机关近年来的工作。积极参与市委统战部“‘内强素质，外树形象’机关工作能力提升学习教育活动”，机关工作人员的综合素质有所提高，服务意识得到强化，工作效能不断提升。

专题议政和提案工作 2012年3月初召开2012年参政议政工作研讨会，确定《把高端绿色食品打造成特色产业的建议》作为专题议政课题，在深入农村进行充分调研的基础上，完成了调研报告，并向市委、市政府作了汇报。在市政协十一届五次大会上，提交4份党派提案，其中《关于规范劳务派遣用工制度的建议》获得优秀提案奖。在市政协十二届一次大会上，提交4份党派提案，并以《关于加强我市企业职工文化建设的建议》为题作大会发言。副主委林宇在市人大十四届一次会议提交的《关于加强我市生态文明建设的建议》被确定为4个议案之一。编辑印发民进长春市第十届委员会5年来在市政协大会上提出的提案汇编。

踏查长春系列活动 作为市民进工作的一项品牌工程，“踏查长春”系列活动已坚持5年。2012年先后组织100余人次，踏查伪满洲中央银行旧址博物馆、重庆路及新民大街附近的建筑遗址。召开“发扬延安座谈会精神　探究中东铁路座谈会”，举办“迎接党的十八大‘长春抗大’往事回顾报告会”，报告会邀请2位曾在被喻为“长春抗大”的长春学院学习生活过的老人讲述历史，民主党派成员、市民、学生共150余人聆听报告。与市政协文史委联合出版《长春中东铁路记事》文史资料并举办首发式，编发了《长春记忆》杂志第一期，召开“学习贯彻中共十八大精神　深入研究长春历史座谈会”，邀请近40位在研究长春历史方面较有建树的专家和学者，共同讨论将探究长春历史价值更好服务于长春文化发展的方式方法。

信息交流工作 举办基层信息工作研讨会，增强基层组织信息员的责任意识，落实要在基层组织中开展好参政议政“三个一”活动。及时更新长春民进网站信息，努力提高《长春民进》的编刊质量，广泛宣传优秀会员的先进事迹。及时向民进中央和省民进、市委统战部等上级机关及有关宣传部门报送信息。2012年在民进中央、长春统一战线网站以及《协商新报》、《统战纵横》、《吉林民进》等，刊发了包括社情民意在内的近百条各类信息。

社会服务 继“城乡少年手拉手”农村孩子到城里来活动之后，2012年7月在双阳区鹿乡镇开展了“城乡少年手拉手”城里孩子到农村体验生活的活动。市一实验银河小学30名小学生来到位于双阳区鹿乡镇的长春市第159中学小学部，与当地小学生进行一对一式的联谊，为促进城乡少年彼此沟通交流，开拓孩子们的视野起到推动作用。市民进联合吉林省硬笔书法等级考试培训中心、长春市教育局共同主办“长春市首届青少年硬笔书法现场书写大赛”。活动历时3个月，采取先在6个城区展开预赛选拔300余名选手进入总决赛的形式，约有100余所学校和书法培训机构，近5万名选手参与其中。中秋节前夕，对会员才

市民进开展"城乡少年手拉手"活动

秀云开办的丰园老年公寓进行走访慰问，并为在此居住的老人送上慰问品。主动联系从事相关培训行业的会员，运用会员所拥有的专业技术培训人才资源，通过"走进社区、走进企业、走进基层"，免费为社区中的"4050"人员培训上岗技能，为企业职工进行技术再培训，根据基层贫困弱势群体的不同需求，提供相应的培训课程。

（王　丹）

【中国农工民主党长春市委员会】 中国农工民主党长春市委员会（以下简称市农工党）有基层委员会1个、总支委员会9个，支部委员会16个。党员855人，其中，具有高级职称的415名，占党员总数的48.5%；具有中级职称的303名，占党员总数的35.4%，平均年龄51岁。担任各级人大代表和政协委员63人。机关有专职干部8人。

参政议政 2012年，市农工党深入开展调查研究活动，积极为建设幸福长春建言献策。8～9月，市农工党组成调研组，邀请省环保厅相关专家一同赴双阳区、榆树市，就"村村通"公路使用、养护情况和农村环境连片整治情况进行联合调研。形成了《"村村通"公路使用、养护情况的调研》和《加快农村环境综合整治，促进新农村建设的建议》2篇调研报告，分别上报到农工党吉林省委员会和市委统战部。9～10月，由市农工党主要领导亲自担任课题负责人，组织党内的专家学者，先后到省卫生厅、市委政策研究室、市发改委、科技局、药监局和相关企业进行调研，形成了题为《关于建设长春生物技术研发平台，促进医药产业结构优化升级的建议》、《大力发展生态农业，促进农村环境综合整治》、《关于进一步加强我市静态交通管理的建议》和《关于加强长春市妇幼保健所能力建设的建议》等调研报告，并作为市农工党团体提案，提交市政协十二届一次会议。由市农工党撰写的《关于促进吉林省法律服务业发展的建议》被农工党吉林省委作为团体提案，提交省政协十一届一次会议。完善信息反映工作机制，市农工党向农工党吉林省委和中共长春市委统战部报送信息24条、社情民意53条，其中37条社情民意被采用并被转发至农工党中央和中共吉林省委统战部，在全省农工党市级组织中，长春的社情民意报送数量和采用量均名列第一。

思想建设 2012年，市农工党坚持"以制度明方向"、"以理论强素质"、"以交流促学习"，制定"学习践行社会主义核心价值体系三年规划" 和具体实施方案，并通过举办培训班、座谈会、先进事迹报告会、文艺演出等活动，进一步巩固思想建设成果，收到良好的效果。在社会主义核心价值体系主题教育活动中，市农工党组织了"社会主义核心价值体系"专题研讨会、"践行社会主义核心价值体系先进事迹报告会"等活动，进一步深化党员们对社会主义核心价值理论体系的认识。

组织建设 市农工党认真执行《2010——2020年党外代表人士教育培训改革和发展纲要》相关精神，切实做好新一届市委会委员、新当选市人大代表和政协委员的培训工作。为有效解决基层组织建设过程中所遇到的突出问题，结合自身实际，形成《在全面加强组织建设中突出抓好代表人士队伍建设》的论文，并在全国副省级城市联席会议上作了大会发言。在中共长春市委统战部组织的民主党派先进基层组织经验交流大会上，农工党中医药大学总支做经验介绍。完成各专委会换届工作，为成员搭建施展才能的平台。在各专委会换届工作中，市农工党详细分析每个成员的专业优势和特色优势，按照各专委会所需人才类型进行了合理的分配，让成员们在专委会中有力可施、有计可献，搭建良好的工作平台，成为长春市农工组织履行职能和开展工作的重要力量。市农工党以建设"学习型"、"创新型"和"服务型"机关为目标，以能力建设为重点，全面加强机关建设。

社会服务 市农工党从以前开展社会服务的经验中，摸索、提炼出许多受益面更广、效果更好的社会服务模式，制定"同心·长春发展助推行动"实施方案，引导广大农工党员将"同心"思想与履行职能、本职工作结合起来，取得良好的效果。开展"同心助医"工程，将智力优势转化为服务优势，将服务重心由"送医"转为"助医"。助医活动受到榆树市政府和社会各界的热烈欢迎和好评，《人民政协报》和《协商新报》等对此次活动进行了相关报道与关注。中医药大学、绿园区等基层组织也都以不同形式开展了"同心助医"活动。开展"同心助学(助弱）工程"。2012年，市农工党深入开展以"同心助学(助弱)"为主题，以医疗咨询、慰问资助等为主要方式，以孤寡老人、孤儿、困难学生等弱势群体为主要对象的

市农工党开展“同心助医”工程

关爱帮扶活动。截至2012年12月,市农工党组织各类活动20余次,义诊人数达1 000余人次,慰问各类弱势人群,捐款物折合现金40余万元,资助困难学生近20名。唱响农工“同心”品牌,丰富活动主题和载体。2012年,市农工党按照长春市第十二次党代会中“抓好生态文明建设”的精神,确定以“绿色经济与健康”为主题的宣传周活动。老年节期间,市农工党组织30多位离退休老党员参观长春西客站,让老党员们见证长春市经济社会发展所取得的丰硕成果。

(娄国斌)

【九三学社长春市委员会】 截至2012年底,九三学社长春市委员会(以下简称市九三学社)有72个基层组织(其中,11个委员会、58个支社、3个小组),有社员1 864人,平均年龄52.8岁,高级职称占67.8%。省人大代表3人,省政协委员11人;市人大代表5人,市政协委员26人。

社会主义核心价值体系教育 开展征文活动,宣传和学习社内先进人物,征集各类稿件20篇;开展思想调研。就如何建设学习型参政党、进一步履行参政党职能,加强参政党文化建设、进一步加大思想建设工作力度等方面开展调研,被调查的社员提出了很多很好的建议,使市九三学社的思想建设更有针对性;开展摄影、书法、绘画征集活动。组织女社员参加第二届中华女性书画摄影大赛,组织社员参加社省委“祝贺十八大胜利召开书画笔会,征集作品27幅。召开纪念九三学社成立67周年座谈会,以“弘扬九三学社优良传统,树立和践行社会主义核心价值体系”为主题,新老社员共同回顾九三学社发展历史,畅谈九三学社的优良传统和老一辈高尚风范,以此激励广大社员增强爱国爱社的思想意识,在各自岗位上建功立业,以实际行动诠释社会主义核心价值体系的内涵,树立九三人的良好形象。发挥媒体作用,开展宣传报道工作,扩大市九三学社的影响。市九三学社利用广播、电视、报刊等外部媒体和社市委网站、《长春社讯》2个内部平台,宣传市九三学社工作和社员所取得的成绩。

参政议政 在市政协召开的十一届二十三次常委会上,委员李士梅提出《关于完善长春市小微企业发展政策的建议》,被纳入市政协《关于扶持长春市小微企业健康发展的建议案》。在市政协召开的十一届二十五次专题常委会上,社内政协委员、市九三学社参政议政特聘专家组组长付兴奎作《长春现代农业发展问题研究总论》的发言,为长春市现代农业发展建言献策。在政协十二届一次全委会上,市九三学社提交的团体提案为:《关于推进公交优先战略、加快品质公交建设的建议》、《关于发展长春市现代服务业支持政策的建议》、《关于长春市科技企业孵化器建设的几点建议》,其中《关于推进公交优先战略、加快品质公交建设的建议》被列入大会发言。在本次会议上,社内政协委员提交委员提案29件。在市政协十二届一次会议上,市九三学社提交的《关于长春市文化产业突破性发展的建议》获优秀提案奖。十一届政协委员王明时、付兴奎、李士梅、李成固、杨青山、沈颂东、陈济生被评为优秀政协委员。

社会服务 市九三学社把九三村作为“同心”实践活动基地,继续开展与双阳区九三村的共建工作。根据九三村的实际发展需求和政府对新农村建设相关的扶持政策,在市九三学社的积极协调沟通下,又为九三村的新农村建设争取到吉林省农委2012年社会主义新农村建设扶持项目——太阳能路灯建设工程拨款23万元。该工程已在九三村落户竣工,投入使用。总投资1.6亿元、22 000公顷的石头口门水库二级保护区湿地项目建设已经列入国家“十二五”规划中。

开展“同心”实践活动 市九三学社宽城区委员会开展关注幼儿教育“献爱心”系列活动。5月下旬在长春48中学泽葵幼儿园建立“献爱心”系列活动基地,组织社员踊跃捐款。捐送桌椅400件,价值近10万元。为幼儿健康成长,建立体检档案,把温暖送到孩子们的心中。市九三学社朝阳区医院支社与双阳区富锋镇双山村结成“同心·城乡结对共建”基地,为当地农民捐赠药物1万余元并派出骨科、外科专家为当地农民义诊。开展“第二十四届国际科学与和平周”活动。市九三学社成员马朝东为绿园春晖小学、宽城铁北二路小学40名品学兼优、家境贫困的小学生资助学习用品和助学金,按计划这项活动将一直持续到学生毕业;市九三学社成员欧阳晓兵在梨树县一中设立易事特奖学金,2万元资助20名特困优秀小学生,帮助学生完成学业;市九三学社社员、普济医院院长李志鹏花费80余万元为朝阳区所属中小学4 500余名教师开展了免费体检活动并建立健康档案。

(黄晓音)

人民团体

长春市总工会

【概况】 2012年，市总工会(以下简称市总)荣获全国、省市各项表彰30项，2项工作在全总业务工作会议上作经验交流，"四个一"工程、"会校企联合助学"、"员工诉求中心"等工作经验得到了全总、省、市主要领导的肯定。

【劳动竞赛活动】 市总集中投入40万元，举办了保障性安居工程、"地铁杯"五比五创等重点工程劳动竞赛，开展了装备制造业、服务业、教育卫生等行业性劳动竞赛。全年参赛企事业单位达6 500个、参赛职工87.1万人，提出合理化建议15.8万件，实施8 000件，直接创造价值2.3亿元。通过竞赛活动，总结推广先进操作法313项，开展技术革新、修旧利废1 300项，直接创造价值8 000万元。

【劳模工作】 组织召开市第33届劳模大会，集中各方意见，推荐评选出全市各条战线有代表性的劳动模范547名、特等劳动模范50名、"'十一五'期间感动长春劳动模范"30名，模范集体50个。大力开展劳模精神宣传活动，组织劳动模范先进事迹巡回报告团，深入机关、企业、学校宣传劳模事迹，在全社会营造出劳动人民最可敬、劳动模范最光荣的氛围。

【职工素质提升工程】 围绕建设一支适应城市发展需要的高素质职工队伍，开展劳模高技能传承工作，选拔出各行各业职工职业道德建设"双十佳"模范人物，培养了一批实用人才。整合社会资源，成立长春市职工文体协会，举办了"地铁杯"职工乒乓球赛、读书演讲大赛、女职工"幸福长春，感受幸福"主题征文等文体活动，丰富了职工精神文化生活。

【"员工诉求中心"建设】 全市共建立员工诉求中心545个，诉求站22个，诉求点147个，受理诉求1 442件，涉及7 740人次，调解率达86.6%，为职工搭建起一个稳定的卸包袱、倒委屈、讲实话的平台。

【构建和谐劳动关系】 组建了1 655人的"工资集体协商指导员"队伍、1 650人的"劳动关系调解员"队伍、1 000人的"舆情信息宣传员"队伍。依托这些队伍，建立起一套行之有效的劳资矛盾发现、介入、调处机制，有力推动了和谐劳动关系建设。全市签订集体合同10 279份、签订率89.3%，工资集体合同10 127份、签订率84.7%，女职工专项集体合同签订率达97.2%。妥善处理了长春麦当劳员工集体上访、日资企业长春藤仓电装有限公司出现停工苗头等不稳定事件。

【维护职工权利】 完成了2 672户企业职代会决议执行情况的巡视检查，职工代表提案答复率达90%以上，已建会国有企事业单位职代会、厂务公开建制率达97.7%，非公企业职代会、厂务公开建制率达88.2%，职代会标准化率和厂务公开规范化率达91.4%，得到全国第七次厂务公开民主管理检查组的好评。全市"安康杯"参赛单位达1 735户、参赛职工43万人，比2011年分别增长15.2%、22.5%。配合安监部门开展安全隐患排查工作，查找安全隐患761项，下发整改通知书624份，整改率达92%。依法全程参与净月万科城塔吊事故等24起职工因工伤亡事故调查处理工作，为职工家属争取赔偿金1 980万元。

【"送温暖"活动】 全年各级工会筹措送温暖资金2 700万元，受益困难职工达3万人。开展了女职工免费健康普查活动，发放"两癌"救助资金35.9万元。全年筹集职工互助互济金1 331万元，发放920万元。受助职工1万人次。

【"金秋助学"活动】 把"金秋助学"补助标准由每人每年2 000元提高到3 000元，各级工会筹集助学资金582.3万元，资助困难职工和困难农民工子女4 600人。与市职教集团合作，开展了"会校企联合助学"活动，由市总和职业技术学校每年投入85万元，免费招收200名困难职工、农民工子女，进行岗位定向培训，努力让贫困职工子女毕业就有工作。

【帮扶救助工作】 制定了《长春市劳动

模范重大疾病医疗专项补助资金管理使用暂行办法》,建立400万元劳模大病专项救助基金。为38户无房困难劳模解决廉租住房，为城区380名困难劳模发放低收入补助金275万元，为劳模发放救助、慰问、补助资金360万元,让劳模切实感受到组织的关爱。组织开展了“全市工会就业援助月”、“五一” 促就业等活动,各级工会共开发就业岗位7 000个,带动下岗失业人员再就业6 400人。发布用工信息1万条,开展职业介绍5 400人次。举办各类培训班73期,完成劳动者素质培训1万人次。

【工会组织建会工作】 全年新建独立工会组织880家,涵盖法人单位5 000家,发展会员4.4万人，全总网站非公企业建会率92.9%,女职工组织覆盖率97%。各级工会共举办培训班51期,培训工会干部6 900人次。

【开发区工会工作】 进一步健全经开、高新、汽车和净月开发区工会组织机构和工作机制,配齐配强干部队伍,有力促进了开发区工会各项工作的开展。经开区总工会面向全区征集“金点子”;汽开区总工会开展“三个一”主题活动,有力促进了全区经济发展;高新区总工会“三走访三推进”、净月区总工会“访百家、进百户、帮百人”工作,得到了基层单位和广大职工的欢迎和认可。

【“大走访”活动】 全市万名工会干部走访企业6 000户，走访职工6.2万人,帮助企业和职工解决实际问题3 700件。

【自身建设工作】 工会财务、资产、经审、机关建设等工作均取得较好成绩,经费收缴比2011年增长17.7%,创历史新高。县以上工会经审组织完成审计项目307个、审计金额6.6亿元,保障了工会资产安全完整、高效运转。对县以上固定资产进行全面清查、登记建账,确保了资产管理规范有序。调研、信息和刊物编发工作进一步加强。在全市工会系统推行目标责任管理，工会干部履职尽责能力得到提高,市总机关蝉联全市“三满意”机关优秀单位荣誉称号。

（林　鸿）

长春市妇女联合会

【概况】 2012年，长春市妇女联合会(以下简称市妇联)先后荣获全国城乡妇女创业就业先进单位、吉林省精神文明建设先进单位等15项国家、省市级荣誉称号;国家、省市新闻媒体报导长春市妇女儿童工作600余次，其中,《中国妇女报》、《长春日报》先后3个头版、2个专版给予专题报道。

【妇女创业就业工作】 依托全市348个妇联创业就业服务中心、服务站,104个妇女创业就业基地、女大学生见习基地,开发妇女就业岗位,实施“万名妇女创业培训”项目(单亲贫困母亲培训、失地妇女培训、手工艺制品培训、女大学生培训),举办女性专场招聘会、“创业改变生活”技能大赛等系列活动。全年新建“牵手家政”直营点8个,家政服务网点20个，全市各级妇联举办各类技能培训班171期,培训下岗失业妇女10 800人次,开发就业岗位1.8万个,帮助8 000余名妇女实现创业就业。

【妇女文化产业工作】 把培育 “妇女手工艺品制作项目”作为妇联组织服务“文化强市”的重点,以长春市妇女手工艺品生产研发基地——紫玉木兰公司为龙头企业，在全市建立妇女手工艺品生产基地19个,征集创业项目66个。以第三届中国长春创业就业博览会为契机，与北京、银川妇联签约,联合实施妇女手工艺品制作项目,共促三地妇女创业就业。市妇联为紫玉木兰公司提供小额贷款100万元,扶持其产品升级、扩大规模,进一步提升其带动妇女就业的能力；银川市妇女刺绣协会签约开发紫玉木兰公司200万元新产品,帮助其改进刺绣工艺、丰富产品种类;“北京巧娘工作室” 签约销售320万元紫玉木兰公司产品，帮助其拓宽销售渠道,拓展国内市场。10月,抓住省妇联创建全省妇女创业就业孵化基地的有利契机，在二道区东北亚艺术中心创建了占地面积3 000平方米的巾帼创业孵化基地。2012年，已有21个妇女手工艺品项目在基地落户，年产值7 000多万元,培训妇女3 000名,带动近万名妇女就业。

【农村妇女增收致富工作】 1.实施“引凤还巢”工程。采取企业拉动、妇女合作社带动、城乡互动的方式，在全市实施“引凤还巢”工程,促进外出打工妇女返乡创业就业,推动解决留守儿童、空巢老人等社会问题。7月,与市新农村办在农安县联合召开了实施“引凤还巢”工程,促进新农村建设推进会议。农安县各类企业就近就地安置女性就业5.3万人。其中,返乡妇女1.4万人;扶持小型加工户1.35万户,带动近1万名返乡妇女创业就业。2.开展实用技术培训。与农委等部门密切配合,开展“阳光工程”、“春风行动”和科技大培训,培训农村妇女51万人次，进一步提高农村妇女自主发展能力和科技致富能力。3.深化妇女合作社建设。大力推进农村妇女专业合作组织建设,重点在服务指导、规范管理上下功夫;与市农委编印《农民专业合作社知识问答》，组织专家团队提供政策咨询、技术服务，今年新注册妇女合作社258个,累计注册500个,带动5万余名妇女增收致富。4.加大资金扶持力度。积极争取省妇联和相关部门资金支持，全年提供小额信贷资金总额5亿元，发放妇女小额担保贷款2 231万元、农村贫困妇女生产贴息贷款189.1万元，协调市委组织部投放无息典型扶持资金64万元,重点扶持优秀女党员、女典型和贫困妇女,形成资金助典型,典型带妇女的增收致富链条，为妇女在新农村建设中发挥主体作用搭建平台。5.加大巾帼信息服务站和巾帼示范村建设力度。全年新建巾帼信息服务站100个，累计建站697个,在扩大建站覆盖面的基础上,重点在管理、使用上下功夫。创建国家级巾帼示范村3个、省级29个、市级70个。

【“巾帼建功” 活动】 在全市30个系统和行业深入开展“创示范窗口、展巾帼风采”活动，以争创“巾帼文明岗”、争当“巾帼岗位明星”为重点，辐射带动窗口单位和服务行业女职工，通过岗位竞赛，提高服务水平，争创一流业绩，打造满意窗口。全年评选表彰市级“巾帼文明岗”、“巾帼建功”岗位标兵各100个，激励广大妇女立足本职岗位，在长春振兴发展中建功立业、岗位成才。

【依法维权工作】 1.成立维护妇女儿童权益专项组。成立由市妇联任组长单位，公检法司等14部门组成的长春市妇女儿童维权专项组，建立并完善联席会议、调查研究、案件督办等工作制度，做好维护妇女儿童权益工作。2.加强维权网络建设。乡(镇)街、社区(村)建立妇女儿童维权站，维权相关单位和岗位创建优秀“妇女儿童维权岗”，四级妇联开通妇女维权热线，“岗”“站”“线”联合开展活动，共同参与信访接待工作，合力解决妇女儿童维权案件。全年接待处理信访案件564件，办结率100%；组织普法讲座、法律咨询活动146场次，培训妇女4.2万人次。以“三零社区(村)”创建活动为载体，深入开展“平安家庭”创建活动，2个县（市）区被评为全省平安家庭示范县(市)区、20个平安家庭示范社区(村)。3.深入推进“妇女儿童维权服务直通车”。市、县(市)区妇联与法院联合开通“妇女儿童维权服务直通车”，组织妇联干部和法官入村(社区)入户进行普法宣传、矛盾纠纷排查、诉前调解、简易诉讼和回访帮扶等，实现司法保护与妇联维权的直通对接，将维权服务直接送到妇女儿童身边。全年深入基层当场开庭95件，法官与妇联人民调解员共同调解维权案件426件，提供法律援助、救助233人次。4.创新实事化维权。在市第三看守所建立“妇女之家”和“心灵驿站”，组织事迹报告会，开展“现代女性大讲堂”走进看守所主题活动，捐赠1万元新书，为看守所女干警提供人文关怀，为女性在押人员开展帮教服务。《中国妇女报》头版予以大篇幅报道。

【服务妇女儿童民生工作】 1.“两癌”援助行动。积极争取全国妇联、省妇联资金90.4万元，救助2011年“两癌”患病贫困妇女108名。5月，会同市卫生局等5部门联合举行了“关注女性健康，共建幸福长春”——长春市贫困妇女“两癌”援助行动启动仪式；积极协调定点医疗机构，规范检查程序、减化参检手续，全年免费为1.3万名农村贫困妇女进行了“两癌”检查；积极争取市政府、相关部门及社会各界的大力支持，筹措救助资金284.2万元，对本年患病农村贫困妇女实施资金救助。市妇联以“关注女性健康，共创幸福长春”为主题，制作了公益广告，在长春电视台4个频道9个栏目的黄金时段免费循环播放1个月进一步扩大了“两癌”援助行动的知晓率。2.关爱留守儿童行动。积极争取省妇联资金、募集社会爱心资金16万元，在榆树、农安等地区建立“留守儿童之家”8个；其中，长春广播电台出资2万元在农安县龙王乡太平池村建立留守儿童之家，开启了媒体援建留守儿童之家的先河。“六一”期间，开展了“和谐长春·幸福儿童”——千名“代理妈妈”、千名贫困儿童牵缘活动。全年新代理贫困儿童、农村留守儿童2 386名，捐助学习生活资金154万元。3.编制出台2011—2020年《长春市妇女发展规划》和《长春市儿童发展规划》。5月上旬，市政府第50次常务会审议通过，以市政府文件下发，并召开新规划新闻发布会和培训会。为推进新一轮规划的全面实施，以市政府名义召开第四次全市妇女儿童工作会议，总结10年成就，部署未来10年工作，表彰先进集体和先进个人。会议由市政府副秘书长主持，市委常委、副市长吴兰做工作报告，市长姜治莹做重要讲话，市人社局、卫生局、朝阳区、双阳区的4位“一把手”做典型经验交流。会上制作并印发了《春华秋实》画册。《长春日报》用2个专版对长春市妇女儿童事业10年成就做了专题报道。

【社区、家庭创建活动】 1.开展“妇女儿童更具幸福感社区”创建活动。与吉林大学社会学系深入社区开展深度调研，撰写《长春市社区妇联工作的实践总结及模式创新调研报告》，探索建立《长春市妇女儿童更具幸福感社区考评体系》。考评体系包括妇女参与社区民主管理、妇女就业保障、维护妇女儿童权益、妇女文化建设、未成年人思想道德建设、家庭教育、巾帼志愿服务、妇女儿童健康、妇女儿童环境、妇联组织自身建设10大类，33项考评内容，98条评分细则，涵盖了社区妇女儿童事业的各个方面，较为系统地勾勒了“妇女儿童更具幸福感社区”的雏形。各县(市)区已经开始工作试点。2.开展“和谐家庭”创建活动。年初，联合市纪检委、市文明办等10部门，下发《关于深入开展“和谐家庭”创建活动的意见》，在全市广泛开展“和谐家庭”评选表

省委常委、市委书记高广滨视察妇女创业就业工作

彰活动。活动历时3个月，采取社会推荐、媒体征集、网络投票、专家评审等方式，从全市243万户家庭中评选表彰了200户“和谐家庭”。“三八”节期间，举行“幸福长春·和谐家庭”颁奖晚会，市委副书记郑文芝等6位市领导出席大会，10户具有典型性、代表性的“标兵家庭”受到表彰。“和谐家庭”标兵夏志国一家被授予第七届“中华慈善奖”。9月初，在文化广场举行吉林省暨长春市妇联喜迎党的十八大“家庭文化艺术节”广场晚会，举办历时两个月的家庭文化建设成果图片展，全面展示了长春市家庭文化建设的丰硕成果。3.家庭教育工作。依托社区、村“妇女之家”，开展“早期教育进社区、科学育儿帮帮你”公益活动；积极协调教育部门，建立规范化的家庭教育管理机制；充分发挥“家庭教育大讲堂”、社区家长学校的作用，组织家庭教育专家讲师团，深入社区村屯宣传普及家庭教育知识，全面提升家庭教育水平，全年举办家教知识讲座352期，培训家长3.2万人次；深入开展“安全校园行动”，依托市妇女儿童活动中心安全教育基地组织开展各类公益活动49场次，培训未成年人5万人次。

【巾帼志愿服务行动】 以立足基层、面向家庭、见诸日常、细致入微、持续发展为活动宗旨，下发《关于在全市深入开展“巾帼志愿服务行动”的意见》，推动巾帼志愿服务工作深入开展。全市各级妇联组织已招募巾帼志愿者2.1万人，建立完善了公开招募、注册登记、服务时间储蓄、志愿服务绩效考核评价等制度，通过定期培训、规范化管理，不断提升巾帼志愿服务能力和水平。全年围绕心理援助、法律援助、助老助残、扶贫助困、教育科技、文化娱乐、医疗卫生、节能环保，开展巾帼志愿服务1 289场次，服务妇女儿童2万人次。

【现代女性大讲堂】 组建了由100名知名专家学者、道德模范及各类典型组成的长春市“现代女性大讲堂”讲师团，围绕文化教育、道德传承、素养提升等10个专题，在全市开展“现代女性大讲堂”巡讲活动。通过送课进机关、进学校、进企业、进社区、进村屯等方式举办专题讲座，使广大妇女进一步丰富知识、拓宽视野，提高思想道德素质和知识水平。5月初，“现代女性大讲堂”启动仪式在吉林大学举行，市委副书记郑文芝，市委常委、宣传部部长吴德金参加大会。全年，开办“现代女性大讲堂”51期，培训妇女2.3万人次。

【基层组织建设】 开展“下基层、访妇情、办实事”活动。推广“六必访”、“1+1”牵手工作法，市妇联干部每人联系1个社区(村)，入户走访不少于10户，及时为妇女群众化解心理困惑，疏导负面情绪。全年各级妇联干部走访家庭5 000余户，妇女儿童1万余人，与贫困、失业、留守、孤残妇女儿童结成牵手对子2 100多对，提供致富信息、致富项目3 000个，帮助款物64万元。全力推进基层组织建设“三个一”工程。积极争取党委政府支持，全市15个县(市)区、开发区中，已有13个按女性人口人均“一元钱”划拨妇联工作经费，占总数的86%，比2011年提高36%；1 780个社区(村)按党建工作经费10%的比例提取妇女工作经费，占总数的87%，比2011年提高35%。积极协调市就业局及相关部门，推进公益岗位配备进县区，县(市)区妇女创业就业指导中心妇女专干配备率达100%，比2011年提高40%；城区及开发区社区妇女专干配备率达100%。进一步强化“妇女之家”阵地建设。完善“妇女之家”工作机制，强化“妇女之家”服务功能，提高“妇女之家”的综合使用率，重点在建、管、用上下功夫。打造市级标准化“妇女之家”592个，占全市妇女之家总数的29%。切实解决村妇代会主任工资报酬问题。积极争取各级党委组织部门和相关单位的重视支持，全市已有14个地区村妇代会主任工资报酬达到或高于村书记报酬的80%。努力扩大基层组织覆盖面，全年在女农民专业合作社、非公企业等“两新”组织新建妇女组织292个。

【干部队伍建设】 积极协调党委组织部门，配齐配强县(市)区妇联领导班子。全市10个县(市)区妇联全部配齐主席、副主席，平均年龄41.3岁，大学以上学历占总数的96%，党员占总数的92%，在妇联工作5年以下的占总数的79%。制定并下发《长春市妇联系统干部教育培训方案》，编印《妇联工作简明手册》，采取专题讲座、分组讨论、结业考试相结合的方式，对全市350名社区妇女专干开展了为期3周的大规模轮训，切实解决基层妇女干部“为谁做”、“做什么”、“怎么做”的问题。采取专题讲座、实地考察、座谈讨论等灵活多样的方式，加大干部教育培训工作力度，切实提高基层妇女干部群众工作能力。全市各级妇联组织举办培训班90期，培训妇女干部4 069人次。

（张秀红）

共青团长春市委员会

【概况】 2012年，全市18岁至34岁青年数为205.5万人，团员63.04万人，专职团干部6 033人，兼职团干部2.46万人。团委1 064个，团工委41个，团总支799个，团支部18 823个。

【教育引领】 开展全市共青团纪念建团90周年、“红领巾心向党、幸福儿童庆六一”和全市共青团学习十八大精神主题活动，举办图片展、成果展、座谈会、报告会和团队日等各类活动近万场次。针对大学生、企业青年、进城务工青年和农村青年四类重点引导群体，完成76家基层试点单位的《分类引导青年大纲》转化工作。开展青年马克思主义者培养工程，分梯次培训团干部和大学生4.72万人次。开展团中央未来网的注册和应用工作，主要指标完成情况位居全国前列。使用新媒体引导青年，开展共青团微博体系建设工作，团干部、团组织微博开通率达100%，仅市级团组织官方微博吸引20余万青年关注。面向农村青年、城市创业青年和青年志愿者等群体，播出“青年致富来这旮”、“创业点对点”、“温暖长春”等广播栏目56期。突出校地对接的导向作用，继续深化暑期大中专学生社会实践活动，1 500余支服务团队参与地方服务。举办第十届长春市成人节，成人节工作经验在全团进行经验交流。开展青少年道德大讲堂、传统集体成人礼等示范性活动，八字道德教育成果展得到省委常委、市委书记高广滨的充分肯定。深化“红领巾心向党”、“党在我心中”、“与信仰对话”和“劳动、奋斗、创造”等主题活动，初步形成从朴素道德价值观到高端政治信仰的主题教育活动体系。组织开展五四奖章、长春十大杰出青年、长春市十大杰出青年农民、青年文明号等具有影响力的“青”字号评选表彰及青年榜样进校园活动，长春杰出青年姜军被评为第八届“全国农村青年致富带头人标兵”。编辑《榜样—长春十大杰出青年评选二十周年纪念》，营造了全市青年学习典型、争创优秀的良好氛围。

【青年建功工作】 加强青年就业创业工作。新建“青年就业创业见习基地”21家，到岗见习和技能培训1 782人。举办大学生创业教育报告会166场次，培训大学生近4万人次。深化“团银合作”，发放城市青年创业小额贷款832笔，累计金额2 032万元。推进青年创业就业综合体系建设，成立长春青年创业联盟，开通长春青年创业网，建设三级青年创业园体系，创造性地推出了创业实训、大赛选拔、联盟服务、园区孵化、媒体宣传的青年创业五级陪伴服务。省委常委、市委书记高广滨视察长春青年创业园高新园区，对团市委服务青年创业工作给予高度评价。举办第三届长春青年科技创新创业大赛，吸引162个青年科技创新创业项目参赛，16个优秀项目获得120万元无偿创业扶持资金，入驻长春青年创业园，享受融资服务、导师帮扶、企业诊断、场地优惠等一系列后续孵化服务。扎实开展企业创新创效活动，通过科技“五小”、“QC”小组等实践活动，服务企业发展，促进青年成长成才。新建市级农村青年创业创富见习示范基地14家，提供见习岗位1 772个，培训青年3.2万人次。向3 453名农村青年发放创业小额贷款7 110万元。开展农村青年信用示范户评选活动，评选的3 226户信用示范户均可享受贷款政策支持。在全团率先开展校地对接科技兴农工作，组织吉林大学、吉林农业大学涉农专业学生服务团与20个农村青年创业创富见习示范基地对接，累计开展科技服务120余次，培训农村青年1 500余人次，提供服务超1万小时。初步探索建立了高校与乡镇、大学生与农村青年互利共赢的工作联络机制和服务保障机制。

【服务民生工作】 编制《长春市团组织2012年民生行动计划》，设计实施4大类23个团组织民生工作项目，有6项纳入全市民生行动计划。全年整合资金388万元，用于团组织服务民生工作。组织“千名农民工子女看长春”公益活动4期；新建七彩小屋、共青团周末文化驿站、红领巾书屋、教学实验室、体育园地等青少年文化阵地171个；全市179所农民工子女集中校与志愿者队伍实现对接全覆盖。免费发放购书卡价值177.5万元、工具书5 000册、助学金36.5万元，2.17万名城市困难家庭青少年得到帮助。改善农村青少年学习环境，援建希望小学1所。民生行动共惠及农民工子女约1.5万名，为3.4万名农村青少年改善了就学条件。“七彩小屋”工作经验在“团中央年中志愿者工作会议”上做典型经验交流。继续开展党员志愿者三帮扶，新结成帮扶对子7 605个，爱心捐赠165.04万元。开展文明倡导、关爱帮扶、社区服务、环境美化、健康倡导、会展服务等主题志愿活动，累计动员志愿者12万人次，义务献工23万小时。开展保护母亲河行动，团中央保护母亲河220万元“小渊基金”落地农安县。组织发动1 522名青年投入21个台风受灾重点乡镇抗灾保粮，绑扶玉米133.33公顷。承办全国“三关爱”志愿服务活动座谈会、创博会、农博会、电影节等大型会议、会展活动志愿服务工作，受到充分肯定。举办首届长春东北亚青年文化艺术节，得到俄罗斯、韩国、日本等国家青年代表团高度评价，初步确立了长春市在东北亚青年文化交流中的枢纽地位。开展大学生艺术节、红领巾文化节、社区青年文化节等活动，30余万青少年热情参与。开展青少年文化惠民行动，大学生惠民演出、农民工免费观影、困难子女体验城市等文化服务活动，20余万市民感受着充满活力的青年文化。继续开展服刑在教人员未成年子女排查、包保和救助工作，发放救助金54.7万元，为570名青少年提供就医、就学、就业帮扶，此项全国试点工作基本完成。继续拓展青少年普遍性利益诉求表达渠道，以青少年心理健康社会教育为主题，开展2013年“共青团与人大代表、政协委员面对面”活动，

长春市(2012年)青年科技创新创业大赛

聘请青少年权益代言人士59人。12355青少年服务公开电话接待办理青少年心理健康、法律政策、青春期健康等相关热线电话1.43万次，回复率100%。开展12355阳光行动，受惠青少年2.85万人次。开展“两法”宣传活动，建成首个全市青少年法治文化建设示范点。开展禁毒、防艾、普法宣传，倡导健康生活方式，营造青少年健康成长的社会环境。

【组织建设】 抓住“吉林共青团组织建设年”契机，加强党建带团建工作，推动10个县(市)区召开党建带团建工作会议并下发文件，形成一批有利组织发展的制度条件。加强农民工团工委建设，在全国首创“同乡、同业、同校”的团建模式，新建本地农民工团工委100个、驻外团工委33家。继续扩大团的组织覆盖，新建“两新”团组织525个、青年自组织团组织10个。开展乡镇实体化“大团委”建设工作，已建“大团委”1 785个，覆盖35岁以下青年3.86万人。提升团干部队伍建设，全市的团干部配备率达90%以上；先后选派机关正处级干部、高校团干部、西部计划志愿者26人到基层驻点工作，增强基层团的工作力量；开展团干部培训，举办7期基层团干部培训班，培训基层团干部1 300余人次，基层团的工作水平显著提高。召开长春市青年联合会换届大会，产生新一届市青联组织。强化全团带队工作，成立市少先队工作学会，建立市少先队辅导员培训基地，在师范类院校相关专业开设少先队专业必修课，少先队“三位一体”工作新模式得到全国少工委肯定。

（张余吉）

长春市工商业联合会

【十五届执委会】 2月9日，长春市工商业联合会(总商会)第十五次会员代表大会在中日友好会馆举行。会议审议通过了市工商联第十四届执委会工作报告，选举产生了第十五届执委会主席(会长)、副主席、副会长、秘书长和常务委员。李维斗当选为市工商联(总商会)第十五届执行委员会主席(会长)。

【特色商会建设】 着眼于健全和完善商会组织体系，积极筹备成立“长商商会”，完成了商会人选的推荐、筛选等工作；商会法人地位取得实质性进展，通过与市民政局反复沟通，完成了“长春工商总会”登记注册工作，并对部分行业商会进行登记注册，金银珠宝、陶瓷卫浴行业商会完成了换届工作，组建了美甲、消毒餐具、农业科技等行业商会，累计发展行业商会22家，新吸纳会员500家。指导汽车开发区成立了全市首家开发区工商联，使工商联工作正式纳入开发区工作日程。做好非公经济人士的政治安排，向市人大、市政协推荐代表2名、委员18名。创新会员管理和服务工作机制，实行兼职副主席轮值制度，提升了兼职副主席的事业心和责任感；健全和完善了非公有制经济代表人士数据库，建立了千余位代表人士电子档案，为开展会员管理和服务工作奠定了基础。

【调研工作】 在振兴民营经济、促进小微企业发展、破解民企发展瓶颈方面开展调研。其中《关于加快我市民营经济发展的调研报告》和《关于加快我市民营企业上市工作的建议》获得市长姜治莹批示；《关于发挥政府主导作用，引领民营企业构建和谐劳动关系的调研报告》在全市优秀调研成果评比中获一等奖。围绕长春市民营经济发展现状，完成了《关于长春市民营经济发展情况的调查与思考》的撰写工作。研究长春市民营经济发展现状、问题原因及对策措施。编辑出版了《2012年长春市民营经济发展报告》(蓝皮书)，重点就长春市民营经济发展的基本情况、民营经济发展的主要问题、促进民营经济发展的对策和建议进行了较为系统的阐述。围绕长春市小微企业发展状况，进一步探讨工商联如何为小微企业服务的方法与途径，完成了《长春市小微企业发展的调查研究》的撰写工作。起草了《关于促进长春市民营经济加快发展的实施意见》。市工商联联合市委市政府政策研究室建议市政府出台相关发展民营经济的政策意见。

【参政议政工作】 7月份，市工商联组织县(市)区工商联、行业商会、外埠商会、工商界政协委员开展征文投稿，围绕发挥委员主体作用、加强街道政协民主监督、人民政协在中国政治体制的地位、民主监督的保障机制、加强政协理论与实践、政协委员遴选机制等内容征集6篇理论文章。11月底，市工商联围绕发展商会经济，从激活商会经济发展动力、塑造长春特色商帮文化、吸引外地商帮投资长春、鼓励商会创办经济实体、优化商会经济发展环境5个方面提出对策建议，形成了《关于大力发展商会经济的建议》，在政协大会发言上引起强烈反响，得到市政协高度评价；围绕民营经济、小微企业、商会经济、招商引资等内容，撰写上报《关于大力发展商会经济的建议》、《关于加快长春市民营经济发展的建议》、《关于进一步支持我市小微企业发展的建议》、《关于实施民企500强引进工程的建议》4篇政协提案，得到市政协的重视。《关于加快我市民营企业上市工作的建议》获得优秀提案奖。

【开展小微企业服务年活动】 与工商银行签订了战略合作协议，投放信贷资金1亿多元，召开了小微企业对接会，成立了小微企业融资服务中心，投放信贷资金1亿多元；引进了瀚华担保公司，创立了“银行－商会－担保”全新融资模式，为小微企业破解融资瓶颈；创新小微企业创业辅导机制，举办了“小微企业创业导师对接”活动，70位创业导师与小微企业成功对接，在企业管理、渠道建立等方面为小微企业发展提供实质性帮助；举办了首期“小微企业成长论坛”，邀请专家从政策、创业、战略、管理等方面为小微企业提供咨询和指导；启动了小微企业金融服务联盟，联合长春市商业银行、小贷公司、担保公司等金融机构，为小微企业提供融资服务；举办了“小额对小微，两小有拆”融资座谈会，帮助小微企业了解小贷公司各项金融政策及服务。

长春市工商联私募股权投资基金成立揭牌仪式在中日友好会馆举行

【成立私募股权投资基金】 7月10日，市工商联(总商会)发起成立了长春市第一支有限合伙制私募股权投资基金，召开了“私募股权投资基金成立揭牌及签约仪式暨长春(2012)私募股权投资基金高峰论坛”，募集资金1.43亿元，这支基金不仅成为长春市首支由民营资本组成的私募基金，更是工商联探索金融服务模式的创新举措。市工商联与赛伯乐投资公司签署了《金融服务合作协议》，双方在促进长春市成长型中小微企业资本运营能力及长春市金融系统的建设提供服务等方面加强合作；基金管理公司与吉林省广通网络股份有限公司、长春市合心机械制造有限公司分别签署了《投资合作协议》。

【招商引资工作】 依托工商联网络和资源优势，引进了重庆瀚华担保公司在经开区成立了注册资金2亿元的长春瀚华担保公司，引入了中国赛伯乐公司在净月区投资40亿元创建智慧硅谷科技产业园。深入开展洽谈招商，切实加强与大企业、大集团的沟通联络，组织各县(市)区、开发区与韩亚集团、港中旅集团、英兰置业集团、武汉天琪集团进行了项目对接和洽谈。市工商联作为长春市唯一一家承办单位参与和组织了“欧盟－中国(吉林2012)投资贸易洽谈会”，代表长春市在“2012中国长春国际友好城市市长会议”上作了项目推介，举办了加拿大安大略省项目推介会、俄罗斯卡缅斯克经贸代表团洽谈会等一系列经贸交流活动。大力开展“民间外交”，先后与甘肃、广州等40多个省市工商联结为友好商会，与澳门总商会、德国中小企业联合会、俄罗斯中国统一促进会、西班牙商会、奥地利商会、立陶宛商会等14个海外商会建立了友好往来和经济联络。

【商会产业园区建设】 围绕“长吉图”战略，探索商会经济发展模式，积极推动产业集群发展，着力加快商会产业园区建设。组织实施商会产业园区创建活动，引导和支持医药商会、木制品商会、建材商会在长德新区建立了“汇商产业园区”，成功举办了长春市商会(德惠)产业园区项目推介会，14个项目成功签约，投资金额达20亿元，近百家企业落户，促进了产业集群发展。深入开展空港经济开发区共建活动，协助九台市政府完成了空港经济开发区申报、审批和规划论证工作，组织江苏、河南、温州等外埠商会和木制品行业商会举办了项目对接会。积极推动农安县合隆镇双向城乡一体化建设，会同农安县政府共同研究制定了《农安县合隆镇产城融合双向城乡一体化试行方案》，协助开展考察洽谈和项目对接；组织中国发展研究院、山西商会、江苏商会、温州商会相继对农安烧锅镇进行考察和对接，为推进商会产业园区建设创造有利条件。

【宣传工作】 深入开展典型宣传和引领，成功举办了长春市非公有制经济先进典型事迹报告会，6户典型企业作了事迹报告。启动了非公企业系列宣传活动，组织长春电视台、长春日报、吉林日报、长春晚报等新闻媒体，先后对52户非公企业进行了专访和报道。加强与市委宣传部、各新闻媒体的沟通联系，先后在中华工商时报、吉林日报、长春日报、长春晚报、东亚经贸新闻、新文化报、城市晚报以及电台、电视台累计宣传工商联工作150余次；在长春晚报商会周刊打造36期长春商界专栏，在吉林日报长春新闻版、长春日报和长春电视台打造5期“聚焦民营经济”专栏。完成了《长春非公经济》第9、10两期的编辑发行工作，与节约网开展合作对市工商联网站进行了改版，打造网络媒体—传统媒体—内宣直报三位一体的宣传模式，拓宽宣传渠道。

（沙显光）

长春市台湾同胞联谊会

【概况】 截至2012年底，长春市台湾同胞联谊会(以下简称市台联)有台胞120人，台属2.6万余人。基层组织7个。

【六届八次理事扩大会议】 4月13日，市台联召开六届八次理事扩大会议。会议总结了2011年工作；通过了市台联2012年工作要点。与会人员就市台联2012年工作进行了审议，并提出了具体建议。会长孔令智在会上结合切身体会，就全国人大十一届五次会议的基本情况、审议情况、重要讲话、台湾团简报工作等四个方面向大家传达了全国人大十一届五次会议精神。

【举办骨干培训班】 7月26～27日，市台联同市社会主义学院共同举办了50余位台胞台属骨干参加的培训班。在培训班上，市委党校教授王健结合学习省十次党代会和市十二次党代会精神以《建设美好吉林、幸福长春》为题，介绍了长春市市情和发展战略；吉林大学马克思主义学院教授高仁立作了《台湾情况》报告，就岛内政局、党的对台政策、两岸关系和对台工作等方面作了深入浅出的介绍；与会学员结合自身实际就“如何增强台联工作活力”为题进行座谈交流，并提出了许多有针对性、可操作性强的意见和建议。

【召开学习贯彻党的十八大精神座谈会】 11月23日，市台联召开班子成员及台胞台属代表20人参加的学习贯彻党的十八大精神座谈会。座谈会由市台联副会长吴音主持。与会人员重点学习了十八大报告中涉台部分论述。会议强调，要按照中央、省、市的部署，把全面贯彻落实十八大精神贯穿于台联的全部工作中，推动参政议政、对台联络和自身建设工作迈上新台阶。

【举办2012年青年台胞台属夏令营】 8月6～9日，市台联在辽宁省兴城市举办有40人参加的青年台胞台属夏令营。通过夏令营活动使青年台胞台属们增长了见识，开阔了视野；受到一次生动的爱国主义教育，陶冶了情操；更增进了彼此间的友谊和凝聚力。营员们表示要努力学习各方面知识，积累社会经验，将来为中华民族的伟大复兴贡献自己的一份力量。

【长台两地人员往来】 2012年，市台联共接待岛内台胞3批165人次，组织2批36位台胞台属赴台观光考察。具体为：2月4日至11日接待“2012年台胞青年冬令营”140人；7月7～11日接待“全国台联2012年台胞青年千人夏令营吉林分营”16人；4月19日接待台湾海峡两岸经建文教交流发展协会郑金玲理事长等一行8人来长进行经贸考察，在做好台湾人民工作，争取岛内民心方面发挥了积极作用。全国台联两个冬(夏)令营团队在长春期间，分别安排参观游览了伪满皇宫博物院、净月潭森林公园、长春一汽集团公司、吉林大学地质博物馆以及同吉大学生座谈交流等活动。

【慰问台胞台属】 “两节”到来之际，市台联副会长吴音率机关全体，全面走访慰问了长春市60岁以上的二代老台胞刘福顺、谢晶、谢彩霞、陶川等近20人。

【成立“长春市台湾同胞法律服务中心”】 9月26日，市台联举办“长春市台湾同胞法律服务中心”成立揭牌仪式。市台联与长春市“北京大成(长春)律师事务所”合作，成立“长春市台湾同胞法律服务中心”。作为专门提供法律咨询服务的公益性平台，以服务为宗旨，从维护台胞台属及台商的合法权益出发，为在长台湾同胞提供日常法律事务、非诉讼法律事务、诉讼及仲裁法律事务等方面的法律服务。

(徐　昕)

长春市残疾人联合会

【政策措施】 接受并通过了省人大关于《中华人民共和国残疾人保障法》贯彻落实情况的检查。《长春市残疾人保障条例》修订正式列入人大立法计划，并完成立法调研和起草工作。在《2012年长春市民生行动计划》的第八部分设立“扶残助残工程”专章，确定了7大项20小项重点工作任务。这是长春市民生行动计划首次将涉残民生项目单列。市政府召开专题会议确定：“立项建设长春市残疾人康复中心，中心占地面积3.3万平方米，建筑面积3万平方米”。立项、选址和可行性研究报告已经完成，组织召开了3次项目建设专家咨询会，计划2014年投入使用。采取民办公助、购买服务等形式加快推进托养服务体系建设，全市9个区与10家社会养老机构签订协议，实现城区新增加残疾人托养床位410张。朝阳区，投入70万元设立托养床位80张。全市已经形成以安宁、康宁和心理医院为主的精神病人托管，善满家园、至爱护理院等民营机构为主的智力残疾人托养，依托社会养老机构实现重度残疾人托养，以及社区日间照料、居家安养等为一体的残疾人托养服务体系，残疾人多层次、多元化的托养服务需求正在逐步得到满足。

【服务供给能力】 朝阳区建立了特殊教育学校；投入129万元推进机构托养、日间照料和居家服务。南关区成立了残疾人综合服务中心；率先在全市对残疾人进行网格化管理。宽城区整合资源完成残疾人康复中心和体育训练基地建设。二道区启动残疾人创业园建设；“电子保姆”项目实现社区全覆盖。绿园区新建2 000平方米的残疾人就业基地；为城镇贫困残疾人家庭更换门窗。双阳区争取到省专项资金扩建康复中心；农村扶贫开发工作被评为全省先进。榆树市残联综合服务大楼建成并投入使用；农村残疾人康复服务体系建设试点工作得到省里肯定。九台市康复中心建设提前竣工；精神病和白内障救助有新的突破。德惠市为6 179名农村重度残疾人落实免交新农合、新农保个人缴费政策；更换办公场所并开展一站敞开式服务。农安县借助康宁医院优势为精神病人免费体检；规范组织建设，完成村一级专职委员配备。经开区为贫困残疾人发放子女入托补贴；购置设备加强残疾人健身示范点建设。净月区危房改造每户补助3.3万元，补助额度居全市之首；开展农机助残实现两个乡镇全覆盖。高新区购置8套门市房建设残疾人创业基地；以“一岗解两难”形式落实居家照料开辟了托养服务新模式。西新区免费为144名贫困残疾人缴纳医疗保险；成立“彩虹”互助会搭建了助残新平台。莲花山区残联保障金收缴增幅较大，基础工作扎实到位。

【救助项目和帮扶工程】 1.全面启动贫困脑瘫儿童康复救助项目，实施矫治手术40例，提供免费康复训练168人，创下了民生计划重点项目当年实现“有一助一”的新纪录。继续实施听障儿童康复救助项目，争取到国家耳蜗项目指标22例，助听器救助指标31例(62台助听器)，满足了全市听障儿童的实际需求。全年为贫困精神病患者免费送药5 136人次、提供免费住院1 477人次；为贫困白内障患者免费手术426例；为孤独症儿童提供机构康复训练121人；配发成人助听器115台，配发助视器1 200例；训练盲人定向行走1 200人；适配辅助器具2 263件。长春市被确定为国家“十二五”残疾儿童随报及早期康复工作试点城市。2.落实残疾人特殊教育工程，出台了新的“扶残助学金”政策，为残疾学生每年提供本科3 000元，大专2 000元，中专1 000元的扶残助学金；为新考入高中的残疾学生提供1 000元的一次性扶残助学金。全年省、市累计投入134.2万元，资助了506名残疾学生和贫困残疾人子女。实施国家彩金助学项目，利用专项资金37.5万元，资助125名学前教育阶段残疾儿童。长春电大特教学院全年招收51名残疾学生。落实残疾人就业富民工程计划，全年建立残疾人扶贫就业基地12个，其中3个基地被确定为省级阳光助残扶贫基地和残疾人就业基地；征集第三届中国·长春创业（就业）博览会残疾人创业项目60个；举办了春秋两季残疾人就业专场招聘会；全年城镇新增残疾人就业2 838人，培训残疾人6 710人次，其中培训农村残疾人3 176人次。投入46万元，对城区、开发区92家符合条件的盲人按摩机构给予一次性资金扶持。3、2012年，全市农机扶贫工作被作为“创新扶贫模式”写入《农村残疾人扶贫开发纲要》。继续深化农机扶贫工作，共组建农机合作社2个，互助组198个，入组残困户1 181户，免费耕种土地649.13公顷。继续实施危房改造工程，投入265万元为城区、开发区330个农村贫困残疾人家庭进行了危房改造。继续实施“三无一靠”成年重度残疾人生活补贴项目，为城区1 123名符合条件的残疾人发放了生活补贴，总金额为186.6万元。将贫困残疾人家庭无障碍改造的救助范围扩大到低保边缘户，全年投入经费42.98万元，为700户有需求的残疾人家庭进行了改造。

【宣传和文化体育工作】 全市结合市残联五届五次主席团会议、残疾人重大节日、先进典型人物宣传等活动，在各级媒体报道、刊发关于残疾人事业消息、通讯、图片累计300多篇；在长春电视台新闻频道播专题片8期。首次以媒体公示、社会评选的方式对全市残疾人自强模范和扶残助残先进典型进行了表彰。在第二十二次“全国助残日”，全市围绕“加强残疾人文化服务、保障残疾人文化权益”的主题，举办了“和谐杯”残疾人书画大赛；与省残联携手举办了“文化进社区”活动；在残疾人综合服务大厅设立了残疾人图书流动站。助残日期间，全市两级残联投入经费20余万元，开展了40多项内容丰富、形式多样的文化助残活动。2012年，全市建立省级体育示范点1个、市级体育示范点10个、县级体育示范点10个。举办体育健身指导员培训班1期，培训指导员20人；第三届残疾人文化周，举办了“和谐杯”残疾人象棋比赛；组织100名残疾人参加了全国第四次“全民健身日”的活动。在伦敦残奥会上，长春市选派运动员获得1银1铜的好成绩。

【自身建设和创新管理】 1.按照省残联换届总体部署，圆满完成全市基层残联换届工作。下发了《进一步加强和规范残疾人基层组织建设实施意见》，从配齐配强队伍入手，在市就业局的支持下，落实了200个社区公益岗位专门从事社区残疾人工作，并将原有130多名社区服务员岗位转为专职委员岗位，一次性完成了城区社区专职委员的配备。为提高基层服务能力，所有人员全部经过封闭式培训后上岗。2.市残联全年日常接待来访212人次、集体访6批；处理进京上访1人次；局长接待日接待来访24人次，承办市长公开电话90件，均得到了妥善处理，局长接待日来访量呈明显下降趋势。3.全市积极组织开展志愿助残活动，与省残联联合举办了“弘扬雷锋精神，志愿助残阳光行动启动仪式”。助残志愿者协会以“关爱残疾人——志愿助残阳光行动主题年”为契机，开展了“春暖行动”、“五月季风”残友交流会等主题活动；盲人志愿者服务站举办了按摩手法研讨和志愿服务交流会；聋人协会举办了象棋比赛；肢残协会与吉林职业技术师范学院一起开展了助残帮扶活动；金手杖服务队深入社区开展活动，开创了残疾人“回报社会”新模式。4.2012年，全市组织实施的“爱心永恒·启明行动”项目，被评为全国优秀公益项目。在社会公益资源利用方面，市残疾人福利基金会积极搭建公益平台，先后争取到价值9万元的白内障药品、100万元的儿童营养“蜜儿餐”，50台便携式儿童轮椅、30台西门子助听器。此外，争取到“中国一汽集善博爱行”公益项目提供的汽车4辆，总价值30.73万元。5.完成了残联系统2011年统计台账工作。市残联门户网站共发布各类信息303篇。其中，中残联采用9篇；省残联采用51篇。网上发布残疾人事业好新闻评选参选作品75篇；刊出《长春残疾人工作信息》12期。6.2012年，长春市残联被评为“2001-2010年全国农村残疾人扶贫开发工作先进集体”，在全省残联系统综合评比中跃居首位；长春市被评为“十一五”全国无障碍建设创建城市。

（李建昕）

长春市红十字会

【完成民生计划】 根据《长春市2012年民生行动计划》要求，通过对各县（市）区、开发区拟建设红十字书屋社区的重点考察，确定了100个社区为书屋建设对象。采取与纪检部门配合，进行了公开透明地图书采购，于11月初，将价值100余万元的图书和书架送到100个社区的群众手中。

【日常救助工作】 在春节前，筹集价值12余万元的大米、药品等救助物资，对部分困难群众进行慰问和救助。积极参与全市“幸福长春·圆梦助学”活动，投入10万元救助款帮助四个县（市）的50名低保或处于低保边缘的贫困家庭学生完成学业。与市卫生局共同开展贫困群众医疗救助活动，投入11万元帮助12名困难家庭大病患者进行治疗。积极救助社会与媒体关注的弱势群体，对新闻媒

红十字志愿者到至爱老年护理院慰问老人

体报道的家庭贫困、病情急重的困难群众进行救助,救助金额16.5万元。资助市人民医院"三无"(无劳动能力、无生活来源、无法定赡养人)和贫困家庭等弱势群体患者的医疗救助工作,通过企业捐赠方式向市人民医院捐赠价值100万元的药品。

【救护培训工作】 结合"全国防灾减灾日"宣传教育活动,与市教育局在朝阳区安民小学共同主办"长春市中小学校医应急救护知识培训班",为200名校医做了应急救护知识专题讲座。按照《长春市建设"健康城市"三年(2010–2012年)行动规划》的要求,在全市高危行业,开展应急救护知识培训工作,为企业培训急救员460名。为扩大中小学生应急救护知识培训工作的范围,在朝阳区成立朝阳区红十字青少年应急救护培训中心。通过省红十字会争取中国红十字基金会30万元,在净月潭建立了幸福天使红十字救护站。扩大自救互救知识普及活动的范围,借书博会平台,在展会现场举办"自救互救"知识讲座,发放自救互救知识宣传资料2万余份,参加讲座活动的市民达1万余人。

【志愿服务工作】 与长春晚报社共同组织红十字志愿者,开展"长春市红十字志愿者中高考温馨服务活动",为考生和家长免费提供温馨服务。组织红十字志愿者组建了一支中高考爱心服务车队,在中高考期间免费接送家庭困难的考生。5月8日世界红十字日,组织红十字志愿者宣传国际人道法和红十字基本知识,普及自救互救知识,号召市民积极参与无偿献血、造血干细胞捐献、遗体(器官)捐献活动。实现志愿造血干细胞捐献618人(2人捐献成功),志愿遗体(器官)捐献19人(成功捐献1例)。招募选拔了30名"长春市红十字小记者",参加长春图书博览会的新闻采访活动。小记者们先后采访了国家、省市领导,成为博览会上的一大亮点。在中秋节组织志愿者到至爱老年医疗护理院,为老人们送去丰富多彩的娱乐活动和节日礼品,并为老人们讲解应急救护的常识。市红十字志愿者李万升荣获"中国红十字志愿服务专业贡献奖"。

【组织建设工作】 召开了市红十字会第四届理事会第二次会议。会议听取、审议并通过了市红十字会2010年至2011年的工作报告和财务收支情况报告,补聘市长姜治莹、市委副书记郑文芝为长春市红十字会名誉会长。会议还更换增补了理事,选举增补了常务理事、副会长。市委常委、副市长吴兰当选市红十字会会长,并作了重要讲话。组织吉林省第二实验高新学校成立红十字会。举行了吉林省第二实验高新学校红十字会暨长春市红十字会吉林省第二实验高新学校志愿者服务队成立大会。会上还为志愿者服务队的100多名师生举办了应急救护知识讲座。

(李　力)

长春市个体劳动者协会

【概况】 截至2012年末,长春市个体劳动者私营企业协会有会员271 928户(其中个体会员209 048户,私企会员62 880户)。协会工作人员8人。机构设置:办公室、宣传教育部、会员服务部、组织联络部、党委办公室。所属各县(市)区、开发区、直属基层协会18个。2012年市个体私营企业协会连续6年被长春市社科联评为"先进社团"。

【基层组织建设】 各基层协会普遍对本级协会理事会进行了调整和增补,增强协会的生机活力。加强基层分会和行业分会(商会)建设。县市区的基层分会组织建设逐步向更开放式办会方向发展,积极争取当地乡镇街道政府的支持,努力实现个私协会对区域私营企业和个体工商户会员工作的全覆盖,已新建6个基层分会,3个行业商会。2012年,两级协会理事中多人获得市级荣誉,5人获得长春市劳动模范,3人获得市五一劳动奖章,6人被推选担任县区政协委员、人大代表,5人被推选为长春市青年企业家协会理事。宽城协会副会长王子奇获市委表彰的优秀共产党员标兵,全国先进个体工商户并当选第四届中个协理事会理事。另外,有10名优秀个体户被市纪检委聘为软环境义务监督员。

【服务会员】 开展融资服务。通过与多家金融机构合作,组织银企洽谈会、建立担保基金等方式为会员融资服务。协助工商部门利用股权出资、商标权质押、动产抵押等融资平台,为个体工商户和私营企业融资贷款达12亿多元。农安、汽开、绿园、高新协会专门组织金融部门为会员进行现场融资服务。10月份，各县市区协会参与了中个协与中国邮政银行有关推进微小企业金融服务工作，并与长春邮政储蓄银行进行了意向性洽谈。组织就业创业培训和投资洽谈活动。举办了各种技能培训12次，培训人员近千人。多次组织企业联谊活动，积极搭建社团间、企业间、会员间相互联系的平台，通过平台为驻区几个大商场招工及安排就业365人。汽开区为了增强大学生就业能力，先后接收了汽车专业学校、经济干部管理学院30余名大学生到分局科所实习。7月中旬，市个私协组织40余家企业在省宾馆举行了陕西汉中市引资推介会。开展法律维权服务工作。继续广泛开展法律维权服务活动。发放“法律服务会员卡”2万张，全年共办理法律咨询387件，上门服务42家企业。九台、农安、绿园、二道、双阳、榆树等单位还另外聘请了法律顾问，累计受理投诉18件次，处理法律纠纷16件，为会员挽回经济损失648万元。主办展会。市个体私营企业协会与市消费者协会共同主办了首届中国(长春)糖酒食品展览会，展会于2012年11月17日至19日在长春国际会展中心举行。展览总面积6 000平方米，折合标准展位280个，其中特装展位14家，参展单位131家，其中省内85家，省外46家。展会吸引省内外大量知名企业和品牌参展，其中，获得中国驰名商标和省著名商标的企业达30余家。

【社会公益活动】 元旦春节期间，市个私协会及党委向所属各基层协会和党组织发出号召，组织广大会员开展“献爱心送温暖”活动。开展“光彩服务日”活动。各基层协会按照省市协会的统一部署，采取不同形式组织了宣传和义务服务活动，经开、南关、农安个私协会活动当日，接受了省市工商局领导和个私协会的检查，受到好评。

（刘国忠）

长春市消费者协会

【“消费与安全”年主题座谈会】 3月7日上午，市消费者协会贯彻中消协“年主题”座谈会在欧亚车百会议室召开。会上总结交流在保护消费者合法权益工作中的成果和经验，就当前“消费安全与服务保障”的难点等问题展开了讨论。

【“关注农民消费”、“送法下乡”咨询服务宣传活动】 市消协通过网络和新闻媒介开展了“农民与消费”为专题宣传活动；双阳区消协、绿园区消协分别联合农业局、种子站、农业执法大队等部门开展了“打假护农”、“送农业科学知识进农家院”活动。并立案查处假冒伪劣种子案件15件。朝阳消协前往乐山镇开展春季“送法下乡”活动，先后解答农民朋友提出的维权知识问题30多人次，发放宣传册1千多余份。

【纪念“3·15”国际消费者权益日宣传活动】 3月15日上午，市工商局、消协组织的大型宣传咨询活动在重庆路进行。各直属分局及消协在此设置了法律法规宣传咨询台、真假商品鉴别台、消费者投诉台。将消费维权、市场监管、食品整治、打击传销等成果向社会展示。下辖的县（市）区设立21个分会场。当日直接参与各种纪念活动的工作人员达1 500多人，发放各类宣传资料1.56万余份，向消费者提供咨询服务达1.37万人次，当场受理投诉60余件，现场解决9件。

【诚信自律公约活动】 市工商局和市消协共同组织开展了“讲诚信、反欺诈”专项行动启动仪式。朝阳消协在沃尔玛超市重庆路店进行“诚信经营”宣誓仪式大会。经开消协联合北方市场集团，举行了“优质服务年暨文明诚信商户、服务明星评选”活动启动仪式，并共同进行了“诚信签名”，履行公式，接受监督。榆树消协与有信誉知名企业，开展向社会公开承诺履行诚信服务、签定自律公约活动。高新消协、长江路消协分别与所在区域沃尔玛超市举办有奖知识问答活动，邀请了社区代表，观看工作人员对农药蔬菜、水果农药残留检测过程，由专业人员讲解各类食品的保鲜、保质方法列，起到了指导作用。

【开展“3·15”系列专题报道】 市消协在长春晚报、东亚经贸新闻、新文化报合作推出了纪念3·15国际消费者权益日专栏；与省电视台守望都市、长春电视台城市速递、长春人民广播电台、经济广播电台、政行风热线联合开办了“走进直播间”宣传维权动态、维权有关政策法规专题节目。市消协负责人6次走进电视台、电台直播间亲自为消费者提供咨询服务和当场受理各类投诉。与省电视台法律频道制做了“消费维权人人有责”“3·15”消费维权片头宣传片。双阳区消协与卫生、药监、农机局、服务局等共同制做了联动维权专题片，通过专题片播放，教育引导市民安全消费依法维权。九台、农安消协为强化“3·15”宣传力度，分别在电视台做了2012年“3·15”专题电视讲话。市消协发布了汽车消费评议报告、近期工作动态、年度投诉分析、十大维权案例。对中介服务、银行服务、商品房等领域潜规则进行了点评，扩大了年主题和3·15活动的社会影响。

【消费教育预防工作】 1.开展国民消费教育课堂。组织开展40余场消费教育专题讲座，举办14次消费大讲堂活动，培训“一会两站”站长、义务监督员380余人。各县(市)区消协通过走进瞎区学校、社区、军营，以座谈等形式，帮助不同人群了解消费与维权知识。汽车产业开发区针对汽车零部件销售服务多发的问题，联合汽车零部件企业联合会及成员单位近百余人开展了专业知识普法教育，对行业发展起到了规范作用。2.开展农机消费帮扶活动。市消协针对秋收时节，农机消费中出现各类问题，组织4县及双阳、绿园区消协开展了农机大讲堂和帮扶活动。联合所在区域内农机局、种子站、农业执法大队等部门进入农家院，倾听农民对生产农资供应的各种反映和要求，指导农民掌握购买农机各项政策，科学使用保养常识。3. 强化宣传提升消费者风险防范意识。针对投诉中突显的行业难点及重大案件引发的教训，以专项调查切入点，揭露“精装房”等15条潜规则，剖析案例38件。就网络消费、家具、团购、3G手机自行下载软件修理手机、小家电存在安全隐患、驾校保过陷阱、电视购物不详信息、中介服务佣金等问题发布19条消费警示。就食品安全、家电维修、汽车消费、预付消费、婚介服务、银行收费等48个行业各类问题发布1 880余条消费提示。在长春晚报、东亚新闻开设了《天天3·15》专栏，与交通台合作开办了汽车专题节目。在电台、电视台开办了消费专题、消费警示直播热线，通过现场直播和电话对接直播解答受理消费问题34宗。中央人民广播电台发布长春市消协动态3条。通过媒介的广范宣传，进一步提高了消费者自我保护意识。全市消协系统受理消费者投诉3 810件，解决率为95.8%，接待消费咨询20 980件；使消费者免受经济损失310万余元。

（钟 萍）

长春市归国华侨联合会

【概况】 2012年，长春市有归国华侨1 130人，新归侨30人，侨眷5万人，基层侨联组织13个。长春市侨联认真履行侨联的“参政议政、维护侨益、海外联谊、侨界群众工作”四项职能，深化国内、海外工作并重，老侨、新侨工作并重，为促进社会和谐、推动长春市科学发展、加快发展、率先发展做出积极贡献。

【服务长春发展建设】 开展联络联谊活动。号召归侨侨眷向海外亲属和朋友“发一封信、打一个电话、发一条信息，为长春建设和发展谏一句良言，献一条计策。并组团走出去，邀请海内外侨胞来长考察，广开渠道，广泛联谊，推介宣传长春，扩大长春知名度，招商引资引智。创新招商模式，组织侨联常委和机关人员“走出去”赴国外考察，扩大海外交流。发挥长春市现有侨商的示范效应，以侨引外，有效地促进了招商引资，增强外商的投资信心。5月10日沈阳市侨商会组团来长春市考察，并于长春市部分侨资企业进行交流对接。8月13～17日，参加了在哈尔滨召开的“第四届鲁辽吉黑四省省会暨口岸城市侨联工作会议”。10月在全国城市侨联工作经验交流会武汉年会。市侨联副主席张尚诚在小组讨论时介绍了长春市侨联开展文化宣传工作的体会和经验，阐述了对侨联组织如何做好文化宣传工作的认识。市侨联《求实创新、开拓进取，努力做好侨联文化宣传工作》一文被收入论文汇编。

【公益事业】 2012年市侨联继续坚持开展“光彩事业”、“千人牵手”、“亲情中华”等活动。组织各级侨联为贫困学校捐赠教学、办公、生活物资。7月为榆树一中申办第二期珍珠班。10月29日，二道区侨联在挂点帮扶的腰十小学举行了爱心捐赠仪式，向该校捐赠19台DVD收录机，价值12 000余元，以改善农村小学的学生学习条件。

【群众工作】 市侨联配合响应中国华侨历史协会的号召，组织60岁以上归侨开展了“老归侨口述历史”活动。组织归侨侨眷开展各项活动。4月18日组织侨联委员进行养生保健专题讲座。9月19日长春市归国华侨联合会在中日友好会馆召开市侨界“创新创业”经验交流会，决定在全市归侨侨眷中开展向“创新创业”先进典型学习活动。

【侨益维护】 全心全意为侨胞服务。2012年，市侨联接待归侨侨眷和海外华侨来信来访近12件次。每逢节日，坚持走访部分归侨侨眷知名人士及归侨侨眷贫困户，把党对侨眷的温暖真正送到他们家中。重点关注归侨侨眷的住房、生活经费、医疗费、子女升学、就业等实际问题。在走访慰问贫困归侨侨眷活动中，捐助贫困户食品衣物等物资。依法维护归侨侨眷合法权益。依法切实维护侨商的合法利益，全力为侨资企业排忧解难。

【参政议政】 组织侨界代表人士参政议政，就侨界关心关注的问题，积极反映侨情民意，为长春市发展献计献策。发挥各级侨界人大代表、政协委员作用，引导侨界群众的爱国热情、保障侨界群众有序的政治参与。10月、11月，在开展市政协委员及市人大代表的考核推荐工作同时，制定出台了《关于进一步加强侨联参政议政工作的意见》，强化侨联组织参政议政，维护侨益职能。市侨联驻会主席张尚诚同志提出的《关于加强我市养老服务体系建设的议案》被评为优秀议案，市十三届人大五次会议审议通过现已交由市政府办理。

【自身建设】 2月7日，召开机关全体干部会议，认真传达学习贯彻中央书记处对侨联工作的重要指示、中国侨联八届四次全委会议和王兆国讲话精神。2月13日召开侨联机关工作人员2011年度量化测评会议，对2011年工作进行了总结。2月27日召开了“贯彻落实全市统战部长会议精神”主题会议，重点学习了市委副书记郑文芝的重要讲话和市委统战部长刘德生所作的工作报告，4月27日举办侨联骨干培训班。7月，市侨联响应市委统战部号召，在全市侨联系统内开展了“侨联系统内强素质外树形象学习教育活动”。市侨联县区级基层侨联组织现有11家。组织重点单位负责人参加全国大中城市侨联工作交流会，汲取各地经验，指导基层侨联工作。2012年指导长春市工业大学、宽城区侨联换届，为落实基层组织的人员编制等问题反复多次与各级领导协调。8月31日，到农安县就侨联发挥职能优势及组织建设等方面工作进行调研，农安县委高度重视，给县侨联解决了一个编制问题，为更好开展侨联工作提供了组织保证。

（刘英佳）

军 事

长春警备区

【应急工作】 贯彻落实全国民兵工作会议精神,扎实抓好民兵整组改革。坚持按纲施训,组织8支高炮分队、2支导弹分队、24支应急分队完成基地驻训。投入200余万元,对训练基地、武器库实施了升级改造。完成扑火抢险、植树、抗灾保粮夺丰收等任务。组织“百名教练员”比武考核,10名同志被评为优秀“四会”教练员。参加省军区人武部首长机关考核,33人被评为优秀。坚持表彰奖励向军事工作倾斜,设立20万元专项奖励基金,重奖军事训练先进单位和个人,另有9人因训练成绩突出立功,圆满完成3 294名兵员征集和军民融合推进“三战”建设试点任务。

【安全稳定工作】 全年开展“学法规、知职责、守纪律、保稳定”活动,制定《机关办公制度汇编》、《机关直属队岗位职责汇编》、《保密知识应知应会手册》等规章制度,机关工作秩序进一步规范。突出人、车、枪、弹、密等重要目标和特殊敏感时期管控,深入开展防范重大安全问题整治活动,先后9次接受总部、两级军区检查均受肯定,全年安全无事故。

【党组织和干部队伍建设】 扎实开展“讲政治、顾大局、守纪律”学习教育活动,重点解决坚定政治信念、强化纪律意识、带头纯正风气等12个问题,党组织凝聚力、党员模范带头作用普遍增强。加强反腐倡廉建设,出台《廉洁征兵工作规定》、《政治审查工作补充规定》,对5名领导干部进行经济责任审计,对1起征兵违纪问题做出处理。

【党管武装工作】 协调市委召开议军会议,研究解决民兵应急分队建设、军转干部安置、随军未就业家属货币补助、优先招聘录用退伍大学生士兵等问题。随军家属就业安置做法被国家人社部、总政治部转发。探索建立部队、社会、家庭“三位一体”共管共育机制,锦程街道在全国双拥工作总结表彰大会上介绍了经验。4名地方领导同志分别被国家国动委和沈阳军区、省军区评为“党管武装好书记”、“优秀武委会主任”。

【综合演练】 4月下旬至5月初,参加军区组织的作战值班系统处置突发情况演练。重点围绕支边作战、要地防空、应急维稳、抢险救灾4个课题,人武部120余人,进行6次全要素推演。投入近5万元,依托电视电话会议室设置应急指挥中心,严格按照《作战能力建设标准》,完善战备资料室、器材室和战备图库等战备基础设施建设,补充完成指挥所编组人员战备物资。修改完善《长春警备区处置突发事件行动预案》、《一纲六案》以及《政治工作预案》、《后勤保障预案》等。形成《长春警备区处置突发情况指挥流程及标准要求》、《长春警备区处置抢

警备区组织民兵点验

险救灾行动流程》、《长春警备区处置应急维稳行动流程》等成果，出台《长春警备区作战值班问责及考评实施办法》、《战备值班管理规定》。把演练作为提升战备值班系统处置突发情况的关键环节来认识，司令员、政委亲自审定方案，3次专题例会研究，各单位主官坚持跟班作业，演练取得可喜成果。

【民兵教练员集训】 5月14日至18日，在长春组织人武部现役军官和民兵骨干100余名教练员集训。采取理论授课、技能训练、备课试讲、考核验收等多种形式，进行分专业封闭式强化训练。高炮专业完成单手操作、协同训练和实弹射击课目的示讲示教；导弹专业完成理论学习、模拟训练和战术行动等课目的示讲示教；应急维稳专业完成警棍盾牌术、擒敌拳、防暴队形与行动等课目的示讲示教；防化专业完成基础知识、专业防护器材和单兵化学侦察等课目的示讲示教。通过集训，理清重点分队教学组训的思路，提高各单位教练员的教学任教水平，为年度民兵军事训练奠定基础。

【抗灾保粮夺丰收工作】 8月30日，台风“布拉万”过境长春，部分县（市、区）庄稼遭到严重破坏，为贯彻落实省、市关于“抗灾保粮夺丰收”的指示精神，8月31日15时紧急召开“支援地方抗灾保粮夺丰收”电视电话会议，研究部署任务，明确责任分工，提出具体要求。警备区及所属10个县（市、区）人武部启动应急响应机制；建立与市、县两级农业部门的沟通联系机制，准确掌握辖区受灾情况；下达支援地方抗灾保粮行动命令，做好支援准备。全区出动民兵应急分队9支2 280人次，抢救庄稼86.67公顷。德惠市、九台市、双阳区人武部组织的“支援地方救灾保粮夺丰收”的情况在中央电视台7套、新闻频道播出。

【应急处突演练】 结合军区战备值班系统处置突发事件演练和省军区“感恩吉林人民、奉献第二故乡”教育实践活动，4月13日，长春警备区以参加地方植树会战为课题，组织了全员、全装、全要素实案化应急处突演练。严格按照受理突发情况、启动应急机制、定下行动决心、指挥控制部队、进行善后工作五个阶段组织实施。出动师团两级应急指挥机构6个、民兵应急分队5支、750人；指挥车16台，运输车15台，圆满完成新立城水库40公顷177 760株树苗的植树任务。召开由警备区常委、人武部主官参加的任务协调会；先后两次组织现地勘察，进一步细化明确任务、行车路线、卸载地域等；张贴标语、悬挂条幅60余条，安插彩旗120余面；植树过程中现地进行了技能培训，提高树苗的成活率。

武警战士森林巡查

【年度新兵征集】 2012年全市征集新兵3 250人。其中，解放军2 220人，武警部队1 030人。所征集新兵中，大专以上学历338人，其中，在校大学生264人；高中毕业文化程度2 247人，初中毕业文化程度705人；党员13人，共青团员1 628人。

（王 野）

武警长春市支队

【执勤战备工作】 全年圆满完成农博会、东博会、党和国家领导人来长住地警卫以及国庆节、十八大期间城市武装巡逻等临时性勤务142起，确保了中心工作万无一失。投入20余万元，为警卫分队配备了防爆、阻燃、安检、阻截、防护等10种装备器材，成功处置上访和危害目标安全事件366起，完成临时勤务268起。

【综合保障能力】 提高保障能力。定期组织基层中队司务长进行岗位轮换，重点培训财务和粮秣管理方法，加强战地野炊、战伤救护的训练演练，通过圆满完成涉日处突准备和前置保障任务，锻炼了综合保障能力。规范后勤管理。开展伙食专项整治活动，解除了11个无经营资质业户的供送关系，在两个中队抓了伙食管理试点，邀请南湖宾馆等级厨师为炊事员示范面点厨艺和小咸菜腌制，提高了伙食的综合保障质量。完善配套设施。协调执勤对方和争取财政投入2 000多万元加强四配套建设，新建了2个中队，改造了13个中队。

（宋 蕾）

人民防空

【组织指挥工作】 建立了人防指挥数据库，对周边国家基本情况、人防工程、通信警报、人防专业队伍、重要经济目标等信息进行了收集录入。在德惠新建疏散基地1个，总占地面积2 100平方米。社区与村屯对接试点工作全部结束，6 500名社区居民参与了“人对户”对接。一汽集团、市广电中心进行了重要目标防护试点建设，对防护力量组建、重要目标伪装、加固方法等进行了探讨，防护预案和抢险抢修计划完成。各地完成了年度专业队整组，全年组织了64人次的防化专业队脱产集训。

【信息化建设】 与北京国遥新天地公司共同开发了人防三维地理信息平台，并与原有的人防综合信息管理系统进行了数据共享。市级人防卫星地面站全面建成，在多次大型演习中进行了实践检验，使用效果良好。朝阳、宽城、绿园、双阳、德惠、农安等地区全部安装了视频会议系统，已开通使用。全年新增电声警报器10台，升级改造警报器无线统控系统85套，全市警报网覆盖率达95%以上，完好率和统控率达96%以上。

【防护工程建设】 全年安排工程建设(加固改造)项目8项，计划投资355万元，竣工工程质量全部合格。九台市站前人防商业街工程完成主体建设。农安县德彪街地下工程完成前期准备工作。全市建成防空地下室48项，建筑面积万平方米，比2011年增长35%，超额完成年度目标任务。

【工程维护管理和开发利用工作】 全年投入70万元，对20余项人防工程进行了维修，保证了人防工程处于良好的使用状态，工程维管率和完好率分别达到97%和85%。各级认真组织防火防汛安全检查、培训和演练，全年组织消防安全检查5次，消防培训2次，消防演练7次，保证了全市平战结合工程的使用安全。全市开发利用人防工程完成产值(营业额)5.8亿元，上缴税金2 400万元，实现利润6 800万元，平战结合收入3 500万元，安置从业人员11 000人；新开发利用早期工程2项，人防工程利用率达80%。

【城市防空袭演习】 落实沈阳军区人防办和省人防办关于搞好人防应急准备，组织了“9·18”城市居民紧急隐蔽演习。采取市与区县互动和网上观摩的方式，以练定位、练程序、练角色、练衔接、练能力为目标，演练了防空袭准备、空袭预警和紧急疏散等3个阶段的组织指挥程序和遂行任务的行动能力，实现了上下联动、多层互动和协同行动。

【人防宣传教育】 全市各级采取点上正规教育和面上宣传普及相结合的方法，深入开展宣传教育活动。特别是在“9·18”期间，通过召开座谈会和主题报告会、发表领导讲话、开设报刊专栏、举办知识竞赛、布展板画报廊、发放宣传单等丰富多彩的形式，充分展示人防建设成就，大力普及人防法规及防空知识。市本级在二道金橄榄社区新建一处基层人防干部教育培训中心。绿园、二道完成了6个社区宣传站的建设任务，站内设置了人防报刊、书籍、碟片和挂图。各区县全部制作了人防网页，人防宣传进网络工作取得新进展。各级认真贯彻《吉林省初级中学人民防空知识教育暂行规定》，完善教育标准，落实教育计划，全市97所中学，2万多名学生接受了人防知识教育，开课率、考试及格率100%。

(陈英义)

政　法

综　述

【社会稳定】 全市政法机关严格按照"五个必须"、"六个大力"和"五个坚决防止"、"五抓"的工作要求,完成了党的十八大等重大会事、敏感节点的安保维稳任务。在全市建立"百姓说事点"2 538个、调解组织2 560个,排查调处各类矛盾纠纷17 250件。开展涉法涉诉信访集中化解稳控攻坚活动,中央政法委、省联席会议交办和自排查的251件涉法涉诉案件全部按时化解。出台了《关于依法处置非正常上访行为的意见》,对涉稳案件、上访重点人逐案逐人建立信访档案,依法对83名无理闹访、串联闹事骨干分子采取了强制措施,到省进京非正常访数量显著下降。在十八大期间,长春市进京非正常访零登记,进京集体访零登记,有影响的事件零发生。

【服务发展大局】 组织开展"政法部门包百企、政法干警进万家"活动,出台了"服务小微企业发展"、"服务工业集中区"、"服务文化产业"等工作意见,通过开展"同心·律师服务团"、"优秀企业升级"、"重点领域服务拓展"、"法律体检"等法律服务活动,在930个小微企业设立了法律顾问,为企业起草、审查合同近万份,出具意见书5 000余件。强化政府法律顾问工作,2012年三级政法法律顾问团参加政府各类会议106次,出具法律意见书53件,完成交办任务85件,避免经济损失3 000余万元。有效开展法律援助,积极为弱势群体提供法律援助,与全国43个城市建立了城际间农民工法律援助协作机制,开展"法律援助为民服务创先争优年"、"便民服务示范窗口"创建活动,完成法律援助案件1 412件,受援人数达到1 502人。严厉打击各类经济犯罪,围绕八大类98种经济案件展开全面攻势,经济案件立案数、破案数达到2 160起、1 171起,分别提高928.6%和691.2%。成功查破"2·09"东盟集团非法吸收公众存款案,案件侦办和维稳工作取得良好社会效果、政治效果和法律效果。

【社会管理】 调整充实了市社会管理综合治理委员会,将市直50个部门纳入成员单位,建立了市县乡三级领导体制。推广了以基层党组织为核心的社区"1+4"和农村"1+5"社会管理组织模式。将全市划分为12 400多个网格,逐个落实了管理人员和工作责任。长春市成立的11个社会管理专项组,推动解决一大批重点难点问题,在流动人口服务管理、帮助特殊人群融入社会、"两新组织"和虚拟社会服务管理等方面实现了整体推进、重点突破。各地各部门创造了街道社区一体化、村民代办员、"幸福无线社区"等一批新经验,受到了中政委、省委政法委充分肯定。长春市被确定为全省社会管理创新综合试点后,各项工作取得了新的成效,在全省社会管理综合治理工作会议上,重点介绍"推行三化模式、创新社会管理"的经验做法。

【平安建设】 按照"治市必先治安"要求,深入推进平安创建活动。在全市集中开展了打击"两抢"专项斗争、"查禁黄赌毒"等治安整治行动。推进"清剿火患"行动,集中开展了弃管楼、养老机构、学校商圈、在建工地火灾隐患整治活动。健全完善了社会治安防控体系,夜治安巡逻、街路治安、警务责任区、群众志愿者、视频监控、单位内部"六张治安防控网"逐步完善。563个重点要害单位的内部治保组织、保卫人员、技防设施配备率100%;"天网工程"一、二期建设圆满完成,新增监控探头17 440个,协助破案409起;配备社区保安员4 292人,指导组建群防群治队伍1 472支。相继组织开展了为期100天的冬季治安整治会战和大要案攻坚活动,全市破获刑事案件7 755起,抓获犯罪嫌疑人8 064人,一批有影响的案件成功告破。2012年,全市见警率提高28%,110有效警情比2011年下降31%,"两抢一盗"等可防性案件比2011年下降19.1%,群众安全感满意度达90.19%,比2011年上升2.19%。

【队伍建设】 加强了政法机关领导班子建设,市委政法委进一步细化了协管干部工作程序,强化了党委政法委协管干部职能,推动了各政法部门和县(市)区委政法委进一步优化班子结构、提高班子能力、增强班子活力、促进班子和谐。

加大对先进典型的选树和宣传力度，建立政法人才库，第一批评选、命名和表彰了54名政法杰出人才。积极向社会各界宣传推介翟树全、吴亚琴、交警特勤大队的先进事迹，较好地发挥了典型的示范、引领作用。强化了对政法队伍的监督管理，推进执法规范化建设，进一步健全细化侦查、起诉、审判等执法活动的规章制度，大力推行“阳光执法”。恢复设立了市政法纪工委，加强对执法司法权力比较集中的领域、岗位、环节的监督管理，有效促进政法干警公正廉洁执法。

（李志国）

公安民警盘查无照摩托车

公　安

【治安防控体系建设】 治安防控体系建设深化拓展，人民群众安全感满意度继续提升。2012年，全市110刑事警情比2011年下降16%，治安警情比2011年下降40%，刑事案件立案数比2011年下降13.3%，市委政法委组织调查市民群众安全感满意度为90.19%，比2011年提高了2.19个百分点。中国社会科学院“2012《公共服务蓝皮书》”发布全国主要城市满意度评价情况及排行榜，长春市公共安全满意度排名第七，在省会城市中排名第四，在北方城市中排名第一。坚持夜治安巡逻、白天警务责任区、交警街路防控“三张网”基础地位不动摇。“两抢一盗”可防性案件比2011年下降24.12%。交警街路防控深化勤务模式改革，下沉下派机关警力210名，路面管控时间增加20%。全市重点抓了646家要害单位内部防控网建设，内部单位治安保卫组织和保卫人员配备率、技防设施安装率达到100%，建立标准校园警务室650个，旅馆业、网吧业实名登记率分别达到100%和98%。“天网工程”一、二期建设圆满结束，年内全市建设公共部位监控探头1 691个、社会监控探头15 845个，监控探头总数达到12.6万个，协助破案667起，抓获犯罪嫌疑人170人。启动建设以电子警察、车辆卡口轨迹、治安监控“三合一”智能视频监控系统为主的三期工程。群防群治网逐步加强，争取政府公益岗位支持配备社区保安员4 281人，招录协勤员360人，物建楼栋单元长14 658人、信息员14 404人，指导建立社区（村）治保会2 116个，组建群防群治队伍1 472支，协助公安机关化解矛盾纠纷4 126起，提供破案线索914条，治安防范的群众基础更加坚实。

【严厉打击犯罪】 组织开展了冬季治安综合整治会战、打黑除恶、命案攻坚、打击“两抢一盗”、打击扒窃犯罪等专项斗争，全市破获刑事案件14 858起，打掉犯罪团伙164个，抓获犯罪嫌疑人8 882人。特别是为期100天的“冬季治安综合整治会战”开展12个专项行动，取得了空前战果。成功打掉盘踞在朝阳区富峰镇欺压百姓的马殿军、跨省作案王佳宝、冒充警察“狼帮”等黑恶势力团伙。年内命案现案破案率达到96.3%，创历史新高，一杀两人以上命案积案和现案全部破获。破获了省市领导高度关注的‘“2·23”市人大代表被杀、经开区“4·25”特大抢劫金店、“11·10”绿园区一杀三人等一大批具有广泛社会影响的恶性案件。坚决压住抢劫、抢夺特别是驾摩托车抢夺犯罪案件高发势头，“两抢”案件立案数比2011年下降36.2%，现案破案率提高21.8个百分点。“破案清网”行动力度空前，重点围绕2010年以来未破积案开展破案攻坚。

【维护社会政治稳定】 百人以上群体性事件预警随访率100%。妥善处置多起涉日游行聚集活动，未发生打砸抢烧违法行为。全市没有发生影响政治稳定的重大事件。圆满完成党的十八大、省十次党代会、全国全省全市“两会”，农博会、汽博会、民博会、电影节、东博会、中国企业500强峰会，元旦、春节、“五一”、中秋、国庆、中考、高考、国考等重大会事、节日的安保工作，执行安保任务355次，得到上级领导批示肯定及相关会议代表的普遍赞誉。

【社会治安整治】 保证安全隐患排查整改到位，有力确保公共安全。推进落实“安全建设年”活动、民生行动计划，彻查彻改安全隐患，最大限度减少群死群伤灾害事故。全年道路交通事故起数、死亡、受伤、财产损失数分别下降49.9%、15.8%、57.5%和70.8%，火灾事故起数、死亡人数、财产损失数比2011年分别下降35%、88.9%和46.1%。全市实施3期交通调流，查处涉牌涉证、酒后驾驶等交通违法行为247.9万件，排查治理隐患单位75家，国省道、县乡公路安全隐患整改率达到91.42%。推进2轮“清剿火患”行动，开展八大商圈、人员密集场所、弃管楼、建筑施工工地、“十小场所”专项排查整治行动12次，全市排查单位2.04万家，发现火险隐患4.1万处，整改4.06万处，重大火灾隐患销案47处，查封431家，责令停产停业停止使用293家。全市开展7次“治爆缉枪”集中统一行动，收缴枪支1 073支、子弹8 576发、仿真枪2 923支、管制刀具6 593把。有效整治治安乱点15处。整治存在安全隐患和涉黄、涉赌问题的行业场所671家，收缴赌博机1 127台(件)，取缔非法经营场所58家。

【创新社会管理】 社会各界对公安机关窗口单位服务满意度达到97.03%。全市共帮扶“三重一小”企业2 100家，主动走访，联系包保，现场办公，征求意见和建议28条，帮助整改安全隐患300处，设立驻企警务室21个，为企业挽回经济损失1 000余万元。在打击经济犯罪“破案会战”中，经济案件立案数、破案数分别达到2 143起、1 159起，比2011年提高802%、573%。成功查破“2·09”东盟集团非法吸收公众存款案，涉案金额11亿元，案件侦办和维稳工作创全省之最。推出便民利企措施，主动放宽审批条件，简化审批程序，缩短办事流程，开辟绿色通道，推出便民利企措施42条。

【公安队伍建设】 队伍正规化建设不断深化，公安机关整体素质和战斗力明显提升。开展践行人民警察核心价值观、“形象建设年”、“基层组织建设年”、“查找改”等主题教育实践活动。开展“三访三评”深化“大走访”活动，走访企业单位5 940家、群众239 926人，帮扶困难群众18 207人，为群众解决实际困难18 207个。执法规范化建设深入推进，全局27个单位通过全省执法示范单位验收。开展“机关纪律作风教育整顿”，涉案人员非正常死亡、乱收费、吃空饷等专项整治活动，坚持开展警规警令教育，加大违法违纪案件查处力度。制定出台《长春市公安局从优待警13条措施》，落实了增加民警货币性收入12件实事。成立“长春市公安民警”优抚基金会，资助烈士、因公牺牲民警家属、重病、伤残民警、特困民警共计381人，发放救助资金390.2万元。建立大病民警帮扶救助制度，对51名重病、伤残民警进行救助，救助资金达到128万元。完成全局8 537名民警体检工作。树立以实绩论英雄的工作导向，建立了科学的考核指标体系，全市表彰集体550个，个人10 100人次。

（鲍彦名）

【交通管理工作】 **街面见警率明显提升** 交通民警在早晚高峰、节假日等重要时段、交通结点，始终坚守在缓堵保畅第一线。实现基层警力最大化。在全队总警力没有任何增加的情况下，大力强化警力挖潜措施，下沉机关警力37人，分批轮岗下派173人，全部充实到一线路面，最大限度地增加路面执勤力量。实现警控覆盖最大化。扩大警控范围由三环路至四环路区域，延长街面有警时间从6时30分至22时，增加3个半小时，一线民警路面执勤时间增加20%。包括现职领导干部在内的非一线民警，每天至少有1.5小时上路，每周1次夜勤，每个休息日奉献半天出勤，最大限度地提升了路面见警率。实现重大安保任务零差错。针对暴雨雪等极端恶劣天气，启动一级安保勤务预案13次。重点围绕党的十八大交通安保、省市“两会”安保、各类展会安保、沿街校园安保等任务，超常投入人力、物力、财力，确保实现了不发生重大有影响交通事故和不发生严重越级上访事件的工作目标。

交通治安执法能力 坚持“一警多能”，“综合执法”，既管交通，又管视线内治安，每个街面固定岗、流动岗都是一警多能的执法岗。交警的街路防控，与夜巡和派出所警务责任区形成了无缝衔接的“三张网”，为打造最具安全感城市作出了重要贡献。稳步推进“三年严管行动计划”。依托冬季交通治安百日会战等专项行动，开展了酒后驾车、涉牌涉证、公交车出租车违法、洒水车“跑冒漏”、驾乘摩托车不戴头盔、车外抛物、文明示范公路创建等专项行动，强化对严重交通违法行为的高压严管态势，净化道路交通环境。全年全队处罚各类严重交通违法行为161.2万件，其中酒后驾车2 443件、醉酒驾车1 830件、超速行驶13.3万件、未悬挂机动车号牌5 543件，行政拘留1 479人，刑事拘留141人。治安防控力度明显增加。在群体性事件预警、盘查可疑车辆和可疑人员等工作，交警街路防控发挥了重要作用。在防范“飞车抢夺”违法犯罪行动中，交警部门严防严查严控，发挥了主力军作用，全年市区“飞车抢夺”发案45起，比2011年(103起)下降44.6%。交警通过路检路查，移送刑事案件565件。执勤执法行为进一步规范。支队狠抓执法规范化建设，在13个大队配备了省级建设标准的执法讯问室，改革了执法质量考评制度，购置了人手一部的移动警务终端，畅通多种执法监督渠道，在执罚力度加大的情况下，信访投诉数量不升反降，文明规范执勤在队伍内部蔚然成风，朝阳大队民警刘宏宇被公安部授予“全国交警系统文明执法标兵”荣誉称号。

为城市建设提供保障 交通组织优化。根据交通实际状况，发布3期交通调流通告，新增单行线36条，规定限左路口50处(59个方向)，设置了1条潮汐车道，重新划定了环路范围，明确了货车分车型分区域限行，大幅提高了区域路网通行效率。交通管理设施投入。针对东盛大街、南湖大路街路实际情况，安装了高矮、材质不同的中心隔离护栏30余公里，有效规范了行车轨迹。升级了西解放立交桥等主要街路交通标志进行，强化指示功能，维护三环路以内200余处交通标志，新安装交通标志1 050面。施划人民大街等210条街路交通标线，总面积达55.7万平方米，施划25条街路热熔标线，主次干道标线施划率达100%、支路标线施划率达95%以上。交通应急保障能力提升。制定交通应急处突工作预案，完善“黄、橙、红”三级响应预警机制，高效处置了省实验在建楼房火灾等突发交通警情。

安全防范 确保实现不发生一次死亡10人以上、死亡3人以上环比，事故总量、万车死亡率比2011年均下降的工作目标。全年全市共发生一般程序以上交通事故1 150起，死亡551人，伤

市政府召开缓堵保畅动员誓师大会

1 023 人，直接经济损失 1 587 万元，比 2011 年分别下降了 40.75%、1.43%、52.22%和 76.32%，交通安全形势持续平稳。特色宣教。市支警支队牵手市文明办，在每周五文明行车日、每周二交通劝导日，累计组织志愿者 5 400 人次，劝导制止交通违法 27 万人次。支队牵手驻长十六集团军，开展“喜迎十八大、军警民三联保畅通、共创幸福城”活动，强化军车治理。支队牵手市教委，上好“护学课”、搞好“安全体验”、编写宣传漫画，举办主题涂鸦活动，得到了公安部交管局的充分肯定。支队牵手市妇联，扩建了交通安全情景教育基地。支队牵手 108 中学，在 3 000 平方米交通实景展示区基础上，安装了竞技互动游戏设备。支队牵手驾驶员培训学校，开展了讲事故案例、讲应急处置、讲职业道德、讲安全责任“四讲”活动。支队牵手大货车协会，使 3 000 多台大货车主动降箱至 1.2 米，大货车违法事故比 2011 年下降 53.7%。排查整治，消除不安全因素。支队建议市政府召开交通安全会议，协调联络政府 20 余家成员单位，落实各自职能。事故“黑点”，3 次召开县(市)事故预防现场会，建议县(市)区政府保证整治措施落实到位。每月召开事故分析研判会，总结规律特点，提出针对性的防范措施。全年排查治理隐患单位 75 家，排查问题 606 项，整改率 91.42%，落实治理资金 150 万元。宣传教育提升安全素质。支队与新华社、中国新闻网、中央广播电台、腾讯网及省市多家媒体共同建立了“交通新闻信息媒体联盟”，及时、正面、如实地报道交管信息、实时路况。移动收听率占 80%以上的交通之声广播电台，加大路况信息的发布频次，支队长热线成为驾车人必听的精品栏目。支队精心推出的《解码交通》，荣获了公安部颁发的全国文明交通活动评选优秀奖。改版后的长春交警网站，点击率比 2011 年提升 14.8%。手机短信平台用户增加 24.6%。支队官方微博荣获新浪网“全国政务机构微博影响力第三季度飞跃奖前 20 名排行榜”全国第一名。

社会服务管理 提升车管服务档次。车管所全面推行咨询服务、引导服务、代办服务等，整合工作流程实现“一窗式、一站式”服务，设置了 LED 大屏幕显示装置，购置了交通业务自助终端机。支队投入 800 多万元，完善驾驶员考试和车辆检测监控系统，考场、考车、检测车辆情况实时监控。科目考试全部使用电子考试系统，杜绝人工评判。为满足考生积压的实际需求，购置考试车 34 台，微机 178 台，新建路面分考场，外设 4 家社会化考试场，下放科目一考试权限。《致初学驾驶人的一封公开信》向社会公布考试费用、流程、标准等，考试服务质量全面提升。便民服务举措。支队先后推出流动车管所、增设体检线等 15 项便民措施。完善 11 处交通管理服务站职能，使服务半径在市区 5 公里以内。条件成熟的汽车品牌专卖店实行“带牌销售”。由于工作流程无法在当天办结的业务，实行邮政速递代办，将办结的业务单直接邮寄至群众指定地点。群众还可在网上预约考试、新车选号、违章查询、业务咨询等。新增 4 处交通事故快处快赔服务中心，知名律师、事故仲裁、人民调解、保险定损人员进驻，实现交通事故快速处置“一站式”服务。矛盾纠纷化解。支队排查信访案件 36 件，息访化解 35 件，结办率达 97.2%。特别是在十八大安保期间成功化解了一批历史积压疑难信访案件，信访稳控工作得到了上级机关的充分肯定。交通肇事逃逸案件发案 93 起，侦破79 起，侦破率为 84.9%。立逃上网人员 7 人，抓获网上逃犯 12 人。市长公开电话、支队长信箱投诉回复率达 100%，群众满意率 98.9%。

队伍建设 提升队伍活力。支队班子先后召开班子(扩大)会 33 次，共同研究决策。支队召开各处、队一把手参加的队务会 67 次。以“形象建设年”为主线，深入开展“端正执法思想、更新服务理念”、“查、找、改”、“纪律作风整顿”等一系列主题教育实践活动。举办书法、绘画、摄影、征文、演讲比赛。二道大队一中队外派站舍装修、安龙泉中队检查站新建、皓月中队检查站修缮目前已交付使用。支队更新了 100 台巡逻车，一线民警配齐了 350 兆手持电台，各大队增配了给养车、酒精检测仪、移动测速仪等设备，装备保障建设不断提升。政治建警促进队伍和谐稳定。支队深入开展党风廉政建设，逐级签订责任书、承诺书，逐级负责，全力筑牢廉政防线。特别是支队取消了专职考试员，建立人员流动机制，坚决杜绝热点岗位发生违纪问题。在狠抓从严治警的同时，积极落实从优待警措施，制定了全年重点落实的 11 件爱警实事，解决民警子女入学、配偶工作、民警住房、特困补助等最受关注的实际问题。

（潘　东）

【消防工作】 创造和谐稳定消防安全环境。提请市政府出台24个行业部门消防工作职责规定，全面确立政府主导的消防安全工作责任制，制定出台长春市消防安全责任制实施、考评和督察办法，将年度消防工作目标纳入政府考核体系。积极开展消防安全“网格化”和社会单位“户籍化”消防管理创新，强势打造南关区社会服务管理中心、欧亚卖场、朝阳分局义和路派出所等一批全国性消防管理试点。建立消防“直通车”服务机制。支队紧紧围绕全市150个重点建设项目，制定了服务大企业、大项目的“四个原则”、“四条建议”和“三项措施”，深入一汽集团、地铁一期工程等大型企业和建设项目现场办公，解决难题700余项。推进消防执法规范化建设。全年检查单位3.1万家，发现火灾隐患5.15万处，整改5.14万处，临时查封596家，三停469家，拘留226人，罚款1 131万元，撤销遗留重大火灾隐患157家，十八大安保期间立案的58家重大火灾隐患全部整改完毕。加强新农村消防队伍建设。召开乡镇消防站建设现场会，总结推广了榆树新立镇专职队建设先进经验，深入推进“一乡一车一站”和“一村一泵一队”，农村灭火覆盖率100%。长春市消防志愿者出租车队荣获全国首届119消防奖先进集体，德惠市岔路口镇义务消防队队长尹维增等2名同志荣获全国首届119消防奖先进个人，德惠市郭家镇志愿消防队荣获全省热心消防公益事业先进集体。普及消防社会化宣传。支队承办了吉林省《消防条例》宣传月活动启动仪式，举办消防宣传夏季攻势、119宣传启动仪式等大型宣传活动，在各级媒体播发新闻、稿件7 000余条，举办32期消防安全培训班，培训2万余人/次。成立全市“96119”火灾隐患举报投诉中心，建立健全举报投诉受理、查处、奖励等制度，发动群众有奖举报身边火灾隐患，受理举报投诉360余件，办结率95.7%，兑现奖金5.19万元。总结推广了榆树刘家小学消防教育、同德社区消防宣传等先进经验。

增强灭火应急救援能力 1.强化攻坚能力。确定11个铁军中队创建试点，配齐配强攻坚力量，合理构架人员组成；年内，特勤一中队完成了二星级创建任务，长春大街等10个中队达到了一星级创建标准，在全省率先超额完成了年度创建任务。支队全年共完成灭火救援战斗任务2 934起，抢救遇险群众717人，抢救财产价值1.4亿元。成功处置省实验中学逸夫楼火灾、南湖新疆学生溺水打捞救援行动、市滑冰馆氨气泄漏事故等20余个大型灾害现场，圆满完成十八大、涉日维稳、农博会、汽博会、电影节等30余次大型消防安全保卫任务。2.提升练兵水平。坚持全员参训，全员练兵，开展全员岗位大练兵比武竞赛。举办体技能比武竞赛7次、阶段考核6次、耐寒训练28次，开展器材装备一口清、大队指挥员六熟悉视频考试、业务理论网络考试等业务技能竞赛9次，举办各类业务培训24次。3.战训基础工作。开展建筑消防设施调查摸底测试演练、灭火预案制定规范化、商圈摸底调查等专项行动。建立系统的“六熟悉”工作模式，将熟悉演练时间提高到总训练时间的60%；制定出台《防消结合工作规定》，有效整合防灭力量，实行重点单位灭火预案三级联签制，召开德惠现场会，大力推广防消联勤工作模式。全年共开展“六熟悉”2 862次，修订完善各类预案1 359份，开展灭火救援实战演练1 223次，地震和抗洪抢险救灾拉动演练6次，有效增强了部队的实战能力。4.推进部队正规化建设。开展“抓机关、强基层、转作风、解难题”教育整改、安全“五无”创建、专题纪律作风整顿活动，确定6个正规化管理试点单位，运用行政车辆GPS定位系统和营区电子岗哨管理系统，加强对人员、车辆、营区的安全管控。

长春支队与中油吉林长春销售分公司北油库联合举办大型消防灭火救援实战演练

提升科学发展水平 全面升级装备建设。组织开展器材装备建设规划评估论证工作，全面评估全市消防装备建设能力和致灾因素，科学制定未来五年消防装备建设规划。投入2 906万元，购置执勤车辆7台，订购了72米云梯消防车、大型排烟消防车和大功率涡喷消防车即将装配部队。投入1 534万元，购置器材装备12大类197种5 200余件套。不断改善营房建设。建设繁荣路消防站、新月消防站和战勤保障物资储备库，一次性为战勤物资保障仓库争取增加了近8 000平方米占地面积；对新月消防站、南湖大路消防站等8处消防站进行置换和装修改造。建造长春市首座10层多功能训练塔，新建消防水鹤10部，消火栓29个。推进信息化建设。重点打造了5个信息化建设试点大队，投入988万元专项经费，完成灭火救援指挥系统推广部署、消防信息综合集成系统建设和移动办公、执法终端建设任务；投入532万元专项资金，购置动中通卫星通信指挥车，实现了在灭火救援实战中随时将现场图像和语音通过卫星、3G 等无线传输媒介传输到上级指挥中心。

（米　鑫）

检　察

【依法打击刑事犯罪】 全面贯彻宽严相济刑事政策，做到“严到位、宽适度、重化解、讲效果”，结合检察职能，认真落实维稳责任。配合公安机关深入开展“清网追逃”、打击“地沟油”等专项行动。全年批捕 5 012 人、起诉 7 504 人，对轻微犯罪不批捕 878 人，不起诉 678 人。对于重大敏感案件，认真做好风险评估和释法说理工作，切实把化解矛盾贯穿于执法的全过程。全市两级院在省第十次党代会和十八大召开前对 114 件重点信访积案进行了彻底清查，严格落实领导包案制，检察长亲自督办、亲自协调、落实稳控措施，确保了重大敏感时段长春市涉检进京访零登记。

【查办和预防职务犯罪】 立案查办贪污贿赂案件 248 人、渎职侵权案件 206 人，比 2011 年分别上升 15% 和 50%。其中大案 266 件、要案 29 件。注重侦、捕、诉环节相互配合、制约，一手抓办案，一手抓结案，形成联动工作机制，有效提高办案效率和案件质量，侦结率、起诉率、有罪判决率分别达 100%、99.5% 和 98%。两级院把预防工作摆在更加重要的位置，全市已有 4 个院更名设局，结合办案举办预防职务犯罪讲座 246 次，帮助 25 个发案单位建立完善管理制度，开展预防调查 93 次、行贿档案查询 1 752 次。

【诉讼监督工作】 依法监督侦查机关立案 64 人、撤案 45 人；纠正侦查机关办案程序违法 195 件，纠正漏捕 136 人、漏诉 294 人；监督违规减刑、假释、暂予监外执行 57 人；提出刑事抗诉 97 件、民事行政抗诉 71 件、再审检察建议 74 件，督促起诉国有资产流失案件 29 件。

【队伍建设】 制定《加强党组自身建设的意见》，完善了党组会、检委会、办公会决策机制，推进了班子建设进一步规范化。两级院党组组织全体检察人员深入学习十八大精神，开展“强化政法干警核心价值观，加强检察队伍形象建设”教育实践活动。通过开展“大排查、大走访、大接访”、“三深入、助春耕”、“百姓心中检察官”和“百姓心中检察院”评选活动，两级院共帮助 32 个基层党支部、54 名困难党员、165 名困难群众。积极开展形式多样的机关文化活动，全国检察机关文化建设工作会议在长春召开，高检院副检察长胡泽君、政治部主任李如林及全体代表参观了朝阳区院。市直机关党工委在市检察院机关召开了文化建设现场会，展示了市院机关思想文化建设成果。朝阳院被评为“全国精神文明建设先进单位”和“全国检察文化示范院”，市院和绿园、南关、宽城院被评为“全省精神文明建设先进单位”。“感动长春劳动模范”刘亚莉、“长春青年五四奖章”获得者张春雨等一批先进典型在本职岗位建功立业，向社会传递检察正能量，提高了检察机关的执法公信力和社会满意度。

【服务经济工作】 1.强化服务理念。邀请市政府有关领导和专家学者作报告，邀请企业负责人座谈，使广大检察人员及时了解当前经济发展形势，了解全市经济社会发展规划和目标，引领检察人员牢固树立“只要有利于发展，只要不违背法律，就坚持主动服务不动摇”的服务理念。坚持把检察工作放到全市工作大局中来谋划和推进。2.突出服务重点。围绕市委确定的“三化”、“三动”、“三大板块”协调发展、工业和服务业“双拉动”增长等重大战略，坚持“内抓预防，外创环境”，寓监督于服务之中，积极帮助解决项目建设中的法律政策难题。3.拓展服务领域。围绕全市加快转变经济发展方式主线，树立“助大扶小”和“平等保护”的理念，把支持民营企业和小微企业发展作为服务大局新的结合点和切入点。按照市委政法委的部署，市院联合市法院开展了“包百企”服务活动，与 104 户企业建立对接联系，积极提供法律服务，降低经营风险。在广泛调研的基础上，制定了《关于服务小微企业发展的工作意见》，全市检察机关与 307 户民营企业和 360 家小微企业建立了示范联系点，提高服务工作的针对性。

【自身监督】 1. 自觉接受党委领导、人大及政协监督。坚决贯彻落实市委及市委政法委的决策部署，自觉地把检察工作置于人大及政协的监督之下，主动汇报工作情况，积极配合人大、政协执法检查和专题调研。成立了服务人大代表、政协委员办公室，认真办理人大和政协交办、转办的案件和事项。通过召开座谈会，代表、委员建议面复会，定期走访，邀请代表、委员视察工作等形式，广泛征求意见和建议，并及时整改，及时反馈，自觉把代表、委员的意见和建议转化为改进工作的动力。2.诚恳接受人民群众和社会各界监督。坚持以公开促公正，以公正促廉洁。严格落实人民监督员制度，聘请人民监督员 101 名，共监督“两类案件”126 件。进一步推进“阳光执法”，深化检务公开，提高执法透明度。市院制定了《检务公开实施意见》，进一步改进公开的方式和程序，扩大检务公开的范围。两级检察院建立了控告申诉接待服务大厅、诉讼参与人投诉接待中心，设立了“检察开放日”，为群众了解、监督检察工作以及方便诉讼提供条件。3.强化对自身执法活动监督。认真开展案件评查和扣押、冻结、处理涉案款物专项检查，不断完善执法规范和行为规范。落实职务犯罪案件审查逮捕程序上提一级改革和讯问犯罪嫌疑人同步录音录像制度，加强对查处职务犯罪案件的内部监督，确保依法办案和保障人权。两级院统一建立了专门的案件管理机构，把强化案件集中管理作为规范执法行为的重要途径。

【检察管理科学化建设】 两级院发挥案件管理办公室的作用，科学化的案件集中管理模式初步建立。以完善绩效考评机制为切入点，市院重新修订和建立了对基层院和机关各处室的绩效考评机制，进一步加强了对市院机关各部门和基层院的工作指导和管理。建立完善了廉政风险防控机制，市院纪检组在机关各党支部设立了纪检监察员，实行双重领导。加大检务督察和查处违法违纪检察人员的力度，进一步强化对自身的监督制约。

（梁峥华）

审 判

【概况】 2012年，长春市中级人民法院（以下简称市中级法院），共受理各类案件79 299件，审（执）结75 662件。其中，市中院受理10 798件，审（执）结10 135件。

【依法惩治刑事犯罪】 审结了涉及重大国家机密的孙天罡、师林华职务侵占案，长春大学原副校长门树廷受贿案，姜仁贵故意杀人、强奸案等。坚持减刑、假释案件听证公开化、教育常态化、帮教一体化，未成年人罪犯教育效果突出，财产刑和民事赔偿义务履行数额比2011年翻番。市中级法院受理刑事案件850件，审结822件，受理、审结减刑假释案件4 947件。

【积极化解民事纠纷】 出台了《关于进一步深化诉讼与非诉讼相衔接的矛盾纠纷解决机制改革工作方案》，探索人民法院参与社会管理的新方式；在医院、交警队、劳动仲裁等部门，及行业民调组织和行政机关设立了联合调解室，力争诉前解决矛盾纠纷。深化诉讼服务中心建设，市中院连续两年立案变更率为零，继续发挥诉前调解、司法救助、法律志愿者服务等功能，推出网上预约立案、上门立案等服务；市中院立案调撤案件36件。市中院受理民事案件1 619件，审结1 510件；受理行政案件354件，审结341件。

【妥善审理商事案件】 超前介入城市大建设大改造，主动提出国有、集体土地上房屋征收工作建议，积极贯彻征地拆迁裁执分离制度，妥善处理全部征地拆迁非诉行政执行案件。围绕文化大发展大繁荣、县域工业集中区建设等主题，推出了一系列支持企业发展、产业振兴、软环境改善的服务举措，开展了“法检包百企”、“服务小微企业”、“服务大局大调研”等活动，扶大、保新、活小。市中院受理商事案件1 694件，审结1 349件，知识产权案件调撤率达53.49%，市中院民三庭荣获“全国法院先进集体”。

【服务和保障民生】 依法维持市工商局对江西精彩生活公司传销行为的处罚决定，省高院将此案件作为全省五大民生案件之一向全社会公布。开展法律进百家、典型土地承包案件审理进村屯等活动，全市法院深入社区、村屯760余次，提供法律服务，倾听群众意见和司法需求。积极开展“大救助”工作，为符合司法救助条件的当事人减缓免诉讼费94.74万元，为22名刑事案件受害人提供救助金47万元。

【化解涉诉信访】 倾力化解信访积案、净化信访秩序。特别是推出启动程序、甄别退出、司法救助、协调联动、依法处置等五种结案方式，实行“离职息访”、“访随人走”、“调岗不调访” 等刚性举措，全市法院471件重点案件停访率79%，其中彻底息访197件，扭转涉诉信访案件居高不下的被动局面，推动涉诉信访形势从趋稳向好到平稳向好的良性过渡，完成十八大司法维稳任务。

【司法机制改革】 继续完善量刑规范化工作实施细则，合理掌握家庭邻里亲属等特殊关系引发案件的量刑，扩大轻微刑事案件和解试点范围，刑事案件和解、调解数量、数额再创新高。全面构建医患纠纷多元调处机制，促进矛盾化解，减轻群众诉累。推进行政首长出庭应诉制度和行政诉讼简易程序改革，探索民事抗诉案件法检联动调解机制。深化执行机制改革，开展创建无执行积案法院、清理党政机关不执行生效判决积案等活动，市中院受理执行案件577件，执结437件；受理执行复议案件134件，审结133件。

【审判管理】 在全市法院开展了“两评查”暨全员岗位大培训活动，分别开展了庭审评查和裁判文书评查活动，干部队伍素质、审判及服务审判能力明显增强，案件质量进一步提高，当事人满意度明显提升。开展了“司法公信提升年”活动，科学设定了9个任务目标，提出了17项重点工作措施，定期督促落实，法院司法行为进一步规范，法院形象进一步提升。开展了“清理长期未结诉讼案件”、“万起案件评查”、“超期办案专项执法检查”、“司法统计工作大检查”等活动，围绕当前存在的突出问题，逐项清理，逐项解决。出台了《全市法院审判管理机制推进工作方案》，进一步完善审判管理机制建设。围绕审判提质增效，定期发布审判质效考评通报，利用审判管理决策支持系统对办案情况进行监督公示。

【人大代表、政协委员联络工作】 邀请人大代表、政协委员视察法院工作和列席审判委员会；开展了人大代表、政协委员“旁听百案庭审、见证百场调解”活动，增进了代表、委员对法院工作的了解和理解；邀请49位代表、委员参加21件信访案件的听证；邀请20位代表、委员参加“两评查活动”。出台了《办理人大代表关注案件的实施细则》，办结省、市人大代表关注案件18件，案件督办工作得到了代表认可。集中向1 000余名市级代表、委员就法院如何实现立案高效快捷、审理公开透明、裁判公平公正等目标征求意见和建议，实现了法院与代表委员的良性互动。新增选38名人民陪审员，进一步提升阳光司法和民主司法；开展“公众开放日”活动，继续为社会各界了解法院工作提供平台。

【完善行政管理】 完成了新办公楼搬迁后的档案整理工作，对市中级法院2002年前的全部卷宗进行了全面整理、微机录入。改革人事管理，开展了机关纪律作风整顿活动，出台了《关于加强机关干部纪律作风建设的规定》，将日常考勤、会议考勤、活动出勤纳入到年终考评项目中。坚持从优待警，政治上关心干警，有16名干警通过竞争上岗走上中层正、副职领导岗位。加强法院安保工作，出台了《全市法院推进安全保障体系建设工作方案》，形成了具有长春法院特色的“九大安全”保障制度体系，有效维护了司法秩序，保障了当事人和法院干警安全。推进和完善财务、后勤管理改革，在做好法院物质保障工作的同时，节约各项开支，建设集约型法院，市中院被评为“全国法院财务工作先进集体”。

【党风廉政建设】 全面实施领导干部问责制度，建立了案件廉政回访制度。开展领导干部廉政主题辅导教育活动，开展廉政主题警示教育活动。丰富法院廉政文化，开展了“五个一”活动。“一日”即每季度最后一个星期三开展“廉政一日”教育活动；“一信”即在重大节日向全院干警发布廉政短信，提醒大家过“廉洁节”；“一画”即不定期在法院内网发布“廉政漫画”；“一刊”即制作《廉政专刊》，已编发19期；“一片”即在法院内网设立了“廉政警示教育片”专栏，供全院干警学习观看。

【加强机关党建】 以“形象建设年”作为开展政法干警核心价值观教育和“人民法官为人民”主题实践活动的具体载体，出台了《关于深化核心价值观教育实践活动全面加强法院队伍形象建设的实施意见》，组织开展了法院干警“包百企、进百家、走基层、大调研”活动，开展了“人民满意法官”、“人民满意法院”创建活动，法官宗旨意识、警民关系明显改善，审判质效和涉诉信访化解力度明显提升。开展了“纪律作风建设年”活动。开展了“深入实际、深入基层、深入群众”服务月活动，发挥党支部的战斗堡垒作用；开展了“服务发展先锋行动”和“改善民生春风行动”，实现了司法公信力、服务大局效果、群众满意程度、审判工作作风和法院干警素养的“五个提升”。深入开展“基层组织建设年”活动，开展“党员先锋岗”竞赛，强化“党员服务示范窗口”建设，保证每个党支部都有活动阵地。积极组织全体干警参加“抗灾保粮”活动。开展扶贫帮困，各党支部共走访慰问帮扶对象74户。市中院被评为“长春市直机关先进直属党组织”、“长春市拥军优属先进单位”、“长春市先进妇委会”、“长春市慈善救助工作先进单位”。

长春中院召开为长春文化发展繁荣提供司法保障新闻发布会

【干警培训工作】 请本院业务骨干授课，集中举办短期业务培训班4期；开展网络培训，有效缓解了工学矛盾；派出276名干警参加国家法官学院和省法官学院举办的38期培训，并将学习成果在院内进行了传授和讲解；召开专题会议开展素质培训，先后召开了全市法院破产审判工作培训会等专题会议，以会代训。开展“审判业务大调研活动”，实行调研成果奖励制度，大大提升了干警调研热情，努力培养研究型、专家型法官。

【文化建设】 出台《关于进一步加强全市法院文化建设的意见》，制定全市法院《2013年——2015年文化建设工作规划》，明确法院文化建设总体目标。开展“我的岗位我负责、我的工作请放心”演讲比赛、“榜样就在我们身边”征文、“强理念、树形象”知识竞赛等活动。推进法院荣誉展室、文化长廊、廉政长廊建设，将法治文化、法律文化融汇到新建审判综合楼的建筑布局中，培育良好的法院精神和文化氛围。在电视、广播、报刊、网络等各级各类媒体共发表稿件419篇次，播出《百姓与法》节目47期，长春法院网站点击量达86万余次，已经构筑起报刊、网络、电视齐头并进的良好宣传格局。

【先进典型选树工作】 组织优秀法官报告团在全市法院进行5次巡回报告。选树了24名“翟树全式好法官”。农安法院哈拉海法庭翟树全被最高法院评为“全国模范法官”，被央视评为“2012年度法治人物”，被吉林省委、省政府授予“公正爱民法官”荣誉称号，被长春市委评为“创先争优优秀共产党员”，被农安县委、县政府评为“农安县首届道德模范”。中央电视台新闻栏目“走基层”连续六天对其事迹进行专题报道。省委书记孙政才，省委常委、市委书记高广滨，市委常委、政法委书记王振华专门作出批示，号召省、市各级党组织、党员干部和广大群众开展向翟树全学习活动。

（吴　丹）

司　法

【监狱劳教工作】 把“十八大”安全保卫工作作为重中之重来抓，加强监区（大队）基层基础建设，组织开展监所安全稳定百日排查整治活动，建立了局领导包监所、监所领导包监区（大队）责任制，注重狱情、所情研判，强化警务督察和应急演练，狠抓各项监管措施和制度落实，确保了监所的持续安全稳定。认真贯彻落实监管工作“首要标准”，推进监狱“三化”建设，创办劳教特色，扎实开展“三课”教育、职业技能培训，教育转化质量进一步提升。“一狱三所”连续第10年实现“四无”目标。

【法律服务工作】 围绕服务全市经济平稳较快发展，精心组织开展了“同心·律师服务团”、“法律体检”、服务小微企业等专项法律服务活动，积极介入全市项目建设、民生工程、企业发展、城市建设等领域，全市律师、公证、司法鉴定机构办理案件12万余件。全面强化三级政府法律顾问工作，参加政府各种会议163次，出具法律意见书68件，完成政府交办任务289件，避免经济损失近2亿元。“148信息网络平台”登陆30万人次，受理法律咨询6 000余人次。圆满完成了国家司法考试长春考区7 537名考生的考务工作。

【普法工作】 突出抓好领导干部、公务员、青少年、企事业经营管理人员、农民和流动人口、特殊人群的法制宣传教育，深入开展“法律六进”、法治文化建设年、“走基层、送温暖、促春耕”法制宣传月、“12·4”法制宣传日等活动，组建普法小分队1 800个，培育建设法治文化示范点30个。深入推进法治长春创建年活动，建立健全了考核评估体系，命名表彰57个模范法治乡镇(街道)、159个“民主法治示范村(社区)”，7个村荣获国家和省“民主法治示范村”称号，公民法律素质和全社会法治化管理水平进一步提高。

【特殊人群管理】 认真落实社区服刑人员监督管理、教育矫正、帮扶救助任务，在全省第一个探索成立了区级社区矫正管理局。积极构建刑释解教人员从监所到社会帮教组织的“一体化”帮教安置体系，落实必接必送工作，在全省率先建立了包括3家省级彩虹基地在内的41个过渡性安置基地，对社区矫正和刑释解教人员困难家庭实施帮扶救助。全市累计接收社区服刑人员3 808人，按期解除1 541人，在册矫正2 267人，再犯罪率为零。信息接收刑释解教人员2 229人，衔接率达88%，安置率达87%。

【人民调节工作】 积极探索建立医疗纠纷等行业性、专业性、区域性调解组织，扎实开展矛盾纠纷“大排查、大调处”活动和矛盾纠纷零激化行动。全年受理人民调解案件24 647件，成功办理24 399件，调解成功率达到98%。排查矛盾纠纷7 531次，预防纠纷6 291件，全市实现零激化的村(社区)达到1 903个。按照“三统一”、“两规范”、“一选拔”标准，在城乡群众经常聚集的地方建立“百姓说事点”2 538个，全面推行以区司法局为核心、司法所为统领、自然屯、独立小区和街路为基本网络单位的网格化管理服务新模式，全市共建立网格1 896个。

【服务民生工作】 开展“法律援助为民服务创先争优年”活动，拓展援助范围，降低援助门槛，推行“点援制”、设立“便民服务窗口”等措施，为社会弱势群体提供便捷的法律援助。完成法律援助案件2 812件，受援人数2 902人次。研究制定了10条惠民便民利民服务举措，推行政务公开，全面清理和规范12项行政权力，完成审核及年检注册等审批事项717件，办结人大代表议案1件。

【幸福长春调研工作】 有针对性地服务保障幸福长春建设，选定司法行政12个重大调研课题，采取局领导包题、部门领题等办法，组织开展了为期两个月的集中调研活动，召开了县(市)区司法局长座谈会，深入到直属单位、县市区、法律服务机构等基层单位调研，形成各类调研报告31篇。

【干警队伍建设】 组织开展政法干警核心价值观主题教育活动和“基层组织建设年”、“形象建设年”活动，完成了对基层党组织的考核评价和分档定级工作。为净月监狱等3个单位和16名个人记三等功，政务信息、档案保密、后勤保障、计财装备、老干部等工作也都取得了新的成效。2012年司法局先后被司法部授予法律援助工作、国家司法考试工作先进集体和人民调解宣传工作先进单位，被省委、省政府、省军区评为吉林省爱国拥军先进单位，被省司法厅评为“幸福尊严法律援助应援尽援活动”先进集体。市司法局行政审批办被省司法厅评为先进集体。省司法厅在宽城区召开了“三服务”工作现场会。继宽城区之后，二道区被评为全国法治县(市、区)创建活动先进单位。37个基层单位、60名个人受到司法部和省司法厅各类表彰。“百姓说事点”成为司法行政系统基层服务群众品牌，受到中央政法委、司法部和省司法厅的肯定。

(熊 强)

城建 环保

综 述

【城市立体化交通体系】 "两横三纵"快速路，全长94.1公里，2012年动工66.5公里，建成23.1公里。亚泰大街跨繁荣路、跨自由大路立交桥竣工通车，创造在地面交通不阻断情况下，施工用时最短的范例。机场大道、吉林大路东延长线、硅谷大街与绕城高速互通立交桥、解放公司物流专用通道、永春区域路网等主干路及节点工程相继启动。安龙泉互通立交桥建成通车，突破长东北方向的交通瓶颈。地铁1号线一期工程进展顺利，15座车站中，1座已经建成(长春站北广场站)，11座正在建设，将于2015年建成通车。地铁2号线沿线拆排迁正在进行，一期工程已先期展开，西客站南北两侧的袁家店站和西兴站试验段开始施工，解放大路交叉换乘站与地铁1号线同时开工建设，将于2016年底试运营。轻轨4号线全线试运营，实现在临河街站与轻轨3号线的站内换乘。轻轨3号线东延长段工程，从芙蓉桥到伪满皇宫，长4.7公里，可研报告已报国家发改委。北湖现代有轨电车工程，由北三环至高新区北湖湿地公园，全长14公里，省发改委已批准立项，前期工作正在进行。54线有轨电车扩建、改造工程已完成前期工作，其中，工农大路—宽平大路段改造工程，全长1.7公里，主体工程已经完工并恢复运营。长春站换乘中心北广场正式运营。建筑面积9万平方米的南广场已开工建设，将于2015年建成。西客站换乘中心南广场已经完工并投入使用，北广场前期工作基本完成。

【基础设施建设】 供热方面：新建、改扩建区域锅炉房10座，新增供热能力1 020万平方米。建设、改造调峰锅炉房10座，具备调峰能力1 242万平方米。改造供热管网311公里，并网改造分散锅炉房150座。供水方面：按照200万吨日供水能力建设目标，实施9大供水工程。设计能力30万吨的五水厂投产运行。改造供水管网264公里，挽回损失近10万吨。城区日供水能力整体提升40万吨。一水厂改扩建、三水厂提标改造工程正在进行。日供水能力50万吨的六水厂，前期准备工作基本就绪。燃气方面：完成燃气高危管网改造340公里，天然气置换煤制气用户5.9万户，新增燃气用户8.2万户。成立"长春市地下管网综合改造指挥部"，完成3米以上、总长14 000公里市政道路的管线普查，制定综合改造方案。为避免重复施工，结合重点工程建设，对暴露突出问题的部分区域，已先期实施改造。

【生态环境】 伊通河科技生态示范区批准为市级开发区，总长17.9公里的伊通河排水管网改造工程已完成主线改造任务。明沟改造和污水处理工程扎实推进，高新北区污水处理厂通水试运行。垃圾处理能力明显提升。蘑菇沟垃圾场渗滤液储纳池完工，鑫祥垃圾发电厂二期工程运行，医用废弃物处理公司迁建项目试生产，全市生活垃圾无害化处理率由92%提升至93.2%。街路清扫能力大幅提升。新购置49台清扫车、893台电瓶保洁车和222台电瓶收集车，城区主要街路机械化清扫率由21.4%提升至47.2%。大力推进城市绿化。完成21条街路、7个立交桥、63宗大块绿地的绿化任务，全年新增绿地500万平方米。新建、续建10座公园，长东北城市湿地公园和占地18公顷的"百木园"正式开园。积极推进治污减排，认真解决突出环境问题。在全省率先实时发布细颗粒物($PM_{2.5}$)等6项环境空气质量信息，城区环境空气质量达到国家二级标准。对饮用水源地水质实施全指标监测，城区集中式饮用水水源地水质达标率100%。

【办好民生实事】 新建廉租房2 845套、公租房7 800套。截至2012年底，全市累计建成各类保障性住房3.2万套、166万平方米，已分配入住2.3万套。顺利完成8 817户农村危房改造任务。新建商品住房销售均价5 700元/平方米，比2011年下降2.9%。深入开展市容环境综合整治。完成1 221万平方米的"暖房子"改造。努力改善城乡交通条件。新建公交候车亭104座，更新公交车513台，调整延长10条公交线路。新建农村公路1 189公里，改造农村公路危桥49座。

【创新体制保障】 多渠道筹集建设资

金。在城开、润德两个融资平台基础上，新成立长城投资公司。2012 年城建项目实际完成投资 408 亿元，比年初计划增加 79 亿元。全年实际融资 411 亿元(含市场化部分)，保证城建重点项目的实施。征收工作体系更加健全。成立征收工作领导小组及办公室，建立工作推进和法律服务保障"两个体系"，促进工作开展。实行建设系统联席会议制度，建立统一项目计划、统一资金管理、统一工作推进的机制，明确责任主体、投资主体和服务主体，有效地推动工作落实。加强工程质量安全管理。采取定期巡检、随时抽检、每月联检等方式，严把招标、材料进入、施工工艺、竣工验收、工程结算各个关口，对发现的问题进行严肃处理。

【规划与国土保障】 着眼于"长吉图"、"长吉一体化"、"打造中部城市群"的战略背景，启动编制新一轮城市发展规划。新一轮土地利用总体规划获国务院批准，为长春市新增建设用地指标 48 200 公顷，全年获批征地 4 631 公顷，保障了全市经济社会发展的用地需求。

（周卫涛）

城市规划

【规划编制】 2012 年，完成 10 大类近 50 项宏观、中观层面规划编制任务，使长春市第一次具备包括战略规划—总体规划—专项和专业规划—分区规划—控制性详细规划—城市设计—修建性详细规划等较完整和覆盖市区城乡的规划成果体系。1.编制《长春市空间发展战略规划（2012-2030)》。经过系统研究，未来将长春定位为东北亚区域性中心城市，建设用地 1 200 平方公里，可承载人口 1 000 万，塑造"带形 + 指状 + 星座"的城市形态，构建"一廊、一脉、一带、四城"的空间结构和"西产业、东生态、中服务"的功能结构。2.2012 年"两横三纵"快速路全线开工，地铁 1 号线全程施工，新建扩建 4 座净水厂、5 座污水处理厂等一系列重点工程，南部新城、长德新区、净月西区、莲花山旅游度假区等新区基础设施建设全面铺开，及时提供规划、测绘成果保障。市规划院全年完成 1 379 项规划成果，市测绘院全年完成 745 项测绘任务。3.组织编制完成《老宽城——VILLA》、《老宽城子民居》设计方案以及人民大街等 6 个历史文化街区保护规划。在"第四届十大中国历史文化名街"评选中，新民大街被评为吉林省首条"中国历史文化名街"。4.围绕城乡统筹，加快村镇规划编制。完成市辖全部 29 个镇乡总体规划的编制工作，其中兰家镇等 14 个镇乡总体规划已经市政府批复。双阳区政府出台《关于推进村庄规划编制的实施意见》，全面启动双阳区 8 个镇乡的村庄规划编制，为实施规划管理提供有力保障。2012 年，长春市开展新一轮总体规划宣传活动，重点对市政府城市规划展厅进行布展更新。此外，中心城区（445 平方公里)152 个单元的控制性详细规划全部得到批准，实现控详规划全覆盖。

【规划效能】 2012 年，受理各类规划许可申请 1 841 件，核发 1 416 件，批准建设用地 2 010 公顷，建筑面积近 2 900 万平方米。在 6 月和 11 月两次"服务追访"活动调查中，满意度分别达 96.5% 和 97%。大力推进规划领域公众参与和监督，对与市民关系密切的建设项目，实行批前、批后公示，召开听证会，保证市民的知情权、建议权和监督权。推行"十公开、一监督"制度，审议《长春轨道交通装备制造产业园发展建设规划》、《吉林省长春皓月清真产业园概念规划》、《月亮岛(关东文化岛)规划设计方案》。全年完成上海经纬等十家外省设计单位资质备案，对 30 多个单位进行现地核查，对 3 个不符合规定的单位下达整改通知，对 3 个联系不上或连续两年没有及时注册的单位上报省测绘局做出吊销资质的处理。

【规划监督检查】 对建设工程的监督检查实行网格化管理，包保到人、全程监管，立足于抓"早"、抓"小"、抓"了"，严把放线关、验线关、主体施工关。处理违法建设做到"五个及时"，即及时发现、及时制止、及时立案、及时征询、及时决定。提出"从教育到整改再到处罚"的"三段式"管理模式，实行"违规报告制，案件查处制，责任追究制" 三项监察制度。2012 年，检查建设项目 1 600 余万平方米，拆除违法建筑 15 146 处，合计 45.28 万平方米，超额完成市政府制定的市容综治任务。围绕民生工程还完成大量无籍房办理、国有土地上未登记房屋的调查、认定和处理工作。

【数字长春】 基础测绘工作全面向"数字长春"地理空间框架建设转变，作为国家、省、市三级共建的全国性试点城市项目，纳入全国"数字城市"建设体系。"数字长春"地理空间框架体系的核心内容包括"一库、一平台、一标准和多个应用系统"，其中基础地理信息数据库中的现代测绘基准体系逐步建成，基础地理信息数据和三个层面不同分辨率的影像数据即将实现全覆盖，水系、道路、植被、建筑物等专题数据库进一步丰富，城市建成区 300 平方公里三维模型正在建设中；长春市地理信息公共平台开发完成，可以分别对专业用户、政务用户和公众提供地理信息服务，三维规划辅助决策系统正在建设中；《长春市基础地理信息电子数据标准》正在编制中。

【规划保障体系】 1.推进规划地方立法和制度建设。协调市法制办出台《长春市历史文化街区和历史建筑保护条例》、《长春市城市雕塑管理办法》、《长春市生活居住建筑日照管理规定》、《长春市制止违法建设、拆除违法建筑若干规定》、《长春市国有土地上房屋征收范围内未经登记建筑调查、认定和处理办法》等多个政府规章，重新制定监督检查、行政处罚、规划核实等 17 个规划行业规范性文件，逐步建立涵盖规划制定、实施和监督检查全过程，适应长春市情的地方性城乡规划法规体系及其相配套的技术标准体系。编制《长春市规划工作手册》，汇编相应的操作流程、执法文书和示范文本，具有很强的实用性。长春市规划局被评为"吉林省行政执法自由裁量权示范单位"。2.强化城乡规划组织编制职能。市规划院全面向规划编研中心职能转变，按照大部制的机构设置理念，内设研究所、交研所、环资所、市政所、国际专家所、《幸福都市》杂志社和4个片区的规划所，规划编制工作初步形成“条块结合、统分结合、编研结合”的新格局，强化了规划部门组织编制城乡规划的职能。3.加强人才培养和业务建设。规划院、测绘院按照同工、同酬、同待遇和五湖四海选人用人的原则，引进130多名高素质的专业技术人才，成为长春市培养储备城乡规划建设高级管理人员的人才库。

【城市雕塑】 举办第十三届中国长春(净月区)国际雕塑作品邀请展、以“永恒·经典—穿越历史与未来”为主题的第2届中国长春国际陶艺作品邀请展、王建国油画艺术展和“对话兵马俑”欧盟展，发行大型摄影画册《长春世界雕塑公园》。来自216个国家和地区的雕塑家为长春市创作积累800余件（组）雕塑作品。市编委批准雕塑办设立综合处、雕塑工作指导处、市雕塑学会办公室，批准长春市松山韩蓉非洲艺术收藏博物馆为规划局所属全额拨款正处级事业单位，雕塑办与雕塑学会形成“办会合一”的工作模式。雕塑公园在雕塑维护、园区绿化、市场开拓、设施建设、环境美化等方面全面提升，全年累计接待游客60万人。

【规划队伍建设】 1. 党员干部队伍建设。开展“创先争优”、“基层组织建设年”、“社会主义核心价值体系教育”等党建活动。重申和明确领导干部述职述廉、重大事项报告、任前廉政谈话、诫勉谈话、民主生活会等制度，限定工作人员的自由裁量权。聘请党校专家进行集中授课、集中组织党员干部进行法律和业务培训、完成干部的继续教育和专题培训、组织党员干部进行十八大精神专题辅导、开展系列警示教育，开展城乡结对帮扶、服务民生和“三帮扶”系列活动。2.软环境建设。结合“三满意”机关创建活动，通过开展“万人评议机关”活动、参与网络评论、加强交流等多种方式，实现作风优良、政务公开、服务优质、管理规范、执法严明、为政清廉的目标。3.信访维稳工作。组织局长接待日活动，接待来访群众205批1 508人次；全年受理12345市长公开电话交办单2 765件，读报读网、局长信箱、来信来访、政府督办、软环境投诉等339件，办结率100%，回复率100%；办理省、市级提议案24件。

（孙连阁）

城市建设

【机构变更】 9月18日，长春市机构编制委员会下发《关于长春市城市建设房屋拆迁管理办公室更名等机构编制问题的通知》，将长春市城市建设房屋拆迁管理办公室更名为长春市房屋征收经办中心，为市城乡建设委员会所属事业单位，按相当于副局级规格待遇，为全额拨款事业编制。10月12日，长春市机构编制委员会下发《关于调整长春市火车站站前地区管理局隶属关系等有关问题的通知》，将长春市宽城区政府管理的长春市火车站站前地区管理局划归长春市城乡建设委员会管理，并更名为长春市火车站地区管理局，按相当于副局级规格待遇，为全额拨款事业编制。10月12日，长春市机构编制委员会办公室下发《关于调整市政设施管理相关事业机构编制的通知》，将市市政公用局所属的长春市市政设施维护管理中心、长春市路灯管理处整建制划归长春市城乡建设委员会管理。将市市政公用局所属的长春市市政公用行政执法支队承担的对全市城区范围内危害道路、桥涵、排水、照明、公共停车场和地下管线等市政设施的行为进行监督检查和行政处罚等职能划归长春市城乡建设委员会所属的长春市建筑市场执法监察支队承担，在市建筑市场执法监察支队加挂长春市市政执法支队牌子。

【城建重点工程】 全年完成重点工程投资179亿元(含地铁、暖房子)，比2011年增长139%，创历史最好水平。1. “两横三纵”快速路全线开工建设。西半环快速路完成主线高架桥12公里；东半环快速路开展全线征收、排迁，启动了部分节点桥梁建设；亚泰大街跨自由大路、跨繁荣路立交桥建成通车；八中门前过街人行天桥投入使用。远达大街实现贯通。2.北湖大桥和安龙泉互通立交桥建成通车，实现四环路的全线贯通。机场大道完成二标转体梁浇筑和四标部分桩基、墩台工程。硅谷大街与绕城高速互通立交桥、腾飞大路与绕城高速互通立交桥、解放公司物流专用高架桥、景阳大路三四环连接线完成年度建设任务。机场大道与长吉高速出口立交桥完成方案设计。飞跃路下穿京哈铁路隧道实现简易通车。3.地铁1号线一期工程进展顺利，重点实施11座车站建设。地铁2号线正式开工，启动沿线拆排迁。轻轨4号线完成设备验收及相关工程收尾工作，实现试运营。54线有轨电车改造工程全部完工，扩建工程进展顺利，2012年实现全线通车。4. 西客站综合交通换乘中心和长春站综合交通换乘中心北枢纽全面竣工，正式投入使用。5. 伊通河排水管网改造工程，总长17.9公里，基本完成主线改造任务。小南、北十条、绿园、抚松明沟和串湖水系综合治理及污水截流工程，完成年度改造任务。串湖污水处理厂建设工程房屋征收进展顺利。北郊污水处理厂扩建工程正在进行排迁，已进场施工。安装背街小巷路灯2 900套；完成新民大街、亚泰大街跨繁荣路桥、亚泰大街跨自由大路桥、北十条、吉林南街、金钱路等20项单项亮化工程以及团山街、黑水路等路灯改建工程；与市政道路建设同步完成金钱西路、站前街等路灯安装任务。6.城建系统通过BT、信托等方式组织融资到位资金203亿元(其中，银行贷款145亿元，BT方式落实57亿元，非金融机构借款1亿元)，财政拨款19亿元。在确保按期还款情况下(全年偿还债务55亿元、完成BT回购9.1亿元)，保证主要城建项目按计划实施，确保城建资金链不断裂，维护了政府信誉。7.全年组织完成城建重点工程征收建筑面积238万平方米。“两横三纵”快速路征收住宅房屋1 322户，征收工企单位172户。完成一热电厂北十条供热管网改造、伊通河排水管网改造工程的房屋征收工作。地铁一号线、机场大道、西客站站前道路、景阳大路延长线、保障性安居工程和五水厂、六水厂等工程征拆全面铺开,为重点工程建设提供有力保障。8. 截至2012年底,全市组织实施的34项城建重点工程产生6 342套、39.81万平方米的回迁房遗留问题,分布在大刘屯、机场大道等10个回迁安置地块,超期回迁问题严重。每个月要支付超期补偿费600多万元,全年需支付7 000多万元。与6家房地产开发企业签订9个地块的回迁房购买协议,历史遗留的回迁房源全部得到落实。2012年安置回迁居民1 127户。

【民生工作】 完成1 221万平方米的"暖房子"墙体保温改造工程,改造面积比2011年增长15.2%,20余万户、70余万人受益。对92条道路进行大中修改造,小修维护街路656条,完成89座桥梁的日常维护。对北十条、抚松、小南、绿园明沟进行综合整治,伊通河排水管网主线改造工程完工,对1万套街路井具进行改造维修,对46处弃管住宅区的排水设施进行改造,为背街小巷和弃管小区安装巷道路灯3 143套,改善市民生活环境。

【建筑业管理】 依法加强招投标监督管理,项目应招标率、应公开招标率、管理率均达100%。建筑工程招投标进场交易740宗,交易额180亿元。18项建筑工程荣获"哈、沈、长"三市优质创优工程。加强工程造价监管,开展建筑工程质量安全成本指标和"暖房子"工程质量安全成本参考价指标测算,加强竣工结算备案和招标控制价备查工作,全年受理竣工结算备案315项,招标控制价备查7项。加大建筑市场执法力度,全年检查在建建筑工程1 612栋,下达《停止施工通知书》241份,《告知书》197份。加强对市政工程施工现场监督检查,检查市政工程施工现场860余个,违法违规工程立案率、结案率均达100%,规范建筑市场各方主体行为。全年收缴配套费4.7亿元(其中追缴历史陈欠配套费1 087.2万元),地铁建设基金1.7亿元。编制《长春市十二五综合减灾规划》,强化超限工程抗震专项审查。继续严格执行农民工工资支付保证金制度,解决农民工投诉案件90件,涉及投诉金额7 000万元,动用农民工工资支付保证金280万元。全年组织实施新建工程质量监督3 051项,下发整改通知83项;组织竣工验收101次,工程977项,下达"质量问题整改通知单"91份,立案查处严重质量违法行为10项。全面加强基础设施建设质量安全管理,组织市质量监督站进驻工程建设一线,采取定期巡检、随时抽检、每月联检等方式,发现问题及时整改。加强对拆除工程的监督管理,积极开展文明城创建和施工现场环境综合整治活动。圆满完成哈、长、大"三市"安全联检工作,全面开展"安全生产月"和安全生产大检查活动,查处重大安全隐患15条,整改率100%。

【行业管理及其他工作】 1.强化站前地区综合管理。开展联合执法行动12次,组织集中清理行动20余次,查处违章占道经营行为近2 000次,暂扣经营车辆近200台、各类违章占道物1 000余件,组织清运各类占道垃圾20余次;整改、更新各类广告牌匾30余块,清除违规LED电子显示牌、落地灯箱近300余个,进一步规范站前地区的社会秩序。2.加强市政设施维护管理。受理道路挖掘申请1 018件,审批1 006件,完成各类建设工程会签70余件,严格控制乱掘乱挖行为。结合道路交通和停车需求,选择78处立体停车楼建设试点区域,为规范停车秩序创造条件。3.全面开展农村危房改造。投资5.3亿元,完成农村危房改造8 817户,节能示范户1 200户;积极推进创建特色景观旅游名乡名镇(村),进一步发掘、培养和发挥农村旅游资源;开展传统村落调查活动,为保护村镇的历史风貌创造条件。4.加强勘察设计质量监管。办理施工图审查备案1 060项,施工图审查率100%。开展勘察设计质量检查,全年检查房屋建筑工程10项,市政工程9项。全面推进节能建筑建设,完成节能专项审查240项,总建筑面积1 370万平方米。城市规划区内新建建筑全部达标。5.坚持依法行政。组织制定并出台《长春市2012年暖房子工程监督检查办法》、《长春市国有投资建设工程招标、投标管理若干规定》、《长春市国有土地上房屋征收评估管理规定》和《关于加强我市建筑工程管理的通知》,完成《长春市城市排水管理办法》和《长春市城市桥梁管理办法》的起草工作,进一步提高行业管理规范化水平。6.开展城市建设科学研究。组织完成《长春市小城镇建设有关问题的研究》、《长春市城市地下管网规划、建设、管理中存在的主要问题与对策》2项重大课题研究,完成市政府确定的《创新融资模式 实现城建事业可持续发展》、《未来五年我市城市建设重点任务》等13项重大调研课题,为市领导科学决策提供了可靠依据。科学组织"两纵三横"快速路体系、机场大道等30项重大基础设施建设项目的设计方案论证,完成市政道路大中修等技术论证,为工程建设顺利实施提供技术保障。7.举办建设系统各级各类人才培训班59期,培训人员2万余人次。

【建筑业】 2012年,建筑业全年完成建筑业总产值971.8亿元,比2011年增长23.4%,实现增加值369.4亿元,比2011年增长18.8%。产值超亿元的企业75家,比2011年增长33.9%。外埠施工企业入长备案125户。截至2012年底,全市有资质的建筑业企业1 591家。其中,总承包企业423家,专业承包企业857家,劳务企业311家。从业人员中,有一级建造师1 000余人,二级建造师5 000余人。监理企业96家,其中甲级39家,乙级36家。1.加强建筑市场信用体系建设,规范建筑市场秩序。实行信用评定制度,突出对各方主体的差异化管理。对信用等级评定为优良的建筑业企业优先列入产业提升计划,给予重点扶持。对于存在重大质量及安全事故、拖欠农民工工资等行为的企业实行一票否决,对信用评定结果不合格的企业暂停其经营活动,对存在严重违法、违规行为的企业清出建筑市场。2.加强资质批后管理,实现行业动态监管。与信用体系建设相结合,加强批后动态监管，重点引导和规范企业的市场行为。开展拆除行业、预制混凝土企业专项整治，完成对专业承包企业的动态核查，对143户建筑业企业因无法取得联系，在报纸、网络发布通告，并暂停其生产经营活动。3.2012年，加强对“暖房子”工程的组织管理工作。在招标中首次采用工程量清单的招标形式，降低工程造价。加强对质量的巡查，并聘请义务监督员帮助监督，工程质量得到提高。全年完成改造总面积1 221万平方米，超过目标221万平方米。改造面积约占全市既有建筑面积十分之一，受益人口近20万户，70多万人。通过改造，增加居民住宅的冬季室温3～5摄氏度，大幅度降低采暖能耗，经过改造的居住建筑节能30%以上，三项同步改造项目节能达50%。通过改造，2012年采暖季至少可节约标准煤9.7万吨，减排CO_2等污染物至少25万吨。4.加强长效机制建设，维护施工企业和农民工合法权益。长春市继续抓好防止“双拖欠”长效机制，推进“无拖欠诚信工地”建设进程，加强对农民工工资保障的征收管理，加强对施工现场的排查和重点跟踪，建立各方联动机制解决突发性、群体性事件。全年清理拖欠农民工工资7 000余万元，保障了农民工的合法权益。

（周卫涛）

城市管理

【市容管理】 1.精品街路和标准化街路市容管理水平全面提升。组织城区、开发区市容管理部门全面提升人民大街等15条精品街路、同志街等24条标准化街路的市容管理水平。依据市容景观规划对街路牌匾进行改造升级，组织专门队伍对非法广告进行高标准清刷覆盖，采取定人、定岗、定责、定时的“四定”措施，对占道经营等违规行为实施长效管理。全年更新牌匾1 266块、清除非法广告2.4万处，街路市容秩序得到全面规范。2.传统商圈市容优化改造工作如期完成。对重庆路商圈、春城大街欧亚商圈、黑水路商圈、永春路商圈、东盛大街商圈、新世纪商圈和建设街特色街路进行全面改造，更新牌匾632块，拆除大型广告牌12块；临街建筑立面整饰51栋，整修围墙200平方米，改造台阶踏步2 049米；改造建筑立面4 200平方米。3.巩固打击非法广告工作成果。2012年，全市端掉制贩假证团伙18个，捣毁窝点24处，打处违法犯罪人员97人，清刷覆盖40万余处，设置公共信息栏60个。4.户外广告规划设计和升级改造工作顺利推进。召开专项会议，对户外广告专项整治进行全面动员和部署，整治规范IC卡电话亭100个、阅报栏9处、公交站务设施广告310个。对精品街路和标准街路既有围挡广告进行更新改造，完成东南湖大路、人民大街、前进大街、景阳大街等9处工地围挡广告的升级改造工作。

【环卫管理】 1.街路清扫保洁流程进一步优化。新购置的49台大型清扫作业车辆、222台电瓶式垃圾收集车和893台电瓶式保洁车的投入使用，不断调整和完善作业流程。机械化清扫车辆实行分级管理，与人工作业有效衔接，同步作业；街路保洁构建四级网格作业体系，实现由“站桩式”保洁向“流动式”保洁转变；采取移动式垃圾转运站收运、垃圾压缩车收运以及装潢垃圾清运等三种垃圾收运模式，实现了收集与运输紧密衔接。2.建筑垃圾清运管理不断加强。2012年，市、区两级联合执法队伍查处违规运输车辆761台，罚款99万元，教育违规人员1 310人次。3.市区周边移动式垃圾转运站建成并投入使用。市、区两级投资1.54亿元，新建移动式垃圾转运站180个，其中投入使用160个，为新建住宅区和商业区预留20个。结合新垃圾转运站的投入使用，对全市现有267座移动式垃圾转运站进行合理布局，在全市范围内推行新的生活垃圾收运作业模式。4.公厕管理水平全面提升。对66座水冲公厕实施暖厕改造，对28座公厕实施亮化，设置公厕导向牌354个，更新公厕标识169套，增加LED标识16个，设置LED宣传条屏7座。对156座公厕进行绿化彩化，对328座旱厕统一进行粉饰。全市水冲公厕全部设专人管理，每天开放时间不少于9小时，部分繁华区域24小时开放；在红旗街商圈等繁华区域增设36座免冲公厕，满足广大市民的如厕需求。5.冬季清雪工作有序开展。2012年，长春市降雪量创历史同期记录。清雪过程中，特别是在清除2月22日、3月6日、11月11日特大暴雪工作中，全市661台(套)清雪机械全部投入清雪作业，14 000余名环卫工人昼夜实施清雪作业，确保次日早高峰道路畅通。6.启动生活垃圾焚烧发电项目。生活垃圾焚烧发电项目计划总投资4.6亿元，日处理能力1 200吨，采取BOT形式建设，特许经营30年，2013年开工建设，2015年建成并投入使用。截至2012年末，完成立项、可研等前期工作。启动餐厨垃圾处理项目。餐厨垃圾处理项目计划总投资3.8亿元，日处理能力400吨。截至2012年末，完成立项、可研等前期工作。

（姜晓峰）

城市公用事业

【地下管网普查】 截至2012年初，城区供热管线总长度4 039公里（一次网：1 125公里，二次网:2 914公里），运行15年以上的为1 828公里，2011～2012年采暖期，发生爆管12起(DN400以上管径)。供水管线总长度1 797公里(DN75以上管径，原水管线178公里，输水管线277.5公里，配水管线1 519.5公里)，运行50年以上的老管网450公里。其中，解放前建设的管网有379公里。燃气管线总长度3 538公里（长燃：2 793公里，其中次高压管线161公里，中压管线605公里，低压管线2 027公里。长天:745公里，其中次高压管线330.3公里，中压管线27.29公里，低压管线387.5公里)，2012年全市燃气高危管网改造目标是320公里，到2012年底，全市还有高危管网485公里。截至2012年底，管线外业探测已累计完成15 081公里，通过审核、复检，全部提交入库，地下管线数据库已基本建成。

【城区供水能力】 长春市第五净水厂于2012年12月正式投产试运行，设计日供水能力30万吨，初期制水能力7万吨。截至2012年底城区净水厂5座，日供水能力116万吨。城区用水以地表水为主，现有水源地2处，即新立城水库和石头口门水库。其中，新立城水库为调节水库，库容3.3亿立方米，每日可向城市提供源水24万吨(供应三水厂)。石头口门水库为多功能水库，库容12.77亿立方米，每日可向长春市提供130万吨的源水(含引松水量)(供应一、二、四、五水厂)。“引松入长”源水管线2条，单条长55公里，从吉林市马家取水泵站至石头口门水库，单条日输水量50万吨。供水管线（直径75厘米以上）总长度1 797公里。其中，原水管线178公里，输水管线277.5公里，配水管线1 519.5公里。二次供水泵站1 695座，水务集团统一管理605座，社会管理1 090座。污水处理厂6座，日污水处理能力83.5万吨。

【城区供热布局】 长春市城区供热布局主要是依据2004年由市房地产管理局和长春市规划院共同编制的《长春市中心城区供热专项规划(2004-2010)》，以及2007、2009年结合《长春市城市总体规划(2007-2020)》，和市规划院再次调整、修编的《长春市中心城区供热专项规划(2007-2020)》，即建立以热电联产集中供热为主，以区域锅炉房为辅，以分散采暖小锅炉房为补充的供热格局。全市有热电厂6家。主要是国电长春热电一厂，供热面积582万平方米，主要供热区域为西安大路、长春大街以北大部分地区(包括省委、省政府)，主要集中在宽城区，热网范围内居民热用户5万户。大唐长春热电二厂，供热面积2 701万平方米，主要的供热区域为朝阳区、南关区、二道区大部分地区，宽城区南部和经开区北部部分区域。热电二厂热网现有供热经营企业6家，分别是长热集团、亚泰热力、同鑫热力、大唐热力、供热发展公司和经开热力公司，居民热用户23.2万户。大唐长春热电三厂，供热面积685万平方米，主要的供热区域为西新区及南部新城，热网现有供热经营企业2家，分别是一汽集团动能分公司和大唐热力公司，居民热用户5.9万户。华能长春热电四厂，供热面积734万平方米，主要供热区域为宽城区西部及绿园区北部，热网内现有供热经营企业3家，分别是长热集团、亚泰热力、龙泰供热公司，居民热用户6.3万户。吉林省宇光能源公司长春热电厂，供热面积756万平方米，主要供热区域为高新开发区，居民热用户6.5万户。一汽热电厂，供热面积759万平方米，供热区域主要是一汽厂区，居民热用户6.5万户。6家热电厂总供热面积6 217万平方米，居民热用户53.4万户。全市区域锅炉房单体20吨以上57座，最大的是东岭锅炉房，总吨位550吨，供热面积246.6万平方米，供热用户2.12万户。57座区域锅炉房总供热面积6 600万平方米，居民热用户56.68万户。全市城区现有民用小型采暖小锅炉房319座，供热面积1 924万平方米，居民热用户21.09万户。其他形式供热面积95万平方米，居民热用户1.2万户。全市供热管网总长度4 039公里，其中一次网1 125公里，二次网2 914公里，铺设15年以上的供热管网1 828公里。全市集中供热换热站有1 378个。长春市有供热企业169家，其中集中供热企业35家，小型分散供热企业134家。全市供热企业中，国有(控股)企业10家，供热面积7 522万平方米；国有参股企业4家，供热面积2 310万平方米；民营企业155家，供热面积4 925万平方米。国有参股和国有控股供热企业供热面积占全市总供热面积的66.7%。从2012年开始，对具备条件的热电联产集中供热区域实施联网供热。其中：热电一厂东侧主干线沿大马路向南延伸，与热电二厂二期主干线联网，西侧主干线沿白菊路、建设街向南敷设，热电二厂二期东中华路主干线向西延伸，至西中华路，在建设街与热电一厂规划主干线联网。华能热电厂供热主干线沿青年路、普阳街敷设。主干线在北三环与北四环之间规划路上与热电一厂规划主干线联网。为提高区域锅炉房的供热保障能力，2012年起，对两个以上锅炉房热网在有条件的区域实施局部联网。采取政府投资和企业投资相结合的模式，加快推进区域集中供热锅炉房建设，新建8座区域锅炉房、扩建13座区域锅炉房。

【市政公用综合监管平台】 2012年8月19日，长春市市政公用综合监管平台正式通过国家住建部验收。建设部部长姜伟新在视察平台后，要求全国各在建信息平台向长春学习，全国超过40个城市专门到长春进行调研考察。2012～2013年采暖期，监管平台供热监管子系统已经实现对全市5家热电厂、57座区域锅炉房、200个换热站的供热参数的实时在线监测，监测范围超过1.2亿平方米，占全市总供热面积的86%，11个城区、开发区、5家热电厂、33家大型供热企业开通视频调度系统。

【采暖期公用服务保障】 从2011年10月25日起，到2012年4月10日止，采暖期168天。全市城区供热总在网面积14 836万平方米，比上个采暖期增加812万平方米。采暖期开栓前，从10月22日至24日16时，全市有20家供热企业提前开栓供热，供热面积4 330万平方米，涉及476 520户居民，10月25日零时，长春市正式迎来2011～2012年采暖期，全市各热电厂、区域锅炉房、小锅炉房全面开栓供热，首日开栓率99.54%。整个采暖期，全市整体供热运行平稳，2012年平均气温-9.13摄氏度，比上个采暖期低0.44摄氏度。12345、12319受理投诉电话23 651件，比2011年下降20.1%；供热办受理集体访51件，比上个采暖期少25件；电话4 533件，比上个采暖期少203件。城区总供水量14 466.4万吨，日最高供水量92万吨，日均85.6万吨。天然气日均供气量在130万立方米以上，最高日供气量达170万立方米。煤制气最高日供气量达74万立方米，供气总量比2010年冬季增加10%。两家燃气企业加大燃气管网巡查密度和频次，通过燃气巡检车对燃气管网实行24小时不间断巡查，城区发生燃气泄漏252起，主动检出率89.5%。在10月25日前，市政府采购的

5万吨应急煤炭全部运输、存储到位，供热企业的储煤量达到整个采暖期的75%，全市组建11支500多人的应急抢险专业化队伍，针对小锅炉房弃管问题，制定应急接管方案，各城区、公用行业企业还分别配备了大吨位应急水车。采暖期运行过程中，市局连续4次组织行业安全检查，对燃气、供水企业的关键部位、易发生冻堵设施进行地毯式排查，特别是针对近两年实施的改造设施，进行全程监控。本采暖期，通过局长接待日活动、日常接访等形式，受理市民关于热、水、气等公用服务方面的投诉184件，均得到妥善处理。市政公用综合信息监管平台与5个城区、4个开发区、5家热电厂、33家大型供热企业、2家燃气企业、水务集团分别开通视频调度系统，政府行管部门随时监督企业实际运行参数，及时针对行业问题进行调度。着手制定《公用行业企业信用等级评价方案》，并在各城区进行试点，对热、水、气等公用行业企业实施信誉考核及相关管理，现已基本完成全市33家大型骨干供热企业的信用档案。从3月8日至5月1日在5个城区、4个开发区集中开展公用大走访活动。公用大走访活动采取分片包干、入户查访、限期解决、跟踪问效的办法，市局10个走访组80人的走访队伍，在社区专干的配合下，陆续完成走访4 180户，发现解决各类问题355个。

【供热计量改革】 截至2012年初，全市安装计量装置的新建建筑800万平方米，已完成既有居住建筑管网平衡和热计量改造2 237栋1 147万平方米，安装户表3万块，通断装置11万套。长春市还选择5个不同区域、不同年代建筑、不同热源，管网新旧程度不同的住宅小区，进行配套改造的试点。

（于克冰）

房地产业

【住房保障】 2012年，全市续建廉租住房10 636套、51.52万平方米，公共租赁住房9 958套、52.9万平方米。截至2012年末，已有11 592套、59.37万平方米保障性住房交付使用。其中，廉租住房5 066套、24.95万平方米，公共租赁住房6 526套、34.42万平方米。开展贫困劳模廉租住房分配。与市总工会积极协调各城区、开发区住房保障机构，在2012年分配的区级廉租住房中解决了11户劳模的住房困难。提供28套市本级廉租住房房源，对其中部分破旧房源进行了装修。协调市财政局、民政局，严格审核申请家庭的资格。全年发放租赁补贴29 645户，发放金额7 054万元。为3 309户租住公房的低保家庭，核减租金144万元。为1 323户低保、低收入家庭分配廉租住房。对3 647户新增保障对象进行资格核准。组织市区两级住房保障和民政部门，对全市所有保障对象资格进行年度复核，截至2012年末，清退房源61套，追缴租赁补贴资金68万余元。对全市2008年以来廉租住房租赁补贴和实物配租分配情况进行专项检查，在团山小区保障性住房和经开区东方家园廉租住房启动了保障性安居工程建后管理试点工作。团山小区实行“四位一体”（即以社区党组织为领导核心，社区服务中心、业主委员会、物业服务企业为一体）的社区管理新模式。“四位一体”的新型社区管理模式，在建设部组织的经验交流会上，作为优秀范例推广，郑州、兰州、宁波等多个城市到长春市考察学习。公建商业用房租金反哺小区物业管理费用工作取得进展，整体出租率达66%，比2011年增长5%；租金收益达451万元，比2011年增长23%，比2009年翻了五番。

【房地产市场】 1.房地产开发投资额不断增加。2012年，长春市房地产开发投资759亿元，比2011年增长13.9%，完成省定目标的100.4%。施工面积3 228万平方米，完成全年计划的129%。其中，结转施工面积1 794万平方米，新开工面积1 434万平方米。竣工面积1 082万平方米，完成全年计划的108%。2.新房上市量、累计可售量有所增加。2012年，新上市小区项目59个，新房上市量为1 079.1万平方米，比2011年增长8.3%。其中，新建住房上市量为891万平方米，比2011年增长8.9%。截至2012年底，全市新房可售量为1 376.2万平方米，比2011年增长31%，其中，新建住房可售量为947.8万平方米，比2011年增长36.3%。3.房屋成交量小幅增长。2012年，全市房屋成交11.1万套；成交面积1 097.4万平方米，比2011年增长3%；成交金额516.5亿元，比2011年增长4.8%。其中，住房成交9.6万套；成交面积905.2万平方米，比2011年增长6.7%；成交金额407.1亿元，比2011年增长7.9%。新房销售7.7万套；销售面积763.9万平方米，比2011年增长8.2%；销售金额460亿元，比2011年增长7.3%，其中，新建住房销售6.4万套；销售面积648万平方米，比2011年增长11.8%；销售金额369.4亿元，比2011年增长8.5%。二手房交易3.4万套；交易面积333.5万平方米，比2011年下降7.3%；交易金额56.5亿元，比2011年下降12.1%。其中，二手住房3.2万套；交易面积257.2万平方米，比2011年下降4.3%，交易金额37.6亿元，比2011年增长2.8%。4. 新建住房销售均价小幅下降。2012年，全市新房销售均价6 022.5元/平方米，比2011年下降0.8%。新建住房销售均价为5 700.7元/平方米，比2011年下降2.9%。5.房屋租赁管理职能作用有效发挥。2012年，收缴租赁手续费1 315.4万元，完成年计划的98.56%，征收土地收益金125.2万元，完成年计划的110.84%。

【产权产籍】 实施联合踏查、约谈和测绘成果初审、复审等三项制度。全年完成商品房预测绘成果审核256个项目、1 644栋、1 114万平方米。组织人员查出全市拨用产473栋、总建筑面积54.67万平方米。其中，正常使用178栋、34.86万平方米；已拆除295栋、19.8万平方米，摸清拨用房产底数。全年完成受理工作量20.7万件，发证工作量20.3万件，商品房买卖合同登记备案7.8万套，收取交易手续费、登记费1.07亿元，协助税务局征税近9.87亿元，均创历史新高。启动网络技术服务项目，推进图纸数字化建设，成立长春市景阳房产测绘管理有限公司，为现有产权产籍图纸修补测及建立地理信息系统等提供技术支持。做好档案日常管理，全年归集房产权属档案 21.8 万卷，实现同步扫描；档案馆现库存房产档案近 200 万卷，其中拆除卷 14 万余件，郊区卷近 5 万卷。

【行政审批】 为方便企业办事，提高办事效率，采取特事特办、急事急办等措施，全年办理预售许可 1 021 件。其中，商品房预售许可 377 件，延期 644 件，预售总建筑面积 1 069.85 万平方米。

【棚户区改造】 2012 年，全市已完成回迁房施工面积 97.46 万平方米，完成省下达计划的 115%，开工建设回迁房 13 167 套，开工率 109%，竣工 8 964 套、面积64.3 万平方米。

【无籍房确权】 尊重历史、先易后难，无籍房确权工作深入开展。市政府将无籍房确权年限放宽至 2007 年底之前。明确无籍房经联合审批会议审核通过的项目即可进行整栋房屋产权登记备案，编制未登记居住房屋产权登记发证管理系统，实现收税（费）、发证、归档一体化。专门设立受理、发证、查询窗口，专人负责，来件即办，对联合审批会议审核通过的项目采取跟踪服务。及时与新闻媒体沟通，定期发布进展情况，并在各大媒体公开办公电话，为百姓答疑。全年完成历史遗留未登记房屋确权 229.9 万平方米；完成棚户区改造项目无籍房确权 303.67 万平方米、37 223 套，均超额完成市里下达计划。

【公房出售和住房货币补贴】 加强政策宣讲、报件审核审批、简化程序等工作，提高工作实效。2012 年，出售公房 60 万平方米、12 600 户。完成职工住房货币补贴 24 700 人，933 家单位，累计发放补贴资金 6.5 亿元。

【立法和行政执法】 《长春市房地产开发项目资本金管理办法》、《长春市商品房预售资金监管办法》于 2012 年 11 月 15 日市政府常务会议讨论并顺利通过。加强房地产市场监管，市长公开电话交办案件 31 件，立案查处 22 件，处罚 6 件；自查案件 174 件，立案查处 121 件，处罚 15 件；处理 4 起较为严重的公共场所房屋拆改案件；对全市 27 家单位的 103 栋、33 万平方米的房屋下发《长春市公共场所房屋安全鉴定通知书》；对欠缴物业维修资金的 16 家开发企业进行清查，追缴物业维修资金 667 万元，涉及户数 1 357 户。

【物业管理】 完成"老旧散"住宅区环境综合整治任务。组织人员赴各区和住宅小区进行实地踏查，研究、确定各区政府（管委会）整治区域的具体位置、占地面积、建筑面积、整治内容、时间安排、资金预算、后期管理和规划设计方案等，并坚持督促、指导落实整治任务。全年完成 36 个住宅区的综合整治。指导各区对"老旧散弃"住宅区建立专业化物业管理和业主自治管理的长效管理机制。全市老旧散和弃管小区专业化物业管理和社区指导业主自治管理覆盖率达 80.4%。央视一套新闻、人民日报头版等分别对长春市作出报道，齐齐哈尔、绍兴和西宁等城市到长春市考察学习。积极研究物业管理深层次问题的解决办法。市房地局和市委市政府政研室组成课题组，围绕物业管理深层次问题，与相关部门、区（开发区）、街道、社区及开发商和物业服务企业开展座谈、交流，形成《关于长春市住宅区物业管理情况的调研报告》。向各城区、开发区下放 13 项物业管理职权，构建齐抓共管工作格局。增加合同备案时开发企业代交预存业务。全年累计归集维修资金 8.93 亿元，历年累计归集维修资金 44.677 亿元；申请使用项目 121 个，核准使用维修资金 2 002.52 万元，比 2011 年增长 75.8%，2012 年使用量超过前 10 年使用总和。全市有 37 个项目经国家、省、市检查，获得物业管理示范和优秀的荣誉。其中，获得 1 个国家示范、18 个省级示范、6 个省级优秀、12 个市级优秀，争创国家和省级优秀数量占全省 55.6%，本局获得全省物业管理创优达标工作优秀组织奖。

【房屋安全管理】 全年排查房屋 800 余栋，市本级投入资金 1 240 余万元，其中，应急抢险资金投入 540 余万元、过渡安置资金投入 700 余万元，及时处理滨河西区高层地下室积水、滨河小区东区墙皮脱落、锦水路西装厂地底塌陷、平阳街 1 号楼屋面翻建等一系列抢险维修工程。实施危房拆除改造工作，多方筹措资金，保障临时迁出住房租房补贴按时下发到位，完成拆除安置 119 栋、涉及居民 1 360 户，超计划完成拆除安置 117 栋、迁出居民 1 178 户目标。

【信访工作】 开展"解决当前突出信访问题专项整治"活动，召开工作会议并印发《关于做好'十八大'期间信访稳定工作的通知》。认真做好局长接待日以及日常的信访、读报、读网、局长信箱办理以及"12345"办理反馈工作。2012 年，接待群众来访 3 777 批次 5 858 人次，组织信访积案排查 16 次，排查 18 件积案，有 17 件已有结论，1 件正在处理中。12 次局长接待日接待来访群众 950 人次，接待处理群众反映的问题 438 件。

（王迎超）

环境保护

【政务信息】 长春市环保局向上级部门报送政务信息 115 条，被中共长春市委评为"全市党委系统信息工作标兵单位"，被长春市人民政府评为"上报省办优秀单位"。《长春环境保护网》累计编发环境信息 310 条，播报空气质量信息 285 条、组织网上直播 14 次，群众累计点击阅览 128 956 人（次）。深入推进"环境信息与统计能力建设项目"工作，完成全市总控平台和 14 个作战单位网络系统建设。网络全部更新为光纤，网速提升到 120 兆。组织报送调研成果 4 个，其中《长春市垃圾分类收集前端优化设计及对策研究》获得市委、市政府优秀奖，2 个课题入选《年度全市优秀调研成果选编》。

【环境信访】 办理市长公开电话6 845件,“局长信箱”来信114件;12369投诉2 084件,12319举报1 279件,“读报读网”发现问题198件;开展“局长接待日”12次,接待37人次,解决污染环境、损害群众健康的突出环境问题17件。办理省人大议案1件,省政协提案1件,市人大议案3件,市政协提案3件,办结率、面复率和满意率均达100%。

【规划与财务】 修订《长春市环境保护和生态环境建设“十二五”规划》,编制《长春市环境保护专项规划(2011-2015)》。完成榆树市江北污水厂等9个《松花江流域水污染防治“十一五”规划》增补项目建设。组织开展《重点流域水污染防治规划》项目申报,全市51个项目纳入《规划》,是“十一五”时期的3倍;争取投资37.84亿元,是“十一五”时期的2.14倍。

【污染物减排】 加强日常督办和现场督查,促进重点减排项目建设,完成150家重点企业清洁生产审核,加强机动车排放减排。减排二氧化硫6 679吨、减排氮氧化物7 785吨,分别比2011年削减2.43%和1.4%。加强污水处理厂运行监管,推进农业源污染减排,督促161家规模化养殖场完成治污项目建设,减排化学需氧量1 798.75吨、减排氨氮306.11吨,分别比2011年削减1.96%和1.76%。按照吉林省人民政府下达的《长春市2012年度主要污染物总量减排责任书》要求,超额完成二氧化硫、氮氧化物,化学需氧量、氨氮等4项主要污染物减排年度指标任务。

【环境影响评价】 认真落实国家产业政策,深入县(市)区、开发区开展项目建设环评审批服务。全市审批建设项目2 029个。其中,报告书142个;报告表1 243个;登记表644个;对144个环境敏感项目组织专家进行评估审查。组织105户重点企业开展清洁生产,督促78户企业编制完成清洁生产审核报告,并通过省级审核验收,为企业上市(再融资)出据守法证明文件37件。长春经济技术开发区启动创建“国家生态工业示范园区”,长春汽车经济技术开发区启动创建“生态工业园区”。

【环境监测】 按照环境空气质量新标准要求,新增监测点3个,提升改造监测点7个,在全国率先实现与中国环境监测总站管理平台直联,在全省率先实时发布细颗粒物等6项参数环境空气质量监测信息。在石头口门、新立城水库建成2套水质自动监测系统,实现实时全指标监测。

【污染防治】 开展环保专项整治活动,严厉打击工业企业超标排放,督导杜邦公司等企业单位完成污水处理站改造,完成大唐长春第二热电有限公司3、4号机组等10个项目脱硫改造,华能九台电厂等6个项目脱硝改造,监督燃煤电厂脱硫脱硝设施稳定运行。市政府第55次常务会议通过《长春市城镇污水处理厂运行监督管理办法》。对市区6座污水处理厂实施现场监察和监督性监测,实施按处理水量和水质核拨污水处理费新机制。深入开展地表水县(市)区出入境断面水质监测考核,定期通报地表水环境质量状况。加强机动车环保检验,对城区15家检验机构的46条检测线实施实时视频监控。检测机动车35.08万台次,发放环保检验合格标志31.10万枚。加强外埠机动车转入管理,实现外埠“黄标车”、老旧车零转入。对全市876台校车实施环保检验,限期整改超标排放校车106台。参与150天市容环境综合整治行动,开展“绿色护考”活动,整治存在油烟、噪声等污染问题的餐饮服务业单位150家,治理不合格锅炉80台。

【农村生态环境保护】 开展空气质量抽样监测,选择的乡村均达到《空气环境质量标准》(GB3095-1996)中日平均二级标准。开展地表水环境质量抽样监测,抽样的2个村地表水水质状况达到《地表水环境质量标准》(GB3838-2002)中Ⅳ类标准的要求。开展土壤环境质量抽样监测,选择的3个村土壤环境状况均达到《土壤环境质量标准》(GB15618-1995)中二级标准的要求,土壤未受到污染,适合农作物种植。深入开展生态示范区创建工作,完成1个镇2个村国家级生态镇、村创建,3个镇9个村省级生态镇、村创建的考核验收,53个市级生态村的考核命名。组织申报第一批“长吉一体化区域”农村环境连片整治示范项目71个,争取资金5 860万元;申报第二批“松花江、辽河流域沿岸”农村环境综合整治示范项目56个,争取资金5 800万元,全部按期竣工并通过省环保厅验收。

【辐射安全监管】 核与辐射环境质量较好,陆地γ辐射空气吸收剂量率和水质放射性核素浓度,均保持在天然本底范围内;典型环境电磁辐射水平和典型污染源的外环境电磁辐射水平,均不超过国家限制标准。按照应对朝鲜核试验进入橙色二级应急状态的要求,积极参与辐射环境应急监测工作,及时向上级部门报送监测数据信息。开展核技术利用、辐射安全综合检查专项行动,排查辐射有关单位431家,检查41家放射源应用单位放射源591枚,覆盖率100%;强制收贮7家单位废弃放射源34枚,收贮率100%。

【危险废物安全监管】 全市工业危险废物产生量为30 332.1吨,综合利用量为1 825.61吨,处置量为28 488.99吨,贮存量为17.5吨。医疗废物产生量为4 123吨,处置量为4 123吨。各级环保部门加大危险废物监管力度,办理转移联单3 538份、跨境转移47件,转移危险废物16万吨。全市工业固体废物综合利用率99.2%,生活垃圾无害化处理率93.2%。

【环境监察与排污收费】 开展环境执法效能年活动,严厉打击工业企业超标排放,排查各类企业4 848家,限期或停产治理违法排污单位103家,取缔4家,搬迁1家,挂牌督办13家。开展环境安全百日大检查活动,排查相关企业760家,对发现的问题限期整改,消除环境安全隐患。集中排查整治重金属排放企业，对21家单位提出规范管理要求。全市各级环保部门下达行政处罚文书1 093份，收缴罚款792万元，征收排污费1.4亿元。参与西环城路废品收购站甲醛释放、五环体育场液氨泄漏等7次突发环境污染事件的应急处置。长春市被环境保护部确定为环境监察移动执法试点城市，并顺利通过验收。

【环境宣传教育】 在《长春日报》刊登环保专版12期，在长春电视台、吉林电视台播报消息50条，在长春广播电台、交通文艺台播发环保专题80期，累计发表环保稿件350余篇（次）。利用“六·五”世界环境日等重大纪念日，积极开展教育培训和特色活动。

【创建“国家环境保护模范城市”】 通过环境保护部组织专家组对“国家环境保护模范城市”复核，26项考核指标中，18项达标，7项基本达标，1项指标进行整改，基本完成“通过复检，保牌整改”的目标。

【环保队伍和机关建设】 落实党风廉政建设责任制和“一岗双责”要求，加强软环境、政行风建设、“三满意”机关和环保队伍建设。在创建“三满意”机关评议中，长春市环境保护局综合满意率98.63%，被评为群众满意单位；参评的2个处（室）、单位，综合满意率均为99.86%，分别列所在类别的第2位，被评为群众满意处（室）。14个基层参评单位，有11个进入前3名。

【环境质量】 空气环境质量。可吸入颗粒物、二氧化硫、二氧化氮年均值分别为0.087、0.030和0.044毫克/立方米。空气污染指数年均值为69，首要污染物为可吸入颗粒物。按照《环境空气质量标准》（GB3095-1996）进行评价，各项主要污染物的年均值均符合国家年平均二级标准。全年未出现酸性降水。在全年366天中，城区空气质量达到Ⅰ级（优）天数78天，Ⅱ级（良）261天，优、良天气之和占总天数的92.6%，Ⅲ级（轻微污染）以上天数为27天，占总天数的7.4%。空气质量Ⅲ级（轻微污染）天气主要分布在冬季采暖期和春季大风期，空气质量Ⅰ级（优）主要分布在夏、秋两季。全市煤炭消耗总量为2 469.87万吨，比2011年增长4.91%。全市二氧化硫排放总量为76 400吨，比2011年增加0.1%；氮氧化物排放量总为151 365.71吨，比2011年减少1.4%；烟（粉）尘排放总量为56 474.55吨，比2011年减少6.9%。废气排放总量为32 545 717.35万立方米/年，比2011年增长24.7%。

地表水环境质量。以机械加工、粮食深加工、屠宰等行业生产环节排放的工业废水和居民生活污水形成的综合型有机污染为主。石头口门水库和新立城水库为城市集中式饮用水水源地，以石头口门水库为主，两水库提供长春市城区95%以上的城市用水。伊通河的水质状况有所改善，超标污染物的浓度已略有下降，主要污染指标为氨氮、总磷、五日生化需氧量等。饮马河主要污染指标为总磷、氨氮、五日生化需氧量等。松花江长春段水质较好，主要污染指标为化学需氧量。对南湖采取污水截流、湖底清淤、生物治理等系列治理措施，引进新立城水库的源水。水质状况有所改善，主要污染物为化学需氧量、五日生化需氧量、总磷。净月潭水库得到有效保护，水质状况较好。全市工业废水排放量为5 136.626万吨，比2011年下降18.9%；生活污水排放量为20 724.359万吨，比2011年增长1.46%。废水中化学需氧量排放量为183 303.86吨，比2011年增长1.81%；废水中氨氮排放量为13 942.51吨，比2011年下降0.77%。

声环境质量。长春市的声环境以商业、娱乐经营活动形成的生活噪声和交通运输形成的交通噪声为主。区域环境噪声等效声级值为53.6dB（A），与2011年的53.1dB（A）相比，城市区域环境噪声平均等效声级略高0.5dB（A）。在声源构成比中，生活噪声占63.4%，交通噪声占28.3%，工业噪声占3.3%，施工噪声和其他噪声均占2.5%。道路交通噪声平均等效声级为68.6dB（A），比2011年度增长0.1dB（A）。监测道路总长度279.7公里。其中有203.5公里长路段的道路交通噪声等效声级低于70.0dB（A），占监测路段总长度的72.8%。城市功能区噪声昼、夜间声环境质量达标情况为0类区昼间达标率100%，夜间达标率50%；1类区昼间达标率100%，夜间达标率100%；2类区昼间达标率100%，夜间达标率91.7%；3类区昼间达标率100%，夜间达标率93.8%；4类区昼间达标率75%，夜间达标率0。4类区交通噪声的影响比较突出。

固体废物监管。长春市的固体废物以工业固体废物为主，主要包括粉煤灰、炉渣、煤矸石、化工渣和冶炼废渣等。工业固体废物产生量为391.7万吨，比2011年减少36.5%；工业固体废物综合利用量为388.55万吨，工业固体废物综合利用率99.2%，比2011年降低0.1个百分点。城市生活垃圾产生量为93.9万吨，无害化处理量为87.5万吨，生活垃圾无害化处理率为93.2%。危险废物产生量为30 332.1吨，综合利用量为1 825.61吨，处置量为28 488.99吨，贮存量为17.5吨。医疗废物产生量为4 123吨，处置量为4 123吨。

核辐射与环境监管。核辐射与环境质量较好，陆地γ辐射空气吸收剂量率和水质放射性核素浓度，均保持天然本底范围内；典型环境电磁辐射水平和典型污染源的外环境电磁辐射水平，均不超过国家限制标准。

（王占龙）

国土资源管理

【国土规划】 2012年9月18日，长春市土地利用总体规划正式获得国务院批准，为加强长春市土地利用宏观调控、严格土地用途管制奠定基础。以二调数据库（第二次全国土地调查数据库）为基础建立规划数据库，土地规划与二调成果有效衔接。编制完成长春市矿业权设置方案，确保全市矿产资源的有序开发。

【耕地保护】 落实耕地保护制度，推行耕地保护行政首长负责制，市、县、乡各级政府主要领导层层签订耕地保护目标责任状，耕地保护共同责任机制不断完善。扎实推进农村土地整治和高标准基本农田建设，5个土地整治重大工程全面开工，完成投资9 017万元，建设高标准基本农田30 834公顷，超计划66%。探索耕地保护补偿机制，在九台市土们岭镇建立试点，当地政府与377户农民签订耕地保护补偿协议，有效保护了耕地。截至2012年末，全市耕地保有量145.34万公顷，基本农田保护面积117.66万公顷，均超过国家下达的标准。

【新增用地】 开展大走访、大调研，摸清底数。落实干部包保制度，对省级以上重点项目、投资3 000万元以上项目、保障性住房等民生工程项目全部应保尽保。加强征地管理，严格执行“两公告一登记”制度和听证制度，充分保证被征地农民的参与权和知情权。发布实施《长春市集体土地房屋征收与补偿实施办法》，土地征收工作进一步规范。全年累计获批征地4 631公顷、供地4 679公顷。

【市场建设】 实行网上挂牌出让制度、敞口公告、预申请等措施，科学调控土地市场。全年累计出让土地2 204.7公顷，成交额231亿元。其中，招拍挂出让1 838.4公顷，成交价款224.3亿元。严格落实国家关于工业用地建筑容积率、建筑密度等控制指标，并将相关标准写入出让合同或划拨决定书。进一步提高工业项目投资强度，强化用地定额管理，大力推行标准化厂房建设，土地节约集约利用水平不断提高。

【土地储备】 重点围绕三城两区建设和城市配套建设，加大土地收储力度。全年收储土地26块，面积693万平方米。同时，加大拆迁回迁工作力度，积极改善群众生产生活环境。全年拆迁工企和居民490户，拆迁建筑面积84万平方米；开工回迁房建设项目3个，总建筑面积11.35万平方米，竣工10.57万平方米。全年融资171.5亿元，偿还贷款本息104.34亿元，土地储备融资信誉进一步巩固。

【法制监察】 强化定人员、定区域、定责任，包巡查、包制止、包处理的“三定、三包”责任，建立市、县、乡、村四级责任体系和动态巡察网络。全年查处违法用地72公顷，拆除违法建筑面积59.8万平方米，恢复耕地52.4公顷。长春市2012年度执法检查中发现241宗违法用地，已全部查处结案，立案率、结案率均达100%，违法占用耕地面积的比例为1.08%，顺利通过国家验收。

【矿政管理】 严格规范探矿权管理，按要求完成地质勘查治理和项目复核验收工作，对辖区内的地质勘查项目全部进行实地检查。累计完成探矿权年检13家。编制《长春市矿业权设置方案》，全面实行矿业权招标拍卖挂牌出让制度，全市有偿出让采矿权80家，依法依规收缴采矿权价款738万元。开展资源储量动态监测和利用现状调查，对全市范围内地下开采的23个煤矿和非煤矿山进行储量动态监测。进一步加强矿山地质环境保护。2012年，全市矿山环境恢复治理面积158公顷，存储矿山环境治理保证金631.55万元。开展地质灾害防治，建立长春市地质灾害防治工作办公室，编制完成《长春市2012年度地质灾害防治方案》。完成长春市“十二五”地质灾害防治规划编制工作，通过了省厅组织的专家论证。

【地籍管理】 在全国大中城市中率先开展三维地籍数据库系统建设工作，已完成中心城区350.9平方公里的建库任务。2012年5月26日，系统通过国家验收。成果达到国际先进和国内领先水平。在全国第一个开展宗地统一编码示范区建设。完成市区范围内1 942平方公里的宗地统一代码编制工作，成果通过了省厅专家组验收，实现编码的标准化。积极推进集体土地所有权确权登记工作。各县(市)、区农村集体土地所有权确权登记发证工作基本完成，其中，农村集体土地所有权确权登记发证已发证面积164.8万公顷，发证率100%。

【国土信访工作】 全面落实信访工作目标责任制、局领导包保责任制、“两会”和“十八大”等敏感期驻京接访等工作制度。建立信访工作矛盾纠纷排查机制，使信访矛盾纠纷排查制度化、规范化。开展局长接待日活动，大力推行市局班子全体、各县(市)国土局长、各城区(开发区)分局长同步接访。全年开展局长接待日活动12次，累计接访279件、比2011年下降16%；接待来访群众673人次、比2011年下降20%；办结273件，办结率

全国宗地统一代码电子文件管理试点工程项目启动会

达98%，比2011年上升2%。认真抓好12345、12336群众投诉举报电话的办理工作。全年受理12336投诉举报634件，全部在规定时限内办结，接听率和反馈率均达100%。被国土资源部评为“12336为民服务示范窗口”。

【政行风建设】 深入开展创建“三满意”机关活动，积极开展现场服务和预约服务。持续推进万能窗口建设。在坚持导办服务、全天候服务、短信告知服务、预约上门服务等服务措施基础上，为重点项目工程和重大基础项目开通“绿色通道”，提供“一站式”直通车服务。8月，国土资源部组织的“五级联创齐争走基层，打造百姓满意窗口”活动试点工作在德惠市布海镇国土所正式启动。建成全市统一的国土电子档案数据库并投入使用。城区（开发区）分局档案纳入市级平台，形成全市统一的电子档案数据库，存量档案电子化总量达30多万卷。

（王小峰）

园林绿化

【概况】 2012年，长春市园林绿化总投资20.5亿元，其中本级1.63亿元，城区新增绿化面积500公顷。截至2012年底，绿化覆盖率41.5%，绿地率36.5%，人均绿地面积11.6平方米。

【街路绿化、大块绿地建设】 全市高标准完成21条街路、7个立交桥、63宗大块绿地的绿化建设任务，完成长郑、长白、北亚泰大街出城口的绿化设计，并对具备施工条件的地段进行高标准绿化，全年美化彩化街路100条、单位庭院300个、节点70个、广场7座、桥梁5座。全市各城区合计栽植乔木45 842株、灌木21 974丛、模纹176 965平方米。

【庭院、小区绿化】 完成年初制定的“绿化彩化庭院、小区30个”工作，并根据《2012年长春市“绿化模范小区”和“绿化模范单位庭院”评选活动方案》，组织专家和有关人员对全市小区、庭院进行检查、评比。

【公园建设、改造】 注重抓好设计关、监理关、养护管理关，高质量续建大顶山公园、中山公园、光明公园及长东北、八里堡2个湿地公园，启动并按序时进度推进幸福园、净月雕塑公园、富裕河带状公园建设。2012年初，面对城市大规模道路建设导致大量树木需要移植的现实，市园林绿化局开发建设集科研、生产、休闲、教学于一体的开放式树木园区，命名为“百木园”。百木园在保持苗圃生产功能的同时，兼顾公共绿地的社会效应，实现“生产绿地”和“公园绿地”的最佳结合。

【义务植树】 4月12日，孙政才、王儒林、巴音朝鲁、高广滨、李树国、姜治莹、张元富等省市领导与300余名干部群众及驻长部队官兵，到长春世界雕塑公园，参加全民义务植树活动。2012年全省义务植树2 600万棵，基本实现人均植一棵树的任务目标。在植树活动中，种植300株云杉、300株白桦。4月13～15日，长春市驻军和民兵预备役官兵3 600余人，在长春市新立城水库、长东北城市生态湿地公园132.6公顷的地块上植树200万株。12家驻长部队，围绕生态吉林、城市环境治理，相继展开攻坚，全面拉开驻长部队开展“感恩春城人民奉献第二故乡”教育实践活动的序幕。4月14日上午，民建长春市朝阳区、南关区委员会100多名会员分别在净月林场、友谊公园种植下250株树苗。另外，组织了“劳模林”、“家庭林”、“的士林”等各种纪念林植树活动15次，参加人数达6 500多人，栽植各种树木200多万株。

【园林植保】 对全市25家绿化施工单位进行苗木复检、补检57批次，涉及96个品种，乔木3.6万株、灌木63万株、花卉1.1万株、草坪4万平方米。发布园林植物病虫害预测预报信息近百条，对常发的食叶、蛀干、刺吸害虫及杨柳树腐烂病等病害进行科学防治。完成全市日本松干蚧春季调查监测，未发现新的疫点，开展美国白蛾调查监测，诱捕6只美国白蛾雄成虫。全市没有出现严重受害的现象。

【绿化监察】 2012年，对全市现有园林绿化监察队伍进行整顿、调整和加强，各区、开发区和局属各公园分别建立园林绿化监察队伍，统一番号、车辆和服装，初步形成由市园林绿化局统一做出园林绿化违法违规案件立案、处罚决定，市直和各区、局属各公园监察人员依法执行的良好格局。

【园林科研】 2012年，在研究推广用于街路、广场、公园的树木花卉品种基础上，引进4个月季品种1.4万株、观果树种1 000株、彩叶树种3万株，成活率95%以上，扩繁抗寒月季3 000余株。在园林科研工作中，《系列宿根花卉选育与推广》等三项课题获“吉林省科技进步三等奖”。

【绿化宣传】 3月12日，省、市、区、开发区绿化委员会办公室在人民广场周边举行规模较大的“植树节”宣传活动。利用宣传板，集中展示长春市绿化成果。省、市绿化办在宣传现场，花籽和日常生活用品如扑克、手拎兜等作为宣传品向市民发放。通过设立宣传台，悬挂“植树节”旗、彩旗，设置拱门，扭秧歌等形式，烘托出整个“植树节”的气氛。植树节当天，全市出动车辆100余台次，悬挂“植树节”旗、彩旗280面、条幅77面，设立宣传板200多块、拱门10个，升空气球80多个，组织秧歌队、乐队12伙，设宣传台1处，发放扑克6 000副、手拎兜1万个、花籽1万袋。

【行政审批】 全年办理绿线审批手续21件，验收5件。按照《长春市人民政府关于实施绿线管理和绿色图章制度的通知》的要求进行现场勘测，依照长春市建设“生态园林城市”的指导思想规划设计。按照《长春市城市绿化管理条例》中树木砍伐的相关规定，在勘察现场的基础上严把树木砍伐审批关，坚持手续不全或不该砍伐的树木，一律不批原则，办理砍伐（移植）、占用绿地手续140件，砍伐乔木25 826株，移植乔木9 190株，移植灌木19.4万平方米，临时占用绿地73 754.2平方米。

（张晓东）

伊通河管理

【工程建设管理】 完成伊通河自由拦河闸至长春大桥底泥清淤工程，工程投资600万元；进行伊通河百树园建设工程，完成地形整理及部分树木栽植，完成了繁荣桥景观绿化恢复工程的地形整理及部分树木的秋植；在伊通河基本建成段的水之韵广场、回忆岛、民族广场、健康岛、松涛园和兴华拦河闸周边增设免水冲移动公厕6处；在伊通河基本建成段的城市风情园、同乐园、东大桥轻轨桥下安装座椅200套；完成位于城市风情园和英俊园的2处无障碍通道工程。

【防汛排涝蓄水】 伊通河城区段现有拦河闸（坝）5座，排涝站10座，排水涵洞12座，排水暗涵及排洪沟各1条，建成段防洪标准达200年一遇。根据防汛工作会议精神，汛前认真检查水利设施，对自由闸、四化闸、兴华闸及10座泵站进行检修维护，确保正常运行。对管理范围内的堤防、涵、闸、明沟、暗涵、吐口等水利设施进行排查，清除明沟内的垃圾，对排污较重、垃圾较多的杨家暗涵、永安明沟、东安明沟等，沟通相关部门及时清理，尽量避免垃圾流入河道。科学调试，统筹安排，适时开启和关闭各拦河闸和排涝站，保证防洪安全，兼顾景观蓄水。

伊通河沿岸风光

【水质监测管理】 加强对伊通河城区段污水排放的调查和监管工作。坚持每周3～4次巡视检查制度，密切关注各吐口排污情况。每半月定期出《水质监测简报》1期，全年发简报18期，及时将各吐口排污情况上报市政府及有关领导，为领导及时掌握情况统领全局提供信息。加大监察力度，及时沟通经开管委会、市维管中心、净月管委会等相关排污管理机构，有效减少污水排入河道，水质监测工作取得良好效果。

【行政执法监督】 大力宣传《长春市伊通河城区段管理条例》，严厉打击各类违章、违法行为，保护伊通河建设成果和市容环境综合整治成果。实行义务监督员制度，设立举报投诉电话，认真听取监督员和市民在建设和管理方面的意见和建议，提高管理水平。实行24小时巡查，重点监督各施工工地、露天烧烤、乱倒垃圾、绿地停车、烧纸、野广告、非法捕鱼、捕鸟、私搭乱建等行为。全年处理各类案件191起，维护了河道水事活动的规范有序进行。

【园林绿化养护】 园林绿化工作首要任务是提高重点园区绿化、美化效果，突出景观特色。全年补植树木25 686株。为使重点园区和花坛充分发挥观赏效果，上半年栽种草花4万余株，宿根花32万株。积极防治病虫害，先后出动喷药车125台次，人背喷雾器320台次，有效防治了病虫害。8月28日超强台风“布拉万”从朝鲜登陆，对吉林省造成的最大影响即为大量树木被吹倒吹折。158人全员出动，采取架杆支、草绳拉、用夯夯等有效措施，扶正树木3 210株，修剪断枝树2 580株，伐除96株，使受灾树木在第一时间得到救助。全年经历台风、暴雪等6次恶劣天气，出动2 175人次，扶正树木45 000株，修剪5 746株，伐除158株，为56 680株树木清除枝干积雪。受灾树木生长良好，有望全部成活，把灾害损失降到最低点。

（国　徽）

开发区

综　述

2012年,长春市有各级各类开发区27个。其中,国家级开发区4个,省级开发区15个、工业集中区5个,市级开发区3个,县(市)、区实现了省级开发区的全覆盖。全市开发区(工业集中区)批准规划面积1 245平方公里,实际管辖面积1 622.4平方公里,已开发面积450平方公里,建成区面积341.2平方公里,区域总人口250万人。已批准设立各类企业19 694户,其中,工业企业9 847户,有规模以上工业企业1 005户,外商投资企业894户,落位央企48户,世界500强企业63户。

【经济建设】 2012年,全市开发区实现地区生产总值3 162亿元,比2011年增长17.9%,对全市经济的贡献率达68%;实现全口径财政收入649亿元,比2011年增长18%,对全市财政的贡献率达70%;实现规模以上工业总产值7 178亿元,比2011年增长20.6%,对全市工业的贡献率达87%;完成固定资产投资2 186亿元,比2011年增长27.5%,对全市固定资产投资的贡献率达72%。高新、经开、净月、汽车市直四大开发区经济发展更为迅速,对全市经济的贡献率达52%。

【招商引资】 2012年,全市开发区实际利用内资完成600亿元,比2011年增长12.46%;实际利用外资完成31.9亿美元,比2011年增长6.76%。全市开发区围绕汽车及零部件、农产品加工、轨道客车三大主导产业,围绕先进装备制造、光电信息、生物医药、新能源、新材料等战略性新兴产业开展大招商活动。紧盯世界500强、跨国公司、央企和知名企业,积极推进专业化招商和产业链招商。紧紧抓住全国"两会"期间央企对接、"央企走进吉林"和"中国企业500强峰会"在长春召开的契机,引进项目120个,计划总投资2 197.8亿元;引进世界500强和央企项目20个,其中,超百亿元项目1个,超亿元项目200个。高新区与27户央企洽谈合作项目46个,新引进落位项目24个,其中央企和世界500强企业投资项目各3个。经开区参加和组织较大规模招商活动20个,签约亿元以上项目72个,引进世界500强、央企和行业龙头企业投资项目12个;围绕综合保税区建设,开展6次主题招商活动,邀请客户600多人次,洽谈项目42个。净月区完成签约项目51个,计划总投资560亿元。世界500强企业入区数量再创新高,新引进德国麦德龙、日本NTT、台湾富士康等世界500强项目11个,全区引进世界500强企业达到27家;北京世纪金源、四川明宇、吉广创意文化研发基地、吉林出版集团等行业龙头项目竞相落位。汽车区参加各类招商活动23个,组织7次大型招商推介活动,赴日本、韩国、泰国、新加坡、长三角、珠三角等省、市组织的招商活动16次。引进重点工业项目86个,其中,亿元以上66个,5亿元以上9个,10亿元以上5个,计划总投资360亿元。莲花山旅游度假区在核心区谋划了占地5平方公里的"冬之夏城"项目,利用反季理念打造大型室内休闲度假综合体,聘请国际知名的策划机构进行包装并开展全球招商;莲花溪谷开发建设与华正集团达成了初步意向。宽城开发区引进海尔创新产业园等各类项目10个,签约额20亿元;引进各类总部企业百余户,注册资金15亿元。朝阳开发区参加省、市组织的经贸交流活动5个,洽谈合作项目19个,计划总投资114亿元。德惠开发区洽谈合作项目32个,计划总投资89.3亿元;参加省、市组织的经贸交流活动3个,签约项目6个,计划总投资2.2亿元。双阳开发区洽谈合作项目17个,计划总投资184.3亿元;参加省、市组织的经贸交流活动5个,签约项目8个,计划总投资149.1亿元。绿园开发区参加省市组织的经贸交流活动16个,签约项目21个,总投资31亿元。九台开发区引进项目25个,包括总投资5亿元以上的吉林龙润房地产、长春万晟房地产、内蒙古伊利冷饮、长春银诺克药品生产等重大项目。合隆开发区洽谈项目53个,其中占地面积20万平方米的汽车配套产业园嘉信汽配、华夏汽配等6个项目已签约。五棵树开发区围绕玉米加工、机械制造、生物制药、白酒加工等产业与20多个国内知名大集团、大企业进行洽谈合作项目15个,计划总投资214亿元;参加省、市组织的经贸交流活动70个，签约项目3个，计划总投资19.65亿元。文化印刷产业开发区参加省、市组织的经贸交流活动3个，签约项目5个，总投资180亿元。国际物流开发区谋划包装项目100个，计划总投资近800亿元，吸引200余家国内外知名企业，成功与北京王府井百货集团、华润集团等46家企业实现签约。南部都市开发区与大连锦绣、北京远大集团等企业洽谈合作项目6个，计划总投资200多亿元；参加省市组织的经贸交流活动4个，签约项目2个，计划总投资41.5亿元。皓月清真产业园区已与科威特、香港、阿联酋、荷兰、加拿大、加中、文莱、法国、泰国等27家国内外养殖、加工企业实现签约，计划总投资超过15亿美元。空港开发区对接各类企业270余家，与中城建集团第十一工程局、上海世总投资管理有限公司、长春绿洲发展实业有限公司等12家较大企业签订投资或框架协议，签约总额171.2亿元，计划总投资50.4亿元。农安工业集中区派出域外招商小分队17批次，参加省、市组织的经贸交流活动6次，举办同乡会、推介会等经贸交流活动7次，洽谈项目90个，签约18个，计划总投资85亿元。九台工业集中区通过各种渠道广泛招商，洽谈项目50多个，达成意向协议20余个。米沙子工业集中区新签约及洽谈项目23个，包括弘基混凝土制品、汇成汽车有限公司车载设备生产、中交建材高速路安保器材等。西新工业集中区签约项目32个，计划总投资62亿元；参加省、市组织的经贸交流活动15个，举办并参与“中国(长春)国际汽车博览会”、“长春汽车及轨道客车配套项目推介会”等招商活动20余次，成功签约项目6个。西部新城开发区与上海宝龙集团签订计划投资30亿元城市综合体项目备忘录、与上海绿地集团签署了计划投资150亿元核心区大型商业步行街、高端购物中心、商务总部办公楼、五星级酒店等项目框架协议、与卓展集团初步达成建设精品商场、企业总部项目意向。装备制造产业开发区围绕轨道交通零部件配套，赴深圳、京、津、苏、皖等地招商，轨道交通零部件配套企业项目厂房基本被预定。

【项目建设】 2012年，全市开发区开工投资3 000万元以上项目1 736个。其中，工业项目1 100个，服务业项目238个，社会事业和基础设施项目398个。3 000万元以上工业项目计划总投资3 826亿元，2012年计划投资1 449亿元，实际完成投资580亿元，工业项目空间摆放面积达20平方公里以上。高新区开工项目172个，总投资1 215亿元。其中，投资100亿元以上项目5个，50亿元以上项目3个，10亿元以上项目52个，亿元以上项目126个。一轿第三工厂完成部分车间基础；中航工业长春航空液压控制有限公司、长春英利模具制造有限公司等项目主体完工；博世汽车部件(长春)有限公司、长春佛吉亚排气系统有限公司、高榕总部基地等28个项目建成投产。经开区开工项目120个，其中，大成100万吨化工醇制氢车间、金宝特整体搬迁20万吨化工醇项目投产；一汽通用长春基地项目成功引进全球同步上市的通用轻客平台产品X82；一汽客车长春基地3 000辆客车扩建项目完工并投入使用；国电风力发电机项目投产。综合保税区已签约19个项目，计划总投资29.6亿元，其中，际华商贸物流园、中外运物流、招商局物流基地项目已开工建设；联检大楼、海关、国检查验中心、主次卡口、一期围网已完工。净月区开工项目97个。奈伦总部、信保大厦、烟草大厦等20余家总部破土动工；伟峰新城、川渝环球、一汽金融总部、德国大陆汽车电子等高端项目建设有序推进；喜来登超五星级酒店正式对外营业，省科技馆对外开放；吉视传媒成功上市，启明公司呼叫服务中心正式投入运营，吉林省数据灾备中心投入使用。汽车区开工项目55个，其中，5亿元以上项目达15个，总投资56亿元的一汽技术中心、120.5亿元的一汽轴齿制造中心、轿车研发中心、轿车变速箱装配及壳体加工、有色铸造基地等项目全面开工；轴齿工业园曲轴连杆等6个项目完成主体封闭；一汽丰越建成投产并完成2万辆目标；麦格纳汽车系统、上海纳铁福传动轴、德国霍富汽车锁等13个项目正式投产；投资20亿元的一汽大众MQ200变速箱、富奥电装、丰田纺织等项目完成试生产。莲花山旅游度假区总投资50亿元的香港世茂项目、总投资80亿元的亚泰项目征地拆迁工作基本完成；投资15亿元的高端休闲度假地产林溪雅筑项目一期工程主体完工。宽城开发区开工项目40个，其中，新建项目28个，续建项目12个，计划总投资311.4亿元。朝阳开发区开工项目34个，总投资35亿元，包括投资5亿元以上的吉林星棋机械设备有限公司14万平方米公租房建设、吉林省吉塔房地产开发有限公司21.9万平方米棚户区改造等。德惠开发区落位项目58个，总投资162亿元。吉林晶辉肥料年产40万吨有机肥、年产20万套汽车零部件、年产40万套汽车非标准件等13个项目开工建设；总投资85亿元的泉林项目已完成投资7.6亿元，围墙、办公楼、厂区道路、料场和车间桩基础已经完成，原料收储、设备订购全面展开；总投资25亿元的圣泉“生物能源新材料一体化”项目通过区域环评。双阳开发区落位项目34个，总投资139.8亿元。包括投资10亿元以上的吉通汽车零部件工业园、大力纳米低碳产业园、铸诚防火防盗门生产基地项目，投资亿元以上的国药一心技改、金冠电气断路器开关、东北坊酒业、修正鹿产品深加工、吉通水岸森林国际小镇、润泽源现代农业示范区项目等。绿园开发区落位项目36个，总投资56亿元，包括投资亿元以上的日立永济电器设备(长春)有限公司、上海坦达轨道车辆座椅系统(长春)有限公司、江苏新程汽车配件制造有限公司长春分公司等15个。九台开发区开工项目79个，包括总投资30亿元的中澳城、总投资18亿元吉林工商学院新校区、总投资8亿元金属交易中心等，全年完成投资73亿元。合隆开发区开工项目62个，计划总投资122亿元，年度完成投资30亿元。五棵树开发区落位项目16个，包括荷兰帝斯曼集团生化中间体年产4 000吨6APA、泰国正大集团一亿只肉鸡产业化等重点项目，计划总投资125.87亿元。文化印刷产业开发区签订合同类项目

32个，总投资450亿元,24个项目开工建设，其中，投资100亿元以上项目1个,投资10亿元以上项目2个,投资亿元以上项目7个。国际物流开发区的长春总部经济园、力旺商务中心等26个重大项目实现开工。金色八里城一期完成建筑面积20万平方米、轮胎大市场完成一期主体框架、鸿兴再生资源一期10栋厂房全部完工。南部都市开发区落位亿元以上项目11个,总投资57.9亿元,全年新建、续建项目37个,其中,润德公屋、恒大御景等一期主体已封顶,省图书馆进入内外部装饰，宝丰阁壹号院6栋全部封顶成基铂寓国商地下及地上7层已投入使用。皓月清真产业园区回迁住宅、科技园、总部基地、住宅小区、清真寺改扩建、阿拉伯风情街、中小学、幼儿园、儿童职业体验中心、老年公寓、商服配套等首批项目启动建设。榆树环城工业集中区开工项目65个，总投资1 044.5亿元,包括商品混凝土、稻壳及米糠资源化综合利用、4YZ-4型自走式玉米联合收获机、大连实德集团16万吨PVC节能建材(长春)基地、金六福榆树钱工业园等重点项目8个。农安工业集中区在建项目44个,开工项目计划总投资104亿元,其中,投资超亿元的项目19个,包括投资32亿元的东北亚长春光彩商贸物流城、投资13.5亿元的1.5亿只肉鸡屠宰加工、投资5.2亿元的农安生物发电、投资4.8亿元的吉刚农安汽贸城、投资4.3亿元的120万头生猪屠宰加工项目等。九台工业集中区开工项目10个,包括年产24万立方米新型墙体材料、型煤洗煤生产、中宇光能源扩产、广泽集团有限公司、金锣肉制品有限公司等。德惠米沙子工业集中区开工项目46个。天林工贸、隆源骐化工、香江物流、航天三院PE管材、银河制药、福阳医院、康源医疗器械生产等项目建成投产;蓝天密封材料、益生益居环保材料等16个项目的办公楼、厂房基本完成。西新工业集中区新建、续建项目32个,其中,投资亿元以上的长春市敏实汽车零部件等20个,全年投产达产工业项目18个；长春冲压件、顺华集团、昌驰集团等超千万元纳税大户企业达到4户。装备制造产业开发区重点项目建设全面启动。总投资10亿元的中国北车长春客车制造基地项目一栋1.6万平方米钢结构厂房已封闭;总投资6亿元的轨道客车零配件产业园项目区内路网已基本成形，厂房基础和办公部分主体完工18栋。

【园区建设】 2012年,开发区有特色产业园区25个。其中,纳入省规划管理的13个、市级授牌特色园区2个、其他重点园区10个。高新区与启明孵化公司合作建设了汽车电子产业园，共同打造长春国家汽车电子高新技术产业化基地；与北车集团合作建设新能源汽车产业园区,打造新能源汽车产业基地;在长东北核心区规划了绿色照明及显示产业园；规划建设了10个特色文化产业园区,东北亚文化创意科技园被命名为“国家级文化产业试验园区”和“国家级科技企业孵化器”,禹硕动漫、林田远达两户企业被文化部命名为“国家级文化产业示范基地”;启动了电子商务产业园建设。经开区氨基酸基地被商务部认定为外贸转型升级专业型示范基地;生物产业园区、装备园区获得省级特色园区扶持资金470万元;良辰工业园、欧美工业园已通过省、市孵化基地审核。净月区成功升级为国家高新区后,致力构建“一核、三带、九园”的产业空间发展格局。以东北亚总部基地为核心,建设东部生态休闲带、中部城市功能服务带和西部新兴产业带,规划建设光电信息产业园、动漫创意产业园、启明软件园、影视文化产业园、现代物流园、大学科技园、现代农业科技博览园、健康服务产业园、欧陆风情园“九大特色园区”。东北亚总部基地内汇聚了吉视传媒研发总部、吉林森工金融总部大厦、奈伦总部、中国石化东北石油局总部、川渝环球贸易中心、华荣泰商业综合体、明宇东北亚商务广场等现代服务业重点项目；吉林省光电信息产业园引进建设了德国大陆电子、格拉默研发中心、中国移动吉林物联网中心、长春曙光云计算中心、韩国软件园、建业软件数据中心等高技术产业项目；启明软件园内已吸引启明信息、三菱电机等国内外著名企业；大学科技园内集聚东北师范大学等15所高等院校和中国农业科技东北创新中心等国家级、省级科研机构。汽车区重点推进国家汽车生态示范工业园、长久汽车后市场产业园、日系工业园区、动力总成工业园的建设。国家汽车生态示范工业园占地面积30万平方米,集制造、研发、中试、营销、物流、总部办公于一体的国际化新型产业园区；长久汽车后市场产业园已经进入可研阶段，一期的二手车交易中心、汽车整备工厂、拆解中心、F3赛道正在详细规划设计；日系工业园重点引进日板玻璃、飞乐车灯、金兴内饰件等30户重点日系零部件项目；动力总成工业园推动投资20亿元的MQ200项目和投资25亿元的EA888项目,加速推进动力总成公司成立。朝阳开发区汽车零部件特色产业园实现销售收入183亿元，增长20%，实现产值198亿元。福耀汽车玻璃、华通、方通、柏诚、东科、恒运润滑油、世润、原尚物流、金山汽车、劲能锂电池等一批汽车零部件加工项目开工建设。双阳开发区已形成了健康产业园、电气设备及汽车配件制造园、门业加工生产园、纳米低碳产业园四园发展格局。健康产业园建成区面积1.8平方公里，全年实现产值47.5亿元;电气设备及汽车配件制造园建成区面积1.2平方公里,实现产值36.7亿元;纳米低碳产业园建成区面积0.5平方公里,实现产值20.4亿元;门业加工生产园建成区面积0.7平方公里，实现产值16.3亿元。德惠开发区园区建设全面启动。北区5.23平方公里规划建设农畜产品加工园区、生物化工园区、仓储物流园区、新型建材园区；南区13.58平方公里规划建设高新技术产业园区、产业配套园区、综合物流园区、机械电子产业园区、农产品加工园区；规划建设3平方公里生物能源循环经济工业区，打造生物能源新材料一体化园区、孵化基地、仓储区。2012年农产品加工产业园区实现销售收入123.2亿元。绿园开发区长春轨道交通装备制造产业园实现轨道交通装备工业总产值245亿元,比2011年增长14%;完成固定资产投资58亿元。合隆开发区的机械加工配套产业园，有162户企业落位;省级包装园,有48家企业落位;计划投资360亿元广东工业园,有88家企业落位;热电建材园,有29家企业落位。文化印刷产业开发区的"长春文化印刷产业园区"入驻企业43户,累计建设项目44个,2012年实现工业总产值12亿元。环城工业集中区农副产品加工特色园区已有吉林省陆路雪食品、长春翔名食品加工等企业落户并建成投产。2012年泰国正大集团投资57亿元建设肉鸡屠宰、加工、物流、管理、饲料加工及洗消中心等6个项目;酒类产业特色园区的华泽集团榆树钱酒业和吉久王酒厂已逐步发展壮大,产值连年增长。农安工业集中区按照产业类型,规划一区四园发展格局。食品园区实现产值63.11亿元;化工园区实现产值171亿元;能源园区实现产值6.9亿元;物流园区打造以东北亚光彩商贸物流城、吉林吉刚农安汽贸城、农安县农用车物流综合交易市场为支撑的物流园区。九台工业集中区六街工业园,2012年实现销售收入65.25亿元;生态畜牧产业园,总投资3.2亿元,规划面积2平方公里,打造成集"研发、繁育、养殖、加工、交易"为一体的东北乃至全国最大的"生态畜牧园区"。西新工业集中区"绿园西新汽车与零部件配套产业园"2012年实现产值242亿元,增长123%。

【基础设施】 2012年,全市开发区完成基础设施投资325.5亿元,新增完善基础设施配套面积65.1平方公里。以开发区为载体的净月创新型生态城、空港新城、长东北核心区、莲花山度假区等重点新城新区建设全面启动。高新区投入基础设施建设资金111亿元。其中,南区投入资金2.9亿元,启动4条道路新建工程、14条街路绿化工程,富裕河带状公园基本完工,富强城市公园加快建设;长东北核心区投入资金36.7亿元,新建续建道路38条、桥梁9座,总长55公里,总铺装面积124万平方米。远达大街、北湖大桥等主干路网和重要交通节点全部贯通,长东北城市生态湿地公园、龙翔广场等一批城市功能项目相继建成并对外开放,铁路以东56平方公里基础设施实现全覆盖;长德新区投入资金71.5亿元,总长94公里的26条道路建设完成基础施工,40平方公里起步区水、电、气、热、通信等配套工程全面铺开,初步构建起"七横、五纵、三点、一带"的城市基础框架。经开区新建和续建6大类194项基础公建项目。北区骨干路网不断完善,完成16条市政道路建设;城市公用配套设施加快推进,供热扩能工程全面展开,完成各类管线排迁12公里,大成铁路专用线完成施工。综合保税区一期1.76平方公里内市政、建筑、水系改造、景观绿化和配套等5大类40项工程建设基本完成。净月区投入资金90亿元用于基础设施建设,净月生态大街正式竣工通车;全面启动长白公路15公里乡路重建工程,对聚业大街等重点精品街路开展整修;顺利完成西部新区主干路网3G系统、通讯信息管网的布局设计;规划建设了占地6.7万平方米的净月高新技术创业服务中心;围绕城市景观建设,完成了中央公园一期20公顷面积的建设任务。汽车区启动91项基础设施工程。轴齿中心、甲二街北段、乙二路、丙九路等道路全面开工;西湖、丰越2个二次变及供电外网工程已投入使用;西新一次变、轴齿二次变进行基础施工,丰越1号开闭所开工建设;完成一汽大众MQ200、丰越等13户企业供电和正式供水工作;污水处理厂工程全面启动,热源厂一期工程基本完成;飞跃路打通工程、东风大街拓宽工程全面竣工;一汽解放专用物流通道工程已开始实施。莲花山旅游度假区加快推进了东自由大路、劝农大街、泉眼大街等主干路网续建新建和乡村道路(慢行系统)提升改造工程,总投资近60亿元,总里程361.4公里(乡村道路232公里),总铺装面积339.45万平方米(乡村道路109.07万平方米),已基本通车;启动了总投资近15亿元的水、电、气、热、通信、污水处理和主干路网绿化等市政设施建设,通信管线已铺设完成。宽城开发区实施了邱家小学新建、邱家小区商业步行街、广宁变电站二期和4条规划路建设工程(总长度3 300米),完成了新增66千伏二次变电站规划设计、北凯旋路两侧绿障、军用光缆排迁以及消防站二期增容、新农村四期等建设工程;投资1 490万元实施绿化工程,绿化总面积达到13万平方米。朝阳开发区由国家电网投资的6万千伏二次变电站完成立项,完成盛家村村路改建,1.3公里的丙二十路、丙十七路续建工程全面完工;投资169万元完成育民路部分道路绿化工程;投资135万元建设污水处理站一座;投资500万元,完成孵化基地三期外网配电工程。德惠开发区基础设施建设项目8个,新建道路10条,总长度4 520米,总投资近2.7亿元。完成了西惠东街、拥军街、长虹街、长惠街、纬三路道路及排水工程;龙凤路、万寿路及排水工程已经交付使用;东部新城德顺街、德通街、惠富路及配套工程已经投入使用。双阳开发区投资600万元为通用双回路用电改造,投资300万元完善了供热布点改造,投入400万元实施天然气管网铺设工程,投资7 500万元实施了"五路一桥"建设。绿园开发区启动5个基础设施项目建设。占地3 000平方米的开园66千伏变电站、消防站及附属工程建成投入使用,乙四路等6条道路启动建设。九台开发区雾开河综合防洪工程完成90%;山水大道竣工通车;工业北区四期基础设施、金属交易中心配套设施工程竣工。合隆开发区投入1 750万元,实施华能路和金泰路新建和改造工程,新建总长度2.6公里道路2条并完成绿化、排水、亮化等配套设施。五棵树开发区投入1 500万元实施了帝斯曼厂区与榆陶公路连接道路、江东污水处理厂、五跃变电站等一批为重点项目配套的基础设施建设工程。文化印刷产业开区投入2.65亿元,对站前路网、高等教育园区路网、国信乡村都市项目区路网、奢岭污水处理厂、印刷产业园区污水厂等项目进行了建设和完善,新增基础设施配套面积1.2平方公里。国际物流开发区乙二路等全长22.7公里9条道路建设完成总工程量的70%以上;新开大桥等3座桥梁完成基础打桩及桥台浇筑,其中两座完成吊装;成功争取4 000万元国家专项资实施金八里堡变电所二次扩建并投入使用;长江区域燃气管网建设正式开工,燃气供给实现"零"的突破。南部都市开发区开工道路建设38条,完成道路绿化近7万平方米,铺设7条一次供水管线;全年水、电、气、热、通信等配套管网建设完成33.5公里;东南污水处理厂一期主体工程竣工,完成长乐公路高架桥加固修补建设并正式通车。空港开发区新城中央大街、龙灵湖拦河闸、龙灵湖滨湖大道、龙灵湖景观、新城客运枢纽站、站北路等7个重点基础设施项目开工建设,总投资74亿元,年内完成投资10亿元。榆树环城工业集中区投资1亿元,分别实施污水提升泵站及配套设施、6.6万伏的二次变电所及附属配套工程建设。农安工业集中区投资2.03亿元进行电网改造,完成220千伏输出、220千伏变电站增容改造、66千伏输变电工程等;投资0.68亿元进行区内上水管网改造工程,铺设给水管线5 190米,区内电网、水网建设得到进一步完善。米沙子工业集中区投资2亿元的米沙子高速公路出口工程项目主体基本竣工;投资近5 000万元对新发路、沿河路和西朝阳大街实施改造。西新工业集中区完成新七、新十等6条总里程5.8公里的道路建设和11 000米排水工程;新增绿化面积3.2万平方米,安装路灯228盏;铺设通信管网6.5公里,新建10千伏供电专线8.5公里,铺设地下电缆6 800米,铺装燃气管网4.4公里;消防站续建工程全部竣工。西部新城开发区推进水、电、热、气、通讯等路网及配套设施建设。富民大街、双丰大街、站前街、南阳路均已竣工通车,西站供电、供水、供热等设施均已完成。装备制造产业开发区投资7.7亿元新建道路13条,总长度38.7公里,已完工22公里;水、电、气、热、通讯、网络等工程全部建设完成。

【土地使用】 2012年,全市开发区积极转变方式,集约发展,着力破解土地瓶颈,加大资源保护力度,努力提高开发区投入产出水平,增强开发区可持续发展能力。高新区取得建设用地预审批复37件,面积1 298.65公顷;取得征地批复38件,面积1 532.42公顷;出让土地40宗,面积237.22公顷,实现成交价款19.79亿元。经开区取得土地使用批复1 006公顷,完成建设用地预审6件,总面积99.12公顷;在一级市场招拍挂出让土地24宗,面积210.68公顷,土地成交价款10.61亿元。净月区采取以农用地置换耕地指标的办法,争取规划用地指标382公顷,完成征地报批15个批次,面积452公顷,争取到耕地补充指标708公顷。汽车区上报征地14件,面积416.31公顷,取得批件10件,面积330.11公顷,完成供地45宗,面积196.07公顷,实现成交价款6.96亿元。莲花山旅游度假区上报征地11件,面积263.07公顷,取得批复4件,面积86.09公顷,实现成交价款1.19亿元。宽城开发区征收土地76.13公顷、收储土地161.29万平方米,上报5个批次106.96公顷,4个批次取得征地批复,完成供地面积121.6公顷。朝阳开发区上报征地5件,面积158公顷,取得批复5件,面积158公顷,占全市征地6%。德惠开发区取得征地批复23件,面积85公顷,全部完成供地,土地出让价款1.1亿元。双阳开发区上报征地3件,面积110公顷,并全部取得批复。绿园开发区上报征地5个批次,面积48公顷,取得批复2件,面积21公顷,完成供地25宗,面积130.3公顷。九台开发区取得7个批次用地批复,总面积360公顷,完成2个批次组卷用地,总面积57公顷。五棵树开发区取得征地批复10件,面积43.70公顷。文化印刷产业开发区上报征地7件,面积76.64公顷,取得批复5件,面积41.37公顷。国际物流开发区上报征地16件,面积251.8公顷,取得批复6件,面积55.8公顷,完成供地12宗,面积104.6公顷。南部都市开发区上报征地5件,面积202.84公顷,取得批复1件,面积125.59公顷,经营性用地出让9宗,面积113.26公顷,实现成交价款67亿元。空港开发区上报征地2件,面积193公顷,均取得批复,完成供地2宗,面积19公顷。农安工业集中区取得征地批复2件,面积58公顷。九台工业集中区上报征地2件,工业用地出让2宗,面积512.54公顷。绿园西新工业集中区上报征地件8个批次全部取得批复,面积100公顷,完成供地18宗,面积100公顷。

【民生工作】 2012年,开发区围绕加快幸福长春建设,突出抓好社会管理和服务民生工作。高新区深入实施增收富民、保障惠民、实事利民工程,10大类85项民生工作任务全面落实。举办被征地农民专场招聘会8次、安置6 848人,城乡医疗救助及慈善救助覆盖率达100%;新引进北师大附中、吉林省第二人民医院、吉林省第六人民医院等优质教育、医疗资源,东师附小益田幼儿园投入使用,长春市委党校新校区正式落成,奋进乡社区服务中心、农民文化活动中心投入使用;成立分区、乡、社区三级社会服务管理中心,将全区科学划分172个网格,实行街区一体扁平管理,初步创建"人性化、网格化、信息化"的社会管理模式;妥善处置和稳控一批信访积案和突发事件,社会环境总体保持和谐稳定。经开区新建和购买社区活动场所6个,社区活动场所总面积超过1万平方米;新增170万元用于解决社区和村"两委"干部补贴待遇;一次性投入220万元加强社区文化阵地建设,组织策划了以"文化社区、清雅环境、和谐楼道、温暖家庭"为主题的系列社区文化活动。回迁楼建设快速推进:兴隆丽景C区竣工入住,提供回迁房源2 484套;金色家园二期、安龙回迁小区完成22栋住宅主体工程;南区回迁房已完成部分桩基础施工。完成暖房子和老旧散小区综合改造工程,涉及楼宇94栋,受益居民达7 000多户;历史遗留的277栋无产权住宅,有125栋已办完产权。为城市和农村低保近2万人次发放低保金500多万元,实现"应保尽保",城乡低保覆盖率达100%。完成了六十二中学主体建设工程,金钱小学已竣工即将投入使用。净月区高标准完成11项重点整治工程,新增绿地80公顷;完成西部新区一期33万平方米回迁房建设,4 000户居民喜迁新居;安置就业1.2万人次,完成居民医保3.6万人,新型农村养老保险基本实现全覆盖。汽车区全面落实101项民生行动计划,全年开发就业岗位7 841个,城镇新增就业4 178人,失业人员再就业1 238人,农村劳动力转移就业1 157人，解决零就业家庭比率达100%。城镇居民医疗保险68 000人，城乡居民社会养老保险完成新农保11 778人，失地农民养老保险1 938人，失业保险990人，工伤保险5 000人，为城乡低保户等各类人员发放救助金及各类补贴总计810万元。新建长沈路学校、二实验幼儿园，扩建实验小学教学楼已全部完工；前程家园回迁住宅工程全面开工，完成4万平方米廉租房、9万平方米回迁住宅建设，为一汽困难职工提供149套廉租房。莲花山旅游度假区启动投资10亿元的莲花印象农民安置小区建设，一期工程57栋住宅楼已经实现主体封闭。制定了《度假区民生行动计划》，从富民增收、提升社保等8个方面，提出了81件民生实事。

（王允军）

国药中生长春公司生物医药产业基地奠基仪式

长春高新技术产业开发区

【概况】 长春高新技术产业开发区（简称长春高新区）是1991年国务院批准建立的首批国家高新技术产业开发区之一，辖区面积150平方公里，其中南区55平方公里，长东北核心区95平方公里。全区辖2个乡、1个街道办事处、12个村、15个社区，常住人口23万人。

【主要经济指标】 2012年，长春高新区营业总收入实现3 620亿元，比2011年增长20%；工业总产值实现3 402亿元，比2011年增长19%，其中，市考核规模以上工业产值实现530亿元，比2011年增长26.16%；地区生产总值实现801亿元，比2011年增长20%；固定资产投资完成430亿元，比2011年增长21%，其中工业固定资产投资完成231亿元，比2011年增长24.86%；全口径财政收入和一般预算收入实现458亿元和91亿元，按可比口径分别增长8%和22%。各项经济指标增速高于全省、全市平均水平。

【特色产业集群】 2012年，长春高新区围绕六大主导产业，构建优势产业链条，促进产业集群发展。全区注册企业发展到3 746户，以汽车及零部件为主的先进装备制造业、生物医药、光电子、新能源新材料四大战略性新兴产业实现产值3 391亿元，比2011年增长20%。汽车及零部件产业集聚企业190余户，全年实现产值3 238亿元；汽车电子产业集群被科技部认定为首批国家级“创新型产业集群（试点）”，与启明孵化公司合作建设了占地12.3万平方米的汽车电子产业园，共同打造长春国家汽车电子高新技术产业化基地；与北车集团开展战略合作，规划建设新能源汽车产业园区，打造新能源汽车产业基地。生物与医药产业集聚企业111户，全年实现产值48亿元，有生产品种400多个，产品覆盖全国现有生产品种的半数以上，形成亚洲最大的疫苗生产基地和全国最大的基因药物生产基地。光电子产业集聚企业94户，全年实现产值14亿元；在长东北核心区规划占地1平方公里的绿色照明及显示产业园，深圳北方光电产业城项目实现签约，并与中国照明学会签订合作协议。新材料新能源产业集聚企业124户，全年实现产值91亿元。文化创意产业集群发展企业210户，规划建设了10个特色文化产业园区，东北亚文化创意科技园被命名为“国家级文化产业试验园区”和“国家级科技企业孵化器”，禹硕动漫、林田远达2户企业被文化部命名为“国家级文化产业示范基地”。软件及服务外包企业发展到500户，占全市的85%、全省的70%以上。新涌现出物联网企业10余家，初步形成云计算物联网产业发展特色。启动电子商务产业园建设，长春市购够乐公司被商务部认定为87家国家级电子商务示范企业之一。

【招商引资】 2012年，长春高新区实施专业化、产业化招商，坚持按产业分类设置招商机构，制定扶持战略性新兴产业发展的招商优惠政策，严格实施项目入区评审制度，吸引更多优质项目落位。全年实际引进内资91.59亿元，比2011年增长17.6%；利用外资11.19亿美元，比2011年增长23.3%。与27户央企洽谈合作项目46个，兵装新能源产业园、中航科技产业园等8个项目加快建设，中建材三新产业园等24个项目深入推进。全年新引进落位项目24个，其中，央企投资项目3个，世界500强企业投资项目3个。长春高新区被评为长春市招商引资先进单位。

【项目建设】 2012年，长春高新区落实工业、服务业、房地产、社会事业、基础设施5大类建设项目244个，其中，总投资100亿元以上项目5个，50亿元以上项目3个，10亿元以上项目52个，1亿元以上项目126个。全年开工项目172个，开工率达70%,总投资1 215亿元,占地面积3 135万平方米,建筑面积2 557万平方米,2012年计划投资370亿元,计划开工面积611万平方米。从产业类型看,工业项目85个,服务业项目14个,房地产项目37个,社会事业项目16个,基础设施项目20个;从建设性质看,新开项目51个,续建121个;从地域上看,南区96个,北区61个,长德15个。一轿三厂区完成部分车间基础,中航液压、英利模具等项目主体完工,博世汽车零部件、佛吉亚排气系统、高榕总部基地等28个项目建成投产。

【科技创新】 2012年,长春高新区健全完善政、企、研、金"四位一体"的技术创新战略联盟,加快构建以集约、集聚、集成创新为特征的区域创新体系,创新型科技园区建设扎实推进,国家专利技术(长春)展示交易中心揭牌,国家知识产权示范园区创建工作通过验收,国家级园区和基地发展到23个。地理所生态农业技术平台建成投入使用,应化所新材料技术平台完成主体结构,光机所光电技术平台部分主体完工;7大公共服务平台功能进一步提升。科研教育区长春工业大学北湖校区正式接收新生。产业孵化区引进落位建设中国钢研院、中机集团机械研究院等26家高水平研发机构,与中科院和中关村战略合作深入推进,全力打造东北最大的创新集群。孵化器建设快速推进。北科建集团拟投资50亿元建设长东北百万米孵化加速园区,一期工程2万平方米主体建筑封顶,园区招商引资工作同步开展;中俄科技园3万平方米孵化基地竣工,与乌克兰国家科学院共同组建国际联合实验室;国家服务外包人力资源研究院东北院大学生创业见习基地等4大功能区域正式启动,成为全省最大的大学生实训平台。全区新建、在建孵化基地19个,全部建成后孵化总面积将突破300万平方米,可孵化企业4 000户以上。科技大市场及其网站投入运营,10余家社会服务机构进驻大市场,开设专业服务窗口,展示、交易各类科技创新成果1 000余项。区内企业申报国家和省市科技立项360项,获得科技经费支持3.6亿元;申请专利1 285项,其中,发明专利527项;推荐省著名商标、市知名商标10项,迪瑞股份和东光离合器获得了国家驰名商标称号。吉大博硕等5个项目申报国家863计划,4个创新基金项目通过国家专家验收。

【"人才特区"建设】 2012年,长春高新区与吉林大学等高校签订"人才特区校友会协作联盟",不断加大引才力度,两批入选"长白慧谷"英才计划共42人,包括海外高端领军人才2名,高层次创新创业人才24名,高级经营管理人才7名,高技能人才9名;其中,有海外学习、工作经历的26名,外籍华人7名,外籍人才4名。高新区对入选人才项目给予1 289万元资金支持。组织人才申报项目,指导、组织申报国家"千人计划"3人;组织申报吉林省"高层次创新创业人才计划"23人;被授予"长春市第五批有突出贡献专家"荣誉称号9人,"人才特区"建设工作得到省市组织部门好评。

【金融服务】 2012年,长春高新区新引进长新投、盛荣股权、卓创众银等股权投资机构11家,全区股权类投资机构达38家,基金总规模达200亿元,企业股权融资总额5.3亿元;协调金融机构创新金融产品,帮助企业新增贷款4.19亿元;小贷公司申请注册25家,相继获准正式营业9家,放贷额3.38亿元;新三板储备企业35家,上市储备企业9家;完成信用体系建设方案,初选50户优质企业作为首批信用评价试点单位,完成对该50家企业基础信用信息征集和整理;营造区域金融氛围,举办"金融服务周"活动,有9家企业和4个科技项目与投资机构达成2亿元投资意向,24家企业与银行达成4亿元信贷融资意向,7家企业与产权交易中心签署挂板协议。

【服务企业】 2012年,长春高新区围绕企业需求,进一步提升政务大厅服务功能,引进和整合会计、法律、知识产权等中介服务资源,搭建全方位的服务平台;围绕项目引进、建设、运营和管理,落实服务主体责任,强化"三段式"接续服务;采取领导带头包保、部门合力推进、分区服务到位"三位一体"的项目推进体制,狠抓前期手续办理和建设条件落实工作;整合相关部门职能,构建了求助、投诉、咨询、服务"四位一体"的服务体系;深入开展重点企业"大走访"服务,及时解决企业生产生活难题200多项;强化政策扶持,为企业出台优惠政策120多项,兑现政策扶持资金1.5亿元。

【开发建设】 2012年,长春高新区投入开发建设资金111亿元,不断加快现代化科技新城建设步伐,城市承载能力大幅增强,资源禀赋优势日益凸显。高新南区环境日益优化。投入资金2.9亿元,启动4条道路新建工程、14条街路绿化工程,富裕河带状公园基本完工,富强城市公园加快建设;城市数字化管理平台功能进一步提升,"12319"、"市政110"、供热投诉、天网视频监控等纳入指挥中心管理体系,数字化、精细化管理水平不断迈上新台阶;开展"城市管理万人行"活动,营造人人参与城市管理的浓厚氛围。长东北核心区城市功能进一步拓展。投入资金36.7亿元,新建续建道路38条、桥梁9座,总长55公里,总铺装面积124万平方米。远达大街、北湖大桥等主干路网和重要交通节点全部贯通,长东北城市生态湿地公园、龙翔广场等一批城市功能项目相继建成并对外开放,铁路以东56平方公里基础设施实现全覆盖;文化旅游产业园31个项目全部开工,部分主体工程竣工;森林公园完成科技生态碳汇区市政详规设计和"四季城"项目概念性设计,并与民生银行、蓝阔集团、银泰集团达成合作建设意向;铁路集装箱办理站项目完成预可研报告,长东北现代国际物流园区项目正在编制可研报告。长德新区新城框架全面拉开。投入资金71.5亿元,完成5个村4 000余户居民房屋及地上物征迁工作,总长94公里的26条道路建设完成基础施工,尚德华园百万平方米回迁住宅竣工面积89万平方米,40平方公里起步区水、电、气、热、通信等配套工程全面铺开,初步构建起"七横、五纵、三点、一带"的城市基础框架，并获批为省级开发区。

【民生工作】 2012年，长春高新区深入实施增收富民、保障惠民、实事利民工程，10大类85项民生工作任务全面落实。举办被征地农民专场招聘会8次、安置6 848人，城乡医疗救助及慈善救助覆盖率达100%，养老、失业、医疗、工伤等保险扩面工作均按要求达标。公共服务设施建设不断加强。新引进北师大附中、省第二人民医院、省第六人民医院等优质教育医疗资源，东师附小益田幼儿园投入使用，市委党校新校区正式落成，奥体中心"一场三馆"完成部分主体工程，奋进乡社区服务中心、农民文化活动中心投入使用。社会管理创新工作全面加强。成立了分区、乡、社区三级社会服务管理中心，将全区科学划分172个网格，实行街区一体扁平管理，初步创建"人性化、网格化、信息化"的社会管理模式。平安高新建设深入推进。深入开展"安全建设年"、"信访积案化解年"和"大排查、大走访、大接访"活动，妥善处置和稳控一批信访积案和突发事件，社会环境总体保持和谐稳定。

（田莎莎）

长春经济技术开发区

【概况】 2012年，完成市列地区生产总值564亿元，比2011年增长13%；市列规模以上工业总产值1301.3亿元，增长21.4%；一般预算全口径财政收入70亿元，按可比口径增长23.57%；实际利用外资12.32亿美元，增长17.3%，实际利用内资90.88亿元，增长20%；固定资产投资385亿元，增长25%，其中，工业投资217亿元，增长29.2%。在商务部2011年度对全国131个国家级经济技术开发区投资环境综合评价中，排名保持第11位；在中部38个国家级经开区中，连续6年排名第一。经济总量和质量双提升。产值超亿元工业企业达70户，对长春市工业增长贡献率居全市四大开发区之首。产业结构进一步优化，汽车及零部件产业实现产值653亿元，占市列规模以上工业总产值的50.2%；生物化工产业实现产值510.5亿元，占市列规模以上工业总产值的39.2%，其中大成集团产值跃升到500亿元。一批新兴产业、装备制造业项目相继建成和投产，有力地推动了经开区产业结构向多元化发展。全年第三产业实现增加值137亿元，经开区被省政府列为首批服务业改革试点区。

【招商引资和项目建设】 开展较大规模招商引资活动20项。其中，自行开展的招商活动5项，参加境外招商活动4项。通过各种活动，接触客户超千人次，储备230个在谈项目，为推进项目签约落位奠定基础。围绕综保区招商工作，开展6次主题活动。邀请客户600多人次，洽谈项目42个。特别是在东北亚博览会期间，经开区共参加和组织活动31项，其中，自行接待和开展活动18项，位居全市之首。全年共签约亿元以上项目72个，引进世界500强、央企和行业龙头企业投资项目12个。以5大产业园区为载体，强化保姆式精细化服务。全年开工项目120个，其中工业项目91个。大成100万吨化工醇项目制氢车间已经投料生产，金宝特整体搬迁20万吨化工醇项目已投产；一汽通用长春基地项目成功引进全球同步上市的通用轻客平台产品X82、一汽客车长春基地3 000辆客车扩建项目已完工并投入使用、国电风力发电机项目已经投产。

【园区建设】 自2011年7月份兴隆综合保税区管委会正式组建以来，一期1.76平方公里内市政、建筑、水系改造、景观绿化和配套等5大类40项工程建设基本完成。联检大楼、海关、国检查验中心、主次卡口、一期围网和巡关道路均已完工，完成了中山大街亮化、绿化工程，综保区验收需要的辅助管理系统平台正在搭建和调试。已向长春海关申请开展预验收工作。已签约19个项目，总投资29.6亿元，年进出口额6亿美元。其中，际华商贸物流园、中外运物流、招商局物流基地项目已开工建设。氨基酸基地被商务部认定为外贸转型升级专业型示范基地；生物产业园区、装备园区获得省级特色园区扶持资金470万元；良辰工业园、欧美工业园已通过省、市孵化基地审核。全区支柱产业支撑作用持续增强：汽车及零部件产业实现产值653亿元，比2011增长18.5%；生物化工产业实现产值510.5亿元，增长25.4%，其中大成集团产值跃升到500亿元。

【土地利用】 全年取得《土地使用批复》1 006公顷，完成建设用地预审6件，总面积99.12公顷。在一级市场招拍挂出

长春际华国际商贸物流园工业物流项目开工奠基仪式

让土地24宗,面积210.68公顷,土地成交价款10.61亿元。组织实施征地313公顷,保证了重点项目和基础设施用地。收回国有土地47公顷,实现出让8.1公顷,完成了陶瓷厂、生物城部分医药企业等区域的收储及拆除工作,保证了项目用地。

【城市建设与管理】 全年新建和续建6大类194项基础公建项目。北区骨干路网不断完善,完成16条市政道路建设;城市公用配套设施加快推进,供热扩能工程全面展开,完成各类管线排迁12公里,大成铁路专用线完成施工。市容环境综合整治的常态化管理,开展"创城"工作,打造特色街路,实施了"暖房子"工程,改造老旧散弃管小区环境,奋战150天市容环境综合整治工作通过实施网格化管理,带动管理创新跃上新台阶;积极开展了户外广告、街路牌匾、非法广告、露天烧烤、违法占道、渣土运输等各类专项整治行动;将北区环卫纳入统一管理,完成全区大环卫整合。严把环保审验关,以迎接国家卫生城、文明城复检为重点,清理、整治卫生死角,加强小区环境卫生整治力度,区域环境质量大幅提升。

【行政管理与服务】 优化审批流程,减少审批环节,压缩审批时限,加强网站建设,审批时限由47天压缩到42天。设立"重大项目直通车"窗口,实现并联审批。全年受理各类业务53 384项,接待办理业务人员59 148人次。政务督查职能不断强化,按照"好使管用"、"有督有查"原则,落实重点工作任务369件,实际完成督办事项340件,办结率92%。根据岗位需求,面向社会进行公开招聘34人,为全区工作和队伍建设注入了新鲜血液;深化落实"一岗双责",采取全程及重点环节介入监督的方式,全年参与人事招聘、中考、招投标等监督工作96次。开展"传递真情大走访"活动,全年组织各部门大走访8次,走访企业116户,收集问题131项,按时限办结率和回访率均达100%。在"服务无小事春风行动"中,将服务理念贯彻到工作中的每一个细节,全年共服务解决各类问题339件,走访、电话访企业770户次。办结率和反馈率均达100%,满意率达95%。

【社会管理与民生】 全年新建和购买社区活动场所6个,全区社区活动场所总面积超过1万平方米,比2011年提高近一半;全年新增170万元,用于解决社区和村"两委"干部补贴待遇;一次性投入220万元加强社区文化阵地建设,组织策划了以"文化社区、清雅环境、和谐楼道、温暖家庭"为主题的系列社区文化活动。回迁楼建设快速推进:兴隆丽景C区竣工入住,提供回迁房源2 484套;金色家园二期、安龙回迁小区完成22栋住宅主体工程;南区回迁房也已完成部分桩基础施工。高标准完成暖房子和老旧散小区综合改造工程,涉及楼宇94栋,受益居民达7 000多户;历史遗留的277栋无产权住宅,今年已有125栋已办完产权。社会保障体系更加完善。为城市和农村低保近2万人次发放低保金500多万元,实现"应保尽保",城乡低保覆盖率达100%。文教事业有序开展。完成六十二中学主体建设工程,金钱小学已竣工投入使用;对缺口专业学科面向社会公开招聘30名聘用制教师,顺利完成了学校班子交流调整和教师职称评聘工作,优化了教师队伍专业结构和年龄结构。建立健全三级信访网络和多元化纠纷调解体系,以局长接待日为契机,集中解决一批群众关心的热点、难点问题,促进了全区和谐稳定。

(史笑春)

长春净月经济开发区

【概况】 净月开发区成立于1995年,原名为长春净月潭旅游经济开发区,2006年更名为长春净月经济开发区,2012年8月19日经国务院批复为国家级高新技术产业开发区,正式进入国家自主创新发展战略体系。全区下辖玉潭、新立城、新湖3个整建制镇和净月、永兴2个街道办事处,拥有净月潭国家森林公园、伪满皇宫博物院两大5A级景区以及汽车文化园、长春农博园、新立湖国家水利风景区等重点旅游资源,区域面积478.7平方公里,其中,建成区50平方公里,城市配套区65平方公里,总人口近30万人。

【晋升国家级高新区】 1.晋升国家级高新区,区域发展实现了历史性的新突破。2012年8月,经国务院批准,净月区成功晋升国家级高新技术产业开发区。2.主要经济指标逆势上扬,区域经济全面进入增量发展的"快车道"。2012年,全年完成营业总收入1 352亿元、固定资产投资326亿元,经济发展始终保持着旺盛势头;实现全口径财政收入78.9亿元,可支配财力达到60.7亿元,连续3年保持30%以上的高水平增长。3.净月生态大街全面竣工,城市的发展空间大幅拓展。作为2012年全区基础设施建设最大的亮点,总长15公里的净月生态大街全线通车。净月生态大街将新立湖77平方公里得天独厚的生态水景拉进了长春市区,将长春城市的发祥地"长春厅"纳入了主城区。4."红细胞工程"享誉全国,为基层组织建设提供了典型示范。"红细胞工程"已经成功吸引33家企事业单位加盟,成立各类服务队60支,开展志愿服务3万余人次。5.市委市政府高位支持。2012年12月,长春市委做出了《举全市之力支持净月创新型生态城建设的意见》,围绕财政、税收、土地、人才等4个方面出台具体的扶持政策。

【经济运行】 2012年,全区招商引资完成签约项目51个,实现签约总金额560亿元,项目平均投资额超过10亿元。新引进德国麦德龙、日本NTT、台湾富士康等世界500强项目11个,全区累计引进世界500强企业达到27家。国家广告创意基地聚集了知和动漫等上下游企业20家,德国大陆汽车电子项目成功吸引德国格拉默等10多家大型配套企业相继跟进。在2012年长春瓦萨经贸洽谈会上,与14家国内外行业名企完成签约328亿元。开工招商引资项目97个。新增建设用地指标910公顷,完成土地收储1 427公顷，实现土地出让415公顷，拆除房屋4 866栋、温室大棚及各类苗木638万平方米。基础设施建设完成21公里长白公路的重建，东南污水处理厂即将交付使用，启动中央公园一期建设。开展“150天市容环境综合整治”，对违规广告牌匾、违章占道、露天烧烤进行重点整治，开展回迁小区“暖房子”改造，新增绿地80万平方米，城市品质全面提升。城市规划率先在全市完成《移动通信基站站址布局专项规划》，编制完成新立城总体规划，成为净月区历史上第一个具备法律效力的乡镇总体规划。与中国银行签订200亿元的授信合同，全年完成融资56.64亿元，打造全省首届一指的融资平台。全年完成造林523公顷，实施林相改造500公顷，景区森林覆盖率跃居全省前列。开展瓦萨博物馆提升工程，策划包装游客服务中心、全民健身、登山游等10余个旅游项目，开展门前广场铺装和园林景观建设，一期1.8公里的木栈道实现人车分离，设施建设达到省内领先水平。完成小河沿子河综合整治工程和农村安全饮水工程，重点开展全区小1型水库及部分小2型水库的除险加固，区域防洪水平全面提升。开展“联保共建”活动，新湖镇红田村等4个村成为省级生态村，生物治污工作受到省环保厅的好评。社会事业成效显著。开发就业岗位1.5万个，围绕食品安全开展有效打击各类非法活动22次，建成2个街道社区文化中心和9个农村文化大院，平稳落实国家库区移民扶持资金，开展困难家庭综合救助，新农合参保人数达到历史最高点。公共服务注重实效。高标准建成34万平方米的净月西部回迁小区一期工程，4 000余户居民喜迁新居；新建和改建3所区属公办幼儿园，完成榆树小学等5所学校基础设施建设和20个社区办公用房改造，区域发展环境全面优化。新湖镇草莓观光园建设已初具规模。全力组织抗风救灾“攻坚战”，做到灾年不减产。政务公开妥善处理市长公开电话和群众来访，做好重大节日维护稳定工作，维护了稳定、和谐的社会环境。完成村、社区标准化建设，打造3个超千米的精品社区，受到省委组织部通报表扬。协调到位“三帮扶”、“城乡支部连线”等帮扶资金1 875万元，全年出台8项管理制度，为民办事1.5万件，服务群众9.6万人次。

（贺国峰）

长春汽车经济技术开发区

【概况】 长春汽车经济技术开发区（以下简称汽车区）是由长春市人民政府(以下简称市政府）与中国第一汽车集团公司(以下简称一汽集团)合作政企共建的开发区。于2005年9月29日成立，2010年12月30日晋级为国家级经济技术开发区。开发区主要承担推进长春国际汽车城建设、建设长春西部新城区和承接一汽剥离社会职能3项任务。汽车区面积23平方公里。区内总人口22.3万人，其中非农人口19万。全区企业3 160户，其中，工业企业444户，服务业928户，交通运输仓储业227户，批发零售贸易业1 176户，金融业51户，建筑业50户、房地产业16户，农业46户，住宿餐饮业75户。

【经济指标】 2012年，全区生产总值完成438亿元，比2011年增长13.5%。固定资产投资完成413亿元，比2011年增长13%。工业总产值完成1 400亿元，比2011年增长20%。全口径财政收入完成73.3亿元，比2011年增长34%。实际利用内资完成95.6亿元，比2011年增长10%。实际利用外资完成5亿美元，比2011年增长20%。固定资产投资总量、实际利用内资总量、利用外资增速、区属规上工业产值增速等4项指标全市第一，财政收入跃升至全市15个县市区及开发区第二位，连续5年被评为长春市经济目标责任制优秀奖，在4个国家级开发区中唯一获此殊荣。在新晋升国家级开发区中排名第12位。

【招商引资】 汽车区把招商引资作为推动全区经济发展的重点和关键，开展了赴日本、韩国、泰国、新加坡以及国内主要汽车零部件聚集区专项经贸交流活动。先后参加了长三角招商、珠三角招商、亚洲制造业论坛、第八届东北亚博览会、央企走进吉林等多项招商活动。全年引进重点工业项目86个，其中，亿元以上项目66个，5亿元以上项目9个，10亿元以上项目5个，计划总投资360亿元，可实现产值420亿元。

【项目建设】 2012年，汽车区以一汽“十二五”项目为核心，积极推进项目开工建设。全年新开工项目55个，5亿元以上项目达15个，其中投资56亿元的一汽技术中心项目已经开工。在投资120亿元的轴齿工业园项目中，有11个子项目全面开工，有的单体厂房面积达到10万平方米，投资规模、建筑规模位居全市之首。全年重点推动投资20亿元的MQ200项目和投资25亿元的EA888项目，重点联系了投资27亿元的EA211项目。2012年5月14日一汽丰越项目正式竣工投产，实现日产200台的生产能力，成为全区新的税源增长点。2012年，全区跟踪储备工业项目165个，其中，一汽项目60个，外资项目54个，域外项目44个。计划总投资510亿元，实现产值426亿元。

【基础设施】 全年共启动91项基础建设工程。物流通道建设取得突破。腾飞立交桥正式开工，飞跃路下穿桥实现简易通车，完成了东风大街安庆路至四环路段改造。解放物流通道、东风大街与兴顺路节点高架桥项目已经启动。拓宽翻新大众街，完成富民大路下穿桥工程主体工程，乙二路、轴齿中心、日系工业园等10余条道路全面开工建设。全年共完成道路建设16公里；配套设施建设有序推进。西新一次变、轴齿中心二次变、大众二次变等项目全面启动。完成西湖、丰越2个二次变及供电外网工程并投入使用，保证了一汽EA888发动机、MQ200、丰越等项目供电。完成丰越、丰田纺织正式供水工作。高速外第一热源厂、污水处理厂主体完工。

【城市建设】 在借鉴美国底特律、德国

斯图加特、沃尔夫斯堡等汽车城市经验的基础上，聘请国际著名的德国 ECS 公司对汽车区产业和城市发展进行了战略策划。制定了《创建汽车人的幸福家园规划纲要》。国家生态工业园建设规划正式通过商务部、科技部、环保部和专家组认定。推进新区建设，核心区保利项目进展顺利。推进环外居住岛建设，多恩虹郡项目已经启动。新区居住环境不断改善，君地天城、中铁国际、东皇君园等高档社区已基本建成。努力改造建成区，深入开展150 天市容环境综合整治行动，综合环境得到有效改善。加强市政维护，维修创业大街、东风大街、西湖大路等 90 余条街路。大力改善环境，全年植树 5 200 余株，完成树木刷白、修剪 22 万株、草坪维护 50 万平米。

【民生工作】 落实 101 项民生行动计划。就业工作成效显著，全年共开发就业岗位 7 841 个，城镇新增就业 4 178 人，失业人员再就业 1 238 人，农村劳动力转移就业 1 157 人，解决零就业家庭比率达到 100%；社会保障工作全面推进。城镇居民医疗保险已 68 000 人，新农保参保 11 778 人，地农民养老保险 1 938 人，失业保险 990 人，工伤保险 5 000 人。为城乡低保户等各类人员发放救助金及各类补贴 810 万元。对生活困难群众和困难党员进行走访慰问，发送慰问品及慰问金 13.3 万元。开展“送温暖，献爱心”、“爱助成长”、“爱心圆梦”等活动，为区内特困户及其子女提供了慈善救助。实施了“课堂教学优质化”工程，教育教学质量不断提高，中高考成绩排在全市前列。加大投入，新建长沈路学校、二实验幼儿园，扩建实验小学教学楼已全部竣工。深入开展“平安和谐校园”创建工程，维护校园教学秩序和安全。加快回迁住宅建设，前程家园回迁住宅工程全面开工，完成 4 万平方米廉租房、9 万平方米回迁住宅。实施天网工程，安装监控探头 300 个。健康工程全面启动，积极推进健康城市建设，完善了以社区服务功能为重点的公共卫生服务体系。开展了食品药品等 21 项专项整治活动。

（刘　晶）

长春莲花山生态旅游度假区

【概况】 长春莲花山生态旅游度假区2010 年 9 月经省委、省政府批准成立，2011 年 2 月正式组建，2011 年 6 月 5 日正式挂牌，是长春市政府直管的五大开发区之一，享受省级开发区优惠政策。整个区域位于长春东部，北起经开区和九台市界，南至净月区和双阳区界，西起长春市主城区，东接吉林市永吉县，规划控制面积 417 平方公里，实际管辖面积 362 平方公里，辖劝农山镇、泉眼镇、四家乡“两镇一乡”，人口约 4.9 万。区域自然资源丰富，有长春市周边最大的天然次生林，森林面积达 120 平方公里；区域水网密布，沟谷纵横，有雾开河等主要河系 8 条，水域及湿地面积达 50 多平方公里，森林和水域面积占全区总面积超 50%。2012 年，实现地区生产总值 1.58 亿，地方财政收入 2.16 亿，固定资产投资 21 亿，城镇居民人均可支配收入 15 350 元，农民人均纯收入 8 100 元。

【基础设施建设】 实施东自由大路、劝农大街、泉眼大街等 12 条主干路网续建新建和乡村道路（慢行系统）提升改造工程，总里程 400 多公里已基本通车。启动了区域内水、电、气、热、通信、污水处理等市政设施建设，目前通信管线已铺设完毕。启动了度假区内的主干路网绿化工程。投资建设了莲花印象农民安置小区建设，一期工程 57 栋住宅楼已经实现主体封闭。

【综合管理】 起草了《度假区管理条例》，经省人大批准于 2012 年 11 月 1 日起实施。规范建设秩序，对区内各类建筑进行了全面排查，并按照市政府《关于查处违法用地行为的通告》、《关于拆除违法建筑的通告》，加大拆违力度，拆除违建房屋、大棚、鱼塘等 140 处 3 万余平方米。

【生态环境保护】 加快植树造林和退耕还林，植树造林 130 公顷、退耕还林 40 公顷。严厉查处非法采石采矿、乱砍乱伐、散埋滥葬等行为，启动了矿山地质环境恢复治理工程，四家乡第一采石场及同边矿山治理项目已经启动。开展了水系治理，加大对石头口门水库水源地的保护，做到水源地范围内坚决控制项目建设。

【项目建设】 香港世茂项目、长春亚泰项目按投资计划正在全力推进。林溪雅筑项目一期工程主体完工。莲花溪谷项目已完成规划设计。在都市服务区核心区谋划了占地 5 平方公里的大型室内休闲度假综合体，正在推进一个带盖子的夏之城项目，利用反季理念打造“冬天里的夏天”。聘请国际知名的策划机构对该项目进行规划包装，将进行全面招商。

【推进社会事业发展】 制定了《度假区民生行动计划》，从富民增收、提升社保等 8 个方面，提出 81 件民生实事，已基本完成，保障了群众生活水平随经济发展不断提高。做好信访、市长公开电话、局长接待日等工作，开展“大排查、大走访、大接访”活动，为老百姓解决一大批实际困难。

（李　勇）

对外经济贸易

综 述

2012年进出口总额完成196.74亿美元,比2011年增长13.48%;实际利用内资完成707亿元,增长20%;实际利用外资完成36.82亿美元,增长19.6%;对外工程承包劳务合作完成2.6亿美元,境外投资办企新增6户。

招商引资

【概况】 把招商引资作为服务全市经济快速发展的重点,大力引进世界500强、央企和大的战略投资者。在2012年3月结束的第5轮招商引资“九个月攻坚”行动中,储备项目5 195个,完成指标的157.4%;引进战略投资者22个。全市引进内资项目560个,其中,8 000万以上大项目233个,引进资金631亿元,新引进国内500强8户,已有51户国内500强落户长春市。有11户央企在长春市投资,共21个项目,到位资金131.3亿元,有23户央企落户长春市。新批外资企业42户,其中,超千万美元企业10户。截至2012年末,美国通用、日本丰田、德国大众、大陆电子等70户世界500强企业落户长春市。

【推介活动】 围绕重点产业和重点领域,夯实项目基础工作,征集筛选重点招商引资项目,增强项目的针对性和实效性,并通过多种渠道广泛对外推介。“两会”期间,市委、市政府主要领导亲自带队,进行了多次推介活动。签约合同项目16个,签约金额1 592.4亿元。总投资869亿元的伊通河综合治理等一批大项目、特大项目纷纷落户长春市。在加大国内招商引资力度的同时,还有针对性地加大了对境外资金的引进力度。先后组织县(市)区、开发区和企业分赴东南亚三国、新加坡、韩国、日本等国家和台湾地区开展招商引资活动。签约项目23个,投资总额289.5亿元。在随省代表团赴东南亚及韩国开展经贸交流活动期间,签订重点投资项目12个,投资总额99.26亿元。

【“请进来”活动】 全年组织28次“请进来”活动。接待了爱尔兰CRH公司、美国赫兹集团、菲律宾SM集团、日本丸红株式会社等世界知名企业。以“农博会”、“汽博会”、“东博会”等大型展会为平台,有重点的开展经贸合作。“农博会”期间,签约10个项目,投资总额83.65亿元,居全省之首。“东博会”期间,签约11个项目,投资总额222.9亿元,居全省第一,首次设立了长春城市投资合作展区,接待到访客商1 780人,洽谈项目272个,成交贸易出口额2.5亿美元,进口额4 390万美元,国内销售6.6亿元,国内采购5 208万元。

对外贸易

【概况】 2012年,全市有进出口实绩的企业800家,出口超500万的企业53家,出口超千万美元的企业38家。轨道客车和大成两家骨干出口企业出口分别实现6.8亿和3.7亿美元,比2011年分别增长86%和25%。民营出口企业发展到363户,出口额实现7.6亿美元,增长57.6%,已成为出口增势最强劲的贸易主体。全年进出口完成196.74亿美元,增长13.48%。其中,出口28.96亿美元,增长27.99%;进口167.78亿美元,增长11.3%。2012年长春市外贸依存度为27.86%,出口依存度为4.1%。

2012 年全国、全省及长春市进出口情况表

单位：亿美元

	进出口	比 2011 年 ± %	出口	比 2011 年 ± %	进口	比 2011 年 ± %	贸易差额
全国	38 667.6	6.2	20 489.3	7.9	18 178.3	4.3	2 311
全省	245.72	11.4	59.83	19.7	185.89	8.9	–126.06
长春市	196.74	13.48	28.96	27.99	167.78	11.3	–138.82

2012 年长春市累计进出口情况

单位：万美元

月　份	进出口额		出口额		进口额	
	金额	比 2011 年 ± %	金额	比 2011 年 ± %	金额	比 2011 年 ± %
1 月	167 402	3.41	28 705	43.55	138 697	–2.23
1 月～2 月	311 288	18.01	43 351	21.83	267 937	17.42
1 月～3 月	483 936	13.72	64 054	24.06	419 882	12.61
1 月～4 月	623 666	12.59	81 561	16.93	542 105	11.96
1 月～5 月	813 341	17.38	106 827	20.38	706 514	16.94
1 月～6 月	979 120	17.18	129 054	23.25	850 066	16.31
1 月～7 月	1 144 662	16.18	151 416	20.41	993 246	15.56
1 月～8 月	1 340 560	16.87	176 450	21.19	1 164 110	16.16
1 月～9 月	1 521 928	17.07	199 816	19.35	1 322 112	16.74
1 月～10 月	1 648 563	14.89	220 632	17.55	1 427 931	14.49
1 月～11 月	1 805 347	11.68	243 303	14.87	1 562 044	11.2
1 月～12 月	1 967 371	13.48	289 577	27.99	1 507 413	11.3

【出口情况】 1.出口品种。出口商品 1 635 种，比 2011 年增加 114 种。其中，初级产品出口 120 种，增加 15 种；工业制成品出口 1 515 种，增加 99 种。十大类出口商品七升三降，完成 18.8 亿美元，增长 37.1%，占出口总额的 65.01%。其中，轨道客车出口 6.8 亿美元，增长 104.6%；汽车和汽车底盘出口 3.5 亿美元，增长 45.1%；配置的动物饲料出口 1.8 亿美元，增长 28%；赖氨酸出口 1.7 亿美元，增长 46.6%；实木复合地板出口 6 942 万美元，增长 34.3%；服装及衣着附件出口 1.1 亿美元，增长 6.5%；鸡肉熟制品出口 6 675 万美元，增长 22.8%；汽车零件出口 1.1 亿美元，下降 10.7%；轮胎出口 8 620 万美元，下降 39.3%；自动调节或控制仪出口 7 170 万美元，下降 5%。在出口商品中，本地货源为 20.6 亿美元，增加 4.4 亿美元，占出口总额的 71.03%，同 2011 年基本持平。2.出口市场。出口商品销往 162 个国家和地区，比 2011 年减少 1 个，亚洲仍是第一大出口市场，对亚洲出口占长春市出口总额的 47.1%，减少 9.3 个百分点。出口前 10 位国家分别为澳大利亚 3.51 亿美元、日本 3.24 亿美元、香港 1.98 亿美元、巴西 1.54 亿美元、美国 1.43 亿美元、伊朗 1.29 亿美元、俄罗斯 1.25 亿美元、韩国 1.24 亿美元、德国 8 686 万美元、印度 8 475 万美元，对以上 10 国出口额合计 17.2 亿美元，占出口总额的 59.4%。3.出口企业。全市有出口实绩的企业 531 户（其中，国有企业 45 户、三资企业 123 户、民营及其他企业 363 户），增加 11 户。出口超百万美元以上企业有 159 户、超 500 万美元以上的企业 53 户，超千万美元以上的企业 38 户，出口过亿美元的有 4 户。4.出口贸易方式。出口以一般贸易为主，一般贸易出口 20.4 亿美元，增长 24.6%，占出口总额的 70.3%；加工贸易出口 8.5 亿美元，增长 43.1%，占出口总额的 29.3%，增长 3 个百分点；其他贸易出口 1 252 万美元，下降 66.1%，占出口总额的 0.43%。

【进口情况】 1.主要商品。进口商品 2 041 种，比 2011 年增加 8 种。其中，初级产品 125 种，工业制成品 1 916 种。十大类进口商品八升二降，完成 128.3 亿美元，增长 14.9%，占出口总额的 76.5%。其中，汽车和汽车底盘进口 50.7 亿美元，增长 11.7%，汽车零件进口 40.5 亿美元，增长 15.9%；自动调节控制仪进口 5.8 亿美元，增长 16.4%；大豆进口 5.1 亿美元，增长 37.4%；金属压力加工机床进口 4.9 亿美元，增长 91.8%；计量检测分析自控仪进口 4.1 亿美元，增长 26.8%；无线电发送设备 3.7 亿美元，增长 65.6%；活塞式内燃机进口 9.2 亿美元，下降 3.8%；通断保护及电器装置零件进口 2.4 亿美元，下降 11.9%；汽车照明装置进口 1.8 亿美元，下降 21.2%。2.主要市场。进口商品来自于 76 个国家和地区，进口市场的主要格局变化不大，欧洲仍是第一大进口市场，进口额为 134.1 亿美元，占全市进口额的 79.9%。进口前 10 位的国家分别为德国 89.9 亿美元，增长 23.2%；日本 19.8 亿美元，下降 20.2%；斯洛伐克 14.1 亿美元，下降

8.5%;匈牙利9.3亿美元,下降2.7%;比利时5.5亿美元,增长35%;美国3.8亿美元,增长31.6%;捷克共和国3.1亿美元,增长11.9%;巴西2.6亿美元,增长24.2%;西班牙2亿美元,增长216.1%;意大利2亿美元,下降15.6%。3.主要企业。发生进口业务的企业478户(其中国有41户、三资企业173户、民营及其他企业264户)。进口超百万美元以上的企业135户,500万美元以上的70户,千万美元以上的企业49户,过亿美元的企业6户。

【出口基地】 2012年,长春长客轨道客车股份有限公司被国家批准为第4批国家科技兴贸创新基地,经开区氨基酸基地被授予国家外贸转型升级专业型示范基地,长春市国家级出口基地4个,省级外贸出口基地15个。

【对外经济合作】 长春市企业通过参加展会和境外活动开展项目洽谈,寻找新的合作项目,开拓新的国际市场。华煤集团有限公司等6户企业在境外投资办企,中方投资额842.5万美元。在长春市外派劳务的主要传统市场日本和韩国出现新的不利因素的形势下,积极采取各种应对措施,降低不利影响,在原有一些劳务输出国的基础上,增加了德国厨师、安哥拉建筑工人及蒙古矿场建设工人项目等。

【服务外包产业发展】 以政府一号文件的形式下发了《关于促进我市服务外包产业发展的若干意见》,每年设立2 000万专项发展资金,召开全市服务外包推进大会,并大力拓展国际市场,积极参加国内外交易会,取得了明显成效。2012年长春市外包企业达68户,比2011年增加13户;离岸服务外包业务执行总额2 285.36万美元,增长27.58%;从业人员近9 000人。以高新区和净月区为主的10个园区,已在全市形成了布局合理、规模适度、集聚效益日趋明显的服务外包发展平台,涌现出径点科技、简柏特、博立电子、吉大天元、明思软件、联迪斯纳欧等一批业务突出、核心带动能力强的企业。长春职业技术学院服务外包学院在2012年正式成立,标志着职业教育在围绕产业、服务产业、与产业紧密结合方面迈出了新的一步。

【口岸建设】 2012年长春市航班飞行4.9万架次,机场旅客进出港582万人次,内陆港集装箱到发量达6万标箱。积极沟通和协调联检单位,保证经贸团组的快速通关。除日常航班外,还接待了德国大众、印度巴勒特、日本丰田等专机20多架次和大型团组10多个。做好国际航线开通工作。与龙嘉国际机场和吉林省中国青年旅行社多次研究和协商,于2012年2月开通了长春至曼谷的包机航线,引进了泰国阳光航空公司。

(赵兴华)

长春海关

【概况】 2012年,长春海关税款实际入库128.74亿元,比2011年增长1.56%,其中征收关税40.74亿元,增长2.08%;征收进口环节税88.00亿元,增长1.32%。全关区监管进出口货物200万吨,货值89.3亿美元,分别减少8.3%和0.1%;监管进出境运输工具19.4万辆(架)次,增长6.6%;监管进出境人员162.7万人次,增长12.5%;监管进出境邮(快)递物品96.9万件,增长7.8%。立涉嫌走私犯罪案件39起,案值12 331.56万元,涉嫌偷逃税款2 516.41万元,分别增长25.8%、3.4倍和3.5倍。立案调查行政违法违规案件376起,案值23 330.65万元,涉税832.16万元,分别增长82.5%、4.1倍和89.4%。实际入库罚没款项735.40万元人民币,增长1.5倍。

【税收征管】 长春海关坚持以提高审单绩效和税收征管质量为目标,不断强化税收基础工作,2012年税收额比2011年略有增长。1.推进综合治税。关区加工贸易内销征税6 244万元。各类补税(审价、归类)3 774.05万元,其中,通关环节审价补税933.95万元,比2011年增长1.37倍;归类补税2 828万元,增长近1.9倍。2.税收职能监控。积极引导关区两大主要税源企业一汽——大众汽车有限公司和一汽集团进出口公司开发《汽车零件查询系统》。通过该系统深入开展数据分析和归类后续复核工作,对“发动机排气过滤及净化装置”补税2 599万元,创关区单项商品归类补税历史新高。3.规范审单作业水平。探索形成以风险分析为基础的动态通道决策管理模式,进出口报关单绿色通道通过率分别达33.8%和91%,综合绿色通道通过率为63.1%。在对汽车零部件征税额超百万元的重点税源开展专项复核中,对一汽进口的轿车用钢铁制管夹进行了重新归类核税,补征税款31.47万元。4.认真做好加工贸易和减免税审批。备案电子化手册886份,备案金额9.1亿美元,加工贸易进出口货值23.3亿美元。审批减免税货值7.03亿美元,减免税款5.72亿元人民币。受理减免税项目备案63个,合计投资总额54.17亿美元。

【“国门之盾”行动】 2012年,长春海关行政、刑事案件的数量、案值、偷逃税额以及入库罚没款、追补税款等指标都实现了大幅增长。濒危动植物、毒品走私得到有效遏制。全年查办珍稀、珍贵动植物及其制品走私案件16起;立案侦办毒品走私犯罪案件9起,抓获犯罪嫌疑人5名,查获冰毒230.6克。进出口贸易环境不断优化。通过严厉打击粮食、冻品、果仁加工等行业走私,进一步规范了进出口经营秩序。图们海关破获的一起加工贸易渠道走私冻鳕鱼案件,案值7 242万元,偷逃税款为1 415万元,起到了震慑作用。年内,关区海关业务部门向缉私部门移交案件线索324条。加强同俄罗斯远东缉私海关间的缉私执法协作。与俄罗斯远东缉私海关进行工作会晤,签署了《中国长春海关、俄罗斯远东缉私海关执法合作备忘录》。3月16日,珲春分局侦办的“12·14”特大走私珍贵动物制品案犯罪嫌疑人金某在俄罗斯被俄方海关人员抓获并协助将其遣返中国,长春海关同俄方海关加强执法协作机制的优势初步显现。

【提高通关效率】 2012年,长春关区进出口查验率和查获率分别为6.8%和18.7%。1.构建区域通关快速通道。长春海关与大连、沈阳、满洲里、哈尔滨、北京、天津、青岛、上海等8个海关签署“属地申报,口岸验放”合作协议,拓展了口岸辐射范围,为吉林省进出口企业带来更大通关便利。对重点招商引资项目缩短企业分类评定时间,对特殊需要的企业实行24小时预约通关、优先申报验放等便利通关措施。2.优化口岸设施和海关监管场所建设。协调地方政府推动口岸基础设施建设,支持集安中朝满浦界河大桥修建工作。配合省口岸办做好古城里、沙坨子口岸验收前相关准备工作,确保升级口岸按计划尽快验收。对关区现有海关监管场所强化督促整改,对老虎哨、圈河等口岸筹建海关监管场所做好前期指导。3.加强行邮职能管理。规范各项行邮审批业务的管理,完善业务操作流程和业务单证的管理。开展关区对朝、俄口岸入境旅客携带物品完税价格表的审定、修订工作,统一关区执法尺度。开展免税品和公自用物品监管业务自查整改工作,顺利通过了总署专项业务检查。

【风险分析布控】 2012年,关区布控报关单总计5 167份,风险布控率6.66%,布控有效率5.13%。关区各级风险管理部门经风险分析向稽查部门提交专项稽查线索16起,稽查补税38.7万元;采编入库风险信息272条,上报总署172条,信息转化35条,上报总署完成率344%,应用转化率20%。全力组织推进执法统一性建设工作。查获知识产权案件26起,查获侵权物品58 689件,案值总计745 460元。与吉林省红十字会建立联系配合机制,签订《合作备忘录》,依法将价值78万余元的侵权货物移交红十字会用于社会公益事业,省内10余家媒体对此进行了报道。

【支持地方经济发展】 1.主动融入吉林省经济社会发展大局。为应对复杂严峻的国内外经济形势,出台了《长春海关关于促进吉林省外贸稳定增长的若干措施》。推进海关政务公开,加强窗口建设,履行服务承诺,为广大进出口企业打造优良的通关软环境。2.为内贸货物跨境运输做好服务。长春海关加强与入境地海关的联系协调,在保证有效监管的前提下为运输企业提供优质通关服务,促进此项业务良性发展,累计实现内贸货物跨境运输煤炭10万吨。3.支持吉林省重点园区建设。支持长春兴隆综合保税区建设。在海关积极支持配合下,综保区联检大楼已投入使用,查验中心主体工程基本完工,招商工作稳步开展,园区已具备封关运行条件。支持珲春国际合作示范区建设。2012年4月13日,中国图们江区域(珲春)国际合作示范区(以下简称珲春国际合作示范区)正式经国务院批准设立,长春海关立即报请海关总署出台支持珲春国际合作示范区建设的政策建议并获批,为推动珲春国际合作示范区加快发展创造了有利条件。支持中新吉林食品区建设。按照吉林省政府要求,做好中新吉林食品区建设派驻海关机构调研,开展海关政策咨询服务,积极对上沟通、争取政策,全力配合相关主管部门推动中新吉林食品区上升为中新两国国家级合作项目。

【口岸和对外通道建设】 1.支持边境口岸建设。协调相关部门按规定标准升级改造口岸基础设施,推动原边境二类口岸(长白、沙坨子、古城里)按期通过国家级验收。2.支持对外通道建设。为圈河口岸至罗津港公路改造、罗津港和扎鲁比诺港改扩建以及圈河——元汀口岸跨境桥改扩建等项目实施提供便捷高效的通关服务。支持中俄珲春——卡梅绍娃亚铁路恢复国际联运。3.落实“联港出海”方案。为做好内陆港建设各项工作,长春海关积极协调海关总署和大连海关,研究建立符合长春内陆港建设和发展需要的便捷通关监管模式,打造便捷、顺畅的通关环境。4.支持吉林省对朝合作项目。对涉及对朝合作的人员、物资、商品、车辆等进出境通关工作进行细致研究,将任务逐条落实到相关部门。全力支持中朝共同开发和共同管理罗先经济贸易区建设,抽调业务骨干进驻罗先经济贸易区管委会,及时研究解决罗先经济贸易区建设中涉及海关工作的问题。

(费红伟)

农业

综述

2012年，全市一产增加值实现317.1亿元，农民人均纯收入实现9 064元。

【粮食生产】 2012年，长春市农业生产遭受了春播前期的干旱，中期的玉米大斑病、二代粘虫，后期15号强台风等多重灾害的考验，抗灾保粮、科技增产成效显著，粮食生产再获丰收，总产量1 100万吨，创历史新高。抗旱基础设施建设进一步加强。2012年，全市投入资金4.4亿元，新上指针式喷灌机403台（套）；购置卷盘式喷灌机2 204台（套）；继续实施补贴政策，鼓励农民新购置抗旱水桶5 858个，抗旱水桶数量达11万多个。全市农作物及粮食作物播种面积分别发展到134.4万公顷和124.4万公顷。

【农产品加工业】 全市农产品加工业规模以上企业实现产值1 360亿元，增长29.5%，实现5年增产千亿的目标。新开工建设3 000万元以上项目105个，完成投资262亿元，比2011年增长11%。农业产业化龙头企业群体进一步壮大，带动能力不断增强，全市省级以上龙头企业90户，市级龙头企业122户，在全国同类城市中处于领先地位。

【农村改革】 实施村级公益事业“一事一议”项目921个，争取财政奖补资金8 336万元。全面启动九台农村金融改革试验区工作。农业保险参保农户达56.5万户，参保面积为57.9万公顷。全市农村土地流转面积17.9万公顷，流转土地农户11.7万户。新增农民专业合作社1 152个，总数2 900个。

【农业行政执法工作】 全年办理审批事项3 866件，其中承诺件1 889件、即办件1 997件，办结率均为100%。开展产地环境监测，严格蔬菜、果品市场准入制度，全年抽取6万个批次样品，蔬菜、水果批发市场检测覆盖率达100%。蔬菜、果品总体合格率位居全国前列。开展大规模集中农资执法活动6次，查处未审品种26个，查处纠正不规范产品标签54个，取缔无证经营业户21个，立案查处农资案件66起，收缴罚没款58.2万元，没收种子21.9万公斤，为农民挽回经济损失1 700多万元。

【新农村建设】 深入实施“百村示范、千村提升”工程，重点加强167个省级示范村建设，建设项目167项。切实开展农村环境综合整治。清运垃圾620万立方米，整修道路4 796公里，整修路边沟128万延长米，新建农户围墙34万延长米，搬迁柴草垛12.4万个，植树332万棵，新建文化广场35处，配备保洁员7 636人，新增垃圾清运车1 302台，村屯环境进一步改观。重点打造4个新农村建设标杆村和7个样板村带。城乡双向一体化试点全面启动，7个试点镇建设扎实推进。

（赵亮亮）

种植业

【概况】 2012年，长春市粮食产量再创新高，粮食总产量达911.2万吨。长春市粮食作物播种面积124.4万公顷，占农作物总播种面积的92.6%。玉米、水稻两大高产作物种植面积分别达103.4万公顷和16.9万公顷，占粮食作物播种面积的96.7%。

【结构调整】 培育发展特色产业。20个特色经济作物种植园区面积发展到9.67万公顷，比2011年增加0.57万公顷。积极推进“万顷蔬菜基地建设工程”，新发展棚室菜田1 400万公顷，建设蔬菜标准园15个，完成投资13.5亿元，全市蔬菜播种面积7.2万公顷，产量360万吨。君子兰基地发展到20多个，年产值实现30亿元。启动了一批现代都市农业项目和莲花山、朝阳及双阳区奢岭现代都市农业示范区建设。

【农业科技】 开展农业农村经济科技效益年活动。主推了农业科技创新、农业科技示范等7大领域40个项目。实施推广一批粮食增产重大技术，落实高产示范片116个，推广玉米保护性耕作面积

66 670 公顷，玉米螟生物防治实行了统防统治，全市先进适用农业科技推广面积 68 万公顷。举办各级各类农业科技培训班 5 000 余期，开展现场培训指导 3 800 场次，电视讲座 80 期，发放各类资料 120 万份，认定培训师 345 人，培训农技人员 2 058 人、专业农民 10 万人、技术明白人 110 万人次。扎实开展“阳光工程”培训，完成培训人数 2.84 万人。

【农业机械化】 长春市农机总动力达 500 万千瓦，比 2011 年增长 6.8%；拖拉机拥有量达 17 万台，增长 7%；配套机具 45 万台（套），增长 7.5%；农机化综合水平达 71.5%，比 2011 年提高 5.1 个百分点。新增玉米收获机 1 202 台、水稻收获机 423 台、水稻插秧机 1 026 台、免耕播种机 424 台，累计增加 2 291 台，总数达 10 120 台，水稻机收、机插等薄弱作业环节实现新突破，玉米机收比例大幅度提升。完成机械深松整地 366 685 公顷。全市农机大户达 2 000 多户，农机专业合作社等新型农机服务组织 550 个，农机维修网点 1 585 个，乡村农机服务从业人员 30 万人。

（赵亮亮）

指针式喷灌机作业

林 业

【概况】 2012 年，森林资源管理得到强化，侵占林地和毁坏林木等违法犯罪行为受到严厉打击。森林防火工作扎实有效，连续 32 年无重大森林火灾发生。美国白蛾得到有效监控，以日本松干蚧和杨树蛀干害虫为主的林业有害生物防治成效明显，森林资源得到有效保护。集体林权主体改革成果得到巩固，配套改革启动实施。林业产业稳步发展，林业经济总量进一步提升。

【造林绿化和营林生产】 2012 年，在报纸、电台、电视台、网站等媒体，宣传造林绿化新闻稿件 80 余篇，印制下发植树造林宣传资料 16 万份。通过宣传，全市造林绿化氛围更加浓厚，广大干部群众、社会各界关心造林、支持绿化的积极性进一步提高。2012 年全市投入造林绿化资金 7 500 万元，栽植苗木 1 200 万株（杨、柳等阔叶树大苗 800 万株，占总用苗量的 75%），植树造林 2 209.5 公顷。农防林更新改造 830.5 公顷，“三北” 防护林五期造林 527 公顷，退耕还林、荒山荒地造林等国家重点工程造林 506 公顷，有林地造林 10 公顷，中日合作造林等其它造林 336 公顷。完成“四旁”植树 195.2 万株，绿化美化村屯 376 个（超年度计划任务的 88%），绿化公（乡）路和江河堤防总里程 200 公里。本年新封山育林 4 300 公顷，2012 年末实有封山育林 8 633 公顷。成林抚育面积 437 公顷，中、幼龄林抚育 13 751 公顷，新增育苗面积 420 公顷，苗木产量 2 260 万株。年末实有母树林 202 公顷，种子园 76 公顷。（详细内容见附表 1）

【农田防护林更新造林】 农安县、德惠市、榆树市、九台市于 2011 年秋季封冻前进行了造林整地，2012 春节过后就着手落实造林苗木和工程队，组织开展造林技术培训，备齐各种物资和设备。全市从 4 月 20 日开始组织农防林更新造林，到 5 月 10 日农防林更新造林结束。全市完成农防林更新改造 830.5 公顷，超年度计划任务 38.3%，更新林带 1 100 条，栽植杨、柳大苗 140 万株。

【村屯绿化美化】 2012 年初组织人员进行踏查，边作业设计边筹集资金和落实苗木。4 月 20 日全市村屯绿化美化工作开始实施，5 月 10 日结束。完成绿化美化村屯 376 个，超年度计划任务的 88%，经市政府绩效考核组、市民生办和省林业厅检查验收，全部达到绿化标准和要求。

【城市林带综合治理】 2012 年长春市进一步强化“三带”管理和管护，对“三带”（机场路风景林带、环城绿化带、西部防风御沙林带）环境进行了综合整治。完成森林抚育管理作业面积 390 公顷，清理废品收购站 6 处，清理侵占林地扣大棚 23 处，清运垃圾 300 立方米，拆除私搭乱建建筑物 89 处，清理开荒种地 52 处，挖排水沟 1 300 米，设立刺网线 2 000 米。

【森林防火】 2012 年，市政府组织召开森林防火动员大会 2 次，全市翻新、新建永久性宣传碑 120 处，增设旗阵 220 处，制作钢架结构宣传牌 120 块，安装 LED 显示屏 5 处，发放防火命令 3 万份、宣传单4万份，悬挂各类防火旗、标语、横幅6万面，出动宣传车1 020台(次)，参加宣传2 000人。抓好森林防火设施建设，全市投入防火专项资金800万元，在榆树市、净月开发区新建森林防火瞭望塔2座，购置消防水车5台，补充风力灭火机140台、二号工具3 000把、灭火服220套、灭火水枪40支、油锯8台；在双阳区新安林场新建森林防火物资库1座，储备了价值80万元的防火应急物资。在森林防火期间，各级林业部门增加巡护力量，对火源实行严管严控，严看死守。2012年，全市抽调机关干部200人(次)，布设临时检查站154个，安排1 000名护林人员进行不间断巡逻，野外用火得到了有效控制。邀请了吉林省军区、预备役高炮旅、长春市应急办等单位，开展森林防火应急演练6次，出动防火指挥车32台、运兵车35台、消防水车12台次，动用风力灭火机160台、背负式灭火水枪80支、2号工具900把、车载电台8部、对讲机65部，参演人数720人。全年发生一般森林火灾3起，森林火灾受害率为0.007‰(大大低于省控0.1‰)，森林火灾控制率为0.57公顷/次(大大低于省控5公顷/次)，实现32年连续无重大森林火灾的目标。

【林业有害生物防控】 2012年全市投入林业有害生物防控资金300万元，购置氧化乐果、苦参烟碱等防治药剂10吨，完成林业有害生物防治总面积5 797公顷，无公害防治率100%。完成化学防治日本松干蚧面积1 162公顷（打孔注药167公顷，喷雾624公顷，喷烟371公顷），全市日本松干蚧发生面积由2007年5月的2 506公顷已下降至44.4公顷，净月开发区连续4年、双阳区连续2年保持无发生状态。为有效监测美国白蛾动态，在四平市通往长春市的主要交通要道、重点苗木集散地及市区内重要景区、公园、车站等区域设置监测站7个，监测点125个，诱捕美国白蛾雄成虫21头；完成美国白蛾幼虫网幕期调查面积71 907公顷，调查市区内绿化林木255.7万株，调查重点交通路段476.5公里，均未发现美国白蛾幼虫。开展了“绿盾2012”林业植物检疫执法检查行动，对可能携带松材线虫病的木材集散地、美国白蛾分布区、日本松干蚧分布区进行了检疫执法检查，清查新建小区（单位)102家，查处违法案件5起，对非法调运单位和个人依法进行了处理。

【林业案件查处】 2012年，查处林业案件410起(其中刑事案件110起，林业行政案件293起，涉林治安案件7起)，处理违法人员170名，抓捕地方网上逃犯8人，森林公安网上逃犯9人。刑事案件侦结率95%，批捕率100%，清网率100%。全市收回林地2 200公顷，收缴木材200立方米，追缴违法所得70万元，行政罚款180万元。

【野生动物保护】 2012年，全市加大野生动物保护宣传力度，结合“爱鸟周”活动开展，悬挂宣传彩球、条幅160个(条)，发放宣传单1万份，在市政府及人民大街等主要街区的电子屏连续播放保护野生动物公益广告15天，播放宣传信息1 500条。强化野生动物保护执法检查，对伊通河沿岸、大庙、回族公墓、雁鸣湖、波罗湖湿地、环城绿化带等鸟类迁徙通道、栖息地乱捕滥猎野生动物行为集中打击25次，对销售野生动物及其产品的市场进行联合执法15次，没收销毁捕鸟网具和鸟笼421件，集中放飞野生鸟类近万只。

【林业改革】 2012年1月至3月，全市对集体林权制度主体改革工作进行了“回头看”，对个别矛盾和历史遗留问题进行了解决和处理，进一步巩固了集体林权制度改革主体改革成果。8月20日至9月5日，市林业局组织专人就林权流转、林权抵押登记、资源资产评估、建立县级林业综合服务机构、开设服务大厅等配套改革问题，与财政、银行等相关部门进行了沟通、探讨，并深入德惠、九台、双阳、净月进行专题调研。11月按照省政府部署，长春市政府出台了《配套改革实施方案》，召开全市集体林权制度配套改革工作会议，安排部署工作任务，全面启动集体林权制度配套改革。组织各县(市)区林改人员参加省、市林改林权证发证培训班和监督会议，制定出台林权发证工作方案，指导各地开展了林权证发证工作。

【林业产业】 2012年7月，长春市政府出台了《关于加快林业产业发展指导意见》，召开了全市林业产业现场会，参观林业知名企业、典型经验交流、观看《发展中的长春林业产业》专题片。截至2012年底，全市涉林企业8万户，其中省级“龙头”企业10家，产业基地2个，企业数量比2010年翻一番。全年实现林

林业人员拆除捕捉动物陷阱

业总产值 107.2 亿元（其中第一产业 53.9 亿元，第二产业 26.55 亿元，第三产业 26.75 亿元），比 2011 年增长 15%。（详细情况见附表 2）。

【林业科技】 2012 年市级林业部门承担各类科研项目 14 项，其中国家、省、市林业推广示范项目 6 项，科技研发项目 7 项，自选项目 1 项，栽植优质苗木花卉 144.7 万株，定植面积 41.7 公顷，示范品种 36 个，带动 800 农户致富。2012 年长春市引进了樟子松嫁接红松新技术项目，在九台胡家林场、莲花山开发区四家乡莫家村嫁接红松 10 公顷，嫁接成活率 90%以上。积极开展林业科技宣传、科技培训和送科技下乡活动，组织科技培训 15 次、科技下乡活动 4 次，接听林业科技咨询电话 2 000 余次，接待技术咨询 1.2 万人次，下发林业科技宣传单（册）1.5 万份。

【林业行政审批】 2012 年办理林业行政综合审批事项 1 338 件，其中办理木材运输和植物调运检疫 1 212 件、木材经营加工 57 件，办理野生动物驯养、收购加工销售 22 件，办理苗木生产许可证 16 件，审核征占用林地 31 件，保证了兴隆综合保税区、亚泰水泥、装备产业园区等重点项目顺利开工，行政审批件提前办结率 100%，并实现零投诉。2012 年底，林业行政审批窗口被市政务中心评为优秀窗口。

【队伍建设】 2012 年，市林业局先后组织开展"基层组织建设年"、"纪律作风建设年"、"精细化管理"和"建一流班子、带一流队伍、创一流业绩"活动，开展"服务发展先锋行动"、"改善民生春风行动"、"三帮扶"、"包保下岗职工、在乡老兵"、"一帮一助学"、"双日捐"、"献爱心"等活动，结成"三帮扶"共建村 1 个，包保特困户 8 个、在乡老兵 2 人，救助低保对象 4 个，帮扶下岗职工家庭 3 个，资助贫困学生 2 名，捐款 4 万余元。截至 2012 年 12 月 30 日，长春市林业系统共有单位 155 个。按单位性质分，事业单位 137 个，机关 18 个；按单位类别分，国有林场 22 个，国有苗圃 9 个，林业工作站 89 个，木材检查站 3 个，病虫害防治站 6 个，其他 26 个。2012 年，在册林业职工 3 455 人，在岗林业职工 2 942 人，其中专业技术人员 621 人；年末实有离退休人员 1 119 人（详细情况见附表 3）。

（张建军）

附：表 1

2012 年长春市林业生产情况统计表

单位：公顷、万立方米、万株

项目/单位	造林								四旁植树	育苗面积		封山育林（面积）		成林抚育面积	中幼龄林抚育面积	幼林抚育作业面积	幼林抚育实际面积	年末母树林	年末种子园
	总计	重点工程造林			有林地造林	低产低效林改造	农防林更新改造	其他造林		本年新育	苗木产量（万株）	年末封山育林	本年新封面积						
		小计	退耕还林荒山荒地造林	三北五期造林															
全市总计	2 209.5	1 033	506	527	10	–	830.5	336	195.2	420	2 260	8 633	4 300	437	13 751	10 105	8 852	202	76
榆树市	267	180	–	180	–	–	87	–	–	60	300	333	–	–	9028	4 572	4 572	–	–
农安县	486	106	106	–	–	–	380	–	45	180	720	–	–	160	200	–	–	–	–
德惠市	399	127	–	127	–	–	250	22	–	8	50	–	–	–	2860	2 754	2 754	–	–
九台市	452	200	200	–	–	–	87	165	100	100	160	2 000	2 000	–	–	300	300	–	–
双阳区	383.5	360	200	160	10	–	1.5	12	50	50	540	1 333	1 333	277	200	2 479	1 226	–	–
朝阳区	2	–	–	–	–	–	2	–	0.2	–	–	–	–	–	–	–	–	–	–
宽城区	–	–	–	–	–	–	–	–	–	5	10	–	–	–	65	–	–	–	–
二道区	–	–	–	–	–	–	–	–	–	–	–	–	–	–	–	–	–	–	–
绿园区	83	60	–	60	–	–	23	–	–	–	300	–	–	–	–	–	–	–	–
净月区	10	–	–	–	–	–	–	10	–	20	180	4 500	500	–	1 398	–	–	202	76
其它单位	127	–	–	–	–	–	–	127	–	–	–	467	467	–	–	–	–	–	–

附:表 2

2012 年长春市各县(市)、区林业总产值情况统计表

单位:万元

单位＼项目	林业总产值	第一产业			第二产业			第三产业产值		
		总　计	涉林产业合计	林业系统非林产业	总　计	涉林产业合计	林业系统非林产业	总　计	涉林产业合计	林业系统非林产业
长春市	1 072 000	539 000	423 500	115 500	265 500	213 600	51 900	267 500	223 300	44 200
榆树市	23 000	9 000	7 000	2 000	12 000	11 000	1 000	2 000	500	1 500
农安县	42 000	22 000	20 000	2 000	18 000	16 000	2 000	2 000	1 700	300
德惠市	35 000	20 000	17 000	3 000	13 000	10 000	3 000	2 000	800	1200
九台市	130 000	80 000	60 000	20 000	30 000	20 000	10 000	20 000	15 000	5 000
双阳区	270 000	100 000	80 000	20 000	90 000	75 000	15 000	80 000	75 000	5 000
朝阳区	22 000	20 000	17 000	3 000	1 500	1 100	400	500	500	–
宽城区	104 000	80 000	60 000	20 000	10 000	7 000	3 000	14 000	11 000	3 000
南关区	14 000	10 000	8 000	2 000	3 000	2 500	500	1 000	800	200
二道区	30 000	20 000	15 000	5 000	8 000	6 000	2 000	2 000	1 500	500
绿园区	105 000	80 000	60 000	20 000	20 000	12 000	8 000	5 000	4 500	500
净月开发区	192 000	60 000	50 000	10 000	40 000	37 000	3 000	92 000	72 000	20 000
其他单位	105 000	38 000	29500	8500	20 000	16 000	4 000	47 000	40 000	7 000

附:表 3

2012 年长春市各县(市)、区林业机构及人员情况统计表

单位:个、人、元

单位＼项目	单位个数	单位性质				单位类别						年在册职工及其他人员工资								
		合计	企业	事业	机关	国有林场	国有苗圃	林业工作总站	木材检查站	病虫害防治站	其他	在册职工总数	在岗职工总数	在岗职工年工资总额	专业技术人员	下岗待安置工人数	离开本单位仍保留劳动关系人员	其他从业人员	年末实有离退休人员数	离休人员年生活费
全市合计	155	155	–	137	18	22	9	89	3	6	26	3 455	2 942	49 440 528	621	–	321	2	1 119	20 678 547
榆树市	36	36	–	35	1	3	2	28	–	1	2	526	526	6 412 056	36	–	–	–	184	3 278 400
农安县	34	34	–	33	1	3	3	22	1	1	4	642	592	14 288 000	229	–	50	–	215	2 100 000
德惠市	8	8	–	7	1	3	1	1		1	2	221	221	5 610 456	41	–	–	–	107	2 568 000
九台市	26	26	–	25	1	5	1	17	1	1	1	941	941	2 540 700	154	–	–	–	150	1 920 000
双阳区	18	18	–	17	1	5	2	8	–	–	3	514	293	3196 320	29	–	221	–	258	4 593 316
朝阳区	2	2	–	1	1	–	–	1	–	–	1	8	8	288 000	1	–	–	–	–	–
宽城区	2	2	–	1	1	–	–	1	–	–	1	28	28	1 080 000	6	–	–	–	11	484 000
南关区	1	1	–	–	1	–	–	–	–	–	1	1	1	33 600		–	–	–	–	–
二道区	2	2	–	1	1	–	–	1	–	–	1	21	2	72 000	2	–	–	–	–	–
绿园区	2	2	–	1	1	–	–	1	–	–	1	7	7	300 000	7	–	–	–	5	220 000
净月开发区	10	10	–	8	2	2	–	5	–	1	2	318	156	5 520 000	54	–	50	–	112	2 300 000
其他单位	14	14	–	8	6	1	–	4	1	1	7	228	167	10 099 396	62	–	–	2	77	3 214 831

畜牧业

【概况】 2012年全市畜牧经济发展态势良好。全市发展生猪979.4万头，肉牛323.2万头，羊91.4万只，家禽3.9亿只，比2011年分别增长7.7%、9.7%、3.4%和15.2%。奶牛存栏5.1万头。肉蛋奶产量分别为118.6万吨、33.9万吨和6.8万吨，比2011年分别增长8.5%、13.0%和7.5%。实现畜牧业产值255.2亿元，占农业总产值的45.4%，畜牧业增加值121.8亿元，占农业增加值的38.4%。

【养殖业】 按照选址科学化、畜禽良种化、养殖设施化、生产规范化、防疫制度化、粪污无害化、管理科学化的要求，完成了省级以奖代补养殖小区的申报工作。全年建成标准化畜禽养殖小区（场）122个，获省级以奖代补103个。积极推进省市两级标准化养殖示范区创建活动。按照标准化的要求，提升改造，提档达标，完成标准化养殖示范区建设任务，创建省级示范区24个和市本级示范区100个。

【繁育体系建设】 强化良种繁育基地建设，加强新牧科技公司肉种牛基地建设，恢复和提高生产能力。冻精生产由2011年4月份的零剂，发展到去年末的35万剂。全市新建和改扩建种畜禽场9个，引进优质种公猪239头。加强标准化繁改站点建设，新建省级标准化站点15个。对不合格站点限期整改，对无证经营11个站点予以取缔。

【产销一体化建设】 推进畜产品加工业生产和项目建设，提高畜牧产业一体化水平。抓好畜产品加工业生产。全年屠宰肉牛51.2万头、肉鸡1.43亿只、生猪310万头，生产乳制品17万吨。全市畜产品加工业实现产值374亿元，比2011年增长20%；出口创汇实现1.46亿美元。特别是康大兔肉成功打入欧美市场，实现了吉林肉类产品对美出口的零突破并重返俄罗斯市场。实施项目带动，大力推进"三区一带"建设。皓月清真肉牛产业园区一体化建设项目已经通过省市审批，工作机构已经建立，并正式开始运行。双阳梅花鹿产业园区开发项目，组织市博联会的专家学者和部分企业家就梅花鹿产业发展问题进行了两次专题调研，对《双阳区梅花鹿产业发展"十二五"规划(2011年—2015年)及2020年规划(纲要)》进行了论证。申报良种繁育基地、标准化养殖示范区建设、产品深加工开发和质检中心、梅花鹿活力饮品、参茸护肤化妆品、地理标志商标使用等项目。农安畜产品加工业集中区建设，重点推进大连成达2亿只肉鸡屠宰项目，建设日屠宰量80万只肉鸡屠宰线6条。河南众品年屠宰120万头生猪项目，总投资4.3亿元，设计日屠宰生猪400头，年产冷鲜肉12.3万吨，已正式生产；二期熟食加工正在进行前期准备，预计2013年开工。在"产业带"建设上，德惠吉星公司肉鸡产加销一体化项目，2011年4月通过了省专家组验收，获省级奖补资金300万元。正大集团在榆树的1亿只肉鸡项目，总投资60亿元，已完成全部选址工作。2011年开工建设的10个养殖场，已建成6个。全年有11个续建项目开工建设，固定资产投资到位资金9亿元。

禽类养殖

【动物防疫】 1. 动物春秋两季防疫工作。市、县(市)区两级财政落实防疫资金1 550万元，及时采购、发放疫苗、器械，确保了防疫工作需要。五大动物疫病强制免疫率达100%，其他常规动物疫病免疫率均达90%以上。强化口蹄疫、禽流感、猪蓝耳病等重大动物疫病的监测，在春秋防后均开展了"消毒月"活动，全市连续9年无重大疫情发生。2.人畜共患病防控工作。与市卫生局联合下发了《人畜共患病防控预案》，制定了《长春市炭疽病防控应急预案》、《长春市畜间布鲁氏菌病综合防控工作方案》。加大监测、检疫、扑杀相结合的综合性防治措施，有效控制了人畜共患病的发生。3.永吉免疫无口蹄疫区长春缓冲区建设。根据国家《无规定动物疫病区现场评审表》和无疫区评估要素释义中96项具体要求，完成了各种规划、计划、方案、制度的制定及归档工作。统一设计了动物免疫、监测、检疫、监管等400多项表册；编写并印发了永吉免疫无口蹄疫区长春缓冲区申请书；投入5万元补充了应急储备物资。7月中旬，顺利通过了国家验收。4.标准化乡镇畜牧兽医站建设。对2011年度建站情况进行了检查验收。下拨了2012年度市级建设资金270.6万元。全年58个站开工建设，其中新建44个，改扩建14个，至年末建成49个。5.村级防疫员队伍建设。市、县(市)区两级畜牧部门在春秋防前，分别对乡村两级防疫员组织岗前培训，举办培训班23期，参训人员达1 800余人。市畜牧局分别在长春市和双阳区举办了两期培训班，培训防疫员400多人。6.应急管理工作。着手修订《长春市突发重大动物疫情应急预案》。开展了动物疫情隐患排查工作，制定下发了动物疫情流调方案和计划，实行常规流调和集中流调相结合，并将结果及时上报省局和市政府应急办。10月份在双阳区组织进行了长春市城区突发重大动物疫情防控应急演练，共有260多人参加。

【畜产品质量安全】 1."瘦肉精"等违禁添加物的监管。严格执行《动物检疫管理办法》和产地检疫与屠宰检疫操作规程，监督企业做好宰前"瘦肉精"自检。对90个猪场、33个牛场和15个羊场，进行了盐酸克伦特罗、莱克多巴胺和沙丁胺醇专项抽检，未发现一例阳性。对市场肉品和禽蛋进行了药物残留及"瘦肉精"的抽样检测。全市肉蛋奶监测抽样302个，全部合格。无公害畜产品产地认定和产品认证32家。2.生鲜乳的监管工作。对全市18个奶站和运输车辆进行了抽样检测，没有发现不合格产品。对29家认定厂家开展了专项检查。3.动物卫生监管。加强对农贸市场、超市、冷藏和加工企业的日常检查，严厉打击各种逃避检疫和无证经营行为。下发了《关于加强病死及死因不明动物无害化处理工作的通知》，确保市民吃上放心肉。4.投入品监管。分别完成饲料和兽药213批次和580个批次的抽检任务。其中兽药生产领域抽检合格率98%，经营领域抽检合格率和使用领域合格率分别在90%以上；饲料抽检合格率达97.65%。建立健全兽药采购备案和兽药用药记录制度，保证规范用药和科学用药。对全市242家饲料生产企业的180名饲料检验化验员进行中级《职业资格证书》的培训与考核鉴定，合格率为100%。加强工业饲料生产和粗饲料开发。工业饲料产量319.65万吨，粗饲料231.2万吨。

【服务体系建设】 开展送科技下乡活动，采取绘制宣传板、印发宣传单和《猪人工授精技术手册》等形式，宣传畜禽饲养管理、杂交繁育、疫病防治等相关知识。全年科技入户227人次，完成任务指标120人次的189%。组建了7个专家组，培训教师达35人。组织实施阳光工程，在绿园区合心镇举办了养鸡技术培训班，培训138人次。

（张众人）

蔬菜业

【概况】 2012年，长春市蔬菜播种面积86 500公顷，总产量46.8亿公斤，其中设施蔬菜播种面积12 900公顷，产量13.4亿公斤，分别占全市蔬菜总面积和总产量的14.9%和28.6%。全年新建设施蔬菜面积1 400公顷，建成国家级标准园7个，省级标准园12个。

【生产管理】 1.加强生产指导。根据蔬菜不同生产时节，组织专家提出生产指导意见，并及时下发，加强生产调度，通过蔬菜生产半年报表、年度报表、秋菜上市期间日报表等调度全市蔬菜生产相关信息，利用信息搞好指导服务。2.科技培训。以全市开展的农业"科技效益年"活动为载体，积极推进蔬菜生产技术规程的普及。长春市农业技术推广站2012年举办蔬菜技术培训班6期，培训农民和技术骨干1 800余人。各县（市）区农技推广部门也重点围绕蔬菜温室大棚建设，育苗，菜地管理等内容，采取邀请专家集中培训，业务部门深入乡镇培训，利用广播、电视、网络媒体培训等方式开展多种形式的技术培训工作，培训农民1万人次，下发技术培训资料5万册。3.标准化生产。在已有蔬菜生产标准的基础上，又组织科技人员新修订了14个省级无公害蔬菜生产技术规程，已通过专家审定。

【棚膜蔬菜建设项目】 按照蔬菜生产"十二·五"规划，2011年全市计划新增棚膜蔬菜面积1 400公顷，通过采取签订责任书、实行月调度制、督促检查等措施，至10月底已全部完成，为确保完成全年建设1 400公顷的工作任务，积极向省里争取资金，按照《2012年吉林省蔬菜标准园创建项目实施方案》要求，组织申报国家级标准园（13.33公顷以上）10个，其中7个标准园通过最终的检查验收，每个标准园补助50万元，占2012年全省32个国家级标准园的21.9%。积极利用全省百万亩棚膜工程的有力契机，按照《吉林省人民政府办公厅转发省农委关于加快推进棚膜蔬菜产业发展实施意见的通知》要求，组织各县（市）区进行申报，2012年新申报园区30个，12个通过检查验收，获得补贴723万元，占2011年全省补贴资金

蔬菜大棚

的24.1%。

【秋菜收贮供应工作】 实行标准化生产。下发无公害秋菜生产技术规程，让菜农按技术规程进行生产。估产和测产。全年城区秋菜种植面积2 722公顷，产量达1.2亿公斤，品种全、质量好。以政府办公厅名义下发秋菜收贮供应工作通知。实行秋菜市场准入制。对城区周边农安、德惠、九台的重点乡镇秋菜基地进行抽检，合格率均达100%。加强秋菜上市的调度。秋菜集中上市期间每天都对城区上市的秋菜品种、上市量和上市价格进行统计分析，做到随时掌握市场动态，随时组织调度。及时发布秋菜生产相关信息。在上市前和上市期间积极与新闻媒体沟通，发布相关信息，为买卖双方构建合理的预期，给农民卖菜、市民买菜创造宽松和谐的社会氛围。

（杨 亮）

水 利

【概况】 2012年，完成水利投资12亿元，农村饮水安全工程建设完成年初任务的138%；水库除险加固任务提前完成；农田水利建设、水源地保护、水土保持、水产渔业等均保持快速发展势头。

【抗旱工作】 长春市2012年春的水田旱区主要集中在松花江沿江4县（市）9个万亩以上灌区（其中国管灌区6处），实灌面积15 333.33公顷。石头口门水库下游的九台饮马河灌区，实灌面积9 000公顷。旱情突出表现为松花江水位过低，致使沿江灌区多数电灌站提水困难；石头口门水库蓄水不足，难以保证城市供水和下游的农业灌溉，严重的旱情威胁人民群众的生活和生产用水安全。从2011年11月21日启动了“引松入长”工程一条管线向石头口门水库引水，日引水量50万立方米，截至2012年3月27日，引水总量5 500万立方米，及时补充了石头口门水库水量。集中整地、浅翻浅耙、集中泡田、集中插秧等节水措施。2012年石头口门水库农业灌溉用水6 230万立方米，比2012年节省1 174万立方米。对松花江沿江的9处灌区采取在灌区取水口处修建浮箱泵站、清淤引渠及泵站前池等工程措施。榆树市在松坡灌区引水口江心处修建两座浮箱式泵站，对其它电灌站的引水渠道及前池进行了清淤。德惠市在松沐灌区修建浮箱泵站一座，清淤引渠2处。九台市修建三处固定式临时泵站，即松其、锦州、红旗灌区各一处。农安县对松城灌区引水渠道进行了清淤，清淤长度1 977米，清淤土方11.27万立方米。保证了松花江沿江各灌区的15 333.33公顷、饮马河灌区的9 000公顷水田的春灌顺利实施。

【防汛工作】 自3月上旬开始，各县（市）区按照要求组织工程技术人员，对辖区的水库、江河堤防、涝区等防洪除涝工程进行了全面检查。对发现的问题登记造册，制定修险措施，落实修险任务，并以汛前检查报告的形式上报省防汛抗旱指挥部和市政府有关部门。4月20日，省防指对农安太平池、共青团水库、德惠塘沽围堤、榆树松花江堤防、卡岔河堤防、防汛物资储备及预案修订情况进行检查。市本级储备抢险编织袋66.5万条，土工布16万平方米，救生衣2 990件，冲锋舟13艘，发电机组600千瓦，投光灯、帐篷、铁线等物料。各县（市）区共储草袋16.8万条，编织袋610.5万条，铁线196.8吨，木桩1 902立方米。全市建立抢险队伍13.18万人。2012年，在石头口门水库组织了冲锋舟驾驶员培训，培训驾驶员60余人。

【河道管理工作】 对二道区利元号水库大坝脱坡修复应急度汛工程、绿园区双龙河应急度汛涵洞工程等应急度汛项目进行了审批及工程管理。对跨越河道的管道、光缆、桥梁等非防洪建设项目进行了严格审查与管理，批复涉河工程20余项，并参与这些项目的建设、管理、验收等工作。针对石头口门水库上游的5处非法采砂场进行治理，并于4月27日召开了由省河务局、长春市水利局、市防汛办、石头口门水库管理局、永吉县水利局等负责同志参加的取缔石头口门水库上游非法采砂协调会，制定了切实可行的解决办法。

【农田水利工程建设】 长春市榆树市、农安县、德惠市、九台市和双阳区为中央财政小型农田水利重点县，每个重点县每年度中央财政补助800万元，省级财政补助400万元，县区配套160万元，受益群众自筹240万元。榆树、农安、惠德、九台4县（市）已经完成了工程建设任务。投资2 808万元，开展德惠市松沐灌区续建配套与节水改造工程建设，完成渠道土方整治2公里，渠系建筑物11座。投资2 100万元，开展九台市饮马河灌区续建配套与节水改造工程建设，完成渠道衬砌8.4公里，渠系建筑物8座，完成。投资5 500万元，建设完成松城灌区完成一级站设备招标的前期准备工作和二级站设备安装工程。

【水库除险加固工程建设】 长春市已建成大中小型各类水库221座，其中，大型水库3座，中型水库16座，小Ⅰ型水库52座，小Ⅱ型水库150座，总库容27.08亿立方米。“十一五”期间，全市共有39座水库进行除险加固。大型水库1座，中型水库12座，小Ⅰ型水库23座，小Ⅱ型水库3座，工程概算总投资44 464.42万元，列入国家第2批病险水库除险加固中央补助项目和《全国病险水库除险加固专项规划》的水库有36座。地方自筹资金加固的水库3座。2012年，全市有16座病险水库进行了除险加固建设，16座水库概算总投资22 358万元，大型水库1座，为太平池水库水库；小型水库15座（含续建6座），新开工10座。

【水利水毁工程修复】 2012年，全市水毁修复工程4项，概算总投资4 963.4万元。分别为石头口门水库围堤及排涝站水毁修复工程、二道区东新开河水毁修复工程、农安县饮马河回水堤烧锅营子水毁工程和饮马河回水堤卧牛石水毁工程。4项工程累计完成投资2 325.69万元，完成综合工程量20.66万立方米，其中，土石方 64.7 万立方米，混凝土0.06 万立方米。

【农村饮水工程】 长春市农村饮水安全人口为 304.71 万人，占农村人口总数 72%；饮水不安全人口 120.29 万人，占农村人口总数的 28%，其中氟超标 15.1 万人，苦咸水 13.9 万人，其它污染 34.54 万人，缺水人口 56.75 万人。2012 年全市计划解决 15 万农村居民饮水不安全问题，市局积极与省里沟通、协调，省里最后下达全市目标任务是解决 20.71 万农村居民（比原计划多 5.71 万人指标）和 2.83 万师生饮水不安全问题，其中市本级农村居民 1.64 万人；榆树市农村居民 4 万人；农安县农村居民 5.21 万人，师生 0.46 万人；德惠市农村居民 6.5 万人，师生 0.89 万人；九台市农村居民 2.08 万人，师生 1.33 万人；双阳区农村居民 1.28 万人，师生 0.15 万人。全市计划新建农村饮水安全工程 113 处，其中水源井工程 128 眼，管网安装 113 处，全市的水源井、管网、管理房和净水设施等工程都已于 2012 年 11 月中旬完成，受益群众都已经吃上了安全、可靠的自来水。

【水利安全生产】 检查单位及工程 33 项、工程施工项目 19 项，排查治理隐患单位数量 30 个，排查一般隐患 17 项，在 6 月底已全部整改完毕。8 月底，开展安全生产隐患大排查、大治理、大督查活动。排查水库 30 座，在建项目 26 项，水利旅游单位 3 家。发现一般安全隐患 11 项，并及时督导进行了治理。组织开展了“打非治违”专项行动。全市 6 个城区，8 家单位共派出检查督导组 18 组，开展“打非治违”专项行动 11 次，查处违规违章行为 4 起。

【节水型社会建设】 继续强化了水资源基础工作，为全市实行最严格水资源管理制度，实施水资源“三条红线”管理打下了坚实的基础。组织长春水文分局及各县（市）区水资源管理办公室，利用已布设的 256 眼水位、水质监测井和 13 处水文站，完成 2012 年度全市水资源动态监测工作，获得了大量真实可靠的数据。开展长春市供用水调查工作按流域分区进行分析汇总，完成调查表 13 张，确定全市 2011 年度水资源利用总量 23.7 亿立方米。

【水土保持工作】 2012 年全市水土保持治理面积 7 487 公顷，其中基本农田 3 658 公顷。水保林 918 公顷，经济林 78 公顷，种草 28 公顷，封育治理面积 1 141 公顷，其它 1 085 公顷。完成投资 1 880 万元。完成土石方工程量 219 万立方米，群众投工、投劳 26 万工日。全市江河堤防绿化长度 67 公里，绿化宽度 10 米，绿化面积 67 公顷。完成绿化 71 公顷。

【渔业工作】 加大鱼苗投入，新立城和口门水库今春分别往大库投放了 110 万元和 85 万元的花鲢春片和花鲢秋片。2012 年全市城区成鱼总产量为 1 610 吨，石头口门水库渔业产量 960 吨，新立城水库渔业产量 650 吨，其中大银鱼产量 300 吨。全市鱼种产量为 130 吨。2012 年全市城区实现渔业经济产值 1.37 亿元。渔业产值 7 240 万元。都市休闲渔业预计收入 6 500 万元（含垂钓业及渔业旅游经济收入），全市完成商品鱼池塘标准化改扩建面积 66.67 公顷。

【水产品安全监管】 投资 280 多万元购置了水产品快速检验器材。市水产品质量安全检测中心对现有实验室进行了改造升级，改造工程已于 2012 年 9 月底完成验收工作，并计划在 2013 年 11 月前完成实验室认证工作。国家各级水产品检测机构对全市初级水产品抽检 6 批次，3 个品种，90 个样品，合格率为 100%。市水产品质量安全检测中心对批发市场水产品抽检 16 批次，13 个品种，38 个样品。所检测的数据，保存在该中心数据库中做备案。对全市重点渔业水域的水质情况进行检测，2012 年 5 月和 8 月市渔业环境监测站两次赴榆树、农安、德惠、九台、双阳等地进行水样采集和分析。并对拉林河、饮马河、伊通河、石头口门水库、新立城长春市重点渔业水域进行了水样化验，建立 2012 年渔业水域水质检验数据库，为监控全市渔业水域污染情况提供了科学依据。

灌区效益及管理情况统计表

灌区名称	设计灌溉面积（千公顷）							有效灌溉面积（千公顷）							实际灌溉面积（千公顷）						
	合计			其中：				合计			其中：				合计			其中：			
	计	水田	旱浇	机电站		机电井		计	水田	旱浇	机电站		机电井		计	水田	旱浇	机电站		机电井	
				处	面积	处	面积				处	面积	处	面积				处	面积	处	面积
甲	1	2	3	4	5	6	7	8	10	11	12	13	14	15	16	17	18	19	20	21	22
长春市	352.47	248.58	103.89	443	147.69	20038	138.43	244.13	191.60	52.53	440	73.58	19763	114.85	240.56	153.97	86.59	416.	80.78	19869	124.31
朝阳区	3.43	2.07	1.36	4	0.18	245	3.01	3.19	1.83	1.36	4	0.13	245	2.9	1.626	1.36	0.266	-	-	225	1.626
南关区	1.35	-	1.35	11	1.07	25	0.28	1.02	-	1.02	11	0.74	25	0.28	0.48	-	0.48	11	0.2	25	0.28
宽城区	4.26	2.18	2.08	33	2.97	1409	0.92	3.38	1.76	1.62	33	2.25	1409	0.88	2.88	1.17	1.71	33	1.94	1409	0.84
二道区	2.46	1.54	0.92	13	1.02	224	1.25	2.1	1.35	0.75	13	0.97	224	0.93	1.58	1.06	0.52	13	0.44	224	1.03
绿园区	6.51	0.36	6.15	45	2.82	196	3.36	5.19	0.36	4.83	45	2.23	186	2.79	3.41	0.49	2.92	45	0.9	186	2.18
双阳区	18.92	18.45	0.47	45	3.68	1818	8.23	15.54	15.12	0.42	45	2.94	1818	8.11	11.96	11.96	-	45	2.42	1818	6.7

续表

灌区名称	设计灌溉面积（千公顷）							有效灌溉面积（千公顷）							实际灌溉面积（千公顷）						
	合计			其中：				合计			其中：				合计			其中：			
	计	水田	旱浇	机电站		机电井		计	水田	旱浇	机电站		机电井		计	水田	旱浇	机电站		机电井	
				处	面积	处	面积				处	面积	处	面积				处	面积	处	面积
甲	1	2	3	4	5	6	7	8	10	11	12	13	14	15	16	17	18	19	20	21	22
净　月	2.1	0.91	1.19	18	0.82	107	0.73	1.1	0.72	0.38	16	0.16	107	0.73	0.77	0.46	0.31	-	0.16	84	0.56
榆树市	97.007	82.415	14.592	37	19.35	6034	65.537	78.268	65.736	12.532	37	12.45	6034	58.302	63.201	51.939	11.262	39	5.409	6006	46.196
农安县	87.38	10.78	73.06	11	36.88	1889	35.46	45.52	9.82	35.7	11	5.99	1889	18.59	9.7	9.7	-	4	2.87	1148	2.9
德惠市	99.24	87.25	11.99	158	67.07	5689	22.86	63.94	59.2	4.74	157	37.14	5689	22.86	50.78	47.45	3.33	157	24.88	5566	22.64
九台市	42.82	40.59	2.23	68	12.42	2915	9.27	34.77	33.5	1.27	68	9.91	2915	9.27	25.42	25.42	-	62	6.22	2915	7.18

各县（市、区）机电井情况

县市	打井（眼）		配套机电井（眼）					配套井按用途分（眼）					农田灌溉面积（千公顷）								
	本年新增	累计达到	本年新增	累计达到	其中完好数量	装机		农田灌溉井	牧业井	人畜水井	防病井	林业井	设计			有效			实灌		
						台	千瓦						计	水田	旱浇	计	水田	旱浇	计	水田	旱浇
朝阳区	7	258	11	258	258	258	1 745.2	245	–	13	–	–	3.21	1.65	1.56	2.905	1.545	1.36	1.626	1.36	0.266
南关区	–	245	–	245	245	245	176	198	–	47	–	–	0.28	–	0.28	0.28	–	0.28	0.198	–	0.198
二道区	–	249	–	249	249	249	2 000	220	–	29	–	–	1.22	0.68	0.54	0.93	0.53	0.4	1.03	0.63	0.4
绿园区	3	204	3	204	204	206	2 591	186	–	18	–	–	3.36	0.12	3.24	2.79	0.12	2.67	2.18	0.06	2.12
宽城区	2	116	2	116	116	116	1 015	106	–	10	–	–	0.34	0.13	0.21	0.3	0.09	0.21	0.28	0.07	0.21
净　月	9	116	7	116	116	116	601.5	102	–	14	–	–	0.73	0.46	0.27	0.73	0.46	0.27	0.56	0.41	0.15
双阳区	–	2 651	–	1 927	1 927	1 927	12 523	1818	–	100	9	–	8.23	7.83	0.4	7.84	7.44	0.4	6.7	6.7	–
德惠市	200	8 552	200	6 144	6 144	6 144	71 356	5 698	–	443	3	–	22.86	19.51	3.35	22.86	19.51	3.35	22.64	19.31	3.33
榆树市	369	6 587	319	6 587	6 587	6 587	84 931	5 834	30	523	–	–	65.53	53.07	12.4	58.30	45.84	12.4	54.91	43.64	11.26
九台市	103	3 271	103	3 140	3 140	3 193	19 451	3 001	–	129	10	–	8.71	8.4	0.31	8.71	8.4	0.31	7.18	7.18	–
农安县	493	9 354	493	2 811	2 811	2 811	122 268	2 044	81	254	387	45	35.32	4.97	30.35	23.44	4.97	18.47	4.99	4.99	–

江河堤防累计达到情况表

市州县市区	合计			主要江河						一般江河			堤防绿化累计长度（公里）
	堤防长度（公里）	保护耕地（公顷）	保护人口（万人）	松花江流域			其他流域			松花江流域			
				堤防长度	保护耕地	保护人口	堤防长度	保护耕地	保护人口	堤防长度	保护耕地	保护人口	
长春市	1834.87	232343	89.43	667.99	114830	43.635	303.6	24333	16.9	863.28	93180	28.895	491.86
朝阳区	15	2800	1.2	15	2800	1.2	–	–	–	–	–	–	10
南关区	–	–	–	–	–	–	–	–	–	–	–	–	–
宽城区	20.6	2000	0.9	20.6	2000	0.9	–	–	–	–	–	–	–
二道区	6.1	1 820	0.9	6.1	1 820	0.9	–	–	–	–	–	–	–
绿园区	24	5 650	1.35	–	–	–	–	–	–	24	5 650	1.35	24
双阳区	184	10 650	19.3	82.79	5230	4.75	–	–	–	101.21	5 420	14.55	6
净月开发区	1.3	310	0.13	–	–	–	–	–	–	1.3	310	0.13	–
榆树市	344.6	28 333	20.9	41	4 000	4	303.6	24 333	16.9	–	–	–	129.1
农安县	532	62 300	15.8	62	10 100	4.36	–	–	–	470	52 200	11.44	177.05
德惠市	524.77	98 000	16.05	258	68 400	14.625	–	–	–	266.77	29 600	1.425	145.71
九台市	532	62 300	15.8	62	10 100	4.36	–	–	–	470	52 200	11.44	177.1

水利工程年供水量统计表

单位:万立方米

单位	合计					蓄水工程				引水工程				机电站			机电井		
	计	农业	工业	城镇生活	另:水电供水	农业	工业	城镇生活	另:水电供水	农业	工业	城镇生活	另:水电供水	农业	工业	城镇生活	农业	工业	城镇生活
长春市	199 730	165 519	360	33 851	–	26 227	360	28 020	–	1 290	0	840	–	46 565	–	–	91 427	–	4 991
朝阳区	1 260	1 260	–	–	–	–	–	–	–	–	–	–	–		–	–	1 260	–	–
南关区	360	360	–	–	–	–	–	–	–	–	–	–	–	205	–	–	155	–	–
宽城区	1 212	1 200	–	12	–	20	–	–	–	–	–	–	–	800	–	–	266	–	10
二道区	1 479	1 459	–	20	–	97	–	–	–	–	–	–	–	830	–	–	350	–	12
绿园区	3 906	3 887	–	19	–	390	–	–	–	–	–	–	–	1 080	–	–	2 417	–	19
双阳区	9 115	9 086	–	29	–	2 020	–	–	–	–	–	–	–	1 936	–	–	5 120	–	29
净 月	6 140	640	–	5 500	–	52	–	5 500	–	–	–	–	–	100	–	–	488	–	–
榆树市	74 497	70 397	–	4 100	–	7 997	–	–	–	–	–	–	–	5957	–	–	56 443	–	4 100
农安县	13 610	12 420	400	790	–	2 232	400	550	–	756	–	–	–	3 444	–	–	5 988	–	240
德惠市	57 724	57 219	–	505	–	5 060	–	–	–	450	–	–	–	29 209	–	–	22 500	–	505
九台市	49 539	25 694	–	23 845	–	11 589	–	22 000	–	–	–	840	–	4 687	–	–	9 418	–	1 005

易涝区域

涝区名称	易涝面积(千公顷)	除涝面积(千公顷)					现有易涝面积(千公顷)	机电排涝站							
		合计	其中:水田	在合计中				装机						排水面积(千公顷)	
				3~4年	5~9年	10年以上		设计			实际			设计	有效
甲	1	2	3	4	5	6	7	处	台	千瓦	处	台	千瓦	10	11
长春市	322.264	302.148	101.69	6.63	66.515	229.003	77.225	158	489	63 398	149	443	50 467	174.398	148.05
朝阳区	2.51	2.51	2.1	–	0.26	2.25	–	–	–	–	–	–	–	–	–
南关区	0.26	0.26	0.12	–	0.19	0.07	–	–	–	–	–	–	–	–	–
宽城区	3.92	2.42	0.64	–	0.82	1.6	1.5	4	11	448	4	11	448	1.59	1.48
二道区	2.66	2.21	0.64	0.02	1.12	1.07	0.45	2	8	176	2	8	176	1.18	1.18
绿园区	5.65	5.65	0.83	–	3.36	2.29		4	12	340	2	7	236	0.46	0.46
双阳区	16.45	16.15	9.96	0.07	1.85	14.23	0.3	11	27	1882	4	14	1 020	3.97	3.97
净月开发区	0.84	0.84	0.21	–	0.09	0.75	–	–	–	–	–	–	–	–	–
榆树市	86.8	86.8	17.4	2.27	18.78	65.75	–	23	77	6 825	23	76	6 670	29.45	22.68
农安县	90	90	6.69	1.11	10.72	78.17	–	52	161	32 841	52	151	22 841	49.82	49.82
德惠市	98	98	45.71	–	31.82	66.18	66.825	45	141	15 896	45	126	14 346	67.808	48.45
九台市	46.26	38.11	15.73	3.16	6.56	28.39	8.15	17	52	4 990	17	50	4 730	20.12	20.01

工 业

综 述

【工业生产】 2012年，长春市规模以上工业企业(新的统计口径:年销售收入2 000万元以上工业企业。下同)完成产值8 263.5亿元,比2011年增长17.4%。按类型划分:轻工业完成产值1 528.7亿元,增长25%;重工业完成产值6 734.9亿元,增长15.8%。按所有制划分:国有工业完成产值3 836.3亿元，增长16.7%；集体工业完成产值9.4亿元,增长28.1%;股份合作制企业完成产值3.4亿元,增长4.8%;股份制企业完成产值2 771.6亿元,增长16.1%;外资企业完成产值1 479.7亿元,增长22.5%。按隶属关系划分:中央工业完成产值4 369.6亿元,增长13.5%;省属工业完成产值6亿元,与2011年持平;市及市以下工业完成产值3 887.9亿元,增长22.2%。

【经济效益】 2012年,长春市规模以上工业企业实现销售收入8 595.1亿元,比2011年增长11.9%;实现税金475.11亿元,增长20.9%;实现利润623.2亿元，增长10%。其中,国有企业实现销售收入4 335亿元，增长7.6%；实现税金324.9亿元,增长12.8%;实现利润413.3亿元,增长11.3%。集体企业实现销售收入9.5亿元，比2011年增长18.7%;实现税金3 345万元,增长22.2%;实现利润11 183万元,增长206.9%。股份合作企业实现销售收入6.1亿元，增长77.9%;实现税金716万元,下降22.7%;实现利润41万元,下降97.5%。股份制企业实现销售收入2 634亿元，增长15.5%；实现税金70.3亿元，增长17.6%；实现利润95亿元，与2011年持平。外资企业实现销售收入1 456.9亿元,增长18.6%;实现税金76.5亿元，增长80.1%；实现利润108.7亿元，增长13.2%。国有控股企业实现销售收入5 854.9亿元，增长8.3%；实现税金384.4亿元,增长11.2%;实现利润456.4亿元,增长8.3%。全市规模以上工业企业总计1 035户，其中，盈利企业917户,亏损企业118户。

2012年,按月报口径计算,长春市规模以上工业企业经济效益综合指数达342.3%,比2011年增长5个百分点;工业增加值达1 811.5亿元，增长10.3%；工业产品产销率达98.48%，下降0.36个百分点;总资产为5 928.1亿元,增长14.6%；成本费用利润率为8.2%，下降0.1个百分点；流动资金周转次数达到2.9次，增长0.2次；产成品资金占用194.2亿元,增长6.3%。

2012年长春市30户盈利大户盈利额统计表

企 业 名 称	实现利润(万元)	比2011年±%
中国第一汽车集团公司	4 079 664	8.7
长春大成实业集团有限公司	270 085	35.0
长春轨道客车股份有限公司	155 045	9.7
吉林亚泰(集团)股份有限公司	130 480	-22.7
吉林德大有限公司	96 612	1 003.4
富奥汽车零部件股份有限公司	54 254	-1.4
长春富维－江森自控汽车饰件系统有限公司	51 973	11.9
长春博泽汽车部件有限公司	51 210	47.8
长春轨道客车装备有限责任公司	49 950	269.0
大陆汽车电子(长春)有限公司	48 535	28.3

续表

企 业 名 称	实现利润(万元)	比 2011 年 ± %
吉林省长春皓月清真肉业股份有限公司	47 457	84.0
一汽丰田(长春)发动机有限公司	47 267	-7.9
吉林烟草工业有限责任公司长春卷烟厂	44 301	38.2
吉林省龙家堡矿业有限公司	39 338	29.7
福耀集团长春有限公司	31 731	6.7
长春金赛药业有限责任公司	29 450	54.7
天合汽车安全系统(长春)有限公司	28 538	21.2
大唐长春热力有限责任公司	27 805	678.7
长春奥托立夫汽车安全系统有限公司	25 643	13.0
长春佛吉亚排气系统有限公司	25 204	20.0
启明信息技术股份有限公司	22 654	373.5
长春大合生物技术开发有限公司	22 642	-73.4
长春英利模具制造有限公司	22 063	92.7
吉林省吴太感康药业有限公司	20 234	20.7
大众一汽平台零部件有限公司	18 840	139.4
长春华翔轿车消声器有限责任公司	18 674	-1.1
长春派格汽车塑料技术有限公司	18 444	61.8
李尔长春汽车内饰件系统有限公司	18 220	-38.3
长春住电汽车线束有限公司	17 615	-21.5
伟巴斯特车顶系统(长春)有限公司	17 252	29.5

2012 年长春市 30 户盈利大户利税额统计表

企业名称	实现利税(万元)	比 2011 年 ± %
中国第一汽车集团公司	7 011 045	10.2
长春大成实业集团有限公司	270 085	35.0
长春轨道客车股份有限公司	251 094	65.7
吉林亚泰(集团)股份有限公司	211 735	-16.1
吉林德大有限公司	96 614	1 003.6
富奥汽车零部件股份有限公司	73 161	1.2
长春富维－江森自控汽车饰件系统有限公司	56 505	17.2
长春博泽汽车部件有限公司	52 096	44.0
长春轨道客车装备有限责任公司	54 420	232.9
大陆汽车电子(长春)有限公司	48 535	25.0
吉林省长春皓月清真肉业股份有限公司	52 013	85.8
一汽丰田(长春)发动机有限公司	57 880	-11.6
吉林烟草工业有限责任公司长春卷烟厂	283 740	23.4
吉林省龙家堡矿业有限公司	58 516	16.2
福耀集团长春有限公司	39 190	10.5
长春金赛药业有限责任公司	41 387	82.5
天合汽车安全系统(长春)有限公司	42 589	30.9
大唐长春热力有限责任公司	28 242	489.5
长春奥托立夫汽车安全系统有限公司	34 250	16.9
长春佛吉亚排气系统有限公司	25 610	20.0

续表

企业名称	实现利税(万元)	比 2011 年 ± %
启明信息技术股份有限公司	23 134	346.7
长春大合生物技术开发有限公司	42 344	-52.9
长春英利模具制造有限公司	26 463	100.7
吉林省吴太感康药业有限公司	25 529	20.6
大众一汽平台零部件有限公司	387 263	3 527.0
长春华翔轿车消声器有限责任公司	20 570	-4.6
长春派格汽车塑料技术有限公司	24 678	65.3
李尔长春汽车内饰件系统有限公司	24 306	-39.4
长春住电汽车线束有限公司	23 659	-18.8
伟巴斯特车顶系统(长春)有限公司	18 372	18.2

【重点产业】 2012 年，长春市围绕汽车、农产品和轨道客车 3 个优势产业，培育和发展先进装备制造、光电信息、生物医药、新能源、新材料等 5 个战略性新兴产业，推动全市工业产业集中度不断提升。全年，全市 8 个重点产业完成产值 7 946.7 亿元，比 2011 年增长 17.9%，占全市规模以上工业总产值的比重达到 96.2%。其中 3 个优势产业完成产值 6 608.2 亿元，增长 17.7%。5 个战略性新兴产业完成产值 1 090 亿元，增长 28.2%，净增产值 240 亿元，对全市工业增长贡献率达 19.1%。全市除一汽集团之外的工业企业完成产值占全市规模以上工业总产值的比重达 56.2%。

全市重点产业竞相发展，其中汽车工业完成产值 4 888.5 亿元，比 2011 年增长 16.5%，占全市的比重为 59.2%；农产品加工业完成产值 1 251.7 亿元，比 2011 年增长 27.8%，占全市的比重为 15.1%；生物医药产业完成产值 106.4 亿元，增长 21.2%，占全市的比重为 1.3%；光电子信息产业完成产值 458.6 亿元，增长 18.2%，占全市的比重为 5.6%；材料工业完成产值 562.7 亿元，增长 21.8%，占全市的比重为 6.8%；能源工业完成产值 566.6 亿元，增长 15.4%，占全市的比重为 6.9%；装备制造业完成产值 468 亿元，增长 7.4%，占全市的比重为 5.7%。

【重点企业】 2012 年，长春市规模以上工业企业规模不断扩大，整体实力不断增强，重点企业支撑作用持续稳定。全市产值超亿元的工业企业户数达 552 户，比 2011 年增加 82 户，占全部规模以上工业企业总数的 53.3%。其中，产值超千亿元企业 1 户，产值 100 亿～1 000 亿元企业 6 户，10 亿～100 亿元企业 54 户，1 亿～10 亿元企业 491 户。全市重点工业企业呈现良性发展态势，其中 40 户重点企业完成产值 6 080.6 亿元，比 2011 年增长 16.9%，占全市工业总产值的 73.6%；净增加产值 881.1 亿元，占全市净增加产值的 70%。

2012 年长春市 40 户重点工业企业产值统计表

企业名称	完成工业产值(万元)	比 2011 年 ± %
一汽集团公司	36 180 382	17.2
长春大成玉米有限公司	5 004 349	25.1
吉林亚泰(集团)股份有限公司	3 711 873	22.9
吉林省电力有限公司	3 383 459	11.6
长春轨道客车股份有限公司	2 315 720	0.4
长春皓月清真实业有限公司	1 823 579	31.4
一汽天合富奥汽车安全系统长春公司	780 311	35.0
长春大合生物技术开发有限公司	712 666	151.5
长春丰越公司	655 967	22.8
长春富维江森自控汽车饰件系统公司	645 252	39.5
吉林东光集团	507 429	-11.4
大陆汽车电子(长春)有限公司	502 898	11.9
吉林烟草工业有限责任公司	435 433	30.3
一汽富维汽车零部件股分有限公司	374 044	-40.0
采埃孚富奥底盘技术(长春)有限公司	339 580	53.5

续表

企业名称	完成工业产值(万元)	比 2011 年 ± %
大众一汽平台零部件有限公司	337 432	12.7
新大农安石油化工有限公司	264 626	5.8
金锣集团(九台)有限公司	248 476	12.3
长春旭阳工业(集团)有限公司	215 138	4.7
佛吉亚(长春)排气系统公司	197 052	12.7
李尔长春内饰件系统公司	195 026	-25.6
吉林华正牧业开发股份有限公司	189 562	13.3
吉林龙家堡矿业有限公司	177 364	-18.0
一汽丰田发动机公司	176 592	-9.2
中粮生化能源(榆树)有限公司	170 786	1.4
长春轨道客车装备有限公司	155 982	1.8
吉林达利食品有限公司	153 984	21.3
吉林森工集团	151 829	17.5
福耀集团长春有限公司	140 587	18.0
长春海拉车灯有限公司	127 440	3.4
吉林德大有限公司	109 171	-3.9
修正药业集团长春高新制药有限公司	89 172	30.9
长春百事可乐饮料有限公司	74 655	-1.2
启明信息股份有限公司	71 918	8.3
吉林省吴太感康制药有限公司	59 632	21.1
长春长客－庞巴迪轨道车辆有限公司	48 334	85.7
长春发电设备有限公司	32 770	-11.6
长春生物制品研究所	18 938	-41.4
长铃集团	17 990	-0.2
长春汽车改装车有限公司	8 417	-71.4

【重点产品】 2012 年，长春市 28 种工业重点产品中，有 17 种产品产量实现增长，轿车类产品增势良好，比 2011 年增长 22%，其中迈腾轿车、速腾轿车、高尔夫轿车、奥迪轿车、捷达轿车等 5 种产品实现了 20%以上增长，分别增长 100%、54%、28%、22%和 21%。有 11 种产品产量下降，其中拖拉机、数控机床、中重型货车、亚泰水泥、汽车离合器等 5 种产品产量下降幅度较大，分别下降 58%、34%、22%、20%和 20%。

2012 年长春市工业 28 种重点产品产量统计表

序号	产品名称	计量单位	年产量	比 2011 年 ± %
1	中重型货车	辆	151 295	-22
	其中：重型货车	辆	104 407	-31
	中型货车	辆	46 888	13
2	轿车	辆	1 595 632	22
	奔腾轿车	辆	69 367	-37
	捷达轿车	辆	250 506	21
	奥迪轿车	辆	244 087	22
	睿翼轿车	辆	15 661	-50
	速腾轿车	辆	195 090	54
	迈腾轿车	辆	174 351	100

续表

序号	产品名称	计量单位	年产量	比 2011 年 ± %
2	新宝来轿车	辆	224 615	12
	马自达轿车	辆	84 863	-6
	高尔夫轿车	辆	127 209	28
	CC	辆	37 680	1
3	大中型客车	辆	3 793	-3
4	轻型货车	辆	54 016	9
5	改装车	辆	46 103	49
	汽车改装	辆	1 830	-42
	一汽改装车	辆	14 971	-8
6	拖拉机	辆	1 713	-58
7	铁路客车	辆	2 523	12
	普通铁路客车	辆	348	34
	动车组	辆	632	-17
	城轨客车	辆	1 543	25
8	锦湖轮胎	万套	390	1
9	汽车油箱	只	508 343	122
	考泰斯公司	只	476 640	149
	汽车油箱公司	只	31 703	-15
10	汽车离合器	万套	164.0	-20
11	汽车安全玻璃	万平米	1 121.6	20
	福耀集团	万平米	1 121.6	24
	皮尔金顿	万平米	-	-
12	汽车座椅	台份	249 942	19
13	全市猪肉产品	吨	580 215.15	6
	九台金锣	吨	146 927	17
	榆树四海	吨	18 687	-3
	农安华正	吨	89 596	122
14	牛肉(皓月)	吨	135 245	2
15	鸡肉及制品(德大)	吨		
	鸡　　肉	吨	45 986	-18
	鸡肉制品	吨	83	-90
16	饮料	吨	629 786	15
	百事可乐	吨	424 999	17
	可口可乐	吨	204 787	11
17	全市啤酒	千升	327 542	-15
	农安	千升	179 612	-17
	双阳	千升	102 388	-15
	榆树	千升	30 341	-1
18	淀粉及制品(大成)	吨		
	玉米淀粉	吨	3 000 000	36
	淀粉糖	吨	3 025 000	10
	变性淀粉	吨	110 000	0
	赖氨酸	吨	733 337	23
	蛋白粉	吨	264 000	150
	玉米油	吨	183 337	0

续表

序号	产品名称	计量单位	年产量	比 2011 年 ± %
18	饲料	吨	916 663	100
19	全市煤炭	吨	6 003 213	-4
	其中：羊草集团	吨	1 153 547	5
	双顶山	吨	362 777	-19
	营城矿业	吨	817 320	-13
20	数控机床	台	23	-34
21	变压器	台	395	1
22	油漆	吨	6 509	16
23	卷烟	万箱	37.2	17
24	棉纱	吨	4 693	-2
25	亚泰水泥	万吨	1 314.1	-20
26	汽柴油	吨	314 534	3
	汽油	吨	167 864	10
	柴油	吨	146 670	-4
27	全市发电量	万千瓦时	2 508 517	8
	二热电公司	万千瓦时	185 064	0
	长春热电发展	万千瓦时	266 553	-9
	龙华热电公司	万千瓦时	930 633	29

【特色产业园区】 截至 2012 年 12 月末，全市有特色产业园区 71 个，重点推进的 28 个，正在培育的 43 个。在重点推进的 28 个园区中，纳入省规划管理的 16 个，分别是长春汽车产业园区（省级特色工业园区）、长春生物产业园区（省级特色工业园区）、长春专用车产业园区、中科院长春光电子产业园区、温馨鸟服装工业园区、长春旭阳汽车内饰件工业园区、启明软件园、长春文化印刷产业园区、吉林省梅花鹿产业园区、德惠玉米食品工业园区、皓月国际皮革工业园、长春轨道交通装备产业园区、九台农机装备制造产业园区、经开装备制造园区、德惠休闲食品工业园区、长春农安汽车轨道客车配套产业园。长春市授牌的 2 个，分别是净月光电信息产业园、长春新能源（兵装）产业园。其他重点园区 10 个，分别是长春皓月清真产业园、朝阳汽车与零部件配套产业园、净月知和国际动漫产业园、净月宇平旅游纪念品产业园、高新东北亚文化创意科技园、高新吉林动漫游戏原创产业园、绿园西新汽车零部件配套产业园、长春广东工业园、榆树酒业产业基地、长春国家光电子产业基地。按所属行业分，汽车及相关产业类 6 个，农产品加工类 7 个，装备制造类 3 个，光电信息类 3 个，软件动漫及文化创意类 5 个，新能源类 1 个，其他 3 个。

2012 年长春特色产业园区统计表

序号	园区名称	备注
1	长春汽车产业园区	省级特色产业园区
2	长春生物产业园区	省级特色产业园区
3	长春轨道交通装备产业园	省级特色产业园区
4	长春专用车产业园区	省级特色产业园区
5	中科院长春光电子产业园区	省规划管理特色产业园区
6	温馨鸟服装工业园区	省规划管理特色产业园区
7	长春旭阳汽车内饰件工业园区	省规划管理特色产业园区
8	启明软件园	省规划管理特色产业园区
9	长春文化印刷产业园区	省规划管理特色产业园区
10	吉林省梅花鹿产业园区	省规划管理特色产业园区
11	德惠玉米食品工业园区	省规划管理特色产业园区

续表

序号	园区名称	备注
12	皓月国际皮革工业园	省规划管理特色产业园区
13	长春农安汽车轨道客车配套产业园	省规划管理特色产业园区
14	九台农机装备制造产业园区	省规划管理特色产业园区
15	德惠休闲食品工业园区	省规划管理特色产业园区
16	经开装备制造园区	省规划管理特色产业园区
17	长春新能源产业园(兵装)	市授牌特色产业园区
18	净月光电信息产业园	市授牌特色产业园区
19	长春皓月清真产业园	其他重点特色产业园区
20	朝阳汽车与零部件配套产业园	其他重点特色产业园区
21	知和国际动漫产业园	其他重点特色产业园区
22	宇平旅游纪念品产业园	其他重点特色产业园区
23	东北亚文化创意科技园	其他重点特色产业园区
24	吉林动漫游戏原创产业园	其他重点特色产业园区
25	绿园西新汽车零部件配套产业园	其他重点特色产业园区
26	长春广东工业园	其他重点特色产业园区
27	榆树酒业产业基地	其他重点特色产业园区
28	长春国家光电子产业基地	其他重点特色产业园区

【工业投资】 1. 工业投资保持高速增长。2012年,全市落实3 000万元以上工业项目1 128项,项目总投资4 028.3亿元,当年计划投资1 525.7亿元。其中,新开工项目436项,项目总投资1 501.8亿元,当年计划投资672.8亿元;续建项目692项,项目总投资2 526.5亿元,当年计划投资852.9亿元。1 128个项目中超10亿元项目77项,超亿元项目595项。在工业大项目的强力推动下,工业投资呈现出高速运行态势。2012年,全市完成工业固定资产投资1 400亿元,比2011年增长25.2%以上,完成工业技术改造投资1 015亿元,比2011年增长30%。工业投资增速在全国15个副省级城市中居第五位。2.重大工业项目进展顺利。全年重点推进的100个重大工业项目,项目总投资2 175亿元。当年计划投资507亿元,占全年工业投资任务目标1 398亿元的36.3%。总投资41.5亿元的一汽丰越20万辆轿车项目、总投资11亿元的国电联合动力技术有限公司风电机组制造项目、总投资10亿元的大连实德16万吨PVC节能建材项目建成投产。总投资120.5亿元的一汽集团轴齿制造中心工业园项目、总投资120亿元的大成百万吨化工醇工程项目、总投资100亿元的中航集团长春航空科技产业园项目等重点项目进展顺利,全面完成全年推进目标。全年100个重大工业项目中有50个项目建成或部分建成投产。3.积极争取国家专项支持。围绕国家、省专项资金的申报要求,突出长春市三大优势产业和五大战略性新兴产业项目,筛选上报了490个投资规模大、科技含量高、经济效益好、带动作用强的重点工业项目,全年长春市有239个项目列入国家和省重点产业振兴和技术改造专项、国家重大科技成果转化专项、电子信息产业振兴专项、信息化和工业化深度融合专项,累计获得国家、省25 834万元的专项资金支持。

【技术创新】 1. 新产品。全市规模以上工业完成新产品产值3 895亿元,比2011年增长21%,创历史最好水平。在全省9个市(州)中,长春市完成新产品产值位居全省第一,占全省的79.4%,新产品产值率达47.1%。2.组织创新。围绕长春市三大优势产业和五大战略性新兴产业,组织实施"五大企业技术创新工程计划",即重点新产品推进工程、企业技术创新能力提升工程、重点企业技术开发工程、产学研联合创新工程、公共技术服务平台建设工程,此计划共计142项,技术开发投入18.1亿元,项目完成后可实现销售收入180.3亿元,利税34.9亿元。3.完善服务平台。2012年,在现有9个公共技术服务平台基础上,新建了汽车零部件研发公共技术服务平台、现代药物分析仪器及试验设备共享服务平台、中小企业移动信息服务平台等公共技术服务平台,通过公共技术服务平台,为全市三大优势产业、五大战略性新兴产业提供技术服务和技术支撑。4.企业自主创新。2012年,全市新认定省级企业技术中心9户,省级以上企业技术中心总数达到77户,其中国家级4户,省级73户,位居全省第1位,企业技术中心数量在全国15个副省级城市中排名第11位。一批企业技术中心加大了投入力度,提高企业研发装备水平和实验检测手段,形成了在国内同行业一流的研发基地。这些企业技术中心拥有全部发明专利765项,国际发明专利90项,科技活动经费支出额达84.8亿元,企业技术中心快速发展,已经成为技术创新主力,有力地提升了全市工业自主创新能力。

【节能与减排】 2012年,长春净月潭供热公司等19户企业节能节水和资源综合利用项目，争取到890万元省财政资金支持。全年对25户用能企业和单位进行节能监察，对18户工业企业进行能源审计，并提出节能技术改造指导建议160项、整改措施97条。全年全市规模以上工业企业综合能源消费量1 290万吨标煤，单位工业增加值能耗比2011年下降了6.61%，较好地完成了省政府下达的节能目标。

（高　明）

交通设备制造业

【中国第一汽车集团公司】 截至2012年底，中国第一汽车集团公司（以下简称一汽）拥有职能部门22个，二级子公司15家，三级子公司62家，四级子公司79家，五级子公司4家；有分公司5家。其中上市公司4个，分别是一汽轿车股份有限公司、长春一汽富维汽车零部件股份有限公司、天津一汽夏利汽车股份有限公司、启明信息技术股份有限公司。主营业务板块按领域划分为：研发、乘用车、商用车、零部件和衍生经济等体系。拥有员工12万人，资产总额2 136.5亿元。一汽产销量、营业收入等连续多年居中国汽车行业前列。2012年，整车累计销量264.6万辆，比2011年增长1.8%，实现销售收入3 890亿元，比2011年增长12.5%；实现利润406亿元，比2011年增长22.9%。

合资合作　销量、销售收入、利润增长幅度均居全行业第1位。全年实现销量132.8万辆，比2011年增长28.3%。一汽丰田系统积极应对外部环境变化的情况，强化生产与营销管理，深化品牌推广，主抓市场拓展，1～8月份市场增长势头非常强劲。9月份以后，积极采取措施，化解危机影响，合理组织生产，保证安全稳定，在极其困难的情况下取得较好的经营业绩。

海外事业　1.南非基地。2011年12月完成基地建设项目可研批复。2012年2月签署在伊丽莎白港市库哈开发区的工厂用地协议。5月，制定工厂设计方案，并启动设备、建设招标，完成对外贸易国家及省内各部委审批、备案，正式启动对外投资。成立了由海外事业部牵头的专项工作组，联合解放公司、一汽非洲投资公司启动南非现有工厂改造工作，进行J6右置产品的本地化组装。10月，南非公司和九院签署库哈工厂设备工程承包和工程管理合同，年底完成设备工程招标和分包工作。2.伊朗基地。把握被西方制裁，欧、美、日、韩产品退出的契机，与伊朗政府相关机构联合，快速投入中重卡J6、乘用车B50系列产品，并加速实现其本地化生产。J6整车出口298辆，散件发送300套，已完成第一批60辆组装试生产。轿车公司的慢装车培训团队、技术支持团队、服务培训团队赴伊朗工作，实现CKD组装。全年实现出口1 000辆。3.俄罗斯基地。2012年1月，合作双方工作组正式确定合资公司投资总额，注册资本、股比、区域、管理机构、管理机制、产品、生产纲领等涉及合资公司建立的重大事件，并共同编写了“合作意向书”。4月，工作组在北京就合作细节中涉及到的YMZ发动机匹配合资产品、KD散件价格变动机制和一汽下一代许可产品向合资公司授权机制等问题进行深入磋商。2012年，针对“4+2”战略市场中的印度、巴西，进行初步市场调研。在委内瑞拉，继续联合中石油，跟踪推进中重卡等政府采购和建厂项目的推进。巩固和壮大了东盟、南亚市场，拼抢阿尔及利亚、拉美等行业热点市场，出口规模迈上新台阶。全年实现整车出口18 911辆，比2011年增长73.3%，金额3.72亿美元，比2011年增长85.7%。

产品开发　产品开发成果显著。自主体系，轿车公司欧朗、奔腾B70F、奔腾B90如期上市，红旗H7和V501高级轿车成功下线，自主产品线日益完善；天津一汽成功投放了威志V5和新夏利N3，实现了新老产品平稳过渡；解放公司通过J6L产品上市、投放及推广宣传，树立了J6L“最节油中卡”口碑，22个重点细分市场J6产品大类覆盖度达100%。合资合作体系，一汽－大众全新宝来、全新速腾、全新奥迪A4L、全新奥迪A6L的投放取得巨大成功，一汽丰田普锐斯第三代、花冠改款顺利投放，轿车公司马自达6、马自达8、马自达睿翼年型车陆续上市，品牌影响力和产品竞争力进一步提升。深化制造技术管理，提高了自主产品制造水平。深化工艺管理，全年实现工序改进5 599项。全面加强制造技术创新项目立项评审、中期评估、验收评审和实施过程中的节点管理，实现了项目的有效管控。促进创新成果向生产力转化，实现技术降成本9 911万元。

产品质量　重点总成产品“平均单台缺陷分值”下降33.4%，“平均单台缺陷数量”下降27.6%，整车和动力总成过程符合率比2011年提高2.82和3.45个百分点；开展质量策划，围绕重点整车和动力总成开发项目，强化质量验证，协调持续改进，促进了新产品质量成熟；深化全员改善，建立QC活动小组5 249个，完成课题7 267个，累积创建质量信得过班组576个，参加活动员工达到63 790人，员工参与率达68.07%，比2011年提高24.42%；完善质量标准，编制策划认可、检验试验、监察评价、管理改进等方面质量标准32项，推广应用标准57项。质量工作扎实有效，全年商用车系列千辆车索赔频次比2011年下降11.1%，乘用车系列千辆车索赔频次比2011年下降9.3%。

品牌建设　发布红旗品牌战略、“TQC”服务品牌战略。明确了红旗品牌“大气、尊贵、经典、科技”的核心价值，推出了拥有完全自主知识产权的红旗L7礼宾车和H7高级商务车，实现了从A、B级轿车向C、D级轿车的扩展和跨越。加强服务品牌建设，确定了中国一汽服务品牌全品质关爱的内涵，提出了人员培训、CRM客户关系管理系统、备品中心、二手车、金融保险等10项承诺。中国一汽长春营销培训中心已经投入使用，拥有275个座席的客户联络中心已经建成，为下一步整体满意度提升奠定了坚实基础。

企业管理　贯彻落实国资委要求，认真开展管理提升活动，制定了包括16个方面、456个评价点在内的管理体系诊断标准、缺陷判断标准和诊断方案，诊断出21个领域62项缺陷，并制定了详细的整改计划。对标内控要求，全面梳理了现有 399 个管理标准，理出 18 个缺失标准，纳入标准建设完善计划。加强基础数据建设和积累，梳理物料、设备、供应商、经销商等 12 个主数据，建设、形成 62 个子数据库。加强管理指标建设，量化衡量工作质量，指标建设和运行情况纳入驾驶舱，进行动态跟踪和状态展示，实现对重大风险的在线管控。安全生产和节能成绩显著。重大事故隐患整改率达到 100%，全年无较大事故发生。万元产值综合能耗为 0.0346 吨标准煤，比 2011 年下降 5.2%。

环保管理 环境保护工作继续以污染减排为主线，进一步完善“三大体系”建设，化学需氧量和二氧化硫排放量完成了比 2011 年下降 1%的年度目标。1.加强污染治理，削减主要污染物。2012 年集团公司投入 2.65 亿元用于污染减排，完成了轿车公司发传中心污水处理站等环保项目，削减化学需氧量 5 940 吨、二氧化硫 3 100 吨、处置危险废物 3.1 万吨。2.认真贯彻执行建设项目环境管理制度。建设项目环境管理工作取得一定实效，9 个竣工项目通过国家和省、市环保部门验收。10 个新建项目通过了环保部门审批。3.分解指标、落实责任，进一步夯实基础。将减排指标分解到二级公司并签订环境保护目标责任书，对 6 个程序文件和标准进行修订，深入开展危险废物规范化管理。4.积极推行清洁生产，认真履行社会责任。解放公司卡车厂等 27 个三级公司开展清洁生产审核；一汽－大众与经销商和供应商共同开启“绿色合作伙伴计划”。5.申请到长春市环境保护专项资金拨款 400 万元。

党建工作 在创先争优活动中，职工开展技术革新 10.5 万项，完成急难险重任务 8 500 件，创造效益 12.1 亿元，1 093 个创先争优先进集体、项目和个人受到集团公司党委表彰。各级领导人员建立基层联系点 374 个，与 825 名困难职工和 350 名困难党员结成帮扶对子。拓宽人才工作视野，引进海外高层次人才 9 人，1 人入选国家“千人计划”，2 人入选吉林省高层次人才；招聘社会人才 450 人。推广二级经理后备 TAS 测评技术，人才队伍建设与管理持续上水平。

帮扶济困 投入助医、助学、助困等资金 330 万元；专项支持中国残疾人基金会等，投入公益资金 1 229 万元。落实十三次党代会精神，督导服务集团公司级 43 个创先争优重点项目，解决或答复职工关注的问题 63 项，慰问表彰一线劳模 22 人。各级职能部门累计为基层办实事好事 5.8 万余件，走访慰问 1 608 人次。深入开展送温暖、金秋助学活动。2012 年，各级工会走访慰问 866 名困难职工、358 名劳动模范。

（王 亦）

【长春轨道客车股份有限公司】 2012 年末，长春轨道客车股份有限公司（以下简称长客股份公司）员工总数 13 600 人。其中，具有高级专业技术职称 526 人，中级专业技术职称 1 043 人；高级工人技师 117 人，技师 443 人。公司设立直属机构 25 个（其中职能部室 13 个），二级机构 122 个。公司固定资产原值 78.21 亿元、固定资产净值 62.21 亿元，设备总数 10 498 台（套），生产用地 121.20 万平方米。全年营业收入 228.42 亿元、净利润 13.51 亿元。实现了“三年跨越，全面领跑”的发展目标。公司产品获得用户普遍好评，EDI 车辆项目荣获 2012 年澳大利亚“车辆最佳制造工艺奖”，公司港铁西港岛线项目团队被港铁公司授予“杰出贡献嘉奖”。哈尔滨市一号线地铁车，作为国内首个高寒地铁车项目，荣获了 2012 年度汉诺威 IF 工业产品设计金奖。公司荣获吉林省质量奖第一名、优秀出口企业质量安全奖一等奖、首批出入境检验检疫信用管理 AA 级企业、吉林省“高新技术企业”、中央企业职工技能大赛先进单位、吉林省先进博士后工作（流动）站、“CNR 牌”轨道客车被授予吉林省名牌产品称号。

企业管理 全年开展公司级精益改善项目 21 个，各单位全员自主精益改善活动 524 个，合计 5 800 多人次参与。建成精益生产模范线 13 条，实现模范线生产面积节省 8.6%、在制品减少 30%、人员节省 12%，现场 5S 管理、TPM 覆盖率、生产效率、一次交检合格率、标准化操作覆盖率等各项指标显著提升。财务管控方面，为公司争取到 4.7 亿元的外部减免及补贴。推进“四清两降”工作，在产品积压及库存资金占用情况有改善，资金周转效率提高。审计监察方面，为香港地铁等 15 个重大项目提供了优质的法律服务工作，对重要合同进行法律审查，审减金额 2 000 余万元。信息化建设方面，加速信息化建设进程，完善 SAP 系统，实施了商务智能、车辆高级修程管理等新模块，拓展了配置管理、物资调拨等新功能，持续优化技术信息化平台，升级了 CATIA+VPM 平台及工艺 CAPP 系统，推广应用标准件资源库，开发办公信息化系统，加强信息化基础设施建设，网络可靠性、安全性得到保障。

生产发展 公司全年完成铁路客车新造 2 448 辆，其中铁路客车 980辆，城铁车 1 468 辆，完成 32 个项目 4 604 台转向架装配、3 872 台构架焊接和 6 个项目 247 辆牵枕缓的生产任务，完成动车组高级修 224 辆。CRH380B 高寒动车组提前 6 天完成交付，集通 25T 型车实现按期交付。城铁车项目在全面完成各项目的交付工作的同时有 3 个项目超计划完成任务。公司全年生产计划完成率 99.8%，项目计划兑现率 100%，在产资金占用比公司下达的指标降低 15%，生产自制件委外额度比 2011 年下降 50%以上，库房占用面积比 2011 年节省 2.8 万平方米，生产一线员工节假日加班比 2011 年下降 20%。高速动车组制造中心完成了 CRH380BL、CRH380B 及 CRH5 型动车组制造任务和北京地铁 14 号线等城铁车制造任务。客车制造中心全年完成了 19 个项目 1 175 辆城铁车的生产任务。

新产品新技术自主开发 公司自主研制出 CRH380B 高寒动车组，填补了世界上时速 350 公里等级列车在在高寒地区运行的空白，在哈大线的运营中表现优异。研制出 CRH380CL 动车组，首列车正在进行 30 万公里运用考核试验。设计完成 CRH3A 城际动车组，首列车预计 2013 年年中开始型式试验及线路运行考核试验，该车将成为公司时速 200 公里城际车的主力车型。公司开发的哈尔滨一号线地铁车，作为国内首个高寒地铁车项目，荣获了2012年度汉诺威IF工业产品设计金奖。开发的北京地铁14号线项目，填补了国内A型不锈钢车的产品空白。开发的沈阳浑南新区现代有轨电车项目，成为全国新一代70%和100%低地板轻轨车的样板。完成了武汉轻轨增购、BTS增购、重庆地铁6号线增购以及香港南港岛线等多个城铁车项目的开发，完成了B型不锈钢地铁车平台建设，开展了A型铝合金地铁平台建设及市域快轨车辆的研发。在基础研发上，历经4年建设的高速列车系统集成国家工程实验室通过了验收，并开始申请国家实验室认可资质(CNAS)。RAMS工程技术平台建设成效显著，新产品开发全面推广应用，已有10个重点车型故障信息上线管理。列车网络技术通过国际安全等级认证，开创了国内行业先河，动车组和城际车实现了列车网络的国产化。全面掌握了11个CAE仿真分析领域技术，运算速度9.6万亿次/秒的计算机群成功试运行，标志着分析计算技术跃居国内行业领先地位。全年工艺技术开发项目立项49项，完成率超过95%。全年完成专利申报113项，获得国家各部委财政专项资金支持1.4亿多元，获得省、市及北车科技成果奖11项。

市场营销 公司全年在动车组检修、配件、普通铁路客车方面共取得了14.3亿元的签约额。国内城铁市场上，全年开标的16个项目中，中标了重庆6号线二期、武汉1号线加车、上海3、4号线增购、南昌1号线、深圳2、5号线、北京15号线加车6个项目860辆车，加上配件销售合计62.99亿元。在海外市场上，签约了巴西里约240辆车和德黑兰154辆车2个整车项目及1个检修项目合同，签约额32.7亿人民币。2012年公司在三大市场共中标1 317辆车，取得整车、配件、检修等业务合同总额109亿元。

基本建设技术改造 完成重点新建：园区污水处理项目，完成重点改造项目：客车制造中心装配一车间改造和转向架检修改造。完成装配一车间改造、转向架检修厂房改造等各类设计工作110项，设计图纸420张。完成新建、更新改造项目231项，总投资约5 168.1万元，完成大修项目19项，投资716万元。

（姜　辉）

农产品加工业

【概况】 全市农产品加工业克服资金紧张、主要原材料价格居高不下和产品价格震幅加剧等诸多因素影响，保持平稳较快的良好发展态势。全市农产品加工业实现产值1 360亿元，比2011年增长29.5%，完成了市委市政府提出的“千亿增产工程”的目标。

【重点企业】 重点企业大成集团实现产值480亿元，比2011年增长25%。皓月集团实现产值194亿元，比2011年增长31%。华正公司实现产值15.35亿元，比2011年增长15%。

【龙头企业】 全市农产品加工业市级以上龙头企业总户数达212户，比2011年末增加36户，212户市级以上龙头企业实现产值达1 080亿元，占全市农产品加工业比重达79.4%。大成、皓月、华正等一大批龙头企业已经成为拉动全市农产品加工业实现又好又快发展的重要载体。

【重点项目】 全市农产品加工业重点项目建设克服了资金紧张影响，实现了项目建设规模大、质量好的预期目标，重点建设项目实际完成投资额创历史最好水平。全年实际开工建设重点项目105个，完成投资262亿元，比2011年增长11.5%。

（于长志）

君子兰产业

【概况】 2012年，建成了绿园区合心镇新农家村红丹绮君子兰产业园、农安县小合隆经济开发区宏大君子兰产业园，两个园区新建标准化君子兰温室200栋。截至2012年底，全市君子兰标准化日光温室1 400多栋，温室面积30多公顷，养兰2亿株，年君子兰产值30多亿元。成功举办了第三届君子兰迎春花展、第八届中国长春君子兰节两大君子兰盛会。

【发展规划】 市政府加大了城郊农业的发展力度，提出要大力发展都市农业，为君子兰产业发展带来了千载难逢的机遇。为适应形势和发展需要，在调查研究的基础上，重新制定了全市君子兰产业中长期发展规划。在摆位上，把君子兰产业作为长春农业的特色产业，都市农业的重中之重；在基地建设上，由单一基地建设向多功能产业园区迈进；在发展方向上，扩大商品兰发展比重，精品兰和

长春轻轨列车

商品兰并举。

【园区建设】 建成绿园区合心镇新农家村红丹绮君子兰产业园，该园占地27公顷，建设标准化温室60栋。养兰户已全面入驻园区，园区配套设施业基本完善。农安县小合隆经济开发区宏大君子兰产业园，2012年新建标准化君子兰温室40栋，面积1.2万平方米。

【君子兰展会】 2012年，在举办了第三届长春君子兰迎春花展和第八届中国长春君子兰节。第三届长春君子兰迎春花展于2012年1月17～22日在长春欧亚卖场举办。展期5天，有120户养兰户参展，总计观展人数超过20万人次，现场成交额50余万元。本届君子兰迎春花展以"幽兰报春　福满人间"为主题。第八届中国长春君子兰节于2012年3月22～26日在长春君子兰花卉交易中心举行，会期五天。本届君子兰节以"邀四方君子　赏兰花盛宴"为主题，设置了花卉展销、成果展览、花卉论坛、名花评选四大板块。本届君子兰节，展出面积6 000平方米，展位数超过400个，其中外地展位近100个，参展参会人数突破30万人次，实现现场交易1 200多万元，意向性签约金额3 000多万元，创历届君子兰节之最。

【市场建设】 2012年，宏大兰地有限责任公司，投资30余万元，在汉口大街和西一条交会处的居民区内，新建一处君子兰露天交易市场，解决了长春市没有君子兰露天交易市场的问题，形成了完整的产业发展链条，推动了整个君子兰产业的发展。

（项　微）

烟草业

【概况】 长春市烟草专卖局（公司），管理各类卷烟零售户2.3万户，烟叶种植户2 400户。

【经济运行】 1.综合效益指标。2012年，全区实现卷烟销量291 410箱，比2011年增销5 710箱，增长2%。实现两烟利税135 502万元，比2011年增加16 697万元，增长14.05%。其中，卷烟利税127 566万元，比2011年增加17 956万元，增长18.32%。实现卷烟销售收入624 782万元，比2011年增加89 246万元，增长16.66%。2.品牌结构战略。加大考核奖惩力度，充分调动了品牌培育的积极性。全年一、二类烟合计销售54 313箱，比2011年增长47.58%，比重达18.64%，比2011年提高5.76个百分点。其中一类烟销售29 127箱，比2011年增长41.12%，二类卷烟销售25 187箱，比2011年增长55.83%。一、二类烟增速在全国重点城市排名第4，为结构提升奠定了基础。

长春市第三届君子兰迎春花展

【现代烟草农业】 1.合同管理。完成了种植和收购合同的签订；提前与工业企业沟通，签订烟叶销售合同，建立烟叶销售的稳定渠道；按照合同规定，严格遵守收购纪律，顺利完成烟叶收购工作。烟叶收购等级合格率均达80%以上，平均橘黄烟比例占59.97%。2.基地建设。2012年基地单元建设以GAP（烟叶生产标准化）试点为动力，推进了柳河基地单元建设。投资247.85万元完善基础设施建设，使机械化装备进一步配套；按照行业统一部署，成立烟农专业合作社，建立了专业化服务队，每亩生产用工减少9.26个，初步实现了"减工、降本、增效"的目标。以土地流转为主要手段，积极发展种烟大户、家庭农场，提高了烤烟种植规模化程度。3.烟叶科研。推进了与湖南中烟联合研发的"优质填充型山地烤烟生产技术研究"项目，突出了对配方施肥和病虫害生物药剂防治的试验示范，取得了阶段性成果。与中国农业科学院青州烟草研究所签订了《提高烤烟上部烟叶成熟度研究》项目开发合同，开展了"提高烤烟上部烟叶成熟度研究"具体试验，推动了生产工艺的逐步成熟。

【网络建设】 1.品牌培育。围绕国家局"532"、"461"品牌发展目标，以结构优化为主线，实施"抓一带二，增三限四，发展低焦低害品牌"的培育策略，促进了各类卷烟市场份额的转化。重点品牌实现规模化成长。实现一个销量超10万箱品牌、一个超万箱品牌、4个超6 000箱品牌，"1236"品牌培育三年规划的大部分指标提前完成。2.营销模式。"135"工作法推广，先行在榆树和二道进行了试点，确立了"123"工作思路，从思想认识、技术支撑、人员培训、具体实施、信息反馈等方面形成了保障机制,第3季度,客户经理应用率达100%。精准营销,开展市场调研、健全组织机构、组织人员培训,认真进行市场细分、商户细分和消费群体细分,从市场、品牌、客户3个维度、18个要素开发了信息采集分析表单,生成了综合分析报告,完成了精准营销推广。零售终端建设,认真学习先进经验,编制《实施方案》和《客户经理工作手册》,搭建了初步的功能终端支撑体系,在53个示范店进行了有益的尝试。在“天价烟”整治,从货源供应、市场投放、价格监控、市场监管等方面持续不断地加大措施,有效遏制了“天价烟”反弹,顺利通过了国家局的两轮检查验收。3. 物流配送。2012年,配送工作以推广10S管理方法为动力,坚持优化配送路线,灵活调整配送力量,努力强化流程控制,保持了物流对标指标的全省先进水平。4.信息化建设。为确保物流新园区在设备、技术、信息化、智能化等方面达到国内先进水平,从数据备份中心、指挥调度监控中心、楼宇智能化3个方面着手,制定了长春烟草新园区建设智能化总体规划,初步确定了新园区的信息化建设框架。

【专卖监管】 1.联合办案。强化联合办案机制,加强了与公检法部门的协调合作。连续破获了“1·02”、“3·22”和“6·04”3起网络案件,查获违规假冒商标卷烟243.68万支,查扣运输车辆4台次,涉及案值486.89万元,批捕9人。3起网络案件已经全部进入司法程序。2.卷烟打假。改进市场监管方法,采取交叉检查、错时检查、明查暗查等多种形式,切实增强了工作实效。“两节”期间共办理各类案件10起,涉及案值5.32万元。整治大户专项行动共查扣违规卷烟184.54万支,涉及案值67.22万元。“3·15”期间,在双阳华能火电厂集中销毁了68个品种的假冒商标卷烟3 800余件,标值1 520余万元,扩大了活动影响,起到了应有的震慑作用。3.内管监督。认真贯彻国家局、省局关于严格遵守“六个严禁、一个严控”要求,利用专卖内管信息平台,切实加强两烟生产经营环节的监管,重点加强卷烟营销程序的监管,增强了系统上下规范经营意识,基本保证了卷烟经营的“三个百分之百”。

【企业管理】 1.财务工作。全面预算管控水平进一步提升,全年变动费用率比2011年下降了2.24个百分点。2.审计工作。以全面审计“回头看”为契机,对210笔物资采购项目、拟建工程项目、宣传促销项目进行审计监督,累计审计金额11 492.87万元。3.质量管理体系。全面开展体系建设“回头看”,突出了贯彻执行和持续完善,实行贯标与企业管理相结合,发挥了贯标对企业管理的全面提升作用。4.考评工作。完善督察考评方案和绩效考评办法,定期组织检查组深入各单位督察考评,强化绩效奖惩机制,对调动积极性起到明显作用。5.法制工作。开展多种形式的法律法规宣传活动,进行“行政许可案卷”和“行政处罚案卷”的制作技能培训,实施专卖行政处罚案卷自查和集中评查,开展涉法事项审查工作,切实提高企业依法行政水平。

（庄政学）

食品与医药监管

【餐饮服务食品监管】 1.整治餐饮服务食品安全市场秩序。开展无证无照专项整治行动。全市审批、换发、变更餐饮服务许可证1.48万个、保健食品备案781家,取缔无证无照经营企业1 027家,全市餐饮服务企业持证率由2011年的75%,提高到96.6%。开展了小餐饮食品安全整规、豆制品专项整治、地沟油专项整治等13个专项整治,取得显著成效。2.规范餐饮服务食品安全秩序。餐饮服务单位量化分级管理覆盖率达82.6%。推进餐饮服务食品安全百千万示范工程创建活动。申报省级示范街8条,省级示范单位79家,起到了以点带面、辐射带动效应。3.推进餐饮服务食品安全“三项基础建设”。全年完成食品抽验5 160批次,快检8 840批次。开展餐饮服务食品安全执法人员法律法规和规范执法案卷培训,食品、保健食品、化妆品监督抽验和现场快速检验培训等,开办各类培训班18期,指导业户1.2万次。

【药品安全监管】 1.药品生产流通领域集中整治。制定了针对性和可操作性较强的专项整治方案。召开全市药品生产流通领域集中整治大会。药品生产企业监督检查覆盖面达100%。加大药品流通领域整治力度,移交公安机关案件2起。全面整顿医疗机构药品购进渠道。对一次性使用无菌医疗器械、骨科植入物、心脏支架、介入导管等高风险产品进行了重点整治,确保购进渠道合法,销售使用可追溯。强化重点医疗器械产品进行抽样,提高抽样的针对性,完成60批次30个品种医疗器械抽验任务。2.规范药品市场中药饮片经营秩序,探索集中统一配送新模式。实行不良行为企业约谈制度。与市卫生局协商,共同实施对医疗机构中药饮片集中统一配送试点工作。对集中统一配送企业实行动态监管。对加工炮制全过程质量监督检查每年2次以上,饮片质量监督抽验每年4次以上,现场性状鉴别和监督抽验覆盖面达到经营品种的100%。3.强化基本药物质量监管。基本药物配送企业监督检查覆盖面达到100%,检查频次2次/年。重点检查中药注射剂、血液制品、疫苗等高风险药品电子监管,实施网上监督和重点品种抽查,基本药物配送企业电子监管核注核销达到100%。强化基本药物监督抽验,监督抽验651批次。4.继续推进药品零售企业分级管理并形成长效机制。修订完善全市分级管理相关规定,强化动态监管,建立各级药店准入退出机制。对达不到要求的企业,依据分级管理相关规定降级处理,并在市局网站公示。5.完成“十二冬运会”食品药品安全保障任务。召开动员大会,深入开展专项整治。赛事定点宾馆全天候有监督员派驻,赛事周边药店坚持24小时营业,并有驻店药师值守,保障药品供应和使用安全。制定突发事件应急预案,3家急救抢救药品供应中心24小时待命。实现了“严防兴奋剂事件发生、严防食品药品安全事件发生、保障食品药品供应”的“两严防、一保障”的工作目标,确保了十二冬会的成功举办。6.妥善处置“铬超标胶囊”事件。先后召开局党委班子扩大会议10余次，工作部署会、调度会50余次；成立局级现场督导组7个，现场检查组17个，派驻驻厂监督员近50人。在抓好铬超标胶囊剂药品处置工作的同时，坚持全面监管不放松，统筹兼顾，合理安排，保证了药品市场稳定。

【医药产业】 大力推进长生科技疫苗项目、鸿达生物药业产业园项目等9个重大医药大项目建设。积极开展招商引资，通过包装12个公共平台项目、10个企业重点建设项目、4个新产品实施产业化项目、6个企业资产重组项目和9个产品合作招商项目，引进上海高榕总部基地食用菌产业园、山东新华制药购并等大项目，引进资金11亿元。全年医药工业完成产值268亿元，比2011年增长20%。

（赵景军）

供电业

【概况】 长春供电公司是吉林省电力有限公司所属的国家大型一类供电企业，经营区域覆盖长春市10个区县，供电面积2.0571万平方公里，拥有客户314万户。截至2012年，公司资产总额82.74亿元，售电量150.49亿千瓦时。长春电网拥有500千伏变电站2座，220千伏变电站15座，66千伏变电站231座，66千伏及以上变电总容量1 556.06万千伏安，线路回长4 984.04公里。公司先后获得全国“安康杯”竞赛优胜单位，国家电监会“居民用电服务监管专项行动先进单位”，吉林省“厂务公开民主管理示范单位”，吉林省电力有限公司文明单位标兵、优秀“四好”领导班子、综合管理标杆单位等荣誉称号。

【安全生产】 细化落实“安全年”活动30条重点措施，统筹推进安全生产、建设质量、队伍稳定等各领域166项重点工作。发现并整改各类隐患33项，有效防范事故风险。深化设备状态检修，推行现场标准化作业，停电次数比2011年下降25.45%，停电时间缩短16.4%。完成应急指挥中心建设，建立应急协调联动机制，成功应对台风、暴雪等恶劣天气，圆满完成“十二冬会”、党的十八大等26项重大保电任务。

【电网建设】 建立“两签、一属、一机制”新模式，重点项目建设不断加快。长春变电站等迎峰度冬重点工程如期完工，一汽、哈大客运专线配套供电工程提前投运，东北高寒地区首座二步式换电站投入运营。建成省内首座66千伏和最大室内220千伏智能变电站，配电自动化试点工程建设取得阶段性成果。公司优质工程率实现100%，九台城子街输变电新建工程被国家电网公司评为“农网百佳”工程，玉隆变电站66千伏送出工程、榆树榆跃66千伏联络线工程获国家电网公司优质工程称号。

【营销管理工作】 开展“业扩双提”、“百日攻坚”等专项行动，建立“六个一”激励管理机制，高压报装接电比2011年缩短7.5天。营销服务实现“一口对外”协同化运作，出台社区服务“八项便民举措”，客户满意率、投诉一次解决率100%。实现工作过程与目标管理统筹兼顾，营销对标名列省公司第一，“千分制”考核位居前列。精心打造“五分钟缴费服务圈”，城乡售电网点比2011年增长82.47%，农村电费充值卡覆盖率100%。

【农电工作】 开展农电“专业一体化”，农电专业管理和综合计划等纳入公司管控体系。全面完成农网改造升级工程建设，累计投资10.12亿元，新建改造66千伏及以下线路2 566.5公里，新增变电容量399.1兆伏安，农网供电可靠性显著提高。德惠农电顺利通过国家电网公司一流验收，榆树农电全面做好“科技进步先进县”供电企业申报准备。

【经营管理工作】 开展管理提升活动，

长春供电公司工作人员抢修电路

电网、经营和人力资源等诊断分析取得实效。人财物配置水平大幅提升，压减部门5个、二级单位18个，中层干部和一般管理人员精简47%和31%，公司整体用工效率提升25%；在国家电网公司首家应用影像系统进行财务管理，资金归集率超过99%；建成物资调配室和物资质检中心，电子商务平台和仓储配送体系成效初显，物资集中采购率提升至99.12%，库存物资周转率达20.56%。

【党建工作】 认真学习领会党的十八大精神，全面开展创先争优。创新企业文化“五统一”落地实践，党风廉政建设全面加强。大力创建“四好”领导班子，各级领导干部的领导力、执行力明显增强。全面开展“订单式培训”，员工队伍整体素质显著提升。公司荣获吉林省电力有限公司技能竞赛3项团体冠军，10名员工荣获“技能状元”和“技术能手”称号。取得专利授权15项，“地区电网在线网损分析系统”研发与应用获吉林省科技进步三等奖。

（杨振宇）

民营经济

中小企业

【概况】 2012年,全市民营经济和中小企业主营业务收入9 100亿元,比2011年增长18%。民营经济和中小企业税收300亿元,比2011年增长12.3%。民营经济和中小企业增加值完成2 000亿元,比2011年增长20%,占全市地区生产总值的44.4%。民营经济和中小企业从业人员192万人,比2011年末增加10万人。民营经济和中小企业户数6.8万户,比2011年增加2 000户。民营经济和中小企业"三上企业"户数2 276户,比2011年增加98户。民营经济和中小企业主营业务收入在快速增长基础上,增长速度比全市地区生产总值增长速度高6个百分点。民营经济和中小企业增加值增长速度达20%,民营经济和中小企业增加值增量占全市的60%左右。2012年,全市销售收入百亿元以上民营企业3户,超10亿元以上29户,超亿元以上民营企业和中小企业458户,占"三上企业"户数的20.1%。全市纳税千万元以上民营企业和中小企业227户。创业生成小微企业2 000户,全市小微企业发展到5.9万户,占全部中小企业的89.4%。2012年,战略性新兴产业和高新技术产业中小企业户数增加230多户,民营经济和中小企业在现代服务业和文化产业占主导地位,占第三产业的比重比2011年提高1.5个百分点。2012年从业人员的增量占全市的85%以上,大学生创业就业90%以上在民营企业和中小企业,全市中小微企业新增户数占全市企业增量的99%以上。

【发展特点】 1. 民营经济发展速度加快。与2007年相比,2012年,全市民营经济主营业务收入增长212.4%,年均增长25.6%,净增6 187亿元,占全省的40.2%;实现增加值2 000亿元,增长135.8%,年均增长18.7%,占全市GDP的44.4%,比2007年上升3.5个百分点,年均增加0.7个百分点。2.民营经济贡献率提高。2012年,民营经济上缴税金比2007年增长387%,年均增长37.2%,净增238.4亿元;占全省的45.7%。占全市财政收入的32.4%,比2007年提高10.8个百分点,年均提高2个百分点。2012年纳税超亿元企业9户,超千万元企业100多户,超百万元企业1 200多户。3. 民营企业规模不断扩大。2012年,民营企业6.6万户,比2007年增长62.7%,5年增加25 430户,年均增加5 000户以上,占全省的50%;民营"三上"企业2 276户,比2007年增长51.8%,净增777户,年均增加155户;实现主营业务收入2 466亿元,占全市民营经济的27.1%;上缴税金136亿元,占全市民营经济的45.3%。主营业务收入达到百亿元的3家,10亿元以上企业29家,亿元以上458户。规模以下工业民营企业超过1万户。民营企业户数占全市企业户数的97%以上。4.民营经济就业功能逐步完善。2012年,民营经济从业人员比2007年增长44.4%,5年净增59万人,年均增加11.8万人,占全市增量的85%以上,大学生创业就业90%以上,占全省的32.5%。5.民营经济孵化基地建设成效显著。2012年,企业孵化基地建设面积511万平方米,企业入驻率达85%以上,近5年每年增加100万平方米。6.民间投资速度加快。2012年,民间投资2 078.26亿元,比2011年增长20%,占全市固定资产投资的65.5%,比2007年增长126.3%,呈连年上升趋势。7.融资环境不断改善。2012年,全市经省、市备案审批设立的担保机构54家,全行业注册资本金总额40.1亿元,全行业累计为近万户中小民营企业提供贷款担保460亿元。2012年5月长春迪瑞医疗科技股份有限公司通过证监会创业板发审委审核。8.产业集群进展迅速。围绕汽车和轨道客车、农副产品深加工、光电子信息、生物与医药等支柱优势产业,逐步形成汽车零部件、农产品加工、装备制造业、光电子信息、生物与医药、软件开发、现代物流、文化创意、商贸服务和品牌示范等10个中小民营企业产业集群,集聚中小民营企业1 220多家。9.全民创业氛围逐步形成。2012年,小微企业发展到60 640户,占全部民营企业的91.8%,2008~2012年创业生成小微企业13 000户。全市个体工商户达42.6万户,比2007年增长45.1%,年均增加2万户。创业孵化基地53个。10.服务体系建设全面启动。人才培训、管理咨询、资金扶持、市场开拓、融资服务等十大服务体系不断完善，建设长春市中小企业综合服务网络平台和长春市中小企业窗口服务平台。

【扶持政策】 2012年7月,《关于进一步促进中小企业发展的若干意见》正式颁布。《若干意见》主要涉及对中小企业的金融支持、财税支持、高校毕业生创业支持、技术改造支持、管理创新支持、市场开拓支持和改善中小企业发展环境等方面的内容。《若干意见》的颁布实施对促进中小企业发展、对促进高校毕业生创业、对涉及"4050"人员就业创业对农民工等弱势群体就业对创业孵化基地建设有积极作用。

【编制《政策读本》】 组织编制《长春市中小企业政策读本》。市工信局协调市国税局、市地税局组织相关的政策解读、政策问答等,对国家、省、市中小企业政策进行了全面解读,副市长侯建民为《政策读本》作序。《政策读本》有4个方面内容。《政策读本》通过各种会议和送政策进中小企业等途径迅速下发，受到中小企业的欢迎。

【专项资金】 2012年6次申报国家、省和市专项资金企业186家次（其中很多企业是国家、省和市重复申报的)。其中,申报国家专项资金企业有32家,省中小企业专项资金企业94家,申报省管理创新资金企业30家,申报市中小企业专项资金企业42家。截至2012年末,全市有133个企业和项目获国家和省中小企业专项资金3 150万元。其中,国家专项资金1 140万元，省专项资金1 618万元，市专项资金392万元。

【服务体系】 2012年长春市争取国家240万元专项资金,长春市匹配324.1万元,改造建设长春市中小企业服务大厦,已正式运营。大厦为5层建筑,建筑面积3 450平方米。大厦一楼设立中小企业服务大厅，面积400多平方米，设立投融资、事务代理、企业运行管理、创业咨询4个功能服务区19个服务窗口。大厦有金融机构、担保公司、工商注册代理、资产评估事务所、律师事务所、会计师事务所、管理咨询、人力资源管理、创业辅导、法律咨询、仲裁服务、电子商务等近40家服务机构入驻，为全市中小企业提供近30多项专业性服务和"一站式"综合性服务。

【产业集群】 2012年,长春市制定《关于加快中小企业产业集群发展的指导意见》,提出到2015年,长春市要打造60个中小企业集群。重点培育26个中小企业特色产业园区和10个集群公共服务平台。培育1~2个有知名度的集群品牌和商标。争取首批列入省中小企业集群建设试点城市。以中小微企业为集聚重点,培育十大产业集群。主要是打造以小微企业为主体的汽车零部件、农产品加工、装备制造业、软件、生物与医药、光电子信息、现代物流、商贸服务、现代文化、品牌示范等产业和企业集群。促进小微企业为支柱优势企业配套发展。根据《长春市中小企业发展规划纲要（2011－2015年）》,围绕一汽、轨道客车、大成、皓月集团等大企业的发展和产业链的延伸,积极支持中小企业与大企业、大集团开展多种形式的经济技术合作，建立以市场为基础的原材料供应、生产、销售、技术开发等配套协作关系。以开发区、工业集中区为载体,围绕汽车零部件、农副产品和轨道客车培育了300个为之配套中小微企业。

【发展工程】 开展中小微企业"十百千"跃升工程。确定10户中型企业进行培育，进入大型企业，培育100户小型企业,进入中型企业,培育1 000户微型企业,进入小型企业,逐步实现全市中小企业的梯次跃升,跨越发展,促进全市中小企业上等级、上水平。开展"百强民营企业"和"百户创新型中小企业"的评选认定活动。在全市开展"百强民营企业"评选，认定"百户创新型中小企业"，作为中小企业和民营经济扶持重点，在资金、项目、技术、市场、管理等方面给予支持。

【融资服务】 1.推进中小企业上市。截至2012年底,"长春迪瑞医疗科技股份有限公司"已通过证监会创业板发审委审核。博超汽车零部件公司已经正式收到省证监局备案函；新金亨冷弯公司股改工作在券商指导下基本完成；长生生物公司已经券商指导向香港联交所报送相关资料；普华制药公司已向省证监局备案,正式进入上市工作进程;新产业光电公司上市工作已经列入光机所上市规划,上市工作已经启动;高新区"新三板"筹备申报工作已全面结束。2.为中小企业提供担保服务。全市备案的融资性担保机构54家,注册资本金41亿元,全行业累计担保额突破450亿元。其中,2012年新成立担保机构6家，新增注册资本金4.5亿元,担保额270亿元,新增担保额160亿元。其中市担保公司担保额达141.8亿元，比2011年增长30%，新增担保额90.3亿元，比2011年增长15%。全年预计全行业新增担保额将突破200亿元，其中市担保公司将突破100亿元。为6家担保机构争取到省级担保机构业绩考核奖励资金195万元；为4家担保机构争取到国家担保项目补助资金1 390万元；为3家符合条件的担保机构争取国家免征营业税400万元。协调国家工信部和省厅，在长春市开展"小微型企业无抵押担保试点"。试点工作在高新区启动。指导担保协会以"提升素质,推动行业发展"为主题,开办两期担保机构从业人员培训班；组织全市担保机构参与政、银、企、保对接活动,为全市百余家企业解决经营性流动资金50多亿元;引导银行和担保机构扩大开展股权质押、应收账款、存货质押等信贷业务，市担保公司为企业融资30亿元。3.搭建战略性新兴产业支撑平台。2012年初牵头发起成立"长春市新兴产业股权投资基金有限公司",与人民银行长春中心支行联合制定《长春市金融促进战略性新兴产业发展的指导意见》,与国开行、建行、交行等合作建立10亿元的债权投资规模；与深创投和省创投合作建立1亿元的股权投资规模；与省亚东投资公司合作建立1亿元基金投资规模。与长春新产业光电公司等五户战略性新兴产业企业签署首批投资协议，为五户企业提供资金支持 5 500 万元。

【培训工作】 1.出台《长春市中小企业人才培训指导意见》,重点实施中小企业人才培训“四个一”工程,即打造 10 个中小企业人才培训示范基地,培育 100 个优秀培训辅导师、面向 1 000 户重点中小企业,每年培训各类人员不少于 10 000 人次。全年累计开展中小企业人才培训班 76 期,培训各类中小企业人才 16 359 人次,培训人数每年以 30%比例递增。构建以市中小企业人才创业指导中心为主体,县(市)区和专业中介培训机构为支撑,行业协会、大专院校为补充的全市中小企业人才培训机构体系。国家级中小企业培训基地 1 个,省级 7 个。2.与国家和知名院校合作,培养企业高级管理人才。与中国中小企业发展促进中心合作,成立“中国中小企业发展促进中心长春培训基地”。与清华大学教育学院合作,实施长春市企业高级管理人才培训工程,每年为长春市培训 200 至 300 名企业高层管理人员。3.组织举办培训活动。5 月,由省证监局、省工信厅、市工信局和上海期货交易所联合举办的“期货市场服务产业基层行”首场培训活动长春正式启动,80 余户参加本次培训。6 月,市工信局承办的“工信部创业服务年之创业巡讲”培训班开班仪式正式启动。70 多户企业参加本次培训班。4.完善人才培训基地建设。对长春市中小企业人才创业指导中心进行改造建设。通过社会征集、部门推荐、名校走访、中介机构申报的方式征集 100 名专兼职优秀中小企业培训辅导师。5.开展多层次培训。实施培训“进基地、进企业、进校园、进县区”的“四进”培训方式,定单、定向、定点、定额的“四定”培训项目,深入广泽乳业有限公司、净月包装公司等近 20 家企业、大专院校和县(市)区开展企业执行力提升、大学生创业培训等课程培训。全年开展 26 期培训班,培训人数达 2 480 人次,“万名创业者、万名小老板”培训,全年开展 15 期培训班,“职业经理人培训”260 人次,“银河培训工程”150 人次。

【全民创业】 参加第三届中国·长春创业(就业)博览会。整理 253 个创业项目和图片影像资料提供给博览会组委会。推介成功的 106 个。会议设立工信局展台,开展现场咨询、服务需求对接、创业培训课程发布,开展“万名创业者和万名小老板”免费培训的现场报名活动。参加交通之声电台的现场直播,接待百姓咨询,解答相关政策。举办小微企业用工招聘大会。在省人才市场举办“2012 年吉林省暨长春市创业项目推介对接与小微企业用工招聘大会”,大会为创业者提供 300 多个创业项目,160 家用人单位提供岗位 5 000 余个,设 10 个咨询台,现场解答就业和创业的有关政策,免费发放《创业项目汇编》,为广大创业者提供直接服务。

【孵化基地】 1. 加大宣传。《北方周末报》在 10 ~ 12 月对全市及吉大科技园、启明科技园等 8 个创业孵化基地工作分别进行 9 期 4.5 万字的系列报导,把长春市创业孵化基地建设的成果和典型事例发布到全国,打造品牌,吸引更多的投资商加盟基地建设与开发。2.提升基地运营质量。出台《长春市 2012 年创业孵化基地建设工作指导意见》,对围绕文化创意、动漫、新材料等产业打造科技型、产业型和创业型孵化基地以及对以创业为目的、服务设施完善、孵化功能齐全的孵化基地给予鼓励,引导创业孵化基地向战略性新兴产业方向发展。在全省 20 个创业孵化示范基地评选名单中,长春市有 13 个基地入围。3.孵化基地建设取得积极进展。到 2012 年底,长春市孵化基地 53 个。其中,被认定为国家级 7 个;被认定为省级 33 个。完成孵化厂房面积 511 万平方米,目前基地在孵企业数 1 608 户,毕业企业 666 户,就业人员 60 646 人,上缴税金 74 649 万元。其中机械加工 17 户、大学生创业 4 户、科技型 9 户、汽车零部件 9 户、文化动漫 5 户、物流业 3 户、光电、医药、花卉、食品加工、轨道客车各 1 户。

【市场开拓】 1. 支持中小企业开拓市场。长春市组织中小企业参加香港中小企业博览会、广州中小企业博览会和东北亚博览会等国内外展会。对市场开拓业绩突出的、产品年外销额达 1 000 万元以上的中小企业,给予一次性 5 ~ 10 万元奖励。对开拓国际市场成效显著的,给予一次性 10 ~ 20 万元的资金支持。全市组织中小微企业参加成都举办的第七届 OPEC 中小企业技博会、新疆乌鲁木奇欧亚博览会、香港中小企业博览会、广州国际中小企业博览会及中国东北及环渤海地区中小企业“专精特新”产品技术展览洽谈会,5 次展会 100 多家小微企业参展,参展上千个品种,签订产品销售合同 10 多亿元,扩大长春市“专精特新”小微企业的产品竞争力和市场占有率。2.支持中小企业参与政府采购。及时向中小企业发布政府采购信息,支持中小企业的产品和服务进入政府采购目录,政府采购安排一定比例专门面向小型微型企业,中小微企业以中标通知书或政府采购合同为抵押,可以直接向金融机构贷款。

【绩效考核】 完成 2012 年各县(市)区、开发区中小企业和民营经济发展指标预测算工作,第一次将各县(市)区、开发区中小企业和民营经济发展指标以市政府名义下达,作为绩效考核指标。长春市获得省政府绩效考核管理 2011 年民营经济腾飞专项市(州)优胜奖。

【提案办理】 认真办理市政协《关于扶持长春市小微企业健康发展的建议案》提案,由市工信局牵头,市财政局、发改委、地税局、工商局等部门协助办理。市政府各办理部门对提案涉及的内容进行认真研究和深入的调查,先后两次召开中小企业座谈会,企业对改善小微企业发展环境、减轻企业税费负担、缓解中小企业融资难等方面都提出很好的建议和意见。市政府采取措施,全面落实《建议案》。2012 年 7 月,市委、市政府出台《关于进一步促进中小企业发展的若干意见》,其中很多内容参考《建议案》。

【运行监测】 制定《长春市中小企业经济运行监测和统计平台建设指导意见》,

组织召开全市中小企业经济运行监测和统计工作会议，下发指导全市中小企业统计工作文件，与统计、国税、地税和工商部门协调，组织上报全市中小企业和民营经济发展的七项指标。建设全市中小企业经济运行监测统计平台，已进入运行阶段。指导上报国家重点监测的万户中小企业中的长春市94户企业数据上报工作。向国家和省及市有关部门和领导提供中小企业发展统计数据。开展两次中小企业统计培训工作，开展国家重点监测企业的94户企业统计人员的培训，对长春市中小企业经济运行监测统计平台运行的培训工作。

【文化产业调查】 2012年，市工信局组织召开文化产业清查摸底工作会议，对长春市文化产业清查摸底工作进行安排部署，印发省工信系统文化产业清查相关资料和《长春市2012年工信系统文化产业清查摸底工作实施方案》，成立市工信系统文化产业清查摸底工作领导小组，下设办公室，每个城区、开发区配备一名清查摸底工作领导小组成员。

（李光华）

乡镇企业

【概况】 2012年乡镇企业发展到17 699户。按登记注册类型划分：集体企业188户，股份合作企业4户，有限责任公司4 065户，股份有限公司92户，私营企业13 327户，港澳台商投资企业10户，外商投资企业13户。按国民经济行业划分：农业企业605户，工业企业8 961户（采矿业211户，制造业8 712户，电力燃气及水的生产和供应业38户），建筑企业575户，交通运输仓储业614户，批发零售业3 987户，住宿及餐饮业1 388户，居民服务、其它服务业和娱乐业1 431户，其它类型企业138户。全市乡镇企业从业人员达344 860人，实现营业收入13 855 177万元、上交税金287 777万元。全市乡镇企业个体工商户总户数达201 390户，从业人员达595 146人，实现营业收入8 644 826万元，上交税金93 228万元。全市营业收入2 000万元以上乡镇规模工业企业379户，从业人员81 380人，实现营业收入7 872 149万元，上交税金225 185万元。全市有乡镇出口企业69户，实现出口产品交货值313 159万元。年出口交货值500万元（含500万元）以上的企业19户，实现出口交货值308 189万元。

【固定资产投资】 全市乡镇企业完成固定资产投资6 021 023万元。其中，新建项目完成4 883 075万元，改建项目完成2 016万元，扩建项目完成806 428万元，其它项目完成329 504万元。固定资产投资资金来源：国家及有关部门扶持资金32 209万元，金融机构贷款1 287 028万元，引进资金1 485 725万元，引进外资68 665万元），自有资金2 942 182万元，其他资金273 879万元。固定资产投资1 000～5 000万元项目397个，5 000万～1亿元的项目95个，其中1亿元（含）以上项目85个。固定资产完成投资额中，用于设备购置1 560 054万元。组织全市乡镇企业申报省乡镇企业发展专项资金，7户企业获得104万元省乡镇企业发展专项资金。

【企业管理】 吉林省德惠农产品加工示范区、吉林省榆树五棵树农产品加工示范区、吉林省农安农产品加工示范区被吉林省政府命名为“全省先进农产品加工业示范区”。中粮生化能源（榆树）有限公司、吉林鑫华裕农业装备有限公司、长春福德机械制造有限公司、长春春鑫牧业有限公司、长春老韩头清真食品有限公司、吉林盘古梅花鹿生物科技有限公司6户企业被省农委命名为“吉林省乡镇企业（农产品加工业）科技创新示范企业”。

【教育培训】 以乡镇企业职业技能鉴定和蓝色证书培训为平台，重点围绕全市乡镇农产品加工企业的发展需求，开展重点工种的技能培训和鉴定工作。组织5期培训班，完成缝纫工、米面加工、蔬菜园艺3个工种、450名乡镇企业在岗职工的培训和鉴定工作。

【对外交流】 组织企业参加国家、省举办的各种展洽活动。组织企业参加农业部在河南驻马店举办的“全国农产品加工业博览会”，组织推荐榆树古船米业、德惠徐老扁食品酿造公司2户企业参加“关于开展全省特色农产品进入城市”活动。

【“创业杯”竞赛】 按照省乡镇企业“创业杯”竞赛活动领导小组部署，长春市成立了以主管市长为组长，副秘书长和农委主任为副组长的“创业杯”竞赛活动领导小组，开展乡镇企业各项工作。长春市人民政府、九台市人民政府和农安县人民政府分别获得2012年度省乡镇企业“创业杯”奖，绿园区发展和改革局获竞赛“组织奖”。长春市人民政府连续7年获得“创业杯”奖。

（靳朝辉）

交　通

综　述

【生产经营】 2012年,长春地区全年铁路货物发送量完成704.4万吨，旅客发送量完成2 806万人次。南航吉林分公司完成运输周转量3.65亿吨公里,旅客运输量229.08万人次,货邮运输量2.54万吨,平均客座率为80.74%,实现主营业务收入28.89亿元,盈利2.2亿元。长春龙嘉国际机场完成旅客吞吐量581.96万人次，货邮吞吐量6.62万吨，保障航班起降4.94万架次，比2011年分别增长17.05%、6.36%和20.09%，日均旅客和高峰日旅客分别达到15 900和21 691人次，比2011年分别增长16.73%和26.63%。长春地区公路运输完成货运量15 477万吨、货运周转量3 125 447万吨公里、完成客运量11 488万人,全市有营运货车124 124台、营运客车3 651台(不含出租车)。全市社会物流总额1.42万亿元，比2011年增长12.1%;物流产业增加值完成311亿元,比2011年增长12.3%;社会物流总费用799亿元,增长16.2%,社会物流总费用占GDP比重为17.77%,;2012年全市物流增加值占服务业增加值比重为16.8%，占全市GDP比重为6.9%,对GDP的贡献率为6.5%。

【基础设施建设】 哈尔滨至大连高速铁路于12月1日正式开通运营,全线营业里程921公里,设23个车站;长春至吉林城际铁路、哈大高铁长春枢纽改建工程、哈大高铁长春西客站工程等项目完成投资9.54亿元。交通基础设施建设已完成货币投资28.3883亿元，占年度总计划7.4839亿元的379%，编制公路路网和农村公路建设规划和未来五年公路路网建设规划。22个物流基础设施建设项目均已开工建设，总投资达507.1亿元，已经建成各类商品交易市场360多处,万平方米以上大型商场110多个。全年新开辟公路客运线路6条，完成发展跨省客运线路长春至白音花1条，发展县内客运线路5条；全年调整延长公交线路10条；新建公交候车亭104座;完成改造标准化站牌518座；更新出租车618台;更新公交车辆513台。

【安全运行】 南航吉林分公司全年安全飞行50 245小时，比2011年增加931小时，杜绝了飞行、空防和航空地面事故,实现飞行安全54周年,空防安全19周年,安全评价符合率100%。长春站截至2012年末,实现无一般D类事故836天、无一般C类事故10 777天、无一般B类事故244天、无一般A类事故23 433天;无较(重)大事故23 433天。无道口责任一般(重大)路外伤亡事故244天,无责任一般(重大)火灾爆炸事故23 433天。

【服务质量】 长春机场航班放行正常率为89.15%,高于首都机场集团成员机场平均水平，高于国内行业平均值近6个百分点；机场责任原因造成的航班延误比2011年下降20%；服务质量达标率为88.56%，比2011年提高6.5个百分点;ACI旅客满意度平均值达4.67分,排名进入世界会员机场前20位。2012年空中、地面服务满意率分别为98.1%、98.9%。全年保障航班2.35万架次,基地出港航班正常率74.98%。

（徐　航）

铁　路

【概况】 2012年,沈阳铁路局加大对吉林省铁路建设的投资，加快长春枢纽改建工程，推进哈尔滨至大连高速铁路和长春西客站的建设。长春经济吸引区内以运输汽车、铁路客车、粮食、煤炭、石油、医药、焦炭、化肥农药、建材等为主要货运服务项目,以日常旅客、出境、国内旅游、会展、节日旅游旅客运输为主要客运服务项目。2012年,长春境内铁路运输生产单位有8个,分别是长春站、长春北站、长春车务段、长春客运段、长春车辆段、长春供电段、长春电务段和长春工务段。

【主要运输指标完成情况】 2012年,长春北站发送货物64.7万吨。其中,发送粮食0.3万吨、煤13.1万吨、石油0.7万吨、化肥农药0.2万吨、其他品类50.3万吨。长春车务段各站发送货物639.7万吨。其中,发送粮食254.6万吨、煤52.0

新建的高铁车站长春西站

万吨、石油 35.9 万吨、焦炭 54.9 万吨、钢铁 0.9 万吨、化肥农药 14.5 万吨；长春站旅客发送量为 2 255 万人、长春车务段管辖各站旅客发送量为 551 万人。

【铁路重点建设项目】 2012 年 12 月 1 日，哈尔滨至大连高速铁路正式开通运营。纵贯辽宁、吉林、黑龙江三省，全线营业里程 921 公里，设 23 个车站。其中，在长春市内设长春站和长春西站两个客运车站。哈大高铁在开通运营初期实行冬季和夏季“两张列车运行图”，分别按时速 200 公里和 300 公里两个速度等级开行动车组列车，实行与两个时速相对应的票价。安排开行动车组列车 67 对，其中经过长春和长春西站的动车组列车 49 对。长春至吉林城际铁路，2012 年投资 9.11 亿元；哈大高铁长春枢纽改建工程（路局代建项目），2012 年投资 0.13 亿元；哈大高铁长春西客站工程（路局代建项目），2012 年投资 0.3 亿元。

【长春站】 长春站站址位于吉林省长春市宽城区长白路 5 号，邮编 130051。站内主要设备包括普速场和高速场上、下行正线各 1 条，普速场与高速场间联络线 1 条，到发线 22 条，牵出线 5 条，电动道岔 200 组。车站设信号楼 1 个，综控室 1 个，高站台 7 座，低站台 1 座，无站台柱风雨棚 7 个。固定资产主要包括：改造后长春站、长春西站、公主岭南站设扶梯 64 部，垂梯 22 部；高架候车室新安设中央空调系统和消防系统各 1 套；新建职工综合公寓 1 处，内部设置职工浴池；新设职工净水设备和洗衣设备各 1 处；新增客运监控系统、引导系统、到发系统、广播系统各 1 套。9 月 20 日，北站房和高速场正式开通。车站在岗职工 1 339 人。其中，干部 149 人，工人 1 190 人。全年客运收入 160 472 万元，较年度计划 159 500 万元增长 972 万元，增长 0.6%，比 2011 年增长 6 758 万元，增长 4.4%；旅客发送量 2 255 万人；加开临客 827 列，加挂车辆 4 326 辆次，多发送旅客 96 万人；其他业务收入 680 万元，实现综合效益 560 万元；扶持开办集体企业经营项目，全年实现产值 1 737 万元，利润 18 万元。截至 2012 年末，实现无责任较大及以上事故 10 891 天；无一般 B 类及以上事故 2 836 天；无责任人身重伤及以上事故 2 555 天，连续实现 5 个安全年。

【长春北站】 长春北站站址位于吉林省长春市东三环路宽城区奋进乡，邮编 130052。车站中心位于长春枢纽京哈线 1 011.922 公里处、龙北联络线自龙泉站起 8.886 公里处、长白线自长春北站起 0.0 公里处，衔接长图、长白线，为单向混合式二级四场，站场全长 5.8 公里。车站始建于 1988 年，成立于 1992 年 12 月 28 日，全部开通使用于 1999 年 8 月 9 日。2010 年 9 月 25 日长春站货运车间划归为长春北站管理，承办 30 家企业货运任务。按业务量为一等站，按业务性质为货运站，按技术作业性质为编组站，主要承担哈尔滨、棋盘、四平、大安北、烟筒山方向货物列车改编作业和中转技术作业；办理货运业务及专用线取送作业，是区域性主要编组站。现有正线 3 条，到发线 24 条，编发线 6 条，分类线 13 条，西部线群联络线 1 条，专用线 59 条，换装线 2 条，禁溜线 2 条，迂回线 1 条，安全线 2 条，机待线 7 条，机车走行线 1 条，机车出入库线 5 条，牵出线 2 条，站内道岔 352 组，减速器 23 组，可控停车器 54 台，信号楼 4 个，调度楼 1 个，驼峰楼 1 个，半自动化驼峰 1 座，调车机 7 台。固定资产原值 3 552 万元，净值 1 247 元。车站职工 629 人。其中，干部 71 人，工人 558 人。全年运输收入 11 350 万元，超年计划完成 380 万元；货物发送量 64.7 万吨，超年计划完成 2.7 万吨；劳动生产率 7 594 辆 / 人，提供服务清算收入 1 623 万元。运输总成本支出 6 604 万元。日均办理 13 087 辆，其中有调办理 3 564 辆；日均到发列车 239 列，日均解体 41 列，日均编组 40 列，中转时间 2.6 小时。截至 2012 年末，实现无责任行车一般 A 类事故 2 507 天；无责任行车一般 B 类事故 2 507 天；无责任行车一般 C 类事故 2 507 天；无责任行车一般 D 事故 2 507 天。

【长春车务段】 长春车务段段址位于吉林省长春市宽城区人民大街 161 号，邮编 130051。管辖京哈干线里程 269.6 公里，其区间包括十家堡、郭家店、蔡家、大榆树、公主岭、陶家屯、范家屯、大屯、长春南、一间堡、米沙子、沃皮、布海、德惠、达家沟、姚家、陶赖昭、团山、扶余、蔡家沟站，闭塞方式为双线双向自动闭塞，日均办理接发列车 273 列，其中旅客列车 152 列；长白线里程 128.8 公里，其区间包括小合隆、开安、华家、农安、柴岗、哈拉海、王府、七家子站，闭塞方式为单线半自动闭塞，日均办理接发列车 34 列。其中，旅客列车 20 列；长图线里程 4.1 公里，其区间包括长春东、龙泉、龙泉北站，闭塞方式为单线半自动闭塞，日均办理接发列车 34 列；哈大客运专线车站 2 个，德惠西、扶余北站，闭塞方式为分散自律调度集中，日均办理旅客列车 40 列；陶舒线（合资铁路）里程 92.2 公里，其区间包括五棵树、刘家店、榆树、新立镇、谢家镇站，闭塞方式为单线半自动闭塞，日均办理接发列车12列，其中旅客列车4列；长双烟线（合资铁路）里程91.8公里，其区间包括泉眼、奢岭、双阳、山河、五家子站，闭塞方式为单线半自动闭塞，日均办理接发列车6列。管内有车站43个，办理客运业务车站29个，办理货运业务车站31个，总营业里程586.5公里。全段有到发线114条、货物线57条、牵出线30条、专用线228条、专用铁道4条、候车室29个、旅客站台50座（其中有风雨棚站台2座）、天桥5座、地道2座、货场32个、货物仓库27座、货场雨棚4个、货运营业厅6座、货物站台28座。固定资产净值2 701.9万元。全段现员2 075人。其中，干部275人，工人1 800人。全年运输收入125 093万元；旅客发送量完成551万人；货物发送量639.7万吨；装车计划165 700车，实际完成151 165车；卸车完成350 288车；静载重计划42.8吨，实际完成42.3吨；一次作业时间计划10.5小时，实际完成10.3小时；中转时间计划2.2小时，实际完成2.1小时。截至2012年末，实现无责任重大、大事故3 416天；无责任一般事故387天；无责任死亡事故3 416天；无责任重伤3 416天；无责任轻伤事故3 296天；无责任火灾事故3 416天。

【长春客运段】 长春客运段段址位于吉林省长春市宽城区长白路21号，邮编130051。主要负责担当长春至吉林、图们、白城、北京、广州、西安、上海、牡丹江、齐齐哈尔、大连、榆树；白城至阿尔山、呼和浩特、乌兰浩特、大连、天津等73对旅客列车的乘务工作。其中动车组列车43.5对（哈大高铁12.5对、长吉城际26对、直通5对）；其他旅客列车29.5对（直通特快2对、直达1对、快速4对、普快6对。管内快速8.5对、普快3对、普慢5对）。全段有干部职工4 308人。其中干部228人，工人4 080人。全年运输收入10 067万元，超收27万，成本节支5万元。截至2012年末，实现无一般D类及以上事故1 805天，杜绝路局直接调查认定的路风不良反映及以上问题。2012年，长春客运段被中华全国总工会、中国科学技术协会授予“全国质量管理小组活动优秀企业”，被全国质量协会评为“全国实施用户满意工程先进单位”。

【长春车辆段】 长春车辆段段址位于吉林省长春市辽宁路939号，邮编130051。地处哈大干线700公里处，主要承担客车车辆运用职能。管理跨度以长春为中心东至图们529公里，西至通辽322公里，北至白城333公里，南至通化401公里。长春地区段内用地面积115 262平方米，建筑总面积59 746平方米。配属客车1 977辆。图定开行列车62.5对97组。固定资产174 263万元。全段现员2 839人。其中，干部213人，工人2 626人。全年完成客车厂修100辆、段修973辆、扩大辅修36辆、辅修2 729辆、轮对旋修1 945条。开行临客227组3 203辆、旅游列车22组296辆、军运客车76辆、客车加挂1 270辆次、支南临客14组266辆。截至2012年末，全段实现无行车一般D类及以上事故1 097天，无人身轻伤以上事故2 278天，无路风问题2 278天，无火灾爆炸事故2 278天，无设备事故2 278天。

【长春供电段】 长春供电段段址位于吉林省长春市宽城区松江路395号，邮编130051。担负着哈大高铁、长吉城际、京哈、平齐、通让、大郑、长白、白阿、长吉、四梅、陶舒（委管）、长双烟（委管）12条线路120个站2 511.21运营公里线路的生产、生活供电维修管理任务。其中管辖高铁线路295.21运营公里。全段现员1 461人。其中，干部178人，工人1 283人。全年实施全面修接触网574.789公里，检修隔离开关154座，检修分段绝缘器99座，检修上网开关、分相点18处，更换绝缘子2 158套，擦拭绝缘子2 525套。安装避雷器60处，避雷线5.8公里，接地极安装916处。处理树木侵界88 122处。动态检测缺陷处理完成230处，开关检调114处。检修电力架空线路1 236.9公里，电缆线路166.8公里，箱式变电站45座，变压器261台，配电装置376面，变压器台263座，占全段电力设备总量的31%。更换架空绝缘线93万米，更换金具3 473套，更换隔离开关54组，扶正电杆287根，安装电力拉线644条，编制石笼49个。处理哈大高铁落锚A值小48处、调整附加线驰度40处、加装等电位线17处、核对电力设备主备2路通讯通道情况139处，调试站房变开关计25处。全年运输有权总支出65 337万元，实际支出65 328万元，节约支出9万元。截至2012年末，实现无责任重大、大事故2 479天，无责任一般事故962天，无责任人身重伤及以上事故962天，无责任火灾2 479天，无轨道车运行事故2 479天。

【长春电务段】 长春电务段段址位于吉林省长春市汉口大街793号，邮编130051。主要承担京哈、通让、长白、平齐、白阿、长吉、陶舒、四梅、长双烟九条普速线1 921.629公里和哈大一条高速线289.023公里的车站信号设备养护维修任务。固定资产173 886万元。全段职工2 173人。其中，干部465人，工人1 708人。全年完成长春站微机联锁改造施工；京哈线陶家屯、十家堡站电气集中大修；长春北站驼峰缓行器大修；通让线13站电码化改造；乌北专用线改造工程；白城综合站区改造工程；太阳升、新肇、姚家综合物流基地改造；四平油专线改造工程；蔡家沟、大榆树等10个站隔开设备施工；同时完成188组道岔大修施工，施工涉及12个现场车间。完成京哈线四平至局界293.6公里光电缆线路达标整治；全年对机车安装常用制动盒15个；恢复LAIS主机5台；车载设备电源改造87台；标准车改造17台；出场车配线整治23台；显示器电子盘整治28台；速度传感器模块整治85个；全年电源屏巡检158个站；停电检修76个站；25HZ新屏更换施工21个站；电源屏专项整治59个站；客专及大修站开通前测试、带载试验42个站；电源屏热成象检查36个站；发现整治引接线开焊16处、端子松动26处；TDCS电源引入电源线老化整治12处；区间电源屏模块内部接点不良小型继电器更换8个站56个、更换不良电源模块26台；完成更换R型铁芯变压器5台；完成四平集中楼四个稳压模块输入断路器更换；CTC温控开关设置超标整治12个站；CTC双网交叉环接整治20个站；2000轨道标调整治16个区段；解决微机联锁、智能电源屏报警问题7件。对四梅线平东至哈福、京哈线K1018、K1135、K1126、K1089、K914、K941、K988、长北至一间堡、平齐线八面城站内、K262、K272、长白线K173共13处光缆衰耗大处所进行整治；对平齐线K262、京哈线K990–K992水害地段光缆进行整治，更换光缆21.2公里；完成京哈线四平至局界293.6公里光电缆线路达标整治；标准化机房整治49个；机房动环监控及视频设备更新改造60个站。信号设备综合合格率99.87%；信号合格显示率99.96%；信号机优质率99.98%；道岔优质率100%；轨道电路合格率98.81%；电源屏合格率100%；车载设备合格100%；联锁关系正确率100%；无线列调电台运用良好率98%；机车电台出库合格率100%；机车电台入库合格率99.95%；完成年总产值36 710.59万元。截至2012年末，实现无行车重大大事故23 428天，无责任人身死亡事故23 428天，无责任重伤事故18 806天，无火灾事故23 428天。

【长春工务段】 长春工务段段址位于吉林省长春市人民大街81号，邮编130052。主要负担线路的线桥养护维修任务。固定资产净值223 986.01万元。全段职工2 685人。其中干部159人，工人2 526人。全年完成正线综合修827.8公里。其中，大机维修631.4公里，到发线综合修72.5公里，站线综合修49公里。正线道岔综合修309组。其中，大机维修181组，到发线道岔综合修174组，站线道岔综合修85组。到发线保养修123公里，站线保养修47公里，到发线道岔保养修170组，站专线状态修166公里，站专线道岔状态修440组，钢轨打磨130.1公里，道岔打磨54组。无缝线路短轨焊复566头，道岔胶结230头，长轨放散15.6公里。线上更换新钢轨6.5公里，更换再用钢轨18公里，焊补锰钢辙叉82个；更换新尖轨107根，更换新辙叉156个；更换基本轨133根，维修更换Ⅲ型枕45根，Ⅱ型枕13 099根，69型枕154根，木枕803根，砼岔枕23根，木岔枕475根。道岔破底筛13组，清筛翻浆冒泥2 600空/1.56公里。清理排水设备11公里，线路全年补碴487车/18 263立方米。冻害注盐764处/延长11.6公里注盐100吨。无缝线路倒边计4.4公里。道岔大修完成53组，长轨大修完成96.494公里，再用轨大修完成1.49公里。大机清筛完成17.83公里，道岔破底清筛完成42组。完成桥梁综合修27座/605.58米，涵渠综合修51座/1 166.62米。其中，更换新桥枕5根，钢梁加涂面漆2孔/20吨，更换高强螺栓13根，修补圬工梁46孔，修补圬工拱桥24孔，整修支座9座/172个，整治损坏涵渠9座/41米，更换护木3座/30米，更换分开式扣件43套，圬工梁泄水管整修7座/211个，整治裂损墩台5座/9个，增设及更换吊围栏1座/4米，钢梁死角油漆20孔，人行道栏杆及吊围栏涂装28座/2 934米，更换人行道板330块，制做滴水檐8孔/320米等。截至2012年末，实现无一般D类事故836天、一般C类事故10 777天、一般B类事故244天、一般A类事故23 433天；无较（重）大事故23 433天。无道口责任一般（重大）路外伤亡事故244天，无责任一般（重大）火灾爆炸事故23 433天。

（李英奇）

公路运输

【概况】 截至2012年末，全市公路总里程达21 279.69公里。其中，国道401.94公里、省道874.47公里、县道1 013.91公里、乡道4 102.54公里、专用公路27.31公里、村屯道14 859.50公里。全市公路网密度达103.45公里/百平方公里。长春通往周边主要城市和各县（市）用高等级公路相连，市区主要公路出口达到一级公路标准，城乡相连，四通八达的公路网络基本形成。2012年完成货运量15 477万吨、货运周转量3 125 447万吨公里、完成客运量11 488万人。2012年末，全市有公路客运站点272个（不含出租车站点）、有公路客运线路1 357条。其中，跨省线路86条；跨地市州线路166条；跨县线路185条；县内线路920条。全市有营运货车124 124台、营运客车3 651台（不含出租车）。到2012年末，全市机动车维修企业达1 685户。全市有驾校85所，年培训能力达166 400人。

【基础设施建设】 2012年交通基础设施建设已完成货币投资283 883万元，占年度总计划74 839万元的379%。实现安龙泉互通立交桥建设工程主要节点全部竣工通车。长余高速公路米沙子出口工程主干道路实现竣工通车。启动长春经济圈环线高速公路九台至双阳段辅道工程全长62.24公里，长春地区38.277公里。已完成施工图设计批复和招标工作，正在开展征地拆迁工作。完成珲乌公路（G302）饮马河大桥至东方广场31. 3公里一级公路改扩建项目2012年121 600万元投资计划。完成龙双公路（X026）东湖镇至新安镇22.82公里一级公路改扩建项目2012年6亿元投资计划。完成舒太公路（S303）哈拉海至杨树林16.8公里改扩建工程。启动长伊公路长春至乐山段26公里建设工程项目前期工作，完成施工图设计评审。新建农村公路1 189.38公里，超额完成年初确定的100公里计划，完成改造农村公路危桥49座1 238延米。完成干线公路养护工程58.18公里，县级路养护工程85.38公里，完成投资3.45亿元，优良路率88.9%，实施干线公路安保工程301.9公里，县级路431公里。完成渡船改造7艘，新建渡口8处，水毁重建6处。启动长春公路客运西站建设项目，确定了长春东站综合客运枢纽建设项目，建设用地手续已批复。确定了长春南站综合客运枢纽建设项目，已启动项目的前期工作。编制公路路网和农村公路建设规划，编制了未来五年公路路网建设规划。

【交通运输行业】 1.路政管理。全年路政案件破案率98%,结案率100%。依法加大超限运输车辆治理,卸货2 420吨。2. 开展打击非法营运及出租、客运、公交、货运、维修以及驾训市场进行专项治理活动,严厉打击非法营运行为。全年出动执法人员1万余人次,出动执法车辆2 000台次,查扣非法营运车辆813台,查扣违规经营证件3 000件。查处无证照经营货运车911辆,处理私自改装货运车辆212辆。责令8户驾校限期整改,停止1户驾校招生,淘汰不合格教练车20辆,取缔不合格教练场8个。查处违法船舶17艘,下发整改通知17份。3.做好到期客运班线经营权招投标工作,市级许可招投标班次116个;做好道路班车和旅游客运市场管理工作,新增旅游客运车辆100台;做好长春至通化、集安、东丰、梅河口等34条线路调整工作,173.5个班次由原中心站始发变更为在高速客运站始发工作;做好道路客运燃油消耗信息申报工作,发放农村客运燃油补贴448万元。4.抓好道路货运管理工作,完成对中石化吉林天然气分公司进行的甩挂运输试点工作;按照《2012年防汛工作应急预案》落实了调配100台货车、30台客车为防汛应急车辆等应急保障工作;开展危险品运输管理安全生产大检查活动,吊销两户企业道路危险货物运输经营许可证,吊销6家企业的23台车道路运输证,43台车被限期整改;完成了船舶营运检验148艘,建造检验9艘。5.针对两横两纵快速路、站前广场立体换乘中心工程,完成40条单行线和几十个禁左路口的设置。

【安全质量监管】 1. 认真落实责任制。进一步明确局属各单位党政主管领导作为综治工作的第一责任人,建立了一级抓一级,一级对一级负责的工作机制。2. 开展了"平安工地"建设、"安全稳定大检查"、"严厉打击非法违法生产经营行为"、"安全生产月"、"安全生产大检查"等各类建设和安全生产活动。3.严厉打击各类交通运输非法违法生产经营建设行为。截至2012年末,全市交通运输行业排查治理隐患企业单位385家,排查一般隐患95处,组织查处无证或证照不全从事建设、生产、经营的1 056起,拒不执行安全监察指令、抗拒执法的8起。4.吸取"8·26"包茂高速公路特别重大道路交通事故教训。坚决执行卧铺客车凌晨2点到5点强制休息和旅游包车客运驾驶人日间连续驾驶不得超过4小时,夜间连续驾驶不超过2小时,或者24小时内累计驾驶不得超过8小时的安全规定。5.组织开展净月潭水上应急救援、客运站消防、安全,公交汽车突发火灾、安全事件等应急综合演练,使用先进的消防设施和海事工作艇,提高了应对突发事件时的作战能力,全行业应急管理工作水平稳步提升。

【依法行政】 1.交通运输法规体系进一步完善,完成《长春市汽车租赁管理办法》起草和出台前的准备工作。2.依法行政制度建设进一步加强,制定、修改、完善行政处罚、行政强制、执法监督、规范性文件管理等10个部分、74项依法行政制度。3.开展行政许可自由裁量试点工作。完成执法证件、执法服装换发、执法机构外观形象建设和执法车辆年检工作。4.全年开展两次行政执法评议考核,对长春地区5个县(市)、区交通运输局和4个直属执法机构进行全面考核,审查了执法案卷300余份,下发整改通知书27份,清理确认交通运输行政权力624项。5. 防范社会矛盾机制进一步健全。全年复议案件19件,化解16件,主动申请撤销1件,做出复议决定2件。6.加快推进长春市交通建筑安装工程公司、长春汽车配件销售总公司、长春市联运总公司三户国有企业改制进程,已进入资产挂牌交易的准备阶段。

(郭　昊)

民用航空

【概况】 吉林省民航机场集团公司(以下简称吉林机场集团)是首都机场集团公司的全资子公司。2012年,所属长春龙嘉国际机场完成旅客吞吐量581.96万人次,货邮吞吐量6.62万吨,保障航班起降4.94万架次,比2011年分别增长17.05%、6.36%和20.09%;长春龙嘉国际机场日均架次和高峰日架次分别达到135和161架次,比2011年分别增长19.47%和17.52%;日均旅客和高峰日旅客分别达到15 900和21 691人次,比2011年分别增长16.73%和26.63%。

【安全运营】 全年未发生机场责任原因造成的重大飞行、空防事故、航空地面事故及严重事故征候,实现飞行安全54周年,空防安全19周年。长春机场安全评价符合率100%。修订完善《航空安全信息管理实施细则》。学习和宣讲了民航局局长李家祥关于民航安全"八个关系"的论述,归纳提炼出了具体的安全管理方法。

【服务质量】 长春机场航班放行正常率为89.15%,高于首都机场集团成员机场平均水平,高于国内行业平均值近6个百分点;机场责任原因造成的航班延误比2011年下降20%;服务质量达标率88.56%,比2011年提高6.5个百分点;ACI旅客满意度平均值达4.67分,排名进入世界会员机场前20位。全年未发生重大服务质量投诉和社会高关注度事件。重塑"金达莱"品牌,"金达莱服务"获得首都机场集团首批"中国服务"品牌示范单位荣誉;打造以长春市市花命名的"君子兰"特色服务品牌;适时推出长春机场精品画廊。

【航空市场】 长春机场新引进首都航空、大连航空、朝鲜高丽航空公司和长龙国际货运航空公司。与地方政府有关部门共同走访多家航空公司,推介航空市场,新增航线19条,新增通航城市8个,与地方政府合力开发航空市场的工作机制日趋成熟,航空市场开发补贴金额增至5 000万元。向省政府上报《吉林省组建地方航空公司的意见》。2012年,长春机场运营航线73条,通达城市48个。开发非航资源,长春机场完成招商20余项,商业资源点位由16处增至49处,商业面积占比从2.65%增加到8.2%;延吉

南航吉林分公司第 15 架空客飞机落户长春

机场商业资源规划完成。

【基本建设】 促成省领导与首都机场集团领导会谈，就长春机场二期扩建有关事宜达成共识。长春机场二期扩建项目工程建设领导小组成立，项目预可研报告上报国家发改委并通过专家评估，可研报告编制启动。

【民航保障】 长春机场多次召开保障会议，制订保障方案，完成“十八大”期间民航运输保障工作。春运期间，长春机场保障航班起降 5 568 架次，实现旅客吞吐量 66.7 万人次、货邮吞吐量为 5 804.4 吨。8 月 28 日，民航东北地区管理局召开长春龙嘉国际机场终端区容量评审会议，确定长春机场运行容量标准为18 架次 / 小时。11 月 9 日，长春机场年旅客吞吐量突破 500 万人次，实现了由中小型机场向大中型繁忙机场的成功转型。

（杨振宇）

【南航吉林分公司】 南航吉林分公司是中国南方航空股份有限公司所属分公司之一，成立于 1992 年 8 月 8 日，是吉林省唯一的基地航空公司。现执管空客系列飞机 16 架。其中，空客 A321 飞机 5 架；空客 A319 飞机 5 架；空客 A320 飞机 6 架。经营航线 40 条。其中，国内航线 28 条；国际、地区航线 12 条。通航城市 40 个。其中，国内城市 29 个；地区城市 3 个；国际城市 8 个。建成以长春、延吉为基地，覆盖全国主要城市，连通周边地区和国家的航空运输网络。

2012 年，南航吉林分公司全年安全飞行 50 245 小时，比 2011 年增加 931 小时，杜绝了飞行、空防和航空地面事故，实现安全年。全年完成运输总周转量 3.65 亿吨公里，旅客运输量 229.08 万人次，货邮运输量 2.54 万吨，客座率 80.74%，在册飞机日利用率 10.1 小时。实现主营业务收入 28.89 亿元，盈利 2.2 亿元。

2012 年，公司协调完成住宅暖房工程，新建二次供暖泵房，改善航空家园供暖；新建停车场，清理环境卫生；改善空勤人员就餐条件；对南航新苑部分住宅进行防水及外墙维修。加强员工队伍建设。1 名劳务制员工通过“精英转制”。“择优续签”26 名劳务员工。有计划引进各类专业人员 135 人。公司以南航航线网络为依托，建立适合吉林地区的稳定的航线网络布局。国际销售能力增长较快。新开吉林地区首条东南亚航线长春至泰国航线。增加京、沪和日韩航班量，增加省会通航点。新增长春至台北、台中地区航线；长春至济州，延吉至清州等国际航线。助力广州之路，中东、东南亚、欧洲、美加区域销售收入增幅分别为 42.4%、65.5%、63.7%、243.5%。空中、地面服务满意率分别为 98.1%、98.9%。全年保障航班 2.35 万架次，基地出港航班正常率达 74.98%。公司先后为吉林省委、省政府多个代表团及新兵运输等重要任务提供优质服务，优质完成“援疆”、“两会”等服务保障任务。公司推出“快速过站中转无忧”服务，着力打造无缝隙空地服务，以“金达莱”乘务组和“向阳花”地面服务中转组为龙头，带动品牌服务建设。

（黄　可）

城市公交

【秩序整治工作】 2012 年，市交通局与市委宣传部、公安局、团市委共同开展“创文明优质服务、建和谐舒适公交”活动。通过专项治理打击非法营运及出租、客运、公交、货运、维修以及驾训市场违法违规行为。开展了平安公交、公交运营秩序等五个专项整治。重点处理 273 路擅自停止运营案、393 路擅自转让线路案、274 路公交车甩客案以及 213 路公交车不按规定投放运力等违规运营行为。

【公交规划建设】 市交通局委托市城乡规划设计研究院、南京市城市与交通规划设计研究院着手编制了《长春市城市公共交通发展专项规划》和《公交场站等基础设施建设专项规划》，对公交线路、公交专用道、枢纽场站、港湾站、停车场、首末站等设施统筹进行规划设计，并将其纳入到城市建设总体规划。按照《国家“公交都市”建设示范工程实施方案》，开展了公交都市示范创建工程，市交通局委托交科院正在编制规划、准备申报材料，力争进入第二批示范城市。研究制定了《长春公交标准化实施意见》、《长春市出租汽车客运管理条例》、《长春市出租汽车运营服务考核办法》等相关制度，着手建立一套规范、统一的行业标准，实现建设标准化、管理标准化、运营标准化、服务标准化。加大民营公交企业整合力度，全面推进出租汽车公司化、规模化经营，逐步推动出租汽车经营权和车辆所有权相统一，妥善解决挂靠经营问题。2012 年，已形成《深化城市公交运营体制改革的实施意见》，计划 2013 年开始

开展公交服务评议

实施。

【公交设施建设】 继续更新公交车辆，增设公交专用车道，适当延长公交线路，合理布局公交站点。全年新开辟公路客运线路6条，完成发展跨省客运线路长春至白音花1条，发展县内客运线路5条；全年调整延长公交线路10条；新建公交候车亭104座；完成改造标准化站牌518座；更新出租车618台；更新公交车辆513台。完成对人民大街、解放大路等14条街路202座公交候车站牌的亮化改造。实现了2路、6路、66路、62路、88路、306路、362路、363路等23条公交线路615辆公交车的车厢亮化工作。为加强公共交通行业管理，邀请了280名市民监督员。组织实施100多条公交线路的调整工作，配合交警部门又增设2条公交专用道，对部分公交专用道路运营的车辆安装公交车载智能移动抓拍系统，加强公交车专用道路管理，提高公交车运行速度，为市民提供更快捷的服务。

（郭　昊）

物　流

【概况】 2012年长春市社会物流总额1.42万亿元，比2011年增长12.1%；物流产业增加值完成311亿元，比2011年增长12.3%；社会物流总费用799亿元，增长16.2%，社会物流总费用占GDP比重为177.7%，比2011年下降0.02个百分点。2012年全市物流增加值占服务业增加值比重为16.8%，占全市GDP比重为6.9%，对GDP的贡献率为6.5%。全年新增国家A级物流企业8户，新增市级诚信物流企业12户；年度营业额过亿元的物流企业突破20户。

【政策执行和规划制定】 税务方面，降低物流企业自开票标准，近百户物流企业直接受益；土地方面，中农机物流等5户物流企业享受到了土地政策优惠；财政方面，东北亚物流等18户新评定3A级以上企业得到320万元的财政奖励。物流产业办公室制定了物流产业发展规划，规划全市物流产业发展目标、方向、发展重点；提出六大物流集中区，十大配送中心，二十大批发市场的发展格局；明确全市物流发展的六大工程、八大任务及促进物流业发展的相关保障措施等内容。

【基础设施建设】 2012年，长春市建成各类商品交易市场360多处，万平方米以上大型商场110多个；综合性物流园区14个，相关物流配送中心5个；内陆口岸2个，物流保税仓库2个；汽车、生产资料、农产品三大批发市场集群已初具规模，汽贸城、工业品交易中心等20个区域性批发市场逐步建成；兴隆综合保税物流配送区、昌大物流园区、东北钢材物流园、香江物流园、光彩商贸物流园等22个物流基础设施建设项目均已开工建设，总投资507.1亿元。

【物流集中区启动】 2012年根据全市各主干公路及产业分布特点，在全市城区布局六大物流集中区，分别是长春东部—二道国际综合物流集中区；长春西南部—汽车物流集中区；长春西北部—绿园机车物流集中区；长春北部—宽城长江生活物流集中区；长春东北部—兴隆综合保税物流集中区；长春东南部—净月绿色物流集中区。

【物流信息化建设】 2012年长春物流公共信息平台共开通长春物流信息网www.cc56.com.cn；物流客服中心96656114；金融融资平台；GPS监控平台；长春物流信息管理系统；途中货物保险；“通付汇宝”资金管理系统；第四方物流中心八大系统服务功能。物流信息网，2012年网站点击率以平均每月20%的速度递增，累计点击率突破10万次，在信息网上可以查询到车源、货源、车辆行驶位置，相关企业简介，相关行业资讯等企业和客户切实需要的信息。物流客服中心96656114，物流客服中心免费为广大物流企业和物流客户提供关于物流需求和货源、车源，可以咨询行业政策信息等方面的内容。金融融资平台，信息平台与民生银行合作，成立中小物流企业融资平台，为物流企业提供企业联保等多种融资方式，截至2012年，累计为物流企业提供贷款融资1亿多元人民币。GPS监控平台，信息平台免费为广大物流企业车辆提供GPS安装服务，拥有GPS定位系统的车辆，在物流信息网上均可以查到车辆停靠位置，车辆行驶位置等方面的及时信息。长春物流信息管理系统，该系统是在全市物流行业普查

全市物流行业综合服务功能推介会暨民生银行与物流协会小微企业互相合作基金揭牌仪式

基础上建立的，将所有企业的地址、电话、法人、经营概况等基本信息录入到物流信息管理系统，输入任意一家企业的关键字就可以检索到该企业的全部详细信息。途中货物保险和“通付汇宝”资金管理系统，分别为物流企业提供货物保险和移动电子结算服务，很受物流企业欢迎。第四方物流中心，该中心是信息平台规划打造的四方物流信息化交易中心，拟按照浙江传化集团建设的传化物流成都基地的模式，引进四方物流的经营模式，打造长春的现代化高端物流业务模式。协会与民生银行合作成立的小微物流企业融资合作社，很好地解决中小物流企业融资难问题，全年累计发放小额贷款9 000余万元。

【主要特点】 1.汽车物流和农产品物流优势明显。工业品物流占全市物流业总额的58%以上，工业产业物流在物流业体系中居于主体地位。汽车物流增加值占全市物流增加值的62%左右；农产品物流占全市物流增加值的18%左右。汽车和农产品的工业基础雄厚，生产型物流的增加值占全市物流业增加值90%以上，生活型不足10%。2.全市外部流入物流总额占全市物流总额的35%左右，流出的物流总额在60%左右。汽车生产原材料需要运进，汽车产后整车及零部件需要运出；农产品原材料需要运进，农产品加工成品需要运出，生物医药，光电信息，轨道客车等等都需要原材料的运进以及产成品的运出。是长春市物流货运量流向的一大特点。3.全市冷库总使用面积15.4万平方米，总容量61.7万立方米，按每立方米存0.4吨货物计算，货物存储量达25万吨。长春东北亚物流有限公司组建了具有冷冻加工、冷冻贮藏、冷藏运输、冷藏配送等多方位功能的冷链物流分公司，年经营额达30多亿元。4.信息网应用逐步推广。全市可以利用的物流网有省物流与采购联合会网、长春物流信息网、生产资料和农副产品物流网、刘传奇物流商务网等4个较大型的公用物流信息网站。其中长春物流信息网是长春物流协会官方网站，是集信息资讯、法律咨询、货款结算、企业融资、广告宣传、人才培训、保险对接等多项功能于一身的综合物流公共服务平台。90%的大型企业建立集营销与管理于一体的自用网站，对1/5左右的车辆运行实施GPS卫星定位监管。5.全市有20户企业被有关方面认定为标准化管理企业，一汽物流被国家选定为服务业标准化试点企业。产业发展初始阶段，有70%多的企业经营管理者是由车主、司机、装卸工进步而成的，而物流企业的知识结构和人才结构正在改变，在一些大企业中，大学生、研究生及具有专业职称的人才在管理层已占很大比例。

（崔永哲）

信息产业

综 述

【基础设施建设】 2012年，长春光纤网络覆盖所有主干网络，传输光缆长度65 000皮长公里，拥有宽带端口140万线，互联网平均速率3M，使用4M及以上宽带的用户比例达40%，互联网普及率45%。全市3G基站3 200个，覆盖率达90%以上。全市互联网用户124万户，移动电话用户920万户。有线电视网络全面建成以光纤骨干网为主的数字化平台，覆盖范围达乡镇以上行政区域和部分村屯，全市数字电视用户达百万户。

【电子政务建设】 1.成立“长春市信息资源管理中心”，实施长春市政务信息资源交换中心建设。2012年底，11个部门的数据在长春信息港政务信息交换平台实现共享应用。2.根据市政务大厅行政审批和电子监察系统的建设方案，完成市政务大厅与各县(市)区，以及与省政务大厅的网络连接。3.普及全市统一的电子政务综合应用平台—公务员驾驶舱的建设和应用，在市政府办公厅、部分委办局和县(市)区得到广泛应用。4.贯彻落实《吉林省信息化促进条例》，加强信息化法规制度建设。在充分调研基础上起草了《长春市信息化促进办法》，进一步规范和完善信息化管理措施，加快长春市信息化进程。5.推进无线城市建设，开展移动政务应用。与中国移动吉林省分公司签订了战略合作协议，全面开展无线城市基础设施建设和综合应用平台建设。在市直机关系统和二道区东站进行移动党政平台和无线社区管理的试点工作，取得成效。

【信息化和工业化融合】 按照长春市信息化和工业化融合“十二五”规划所确定的目标和任务，重点在汽车及装备制造业推进信息网络技术的应用，进行企业调研和辅导，争取国家和省的政策扶持。长春一汽四环发动机制造有限公司等33户企业列入吉林省百户两化融合示范企业，启明信息技术股份公司、长春皓月清真肉业股份有限公司等一批企业得到国家和省专项资金扶持，有效促进长春市传统制造业企业两化融合进程。

【社会信息化建设】 开展公共服务基础数据库平台建设，在部分社区开展试点等工作。如期完成《长春市2012年民生行动计划》中的“加快社区信息化服务网络平台建设，开展便民信息服务”工作的各项内容。促进电子商务产业发展取得新进展。继国家批准长春市为国家电子商务示范城市之后，长春市完成长春市电子商务产业园区的规划设计，向国家发改委申报5个电子商务示范项目，长春市玉米中心批发市场等4户企业被列入国家电子商务试点企业名单，进一步活跃全市电子商务产业与传统产业的融合发展。与中国联通吉林省分公司签署“信息化建设战略合作协议”，在双方合作的基础上，大力推进政务、城市、农村、企业、教育、医疗、卫生、旅游及信息服务业等领域的信息化建设和合作，全面提升全市信息化水平。

(刘 鑫)

邮 政

【概况】 2012年，累计完成业务收入5.19亿元，增幅11.8%。有效收入增长13.4%，高于收入增幅1.6个百分点。累计完成收支差额2 644万元。

【邮政业务】 1. 专业经营取得新进展，2012年金融专业累计实现收入2.76亿元，增幅12.9%，占收入比重的53.18%。增长规模占全省增额比重的23.7%，其中市本余额增长突破13亿元，平均单点净增额1 600万元。储蓄短信实现收入1 136万元，比2011年增长52%。注重小额增量，2012年本市新增5 000～100万元小额优质客户4万户，形成余额12亿元。函件专业项目拉动作用突出，全年成功开发项目71个。其中，开发一汽大众新速腾和宝来GP新车上市13个直邮项目，营销团队深入开展重点行业直邮推广，客户经理和项目经理人均业绩达110多万元，是全省平均水平的4.6倍。全年累计实现函件专业收入7 377万元，增长绝对值434万元，占全省函件收入的42.5%。集邮专业全区累计实现集邮收入7 749万元，完成计划104.7%，比2011年增长14%，“奥运金牌运动员”个性化邮折通过团队助力预定4 265套,收入486.2万元,全年销售量占全国总额的25%,在全国名列前茅。2012年一次性报刊大收订实现流转额9 076万元,比2011年增长1 100万元,增幅11%,实现历史性突破。2012年,报刊销售额1 200万元。电子商务专业全年发展便民服务站1 028个(含三农服务站),交易率达78%,实现代缴费4 600万元,与铁路洽谈引进火车票代售业务。代收费业务搭载6种,成功打造“五分钟缴费圈”。包裹专业通过开发代收货款包裹和立项营销,2012年实现收入835万元,增幅21%,超额完成收入计划。分销专业通过尝试端午节、中秋节等节日项目营销,实现收入229万元,完成计划的143.8%。2.县域发展实现新突破。2012年继续打造经营型县局,坚持以转型促发展、在发展中转型,收入规模不断扩大。以金融业务局为中心的金融营销体系助力五县局,以市场部为中心的邮务类营销体系推动五县局邮务类业务,两个体系建设取得阶段性成果。金融类项目以社保金、新农保、占地款、粮食款、对公存款、助农取款为主,成功开发24个,形成项目流转余额32亿。建助农取款服务站542个,实现累计交易额1 652万元。2012年实现收入17 595万元,增长20.8%,占全区收入的33.85%,比2011年提高2.5百分点。

【平台建设】 营业平台(含便民站),票务功能搭载齐全,平台建设获得新成效。2012年,票务实现收入439万元,增长19.5%。其中客票销售20.4万张,火车票销售3万张,代缴费累计9 715万元,增长110%。2012年实现一次性报刊流转额1 500万元,比2011年增长22%;累计接办7种投送业务,投送银企账单13万件,收回回执6.8万件,除去用户因素回执率100%,支撑函件专业发展。专业商务厅,全局建直复营销中心4处,函件业务进一步推广;集邮专卖店长春市邮政局1处,县局3处,实现收入3 400万元;商务文化中心共开展活动38场次,累计销售额811万元,参观人数近万人。新增便民站475家,累计1 226家,交易量124万笔,交易率由50%增长到76.8%;已建助农取款服务站542家,实现交易额1 652万元;加强与社会广告公司的代理合作,全年签订代理公司10个,代理收入65万元。11185客服中心,由服务型向营销服务型转变,全年受理电话订票5 235张,受理保险理赔资料寄递工单3 689件,办结工单56 379件。邮乐网签约商家28家,上线产品280种,占全省39%。

【能力建设】 2012年,投资1 538万元,新建邮政局所3处,装修改造房屋19处。改造ATM功能区10处,投递精品网点4处,3处校园网点邮政业务实现委代办。全面提升投递能力,对长春市内所有自行车投递段道交通工具升级,更新电动自行车300台。2012年长春市本级投递全部实现“大户投递汽车化、市内投递电动化、农村投递摩托化。”在全区范围内开展网点星级服务达标创建工作,制定三年创建规划,并顺利通过省公司达标验收。组织开展加强邮件寄递全程管控专项整治、“邮件时限达标回头看”和“地区内平常信件全程时限测试”活动,全程时限达标验收达93分以上,平信测试寄达率98%,回函率97%。全面贯彻落实十八大期间邮件安全和服务工作,采取明察暗访等形式,对县局部分支局、市内全部支局窗口收寄验视工作进行抽查,存在问题单位进行全局通报、考核,确保服务安全。推进流程优化,进一步提高企业运行质量。1.调整机构。汽车维修中心划入后勤保障部。包裹业务局职能划入营业局,设立长春市邮政局大宗邮件集中收寄处理中心,将收寄场地设在邮区中心局生产作业区域内,减少邮件的二次传递及开拆处理,缩短邮件的处理时限。2.自主研发出商函综合管理和生产指挥调度两个流程管理系统,进一步实现管理扁平化、流程标准化、操作规范化。3.优化网运生产组织。对网运生产车间升级,实现五县(市)、区局间邮件互寄,进一步加快县域内邮件传递速度。4.优化投递网络。对6处相临投递区域的段区实施优化调整,在提高投递时限的同时,有效解决投递员工作负荷问题。

【精细化管理】 完善以“一书两卡”为核心的绩效考评体系,实行分层绩效、绩效到岗。对工资总额实行总额控制,有效使用,实行责任到人、绩效到岗。对重点业务的增量进行重奖,多劳多得。加强财务管控。进一步完善预算管理,细化成本费用管理,形成全员参与、全过程监控、全方位涵盖的全面预算管理体系,有效控制成本费用。全年运费支出1 253万元,完成预算的80.6%。合规经营,代办费、营销费用比2011年下降10%。继续加强欠费管理,加大清缴力度,完成欠费管理系统上线工作。对闲置资产盘活管理,利用房屋租赁系统对全区出租房屋实行统一管理,实现房屋出租收入967万元。加强审计工作,全年完成审计项目82项,工程审减金额280万元。星级考评持续显效。星级服务评定理论及技能考试两次,考试人员业务技能成绩平均提升3分以上;1~3星级人员的比例提升4个百分点,60分以下成绩由15人下降至11人,因技能不合格降为准星的116人降为89人。

【企业文化建设】 全年完成各类培训及考试52项、353期,累计9 355人次参加。深入开展“为民服务创先争优”、基层组织建设年、青年文明号创建活动,以及纪念长邮成立110周年、“三·八”节、“五·四”青年座谈会、征文、演讲、诗朗诵及篮球比赛、职工运动会等系列活动。长春市邮政局被评为“吉林省2011年度消费维权诚信单位”。小家建设初见成效,全年已建投递小家18个,建小家厨房92处。安全生产万无一失,荣获“吉林省金融安全保卫工作先进集体”称号。

(江 琳)

中国联通长春分公司

【概况】 2012年,3G用户55万户,2G用户274.6万户,移动市场份额达34.4%;宽带全面实行“无条件受理”,严抓宽带发展关键环节,宽带用户65.4万户;"沃家庭"融合业务净增6.6万户,渗透率27%;全力发展行业应用,同长春市政府签署"智慧城市"合作协议。

【网络建设】 2012年新建3G基站216个,启动移动网络专项提升工作,3G拥塞率0.3%,下降了2.8个百分点;2G/3G互操作次数减少40.6%,掉站率达0.9%。宽带网接入端口达169.8万个,新增38.3万个,其中FTTH/B端口占比67.2%。行政村宽带覆盖率提高到91.5%。光纤化改造项目快速推进,全年改造楼宇6 533栋,光纤改造用户8.6万户。长途交换网网络接通率、一级干线传输电路可用率继续保持全国先进水平。

【服务改进】 通过开展服务短板的专项提升活动,月度普通投诉总数比2012年下降68.5%,升级投诉总数比2012年下降79.6%。深化微博客服应用,长春联通官方微博及客户俱乐部微博粉丝突破万人;深化3G专属服务,3G百元拍照客户保有率排名全省第二名,VIP服务到达率排名全省第三名。服务综合排名由2012年一季度的第九名上升到第五名。

【改革创新】 开展营销体制改革,搭建高效一体化的网格营销体系。全地区划分44个营销网格、451个包区,600名营销经理对包片收入进行了认领。末梢维护改革持续跟进,市区373个片区的维护经理采取竞聘和揭牌的方式对维护片区进行选择。推进用工优化,对集团客户事业部、营销中心以及县域公司的管理岗位及架构进行优化,压缩管理层级。开展岗位轮换,全年150余名员工充实到营销一线。

【管理提升】 先后配套了挂钩基层单位的包保联动责任制、执行力黄红牌、中层干部履职问责等机制,工作作风明显改善。开展降本增效,通过技术节能和设备整合下电,实现节能减排。开展闲置房屋资产经营,盘活非生产性房屋实现收益。针对绩效透明,启动执行力效能监察,确保绩效分配和员工考评的公正公开。开展"为民服务创先争优"活动,持续开展下基层活动,以总经理信箱、内部监督员为载体,及时解决一线工作中的实际问题,全年接收总经理信箱员工来信72封,内部监督员提案15件,回复率100%。落实党风廉政建设责任制,加强风险管理和内控建设,强化对"三重一大"决策制度的执行,深入开展廉洁从业教育,加大监督检查力度。加强网络信息安全,圆满完成"两会"及"十八大"等重保工作,积极推动村通工程和共建共享,扎实做好信访维稳,确保企业安全生产。

（初继锋）

中国移动长春分公司

【概况】 2012年,中国移动通信集团吉林有限公司长春分公司实现运营收入35.65亿元,比2011年增长6.29%,完成税前利润14.26亿元,净增有效用户数15.5万户,占全省净增总额的43.1%,重要集团客户覆盖率86.22%,优于目标值6.22%,四网协同工作取得突破性进展,服务类指标保持行业领先,公司先后获得全国文明单位、中国移动集团公司创先争优先进基层党组织、全国通信行业用户满意企业、2012年通信节能管理创新先进单位等30余项集体和个人荣誉。

【市场经营转型】 1.科学分析用户消费行为,打通新老用户转换通道,推广升值套餐,组建D类集团,强化中高端客户离网预警、外呼关怀和资源倾斜,保证存量用户群体相对稳定。将集团稳定性作为客户经理量化薪酬第一要求,强化集团客户包保工作,深化与政府、教育、金融、医疗、汽车等行业的信息化合作,推动集团信息化收入6 031.95万元,占全省份额的39.16%。2.强化落实"跨越2 000万,大干100天"专项工作,通过资源倾斜推动农村、校园等重点增量市场拓展,加大升值套餐、业务卡、终端等资费和产品的营销推广力度,净增TD用户19.13万户;常态化开展温暖工程回流竞争对手用户,全年办理温暖工程22.55万户,占全省办理总量的40%;深化铁通协同发展宽带用户4.7万户;集中力量启动集团专线建设攻坚,与长春市工业和信息化局一次性签约集团专线1 385条,完成1 474条集团专线签约,新增蓝海市场实现突破,用户规模优势得到加强。3.基于用户需求丰富流量类产品,借助新浪微博等新媒体丰富业务宣传手段,持续开展优惠体验、套餐激发及"星火燎原"活动,流量经营取得初步突破,手机上网流量和WLAN上网流量分别达到11.85亿兆和23亿兆,全省占比分别为41.6%和52.5%,流量业务收入4.27亿元,占数据业务收入的47.12%。建立终端销售社会渠道提升终端销售能力,全年累计销售终端24.3万部,其中智能终端占比56.79%。集中力量建设运营无线城市平台,累计引入应用57项,无线城市各项指标全省排名第一。4.完善品质监督体系建设,引入服务监督社会力量,强化运营各环节的品质管控,未经客户允许投诉管控取得突出成效,投诉量降至历年最低,深入推进"为民服务创先争优"服务举措落实,客户满意度水平持续提升。

【网络经营转型】 1.落实组织保障,立足未来发展精确规划网络布局,启动工程建设攻坚,建设量实现历史性突破,全年开通2G站点310个,3G站点492个,新建AP1 529个,新增传输管道294.26公里,解决历年遗留基站204个,底层网532个,全业务支撑能力明显增强。通过营销引导及网络能力属性强化实现流量迁移,2012年,GSM、TD-SCDMA、WLAN三网数据流量占比为33:7:60,网络经营能力得到提升。2.建立投诉热点地区网络质量跟踪解决机制,倾斜资源成本开展天线优化、深耕行动、监控杆及手机伴侣等专项优化工作,全年解决网络投诉2.01万件,网络投诉量比2011年降低30%,客户网络感知明显增强。3.建立网络规划、集中监控、工程外协等专业化队伍,提升自有人员网络能力;推进网格化管理和量化薪酬有机结合,逐步向属地化维护转变;开展传输资源普查,优化基础数据实现精细化管理；完善应急保障机制，圆满完成“十八大”网络保障。

【企业管理转型】 战略转型方面，完成组织机构调整及全员岗位竞聘，建立四网协同机制，实现工作重心面向流量经营、面向移动互联网、面向全业务的有效转变；改革创新方面，落实量化绩效薪酬机制，一线营业人员工作热情和工作质量显著提升；反腐倡廉方面，坚持落实“三重一大”决策机制，扎实推进惩防体系建设，完善内控管理，强化法律监督，深化执行党风廉政建设，落实“一岗双责”，实行重要岗位轮换，加强运营重点环节和重点领域的有效监督。财务方面，持续推进全面预算管理，提高前瞻性财务规划力度，合理安排预算成本，保证资产利用率最大化。人员管理方面，制定后备人员交流管理办法，民主选拔13人次进行干部交流；综合考评个人绩效、民主测评及工作评价等因素，完善三级经理考核聘用机制，实现三级经理队伍优化。企业管理方面，全面启动制度流程汇编工作，建立、健全规章制度管理体系；开展合同管理资格认证工作，提升合同规范性；组织普法宣传，提升全员法律意识。物流管理方面，制定完善公司集采目录，严格执行招投标管理，采购集中度达86%。安全管理方面，严格车辆管理，落实检查要求，组织防火演练，加大安全生产常识宣传力度，提升全员安全意识。宣传管理方面，丰富宣传渠道，加大宣传力度，累计在公司内外媒体投放各类稿件142篇，全省排名第一，加大舆情监控及危机处置，有效维护企业形象。

（刘学楷）

中国电信长春分公司

【市场营销】 公司围绕创新、服务双领先战略，坚持终端引领、规模发展的思路，开展各项营销活动。针对不同客户需求，打造差异化产品套餐，推出多款多品牌千元大屏智能机及IPONE、三星等多款高端机型供客户选择，推出翼支付加油、农村吉林、翼机通、定位、天翼对讲、网络发票等信息化应用项目。

【宽带网络建设及宽带应用开发】 1.长春市区所有小区，全部采用FTTH建设模式，县域城区增量小区采用FTTH建设模式为主，县域城区存量小区及乡镇项目，以FTTB建设模式为主。对于数量非常少的铜缆接入用户，公司积极跟进，有步骤地实施光进铜退改造工作。进一步扩大WiFi的有效覆盖，优化高校等重点场所覆盖质量，WIFI接入的热点区域均采用光纤接入技术，确保WiFi热点的上联带宽。统筹做好宽带接入网与城域网结构优化工作的匹配衔接工作。2.开展宽带提速活动。推出可供用户自主选择的多种宽带产品套餐，满足不同用户的差异化业务需求。启动影视SP接入项目为用户提供高清影视业务，该业务除影视点播功能以外，还具备包括凤凰卫视在内的有线频道的节目点播，以及影视点播、记忆播放功能。3.落实区县电子政务平台、“农村吉林综合信息服务平台”等建设项目。已有多个乡镇开通了门户网站。该平台具有“三纵一横”的特点。“三纵”，即从乡镇政务、商务、服务三大板块信息入手，通过平台实现信息汇聚和互通；“一横”，即每个乡镇都有自己独立的门户网站，充分展示每个乡镇的特产、旅游、乡企等优势资源。满足农民的信息化需求，为农户带来经济收益。

【服务提升】 2012年7月7日，在长春经开体育馆举行由中国电信吉林公司、长春分公司主办的“天翼之夜”群星演唱会，约两万余人亲临现场。同时精心策划俱乐部会员活动，通过植树节活动、母亲节父亲节体检活动、温馨女人节鲜花神秘派送活动、穿越临江摄影采风活动、圣诞观影等客户联谊活动提升客户服务感知。

【自身建设】 开展防腐倡廉宣传活动，认真学习和部署2012年“三重一大”决策制度，开展自查自纠工作。加强队伍建设及人力资源管理工作，将薪酬保险、人事管理、培训教育、绩效考核、招聘配置等各项工作与公司发展需求相结合，进一步保障了公司与员工之间的共赢发展。2012年，中国电信长春分公司荣获“2010～2012年度全省精神文明建设工作先进单位”、“2012年度吉林省级青年文明号”称号及“为民服务创先争优活动先进单位”等多项荣誉。

（陈晓丹）

综合经济管理

宏观调控

【概况】 2012年，全市地区生产总值4 456.6亿元，增长12%，三次产业比重为7:51.4:41.6。全口径财政收入927.7亿元，增长15.5%；地方财政收入340.8亿元，增长18.1%。全社会固定资产投资3 173亿元，增长30.4%。规模以上工业总产值8 263.5亿元，增长17.4%。城镇居民人均可支配收入和农民人均纯收入分别达到22 970元和9 064元，分别增长12.1%和13.8%。

【强化宏观经济调控】 科学制定年度计划。按照"十二五"规划目标分解，制定2012年度计划，提出GDP、财政、投资、城乡居民收入等导向性目标，在此基础上，完成半年和全年计划报告的起草，并经市人代会审定后颁布实施。实时监测经济运行。建立经济运行联席会制度，加强预警预测，完成季度、半年和全年的经济运行分析。强化经济目标责任制考核。制定出台2012年经济目标责任制考核的决定，将年度目标分解并落实到各个城区、县（市）和市直有关部门，加强调度，以月保季，以季保年，理顺程序，严格考核，确保各项任务的顺利完成。

【开展重大问题研究】 完成重大战略问题研究。先后在全市经济两翻番、城乡居民收入双倍增、三化统筹、三动战略、工业和服务业双拉动、生产要素保障等方面完成调研成果数十篇，囊括全市经济社会发展所有重要领域，成为指导全市未来发展理论体系的重要组成部分。完成重要规划纲要编制。完成《新一届政府换届纲要》，提出"两率先"、"三突破"、"五提高"的总体目标框架，明确实施"十大工程"为主体的路径选择，得到市领导的认可，为领导决策提供科学依据。完成《全市生产力布局优化调整指导意见》，深入分析全市生产力布局现状，提出两套可行性方案，为优化全市生产力布局理清思路、明确措施。完成稳增长政策文件制定。制定出台《关于进一步促进经济稳步增长的实施意见》，共计五大方面23条意见，为全市经济企稳回升奠定基础。

【推进重大项目建设】 1.加大项目谋划储备力度。构建重大项目规划平台，整合资源，组建正局建制的重大项目办公室，形成集官产学研商于一体，多领域、高层次、国际化的智力团队，谋划各类项目300个，投资规模2 890亿元。其中，韩国软件园、韩国工业园、三星产业园、富士康科技园等一批谋划项目已经开工建设或启动实施。搭建项目谋划信息平台，建立项目承接合作对象数据库、项目核心技术持有者数据库，以及世界500强企业、央企、知名企业信息库，为引入项目增量奠定坚实的基础。2.加快重大项目建设进程。继续实施"150个重大项目滚动推进"计划，解决项目进展中存在的问题，确保项目按时序开工、建设、达产、见效。大力开展项目集中开工，先后组织春秋两季18次项目集中开工，集中开工项目507个，加快重大项目建设进程。3.加强投资和项目管理机制。研究制定《长春市政府投资项目管理办法》，科学实施年度政府投资计划，完善政府投资项目决策、后评价机制，强化政府投资代建项目管理工作。在国家发改委组织的对中央预算内投资项目稽查过程中，长春市项目合格率100%。4.开展省市对接争取资金支持。强化"发改委牵头汇总、各部门分工协调"的联动机制，积极开展省市对接活动，主动与国家发改委等部委衔接，先后在保障性安居工程、"三农"建设、重大基础设施等方面争取到中央和省预算内资金23.69亿元。

【推动服务业提速】 全年服务业增加值实现1 847.6亿元，增长11.8%。1.制定促进服务业发展政策。制定出台《长春市服务业发展专项资金管理暂行办法》，对全市服务业引导资金的申请、使用、监督等各个方面进行了明确规定，为专项资金依法合规运转提供制度约束。制定出台《关于加快推进服务业转型升级的若干政策》，在财政政策、载体建设、企业发展等十大方面明确扶持原则和重点，为全市服务业发展进一步创造有利环境。2.加快服务业发展载体建设。谋划推进50个服务业重大项目建设，其中35个项目开工，累计完成投资75亿元。东北亚文化创意科技园、知和国际动漫产业园、长春软件与动漫服务外包产业园、宽城亚奇物流园、彩宇广场商贸服务聚集区建设初具规模，吸引入驻各类服务业企业近500户。红旗街万达广场、红星美凯龙家居广场和长春国际工业品交易中心一期工程建成投入使用；伟峰彩宇新城、环球贸易中心、钜城国际等9个项目全面启动建设，部分项目主体完工。3.推进服务业综合试点改革。积极推进净月国家级服务业综合改革试点区建设，全力推动宽城区、双阳区成为省级服务业综合改革试点区。强化试点区体制机制创新探索，指导朝阳区成立服务业发展局，绿园区成立服务业经济区，经开区开展企业非主营业务分离试点工作。4.强力抓好重点领域发展。双阳吉银村镇银行、农安北银村镇银行顺利开业，全市银行类金融机构发展到27家。一汽汽车金融有限公司挂牌开业，成为省内首家专业从事汽车产业的非银行金融机构。吉视传媒成功上市。新开业小额贷款公司20家。谋划布局五大市场集聚区和六大物流集中区，完善物流行业统计体系，现代物流业增势强劲。社会物流总额实现1.4万亿元，现代物流业实现增加值327亿元，增长16.7%。新增物流相关企业676户，3A级以上物流企业达34家。

【重点民生专项】 1. 加快深化医改工作。加快推进五项重点改革，城镇职工、城镇居民和新农合参保率均达95%以上；国家基本药物制度顺利实施，政府办基层卫生机构全部实行基本药物零差率销售；基层医疗卫生服务体系建设加快推进，国家下达的县、乡、村三级医疗机构建设任务基本完成；基本公共卫生服务项目全面开展，10类基本公共卫生服务项目和7项重大公共卫生服务项目任务提前完成；公立医院改革省级试点开始启动。协调推进医保支付方式的改革，通过“议价谈判”，控制医疗成本，有效缓解群众“看病贵”问题。2.完成农村饮水安全工程等农村专项。会同有关部门对各县(市)区2012年农村安全饮水实施方案进行审批，争取中央及省补助资金1.2亿元，加强水源、水处理设施、管网建设，解决20万农村居民及2.8万名农村学校师生饮水安全问题。在新增粮食生产能力、重大水利工程、农村沼气、生猪和奶牛标准化规模养殖场(小区)、农产品质量安全体系建设等方面争取资金4.4亿元，推动农业和农村基础设施建设。3.着力推进社会事业重大民生专项。推进急救体系、重大疾病防控机构、食品安全风险监测等10个专项、46个项目建设，争取国家、省支持资金3.1亿元，确保项目顺利开工。

【推进城镇化建设】 1.积极推进长吉一体化。编制《长春市长吉一体化实施方案》，指导节点和功能区加快规划编制和报批。协调推进重点区域重大项目建设，先后申报长吉一体化基础设施项目10个，争取资金3 680万元。深入推进体制机制创新，重点区域土地试点取得新突破。2.支持基础设施建设。协助长春东南热电厂项目获得国家发改委支持，新建设220千伏电网项目5个、66千伏电网项目15个。加快实施锅炉房并网改造工程，在采暖期前完成100座小锅炉房并网改造计划任务，新增1 500万平方米集中供热能力。投资3亿元完成燃气管网改造工程300公里，投资8 500万元完成市外环高压环网工程28公里。加快水厂改造工程，推动五水厂建成通水，全市日供水能力达30万立方米。3.全力推进节能降耗工作。积极开展47家企业节能目标责任评价考核，组织8户重点企业进行能耗限额“对标”登记。对253个新上项目进行节能评估和审查，组织召开88个项目的节能评审论证会。积极争取国家和省环境保护专项资金，先后在重点流域治理、资源节约、环境保护、节能技术改造等方面，争取国家支持资金5 000万元。

(伏圣兴)

全市服务业工作座谈会

统计工作

【统计服务】 2012年，长春市统计局撰写、编发25期《统计内参》，其中10余篇得到市领导签批。加强对全市宏观经济形势和重大经济问题的分析研究，及时提供准确的统计数据和分析资料，认真做好国民经济运行的进度分析和重大热点、难点问题的专题分析。加大对市委、市政府特别关注的推进新型工业化、新农村建设、增加工业投入、项目引进、非公有制经济发展等问题的专题调研力度，为市委、市政府决策提供参考依据。提升“十二五”经济监测水平。长春市统计局加强对全市政府经济工作报告中关于2012年有关经济指标的分解工作，进一步将重要经济指标落实到各部门和14个作战单位。

【统计数据质量】 2012年，长春市统计局全面强化统计数据管理。1.建立健全统计数据质量控制体系。从核算、专业、数据源头3个层面严格控制统计数据质量。针对6城区、4县(市)规模以上工业、限额以上批零贸易、资质以上建筑和房地产等主要专业都建立统计台账,实行对源头数据质量和数据生成过程进行全过程、全方位监控,收到良好效果。2.制定出台数据质量全过程控制办法。加强对"在地统计"工作的规范、监督和检查,及时协调解决"双轨"运行期间出现的各种问题,完善"在地统计"实施细则。在全市范围内建立实行量化考核工作机制,分级建立统计台账,将县(市)区全年数据质量管理复查、晋级等目标任务纳入全年工作目标,将数据质量管理工作常态化、法制化、规范化。加强对县(市)区"三A"级数据质量管理工作的督导,从源头上提高统计数据质量。3."企业一套表"改革取得阶段性成果。针对企业"一套表"改革实施中遇到的问题,及时组织召开相关部门工作调度会议研究解决。遇重大问题,逐级向各级政府分管领导汇报,及时采取积极有效的措施和办法。4.建立督查和检查制度。加强政府对各相关部门履行职责情况的督导检查;对拒不按规定进行网络直报统计报表资料的企业和个人,依据《统计法》严肃进行法制宣传教育或按相关执法检查程序进行严肃处理。长春市统计局的企业"一套表"统计改革工作获得国家和省局的肯定与表彰。

【专业统计工作】 1.结合"企业一套表"改革,不断完善GDP核算,圆满完成全年各月、季度数据的测算和全年预测工作。2.加强新开工项目的管理,加大沟通和调研力度,及时把握全市项目动态,掌握重点项目投资情况。3.长春市所有规上企业一套表均实现联网直报,工业能源各种报表的上报率100%。4.进一步加强工业经济运行和节能降耗监测预警工作。长春市统计局将年产值10亿元以上企业确定为经济运行监测重点,将年能耗10万吨标准煤以上的企业确定为节能降耗监测重点,及时掌握经济发展和节能降耗动向,发现问题及时采取有效措施,发挥统计的信息、咨询和监督的职能作用。5.开展人口和社科统计。组织实施2012年人口变动情况抽样调查,做好村级样框的编制和抽中村调查资料的核实工作,加大督查指导力度,按时完成对15个县(市、区)和开发区调查数据质量的验收工作。先后完成了劳动力调查、群众安全感调查和城镇私营单位工资调查。妇女儿童两纲监测工作圆满完成,分别形成了监测报告。6.在全市范围内进行限额以上批发和零售业、住宿、餐饮企业、个体户清查工作,对限额以上单位进行查缺补漏。7.专项调查工作进展顺利。民营经济抽样的22 000户样本户,实现了区域性联网直报,实现城乡居民人均收入一体化报表。

【统计执法】 加强统计执法,优化统计工作环境。1.在全市范围内推行统计法律事务告知制度。根据《国家统计局关于推行统计法律事务告知制度保障企业一套表等四大工程顺利实施的通知》要求,印发了《长春市统计局统计法律事务告知书》分发各地,各县市区及时将《告知书》送达本区划内实施"企业一套表"的各"三上"企业和房地产开发经营企业并做好告知登记,确保了企业一套表等四大工程顺利实施。2.加大统计执法检查和处罚力度,对在统计执法检查中态度不好、拒绝检查、故意刁难、不予配合,领导不重视、虚报、瞒报幅度较大的案件进行查处,并对典型统计违法案件将予以通报、曝光。3.坚持部门联合执法。全市各级统计部门先后多次会同本级发改、工信、房地等部门开展统计执法大检查,对固定资产投资、限上批发零售贸易等专业进行联合执法检查,并立案查处统计违法对象。

【信息化建设】 重点研究、开发统一的网络数据库平台。初步实现全市普查区域地图的电子化管理、名录库基层数据的在线查询。网上数据采集、发布能力日益增强。重点房地产企业联网直报系统,是国家统计局利用现代信息网络技术直接面向企业在广域网上推行的第一个应用系统。"企业一套表"改革实施以来,长春市2 300家重点企业实现了网上直报。

【队伍建设】 开展"党团干部服务规模企业"活动。按照国家统计局"万人进万企"和省统计局《关于在全省统计系统广泛开展"千名党团干部服务万户规模企业"活动方案》的具体要求,开展"党团干部服务规模企业"活动。对企业在网上直报过程中遇到的困难可以在第一时间予以反馈、协调、解决。对推选的后备干部采取民主推荐、党组把关、定期考核、平时考察的办法,加强对后备干部的培养和管理,有针对性的进行实践锻炼。制定全系统干部培训工作计划,开展形式多样的培训工作。妥善安排好领导干部的学习和本职工作。

【党风廉政建设】 1.认真贯彻落实省统计局党风廉政建设及纪检监察工作会议精神。总结全市统计系统2011年党风廉政建设工作情况,部署2012党风廉政建设纪检监察工作任务。2.组织全系统党员干部认真学习领会中纪委十七届七次全会及国家、省市廉政会议精神,学习党的十八大精神、学习《党员领导干部廉洁从政若干准则》。组织各县(市)区统计局领导班子成员、市局机关副处以上的领导干部参加《保持党的纯洁性学习读本》、《领导干部报告个人有关事项》知识测试。组织全系统干部职工参加了市直机关2012年党风廉政建设知识测试。组织全系统干部职工观看反腐倡廉电教片。全年通过网络平台向全系统干部职工发送44条廉政格言、推荐11篇廉政文章,为县(市)区局发放廉政光盘60张。组织"五个一"廉政作品创作征集活动,全系统征集各类作品22个,向省局及省纪检委推选廉政书画、廉政诗歌、廉政漫画、廉政公益广告等作品10余个。3.签定2012年党风廉政建设承诺书,明确各县(市)统计局、区分局"一把手"是党风廉政建设的第一责任人,坚持统计业务与党风廉政建设相结合,确保反腐倡廉各项任务顺利完成。4.强化监督检查,促进领导干部勤政廉政。根据《长春市统计局党风廉政建设责任制考核办法》,对各县(市)统计局、区分局领导班子及成员以上干部进行廉政考核测评。5.加强统计行风建设。长春市统计局局先后召开局党组会议、各县(市)统计局、区分局局长、市局各处(室)长及局属事业单位领导参加的“全市统计系统创建‘三满意’及统计行风建设工作会议”,向全市各级统计部门通报《2011年度全市“万人评议机关”基层、企业、群众意见与建议》及全局参评结果。长春市统计局在2011年全市创建“三满意”机关评议中,被评为群众满意单位。6.加强纪检监察自身建设。全市统计系统已形成比较完备的纪检监察工作网络。全年全系统完成纪检监察课题15篇。7. 加强信访工作。建立健全投诉举报箱,开通网上电子举报信箱,开设举报电话等群众反映问题的渠道,鼓励真实举报和署名举报,为真实举报和署名举报人员严守秘密;严格执行信访举报受理、登记、送阅、审批、办理、反馈等规定,提高信访举报工作的制度化、规范化水平。

（曹军飞）

国有资产监管

【概况】 截至2012年末,市国资委出资企业资产总额达1 082亿元,比2011年增长19.3%;所有者权益406亿元。其中,国有权益371亿元;实现营业收入157亿元,比2011年增长15.4%;实现利润3.6亿元。

【战略重组】 旭阳集团与法国佛吉亚公司在佛山合资建厂,与日本中势公司合资成立的橡胶制品公司正式投产。长拖集团与国机集团股权划转到位,进入增资扩股实质操作。欧亚集团在8省18市建立58个店,建设规模近160万平方米,首次进入中国企业500强。长春燃气非公开发行股票融资方案已获国家证监会批准,成功进入图们、珲春、龙井等地燃气市场。国投公司国兴担保全年担保额突破10亿元,综合实力进入省内前三甲。建工集团重新取得国家建筑施工总承包“特级资质”认证。城开集团、润德集团材料生产及供应业务已拓展到全市重点施工项目,商砼、沥青混凝土等主材市场供给率迅速扩张;承建的长春站换乘中心北枢纽、西客站换乘中心投入运营,长东北城市生态湿地公园配套设施项目顺利完成,绕城高速公路硅谷互通立交和腾飞互通立交工程顺利推进,全市公租房、廉租房项目主体全部封顶。地铁一号线11个标段全面实施,二号线可研报告已获国家发改委批准。产权交易中心实现交易额22.4亿元,比2011年增长46.4%,吉林股权交易所正式运营,环境能源交易所碳交易项目已获得国家发改委批准,技术产权交易中心成为吉林省首批技术转移示范机构。

【要素保障】 一水厂改扩建工程和三水厂提标改造工程顺利推进,五水厂续建工程实现并网通水,新增日供水能力30万立方米;污水处理达到标准排放,实现污水再生利用。燃气控股公司改造旧管线300公里,用户满意率创历史新高;天然气公司新铺设管网170公里,新增工业用户59家,居民用户5.4万户,安检整改7 000余处,保证安全供气。热力集团新增供热面积197万平方米,室温合格率达99.6%;供热公司改造老旧管网82.5公里,并网改造小锅炉,国有供热“品牌效应”进一步彰显。轨道交通集团轻轨四号线正式运营,与三号线实现站内一票换乘,日均客运量11.1万人次,比2011年增长20.4%;公交集团更新车辆296台,全年客运总量5.3亿人次,比2011年增加4 000万人次。

【科学监管】 严格国有产权转让和企业出资、增资审批,强化基础管理,促进国有产权有序流转。优化设置导向性考核指标,落实企业生产经营责任。强化企业领导人员管理,优化结构,一批年纪轻、学历高、能力强的后备人才进入企业领导人员管理梯队。增加外部董事比例,调整监事会主席,公司治理更加规范。加强国有资本收益收缴和经营预算管理,年度国有资本收益全部收缴入库。

【企业改革及遗留问题】 厂办集体企业改革取得新进展,职教幼教退休人员待遇落实工作基本完成。改制遗留问题处理取得重大突破,工业、商业和建设资产经营公司及相关企业妥善处理先期改革遗留问题,保障职工权益。

【党建工作】 开展基层组织建设年工作,走访老党员、困难党员和困难职工1 000人,送去慰问金33万余元。全系统有4家文明单位、9家精神文明建设先进单位、1对军警民共建单位和1名先进工作者受到省级表彰。与系统内企业全部签定《国有企业领导人员廉洁自律

新建的长春市第五净水厂供水工程

承诺书》，与党政“一把手”签订《清理“小金库”责任书》，企业重点工程招投标工作依法合规实施，纪委案件查办和管理工作进一步规范。

（杨继章）

工商行政管理

【概况】 截至2012年末，全市实有登记注册的内资企业8 651户，比2011年同期增长1.47%；注册资本2 257.91亿元，比2011年增加8.54%。外商投资企业1 279户，比2011年同期增长7.39%；投资总额76.92亿美元，比2011年下降0.21%，注册资本46.37亿美元，比2011年增长58.01%。外方注册资本26.01亿美元，占注册资本总额的56.09%，比2011年下降2.17个百分点。个体工商户20.90万户，比2011年同期增长14.08%；从业人员38.50万人，比2011年增长13.47%；注册资金88.67亿元，比2011年增长29.98%。私营企业6.29万户，比2011年同期增长11.92%，私营企业雇工30.30万人，比2011年增长8.33%，注册资本金总额972.09亿元，比2011年增长16.99%。农民专业合作社10 496户，比2011年增长64.00%，成员总数5.82万人，比2011年增长103.50%，出资总额146.83亿元，比2011年增长104.50%。

【市场主体监督管理】 实施“主体增量工程”，促进文化产业、服务业和小微企业发展，1.7万户市场主体从中受益。全市登记注册各类市场主体总数达29.38万户，比2011年增长15%。全市从事文化产业的企业发展到3 412家，各艺术院团改制工作接近完成。出台《关于优化经济发展软环境支持各类企业健康快速发展的若干意见》，助推小微企业发展和全民创业。运用动产抵押、股权出质、商标权质押“三大平台”帮助中小企业融资165.4亿元。对高校毕业生申请的注册资本在50万元以下的公司制企业允许注册资本“零首付”。全市新登记“零首付”公司139户。切实减轻企业负担，免收小微企业登记费和年检费301.8万元，指导办理现代服务业企业819户。支持支柱主导产业和战略新兴产业发展。规定无须办理权属登记的技术出资，经全体股东同意并评估验资后，可凭此作为新兴产业公司股东。按此政策办理战略性新兴产业企业61户。简化住所使用证明审查程序，鼓励大中专毕业生及其他就业困难群体自主创业。通过允许生产加工型企业住所和生产场所分设、放宽企业名称登记条件等措施，促进中小企业发展。全市新登记注册资本100万元以下的中小企业8 005户。

【服务经济发展】 开展重点项目全程服务。通过派驻“项目联络员”和开辟登记“绿色通道”等措施，为全市513个大项目提供准入服务，119个大项目提供全程服务。开展年检上门和登记预约服务。年检期间为4.6万户企业和12.3万户个体工商户上门服务，上门服务率分别达81%和91%。根据市场主体预约申请，为企业提供服务411户次。2012年，个体工商户验照率和内资企业年检率分别提高7%和5%，网上年检率100%。推进信用分类监管。启动“企业信用体系建设年”活动，完成698个责任区区域界线划分工作。加强企业信用分类监管软件应用，对190户企业因涉嫌抽逃资金、经营场所不实等情况进行年检和变更登记限制。开展主体信息运用服务，完成《市场主体发展情况报告》，及时上报市委、市政府和省工商局。开展动产抵押助企融资。向企业免费发放《服务企业融资服务联系卡》和《动产抵押、商标质押、股权质押融资知识问答》宣传手册，组织召开全市动产抵押银企对接座谈会暨签约仪式，8家银行与企业现场签订15亿元融资协议。全年通过动产抵押方式为306户企业融资104亿元。此外，通过股权出质为156户企业融资61亿元，通过商标权质押为企业融资3 500万元。

【商标管理】 全市注册商标23 896件。其中，驰名商标30件，省著名商标218件，市著名商标257件。长春市获得国家商标战略实施示范城称号，“一汽”集团获得国家商标战略实施企业称号并顺利通过评估。在全国同类城市中率先开展商标地方立法工作，《长春市著名商标认定和保护条例》顺利通过立法程序。3件商标进入马德里商标国际注册程序。“华正”、“富奥”、“奥威”、“迪瑞”、“一东”和“香香仔”等6件商标成功获认为中国驰名商标。建立各类商标培育储备库，16件商标纳入驰名商标储备库，79件商标纳入省著名商标储备库，76件商标纳入市著名商标储备库。通过网络、以会代训等形式，对申报驰名商标和省、市著名商标企业进行培训，提升企业品牌意识。按照国家商标战略实施示范城市和示范企业《评估办法》的要求，不断深化创建工作，顺利通过国家工商总局的检查评估。深入推进打击侵犯知识产权和制售假冒伪劣商品专项执法行动。检查经营主体3.74万户次，整治重点区域241处，查处商标侵权案件76件。坚决整治侵权假冒和傍名牌行为。查处傍名牌案件112件。

【广告监督管理】 探索建立广告企业联盟和广告产业园区。成立领导小组，推进长春市广告战略实施。国家工商总局将吉林长春广告产业园列为第二批国家级广告产业示范园区。发挥广告协会作用，指导建立全市广告企业联盟。加强广告监测。广告监测中心对市级5家电视媒体、6家广播媒体、2家平面媒体的广告进行24小时实时监测，对社会反映强烈、涉及群众生活和身体健康的药品、医疗、医疗器械、保健品、美容和化妆品等广告进行重点监测。监测各类广告19.43万条次，发现涉嫌违法广告1.25万条次，违法率6.44%，比2011年大幅下降。查办违法案件109件。健全监管联席会议制度，完善广告监管机制。明确广告整治工作联席会议成员单位职责，利用互联网与市级媒体建立工作联系平台。发出违法广告《行政建议书》2份，发布《违法广告警示公告》3期。加强户外广告监管。集中开展固定形式印刷品广告专项整治，对机场沿途、火车站内的户外广告进行全面规范，配合做好150天市容环境综合整治，对户外违法广告进行清理。

【服务新农村建设】 开展"红盾护农"工作。在春耕期间制作《农资识假维权常识卡》和有关购买农资公益广告，发放宣传资料1.5万份、农资知识手册5 000册。开展"农资打假百日行动"，检查农资经营企业5青团760户次，查处涉农违法案件344件。开展"合同帮农"、"商标富农"及"合作兴农"工作。制定《推进2012年合同帮农工作实施意见》，土地托管"合同帮农"工作取得新突破，全市有35个乡镇、60余家合作社实行土地托管，托管土地1.6万公顷，涉及农户1.1万户。推行合同帮农多元化措施，指导签订10.9万份农业订单、订单总额14.8亿元。大力实施"一所一标"工程，全年基层工商所引导涉农商标注册78件。通过开辟绿色通道、下放登记权限等措施，促进农民专业合作社发展。全市已登记注册农民专业合作社10 496户，比2011年增长64.00%

【食品流通监督管理】 严把准入关口，依法核发《食品流通许可证》，全市登记食品经营主体3.98万户。其中，食品批发主体576户，大型超市、农贸市场269户。全面清查食品经营主体，下达责令整改通知书1.68万份，规范食品经营主体资格。强化食品质量监测。按计划完成食品质量监测工作，抽检种类食品450个批次。全年配合专项整治抽检食品208个批次，利用快速检测设备检测蔬菜、水果、副食品等32种1 830个批次。开展食品安全专项整治。对已登记食品经营主体逐一清理规范。先后开展乳制品、地沟油、瘦肉精、进口红酒等19次专项整治行动，查办食品违法案件404件，查扣不合格食品4 750公斤。抽检食品89个品种1 096个批次、成品粮油300个批次，快速检测食用农产品1 830个批次，不合格食品全部下架退市。取缔无证照食品经营场所153处。制定并认真执行《食品安全重大事件应急处置预案》，提高食品安全应急处置能力。

【消费者权益保护】 "12315"申诉举报中心和各级消协受理咨询、投诉3.73万件，为消费者挽回经济损失665万元。特急信息分流办理工作由7天提速到1天，市长公开电话办理反馈率100%。全面落实基层建站标准，推进"一会两站"规范化建设，推进"12315"影响覆盖面，提高维权效率。开展"讲诚信、反欺诈"专项行动，20家商业零售企业率先做出诚信经营自律承诺，查处消费侵权案件138件。在多所高校设立消费维权宣传专栏，在老年大学开设消费维权讲堂，在各类媒体上发布消费提示、消费警示498条，提升了消费者维权意识和能力。

【市场规范管理】 全系统查办各类经济违法案件5 103件，案值2.9亿元，收缴罚没款8 814.30万元。强化流通领域商品质量监管，委托检测机构，对服装、床上用品、玩具、学生用品等11个类别506个批次商品进行定向监测，发布监测信息11次，对不合格商品全部清查退市。加强成品粮油质量抽查，与市粮食局联合行动，以大米、面粉、植物油为重点，检测成品粮油278个批次。其中大米110个批次，19个批次不合格；面粉90个批次，24个批次不合格；植物油63个批次，2个批次不合格；挂面15个批次，全部合格。对不合格粮油按相关规定进行降低等级、下架、返厂及立案查处等处理。对乳制品销售环节实施全程监管，加强质量监测，每月抽样检测婴幼儿配方乳粉15个批次，全年抽检360个批次，全部合格。推进网络商品交易及有关服务行为监管。经过备案的企业门户网站3 746个、本市购物网站25个、外地驻长网站23个，在"淘宝网"开店商家1.9万余户。开通全省系统首家独立建设的网络监管平台，建立网络"经济户口"1 205户。查办了"江西精彩生活"网络传销案，收缴罚没款3 712.80万元。加大反不正当竞争执法力度，依托"12315"申诉举报中心，建立打击商业贿赂快速反应机制。查办医药购销、工程建筑等领域商业贿赂案件18件。依法查处限制竞争行为，查办公用企业限制竞争和指定经营者滥收费用案件5件。

【反垄断与不正当竞争执法】 推行水、电、气和房屋中介行业合同条款备案。将供水、供电、供暖、涉农、二手车交易和旅游6个行业作为首批规范重点，开展合同条款备案管理工作。大力整治合同"霸王条款"。组织开展利用合同格式条款侵害消费者合法权益专项整治行动，检查市场主体1.48万户、各类合同5 547份，清理内容涉及"霸王条款"的店堂告示1 902条、邀约广告宣传单5.5万份，销毁及遮盖存在"霸王条款"的消费卡47万张，查办违法案件115件。

【直销监督管理】 全年查处传销案件12件，收缴罚没款4 021万元，取缔捣毁

长春市工商局举行"工商开放日"活动

传销窝点34个,驱散遣返传销人员530人次。利用新闻媒体发布打击传销警示3次,在45个城区街道社区、1 648个乡镇村屯和15所高校张贴、发放禁传宣传材料3万多份,组织禁传知识讲座17次,在电视台、高校校园网及校内电视台播放打传公益广告和宣教影片。严格规范直销行为。接受直销企业信息报备120次802条,实施现场监督检查390场次,实施提示、警示告诫5次,有效规范了直销行为。

【社会管理综合治理】 严格治理无证无照经营,开展规范无照变有照百日会战,查办无照经营案件2 401件,涉及前置许可的及时函告相关部门。加强高风险行业、"黑网吧"、校园周边监管。检查校园周边网吧、游艺厅、歌舞厅、文具店、食杂店、小旅店等3 040户,取缔无证无照经营132户,取缔农村"黑网吧"3户。深入开展"打非治违"专项整治行动,查处涉嫌"两虚一逃"和一室多户经营312户,纠正"涉安"企业违规行为为189户次。

【队伍建设】 大力加强基层建设,投资2 700多万元改善基层基础设施,工商所电脑配备率100%。全年依托网络组织业务培训33期,培训干部5 500人次。开展全员岗位练兵和竞赛比武活动,促进队伍素质的提升。严格规范执法行为,落实"四段式"执法模式和针对小微企业首次违法行为的"四个一律"政策,努力改善经济发展软环境。加强队伍纪律作风建设,大幅度缩减服务质量电话回访工作时限,全年回访量近5万户,满意率99.97%。组织12期"局长接待日"活动,来访102人次的75个问题全部妥善解决。开展"千人服务万户企业"暖心服务活动,帮扶市场主体1.18万户。

(杨俊天)

物　价

【价格调控监管】 认真贯彻落实国家和省市的各项价格调控措施,通过突出抓好以蔬菜为代表的"菜篮子"等重要生活必需品的生产供应和价格调控监管,突出抓好5大节日市场以及价格异动较大的重点时期市场价格调控监管工作。采取实施价格调控目标管理、抓好农副产品生产储备和供应、建立价格监测预警和价格异动协商机制、建立完善《长春市价格监测预警制度》、《长春市应对价格异常波动预案》、《长春市蔬菜等农产品价格应急预案》、《重要民生商品价格发布办法》等一系列制度规范,设立农副产品直销店,大幅降低农贸市场摊位费。出台调价项目等措施,进一步强化政府价格调控监管能力。2012年全市居民消费价格总水平上涨2.3%,比全国居民消费价格总水平涨幅低0.3个百分点,比全省居民消费价格总水平低0.1个百分点,实现年初预定的全市价格总水平调控目标。

【价格改革】 2012年,提出推进全市公用事业产品价格改革的设计规划。就价格结构性矛盾比较突出的燃气、供水、供热、停车、物业、学前教育等重点项目提出疏导理顺价格和规范管理的预案报告。先后理顺规范民办中等学校教育、党政机关办班、9所小学教育、天然气管线改造、物业用水和机动车停车等收费价格,落实省实施阶梯电价措施。

【价格监督检查】 开展银行收费专项检查,严肃查处商业银行强制收费、捆绑收费、只收费不服务或少服务等违规收费行为。开展流通领域收费专项检查,重点对运输领域,包括铁路、公路、民航,对进出口环节,海关、出入境检验检疫、对交通、工商、公安(消防)等部门及其下属单位价格和收费政策执行情况进行检查。开展涉农收费专项检查,对农民建房、农机服务、有线电视、农村中小学、乡镇卫生院等领域收费开展检查。开展教育收费、医疗收费、药品价格、商品房明码标价、旅游价格、公共产品价格、各类培训收费、汽车检测等重要民生涉民价费专项检查,集中查处一批侵害消费者价格权益、破坏市场价格秩序的违法案件。2012年,先后有计划地对13个重点行业和部门进行专项治理,市本级对44个单位进行重点检查,立案查处重大价格违法案件14件,实施价格违法经济制裁119万元。全面推进全市价格举报信息管理系统建设,完善全市价格举报办理联动机制,落实局长接待日接访工作。2012年,市本级受理群众价格投诉举报3 412件,通过办理价格投诉为群众退还差价款26万元,维护消费者价格权益。

【清费治乱减负】 开展重点行业和部门的收费专项治理,落实国家相关减免行政事业性收费的政策措施。对公办中小学教育、民办职业学校教育、党政机关培训班、新增计量检定项目、路边机动车停放、物业、殡葬墓地收费进行全面清理整顿。开展涉企、涉农、涉民收费专项治理工作,切实减轻企业和群众的负担。对全市535个收费单位进行审验,涉及收费额度达21亿元。

【价格监测预警】 开展包括粮油及主副食品、工农业生产资料等17大类400个规格品种的常规性价格监测,发布市场价格监测信息报告300多份,报送、发布价格监测及应急价格监测数据18万笔。在粮油肉菜市场价格异动、食品及相关商品突发涨价以及重大节日、重要活动期间,适时启动应急预案,普遍采取加大监测和巡查频次,扩大监测品种和区域范围,宣传引导和联动监管并举的应急措施,进一步增强价格调控监管的实效性。

【价调基金调控】 推进《长春市价格调节基金征收使用管理办法》的调研、论证,进一步完善《长春市蔬菜等副食品价格过度上涨调控预案》,对基金征管进行系统规范。加大对重点品种和重要环节的投入。2012年先后投入1 500万元,用于重点蔬菜品种的价格直补,实施减免蔬菜批发市场入场费、减免蔬菜业户零售摊位费的政策性补贴,在市级生猪储备、重点品种蔬菜储备库建设、豆制品生产基地建设、秋菜收储等重要主副食品的生产供应保障和市场价格调控方面加大投入，发挥价调基金保供稳价的调节作用。

【价格社会监督】 建立完善社会价格监督制度。探索在街道（乡镇）、社区建立社会价格监督组织，推进社会价格监督网络建设，通过建立制度、公示民生价费、设立社区价格监督员、联络员和信息员、开展物价主题宣传等，把价格监管延伸到社区、学校、医院和商业等公共领域，进一步完善价格社会监督。建立完善行业价格自律制度。开展"价格诚信"活动，引导和带动更多的企业在节日和价格异常波动期间坚持诚信经营、让利于民，自觉贯彻落实政府的调控政策措施。全面推行商品和服务明码标价制度。制定不同行业明码标价管理规范，组织开展经常性的明码标价执行情况专项检查，开展明码标价示范单位评选活动。

【引导价格预期】 逐步完善新闻发言人、价格信息员以及重要商品和服务价格信息发布制度，做好民生价格热点问题、重大价格决策、应对突发事件和价格调整期间的宣传工作，加强舆情分析，引导掌控社情民意。先后12次通过政行风热线、政务网络直播、民生直播间等，就群众关心的民生价格问题进行政策宣传，86次发布粮油及主要副食品价格监测信息，坚持重大节日期间和市场价格频繁波动期间每天发布重要商品信息，引导消费。

【完善联动机制】 建立完善保障标准调整、粮油帮困补助和临时价格补贴三位一体的联动体系。密切关注低收入群体生活状况，加强调研和基本数据的收集、整理、分析，准确测算价格上涨对低收入群体生活的影响，及时提出启动联动机制实施标准调整、帮困补助和价格补贴的建议。在重要公用产品价格调整时，注重对低收入群体的生活保障，实施对低收入群体专项价格补贴政策措施。2012年3次进行临时价格补贴，受益10多万人次，补助金额2 000多万元。

【成本调查监审】 组织开展蔬菜、粳稻、玉米生产成本及收益、农户存售粮等20多项专业调查活动。开展外进蔬菜流通环节费用情况和利润情况以及生猪调查户生产经营情况的临时性调查，向国家、省市有关领导和部门提报专题报告，为地方政府实施价格调控措施提供高质量的市场信息和调研成果。开展了以燃气、供水、供热、教育、医疗、交通为重点的民生价格成本监审工作，真实把握价格成本构成，为政府价格决策提供科学依据。2012年先后对3大行业19个企事业的价格成本进行审核，核定成本总额为1.8亿元，核减成本达2 300万元。

【价格鉴证认证】 做好国家司法、行政机关及仲裁机构办理的各种刑事、民事、经济、行政及仲裁案件中涉及的各种标的价值鉴定，开拓涉纪、涉税财物价格认定工作。2012年完成各类价格鉴定2 126件，鉴定总金额4 806.08万元。

（叶　昊）

质量技术监督

【科技质监】 全年全系统累计投入资金1 326万元用于检验仪器设备的更新和技术改造，新增检定检测项目44项，检测领域进一步拓宽。汽配中心、特种设备作业人员培训考核基地、省级能源测试中心建设取得新的进展。加强科研项目申报工作，争取项目资金159万元。

【安全质监】 组织开展一系列食品质量安全专项整治和端窝打点行动，食品质量安全隐患得到有效整治，全市未发生大的食品质量安全事故。严格落实食品监管各项制度。全年对1 190户食品生产企业生产的23大类3 201个批次产品进行抽样检验，平均合格率94%。深入推进豆制品放心工程。严查食品违法违规行为。依法查处各类违法违规食品案件计117起，取缔"黑窝点"3个。全市划分146个监管辖区，实行特种设备辖区监管责任制。组织开展"安全建设年"专项整治活动，查处各类事故隐患412处，已全部督促整改完毕。弃管小区电梯排查整治工作有新进展，经过与区政府相关部门、街道、居民多次座谈、协调，南关区政府承担的159万元资金已落实到位，市政府配套资金175万元基本落实。

【惠民质监】 组织开展"金质惠农"、"取缔无证无照经营"活动以及汽配产品专项检查，全年查办质量技术监督行政违法案件710件，捣毁制假黑窝点25个。加强基层窗口建设，推进政务公开、政府信息公开和阳光政务，减化审批环节。采取多种形式，走进街道社区、深入企业和消费群体宣传质监法律法规和消费常识，提高消费者的质量安全意识。免费向企业发放法律宣传资料2万余册，向消费者发放消费常识等方面的宣传资料近10万份。针对社会和百姓关心的热点和敏感问题，如食品添加剂、眼镜、电梯、三表检定等内容进行解答和宣传。先后近40人次在吉视法制频道、长春广播电台、长春信息岗等新闻媒体和专题栏目做客直播间，进行百姓关心和咨询的问题进行解答。与长春日报社共同开办"质量与民生"专栏，全年刊登稿件12期，总计6个整版。对百姓投诉反映较多的问题，如化肥、中小学饮用水、"民用三表"以及家装污染等问题开展免费检测活动，全年达1 200批次。

【服务质监】 推进实施名牌战略。上报24户企业30个产品为"吉林省名牌产品"。推荐一汽大众、轨道客车、燃气公司、启明信息公司等10户企业参评"吉林省质量奖"，8户企业入围。建立企业信用档案616户，组织15家企业的50余个QC小组活动。推进实施技术标准战略。推荐申报吉林省地方标准制修订项目23项。其中14项获批立项，14项蔬菜地方标准立项审查全部通过。指导帮助企业完成22项产品的采标验收工作。完成企业标准备案108项。开展能源计量监督检查，检查用能单位50家，对12家重点耗能企业进行节能量化达标评价，4家企业被评定为A级。在诚信计量先进单位和个人评比中，全市有16家单位和8名个人被评为先进。组织开展

长春市“质量月”宣传活动启动仪式暨名优企业展示会

了“项目建设绿色通道”、“窗口单位为民服务创先争优”、以及“服务企业百日行”活动，主动为项目单位提供有关的政策法规、行政审批、技术基础、质量管理和检验检测等服务，受到企业普遍欢迎和好评。先后帮助一汽集团、长春大成集团、美国杜邦公司等企业解决生产中的技术难题，为全市食品生产企业培训检验及管理人员1 000多人次。

【和谐质监】 开展“创先争优”、“基层党组织服务民生”、“查找改”以及创建“三满意机关”活动。“基层组织建设年”活动完成划档定级、整改晋级等工作。组织拓展训练、体育比赛、重温入党誓词等一系列文化活动；组织廉政书画展、组织观看廉政教育片、举办专栏等方式，广泛宣传党风廉政建设有关规定。深入开展“万人评议机关”整改活动。制定整改措施15项，通过狠抓落实，“万人评议机关”中企业群众所反映的21个问题已经全部整改落实到位。总局《内参》专门刊载了《以构筑“四大防控体系”为保障，努力推进党风廉政建设工作深入开展》的文章。

（李铭伟　黄　宁）

安全生产监督管理

【概况】 2012年，全市发生各类事故3 746起，比2011年下降23.3%；死亡590人，下降2.2%；直接经济损失4 591.1万元，下降52.1%。其中，生产事故27起，下降18.2%，死亡37人，上升8.8%；道路交通事故1 150起，下降40.8%，死亡551人，下降1.4%；火灾事故2 569起，下降15.9%，死亡2人，下降80%。1～12月，未发生重特大事故，未突破省政府下达的安全生产年度控制指标。

【隐患排查治理】 把隐患排查治理作为工作主线，先后组织开展春季安全大检查、“百日提升”和年终“大检查、大治理、大考核”等活动，有效遏制了重特大事故的发生，确保重大节日和十八大期间的安全稳定。排查企业21 594户，排查一般隐患29 726项，已整改29 437项，整改率99%；挂牌督办重大隐患18项，现已全部整改销号。

【“打非治违”专项行动】 突出煤矿、非煤矿山、道路交通、建筑施工、消防、危险化学品、烟花爆竹等高危行业领域的专项整治，集中开展“打非治违”专项行动。全市出动执法人员12 379人次，查出非法违法行为6 466起；责令限期整改企业2 577户；没收违法所得及非法生产设备企业7户；依法关闭非法企业15户；停产停业企业承包44户；暂扣和吊销许可证企业779户，行政拘留10人；移交追究刑事责任2人；罚款467余万元。

【安全生产专项整治】 煤矿方面，突出瓦斯治理和防治水害两个重点，严格执行矿领导带班下井制度，推进煤矿井下安全避险“六大系统”建设，全市已有1处矿井(华安矿业有限公司)的“六大系统”建设全面完成并通过验收，其他矿井除井下紧急避险系统外的“五大系统”已全面建设完成，所有矿井已全部通过专家验收；非煤矿山方面，严格执行企业停产复工验收制度，将非煤矿山水平分层台阶开采、中深孔爆破、液压锤二次破碎、机械铲装、非电起爆等先进技术应用作为企业开工验收必备条件。将开工前集中培训、签订安全生产承诺书、为职工办理安全生产责任险和工伤保险等内容纳入开工验收条件。工作中，推行“两表一库三统一”(开工验收表、日常检查表和企业安全生产数据库)安全监管方式，实现非煤矿山企业生产安全“零”事故和“零”死亡；危险化学品和烟花爆竹方面，实行“棚式”经营模式，严格查处超储、连片经营、经营违规产品等行为，确保春节期间无事故发生；突出重点危险工艺、重点危险化学品、重大危险源监管；对中石油、中石化储存油库开展专项检查，副市长桂广礼带队现场解决中石油宽城北油库搬迁事宜，消除安全距离不足重大隐患；工商贸方面，对市直管的冶金有色、机械制造、粮食收储等行业企业进行定期、不定期的安全检查，督促企业落实安全生产主体责任，开展隐患排查。加强机械、轻工、纺织、烟草、商贸等行业领域“三同时”监管力度，加强源头管理，开展高危行业建设项目“三同时”许可、备案工作。

【隐患排查治理体系建设】 为保障隐患排查治理体系建设的开展，市政府投入保障资金500多万元，组织相关部门多次赴北京顺义区学习隐患排查治理体系建设经验。成立隐患排查治理体系建设领导小组，印发《长春市安全隐患排查治理体系建设工作实施方案》，确定了“以点带面、稳步推进”的工作思路，选定了2个县（区）、2个城区、2个开发区和2

个部门作为试点单位，率先开展隐患排查治理体系建设工作。11 月 1 日，在农安县召开全省安全隐患排查治理体系现场会，全市隐患排查治理体系建设工作得到省局领导的肯定。

【企业安全生产标准化建设】 2012 年初，在工矿商贸和交通运输行业开展安全生产标准化建设，投入财政保障资金 600 多万元。召开全市动员大会，对标准化建设工作进行全面部署。6 月 19 日全省危化标准化工作现场会和 7 月 4 日全国危险化学品和烟花爆竹标准化工作现场会在长春市召开，与会代表参观了长春杜邦和米高化工两户企业，长春市企业标准化达标工作得到了国家总局副局长孙华山和省局领导的高度评价。

【宣传培训教育】 开展“安全生产咨询日”、“安康杯”竞赛活动、“创建青年安全生产示范岗，争做青年安全生产卫士”等活动。市安监局荣获“2012 年全国安全生产月活动先进单位”称号。认真贯彻全省企业全员岗位安全培训现场会精神，在全市 15 个县(市)、区确定 31 户企业为全员岗位安全培训试点单位。加强安全生产培训工作指导，加强企业主要负责人、安全管理人员、特种作业人员“三项岗位人员”安全教育培训工作，全年考核各类人员 7 504 人。

【职业健康监管】 开展了木质家具制造企业和石棉制品企业等两类企业的职业危害专项治理工作，检查 33 户，排查隐患 64 处，整改 64 处。超额完成省里下达职业危害申报任务。2012 年，省局下达职业危害申报任务 1 500 户，截至 2012 年末，全市已经申报 1 770 户。其中，取得安全生产许可证的企业申报率 100%，粉尘和使用高毒物质的企业申报率 95%。

【安全应急管理】 组织开展应急预案评审、备案工作，重新修订《长春市安全生产事故灾难应急预案》、《长春市煤矿生产安全事故应急救援预案》等应急救援预案；在煤矿、非煤矿山、危险化学品、人员密集场所等行业领域开展 80 余项应急演练活动，参加应急演练活动人员 5 000 余人；加强市矿山应急救援中心能力建设，对矿山应急救援设施设备等投入 1 100 万，将矿山应急救护队员从原有 35 人增加至 50 人，每人财政补贴 2 200 元，全年增加财政补贴约 40 万。矿山救护队先后参与了中石油长通油罐渗漏、长春市五环体育馆液氨泄露和长春市双顶山矿业股份有限公司一矿冒顶等事故的抢险救援工作，将事故损失降至最低，在吉林煤监局组织的矿山救护队质量标准化达标考核验收工作中受到专家们的一致肯定。

市安监局举行执法着装仪式

【安全生产行政审批】 严把安全生产市场准入关口，认真落实新建、改建、扩建项目安全设施“三同时”审批制度。下发《关于橇装式汽车加油装置安全许可有关事项的通知》，简化“三同时”审批程序，为企业提供方便，节约了资金。窗口接到各类许可申请 342 件，办结 325 件，退办 17 件，已办结的各类许可申请全部在承诺时限内完成，办结率 100%。

（韩　鹏）

财　政

【财政收入】 2012 年，在开展常规性组织收入工作基础上，将专户管理的非税收入纳入预算，对建设审批收入全部实行银行代收，加大对土地出让等重点项目监管，严格财政票据管理，促进了非税收入的应收尽收。一般预算全口径财政收入达到 927.7 亿元，增长 15.5%；地方财政收入完成 340.8 亿元，增长 18.1%；市本级地方财政收入 202 亿元，增长 26.2%。全市一般预算财政支出完成 560 亿元，增长 8.1%。市本级财政支出 221 亿元，增长 12.7%。

【保障民生】 加大资金整合力度，统筹落实民生计划所需资金 71.5 亿元，重点用于就业、社保、文化、教育、医保等 10 个方面 99 件民生实事；及时拨付粮食直补、综合直补、家电下乡、新农村建设等资金，落实各项惠农政策；多渠道筹措资金，保障了地铁、西客站等重大项目建设；安排城市维护支出 42 亿元，保障了环卫、市政、绿化等资金需求；安排水利基金 2.4 亿元，用于伊通河城市防洪工程建设和饮马河等重点中小河流防洪综合整治；安排彩票公益金支出 7 959.7 万元，用于养老、助残等公益项目；拨付经济补偿金 5 317 万元，推进了市级厂办大集体改革；争取奥地利政府贷款，用于一汽高专和购置医疗设备等；拨付资金落实职工住房货币分配改革政策；实施未休年假补贴、第三步津贴补贴改革，改善机关事业单位职工待遇。

【支持经济发展】 提出并落实了稳增长的财政措施、一汽车辆购置补贴以及支持创新型企业发展等政策建议；安排工业、战略性新兴产业、中小企业、服务业、科技、出口等专项资金，采取补助、贴息、股权投入等方式，支持经济结构调整和发展方式转变，促进经济稳定增长；利用国库间歇资金 52.7 亿元，支持城区、开发区、工业集中区土地开发和项目建设，促进县区经济发展；落实新能源汽车补贴政策，扶持重点税源产业发展；加大对担保机构的支持力度；支持了全市重点展会和招商引资工作；融兴公司完成资产注入和到期债务偿偿，维护了政府信誉；加大"三农"投入，支持农业产业化、农业技术推广和农村环境连片整治示范工程建设；提高农发项目申报质量，争取中央和省财政资金 7 483 万元；利用粮食直补和农资综合直补资金担保融资，199 户农民从农村信用社贷款。

【科学理财】 稳步推进预算绩效管理、"三公经费"，将事业单位津补贴全部纳入财政补助范围，加大对部分事业单位的经费保障力度，较大幅度提高了公用经费定额。出台财政重大事项管理暂行规定，从年初预算、上级补助、预算超收及预备费、财政借款、金融机构贷款等层面做了规定。起草市级财政专项资金、会议费和旅游资金三项管理办法，建立了财政与使用部门的联审、联签制度。市本级国库集中支付改革和工资统发实现扩面，指导推进了区级国库集中支付改革。启动了公务卡制度试点，开展专户资金理财。统筹运用偿债资金利率差，实现节支增收。完善了进口产品采购和单一来源采购管理制度，扩大政府采购规模，全年采购金额 15.4 亿元，开展政府采购支持中小企业融资工作。开通定点印刷和车辆定点维修结算管理系统。完善集中采购机构运行机制，开展标准化建设。推进市本级国有资本预算管理，对相关单位年度预算做了正式批复。在全省率先建立行政事业单位资产管理信息系统，通过网络审批资产 2.1 亿元。组织检查大中型企业实施企业会计准则情况，开展内部控制规范体系试点。统筹运用偿债资金利率差，节省了举债成本。出台政府公物仓管理办法，实施以资抵债 162 万元。

【财政监管】 组建财政专职检查队伍，围绕政府非税收入等 9 个方面，检查 22 家重点征管单位，对残疾人就业保障金和气象系统专项资金使用情况进行了检查，对所属 10 个城区和开发区 2011 年市级财政收入进行了检查，对查出问题按规定做出相应处理。对市直教育系统 54 家中小学国有资产管理情况进行检查，为资产预算管理和配置提供了数据支持。对轻轨、地铁等重点工程建设、还本付息资金来源等问题提出意见。清理规范财政专户，市本级共减少账户 9 个，区级撤销账户 9 个。起草地方政府债务管理办法并上报市政府，加大到期债务的催收、还贷，推进政府主权外债项目落实。建立相互制衡的财政评审机制，完成提报值 118.5 亿元，审减 14.3 亿元。强化土地资金监管职能，审减 1.65 亿元，节约了土地成本。发挥财务总监作用，联签资金 2 874 笔，会签合同 1 358 份，提出调整监管范围和会签范围的建议。建立财政重大处罚案件集体讨论制度，组织财政"六五"普法知识竞赛，近 10 万人参赛，居全省第一。完成会计拔尖人才培养一期任务。推广会计从业考试网上报名缴费，完成各类会计培训 36 951 人次，组织考试报名 44 027 人次。开展事业单位公务用车清查工作。

【自身建设】 组织开展财政文化主题演讲和征文等活动。在第十九次全国财政理论研讨会上做了典型发言，财政系统权威刊物《中国财政》、《中国财经报》记者对财政局进行专题采访和深入报道，提高市局财政文化建设在全国财政系统的影响力。组织学习贯彻十八大会议精神，举办纪念建党 91 周年系列庆祝活动，扎实开展创先争优、"三帮扶"等各类党建活动，抓好党组织的划档定级考核，开展支部书记培训、注册会计师行业党委活动等。开发运行内部审计实时在线监督管理系统，建立了内审工作新模式。通过竞争上岗，提拔 13 名处级干部，面向社会公开招聘 24 名临时工作人员，充实到监督检查、会计考试、土地审核等岗位，举办处级领导干部及后备干部培训班。加大督办力度，对 138 项工作任务实行分类督办，推动了重点工作的开展。调查研究取得明显成效，完成调研课题 32 项。7 项成果获得市社科优秀成果奖。完成全局工作规则修订工作。改进办公系统和业务软件功能，开展财政部大平台建设和信息系统的 CA 认证准备。加强廉政建设，组建了机关纪委，开展"六个一"廉政教育；承办全省财政系统科技防腐推进年现场会；走进电台直播间参加政行风热线，进行民生政策宣传和解答。强化依法行政能力建设，开展行政审批项目、规范性文件的清理。

（薄福元）

国　税

【概况】 长春市国家税务局成立于 1994 年 9 月。长春市国税局负责辖区范围内的中央税、中央与地方共享税的征收管理，具体征收增值税、消费税、中央企业所得税、以及金融保险营业税等税种。长春市国税局内设 15 个行政处(室)，5 个直属机构(4 个稽查局，1 个车辆购置税管理分局)，5 个事业单位，下辖 6 个城区局，5 个开发区局，4 个县(市)局，59 个基层税务所。全市国税系统管理纳税人 135 346 户。其中，企业纳税人 58 897 户，个体纳税人 76 449 户。内资企业 134 033 户，外资企业 1 313 户。一般纳税人 21 238 户。全系统在职干部职工人数为 2 830 人。其中，公务员 2 579 人，事业干部 190 人，正式工人 61 人。

【国税收入】 2012 年，全市国税系统组织税收收入 560 亿元。比 2011 年增长 11.8%。占全省税收收入的 59%，比 2011 年提高 0.8 个百分点。其中，组织地方级税收 116.71 亿元，比 2011 年增长

21.5%。占全省地方级税收收入的63.8%，比2011年提高3.4个百分点。在5个计划单列市和10个副省级城市中，收入规模排名第9位，增幅排名第3位。税收收入总量超过哈尔滨293.1亿元，超过沈阳90.5亿元，2012年首次超过大连4亿元，收入规模、增幅和增收额在东北三省四市中排名第一。全年税收支出总额107.54亿元，占入库税款的19.2%。

【税收征管】 1.规范税收执法。修订并下发《长春市国税系统"依法行政示范单位"评定办法》，开展税收规范性文件清理和税收执法督察，全年税收执法考核子系统对全市国税系统税收执法行为完成监控业务80余万笔，申辩调整186个过错行为，确认执法过错18个，责任追究18人次。开展税收执法疑点信息库核查工作，全年发现疑点数据43 973条，实际核查疑点数据20 379条，涉及19个局28个疑点项。整顿和规范税收秩序，开展医药、房地产等行业税收专项检查，严厉打击发票违法行为，全年查补税款6.8亿元。2.夯实管理基础。修订《注销税务登记管理办法》和《非正常户管理办法》，规范户籍管理。完善国地税共享平台功能，得到省局表扬。切实加强普通发票管理，参与吉林省国家税务局网络发票系统的研发、业务需求制定。3.落实风险管理措施。进一步完善征管数据查询分析系统功能，加强税收征管状况监控分析。2012年9月5日，《中国税务报》以"长春国税局研发应用征管数据查询系统，实现税收分析、税源监控、纳税评估、税务稽查工作有的放矢"为题进行专题报道。4.推进专业化管理。上线运行"税源调查网上直报系统"，对重点税源企业的信息进行日常监控。对6个行业273户纳税人开展专业化纳税评估工作，发现日常税收征管问题和提出征管建议60余条，增收各类税款1 195万元。加强成品油零售加油站管理，建立信息回读、比对制度。与地税联合开展纳税信誉等级评定，为分类管理奠定基础。5.加强税政管理。强化增值税抵扣凭证管理，试点农产品新的抵扣办法；普及"营改增"知识，开展调查测算，掌握基础数据；加强免税车辆审批管理，推广"车辆购置税自主办税机"（TAM机）应用系统；加强税前扣除项目审批，完成所得税汇算清缴工作；加强和规范大企业管理与服务、探索风险管理新途径；扎实推进反避税工作，补缴税款4 585万元，反避税调查调整工作取得历史性新突破。6.发挥信息化支撑作用。启用税收票证管理系统，完成金税三期工程广域网建设工作，做好综合征管软件等各应用系统的运行维护工作，加强信息安全防护，提升信息系统运行质量和信息数据应用水平。

【纳税服务】 1.继续办好纳税人学校。总校、分校开课90余次，培训纳税人近万余人，被市政府确定为长春市中小企业培训基地。2.全力支持中小企业发展。实施开展税企座谈会、举办税收政策辅导班、建立促进税企沟通与联系的大型QQ交流群、出台税收政策汇编、建立税收政策反馈机制等"五个一工程"。3.启动办税服务厅监控系统。在市局监控中心对全市13个办税服务厅的现场工作动态进行全程监控，提供监控图像资料的储存、共享及综合应用。4.开展纳税服务满意度调查。在互联网开设专版，对全市15个办税服务厅、732名税收管理员进行了纳税服务满意度调查。全市有83%的企业积极参与，及时了解和掌握了纳税人的涉税需求，有针对性改进纳税服务工作，在国家税务总局开展的两年一度的纳税人满意度调查中，长春市取得省会城市第一名。

【党风廉政建设】 1.落实党风廉政建设责任制。召开全系统党风廉政建设工作会议，19个基层单位负责人在大会上进行廉政承诺。执行领导干部报告个人有关事项、述职述廉、任前廉政谈话等党风廉政建设相关制度。2.进一步深化内控机制建设。下发《进一步深化内控机制建设的实施意见》，制定《内控机制建设操作手册》，促进干部风险防范意识有效提升。市局及绿园区局在省局惩防体系及内控机制建设现场会上交流经验。九台市局"五权规范运行，三级联动防控"工作得到省纪委调研组的充分肯定。3.深化廉政教育和廉政文化建设。在全系统评选10名勤政廉政先进个人，开展向先进典型学习活动。开展学习《税收违法违纪行为处分规定》"五个一"活动。建立市局党风廉政教育展室，排练廉政文艺作品，在全省国税系统党风廉政建设会议上汇报演出，获得好评。在省纪委组织开展的"廉政文化五个一精品创作工程"评比中获得一等奖。4.深入开展执法监察和案件查办工作。全年执法监察立项54项，开展执法监察363次，提出建议76条，被采纳建议72条，协助建章立制5项。深入落实《长春市国家税务局效能责任追究办法》，严格开展纠风惩治，对3人进行提醒谈话。5.深化软环境和政行风建设。在全系统开展"万人评议机关"专项整改活动，得到市纪委的充分肯定。深入开展软环境内部评议活动，基层所（分局）平均满意度为97.36%，比2011年提高1.92%。深入开展"虚、拖、懒、散、庸"等不良风气治理，在全市"三满意"机关创建活动中被评为先进单位。

【教育培训】 1.构建教育培训新模式。抓好岗位专业知识培训，举办31期培训班，累计培训干部3 226人。开展学习型机关建设。采取集中辅导、个人自学、专家讲座等形式，开展经常性学习活动。在全省国税系统目标管理年度综合考试中，市局有7名同志进入全省前10名，实现历史性突破。继续办好干部业余学校。有210名干部参加全国注册税务师资格考试。其中，65人通过单科以上合格成绩，10人取得注册税务师资格证，为历史最好水平。树立学习型标兵。在全系统评选出10名学习型标兵和90名"学习型先进个人"，组织16场学习型标兵巡回报告会，强化典型示范引导作用。成立学习小组。由学习型标兵倡议，全系统干部自发成立了119个学习小组，打造团队化、集体共享式学习平台。2.开展"为民服务创先争优"活动。2012年1月12日，中央创先争优领导小组办公室主任、中组部副部长王秦丰到长春市调研，对国税系统争创活动给予高度评价。2012年6月26日，全省国税系统创先争优经验交流会在长春市局召开，长春市国税系统创先争优工作得到省局的充分肯定。2012年被长春市委评为“长春市创先争优先进基层党组织”，被吉林省委评为开展创先争优活动以来的“吉林省创先争优先进基层党组织”。3.深化精神文明创建活动。市委宣传部在二道区局召开长春市创建文明单位工作培训现场会。全系统所有参评单位全部晋升为省级以上精神文明建设先进行列。长春市局、高新区局被评为创建全国文明城市先进单位。在全省志愿服务表彰大会上，长春市局、二道区局、九台市局志愿者协会被评为吉林省优秀志愿服务组织。

（王　贺）

地　税

【概况】 2012年，长春市组织各项地方税收302.3亿元，比2011年增加50.4亿元，增长20.02%。年收入额5年增长2.9倍，年均增长31.7%，先后超越石家庄、哈尔滨、昆明、济南、福州、厦门，在副省级城市中，前进3位，跃升到第12位；在省会城市中，前进5位，跃升到第10位。代征“三金三费”18.8亿元，比2011年增长80.8%。

【税收征管工作】 开展综合治税、专项整治、以票管税、挖潜增收等重点工作。征管互动平台应用功能不断拓展，发布信息7 593篇，业务请示582次，点击次数达24.9万次，提高信息传递和反馈质量。对房地产业、建筑安装业进行专项整治，分市局专项检查组、稽查局、发票所、基层局“4条战线”，检查企业2 094户，查补税款9.7亿元。采取欠税公告、税收强制等有效措施，清缴入库陈欠税款4.7亿元，占可清欠税目标的72%。严防新欠发生，重点是防止查补税款变成新的欠税，新欠发生率0.6%。围绕重点行业、重点税源、重点税种开展纳税评估，评估企业14 167户，补缴税款8.5亿元，贡献率4.73%。建立专业化检查科室，提高稽查专业化水平，以三年未评估稽查的重点税源企业、房地产、建筑安装、医院、高校为重点，集中力量开展稽查，检查企业847户，查补税款4.2亿元。对房地产、建筑安装、工业、商业、事业单位、教育机构等开具、取得的发票进行核查，采集6 315户纳税人发票信息29万条，鉴定问题发票3 776份，查补税款及滞纳金1 707万元，罚款613万元；成功破获虚假发票案件2起，查处虚假发票1 043份；有奖发票奖励力度不断加大，全年布放奖金1 800万元，单张发票刮奖额提高到5万元。截至11月末，兑付奖金1 246万元，消费者索要发票、参与税收管理意识明显增强。改进契税管理模式，调整市区土地、房屋权属转移的契税征管范围，有效堵塞管理漏洞。组织开展契税专项检查，检查企业489户，查补税款6.5亿元。应用批量估价技术，强化存量房税收征管，截至11月末，征收税款1.53亿元，较申报价格计算税额增加9 867万元，增幅达1.8倍。细化土地增值税预征、清算、核定措施，加强房地产项目“三同步”管理，实行清算“三级审核”制度，实现土地增值税增收6.9亿元。实施“以地管税”，开展税源信息和地籍信息比对，比对出土地使用税差额1.15亿元。加大企业所得税汇算清缴力度，严格申报数据审核，注重建筑业和房地产业监管，实现企业所得税增收4.2亿元。加强高收入人群和高收入项目个人所得税监控，强化申报提醒和核定征收，申报人数及税额均有大幅增长。初步搭建起集信息采集、整理分发、比对分析为一体的综合治税平台；信息采集分析与应用取得新突破，与工商、国土、房地、公安、建委等部门建立信息传递机制，取得工商登记、地籍信息、股权变更、宾馆入住等信息195万条，在专项整治、纳税评估、契税清查、土地使用税比对、股权转让等工作中发挥重要作用，实现增收11亿元。以打击虚假发票为突破口，开展房地产、建筑安装业专项整治和契税专项检查，市局集中组织查补税款9.8亿元。评估企业14 167户，补缴税款8.5亿元。推进专业化稽查，查补税款4.2亿元。严格欠税管理，清缴入库陈欠税款4.7亿元，新欠发生率降到0.6%。对开具、取得发票情况进行核查，鉴定问题发票3 776份，查补税款1 707万元，罚款779万元。社会综合治税机制建设取得重大突破，采集第三方信息195万条，通过分析利用补征税款7.8亿元。应用批量估价技术，强化存量房税收征管，增收1.9亿元。

【税收法制工作】 开展税收优惠效果评估，建立税收优惠信息反馈机制，加强对结构性减税政策执行结果的监控，确保税政执行到位；组织税收执法案卷评查，对发现的主体违法、程序违法、执法文书不规范等19类问题，认真进行整改，促进执法行为规范；实施两级地税机关重大税务案件审理制度，对157件重大税务案件进行集体审理，纠正不规范执法行为97起，有效提高税收执法规范化水平。围绕重点税源企业、外管证管理、发票违章处理、纳税评估、督察问题整改、稽查查补税款入库情况等6项内容，市局集中组织3次税收执法检查，发现问题691个，查补税款及滞纳金3 103万元、稽查查补未入库税款8 389万元。基层单位内审部门积极发挥作用，查补税款4 230万元。有效降低执法风险和税款流失风险，堵塞管理漏洞。2012年，市局集中组织4次业务交流会，解决317个疑难问题。各基层局自行组织76次研讨活动，解决934个问题。有效增强干部重视业务、钻研业务的责任感和自觉性，促进干部正确执行税法。

【税收服务工作】 整理归纳和制定税收优惠政策及服务措施106项，有力扶持中小企业发展、安居工程、就业创业等全市重点工作；将营业税起征点和个人所得税征税起点提高到2万元，变营业税起征点为免征额，落实民生政策累计减让税收12.4亿元。实行纳税评估、税务稽查避让制度，倡导对纳税人无打扰或少打扰服务；邀请纳税人参与、监督税额核定，以公开促公正；继续落实“三段式”执法，实行新办企业3年内首违不罚或按最低标准处罚制度、年纳税千万元以上纳税大户行政处罚市局核准制度，2 337 户纳税人因此免于处罚。按照省局“五落实三争创”要求，将税务审批事项由 202 项减少到 30 项，对 106 项减免税申请实行即时办理，对 46 类涉税业务表证单书进行合并或取消，对 34 项办税业务签字手续进行简化；推进自助性、前置性、后延性、“一窗式”服务，有效减轻纳税人办税负担；推动电子报缴税，全市有 87%的企业实现网上申报，方便纳税人履行纳税义务。完善纳税人权益保障中心建设，定期组织局长接待日和维权日，开门接访，维护纳税人合法权益；依托 103 个纳税人之家，组织活动 172 次，及时解决纳税人提出的正当诉求；各基层单位先后建立纳税人辅导站，组织集中辅导 113 次，解读税收政策，解答纳税人咨询，帮助纳税人理解和遵从税法；国地税合作取得新进展，召开联席会议，互设办税窗口，共建纳税人学校，受到纳税人一致好评。

（彭　博）

审　计

【概况】 2012 年，长春市审计局通过对 126 个项目开展审计及审计调查，查出违规金额 45 亿元，管理不规范金额 119 亿元，审计收缴 1 744 万元，审计查补 330 万元。通过政府性投资建设项目审计核减多结工程价款 10 196 万元。向税务、司法等有关部门移送处理事项 13 起，涉及金额 885 万元。

【财政审计】 主要完成对市财政局组织市本级预算执行情况、市地税系统税收征管和税收政策执行情况、市住房保障和房地产管理局等 15 个市直重点部门的预算执行、财政收支情况及 3 个区政府财政决算情况的审计，查出主要问题金额（含违规金额及管理不规范金额）67 亿元，其中未按规定征收缴纳收入 5.2 亿元，资金滞留闲置 8.2 亿元，违规改变项目计划和资金用途 3 500 万元，交付资产不实 3 705 万元等。按程序，8 月向市人大汇报预算执行审计情况，得到市人大的好评。

【经济责任审计】 2012 年，完成 22 位领导干部的任期经济责任审计，受市委组织部临时委托，对 32 位领导干部开展任前经济责任审计，查出领导干部应负直接责任的违规金额 8 万元，应负主管责任的违规金额 2 372 万元，应负领导责任的违规金额 7 763 万元。

【政府重大投资项目审计】 2012 年，完成对 16 个政府性投资项目的跟踪及决算审计，审计项目投资额 883 970 万元，涉及市政、房建、道路、排水、绿化等工程 458 项，查出未按建设程序施工、未按规定进行招投标等各类违纪违规问题、管理不规范问题金额 101 163 万元，核减多结工程价款 10 226 万元，为政府节约了建设资金。

【民生资金审计及审计调查】 2012 年初，完成对九台、农安、德惠、榆树、双阳 5 个县（市）、区社保资金的审计工作。对德惠、农安医疗保险基金及固定资产等经费账目进行清算审计。截至 2012 年，双阳、九台、榆树、德惠、农安 5 个县（市）区的医保清算工作已经全部按计划顺利完成。完成对污染减排资金使用效益情况的审计，除了进行常规的账簿审计，通过计算机建立污染减排资金使用数据库和排污费征缴数据库，实施环境监测系统在线审计，深入现场审查市级污水处理厂和排污大户的污水处理设施的运行情况，深入垃圾发电企业和多家供热企业的生产车间现场了解污染减排工程的运行情况，了解近五年来长春市污染减排资金的投资规模和结构、投放方向及资金使用情况，并对环境监测系统建设情况进行了评价。

【完成重点审计任务】 对部分政府部门组织和承担的长春市重点经济工作及本部门财务管理情况进行了审计。揭露了各部门财务管理中存在的违反财经法纪问题。通过及时纠正和规范，确保政府圆满完成各项工作目标。完成对伊通河综合治理工程 3 号和 5 号地块土地收储费用的审计调查工作，并及时将审计调查结果上报给市领导，以便有关部门按时做好土地交接方面的相关事宜。

（杨冬玲）

商贸流通

【概况】 2012年,长春市消费市场增速放缓,累计实现社会消费品零售总额1 739.64亿元,比2011年增长15%,增幅回落2.5个百分点。增幅高于全国0.7个百分点,低于全省1个百分点。分地域看,城镇实现1 641.8亿元,比2011年增长14.8%,占零售总额的94.4%;乡村实现97.8亿元,比2011年增长19.6%,占零售总额的5.6%。分行业看,批发零售业实现1 567.3亿元,增长14.8%,其中零售业实现1 421.6亿元,增长15.1%;住宿餐饮业实现172.4亿元,增长17%,其中餐饮业实现155.1亿元,增长17.8%,分规模看,限额以上实现747亿元,增长10.5%;限额以下实现992.6亿元,增长18.2%。

【农超对接】 在长春市15家超市设立"农超对接"专柜(专区),在每个城区、开发区设立1到2个平价生鲜蔬菜直营示范店"列入2012年长春市民生规划。市商务局与各城区商务部门和全市各大中型超市沟通联系,落实此项工作。各区商务部门积极与相关企业洽谈、协商,引入社会资本,设立直营店。2012年7月13日,长春市农超对接现场会暨首家蔬菜水果直营示范店开业仪式在朝阳区家家乐蔬菜水果直营示范店门前隆重举行。首家示范店对全市农超对接起到了引导和示范作用。到2012年底,全市建成平价生鲜蔬菜直营示范店11家,覆盖全市每个城区;在28家大中型超市设立农超对接专柜50个。这些直营示范店和超市与农业生产基地及农民合作社签订了长期供货协议,直接采购蔬菜、水果,实现农超对接,降低了流通成本,保证了流通安全。

【促销活动】 在春节前后,市商务局组织全市25家大型百货商场、超市开展"展文明春城风采,享龙年消费大餐"商品年货大联展活动。所有活动内容通过新闻媒体以菜单的形式向市民发布,供百姓参考选择消费。在为期22天大联展活动中,全市25家大型百货商场、超市推出123项喜闻乐见、形式新颖的消费促销活动,让市民们感受到了尽享购物、消费的乐趣。4月份,全市30家商贸流通企业参加了吉林省"十城百店千品进万家"促销活动。12月份,长春市30余家大型商业企业参加了吉林省"情暖冬日,盛惠万家"岁末商品大联销活动,各商业企业开展了为期1个月的促销活动,活跃了市场,促进了消费。

【地方产品推广促销活动】 在东北亚博览会期间,市商务局组织召开长春市名优特产品与上海农工商超市、德国麦德龙超市对接会。有72家企业参加,对接场面热烈,效果显著。市商务局组织近百户企业参加了"吉林名品上海行"、"北京吉林商品大集"、"吉林名品广州行"、"中国(宁波)食品博览会等名优地产品促销活动,取得良好效果。

【市场体系建设】 "万村千乡市场工程"建设工作继续推进,申报欧亚集团、远方超市2户企业建设配送中心并在乡镇建设商贸中心,规划建设3个配送中心和5个乡镇商贸中心。鲜活农产品流通体系建设工作全面开展,完成长春市鲜活农产品流通体系建设的研究报告。市商务局会同市政研室组成调研组,深入到市直相关部门、部分城区、乡镇及种养殖户、流通企业,对长春市鲜活农产品流通体系建设情况开展专题调研,制定了《关于加强鲜活农产品流通体系建设的实施意见》。申报农产品现代流通综合试点项目。市商务局研究制定《长春市农产品现代流通综合试点工作实施方案》,通过对全市部分大型农产品流通企业、种植基地等实地踏查调研,收集了欧亚集团、农安物流市场有限公司等企业农产品加工配送中心、冷链设施、生鲜农产品直销店等农产品流通试点项目46个,经认真审查筛选,向省商务厅申报项目25个,经核准批复项目9个,大部分项目已建设完成。

【家电下乡】 截至2012年末,全市指定"家电下乡产品销售网点"971家,销售冰箱、彩电等9大类家电下乡产品109万台(部),销售总金额26.6亿元。

【家政服务体系建设】 经市商务局与市财政局联合检查验收,长春市英杰家政服务有限公司等8户企业完成2 143名家政服务人员的培训计划，国家商务部给予了279万元扶持资金。开展长春市大型龙头家政企业的评选和建设工作。市商务局制定了《长春市家政服务体系建设试点工作实施方案》，明确家政服务体系建设工作的建设目标、内容及具体实施步骤，并将《实施方案》在长春市政府网站予以公示。成立长春市大型龙头家政企业评选委员会，从7户申报单位中评选出长春市英杰家政服务有限公司、长春市海燕家政服务有限责任公司、长春巾帼家政服务有限责任公司3户家政企业为长春市大型龙头家政企业，确定了长春市家政体系建设的试点项目实施单位，并在长春市商务局网站做出了《关于2012年长春市家政服务体系建设试点项目企业名单的公示》，将家政服务体系建设试点项目企业名单予以公示，接受全社会的监督。12月份，3户大型龙头家政服务企业全面完成试点项目的建设工作，项目总计投资人民币1 019.23万元，完成连锁门店建设62个。

【成立长春市饭店餐饮烹饪协会】 2012年11月28日，成立长春市饭店餐饮烹饪协会，对长春市加强餐饮行业自我管理，自我约束，引导餐饮名店做大做强，提升餐饮企业的档次和市场影响力，加强从业人员的教育和培训，造就经营，懂管理的行业人才管理队伍提供了有力保障。

（刘义春）

肉品管理

【生猪定点屠宰资格审核清理】 长春市辖区内有24户县以上畜禽定点屠宰企业、120户乡镇畜禽定点屠宰企业、14户周边及外埠畜禽屠宰加工产品入长企业。长春市商务局联合长春市畜牧、环保、公安、工商、质监等9个部门联合制定了《长春市生猪定点屠宰资格审核清理工作实施方案》，严格按照生猪定点屠宰资格审核清理标准，对14户县以上生猪定点屠宰企业和79户乡镇小型生猪定点屠宰企业进行了逐一审核。4月19～20日，在德惠市组织召开了“全市畜禽屠宰企业规范化管理现场工作会议”。生猪屠宰厂（场）先进行自查后，向商务局提出审核申请。通过畜牧、环保、商务部门对生猪屠宰企业进行严格审核。14户县以上生猪定点屠宰企业中有12家符合标准，予以发放畜禽屠宰许可证，1家取缔，1家停业整改；乡镇82户小型生猪定点屠宰企业保留61户，取缔21户。对保留的屠宰企业实行达标建设和规范管理，进一步规范了屠宰行为，圆满完成了长春市生猪屠宰企业审核清理工作。

【屠宰厂点建设】 召开全市肉品管理工作会议，要求屠宰企业严格按标准改造建设屠宰厂点，检查不合格的企业要停业整顿或取缔处理。长春市县以上生猪屠宰企业根据企业现状，不同程度的对企业的设备设施、卫生环境进行改造和升级。13户企业投资2 205万元，通过省市验收，达到国家规定标准。全年对屠宰企业培训2次，换发企业检验证书68个，使屠宰企业检验人员配齐配强持证上岗。

【畜禽屠宰专项整治】 长春市商务局联合公安、工商、质监、畜牧、卫生等6部门联合下发了《关于深入开展打击私屠滥宰强化肉品安全卫生专项整治行动的通知》，采取属地管理的原则，组织县（市）、区肉品管理办公室展开拉网式排查，集中对偏远农村、城乡结合部、主要交通道路周边等重点区域进行拉网式检查，摸清实际情况，掌握违法违规线索，及时查处违法行为，打击私屠滥宰和注水肉行为的专项整治活动收到良好效果。长春市各级肉管部门累计出动执法人员890人次，检查屠宰和肉品生产经营企业550户，联合检查720户，形成齐抓共管的良好氛围。

【肉品安全】 长春市商务局要求各县（市）、区肉品管理办公室对辖区企业每周至少检查一次，检查要有登记，处理要有结果。通过“12345”和“12312”等投诉热线，对肉品安全问题实施全民监督，确保案件查处率达100%。全年接举报件81件，其中，接12345投诉热线8件，答复办结率100%，对举报投诉情况进行了通报。在查处大案要案方面，长春市商务局协同二道区肉品管理办公室查处了一起较大的涉肉案件。2月16日，二道区肉管办在日常排查过程中，在长青13队发现一个收购死猪的黑加工点。2月20日晚，市、区肉管办联合二道公安分局对黑加工点进行了突击检查，现场发现了大量不明来源的死猪和已经分割包装的肉品。经清点和称重，共存死猪400余头和已加工的肉制品13 000公斤。根据被公安机关审讯的犯罪嫌疑人的交代，对与此相关的位于长青8队的病害肉黑加工点，位于绿园区的羊肉卷黑加工点、贮存肉品的冷库进行了查处。2月29日晚，在胡家村一处废弃矿址，对没收的死猪及肉制品进行消毒深埋等处理。

【强化许可管理】 长春市各级肉品管理办公室依据《长春市肉品管理条例》，为畜禽产品生产、经营和销售企业办理、审批《畜禽屠宰加工许可证》和《肉品经营许可证》。为提高对肉品经营业户的服务质量，审批过程不收取任何费用，制表、印证成本费由商务部门承担；实行12个工作日办结制度，为企业提供高效快捷的服务；对有特殊情况的企业及时开通绿色通道，有必要时《许可证》立等可取。全年办理畜禽屠宰和肉品经营许可证401个。对进入长春市的13家外埠畜禽屠宰加工、肉制品加工和肉品经销企业实行“准入”制度。

【屠宰企业监管】 为加强“放心肉”、“满意肉”工程建设，加强对市属生猪屠宰企业的监管，长春市在县以上生猪屠宰企业华正、聚源、圣奥、佳龙、金锣、冠宇（双阳）等13个屠宰企业的关键部位安装电子监控设备，远程监控整个生产过程，保证24小时不间断监控，杜绝屠宰场“注水肉”等违法事件发生。

【保障肉品供应】 根据《国务院办公厅

关于促进生猪生产平稳健康持续发展防止市场供应和价格大幅波动的通知》，长春市商务局认真、迅速、高质量地开展生猪及肉品储备工作，取得较好效果。2012年春节期间，长春市自1月16日至2月6日投放储备生猪7 000头，补贴资金70万元。通过储备生猪的适时投放，保证了用肉高峰期的市场供应，平抑了物价，丰富了节日市场。根据长春市猪肉市场供应和价格情况，市商务局进行了认真监测和分析。受供求关系、消费需求、饲养成本等诸多因素影响，从春天开始生猪上市量增加，供应量充足，价格持续回落并处于较低价位运行，养殖效益空间缩窄。到7月份，毛猪收购价格、白条肉价格和零售肉品价格与2011年相比均明显下降，分别下降31.86%、25%和8.83%。与价格下跌走势相反的是，生猪饲养成本仍在不断上升，按照猪价与粮价比计算，养猪业降至盈亏平衡点。长春市作为生猪产地，在正常情况下，自给自足的同时还会有部分调出。为了应对可能出现的生猪货源短缺和价格异常波动，强化政府调控能力，市商务局制定了生猪储备预案，并会同财政、发改等部门对各生猪养殖企业进行实地调查，落实生猪活体储备，保证长春市肉品市场供应充足，用肉安全放心。

（夏艳新）

供销合作社

【概况】 2012年长春市供销合作社联合社（以下简称市供销社）有10户所属企业，其中，股权占90%以上的绝对控股企业7户、参股企业3户；全市有5个县（市）、区供销联社和84个基层供销社、969个产业活动单位，主要分布在农业生产资料、棉麻土特产品、再生资源、干鲜果品、日用消费品、农副产品、烟花爆竹、商品批发（集贸）市场等经营领域。市供销社系统全口径商品购进总额完成28.4亿元，比2011年增长37.9%。商品销售总额完成31.6亿元，比2011年增长38.6%。农副产品批发（集贸）市场贸易总额实现120 825万元，比2011年增长43.1%。再生资源收购总额实现6 245万元，比2011年增长43.3%。连锁销售总额实现55 908万元，比2011年增长201.4%。盈亏相抵后利润总额实现1 439万元，比2011年增长80.6%。其中，市属企业实现995万元；县属企业实现229万元；基层社实现215万元。资产总额63 471万元，比2011年下降17.4%。所有者权益21 644万元，比2011年增长154.2%。市供销社系统有商品基地26个。其中，种植业14个，种植面积1 603公顷；养殖业12个，联结农户3 966户，帮助农民实现收入31 063万元。有庄稼医院62个，试验示范田0.27公顷亩，进行测土配方施肥6 080公顷。为农民提供技术培训、咨询服务54 021人次；提供种子、种苗服务1 380万元。

【“新网工程”建设】 市供销社把“新网工程”建设作为服务民生的一项重要工作实现了区域性连锁经营，初步形成了以县城为中心，以乡（镇）为骨干，以村（屯）为网络终端，城乡互动、方便快捷的农村现代流通服务网络体系。2012年，市供销社系统发展连锁经营网点693个，总数达1 101个，其中，使用“中国供销合作社”标识的有882个；发展配送中心6个，总数达10个；发展农村社区综合服务中心48个，总数达139个，其中使用“中国供销合作社”标识的有114个。乡（镇）连锁配送比例达90%，行政村连锁配送比例达60%，连锁经营量占总经营量比率达70%。

【农业社会化服务体系建设】 1.基层供销社建设。按照省供销社每个乡（镇）都要建一个基层供销社的要求，组建和恢复基层供销社，特别是德惠市供销社加大工作力度，使全系统消灭了基层网点空白县。市供销社系统恢复、发展基层供销社3个，总数达84个，占全市乡镇总数的92.3%。2.行业协会建设。围绕农村合作经济组织协会和农产品经纪人协会，积极发展各类行业协会，广泛吸纳从事农产品流通、中介服务、加工、生产等领域的经纪人和农民，扩大和充实供销社为农服务的组织基础。2012年，市供销社系统发展各类协会15个，总数达192个；发展会员1 297人，总数达9 176人。在双阳区举办一期农产品经纪人培训班，培训农产品经纪人120人，使每个参加培训的农民都获得了不同等级的资格证书。3.发展农民专业合作社。市供销社系统发展农民专业合作社27个，总数达73个，其中，使用“中国供销合作社”标识的有68个、拥有注册商标的有43个，入社农户总数达6 075户，成员出资总额7 208万元，帮助农民实现收入8 281.4万元。4.市场建设。市供销社系统

农安县烧锅供销合作社农副产品批发交易市场

新建旧货交易、烧锅和奢岭3处综合批发(集贸)市场,总数达22处。其中,基层14处,市属8处。

【社有企业改革】 2012年,企业改制过程中一些遗留问题大部分得到了解决;再生资源物流中心二期工程建设项目、同泰市场农改超和农资超市建设项目、新立城和兰家供销社拆迁项目、果品中心批发市场有限公司冷库改造项目、区域性大型再生资源回收利用基地项目的申报工作顺利完成。

【化肥储备管理和供应任务】 市供销社从发挥供应主体地位和作用入手,指导企业实行总经销、总代理等经营方式,开展延伸网点、预约送货、质量承诺等各项服务措施,坚持不提价、不抬价,做到不脱销、不断档。继续实行10日调度制度,定期对化肥市场形势进行分析,及时进行上报,为领导掌握市场信息和科学决策提供依据。与质检、工商等部门一道搞好化肥市场监管,防止假冒伪劣、哄抬物价和其他违规行为的发生,保障了农民利益,为长春市农业生产连续9年丰收做出了积极贡献。2012农业年度,市供销社系统供应化肥40.1万吨,与2011农业年度基本持平。

【举办全国中心城市供销社第二十九次协作会议】 此次会议全国有31个中心城市供销社、155名与会代表参加,重点探讨了龙头企业培育、新型农村综合服务体系和农村流通现代化服务网络建设的新思路、新途径、新方法,交流了各地供销社工作的先进经验,理清了发展思路,加深了中心城市供销社之间的友谊,促进了交流与合作,对城市供销社按照城乡一体化发展的新要求,实现发展战略调整,促进农业生产发展、农村经济繁荣、农民增收致富具有重要意义。

【基础管理工作】 加强财务管理,做好会计决算工作,真实体现利润实现情况,并将利润指标进行分解,与各县(市)、区供销社和控股企业签订经营责任书,保证了利润指标如期完成。加强统计管理,抓好《新统计法》和省供销社《统计制度》的学习贯彻落实,对全系统13个直报汇总单位、104个直报点的商品流通统计报表工作进行全面部署,保证统计数据的科学性和有效性。加强审计监督,制定《内部审计管理办法》,开展财务收支、经济效益和承包合同执行情况审计,维护出资人合法权益。加强目标责任制考核,建立目标责任制考核评价体系,分别对机关、企业和县(市)、区供销社进行客观、公正、准确地评价。加强企业经营管理,建立岗位责任制,让每位职工都树立起了以企为家的观念,并加大基础设施维修和改造力度,努力实现降本增效,保证了社有资产经营安全。加强长春供销合作网建设,制定《网络信息工作管理办法》,提高社务信息宣传报道数量,实现信息共享和网络化管理,提升了供销社的社会形象和影响力。加强内部权力清理,开展依法行政教育活动,并聘请常年法律顾问,参与法律事务及纠纷,确保了供销社改革发展依法依规进行。

(许　光)

粮食流通

【创城活动】 市粮食局在积极开展成品粮油质量检测,推进放心粮油进社区、进院校、进部队、进农村的基础上,首次提出了创建放心粮油城市的目标。5月8日,召开全市创建放心粮油城市会议,下发《长春市创建"放心粮油城市"实施意见》。计划用5年的时间,在全市范围内建立10个大型粮油批发和配送中心,城区建立200家放心粮油店(超市),各县(市)、区建立100家放心粮油经销店(超市),全面加强粮食收购、储存、运输、加工、销售等各环节的监管,保障人民群众粮油产品消费安全。

【粮食收购】 2011～2012年度粮食上市后,粮食市场价格比较平稳,市粮食局发布各类粮食价格和需求信息3 700余条,引导农民把握时机适时售粮,到2012年9月末,全市各类粮食收储收购粮食749万吨,粮食收购数量再创历史新高。其中,国有粮食购销企业收购160万吨,非国有粮食购销企业收购340万吨,粮食加工转化企业收购249万吨,圆满完成粮食收购任务。

【应急保障】 1.全面落实十天成品粮油应急储备。与应急承储企业签订了2012年粮油应急储备预购合同,落实了24 000吨稻谷和1 600吨玉米油的应急粮油储备。2.粮油应急供应网络体系得到完善。4月25日在欧亚卖场举行长春市粮油应急定点企业授牌暨应急粮油进驻欧亚启动仪式,市粮食局分别与欧亚集团连锁公司、新天地连锁公司、远方超市连锁公司和恒客隆连锁超市签署应急供应协议;与佰顺米业公司、佳峰米业公司、金裕米业公司和万祥玉米油公司签署应急加工协议,明确应急粮油承储、加工、运输和销售企业,对粮食应急供应和加工企业进行授牌,确保应急粮油应急时用得上、销得出、有保障。3.加强应急成品粮油储备监管。通过定期对应急成品粮油承储企业实施监管,随时掌握承储企业的库存情况和经营现状,确保成品粮油应急储备管理制度化、规范化,保证成品粮油储备库存真实、质量可靠、账实相符。

【粮食协作】 为加强长春与吉林两市区域粮食经济合作,推动两市粮食经济协调发展。7月30日,在长春中日友好会馆,长吉两市签署了粮食经济战略合作协议,并启动了长春——吉林粮食经济战略合作项目。签署粮食经济战略合作协议后,长吉两市在粮油应急处理、粮食资源保障、粮食项目合作等9个方面开展广泛合作,通过加强区域粮食经济合作,加快推进一体化战略,努力将长吉两市打造成世界级的现代农业产业基地和农产品深加工基地。

【科学储粮】 2012年长春市农户科学储粮仓建设任务为54 528套,占全省建设总量50%左右,长春市于9月末顺利完成了建设任务。8月16日,召开全市农户科学储粮仓发放暨向困难农户赠送仪式。国家粮食局局长任正晓、省粮食局

全市农户科学储粮仓发放暨向困难农户赠送仪式

局长祝业辉出席仪式并讲话。活动仪式上，与会领导向完成专项建设任务的县（市）、区粮食局授牌，并向双阳区困难农户赠送500套农户科学储粮仓。

【基础建设】 2012年，全市粮食流通基础设施建设总投资额27.7亿元。其中计划投资4.7亿元，建设烘干机4台，日增加烘干能力1 600吨；建设平房仓4.6万平方米，增加仓容18.62万吨；建设地坪5万平方米；建设铁路罩棚1.8万平方米；建设年加工大豆66万吨项目；建设3.1万吨食用油罐。多数基建项目已开工，投资23亿元的长春东北亚现代物流中心项目有序进行。项目工期建设预计5年内完成。项目分两期完成：一期完成粮油现货市场和东北亚现代粮食物流交易大厦及配套工程，投资总额6.3亿元，占地面积40 146平方米。已完成投资52 811万元，建设农户科学储粮仓54 528套，建设长1 050米铁路罩棚1栋，建设烘干机4台，地坪5万平方米，铁路罩棚1.8万平方米，平房仓仓容5万吨。

【民生工作】 1. 开展专项整治行动，确保成品粮油质量安全。市粮食局与工商局联合下发了《2012年长春市成品粮油市场联合整治实施方案》，加大对粮油批发市场、农贸市场、连锁超市为重点目标，以城乡结合部、农村为重点区域，以各节日为重点时期。粮油市场监管。加大质量抽检力度，开展集中整治，严厉打击制售假冒伪劣和有毒有害食品以及生产销售不合格粮油产品的违法行为。2.突出卫生项目检测，开展植物油黄曲霉毒素B1的专项检测。针对网络报道称有部分企业生产的花生油黄曲霉毒素B1超标的问题，市粮食局及时地组织市粮油卫生检验监测站，对辖区市场上销售的食用油进行专项检测，从检测结果看，虽然长春市尚未发现黄曲霉毒素B1超标的食用油，但市粮食局将积极配合工商部门加大食用油质量检验监测力度，及时向市民发出消费警示，确保市民吃上放心食用油。3.组建“驻场式”粮油质量检验监测室，从源头上加强监管。针对成品粮油现货交易市场的实际，3月份，市粮食局会同市工商局在长春东北亚粮油市场建立了长春市第一家粮油“驻场式”监测室，并与3月22日正式挂牌，“驻场式”监测室的设立，可及时解决市场成品粮油进货的质量查验，及早发现成品粮油质量问题，杜绝不合格粮油流入市场，维护广大居民的粮油消费安全。4.加强成品粮油质量抽检。全年完成320个批次，抽检合格率达95%以上。

【放心粮油】 市粮食局与吉林省主流粮仓就“放心粮油”进社区工程签订战略合作协议，进一步明确职责和任务。为切实加强管理，制定《长春市放心粮油进社区暂行办法》和有关管理制度，主流粮仓按照这一暂行办法，稳步推进“放心粮油”进社区工程。上半年，重新规范和整合放心粮油社区店36家，与吉林大药房签署合作协议，在符合条件的药房划出20～30平方米的区域做为粮油的经营区，已选址20家，营业的14家。市粮食局积极发挥政府部门职能作用，搭建合作发展平台，协助主流粮仓和“放心粮油”加工企业，联合欧亚集团、新天地等大型连锁超市，推进放心粮油进社区工程的发展。积极开展粮油产品质量监管，建立产品质量档案，及时进行质量检验，杜绝不合格粮油产品流入市场，确保居民消费安全。

【粮食执法】 1.深入开展国家粮食收购政策执行情况的检查。按照国家粮食局《关于开展2012年度粮食收购监督检查工作的通知》和省粮食局的工作要求，对辖区内粮食经营者落实国家粮食收购政策情况进行专项检查，会同市质量技术监督局、市工商行政管理局、市物价局出动人员134人次，开展执法检查20多次，为售粮农民追缴售粮款14 000元，有效地保护了售粮农民利益。2.开展粮食库存检查。按照吉林省粮食局、省发改委、省财政厅、中国农业银行吉林省分行《关于印发＜2012年粮食库存检查实施方案＞通知》要求，从4月初开始，历时35天，出动人员280多人次，对列入检查的10家国有企业和68家重点非国企进行了实地踏查，检查国企粮库库存1 921 453吨，重点非国企实际库存848 325吨，摸清了粮食库存底数，为国家宏观调控提供了准确真实的数据。3.开展《粮食流通管理条例》颁布实施8周年纪念宣传活动。市粮食局充分利用新闻媒体、网络宣传、制作《条例》宣传动画课件、悬挂条幅等形式，宣传《粮食流通管理条例》，有效提高了《条例》的认知度和粮食经营者守法经营意识。

（刘成军）

旅游业

【概况】 2012年,全市旅游行业以“消夏休闲胜地,冰雪体验之都,文化游览名城”为城市旅游整体形象,全面提升旅游服务质量,旅游业服务全市经济发展的作用日益突出。全市实现旅游总收入548.28亿元,比2011年增长27.02%,其中,外汇收入2.23亿美元,国内旅游收入534.18亿元,分别增长31.84%和27%;接待国内外游客3 655.87万人次,增长17.39%,其中,接待入境游客35.66万人次,接待国内游客3 620.21万人次,分别增长18.22%和17.38%。

【旅游项目建设】 加强重点项目的调度推进和招商引资。全年开工建设旅游项目64项。其中,新建项目28项,续建项目36项,完成旅游固定资产投资98亿元,长影世纪城二期、长春电影博物馆、中泰海洋馆、关东文化园、月牙湖和庙香山旅游度假区等一批重大旅游项目进展顺利。各县(市)区、开发区加大招商引资力度,九台菲氏伟文化产业园、净月明宇希尔顿酒店、净月长春鹿鸣谷休闲度假体育生态区等重大项目落地;坚持提升城市旅游基础设施和配套服务设施功能。在城市主要街路口设立了20块旅游道路指示标识。以榆树市为试点,在县域街路设立了旅游道路标识。指导伪满皇宫博物院和净月潭国家森林公园启动游客服务中心建设。

【旅游节庆活动】 2012中国长春冰雪旅游节成果丰硕。本届冰雪旅游节历时87天,相继开展了冰雪体验、冰雪体育、冰雪文化、冰雪经贸等60项活动。冰雪旅游节期间,各项赛事组织有序,冰雪经济硕果累累,实现了长春市2012年第一项重大活动的开门红;第六届中国长春消夏节和中俄旅游交流周成功举办。本届消夏节围绕“一项国际赛事”、“一项国际交流活动”、“五大板块系列活动”、“五大重点旅游活动”展开,举办各类活动110项。与开幕式同时举办的吉林省暨长春市中俄旅游交流周活动,成为一大亮点。

【市场宣传促销】 强化旅游宣传促销,进一步扩大客源市场份额。先后组织旅游企业参加2012国际旅游交易会、国内旅游交易会、北方旅游交易会、全国旅游商品博览会和海峡两岸旅游业联谊会,借助国内外展会平台全面展示长春市“消夏休闲名城、冰雪体验之都、文化游览名城”的城市旅游形象;加强旅游交流与合作,提升长春旅游对外影响力。赴瑞典、德国、法国、俄罗斯等境外旅游客源地和兴城、大连等国内旅游客源地开展旅游交流推介活动,加强与境内外旅游机构的交流。发挥东北“4+1”旅游联合体作用,拓展了长春的海内外旅游市场;围绕重点活动和城市旅游形象,开展强势媒体宣传。2012冰雪旅游节期间,在央视《新闻联播》、《朝闻天下》等重点栏目播发相关消息,向海内外游客介绍长春市的冰雪旅游资源及产品;消夏节期间,依托本地媒体及时发布本届消夏节的活动特色和亮点,扩大消夏节的影响力。

【假日产品开发】 举办了“欢乐假日游·幸福伴你行”国庆假日启动仪式等一系列假日旅游活动,推动了假日经济持续稳定增长。充分依托“5·19中国旅游日”组织开展一系列旅游活动,有效促进本地旅游市场培育和开发,逐步引导市民及周边游客由远途观光旅游向近地休闲度假旅游模式转变。本地市场日渐成为广大市民假日旅游的首选地,本地旅游产品成为广大市民旅游消费的热点和重点。

【旅游行业管理】 加大市场检查力度,相继开展了春季旅游市场检查、旅游道路交通安全专项检查、诚信旅行社考核现场检查、旅游广告市场专项检查和五一、十一及重大旅游节庆活动前安全检查等多项综合旅游检查工作,全年累计出动执法车辆36车次,执法人员178人次,检查旅游企业118家次,导游员58人次,下达批评教育文书28份,责令改正通知书36份,向省旅游局申请注销旅行社1家,有效维护了全市旅游市场秩序;深入开展标准化试点工作,推荐伪满皇宫博物院等6家单位参与第二批全省旅游标准化试点,完成长春圣豪酒店和吉林省意江南大酒店四星级评定和吉林省环球大酒店四星级初评工作;加强投诉管理工作,2012年,受理各类旅游投诉74件,结案率100%,为游客挽回经济损失36.55万元;加大培训力度,举办全市旅游行业高级管理人员研修班;开办第8期导游岗前培训班,对219名学员进行专题培训,有效提升了长春市导游人员的业务能力和综合素质。

(邹 健)

2012中国长春净月潭瓦萨国际滑雪节

会展经济

【概况】 全市举办各类展会238项，其中，展览134项，会议（论坛）56项，其他活动48项，比2011年增长25%。展出面积224万平方米。展会直接收入30亿元，带动其他相关产业收入270亿元，比2011年分别增长20%和21%。会展经济总量占全市服务业增加值比重14.3%，成为全市经济发展中的重点产业之一。全市拥有大小展览场馆7处，展览总面积近80万平方米。全市会展企业发展到86家。其中，专业办展公司61家，具有会展业务的综合性公司25家。在“2012年度中国会展产业颁奖盛典”上，长春市被评为“2012中国十大影响力会展城市”，市会展办主任宋丽华、副主任温淞文分别被评为“2012中国会展十大新闻人物”及“2012中国会展产业年度人物”，农博园主任张金超、国际会展中心总经理王文利被评为“2012中国会展工作先进个人”，第十一届中国长春国际农业·食品博览（交易）会被评为“2012中国十大政府主导性展会”、第九届中国（长春）国际汽车博览会被评为“2012中国十佳品牌展览会”、第三届中国（长春）创业就业博览会被评为“2012中国十大影响力展览会”、第七届中国（长春）民间艺术博览会被评为“2012中国会展业品牌展会50强”、2012年长春国际陶艺巡回展被评为“2012中国十大优秀特色展会”、第十一届中国长春电影节被评为“2012中国十大影响力节庆”、长春国际会展中心被评为“2012中国十大品牌会展中心”、长春百瑞国际会展集团被评为“2012中国会展行业百强企业”。

【2012中国长春冰雪旅游节暨净月潭瓦萨国际滑雪节】 由长春市人民政府、中国滑雪协会、吉林省旅游局和瑞典诺迪维国际发展公司主办，于2012年1月2日在净月潭国家森林公园举行，历时87天。本届冰雪节以“激情瓦萨、魅力长春”为主题，涵盖了圣诞节、元旦、春节、元宵节等中外传统节日，开展冰雪旅游、冰雪体育、冰雪文化、冰雪经贸等60项活动。2012年是“瓦萨”品牌落户长春的第10年，国际雪联以及瑞典、美国、日本瓦萨总部都派代表参加冰雪节，瑞典极限运动组织、瑞典定向协会、瓦腾自行车协会、挪威山地车协会等运动组织也参加了冰雪节的活动。冰雪节期间举办国际雪联越野滑雪中国巡回赛长春站长距离赛、中国瓦萨50公里比赛暨国际雪联长距离积分赛、远东国际青少年越野滑雪赛等系列专业赛事。30多个国家的1 000名国外运动员和滑雪爱好者参加瓦萨系列赛事。冰雪节期间，长春市与上海丰靖投资有限公司等12家企业签订137.5亿元的项目合同。

【第八届中国长春君子兰节】 由长春市人民政府主办，于3月22～26日在长春君子兰花卉交易中心举行。展会以“邀四方君子　赏兰花盛宴”为主题，以“展示成果、推动交流、促进销售”为宗旨，外省市参展展位达100多个，为历届最多。近

中国长春君子兰节现场

10万盆君子兰参展，新老品种齐亮相。价格在上万元的君子兰俯拾皆是，也不乏标价几十万元甚至上百万元的珍品兰。在奖项设置上也进行了创新，组委会在保留原有的10个花魁和40个金奖的基础上，扩大奖励范围，增加外地花魁5个、外地金奖20个以及20个银奖，极大地调动了各养兰户的积极性。参展参会人数突破30万人次，实现现场交易1 200多万元，意向性签约金额3 000多万元，创历届君子兰节之最。

【第三届中国·长春创业(就业)博览会】 由人力资源和社会保障部、教育部、吉林省人民政府、长春市人民政府主办，于5月25～27日在长春国际会展中心举行，以“创业促就业，福祉千万家”为主题。展会设立标准展位1 200个，其中特装展位200个，比上届增加100个，博览会首次设立了“创业体验馆”，开辟了创业素质测评区、《创业讲堂》演播区、创业选项指导区、创业模拟经营区、创业实训教学演示区和模拟商战对抗区等6个展区，有12个省、自治区和直辖市及57个城市组团参会，外埠参会嘉宾和代表达到1 500余人。吉林大学、吉林师范大学、吉林工商管理学院、吉林艺术学院等38所高校、11家科研单位、3个高新技术企业、科技中介机构和44位专利持有人参会参展。展会举办“模拟商战对抗赛”、“创业孵化基地功能推介”、“海外高层次人才项目对接签约仪式”等系列主题活动10个，通过展会征集创业项目5 019个，推介招商场地112万平方米，展示创业扶持平台50个，来自全国各地和长春市的2 000余家单位，为求职者提供就业岗位3.5万余个。为11 000余人提供素质测评、项目选择指导、模拟创业服务。创博会期间，由10所高校和14个县(市)区、开发区组成的24支代表队参加的“模拟商战对抗赛”，分别产生了冠、亚、季军。吉林省万易创业咨询有限公司等3家创业孵化基地举办“长春市优秀创业孵化基地功能推介现场会”，吉林银行、邮政银行举办了“服务中小企业金融产品推介会”。期间还同步举行“促进大学生创业就业授牌表彰仪式”，吉林大学等16所高校成为“长春市首批大学生创业就业服务联络站”，对10名自主创业优秀高校毕业生和10名服务基层优秀高校毕业生给予表彰。

【2012中国城市轨道交通关键技术论坛暨第三届中国（长春）国际轨道交通论坛】 本届论坛由中国土木工程学会、长春市人民政府共同主办，于10月18日在吉林省松苑宾馆会议中心举办。各界领导和嘉宾及新闻媒体约500人出席本届论坛的相关活动。论坛以“城市轨道交通安全及轻轨交通系统应用”为主题。主旨演讲内容包括中国工程院院士施仲衡的《地铁建设的理念和建议》、中国土木工程学会城市轨道交通技术委员会秘书长冯爱军的《技术创新引领城市轨道交通产业发展》、长春市轨道交通集团有限公司总经理姚洪伟的《长春市轨道交通规划与轻轨建设实践》和中国北车长春轨道客车股份有限公司副总经理李景义的《现代有轨交通车辆发展》。参会嘉宾还出席了中国首列100%低地板轻轨车正式载客仪式，沿刚刚建成的长春轻轨4号线进行实地考察，使参会嘉宾从轻轨车辆的生产到轻轨线路的运营进行全方位的体验，在实践中展示长春市的轨道装备制造业的水平、科技研发和运营的能力。

【第八届长春国际动漫艺术节暨ChinaJoy Cosplay嘉年华东北赛区预选赛】 由长春市政府、中共吉林省委宣传部、吉林省文化厅、ChinaJoy组委会主办，于5月30日～6月5日在长春国际会展中心举办。5 000平方米100个展位的标准展位区，参展单位近300家，中外客商达1 500余人，有近66.2万人参展与交流，展会签约项目10多项，签约项目金额3.8亿元。长春一位漫迷以近百万元购买下全部变形金刚，展会期间展商成交总额突破488万元。Cosplay东北赛区预选赛，有160支动漫团队、7 000余名Cosplay选手参加了2012 ChinaJoy Cosplay嘉年华东北赛区预选赛，参赛社团和演员创历届之最。经过预赛，有39个社团晋级决赛。通过3天的决赛，最后成功选拔出吸血鬼联盟、纳斯德工作室、OMIGA社团、漫言制造4支优秀团队代表东北赛区晋级7月份上海总决赛。有1 000名选手参加了“汉王杯金松鼠奖”动画、漫画、FLASH作品征集大赛，有36名选手分获各类奖项。有500名选手参加了电子竞技大赛，有17人获奖。有280人参加“天下聚会”TV Game精英赛，有21选手获奖。有630人参加第三届桌游争霸赛，有9名选手获奖。有4万人参加四驱电动车模拆装暨竞技大赛，有2万名选手获奖。有2万人参加汽车创意漫画大赛，有1万名选手获奖。本次展会举办的动漫高峰论坛上，来自美国、加拿大、德国、日本、韩国、比利时等国家和地区的30多位动漫游戏领域的专家学者，围绕“中国动漫原创·艺术与技术创新·动漫产业化”的主题，对于国际动漫教育、动漫产业的发展趋势、设计艺术与文化创意产业的转换、传媒业态发展与新技术应用、广告品牌运作与人才培养等领域进行深入探讨和广泛交流。

【2012长春图书博览会】 由长春市人民政府、吉林省新闻出版局主办，于9月20～26日在长春国际会展中心举行。展会期间，向城区低保户、城市特困职工、城市农民工、贫困大学生等8个群体发放了849万元购书卡，还免费向市民发放《长春健康知识读本》等书籍1.3万册。通过在市内4个主要集中场所设置的直通车，本届书博会为近6 000名读者提供免费交通服务。参展商向读者提供20余万种图书，累计接待读者82万余人次，销售码洋3 100万元。展会期间，还开展“汉字起源图片展”、“中国文献题材装帧形式展”、“‘美好吉林’摄影作品展”、60多项阅读文化活动。

【第六届中国长春消夏节暨净月潭瓦萨国际森林徒步节】 由长春市人民政府、吉林省旅游局、瑞典诺迪维国际发展公司共同主办，于2012年6月16日～9月27日在长春举行。本届消夏节以“休闲消夏，美丽长春”为主题，突出“一项国际赛事”、“一项国际交流活动”、“五大板块系列活动”、“五大重点旅游活动”。“一项国际赛事”即长春净月潭瓦萨国际森林徒步赛；“一项国际交流活动”即中国“俄罗斯旅游年”——吉林省暨长春市中俄旅游交流周系列活动；“五大板块系列活动”即文化时尚消夏板块、体育健身消夏板块、生态休闲消夏板块、商贸会展消夏板块、乡村旅游消夏板块；“五大重点旅游活动”即消夏旅游交流大会、旅游产品广场公众展、广场文艺演出、2012中国长春消夏（雪花）啤酒节及乡村旅游节。本届消夏节继续突出“大消夏”概念，除旅游活动外，还涵盖了一系列文化时尚、体育健身、生态休闲、商贸会展、乡村旅游等特色活动，进一步丰富消夏节的内涵。活动总量为110项。消夏节开幕式上，净月潭瓦萨国际森林徒步节这一当今世界规模最大的越野徒步赛事成功举办，来自世界24个国家和地区的近千名运动员和长春市近13 000名徒步爱好者参加此次徒步比赛。

【2012长春房地产暨相关产业产品展示交易会】 展会由长春市人民政府主办，长春市住房保障和房地产管理局、长春房地产业协会承办，于6月8日在长春国际会展中心正式拉开帷幕，会期5天。长春市市长姜治莹出席开幕式并宣布长春第21届房交会开幕。长春房交会历经13载，已经成功举办20届。本届房交会比往届内容更丰富、更全面，参加本届展会的有力旺、融大、大禹、吴中等房地产开发企业56家，长房置换等房地产中介企业3家，推出可售房源261万平方米、2.7万套。其中，商品住宅78万平方米、7 890套，非住宅19万余平方米、1 690套；二手住房164万平方米、1.7万套。展会还推出3万套展示房源。本届房交会房屋暨相关产业产品交易总额12.2亿元。其中，房屋成交总额11.9亿元，相关产业产品销售总额0.3亿元。在房屋交易上，累计成交房屋2 106套，成交总面积19.28万平方米，成交总额11.9亿元。房屋成交总量占本届房交会房源总数的7.8%。

【第九届中国（长春）国际汽车博览会】 由中国国际贸易促进委员会、中国汽车工程学会、中国汽车工业协会、吉林省人民政府、长春市人民政府主办，于7月13～24日在长春国际会展中心举行。本届汽博会车展总面积达19万平方米，比上届增加1万平方米，展览面积达历史新高。国际国内汽车厂商136家，比上届增加6家，国际国内品牌143个，参展企业来自美国、德国、日本、韩国、法国、意大利、英国、西班牙、香港、台湾等10余个国家和地区，参展车辆1 147辆，比上届增加111辆。观众累计达65万人次，比上届增加5万人次。其中省内观众约52万人次，省外观众约13万人次，最多一天突破10万人次。展出概念车达50辆，首发车达50辆，新能源、新动力车达50多台，新闻发布及各项活动达55场次。本届汽博会也是新车型参展最多的一次，在本届汽博会上展出的新款车数量占参展车辆的82%。本届汽博会销售各种车辆12 380辆，比上届增长20%。其中乘用车11 270辆，占91%；商用车1 110辆，占9%；现场提车10 160辆，协议购车2 220辆。长春地区购车约占55%，外省市购车约占45%。实现购车交易额30亿元，比上届增加10亿元。汽博会期间，成功举办了车展摄影大赛、汽车模特评选、汽车涂鸦、达人送票、欢乐汽车总动员、汽车拍卖善款义捐等系列配套活动。

房交会现场

【第十三届中国长春(净月区)国际雕塑作品邀请展】 由长春市人民政府主办，于8月6日～9月16日在长春净月高新技术产业开发区进行。自2012年1月，向全球100多个国家的雕塑家发出邀请，收到102个国家和地区431名雕塑家提交的初选作品1 560件。其中国外投稿雕塑家355人，国内76人。经过国内外艺术家组成的评委会的缜密评审，甄选出46件优秀作品参展，于8月6日在长春净月爱克赛罗厂区开凿。本届雕塑展无论在参展国家和作品数量上，还是作品艺术手法和创作观念上，都已超越往届实现了新的突破。

【第十一届中国长春电影节】 由国家广电总局、吉林省人民政府、长春市人民政府主办，于8月20～25日在长春市举行。本届电影节时逢20周年，吸引了两岸四地268部优秀华语影片报名参展参赛，其中百余部影片在长春各大影院进行为期10天的集中展映。来自全国各地的400余位华语电影人士齐聚长春，32部优秀华语影片争夺金鹿奖9个奖项。评委会主席由内地第六代电影导演领军人物、德国柏林电影节金熊奖得主王全安担任。评出最佳华语故事片奖《辛亥革命》；评委会特别荣誉奖《飞越老人院》；最佳导演奖杜琪峰《夺命金》；最佳男主角奖雷佳音《黄金大劫案》；最佳女主角奖倪萍《大太阳》;最佳男配角奖郭涛《黄金大劫案》;最佳编剧奖邢爱娜、岳小军等《黄金大劫案》;最佳摄影奖蔡崇辉《龙门飞甲》;最佳音乐奖窦鹏《杀生》;最佳女配角奖焦娇《窃听风云 2》。

【第十一届中国长春国际农业·食品博览(交易)会】 由农业部、吉林省人民政府、长春市人民政府主办,于 8 月 17 ~ 26 日在长春农博园举行。有 146 个代表团、1 300 多位贵宾参会。参展参会人数超过 190 万人次,创国内外同类展会之最。“省市招商引资项目说明会”等经贸活动重点推介 216 个项目,签约 110 个项目,签约金额 233 亿元。“长春市现代都市农业项目招商推介会”推出 6 大类 40 个都市农业项目,总投资 77.7 亿元,现场签约 8 项,签约金额 16.1 亿元。国内外 2 200 多家展商、采购商参展参会,展示展销 900 多个系列、万余种名优涉农产品,省内外 150 多家重点龙头企业、30 多家全国五百强企业、100 多家全国各地地标性农产品和食品企业,以及 130 多家东盟、台湾等地企业参展,累计实现现场交易额 9.3 亿元,展销的各类食品、农机、农资、畜禽等产品,订单金额近 3 亿元。经过省名牌产品评定委员会评审,吉林禾丰米业等 96 个产品被评为“第十一届长春农博会金奖产品”。展会进一步将文化元素融入办会理念,精心设计农博会艺术节、关东(吉林)民俗农耕文化展、送电影下乡、长春(九台)农民节、“关东书画名家 50 米超长画卷献礼十八大”等系列文化活动,在市区主要广场、社区及展会现场安排 30 多场专业文艺演出,历经 1 个多月的“送电影下乡”活动,深入到全市 1 600 多个行政村,长春(九台)农民节组织开展了 10 余项农民广泛参与的文体活动和展会现场展示宣传活动,“关东(吉林)民俗农耕文化展”成为展会的新靓点,展现关东汉、满、朝、蒙四大民族民俗文化,展出了 3 000 多件珍贵的关东民俗和农耕传统实物。新建占地 1.5 万平方米的国家级菌菜基地,是展会新增高科技展示示范项目,引起了有关领导、有关人士及广大农民发展菌菜产业的热情。4.2 万平方米的精品畜牧展区、4 万平方米的农业机械展区、2 万平方米的农村新型能源展区、2 000 平方米的农业生产资料展区,汇集各类先进实用、适宜推广的新产品、新技术、新机具,320 多个国内外农机厂家的上百种农机产品、18 大类 260 多种畜禽良种、60 多个企业 1 200 余种农资产品、30 多个厂家几十种农村新型能源设施设备和产品,占地 4.4 万平方米的美食广场 120 个敞开式展位集中热卖全国各地风味美食和特色小吃,科技致富大讲堂、科普大集、12316 热线等活动邀请 50 多位省内外知名农业专家坐阵,现场为农民答疑解难,免费发放 20 余万册科普图书,增强了科普惠农的实效性。

【第八届中国·吉林东北亚投资贸易博览会】 由商务部、国家发展改革委和吉林省人民政府主办,于 9 月 6 ~ 11 日在长春国际会展中心举行。本届博览会设 2 600 个国际标准展位,661 户企业参展。其中境外企业 443 户,参展比例高达 67%,国内外参会客商 10 万人,有来自世界 109 个国家和地区的 1 万多名境外客商参会;116 户世界 500 强企业和大型跨国公司的 118 位中国区副总裁以上高管,154 户央企、国内 500 强和大型民营企业的 160 位副总裁以上高管,120 户国内外知名金融投资机构和 104 家知名商协会参会。博览会期间,参观人数突破 50 万人次。对外商品贸易成交额 7.63 亿美元,比上届增长 14.6%。国内贸易成交额 20.73 亿元人民币,比上届增长 13.8%。签订投资合作合同项目 259 个,总投资额 2 265.92 亿元人民币,其中,引进域外投资 2 135.56 亿元人民币。签约项目中,超 5 亿元项目 113 个,10 亿元以上项目 71 个。举办各类会议活动 70 项。其中,高规格会议论坛 18 项;形式多样的投资贸易活动 29 项;丰富多彩的文化交流活动 16 项;专项活动 7 项。举办了第 32 届中日经济知识交流会、中国东北三省——韩国经贸合作交流会、东北亚金融与产业合作圆桌会议、第五届东北亚青年企业家发展论坛、东北亚商协会国际合作会议和东北亚 5 国商务日、东南亚(台港澳)——中国吉林经贸洽谈会、欧盟——中国(吉林 2012)投资贸易洽谈会、东盟与中日韩(10+3)媒体合作研讨会、第二届世界产业领袖大会、2012 美大地区友好论坛、海外交流协会第三届理事大会。举办 2012 国际人参大会,300 余位世界 500 强、《福布斯》全球 2 000 强、知名上市公司及大型跨国企业高管,美大地区 10 个国家的 15 个友好组织代表,180 位海外华侨华人代表,400 余位国内外知名人参产业专家学者和企业家参会。

(宋　丹)

农博会展区一瞥

金　融

综　述

【货币信贷】 截至2012年末，全市金融机构本外币各项存款余额6 643.3亿元，比2011年增长18.2%，增幅高于全省1.3个百分点，比年初增长1 024.3亿元，占全省存款增加额的55.3%。存款较快增长的原因主要是受楼市调控、股市低迷、理财产品收益率下降等影响，社会资金向存款回流，以及宏观经济增速放缓背景下，企业投资较为谨慎，存款意愿增强。2012年全市个人存款新增458.4亿元，占全省个人存款的42%，比2011年多增164.8亿元。单位存款新增545.1亿元，占全省单位存款的77.9%，多增327.3亿元。单位存款结构变化反映企业经营活跃度有所降低，与企业扩大再生产意愿减弱、偏好高收益存款有关。本外币各项贷款余额5 828.3亿元，比2011年增长11%，增幅低于全省1.5个百分点。全市银行业资产总额11 840.21亿元，占全省64%，增长30.04%。不良贷款余额147.27亿元，不良贷款率下降到2.53%，低于全省3.07个百分点。银行业取得利润146.78亿元，占全省的68%，增长37.45%。到2012年末，有28家银行业金融机构在长春设立营业网点，其中属地银行信社类法人机构3家，分别为吉林银行、长春农商银行和南关惠民村镇银行。分机构看，全国性大型商业银行全年新增351.7亿元，少增70.2亿元，全国性中小型银行全年新增144.9亿元，少增74.3亿元，农合机构全年新增22.4亿元，少增24亿元。

【其他金融业】 截至2012年末，有27家保险公司、23家证券公司、3家期货公司在长春设立营业网点。其中，属地法人机构4家，分别为安华农业保险、鑫安汽车保险、东北证券和恒泰长财证券。2012年，保险业实现保费收入84.43亿元，占全省的36.3%，增长5.9%。全市上市企业在资本市场融资71.35亿元，包括首发融资18.65亿，定向增发40亿，公司债12.7亿，占全省的58.2%。小贷公司新增开业20家，全年注册资本金达10亿元。

【金融业发展特点】 1.大力推动金融机构引进和设立工作。2012年新开业两家新型农村金融机构，长春双阳吉银村镇银行，由吉林银行作为主要发起人，位于双阳区。农安北银村镇银行，由北京银行作为发起人，位于农安县。截至2012年9月末，银行类金融机构达27家。双阳农信社改制农商行的工作正在稳步进行中。1月，由吉林银行与一汽财务有限公司共同出资设立的一汽汽车金融有限公司正式挂牌开业，这是吉林省第一家专业从事汽车产业相关资产业务的非银行金融机构。2.开展融资对接，重点解决企业融资难问题。2012年3月，对南关区域内的银行及中、小微企业进行对接，涉及3家银行及36户企业，10户企业与银行达成合作意向，意向贷款金额1.11亿元。6月，组织朝阳区121户中小企业开展融资对接会。光大银行长春分行与朝阳区政府签署《光大银行支持朝阳区中小企业发展战略性合作协议》，同时与5户企业签订《意向性贷款协议》，金额达4.7亿元。10月，共同承办高新技术成果展示暨合作洽谈会，推出的300余个高新技术项目吸引到70余家国内外知名风投创投，50余家银行、证券、股权投资等金融机构的关注。最终，有50个项目达成合作意向，30个项目达成合作投资协议。3.企业上市推进工作。全年组织拟上市企业参加各种培训60多户，150人次。重点帮助企业解决上市过程中遇到的。改制难度大、历史遗留问题较多、上市过程费用高等影响企业上市积极性的问题。深入重点企业进行服务督导，协调有关部门帮助解决，深入高新区、经开区以及华煤集团、金越交通、普华制药等单位和企业，了解区内企业上市情况，积极向政府领导汇报，协调帮助企业解决上市中遇到的问题，坚定企业上市决心，加快企业上市进程。2月吉视传媒成功在上交所挂牌，募集资金18.65亿元。5月迪瑞医疗成功通过发审会，拟在创业板挂牌，但由于市场长期低迷，上市节奏放缓等因素影响，企业尚未挂牌交易。12月初，富奥借壳重组ST盛润获批。卓展集团、华煤集团等拟在香港上市的企业上市前期准备工作基本就绪。4.积极推进长春高新技术开发区申报国家扩大"新三板"试点园区。推进对高新区区内企业进行的动员、筛选，与高新区管委会一道深入相关企业，提高企业进入“新三板”挂牌的积极性，扩大拟挂牌企业家数。跟踪国家对“新三板”扩大试点的相关政策走向，研究政策，积极应对，争取主动。通过努力，长春高新区进入“新三板”储备企业达30多家。5.加快推进吉林股权交易所建设。积极推进吉林长春产权中心做好股权托管、产权交易等工作，根据国家政策及形势发展，与省金融办、吉林长春产权交易中心研究合作，加快吉林股权交易所的设立，搞好各项软硬件建设，积极进行股交所设立意义和相关规则要求的宣传发动工作，年内举行3次宣传推介会，近40户企业参加。做好拟挂牌企业的筛选，到重点企业进行宣讲动员。积极推动做好吉林股权交易所的制度设计、挂牌筹备等工作，力争使长春市乃至全省的企业股权流动起来，做好股权的托管和交易。吉林股交所正根据国家相关政策，积极调整软硬件建设，做好开业的相关准备。6.做好对小额贷款公司的审核、服务和监管工作。小额贷款公司开业家数实现翻番，2012年获批新增开业公司26家，长春市城区获批开业小额贷款公司达46家，注册资本达20.79亿元。7.全力推进企业发债工作。年初对拟发行企业债券的企业进行摸底，对朝阳、宽城、经开上报的企业，联合券商等中介机构进行了走访调研，对市平台和开发区平台拟发债情况进行跟踪。莲花山开发区拟发行30亿元企业债券，项目立项、审计、评级均已完成，材料已上报省发改委，12月上报国家发改委。净月开发区、经济开发区等积极筹备，准备发行企业债券。

【信贷增速放缓】 信贷资金支持力度下降。长春市存款增速大幅高于全国，而贷款增速却低于全国，贷款增速已经低于14%的全国预计平均增速，贷款增量总体疲弱。6月份出台的差别信贷刺激政策没有带来预期的信贷大幅增长，进入8月以后，项目审批的加快只令中长期信贷有一个小幅的回升。由于基建类贷款对银行吸引力更大，又占用相当的信贷规模，导致一些企业得不到信贷资金的支持。由于存款增速明显高于贷款增速，市域的新增存贷比由2011年末的120.3%下降到2012年末的56.4%，余额存贷比也由93.4%下降到87.7%。“短贷长存”的信贷期限结构不匹配现象更加突出。固定资产贷款增速创年内新低。固定资产贷款增长较为缓慢。固定资产贷款余额2 457.4亿元，比2011年增长仅为5.1%，低于贷款平均增速5.9个百分点，创年内新低。企业直接融资进展不佳。受证券市场持续低迷影响，企业上市进展缓慢。同时，受各种因素制约，企业利用债券融资意愿受限，债券市场融资进展缓慢。

（葛海兴）

人民银行

【各项存款】 2012年末，全市本外币存款余额6 643.3亿元，比2011年增长18.2%，高于全省1.3个百分点；比年初新增1 024.3亿元，占全省存款增加额的55.3%，多增448.8亿元。从结构看，全市个人存款新增458.4亿元，占全省个人存款的42%，比2011年多增164.8亿元；单位存款新增545.1亿元，占全省单位存款的77.9%，多增327.3亿元；财政性存款新增27.6亿元，少增27.5亿元。个人存款中储蓄存款新增431.2亿元，占全省储蓄存款的41.3%，多增152.2亿元。单位存款中定期存款新增199.6亿元，多增83.7亿元，活期存款新增70.3亿元，少增70.1亿元，单位存款结构变化反映当前企业经营活跃度有所降低。

【各项贷款】 2012年末，全市本外币贷款余额5 828.3亿元，比2011年增长11%，增速分别低于2011年同期和全省平均增速4.4个和1.5个百分点；比年初新增577.4亿元，占全省新增贷款的56.1%，少增124.7亿元，占比下降6.1个百分点。贷款少增的原因，一方面受雨雪天气较多以及农民惜售因素影响，农发行全年贷款减少18.7亿元，多减127.2亿元，年末贷款余额下降2.8%；另一方面受总行政策调整影响，部分国有银行12月份贷款减少较多。分机构看，全国性大型银行全年新增351.7亿元，比2011年少增70.2亿元，全国性中小型银行全年新增144.9亿元，比2011年少增74.3亿元，农合机构全年新增22.4亿元，比2011年少增24亿元。分期限结构看，短期贷款比2011年多增，中长期贷款少增。2012年，全市短期贷款新增147.5亿元，多增51.6亿元；中长期贷款新增373.8亿元，少增159.3亿元，新增量占全部新增贷款的64.7%，低于2011年同期11.2个百分点。

【信贷重点投向】 对企业生产经营支持力度加大。全市单位经营贷款、票据融资分别新增45.9亿元和43.4亿元，合计新增89.3亿元。发挥金融合力，支持经济发展。全市银团贷款新增98.9亿元，较好满足实体经济发展的金融需求。积极支持居民扩大消费。2012年，全市个人消费贷款新增142.3亿元，比2011年多增25.9亿元。

【贷款利率】 2012年12月末，全省金融机构人民币各项贷款加权平均利率7.28%，比2011年末降低0.89个百分点。各期限贷款利率均有不同程度的下降，其中半年以内贷款利率下降最多，比2011年末降低1.71个百分点。

【固定资产贷款】 2012年长春市固定资产贷款增长比较缓慢。全市固定资产贷款余额2 457.4亿元，比2011年增长5.1%，低于贷款平均增速5.9个百分点，创年内新低。2012年全年新增贷款118.7亿元，不到2011年同期增量的一半，少增166.9亿元。

（冯雪丹）

工商银行

【概况】 2012年，中国工商银行股份有限公司吉林省分行营业部（以下简称工行吉林省分行营业部）有从业人员4 064人，内退人员434人。营业部本部20个部室，6个附属单位，下辖22个一级支行，122 个营业网点，24 个离行式自助银行。经营和管理水平迈上新台阶，全年累计实现拨备后利润 24.22 亿元，利润连续 8 年增长，继续保持了域内最盈利银行地位。

【资产业务】 在实现较快发展的基础上，信贷结构调整更趋科学合理。工行吉林省分行营业部各项贷款余额 666.30 亿元，比年初增加 44.77 亿元，增幅为 7.2%。其中，公司贷款余额 471.56 亿元，比年初净增 9.00 亿元；个人贷款余额 189.98 亿元，比年初净增 38.70 亿元；票据贴现余额 4.75 亿元，比年初下降 2.92 亿元。各项贷款总量和增量保持四行（工商银行、建设银行、农业银行和中国银行）第一，个人贷款存量和增量连续 3 年实现双第一，个人贷款、贸易融资、小企业贷款快速增长，贷款结构得以优化。

【负债业务】 全部存款规模继续保持同业领先。工行吉林省分行营业部各项存款余额 1 107.09 亿元，比年初增加 82.33 亿元，增幅为 8.03%。其中，储蓄存款余额 614.27 亿元，比年初增加 59.64 亿元，对公存款余额 410.36 亿元，比年初减少 3.08 亿元，同业存款余额 82.48 亿元，比年初增加 25.77 亿元。全部存款余额保持四行排名第一，储蓄存款余额四行排名第一。

【中间业务】 中间业务收入连续 4 年实现稳定增长。工行吉林省分行营业部实现中间业务收入 5.99 亿元，比 2011 年增加 0.49 亿元，增幅 8.81%，比同期提高 4.45 个百分点。贡献度最大的是投资银行，比同期增加 1.2 亿元，总收入 1.8 亿元，占全部中间业务收入比例达 33.30%；银行卡贡献度第二，比同期增加 1 088 万元，总收入 9 177 万元，占全部中间业务收入比例为 15.32%，四行占比已达 26.09%，比 2011 年提高 0.57 个百分点。

【新兴业务】 国际业务发展取得新突破，2012 年办理跨境人民币结算业务 34.88 亿元，四行排名第一；同业代理国际结算业务发展迅猛，与吉林银行开展了首次合作，为其办理海外代付业务，代开信用证 1.3 亿美元；与浦发银行合作进一步深化，首次办理 1.6 亿美元信用证项下偿付融资业务，全年累计办理信用证保兑业务 3.2 亿美元；以融资性存放同业业务为重点，做大业务规模，全年累计办理各项融资业务 653 亿元，实现利息收入 3.91 亿元，实现利润 1.29 亿元。新项目和重点客户的拓展亮点突出，在资产托管业务方面，办理了首笔“如意人生”养老金理财产品 1 800 万元，成功营销吉林省烟草公司长春分公司养老金账管和托管业务，实现存量基金规模 5 000 万元，管理个人账户 930 户，管理的企业年金个人账户达 12.27 万户，比同期增加 8.98 万户，托管企业年金 14.77 亿元；在现金管理业务方面，成功营销吉林省新华书店集团全省首笔境内实体资金池业务，完成吉林省连合东北亚交通实业有限公司、吉林森工、中石油吉林分公司等 17 户总、省行级现金管理客户签约工作；在贵金属业务方面，把握国内黄金价格低位徘徊，客户购金成本有效降低的基础上，发挥整体联动营销机制，创造了单人购买实物黄金 1.1 亿元的系统内全国第一和域内金融同业第一纪录。

长春市小微企业融资服务中心成立

【不良资产】 不良贷款连续 6 年双下降，资产质量进一步优化。工行吉林省分行营业部不良贷款余额 7.33 亿元，不良率 1.1%，分别下降 918 万元和 0.09 个百分点，继续保持了不良贷款双下降的良好态势。其中，法人客户不良贷款 6.76 亿元，不良率 1.42%，分别下降 887 万元和 0.03 个百分点；个人客户不良贷款 5 713 万元，不良率 0.3%，分别下降 32 万元和 0.08 个百分点。累计清收处置不良贷款 1.38 亿元，其中，清收 5 年以上账龄不良贷款 5 363 万元，清收账销案存资产 1 036 万元，处置抵债资产 112 万元，实现拨备回拨 3 549 万元。

【渠道建设】 打造“双基”工程，渠道建设卓有成效。工行吉林省分行营业部零售业务制定了“一主线、双基础、三类卡、全覆盖”的总体发展思路。即以储蓄存款为主线，全面夯实基础业务和基础工作，积极打造“双基”工程；以代发工资、借记卡、第三方存管、中小商户消费转账终端等 4 项业务大发展为契机，壮大客户总量，优化客户结构，实现业务的全面覆盖，扎实推进从“大个金”向“强个金”的转型发展。全年储蓄存款突破 600 亿元大关，实现净增借记卡 59.59 万张、理财金账户卡 10.07 万张、商友卡 9 384 张，实现净增第三方存管客户 4 504 户、代发工资客户 416 户、私人银行客户 49

户；完成网点装修改造 20 个，新增网点 4 个，新增自助银行 8 个，升格、迁址网点 10 个，机构总量达 122 个；净增企业网上银行客户 2 333 户、个人网上银行客户 30.5 万户、手机（WAP）银行客户 27 万户，实现电子银行交易额 1.63 万亿，增长 13.22%，柜面业务可分流率达 35.6%，上升 1.17 个百分点。净增信用卡 1.5 万张、特约商户 695 户，信用卡交易消费额 100.75 亿元，比同期增加 12.66 亿元，增幅 14%。ATM 自助设备投产运行总数 535 台，净增 68 台，运行率 98.35%，比 2011 年提高 1.61 个百分点。

（杨红宇）

农业银行

【概况】 2012 年，中国农业银行股份有限公司吉林省分行营业部（以下简称农行吉林省分行营业部）下辖 16 个一级支行，166 个分支机构，在岗员工 3 857 人。截至 2012 年末，全行人民币各项存款余额 497.4 亿元，比年初增加 82.4 亿元；各项贷款余额 259.7 亿元，比年初增加 35 亿元；实现中间业务收入 1.65 亿元；实现拨备前利润 7.8 亿元，比 2011 年增加 1.7 亿元。

【服务“三农”】 以“金穗惠农通工程”为切入点，依托惠农卡一卡通项目和财政直补担保贷款项目，拉长服务半径，打开城乡市场上的产品通道。截至 12 月末，县域人民币各项存款余额 128.34 亿元，比年初增加 21.85 亿元，增幅 17.03%，高于全行平均增速 7.56 个百分点。县域各项贷款余额 38.26 亿元，增量 31.31 万元。农户贷款余额 13.9 亿元，比年初增加 9 588 万元。粮食直补担保贷款余额 4.46 亿元，比年初增加 1.59 亿元，占农户贷款的 32.07%。累计发放惠农卡 90.96 万张，比年初新增 9.83 万张，激活率 93.59%。惠农卡沉淀资金 1.95 亿元。全年累计归集“新农保”资金 2 744 万元，代发养老保险金 5 115 万元。

【支持城市发展】 加大资金投入，投放贷款 129.4 亿元，先后重点支持大成集团、省电力集团、欧亚集团、长客股份、中化帝斯曼等一批区域龙头企业；围绕基础设施建设，加大对城市道路改造、商品房开发、公路改造、铁路建设、农网改造等项目投放力度；围绕长春城镇化建设，在改善居民居住环境上做足“文章”，加大对居民家庭首次购买自住普通商品住房的贷款支持，实行信贷规模优先配置，放宽普通住房贷款和经济适用房贷款浮动利率下限，执行个人住房贷款最低首付款比例，降低承债人资金成本。对商业用房贷款采取最低利率上浮标准，满足个人商业用房贷款需求。为加强服务，农行 138 个营业网点开办了个贷业务，占全辖营业网点的 82.6%，累计投放个人住房贷款 16.3 亿元。

【中小企业金融服务】 推出了小企业简式快速贷款、自助可循环贷款、供应链融资等系列产品，按照低平台、短流程的原则，积极推行“一站式审批”模式，让小企业不但贷得到，而且贷得快，真正解决小企业融资难题。

【强化基础管理】 农行省行营业部对基础管理常抓不懈。完善了“三大集中”相关制度和操作流程，针对新业务、新问题，改进相关规定和考核激励措施，防控风险。按照“三化三铁”创建方案，统一作业流程，促进了柜面业务标准化、规范化、制度化；加快设备体系建设，完善生产运行体系，全面推广实施了 BoEing 系统，推动业务与技术的深度融合，提高了科技支撑能力；强化费用硬约束，厉行节约精神，着重压降内耗型、排场式开支；做好法人客户贷后管理工作，根据客户的风险特点和业务管理要求，制定切实可行的贷后管理方案，明确贷后管理目标和风险防控重点。加强非农个贷管理。加大农户贷款清收力度，对不良率高、不良贷款额度大的支行开展专项治理，努力提高农户贷款到期收回率，确保农户贷款不良率控制在总行目标之内；开展创建“平安农行”和“三化三达标”工作，狠抓基础管理，有效消除各类风险隐患，实现了全年安全无事故目标。

（曲洪生）

吉林银行

【概况】 2012 年吉林银行股份有限公司在吉林省内和大连、沈阳拥有 10 家分行，在长春设立营业部，全行有 350 多个营业网点。截至 2012 年末，吉林银行资产规模 2 156.77 亿元，是成立时的 4.2 倍；存款规模 1 552.61 亿元，是成立时的 3.5 倍；各项贷款余额 1 088.54 亿元，是成立时的 3.4 倍；资本充足率 12.27%，

吉林银行加入亚洲金融合作联盟 被推选为联盟副主席

不良贷款率1.13%，拨备覆盖率309.21%，资本金从成立之初的34.22亿元，增加到70.67亿元。吉林银行资产规模和盈利能力已跻身全国城市商业银行前列，公司价值和品牌影响力大幅提升。2012年4月，吉林银行加入亚洲金融合作联盟，并被推选为亚洲金融合作联盟副主席单位；7月，吉林银行在英国《银行家》杂志全球1 000强银行排名中列第372位，中国地区银行第33位。

【打造社区银行品牌】 截至2012年末，吉林银行长白山卡发行数量513.61万张，卡均存款余额3 399元，卡中存款总金额174.58亿元。吉林银行在长春市的100个社区建立了“社区金融服务站”，并在具备条件的社区安装ATM等自助机具。吉林银行不断挖掘客户的现实需求和潜在需求，有针对性地提供金融服务方案，推出适合社区居民、个体工商业户、私营业主的金融产品和服务项目；降低信贷准入门槛，尽最大可能满足百姓的资金需求，建立起客户对银行的信任，培养良好的邻里关系、合作关系，让社区客户对社区银行的金融服务、社区增值服务产生依赖感，培育出一大批忠诚度极高的客户群体。2012年5月，吉林银行首家私人银行会所落户大连。设立私人银行会所是吉林银行实施客户分层营销、完善零售业务体系、试水财富管理的重要举措。吉林银行私人银行全力打造“1+1+N”的服务团队，即一名理财经理+一名专属的私人银行顾问+一组专业领域的智囊团队，合力为贵宾客户制定专属的财富管理解决方案，为贵宾客户提供满意服务，建立和完善零售体系。

【支持地方经济建设】 吉林银行向通钢等省内重点钢铁企业投放贷款，并通过深入研究产业链供应模式，开发供应链系列金融产品，缓解钢铁行业上、下游企业融资难的矛盾。设计研发汽车金融网业务，缓解一汽集团经销商融资难题，支持吉林省汽车行业发展，吉林银行出资3.4亿元、占股34%与一汽财务公司共同设立了一汽汽车金融公司，吉林银行成为全国第二家出资成立汽车金融公司的商业银行。开发油田鉴证贷款业务，缓解民营油田融资难题，支持吉林省石化行业发展；落实国家文化产业政策，创新和开发适合文化企业特点的金融产品，在文化产业的贷款余额为4.77亿元。吉林银行还通过加强与政府部门沟通、建设银政合作关系等途径，推进地方经济发展。吉林银行持续扶持三农领域，重点支持产业龙头企业做强做大。在化肥生产流通环节，推广农资流通创新金融产品“惠农宝”，成功扶持吉林隆源集团、吉林云天化等企业发展成为东三省行业龙头企业，支持全省35%的春耕用肥资金需求，助推了吉林省三农经济发展。“惠农宝”等农业全产业链产品获得省直机关2011年“建功十二五”突出业绩奖。吉林银行通过研发满足人参行业采购、生产、销售等产业链各环节融资需求的金融产品，对人参产业投放贷款40亿元，有效支持了人参产业发展。

【做小企业的“信贷工厂”】 吉林银行在全国城商行系统第一家成立了小企业金融服务专营机构——吉林银行小企业金融服务中心。吉林银行积极协调政府、工信厅、房产、土地等部门进行合署办公，为小企业客户提供“一站式”融资服务，专营的品牌吸引了小企业主的目光。吉林银行实行准事业部制运作模式，在信贷计划、人力资源与财务资源、会计核算上实行单独配置和核算。为促进省内小企业界以及社会各界人士之间的深度交流，吉林银行打造了小企业家俱乐部，为小企业客户打造一个信息丰富、无障碍的交流平台。吉林银行已成为名副其实的小企业金融服务特色银行。5年来，吉林银行累计为小微企业投放贷款482.34亿元，支持以民营经济为核心的个体工商户和私营企业达67 000户，贷款余额189.08亿元，年均贷款增速33.55%，满足了小微企业发展各个阶段的不同融资需求。

【助力民营企业发展】 到2012年末，吉林银行民营企业贷款余额667.55亿元，比5年前增加467.52亿元，增速233.72%，年平均增速30.89%，高于吉林省金融机构贷款平均增速13.56个百分点。

【IT综合业务系统建设】 推进新一代IT综合业务系统建设，完成近60项信息科技系统建设项目，实现全行数据大集中，形成先进的IT系统架构体系，并以此推动在管理、产品、业务和服务等方面的创新。陆续完成门户网站、自助银行、POS交易、电话银行、网上银行、电视银行、短信通知平台、手机银行、新版呼叫中心系统等多渠道多样化的电子渠道系统建设和推广。完成对网银支付宝功能、代理村镇银行支付系统等支付系统的开发与完善。在中间代理业务方面形成了强有力的竞争优势，基本涵盖了省内全部大型代收代付业务。2012年11月，吉林银行通过科技外包方式建设成功上线新一代核心业务系统，实现与国际接轨，达到国际领先水平。

（曾佳音）

农村信用社

【概况】 截至2012年末，全市有7家县级行社，其中4家农商行，3家县联社。营业网点325个，在岗员工总数6 507人。资产总额1 315亿元，比2011年增加649亿元；各项存款余额564亿元，增加83亿元；各项贷款余额357亿元，增加55亿元；实现利润16.7亿元，增加5亿元。

【双阳农商行挂牌开业】 2012年12月26日，双阳农商行挂牌开业，成为全市第4家农村商业银行。

【业务规模稳步增长】 年末存款余额564亿元，净增83亿元，增幅17%；贷款余额357亿元，净增55亿元，增幅18%。资产质量有所提升。年末不良贷款率6%，比年初下降1.5个百分点。盈利水平继续增强。全年实现拨备前利润16.7亿元，比2011年增加5亿元，增幅43%。

吉林省联社与长春市政府签署全面战略合作协议

【企业纳税】 2012 年纳税合计 6 亿多元，接近前两年之和，比 2011 年增加 2 亿元，增幅 49%。其中，缴纳企业所得税、营业税及附加等企业税费 5 亿元，增加 1.5 亿元，增幅 43%；缴纳个人所得税 1.1 亿元，增加 0.5 亿元，增幅 83%。

【拓宽银政合作平台】 继 2011 年末长春办事处与榆树市政府签约后，2012 年又分别与农安县、德惠市、双阳区政府签约，为县级行社搭建了银政合作平台。2012 年 6 月 19 日，省联社与长春市政府签署全面战略合作协议。积极与职能部门对接合作。与市农委、金融办、畜牧局等职能部门沟通联系，遴选优质贷款企业，共同推进合作项目。通过上述措施，银政合作平台不断拓宽，全年吸引财政存款 16 亿元，发放政府推介项目贷款 4 亿多元，政府帮助清收不良贷款 3 400 多万元。

【引导资金投向“三农”】 全年累计投放涉农贷款 96 亿元。年初，筹措支农资金 37 亿元用于贷款投放。一季度，发放备春耕贷款 18 亿元、全年累放养殖业贷款 1 亿元、发放农村贫困妇女生产贴息贷款 170 多万元、发放“直补保”贷款 24 亿元。创新开办支农产品。开办土地收益保证贷款业务，解决长期以来农户贷款担保难、风险大、利率高的难题。榆树农商行推出农户“大联保体”贷款业务，发放贷款 369 万元。提供“小对小”式金融服务。全年投放小微企业贷款 172 亿元，占各项贷款累放的 63%。城区行社结合自身特点，引入微贷技术，设立专门机构，大力拓展小微信贷市场，仅长春、九台农商行分别发放贷款 1.7 亿元和 1.8 亿元。通过上述措施，贷款投向实体经济，农贷业务逐步转型，贷款风险得到控制，并创造了新的利润增长点。开展助农金融服务工程。2012 年，在银监会、省联社要求下，全面开展助农金融服务“四个一”工程，全年建设标准化服务点 1 166 个，实现了农民小额取款不出村，方便农民，减轻负担，受到各界好评。2012 年 9 月 5 日，王岐山在银监会、吉林省及长春市主要领导陪同下到吉林农信长春环城联社调研。

【稽核监督】 组织开展各项检查。2012 年 1～3 月组织开展了 2011 年经营成果真实性检查；4 月和 10 月开展序时稽核 2 次；5 月份开展稽核专项督导；7～9 月开展了大额贷款专项检查；8～10 月开展了移位稽核检查。此外，组织开展到期未收回贷款检查 3 次、突击检查 2 次、后续检查 2 次。保证了检查时间、范围、频率和力度。发现问题及时处理。全年各次检查累计发现违规问题 1.6 万笔，涉及金额 12.6 亿元，处分、处理 887 人次。发挥监督指导作用。督导员、稽核员全年提交风险提示 13 个，现场辅导稽核管理系统使用情况，查找解决问题 57 个。2012 年 11 月，长春稽核审计中心挂牌成立，增强了风险管控能力。

【清收不良贷款】 2012 年累计清收不良贷款 6.6 亿元。其中，现金清收 3.3 亿元，转化 0.5 亿元，核销 1.9 亿元，置换 0.9 亿元。排查摸清风险底数。5 月份对贷款风险进行全面排查，为下半年清收、转化及核销不良贷款，真实反映资产质量，加快推进产权改革打下了基础。发挥依法清收作用。县联社联合公检法部门依法清收，农安县、德惠市分别收回不良贷款 1 115 万元和 430 万元。防范化解案件风险。全年报送疑似案件风险信息 57 个，涉及贷款 2 316 笔 5 525 万元，已收回贷款 177 笔 399 万元，疑似案件风险金额降至 5 126 万元。通过上述措施，不良贷款余额比年初净下降 1 亿元，不良率下降 1.5 个百分点，资产质量得到改善，风险化解收到实效。

（肖忠辉）

教　育

高等教育

【概况】 截至2012年末，长春市有高等院校43所。其中，教育部直属全国综合性重点大学2所，普通高等院校13所，专科5所，军事院校2所，警察院校1所，司法院校1所，成人院校3所，民办本科院校11所(含民办独立学院7所)，全日制民办专科院校3所，非全日制民办专科学校2所；有国家级重点学科48个，省级重点学科147个；国家级重点实验室14个，省部(委)级重点实验室217个；享受国家级政府特殊津贴958人，享受省级政府特殊津贴1 013人，享受市级政府特殊津贴47人；硕士学位授权点834个，博士学位授权点419个，博士后流动站64个。全市高校有专任教师22 391人。其中，教员777人，助教2 660人，讲师7 477人，副教授7 685人和教授4 435人；有中国科学院院士18人，中国工程院院士5人；国家级学科带头人191人，省级学科带头人631人；国家级突出贡献的专家学者24人，省级突出贡献的专家学者385人，市级突出贡献的专家学者64人；2012年全市在校学生407 289人，专科生74 527人，本科生285 781人，硕士生38 072人，博士生8 999人；全年全市普通高校招收学生117 521人，毕业生96 835人。

【高校教学改革】 2012年在长高校深化教学改革，有效地提升了教师的授课质量，提高了学生的学习兴趣和学习效率。吉林大学实施了《吉林大学加强学风建设实施细则》、《吉林大学学术道德规范》，初步构建了学风建设工作体系和工作机制；修订学术型研究生培养方案与临床医学硕士专业学位研究生培养方案，选拔7人进入学校2012年全国优秀博士学位论文资助计划，选派142人赴国外攻读博士学位和联合培养；“应用型、复合型法律职业人才教育培养基地”“涉外法律人才教育培养基地”入选教育部“卓越法律人才教育培养计划”；“拔尖创新医学人才培养模式改革试点”、“五年制临床医学人才培养模式改革试点”入选“卓越医师教育培养计划”。东北师范大学扎实推进教师教育协同创新，在服务中国基础教育发展中更好的发挥了引领示范作用，在“教师教育创新东北实验区”建设的基础上，牵头成立了“东北高校教师教育联盟”和“教师教育东北协同创新中心”，“U—G—S”合作办学模式得到进一步拓展深化。长春理工大学积极推进教学改革，在省属高校中率先设立了总会计师岗位；制定完善《关于“十二五”期间实施“本科教学质量与教学改革工程”的意见》等6个教学管理文件。通过座谈会、听课、查处教学事故、处理师生来信、抽查试卷及毕业论文、检查教学秩序、总结期中教学等工作，全面了解课堂教学情况，有效促进了课堂教学质量的提高。吉林农业大学推进人才培养模式综合改革，在3个专业实施了卓越农林人才培养计划；启动了基础课程教学改革工程，促进了基础课程教学条件建设和课程体系的整体优化；推进课程考核方式改革。探索“实践教学三结合”模式，推进了实践教学模式改革。长春工业大学启动并实施“本科教学工程”。开展人才培养模式创新实验区遴选工作，5个实验区被确认为省级人才培养模式创新实验区；扎实开展人才培养模式改革工作，申请增设“卓越计划”国家试点专业和新增专业遴选。开展“质量工程”教学研究与改革项目和教育技术立项课题结题验收评审工作。成立“教学质量监控与评价中心”，全面开展督学、督教、督管工作的理论研究和实践探索。长春中医药大学组建了“任继学”班和“卓越工程师”班，确立了其教学组织形式、考核办法和人才培养方案。倡导摒弃注入式教学方法，推进以PBL教学方法改革为代表的教学方法改革。

【高校教学成果】 2012年，高校加强学科建设，提高学生创新能力和综合素质，教学成果颇丰，参与的各类大赛取得了优异成绩。

吉林大学车辆工程等6个专业入选国家级专业综合改革试点；机械工程及自动化专业、车辆工程专业和食品科学专业通过教育部专业认证；有3门课程被列入“中国大学视频公开课”2012年上线课程；14门课程被推荐国家级精品资源共享课；21种教材入选第一批“十二五”普通高等教育本科国家级规划教材;生物学与生物化学学科首次进入ESI

全球排名前1%,使ESI排名进入全球前1%的学科增至7个;增设诉讼法学二级学科为博士学位授权点;补充设置了地学信息工程、矿产资源经济与技术、地质灾害防治工程、地下水科学与工程等4个目录外二级学科;新设立图书情报与档案管理学、畜牧学学科2个博士后科研流动站,增设考古学、世界史学科2个博士后科研流动站,确认中国史学科为博士后科研流动站,博士后科研流动站设站数增至41个,列全国第4位;吉林省"十二五"优势特色重点立项建设(一级)学科42个;吉林省"十二五"优势特色重点立项培育(一级)学科4个;"十二五"校级优势特色重点学科12个;"985工程"科技创新学科建设项目12个;"985工程"哲学社会科学学科建设项目7个;"985工程"重大理论和现实问题交叉学科建设项目5个;"211工程"三期重点学科建设项目21个;2篇博士学位论文入选全国优秀博士论文,22篇博士学位论文、20篇硕士学位论文被评选为吉林省优秀研究生学位论文;2位博士后获2012年"香江学者计划"资助。

东北师范大学学科建设不断加强,"211工程"三期8个重点学科建设项目顺利通过国家验收;学校获准新设"外国语言文学"博士后科研流动站,增设"生态学"、"统计学"、"世界史"等3个博士后科研流动站,设站总数增至16个;1篇博士论文入选2012年全国优秀博士学位论文,2篇博士论文入选提名论文;有3个学科进入ESI全球排名前1%。

长春理工大学加强专业建设,专业结构进一步优化。申报本科专业3个、第二学士学位专业3个;完成现有本科专业对照整理工作;新增"机械设计制造及其自动化"和"光电信息工程"2个教育部"专业综合改革试点"专业;"工业设计"专业与"机械设计制造及其自动化"专业获批"教育部——欧特克公司专业综合改革项目";新增省级精品课程3门、优秀课程7门,11门省级优秀课通过复查;"应用光学"等3门国家级精品课程被吉林省教育厅推荐为国家级精品资源共享课;获批"十二五"普通高等教育国家级规划教材3种,出版教材14种,新编校内讲义19种;获全国多媒体课件大赛二等奖3项、三等奖1项和优秀奖6项,省教育技术成果奖一等奖5项、二等奖8项。

吉林农业大学2012年获批国家级项目2项,省级项目14项,推荐申报国家精品视频公开课、资源共享课2门;17部教材分别被确定为教育部、农业部"十二五"国家级规划教材;2个专业被评为国家专业综合改革试点;确定校级重点以上教研课题立项75项,结题鉴定88项,有59项成果获得省级奖励,与2011年相比获奖成果数量有所提高;高等教育研究所获批吉林省首批高等教育研究基地。

长春工业大学获批省级精品课3门,省级优秀课7门,3门课程参评教育部精品视频公开课;开展"专业综合改革试点"项目评审遴选和专业设置整理工作,2个专业被教育厅推荐参加国家级评审;评选出新一轮校教学名师17名,优秀主讲教师44名,2个教学团队被批准为省优秀教学团队;3部教材被列入"十二五"国家级规划教材;工程训练中心成为国家级实验教学示范中心,5个教育中心被批准为"国家级工程实践教育中心"。

长春中医药大学2012年建立了络视频课程服务平台,开设通识课程13门;新增国家级精品课1门,省级精品课3门;2个教学团队获批省级优秀教学团队;获得2012年度吉林省高等学校人才培养模式创新实验区1个;主编"十二五"规划教材立项教材30部,54人担任副主编,149人担任编;2部教材被确定为国家级"十二五"规划教材;新增国家级大学生创新创业训练计划项目60项;新增"SRT"计划立项项目50项。

吉林财经大学2012年"税务专业"被吉林省教育厅推荐申报教育部"专业综合改革试点"项目;"政治经济学"国家精品课程已被吉林省教育厅推荐教育部申报教育部精品视频公开课程及精品资源共享课程;成功申报"卓越法律人才教育培养计划"项目;获批省级人才培养模式创新实验区2个;获批省级教学团队2个;立项省级精品课程3门,学校立项省级精品课程27门,居于省内高校的前列;获批省级优秀课程7门;学校申报的吉林省教育科学"十二五"规划课题,获立7项,其中,重点自助课题3项,一般规划课题4项;申报省教育厅教改课题,获立15项;参选省级教育教学技术成果奖,获得论文类成果二等奖1项,三等奖3项;参选省第七届教育科学优秀成果奖,获奖项8项,其中一等奖2项,二等奖1项,三等奖5项;参选省高教学会第十二届优秀高教科研成果评奖,获奖项3项。

长春大学新增省级精品课程2门、省级优秀课程4门,5门原省级优秀课程通过了复审;新增省级人才培养模式创新实验区2个,省级优秀教学团队1个,校级优秀教学团队6个。

【参赛佳绩】 吉林大学本科生获国家级奖79项(其中,一等奖32项,二等奖39项,三等奖8项),获省级奖168项;第八届"挑战杯"中国大学生创业计划比赛中获2金1银,列参赛高校首位。东北师范大学学生在第八届挑战杯"复星"中国大学生创业计划竞赛中分获铜奖和银奖、在第9届全国大学生运动会中为吉林省摘取2金、1银和3铜,在第八届中国舞蹈"荷花奖"评奖中获得银奖。长春理工大学承办了省第六届"挑战杯"创业计划竞赛,3件作品获金奖,学校获优秀组织奖和"特殊贡献奖";王大珩科学技术学院学生在全国各类单项竞赛中,获国家一等奖6项,二等奖10项,三等奖21项,省级奖励54项;在第八届"挑战杯"复星中国大学生创业计划竞赛决赛中获银奖,并获首届"挑战杯"模拟运营大赛三等奖,2个创业团队获铜奖,学校获优秀组织奖。长春工业大学组织开展大学生创新创业训练计划项目评审及申报工作,50个项目被确立为国家级"创新创业训练计划"项目。深入开展大学生创新竞赛一院一赛制活动。在电子设计竞赛、数学建模竞赛、机械创新大赛、计算机程序大赛、工程训练综合能力竞赛等竞赛中获得可喜成绩,有近30项教学成果受到国家级、省级奖励,近180人次获得国家级、省级大学生学科竞赛优秀奖项。吉林农业大学积极组织学生及学生团队参加各级各类科技竞赛、学术竞赛，并在大赛中获得国家级奖项8项、省级奖项184项。中医药大学学生在"第三届全国高等医学院校大学生临床技能竞赛（东北赛区）"中荣获二等奖，在"振东医药杯"首届三北地区中医大学生临床能力竞赛中荣获三等奖，1名同学获得"舌诊与脉诊技能"单项第一名；在第六届"挑战杯"动感地带吉林省大学生创业计划竞赛中荣获金奖1个、银奖1个，学校被评为优秀组织单位。2012年，长春大学学生在全国数学建模竞赛、电子设计大赛、机械创新设计大赛等学科竞赛中获省级以上奖励53项；特殊教育学院男生小合唱获第三届全国大学生艺术展演大赛声乐组一等奖；在第八届"挑战杯"全国大学生创业计划竞赛中，有2项作品获得全国铜奖，在网络虚拟运营专项竞赛中，长春大学两支参赛团队获得全国一等奖和二等奖，创造了长春大学学生参加全国"挑战杯"大赛的最好成绩；在2012年"挑战杯"吉林省大学生创业计划竞赛中，荣获优秀组织单位奖，申报的参赛作品获省金奖一项、银奖一项、铜奖二项。东北师范大学人文学院学生参加全国大学生管理模拟大赛总决赛荣获一等奖；参加第六届全国数字艺术设计大赛定格动画作品《Scope》获全国大赛（定格动画）优秀动画片奖；在吉林省语言基本功赛事中，参赛团队和个人连续3届获得团体一等奖、个人一等奖；在全国大学生数学建模竞赛中，参赛的10个代表队全部获奖，一支代表队获国家二等奖，4支代表队获省级一等奖；参加教育部大学生艺术展演获"优秀组织奖"；参加国际音乐比赛获得一等奖。

【研究生培养机制改革】 长春理工大学录取全日制硕士研究生1 105人，博士研究生74名，非全日制硕士研究生120名；出台了《长春理工大学关于加强专业学位硕士研究生教育工作的实施意见》；工程硕士（机械工程、计算机技术）成为省首批专业学位研究生教育综合改革试点专业；完成新版研究生培养方案初稿；组织"王大珩光学奖"的选拔推荐和中科院光电研究院"雏鹰"计划申报工作；2篇博士学位论文被评为省优秀博士学位论文，8篇硕士学位论文被评为省优秀硕士学位论文。吉林农业大学农学、理学门类和全日制专业学位的招生数量显著增加，招收各类研究生911名；农业推广硕士成为吉林省首批专业学位教育综合改革试点专业；严把学位授予环节质量关，各类研究生在读期间发表文章879篇；评选和表彰14篇省级和40篇校级优秀学位论文；加强研究生学术道德和科研诚信教育，67名研究生首次获得国家奖学金。长春中医药大学修订研究生培养方案，新增2个自主设置学科；年度招生395人；启动了"优秀研究生国内外访学制度"；组织"长春中医药大学博硕医疗服务队"，开展社会实践和志愿者服务活动；启动博士生导师和学位点遴选工作；研究生论文质量提升，1篇博士学位论文和4篇硕士学位论文获评吉林省优秀论文。

【人才队伍建设】 吉林大学新增哲学社会科学资深教授2人；引进双聘院士3人，续聘双聘院士2人；新增国家"千人计划"3人，吉林大学"千人计划"入选专家22人；新增4人为"长江学者"特聘教授，1人为"长江学者"讲座教授；引进唐敖庆特聘教授1人、校内聘任唐敖庆特聘教授11人、匡亚明特聘教授6人；引进和聘任匡亚明、唐敖庆讲座教授15人；学术带头人4人；学术骨干11人，教授4人；外籍教授3人；外籍副教授2人；17人被评为教育部新世纪优秀人才。张梅生教授获选2012年吉林省教书育人楷模；13人入选享受国务院政府特殊津贴。东北师范大学调整人才培养和引进政策，建立"博士后师资制度"，引进"东师学者"讲座教授、教学名师等53人，组织完成第4批"东师学者"青年学术骨干遴选，"东师学者"青年学术骨干队伍100人；新增"长江学者奖励计划"特聘教授1名，"新世纪优秀人才支持计划"12名。长春理工大学被教育部批准为卓越工程师教育培养计划实施学校；引进高层次人才6人，其中海外人才3人；接收博士毕业生31人；聘任双聘院士1人，兼职教授23人；推荐各类拔尖人才及资助项目35人次，15人获得了相应资助或荣誉称号；3人被列入省高层次创新创业人才引进计划，4人被授予市第5批有突出贡献专家称号，1人被授予市首批青年科技英才称号，1人被授予市第二批优秀人才称号。长春农业大学88人次成为省及地方政府的科技特派员、首席专家及经济顾问。长春工业大学引进博士18人；组织国家青年千人计划、青年拔尖工程、省人才基金项目和留学归国人员创新创业资助项目申报工作，涌现出"吉林省高级专家"3人，省引才计划全职创新人才1人，省教书育人楷模1人，宝钢优秀教师奖1名；2人荣获"长春市第五批有突出贡献专家"，1人荣获"长春市第二批优秀人才"。长春中医药大学提高教师科研队伍的学历学位层次，优化学缘结构，成立教师发展中心，搭建有利教师发展的培养培训平台，有12人次获得组织国务院特殊津帖；省第12批有突出贡献的中青年专业技术人才；省拔尖创新人才二、三层次人选；省人才开发资金自助项目；省留学回国人员自助项目等荣誉称号和表彰奖励。长春师范大学"基础教育双语师资人才培养模式创新实验区"被定省级人才培养模式创新实验区；引进博士11人，硕士16人；选派31名教师到国内、外重点大学进修，5名教师到国内重点高校做博士后研究，9名教师赴国外进行课程进修，组织教师参加各类培训200多人次；1名教师获评国务院特殊津贴，2名教师获评吉林省有突出贡献中青年专业技术人才，6名教师获评吉林省第3批拔尖创新人才第二层次和第三层次人选。

【高校国际交流与合作】 2012年全市部分高校拓展开放办学模式，国际交流与合作范围日益广泛，学术影响力不断扩大，营造了良好的对外交流学术氛围。

吉林大学签署各类校际交流协议29项；与35个国家和地区的187所大学和科研机构建立了合作与交流关系；与美国佐治亚理工学院签署共建"吉大——佐治亚理工学院联合理论科学研

究院”协议，与美国埃默里大学签署了合作备忘录，共建“吉大——埃默里大学联合国际医学院”，与美国罗格斯大学签约共建“吉林大学美国研究中心”和“罗格斯大学中国学研究中心；派出学生 1 096 人次，因公派出教师 890 人次；聘请来自 36 个国家和地区的长短期外国专家 602 人次；接收来自 98 个国家的长短期留学生 2 140 余人来校学习；成功入选首批孔子学院专职教师储备单位和“孔子新汉学计划”中方首批试点高校。

东北师范大学全年聘请 270 名长短期外籍教师任教、讲学，接收来自 94 个国家的外国留学生 1 074 人次，其中奖学金学生 345 人；全年选拔派遣 160 名学生赴国(境)外留学；派出教师 187 人参加学术会议、学术交流和合作研究、访问考察等；孔子学院举办各类文化活动近 200 场，参与人数近 10 万人次；国务院侨办在东北师范大学设立华文教育基地，承担华文教材研发、华文教师培训等方面工作。

经教育部批准，长春理工大学设立了“长春理工大学教育部出国留学培训与研究中心”，与加拿大、美国、英国等国高校开展国际合作办学；新签署合作协议 5 项，通过校际合作派出 26 名学生赴国外大学交流学习；13 名教师获得国家留学基金委“地方合作项目”和“国家公派研究生项目”资助；获准加入国家留学基金委“青年骨干教师出国研修项目”计划；2 个项目入选国家留学基金委“优秀本科生国际交流项目”；签署了《中国长春理工大学与俄罗斯圣彼得堡国立信息技术、机械与光学大学在上海合作组织大学框架下联合培养信息技术方向高水平人才的协议》；成功举办了第三届亚太光学制造国际会议、2012 光电子与微电子国际学术会议、第二届东北亚比较法学国际学术研讨会等高层次国际会议；留学生规模、国别稳步增长，招收 107 名留学生，新增国别 5 个，在校留学生 440 人，来自 57 个国家；与乌兰乌德第三语言中学合作成立的孔子课堂正式揭牌运行；与布里亚特国立大学社会心理学系合作建立中俄社会文化研究中心；组织第一届东西伯利亚及后贝加尔地区汉语教师经验交流会；成功召开孔子学院第五次理事会。吉林农业大学接待 22 个国家、17 个团组，来访外宾 70 人次；团组出访成效明显，组织 4 个出访团组，计 22 人次，对 8 个国家 10 所高校进行友好访问；首次与台湾地区高校建立了合作关系；成功获批“千人计划”项目；完成商务部援外培训项目 2 项；援建赞比亚农业技术中心项目正式进入技术合作期。

长春工业大学 2012 年共接待国外代表团组 12 个，计 59 人次；派出代表团组 6 个，计 15 人次；与 3 所国外院校签署校际交流与合作协议；友好合作院校数量已增加到 40 所；与美国奥克兰大学合作举办机械工程及自动化专业本科教育项目申办工作正式获批，并与 2012 年 9 月招收首批新生；与美国波特兰州立大学合作举办的电气工程及其自动化专业本科教育项目再获成功。

长春中医药大学与日本、韩国、蒙古国、台湾毕业生签署了委托招生协议；接待韩国光州女子大学的短期学习团和日本短期班。

长春大学 2012 年与俄罗斯高校开展了广泛的双边学术研讨活动，先后与叶赛宁梁赞国立大学举办了“中俄国际激光处理及应用物理科学研讨会”，与俄罗斯太平洋国立大学举办“科技交流与合作”项目座谈会，与俄罗斯世界基金会举办了“俄语教育教学理念研讨会”。

2012 年，东北师范大学人文学院先后与日本、韩国、新加坡、俄罗斯、丹麦、德国、美国、加拿大等国家一批高校建立了合作关系。2000 年以来，接待来自世界各国的学者、学校代表和友好人士 300 余人次，组织 20 多个团组出国考察访问。

【科研工作】 吉林大学哲学社会科学研究获立各级各类项目 431 项，获立纵向项目 287 项 (其中国家社科基金重大项目 10 项)，教育部重大课题攻关项目 2 项，教育部单独委托重大项目 1 项，国家自然科学基金重点项目 1 项；获立横向项目 144 项；1 358 篇论文被“CSSCI”(中文社会科学引文索引)2011 版收录；11 项成果获教育部“第六届高等学校科学研究优秀成果奖 (人文社会科学)”；2 部书稿入选《国家哲学社会科学成果文库》；4 种学术期刊获国家社科基金学术期刊资助；自然科学研究新立项科技项目近 1 800 项，获批 12 个超千万元重大项目；转基因克隆动物研究团队获批教育部创新团队；67 项成果获科学技术奖，其中，含国家级奖励 3 项(其中作为第一完成单位获国家科技进步奖二等奖 1 项、国家自然科学二等奖 1 项，作为参加单位获国家科技进步奖二等奖 1 项)；省部级奖 64 项；获得专利授权 559 项，其中，发明专利 336 项，获中国专利奖优秀奖 2 项，获发明创业奖优秀奖 1 项；集成光电子学国家重点实验室在 2012 年度信息科学领域的评估中被评为优秀；新增中草药育种与栽培国家地方联合工程实验室，新增复杂条件钻采技术、应用地球物理、东北亚矿产资源评价 3 个国土资源部重点实验室；微结构化学国际联合研究中心被科技部认定为第 3 批国际合作研究中心；2011 年科学引文索引(SCI)被引用 2 674 篇 8 724 次，排名第 11 位；有 1 篇论文入选年度中国百篇最具影响国际学术论文排行榜。

东北师范大学科研项目获取能力显著提升，科研经费实现快速增长，科研工作重心转向研究重大问题，争取重大项目，产出重要成果。学校成功召开繁荣发展哲学社会科学工作会议；文科获立各级各类项目 359 项，其中，纵向课题 284 项；“建国以来西方哲学中国化的进程及其经验教训”和“中国美学的现代转型研究”分别获立国家社科基金重大项目和教育部哲学社会科学重大课题攻关项目；CSSCI 级以上论文占论文总数的 72%。理科获立各类科研项目 247 项，其中，国家自然科学基金项目 78 项；SCI 检索收录东北师范大学科技论文 545 篇；2006 ~ 2010 年 SCI 光盘版检索收录的论文在 2011 年全国高校被引篇数排名第 32 位，被引次数排名第 27 位；第三世界科学院院士白志东教授主持的项目“大维随机矩阵理论及其应用”获 2012 年度国家自然科学奖二等奖，实现学校历史性突破；“动力电池国家地方联合工程实验室”等科研基地和研究中心获批建设。

长春理工大学新增科研项目291项，其中，国防“973”项目1项，军口“863”项目1项，国家自然科学基金项目20项，国家科技支撑计划项目1项，“973”计划前期项目1项，国际科技合作项目1项，国家留学基金项目1项，教育部博士点基金5项；获省部级以上科技成果奖励28项，在国防科学技术奖、军队科技进步奖、省技术发明奖、省社科优秀成果奖评审中均获得一等奖；申请专利196项，授权专利94项；发表学术论文1 235篇，其中，SCI收录132篇、EI收录198篇；组织省级以上科技成果鉴定33项；其中，国际领先水平1项、国际先进水平22项、国内领先水平7项、国内先进水平3项；

长春理工大学科技园被批准为国家级大学科技园。

吉林农业大学科研立项工作与科研成果取得成效。承担科研项目315项。其中，自然科学类274项，人文社科类41项；国家部委项目53项，省市级项目237项，横向项目25项；国家自然科学基金项目实现新突破，承担25项；科技部“十二五”入库项目已启动14项；首获教育部高校博士学科点专项科研基金项目（新教师类）2项；吉林省科技厅立项66项；获得首批吉林省教育厅高校科研春苗人才项目4项；获立吉林省财政厅世行项目37项，居省属高校首位；鉴定、验收项目141项，审定植物新品种14个，获得授权专利及计算机软著作权23项；获得吉林省科学技术奖21项，获奖数量居省属高校首位；获吉林省自然科学学术成果奖35项；2部著作被列入教育部资助计划。

长春工业大学2012年，科研项目立项330项；国家自然科学基金，立项10项，有一项国家社科基金立项成功，实现国家社科基金青年基金零的突破；吉林省社会科学优秀成果奖首次突破5项，首次获得论文咨询报告类一等奖；2012年鉴定（验收）科研项目100余项。

吉林财经大学8个硕士学位一级学科中有6个被遴选为省级优势特色重点学科；成功入选全国首批卓越法律人才教育培养基地，成为全国58个应用型、复合型法律职业人才教育培养基地之一；喜获首批“吉林省2011计划”立项建设单位、首批“吉林省高校创新团队”立项单位；获得国家社科基金项目3项（其中重点项目1项）、国家自然科学基金项目2项；教育部“新世纪人才支持计划”项目1项、教育部规划项目7项、省社科项目45项、省人文社科重点研究基地重大招标项目6项；在各层次优秀成果奖评奖方面也都取得了历史最好成绩：获得教育部高校人文社科优秀成果奖1项、吉林省社会科学优秀成果奖19项、长春市社会科学优秀成果奖16项、吉林省自然科学学术成果奖4项。

长春中医药大学10个学科成功获批“十二五”国家中医药管理局重点学科。在中医学一级学科项下新增中医基础理论、中医临床基础、方剂学、中医外科学、中医骨伤科学、中医儿科学、中医五官科学等7个二级学科为博士学位授权学科，2013年度开始招生；立项课题190个，其中，国务院中药资源普查项目2项，科技部项目3项，国家自然科学基金项目10项，省科技计划项目26项；中药资源普查项目成为全国2个普查工作覆盖全省的省份之一；获中华中医药学会科技进步一等奖1项。获省科技进步奖7项，其中二等奖1项，三等奖6项。获吉林省自然科学学术成果奖20项。

长春大学全年申报各类科研项目488项，立项133项，立项率达27.3%，其中，国家自然科学基金项目3项，教育部重点项目1项，省哲学规划办项目17项；鉴定和验收项目70项；发表学术论文675篇，其中，SCI和EI检索论文34篇，国外期刊28篇；出版著作11部，申请和获得专利30项，获科研成果奖励15项，其中，省科技进步二等奖1项；获得省科技厅和省教育厅创新团队2个，实现学校省级创新团队零的突破。

长春师范大学获批省级以上纵向科研项目135项，其中，国家社科基金项目4项（含重点项目1项），国家自然科学基金10项（含青年基金5项），教育部人文社会项目2项（含青年基金1项）；获教育部第6届高等学校科学研究优秀成果奖1项；吉林省科学技术进步奖二等奖1项，三等奖3项；省第九届社会科学优秀成果奖一等奖2项，二等奖1项，三等奖1项；省自然科学学术成果奖二等奖4项，三等奖5项，优秀奖4项；4人获得“吉林省高校科研春苗人才培育计划”荣誉称号；5人获得第三批“吉林省高校新世纪科学技术（人文社科）优秀人才”荣誉称号。

长春工程学院立项的横向课题40余项；纵向课题120余项；国家级项目及重大重点项目3项。

【学生工作】 东北师范大学在全体学生政工干部中开展“我与学生同成长”活动；长春理工大学不断完善思想政治教育的工作机制。开展“学雷锋”、“毕业生主题教育”、“入学教育”、“纪念学校更名十周年”等教育活动；继续实施“思想政治教育精品活动建设工程”。在市高校工委的领导与协调下，各高校继续积极参加长春市书博会、大学生艺术节等各类社会实践活动。长春大学依托第4期青马工程培训班暨2012年团校，推进了青年马克思主义者培养及科学理论武装。各高校在学生管理及学风建设方面的工作也在扎实推进。吉林体育学院学生公寓获评全国高校学生公寓管理服务先进单位。吉林交通职业技术学院加强公寓管理中心和心理健康教育中心的建设，充分发挥“两中心”育人的职能，获得“全国高校学生公寓管理服务先进单位”荣誉称号。各类助学渠道不断拓宽，资助体系逐渐完善。吉林农业大学有近6 000人次获得国家、省级及企业奖、助学金资助或学费减免。长春中医药大学2012年发放各级、各类奖助学金888.501万元，发放助学贷款511.337万元。吉林工商学院为贫困新生开设入学“绿色通道”，安排勤工助学岗位，发放家庭经济困难学生临时补贴和办理学费减免。大学生就业、创业不断取得新成果。东北师范大学在第二届全国大学生职业生涯规划大赛中获一等奖和优秀指导教师奖；新建就业基地5个，成功举办校园招聘会300余场。长春工业大学全面开设创业指导和职业发展课，选拔、培养一批"就业形象大使"；组织千余名学生参加第三届中国长春创业就业博览会，成为"长春市首批大学生创业就业服务联络站"；累计到长春工业大学举行专场招聘会的省内外企事业单位900余家，提供岗位19 000余个。吉林工程技术师范学院获批吉林省大学生创业训练计划项目10项。

【精神文明建设】 2012年继续开展"高校文明杯"竞赛评比活动。5月，市高校工委在长春工业大学举办长春市"高校文明杯"竞赛活动表彰大会暨长春市十佳大学生颁奖典礼。长春工业大学再次承办长春市"高校文明杯"竞赛活动总结表彰大会暨长春市"十佳大学生"颁奖典礼，取得圆满成功，再次荣获高校文明杯全部最高奖项。东北师范大学承办了第三届中国长春·东北亚文化艺术周的子项目"国际钢琴音乐会"、"大学生合唱专场音乐会"等活动，受到社会各界广泛好评。长春理工大学被省精神文明建设指导委员会评为"2010—2012年度全省文明单位"、"2010—2012年度全省军（警）民共建精神文明先进单位"。全市各高校继续开展丰富多彩、形式多样的校园文化活动，长春工业大学全年累计开展活动近百项，先后邀请国家京剧院、中央民乐团、吉林省京剧院来校演出，营造了浓厚的校园文化氛围，提高广大师生的艺术修养和文化素质。吉林农业大学制定《吉林农业大学文化建设规划（2012-2020年）》，对未来学校文化建设进行全面规划。长春中医药大学开展"视觉记忆，十年变迁"摄影比赛等群众性精神文明创建活动。加强敏感节点的维护稳定工作，特别是在涉日维稳期间，各高校领导有力、防范有效，保障了学校教学和学生日常生活的正常进行。

（崔　静　陈正东　李　楠）

基础教育

【概况】 2012年，长春市有普通中小学1 682所，在校生74.5万人，教职工7万人（其中城区442所，在校生33.8万人，教职工2.97万人）。幼儿教育有幼儿园692所，在园幼儿11万人，教职工1.3万人（其中城区420所，在园幼儿6.1万人，教职工0.99万人）。特殊教育学校9所，在校生1 257人，教职工426人（其中城区5所，在校生598人，教职工223人）。

【义务教育】 确定18个重点工作项目为支撑，为基础教育质量提升工程提供支持和保障。促进义务教育均衡、优质发展，启动学区"新优质学校"创建项目。启动新一轮星级特色学校创建项目。启动基础教育质量监测项目，完成方案制定和市级监测机构的组建工作。启动学生综合素质评价指标体系与信息化管理平台构建项目。全年投入200多万元建设4所实践基地。全市基地已接纳5万多人次参加综合实践和通用技术教育。

【中小学招生】 完善中小学招生计划管理办法，加强招生计划的管理，引导适龄儿童、少年就近就地入学，积极治理"超大校"与"超大班"，势头得到回落。完成公办优质空余学位电脑派位，有4 674个公办优质空余学位，近5 000名适龄儿童报名参加派位。改革推荐生及自主招生测试与录取办法。对所有初三学生进行"审美与表现"计算机模拟测试与正式测试。在推荐生五项测试中增加"审美与表现"计算机测试环节；自主招生降低30分录取，并由高中学校按照自主招生计划数1∶1的比例确定复试合格名单，顺利完成了高中自主招生复试。

【招生计划改革】 首次对超规模学校实行招生计划管理，力争3～5年内解决超班额和超规模学校问题，促进学校办学规模和办学条件达标。普通高中在招生过程中严格执行"三限"政策，下达普通高中招生计划。

【外来务工人员子女入学】 建立外来务工人员子女入学绿色通道，实现外来务工人员子女"零障碍入学"。建立"学困生"、"贫困生"帮扶制度。开展贫困"三类人员"子女帮扶工作，确保其顺利完成九年义务教育。

【多元化办学】 推进"普职结合"，初中对接学校达200多所，"普职"对接学校和农村初中"绿证"教育覆盖率达100%，普职对接人数达10多万人。

【规范学前教育办学行为】 修改和完善《长春市公办幼儿园分类标准》、《长春市乡镇中心园分类标准》和《长春市民

长春市少儿大型文艺汇报演出

办幼儿园定类评估标准（试行）》，拟定公办幼儿园收费标准，为学前教育的发展奠定制度性基础。依法规范办园行为。实施幼儿园动态评估，完善办园标准。出台专门文件，规范整顿无证园，规范和引导幼儿园规范办园。不断提高幼教队伍素质。实施《长春市幼儿教师三年培训计划》，完成800名幼儿园骨干教师、200名骨干园长、300名转岗教师、100名育婴师培训。认定首批31名幼儿园骨干园长和3名名园长。组织完成吉林省幼儿教师培训“送培到县”的培训项目。

【高中教育】 高考再创佳绩，全市高考600分以上学生占全省的32.9%，比2011年提高1.4个百分点；本科进线率继续居于全省前列。推进人才培养模式变革。在养正高中等部分学校试点推进普职对接的改革实验，探索“2+1.5”的综合高中发展模式。构建5+3+N”的运行机制，以示范性高中为核心，建立10个强弱联盟，推动优质教育资源的共享、辐射和带动。

【特殊教育】 构建特殊教育“1+X”办学模式，制定《关于加强全市特殊教育辅读班建设与管理意见》、《长春市特殊教育辅读班资源教室建设及装备基本标准》。对特殊教育公办、民办学校近400名管理者、骨干及专任教师教师开展专题培训。在绿园区、南关区针对适龄未入学重度残疾儿童少年开展“送教上门”服务。50名教师为30余名残疾学生送教近1 000余节。

【民族教育】 提高民族教师整体素质，对民族校长、行政管理人员、双语“骨干教师”进行专业培训。完成了第2批新疆阿勒泰地区教师培训工作。

技工教育

【概况】 2012年，长春市招生技工学校15所。其中，技师学院3所，省部级技工学校5所，合格技工学校7所。按隶属关系分，中直企业办技工院校1所，省直企业办技工学校1所；市属技工学校6所；民办学校7所。按经费来源分，财政拨款1所，自收自支14所。在校学生14 602人，其中城镇生4 350人，农村生10 252人，有高级技工班学生1 009人；毕业生就业率98%。技工学校有教职员工1 123人，教师770人，其中文化理论课教师539人（高级讲师202人，讲师205人）；实习指导教师231人（高级实习指导教师31人），“一体化”教师363人。全市技工学校占地面积299 732平方米，建筑面积246 773平方米；实习实验设备5 074件套，价值9 415.3万元；专业设置达64个，其中复合性专业12个；年培训能力16 186人次。

【学校专业建设】 各技工学校结合市场需求，积极开发新的专业，努力构建专业品牌的课程体系框架，建立了以数控机械、机电一体化、汽车检测与维修、生物制药等专业为龙头的名牌专业。保证技工学校在市场中始终保持较高的核心竞争力，实现了技工教育跟着市场走，专业设置跟着需求变，为社会培养输送“产销”对路的学生。全年安置毕业生4 806人，就业率达98%。

【实训基地建设】 按照“统筹规划、合理布局、技术先进、资源共享”的原则，建立健全实训基地服务网络，推进实训基地建设，整合培训资源，突出高技能实训特色，坚持公益服务方向。依托高级技工学校、技师学院建设的实训基地，重点面向企业和社会提供高端技能培训，充分利用与企业紧密协作的关系，在企业建立稳定的生产实习基地，实行前校后厂、产教一体化的教学模式，保证学生有足够的时间进行实训，加快了由学生向技术工人角色的转变，使毕业生到企业能很快适应工作岗位的需要。

【办学资金管理】 积极协调政府有关部门争取国家职业教育资金项目和城市教育费附加资金落实，按照做大做强的原则，重点扶持技工学校用于增加实训设施、改善办学条件、扩大办学规模。加强对技工院校助学金、免学费补助资金管理工作，保证国家注册系统数据实际助学人数保持一致。按学期检查资金管理工作，准确计算结余资金的数额，及时做好上报核销，严防虚报学生人数骗取国家助学金、免学费补助资金等问题的发生，维护国家助学政策的严肃性，确保财政资金安全。

【援疆工作】 按照全省援疆工作要求，加强技工院校新疆学生的管理工作，明确工作责任，加强师资力量，提高教学质量，全市入读技工学校的138名新疆学生管理工作成效显著。

（李　刚）

职业与成人教育

【改善中职办学条件】 启动职教园区建设项目。完成市直中职校改、扩建工程。完成农业学校异地新建主体工程、长职校综合实训楼、艺术学校教学楼主体工程和机械工业学校东风校区改造。加强实训基地建设。校企合作新建16个电工自动化技术实训室及8个实训功能区、实验室和2个焊接技术实训中心。建设3个汽车、传动、焊接文化广场，启动5个中、高职轨道交通实训中心建设。

【教师培训和教师技能大比武】 2012年完成教师培训1 200多人次。培训中职骨干校长30人、骨干教师30人；组织22名专业带头人，赴德国开展“课程开发”培训；举办150名中职教学管理人员培训、300名中等职业学校骨干教师教学理论培训；开展280名专业教师“信息化教学”培训、30多名短缺专业教师技能培训和“送培下乡、送培到校”活动。举办“中职教师教学技能大比武活动”，1 000多名教师参赛。在全国中、高职教师信息化教学大赛省级选拔赛中，全省中、高职19张“入场券”全部被长春市获得。

【内涵建设重点项目】 全面实施20所院校承担的第1批154个项目，取得阶段性成果。启动建设第2批17个示范专业、70门精品课程、30个教科研课题和3所院校数字化校园建设。推动全市6所中职校分3批进入国家中职示范校行列，占全省总量的1/3。

【服务外包专业建设】 与清华大学国家服务外包人力资源研究东北院签署《战略合作协议》，确定5所院校为基地校。成立长职院服务外包学院，制订中、高职服务外包专业人才培养方案。组织300名呼叫中心专业学生、千余名中高职学生赴东北院实习和创业培训。制订5所院校商教两用呼叫中心实训平台建设方案，采购应用设备。

【学生技能培养】 举办中职学生专业技能大赛。在全国职业院校学生技能大赛中，长春市获获奖牌数占全省获奖总数的65%，创历史最好成绩。高职获奖牌数占吉林省所获奖总数的80%。

【规范中职办学行为】 出台《规范中职招生和办学行为的若干意见》，治理虚假招生宣传。全面检查和审核民办中职学校学籍管理、常规教学和新生注册工作，清退1 000余名流失学生学籍和900多名不符合注册条件的新生。

【高职体制机制创新】 修定12项配套政策，调研、论证汽车高专过渡期后办学体制。落实《长春市开展地方政府促进高等职业教育发展综合改革试点项目实施方案》，投入资金2 234万元。高职院校牵头的5个职教集团召开年会，举办校企合作论坛，完成机构重组和章程修订。校企合作成立2个研发中心，2项校企合作申报省科研成果，校企合作成果直接创造经济价值200余万元。启动长职校与养正高中合作“职普对接与融合”试点。探索“四年制弹性学制”人才培养模式，2所高职校招收120名四年制学生。

【成人和社区教育】 完善长春数字化学习港功能、基础设施，搭建中小学教师远程培训平台。出台数字化学习港社区中心建设和评估标准，依托全民学习网开发社区学习中心独立网站。新建50个社区数字化学习中心，中心总量达101个。

德育教育

【德育实践活动】 在全市广大未成年人中开展“八字”道德教育。继续开展“121”学校心理健康教育培训工程，完成450名教师、12 000名学生培训任务。迎接中央文明办“全国未成年人思想道德建设工作测评”复检取得优异成绩。

市领导视察雷锋小学

【文体活动】 举办以“阳光下成长”为主题的长春市中小学艺术节。召开2012年长春市高中、职业、中专学生运动会。长春市十一高中女子排球队夺取得全国中学生排球联赛总冠军，多个学校体育团队参加的全国比赛都获得优异成绩。

【师德建设】 印制长春市师德建设工作文集《春风化雨集》5 000册，连同2011年师德巡讲团报告光盘5 000份，组织全体教师学习。制定《长春市优秀教师奖励暂行办法》。组织长春名师评选工作。评选出长春名师103名，并在长春市教师节大会上予以表彰和奖励。开展职称聘任改革工作，涉及市直属55个单位，专业技术人员6 709人。聘任可以晋升不同级别职务的人数达4 000多人。

【优化教师入口】 组织2012年农村“特岗计划”招聘考试，录用上岗374人（含2012年“硕师计划”62人）；组织局直属事业单位面向社会公开招聘高端紧缺人才考试工作，录紧缺人才25人；安置免费师范生80人；组织春秋两季教师资格证认定工作，春季教师资格认定考生规模达6 000人，通过的考生人数4 850人，通过率80.8%。

【启动“教育家型校长培养工程”】 从3 000余名校级干部中评选300名长春骨干校长，通过笔试面试，命名表彰30名“长春名校长”，成立“名校长工作室”，举办全员校长培训和名校长高峰论坛活动。启动“优秀青年干部百人培养工程”，举办了第11期优秀中青年干部培训班。

【组织教师培训】 落实国培、省培计划，培训11 116名中小学教师。组织全市中小学教师全员培训。组织农村教师培训。免费培训500名农村中小学教师，组织省市级骨干教师送课下乡，近1万名农村教师免费参加培训。组织骨干教师培训，实施以赛促培。对96名省骨干教师进行重新考核认定以及209名推荐培训对象组织了选拔测试。

小学生参加祭孔典礼

教育行政

【校舍安全工程】 完成中小学校舍安全工程项目287个,建设面积50万平方米。城区完成新建17万平方米,加固改造2万平方米。直属学校完成4.7万平方米的重建及3.6万平方米的加固任务。

【学校标准化建设】 城区公办幼儿园建设项目投入1.5亿元,全市新建、改扩建38所公办幼儿园,扩大了公办学前教育资源。完成4所九年一贯制学校建设任务。全城区完成40余所学校中小学校操场和消防设施及厕所标准化改造工程的设计及造价咨询、招投标等前期工作。在城乡结合部,分别实施宽城区基隆学校、培智学校,双阳区回族中学,朝阳区永春学校和西新区长沈路学校新建工程。对杨家小学回收的2 400平方米校舍资产和居民补偿款进行评估。加强进修学校建设,为各县(市)、区进修学校争取专项资金每校100万元,用于设施装备。

【重大项目建设】 完成职教园区建设项目的立项工作,进入全面启动阶段。农业学校异地新建项目全面开工建设。加大民生项目投入,加快推进民生项目,明确市级投入标准,向重点项目及薄弱城区倾斜。九年制学校土建工程按照市、区两级9∶1投入,市级投入资金6 700万元。城区操场、消防设施和厕所改造项目投入1亿元。

【教育督导】 圆满完成“学前教育”、“县级政府教育工作”两项评估任务。学前教育三年行动计划实施取得显著成效,其中朝阳区、绿园区的学前教育工作处于全省领先水平。开展素质教育督导评估,全面启动素质教育评估试点工作。起草《长春市中小学素质教育督导评估指导意见》,为开展素质教育评估奠定坚实基础。创新督导评估方式,开展以规范办学行为为重点的随机督导评估,加强对县(市)、区责任区工作的督导。

【财务管理】 全年落实教育民生项目资金66 476万元,偿还市直学校债务资金5 817万元。全面落实学前教育、义务教育、高中教育、职业教育到高等教育的扶贫助学资金,资金达5 159.5万元,受助学生44 717人次。城市低保及低保边缘户家庭子女入园资助,由每月100元提高到200元;落实市直教职工阳光工资由财政全额安排1 685万元。加强预算执行力度,严格教育费附加投资立项审批程序。多次开展和接受财务审计,规范学校收费行为。完成2012年城市教育费附加预算编制,推动地方教育附加纳入年度预算管理。

【学校安全管理】 实施校园安全文化建设和生命与安全教育。推广宽城区试点经验,全面启动校园安全文化建设,以文化引领提升学校安全工作的质量与层次。加强对长春市城区、城乡结合部校车的安全监管,有效推出“三种模式”。推广“宽城模式”,督促县(市)、区配备标准校车,有效利用长春市340万元专项资金,为运营在城乡结合部的车辆配备安全设施,改造升级93辆校车。联合交警、交通、环保等部门开展校车安全大检查,对不符合安全标准的车辆给予停止运营的处罚。推广“农安模式”,推动校车公司化运营。推广“政府直购模式”,由市区两级财政按照8∶2比例共同出资购进新标准校车564辆,远远超出年初制定的购置100台新校车的目标。在双阳区举办长春市农村中小学新标准校车运行启动仪式,中央四台《中国新闻》栏目进行了集中报道,长春市农村中小学生上下学乘车难和交通安全问题将逐步得到解决。

【规范发展民办教育】 推行ISO9001:2008质量服务体系,实现民办教育管理工作整体提升,行政审批服务满意度达100%。现场便民利民、优质高效服务,内审工作得到市政府表扬。开展“规范年”活动,规范学校办学行为。连续进行5次大规模专项检查,整改年检存在问题学校86所,注销连续2年未参加年检学校110所。重点开展分校设置及高考补习专业的清理检查,对11所分校未进行备案或全部进行备案的学校和15所未达到高考补习设置标准的学校进行整改。严厉打击社会违法、违规办学行为。全年处理投诉举报55件,恢复率100%。

(王立岩)

2012年在长高校概况一览表

学校名称	现职校级领导数					在校学生数					招生数					毕业生数					专业教师数					
	均龄	男	女	党员	其他	计	专科	本科	硕士	博士	计	专科	本科	硕士	博士	计	专科	本科	硕士	博士	计	教员	助教	讲师	副教授	教授
吉林大学	56	11	2	13	0	66 714	1 721	40 628	17 221	7 144	18 560	568	10 279	6 144	1 569	16 128	587	8 999	5 285	1 257	7 424	0	1 749	1 726	2 054	1 895
东北师范大学	55	10	1	10	1	24 256	0	14 459	8 608	1 189	7 065	0	3 747	2 917	401	6 620	0	3 621	2 621	378	1 611	0	70	626	497	418
长春理工大学	52	7	2	9	0	20 497	0	16 766	3 357	374	5 247	0	4 068	1 105	74	5 854	0	4 705	1 103	46	1 302	0	96	643	374	189
吉林农业大学	53	7	1	7	1	18 068	27	15 599	2 219	223	4 800	0	3 971	775	54	4 804	25	3 987	747	45	1 078	0	146	492	294	146
长春工业大学	53	8	0	8	0	18 750	1 917	15 088	1 745	0	5 524	828	4 086	610	0	4 598	986	3 056	556	0	1 070	0	121	485	329	135
长春中医药大学	55.75	6	2	8	0	10 382	297	8 969	1 047	69	2 560	297	1 850	395	18	1 938	0	1 624	308	6	563	4	103	211	162	83
吉林财经大学	56	5	1	6	0	13 080	0	11 641	1 439	0	3 535	0	2 975	560	0	2 858	0	2 509	349	0	452	452	6	233	130	83
吉林建筑大学	51	7	1	7	0	15 866	1 039	14 268	559	0	4 053	165	3 636	252	0	3 555	475	2 977	103	0	837	0	84	354	272	127
吉林华桥外国语学院	55	6	2	6	1	8 118	0	8 067	51	0	2 157	0	2 106	51	0	1 784	0	1 784	0	0	458	4	106	164	106	78
长春大学	51	8	1	9	0	15 557	765	14 792	0	0	4 053	246	3 807	0	0	3 730	298	3 432	0	0	905	0	23	493	292	97
长春工程学院	54.8	7	1	8	0	13 589	1 238	12 351	0	0	4 181	666	3 515	0	0	3 235	451	2 784	0	0	769	0	59	316	297	97
长春师范大学	51.5	6	1	6	1	18 712	3 316	14 451	945	0	4 931	678	3 989	264	0	4 683	1 245	3 356	82	0	1 065	0	167	441	329	128
吉林工程技术师范学院	51	6	1	6	1	8 474	918	7 556	0	0	2 432	444	1 988	0	0	2 414	434	1 980	0	0	407	0	20	222	132	33
吉林艺术学院	52	6	0	6	0	7 623	106	6 922	595	0	2 071	60	1 800	211	0	1 813	70	1 594	149	0	442	0	73	159	157	53
吉林体育学院	57	5	2	7	0	6 607	0	6 411	196	0	1 682	0	1 604	78	0	1 750	0	1 685	65	0	410	0	168	99	110	33
吉林工商学院	56	6	1	6	0	13 581	4 701	8 880	0	0	3 801	1 507	2 294	0	0	4 007	2 480	1 527	0	0	656	0	101	252	229	74
吉林省教育学院	53	5	1	6	0	870	870	0	0	0	295	295	0	0	0	386	386	0	0	0	264	0	25	77	121	41
长春建筑学院	52.5	4	2	6	0	10 242	0	10 242	0	0	3 050	0	3 050	0	0	2 286	0	2 286	0	0	576	0	146	204	160	66
长春科技学院	63	5	1	5	1	10 501	9 161	1 340	0	0	4 200	1 200	3 000	0	0	3 172	1096	2 076	0	0	608	0	156	163	201	88
长春光华学院	56	8	1	8	1	9 932	262	9 670	0	0	2 437	36	2 401	0	0	2 178	232	2 142	0	0	560	0	97	215	129	119
东北师范大学人文学院	63	5	0	5	0	10 833	0	10 833	90	0	2 994	0	2 901	93	0	2 636	0	2 590	46	0	337	0	14	221	29	73
长春理工光电信息学院	43.2	4	1	4	0	8 737	0	8 737	0	0	2 553	0	2 553	0	0	2 179	0	2 179	0	0	439	0	70	182	139	48
长春工大人文信息学院	51	9	2	11	0	9 329	394	8 935	0	0	2 697	131	2 566	0	0	2 126	88	2 038	0	0	455	7	16	211	155	66
吉林建筑大学城建学院	50.8	5	2	6	1	9 095	0	9 095	0	0	2 582	0	2 582	0	0	2 105	0	2 105	0	0	418	6	107	121	131	53
长春大学旅游学院	50.6	5	1	6	0	8 602	86	8 516	0	0	2 895	75	2 820	0	0	1 908	79	1 829	0	0	545	0	56	243	195	51
长春金融高等专科学校	0	6	0	6	0	5 315	5 315	0	0	0	1 705	1 705	0	0	0	1 715	1 715	0	0	0	131	0	10	60	50	11
长春医学高等专科学校	55	3	2	5	0	6 075	6 075	0	0	0	2 096	2 096	0	0	0	2 175	2 175	0	0	0	383	24	145	191	102	35
吉林交通职业技术学院	56.8	6	0	6	0	7 180	7 180	0	0	0	2 280	2 280	0	0	0	2 442	2 442	0	0	0	325	40	84	57	117	27
长春汽车高等专科学校	51.5	5	0	5	0	7 750	7 750	0	0	0	3 075	3 075	0	0	0	1 886	1 886	0	0	0	238	12	68	64	87	7
长春职业技术学院	53	5	1	6	0	10 111	10 111	0	0	0	3 425	3 425	0	0	0	2 845	2 845	0	0	0	473	0	122	168	172	11
吉林司法警官职业学院	54	5	0	5	0	2 991	2 991	0	0	0	1 121	1 121	0	0	0	1 049	1 049	0	0	0	136	4	50	27	33	22
长春东方职业学院	59	2	3	5	0	864	864	0	0	0	203	203	0	0	0	588	588	0	0	0	109	20	9	18	34	28
吉林俄语专修学院	45	5	2	7	0	1 015	735	280	0	0	0	0	0	0	0	208	100	108	0	0	58	10	10	21	15	2
长春信息技术职业学院	58.3	7	0	6	0	2 290	2 290	0	0	0	1 204	1 204	0	0	0	448	448	0	0	0	112	0	66	14	19	13
吉林科技职业技术学院	54	7	0	5	2	4 130	4 130	0	0	0	1 937	1 937	0	0	0	0	0	0	0	0	189	189	36	16	22	3
松花江大学	49.4	2	3	4	1	1 553	268	1 285	0	0	120	0	120	0	0	586	120	466	466	0	61	5	30	14	10	2

2012年在长高校教学、科研队伍情况一览表

学校名称	学科带头人		享受政府特殊津贴			突出贡献的专家学者			硕士学位	硕士生指	博士学位	博士生指	博士后	院士数		重点学科		重点实验室	
	国家级	省级	国家级	省级	市级	国家级	省级	市级	授权点	导教师	授权点	导教师	流动站	科学院	工程院	国家级	省级	国家级	省部委级
吉林大学	152	46	602	913	26	14	145	43	299	3 851	237	1 186	37	18	4	36	46	6	0
东北师范大学	32	63	149	0	0	1	67	0	185	666	133	298	12	0	0	5	18	0	30
长春理工大学	6	44	40	90	5	0	30	5	83	565	25	112	6	0	0	1	15	1	10
吉林农业大学	0	0	49	0	4	2	25	0	76	501	21	69	7	0	1	1	10	0	10
长春工业大学	0	8	32	0	4	1	22	1	85	324	0	20	0	0	0	0	8	1	2
长春中医药大学	0	22	29	0	0	0	16	0	24	245	2	51	2	0	0	0	16	4	14
吉林财经大学	0	0	3	0	2	0	6	5	51	157	0	6	0	0	0	0	6	0	1
吉林建筑大学	1	3	4	4	0	1	5	2	12	146	0	0	0	0	0	0	3	1	14
吉林华桥外国语学院	0	0	4	0	0	0	2	0	1	17	0	0	0	0	0	0	2	0	3
长春大学	0	2	10	0	0	0	9	3	0	63	0	3	0	0	0	0	2	0	2
长春工程学院	0	3	12	0	1	0	3	0	2	0	0	0	0	0	0	0	3	0	7
长春师范大学	0	0	1	0	2	0	30	4	7	91	1	0	0	0	0	0	3	0	4
吉林工程技术师范学院	0	3	1	0	0	0	3	0	0	0	0	0	0	0	0	0	3	0	0
吉林艺术学院	0	4	5	0	0	0	6	0	4	232	0	0	0	0	0	0	4	0	4
吉林体育学院	0	5	2	0	0	2	0	0	5	34	0	3	0	0	0	0	1	1	1
吉林工商学院	0	3	2	0	0	0	3	0	0	0	0	1	0	0	0	0	2	0	1
吉林省教育学院	0	0	3	0	0	0	7	0	0	0	0	0	0	0	0	0	0	0	0
长春科技学院	0	0	4	6	0	1	6	0	0	0	0	0	0	0	0	0	0	0	0
东北师范大学人文学院	0	0	3	0	0	2	0	0	0	0	0	0	0	0	0	0	0	0	3
长春工大人文信息学院	0	0	2	0	0	0	0	0	0	0	0	0	0	0	0	0	0	0	0
长春大学旅游学院	0	0	1	0	0	0	0	0	0	0	0	0	0	0	0	0	0	0	0
长春金融高等专科学校	0	0	0	0	0	0	0	0	0	2	0	0	0	0	0	0	0	0	0
长春汽车高等专科学校	0	0	0	0	0	0	0	1	0	0	0	0	0	0	0	5	5	0	0
长春职业技术学院	0	0	0	0	3	0	0	0	0	0	0	0	0	0	0	0	0	0	0
吉林司法警官职业学院	0	10	0	0	0	0	0	0	0	0	0	0	0	0	0	0	0	0	0
总计	191	216	958	1 013	47	24	385	64	774	6 294	419	1 749	64	18	5	48	145	14	217

科学技术

【概况】 2012 年,长春市科技局预计列入国家和省级科技计划项目 1 813 项,争取到国家、省科技经费支持 3.5 亿元,是地方财政科技投入的 4.4 倍。其中,列入国家科技计划 265 项,获经费 1.4 亿元。列入省科技计划 1 548 项,获经费 2.2 亿元。技术合同交易额 20.87 亿元,占全省 82%。全市全年专利申请量达 6 165 件,比 2011 年增长 14.31%,占全省 67.28%,发明专利申请量占全部申请量的 47.7%,高于全国平均水平 20 个百分点。净月开发区晋升为国家级高新技术产业开发区,市科技局被评为 2012 年度吉林省科技管理工作标兵单位,长春科技网荣获 2012 年度中国政府网站优秀奖。朝阳区科技局被评为 2012 年度吉林省科技管理工作标兵单位,绿园区科技局、宽城区科技局、二道区科技局、农安县科技局被评为 2012 年度吉林省科技管理工作先进单位。

【科技成果转化】 创新科技成果转化体制机制,加快科技成果转化。组织举办 2012 中国长春高新技术成果展示暨合作洽谈会。展示"十一五"以来在长高校院所、高新技术企业的 300 个重点科技成果和产业化项目,得到了国内外知名风投机构、金融机构及中国 500 强企业、大型民营企业的广泛关注和积极参与,取得显著成效,有 50 个项目达成合作意向,30 个项目达成合作投资协议,有 6 个项目签订合作协议,促进了产学研合作及科技与金融结合,加速推进科技成果转化,进一步提升自主创新能力。组建了政府、企业和战略投资者、高校院所、开发区"四位一体"的政产学研技术创新战略联盟,集聚各方面的创新资源和要素,突破制约科技成果转化的关键技术。连续实施"科技创业风险投资促进百户企业快速发展工程",吸引国内外上市公司和战略投资者参与长春市科技创业风险投资,调动社会力量参与推进科技成果转化的积极性和主动性。全市科技成果转化率达 29%,高出全国平均水平 4 个百分点。长春市科技发展中心进一步完善股权投入机制,建立发展中心股权投资议事决策规程,完善风险投资管理系统,以股权投入等方式支持企业科技成果实现产业化。

【科技惠民工程】 实施社会发展科技计划项目。重点围绕物联网技术在食品安全和医疗卫生领域的应用,支持中老年人重大疾病监控、防治、康复治疗技术的推广应用,提升长春市人口健康整体水平;通过征集各类科技项目,提高全民创业就业水平。举办以"建设创新型长春"为主题的 2012 年长春市科技活动周。通过组织科技下乡、主题科普图片展览等活动,广泛宣传科学知识,弘扬科学思想,提高广大人民群众科学素养。

【农业科技创新】 制定现代农业发展科技支撑计划。重点支持主要农作物及果蔬新品种优质高效栽培、节水灌溉等技术示范,肉牛、奶牛、生猪等畜禽优质高效养殖综合配套技术示范等。培育玉米"华科 100"、水稻"吉农大 858"等 25 个新品种,推广新技术 57 项,辐射面积 6.16 万公顷,培训 8.86 万人次,农民增收 9.32 亿元,全市优良品种覆盖率达 98%。

【国际和地区间科技合作】 长春中俄科技园进入快速发展阶段。入驻企业达 40 户,产值 15 亿元,年增速达 20%。中俄科技园经过 4 年的发展,运营模式逐渐步入正轨,已经顺利完成增资扩股工作,吸纳吉林省科技厅、长春高新技术产业开发区为新股东。科技园通过提供场地、共享设施、培训和咨询、融资和市场推广等方面的支持,降低入驻企业的创业风险和创业成本。园区基地建设稳步推进。2012 年,科技园三期工程(中白科技园)近万平方米的厂房建设已进入封顶阶段。召开全国对俄科技合作基地联盟第五次会议。国家科技部领导以及部分驻外使馆科技参赞、各省市合作联盟代表百余人参加会议,加强了各联盟单位之间的交流与协作,促进中俄科技合作再上新水平。做好 2013 年国家级国际科技合作项目的储备工作。认真筛选极具发展潜力和竞争力的 10 个项目推荐上报科技部,争取国家资金支持。

【知识产权保护】 组织开展"4·26"知识

产权宣传周。围绕"培育知识产权文化，促进社会创新发展"的主题，开展知识产权进企业、进学校、进社区活动，提高了全社会知识产权意识；开展专利执法行动。制定了长春市知识产权执法维权"护航"专项行动方案，重点打击反复、群体、恶意专利侵权行为及假冒专利行为，加大展会专利执法保护力度。发挥"12330"和维权援助中心的作用，完成执法任务2次；完成第4批全国企事业单位知识产权试点工作总结验收工作。长春轨道客车股份有限公司等5家单位试点工作评为优秀，长春发电设备有限公司等5家单位评为合格。

【区域创新服务体系】 加强技术转移工作。组织4家单位赴上海参加"2012年中英生物医药产业对接会"，吉林省迈达医疗器械有限公司与外方合作成功，并获得国家科技部国际合作计划立项支持。制定长春专业性技术转移示范机构管理办法，包括申报书及机构议价指标体系。组织开展全市国际技术需求调查。组织长春代表团到吉林市参加2012长吉图区域中韩技术转移大会，长春市有5家企业与韩国企业达成合作意向。全市科技企业孵化器达到20家，孵化面积90.43万平方米，在孵企业665户。其中，吉林省光电子产业孵化基地、国家汽车电子高新技术产业基地、吉林大学科技园等8家为国家级科技企业孵化器。

【国家创新型城市建设】 组建创新型城市建设领导小组。为加强对国家创新型城市建设工作的领导，长春市成立了以省委常委、市委书记高广滨、市长姜治莹为组长、市委常委、常务副市长肖万民等领导为副组长，市直有关部门、开发区、县(市)区主要负责人为成员的创新型城市建设领导小组；制定了长春市建设国家创新型城市试点工作职责和任务分工。为发挥各成员单位作用，对创新型城市目标任务进行责任分工，明确市直各部门、开发区、县(市)区在建设创新型城市的任务；加强督查考核。为保证创新型城市各项任务的落实，将创新型城市建设评价指标体系纳入全市目标责任制考核体系之中，力争使长春市成为国家创新型示范城市。

（耿素梅）

科学技术协会

【概况】 长春市科协所属县(市)、区科协10个，市属学会、协会(研究会)、联合会61个，高等院校、科研院所和企业科协15个，农村专业技术协会956个，社区科普大学分校74所。

【"科普惠农兴村计划"】 在2012年"科普惠农兴村计划"先进典型创建中，农安县合隆镇养鸡协会和榆树市新庄镇奶牛协会荣获国家级先进农村专业技术协会称号；吉林世纪阿姆斯生物技术有限公司科普培训基地荣获国家级农村科普示范基地称号；张茹珍荣获国家级农村科普示范带头人称号，获得中国科协、财政部"以奖代补"资金65万元。榆树市明辉蔬菜协会等5个协会和基地荣获省级先进协会和基地称号；杨智光等6人荣获省级科普示范带头人称号，获得吉林省科协、省财政厅"以奖代补"资金8万元。开展的创建"科普惠农服务站"依托协会的技术优势，开展实用技术培训活动。组织开展各类培训班200余次，培训农民32 000多人次；累计接待农民咨询4 000多人次；发放各类科普书籍13 000多册。充分发挥"科普惠农服务站"的示范样板作用，有力地提高了农民科技素质。

【"社区科普益民"活动】 2012年，长春市有社区科普大学分校74所，覆盖率达31%，年平均授课40多课时，各社区科普图书室基本保持藏书量2 000余册，每周定期向社区居民开放。各科普大学分校还通过放映科普片、组织学员进行科普知识竞赛、学员自编自导文艺演出等形式多样的科普活动，使社区科普大学成为丰富社区居民科技文化生活，提升社区居民科学素养的益民工程。以二道区和绿园区为样板，按照美观、新颖、实用的目标定位，投入资金30万元，全力推进科普进楼道建设，在社区和楼宇间营造出了浓郁的特色楼道文化氛围。在2012年"社区科普益民计划"成果申报中，长春市有8个社区被命名为吉林省科普示范社区。长春市绿园区正阳街道互助社区和长春市朝阳区重庆街道北安社区荣获了2012年中国科协"社区科普益民计划"项目国家级科普示范社区，获得中国科协、财政部"以奖代补"资金40万元。

【"博士专家走基层"活动】 在连续几年开展 "博士专家百乡行"、"博士专家百企行"活动的基础上，确定了将"亮点工程"打造为"品牌工程"的新目标。将包括"百乡行"、"百企行"和"社区行"几个活动拓展整合为"走基层"活动。活动启动以来，博士联合会组织专家组到乡镇和社区开展"百乡行"和"社区行"50余次，参加听课和咨询的农民、社区居民近万人次。专家们还深入到长客、金玉农业机械厂、宇琦泵业等企业开展技术咨询和规划、投融资等方面的服务，深受企业欢迎。

【"科普进军营"活动】 在组织开展军营科普大学分校正常活动以外，还邀请知名专家在部队开设科普大讲堂，组织博士专家小分队分批到部队，为退休老红军、老干部举办健康咨询、讲座，为官兵讲授农村实用科学技术；为共建部队免费新建科普画廊6个，提供科普挂图300余幅，以提升部队整体科普氛围；在得知中国海军新一代导弹驱逐舰"长春舰"已建造完毕的信息后，市科协投入10万元，启动了为"长春舰"研发舰载科普知识查询播放系统的工作。

【"科普大篷车进校园"活动】 深入贯彻落实《全民科学素质行动计划纲要》和《未成年人科学素质行动实施方案》，市科协和市教育局联合在长春地区开展"2012年'科普大篷车进校园'活动"。历时10个月、相继走进5个县(市)、区(朝阳区、榆树市、德惠市、九台市和双阳区等）偏远乡镇的40余所中小学开展活动，有20 100名中小学生受益。积极开展校外科技实践活动，举办科普主题展，有效利用科普教育资源，不断丰富科学教育内容。

【科普日系列活动】 举办各类科普培训和报告会。围绕“食品安全与公众健康”这一主题，突出健康科普这一主线，开展“食品安全伴我行”主题科普讲座。以社区科普大学、科普活动室、科普活动站为依托，邀请市属各相关学会、协会和研究会的专家学者对社区居民进行了关于食品安全方面科普讲座，发放食品安全注意事项宣传单，制作并展出宣传食品安全和防治疾病的系列展板，向广大居民宣传假冒伪劣产品对公众健康的危害，以及食品安全与疾病预防的重要性等科普常识。组织各城区居民积极参与中国科协和国务院食品安全委员会办公室共同举办的“全国食品安全科普知识竞赛”活动。全市机关干部、工人、农民、社区居民等各类人群踊跃参与答题活动，填写答题卡和网上答题近 5 000 人。在各城区街道和社区开展了“食品安全”有奖知识问答，全市有 3 000 多名市民参与此次活动。举办社区居民科普漫画和食品安全科普展。向社区科普志愿者征集了科普漫画 160 余幅，并精心设计和制作 150 多幅食品安全科普展板在各城区街道和社区进行巡回展览，丰富了百姓的业余文化生活。

【学会工作】 在有关领导的带领下，走访了市医学会等 16 个单位，详细了解这些单位的基本情况，并在此基础上形成调研报告，为指导全市学会和企事业单位科协工作开展提供了借鉴和参考。举办以《绿色建筑让城市生活更美好》为主题的学术研讨活动，国内外、省内知名专家和 500 余名业内科技人员踊跃参加，与会人员就北方绿色建筑的诸多热点、难点问题进行积极探讨，为长春未来的城市建设发展提供了方向；长春博士联合会与吉林省科技厅等部门联合举办“科技政策与科技管理研讨会”，围绕科技体制改革与创新、新兴产业与创新集群展开高水平的学术交流和研讨，来自中国科学院研究生院、清华大学、大连理工大学、哈尔滨工业大学、吉林大学等全国各地 10 多所高校和科研部门的 30 余位专家、学者出席了学术论坛，《人民日报》、《光明日报》、《科技日报》、《吉林日报》等新闻媒体对研讨会进行了报道。

【青少年科技竞赛活动】 全市青少年科技创新和科技教育活动扎实深入开展，多项科技创新和竞赛活动均取得优异成绩。在第二十七届吉林省科技创新大赛，第十七届华罗庚金杯少年数学邀请赛初赛、决赛（长春赛区），第十二届中国青少年机器人竞赛吉林省赛区竞赛等比赛中，由市科协组织的参赛队均取得优异成绩并实现历史性的突破。《吉林日报》、吉林人民广播电台、吉林教育电视台、《长春日报》、长春电视台等多家新闻媒体对相关赛事进行了报道。

【科技文化交流】 2012 年，长春市科协与吉林省教育厅联合主办，吉林艺术学院艺术设计研究中心、东北师范大学美术学院等省内 23 所院校承办以“食品安全与公众健康”为主题的“2012 年长春市第五届海峡两岸大学生创意科普设计作品巡回展”，作品涵盖了海报招帖类、产品设计类、空间艺术类以及动漫类 4 个专业方向，征集作品 1 100 余件。经过由专家组成的评委会初评和终评，评出获奖作品 617 个。其中一等奖 19 个，二等奖 94 个，三等奖 86 个，优秀奖 418 个。

【“海智计划”活动】 2012 年基地吸引 23 个国家和地区的近 300 名海外留学人员归国创业，领办创办近 200 家拥有自主知识产权的高技术企业，一批具有国际先进水平的项目相继落户基地。5 月，应长春市科协邀请，中国科协海智专家金星博士率领服务团队（上海汽车电子工程中心）一行 9 人来长春考察，与长春汽车产业和轨道客车产业进行对接；考察期间上海汽车电子工程中心与中国第一汽车集团公司技术中心、清华汽车工程系三方就联合开发汽车智能控制器的小型化项目达成合作意向。

【发挥科技工作者之家职能作用】 重点对院校的学科带头人进行遴选推荐。上报的 5 名科技人员中有 2 名被省科协推荐至中国科协；为吉林农业大学校长秦贵信申报了全国优秀科技工作者；为光机所副书记贾平申报了“全国十佳科技人才候选人”；推荐长春理工大学 2 名女性科技人才上报省科协并作为全国优秀青年女科学家人选上报中国科协；长春理工大学教授姜长鸿，经市科协推荐被评为“长春市有突出贡献的专家”。春节前夕，走访、慰问了部分在长工作的院士和专家学者，转达了党和政府对他们的亲切问候和良好祝愿。

（王立伍）

防震减灾

【法制建设】 推进依法行政。成立市地震局创建依法行政示范单位领导小组，研究制定了地震行政审批、复议、执法、处罚、地震行政诉讼等 5 个方面 50 余项配套制度，形成了规范完备的依法行政制度体系。依法将行政审批项目由原来的 3 项削减为 2 项，将全局行政职权分解为 4 大类 16 个岗位，通过网络向社会进行全方位公开。全面推进“三段式”执法工作，深入开展文明执法用语活动，严格规范地震行政执法自由裁量权。组建行政执法队和执法监督队，执法人员全部通过了长春市政府法制办组织的行政执法考试，获得上岗资格。创新考评机制，建立定期考试和年终考核相结合的干部考核评价制度。规范执法行为，执法人员持证上岗，依程序执法，避免行政不作为、乱作为等现象的发生。前移检查关口，依法逐一排查 2012 年度全市重点建设项目，对符合安评条件的工程，开展上门执法服务。畅通救济渠道，建立长春市地震行政复议和诉讼的一系列规章制度，维护了行政相对人的行政合法权利。在重大项目实施等方面主动邀请纪检监察部门进行监督，在内部财经运行等方面积极开展自检。健全培训制度，推行“1+1”培训模式，即每位职工每年至少参加一次内部执法培训，每位职工每年至少参加 1 次外出学习考察。相继组织学习了《行政许可法》、《行政处罚法》以及新修订的《防震减灾法》。

【监测预报】 “十二五”重点项目、长春市2012年度民生项目——长春市地震速测速报能力提升工程全面完成并顺利通过专家验收。项目总投资180万元，主要包括地震速测速报系统网络化改造、分析软件升级和数据传输方式优化等。改造后的系统与国家网络互联互通，实现了震情信息的测报同步，速报效率明显提升，技术水平国内领先。榆树地震台地电阻率与地电场并址改造项目全面完成，并被纳入国家地震背景场综合观测网络。双阳地震台防雷改造和线路改造进展顺利，测震摆房整体修缮，原有网线改为光纤，相关仪器隔离保护，损毁事故明显降低。积极应对龙家堡矿震。

【震害防御】 城市地震安全示范社区工程取得进展，先期起步的二道区亚泰社区依托社区优势资源，以提升社区居民自救互救能力为目标，全面加强防震减灾软硬件条件建设，在地震应急志愿队伍、地震应急逃生演练、地震应急知识普及、地震应急疏散通道、地震应急避难场所、地震应急报警系统等6个方面开展工作，摸索总结出地震安全示范社区建设“八有”模式（即有组织机构、工作制度、应急预案、培训教学、逃生演练、活动场地、应急设施、避难场所），得到了吉林省局和中国地震局的高度评价，并被评选为全国首批地震安全示范社区。地震安全性评价许可项目正式纳入长春市基本建设项目并联审批程序，市地震局成立领导小组，在法律法规框架内最大限度的为行政相对人提供方便。截至2012年12月末，已有三纵两横快速路、中石油长春储备库等一批重大工程依法进行了地震安全性评价，实现了科学设防。

【应急救援】 市县两级政府地震应急预案全部完成修订，重点单位企业预案编制工作稳步推进。全市基本建成以市县两级地震应急预案为主体，各类社会单元地震应急预案为补充的多层级全覆盖的综合地震应急预案体系。投资40余万元对原地震应急指挥中心进行整体改造，重新规划了核心功能区，更换了大屏显示系统和集中控制系统，完善应急基础数据库，实现与省地震应急指挥中心的互联互通。建设应急避难场所，下发《长春市应急避难场所建设指导意见》，出台《长春市地震应急避难场所标志暂行标准》，联合应急、民政等部门开展应急避难场所建设监督检查。截至2012年末，已有南关体育场等28个应急避难场所挂牌，全市基本形成以中心城区为主，县（市）城区为辅，远近结合、覆盖面广、设施配套的城市应急避难网络。5月11日，二道区组织全区中小学举行地震应急疏散演练活动。演练以长春地区发生破坏性地震为背景，重点模拟快速疏散、联合救援和灾后临时安置等3个环节。来自亚泰小学、亚泰社区、二道区直相关部门、二道区消防支队、二道区卫生系统的2 500余名干部群众参加了演练。农安县组织社区群众进行疏散演习，参演人数200人。宽城区民政局针对老人儿童应急能力弱，因灾致伤（致亡）风险高的特点，制定专门预案，组织辖区所有托老托幼机构开展了“一老一小”地震应急疏散演练活动。二道区亚泰社区为辖区居民打通了应急避难疏散通道，发放应急疏散手册，在区内险要设置应急指示牌，并组织居民进行紧急避震和自救互救演练。吉林省减灾委、长春市减灾委、朝阳区减灾委在文化广场联合举办了“5·12防灾减灾日”综合应急演练活动。朝阳区减灾委成员单位、朝阳区各街镇领导，社会各界群众1 000多人参加活动。来自公安、消防、医疗、民政、卫生防疫等多个部门的应急队伍实战演练了震时联合救援等实战环节。

长春市地震速测速报能力提升工程通过验收

【社会动员】 加强地震官方网站建设，改版后的网站设有工作动态、便民服务、知识普及、公众参与等几个大型板块，从原有单一宣传型网站建设成为集宣传、服务、监督为一体的防震减灾综合政务网站。改版工作得到了市电子政务办公室的高度评价。新建2个国家级防震减灾科普教育基地。朝阳区中小学防震减灾科普教育基地以“防震减灾教育体验馆”为主体，配备了模拟地震体验装置、地震知识电子游戏、火山地质结构模型等现代化教学设备。宽城区防震减灾科普馆总投资300余万元，是省内首个集科普教育、认知体验、史料陈列、地震观测于一体的大型地震科普场馆。2012年，2座场馆累计接纳中小学生和社会公众上万人次。新建12个省级防震减灾科普示范学校，经过评选，长春市第四十七中学等

12所学校被评为全省首批防震减灾科普示范学校。利用重要时间节点开展科普教育活动。组织全市中小学校开展防震减灾进学校科普宣教活动，起到教育一个学生，带动一个家庭，辐射整个社会的良好效果。组织地震专家深入8个街道40个社区，培训基层干部群众2 000余人。在市委党校开设防震减灾知识专题讲座，进一步提升领导干部防震减灾意识。组织地震系统干部职工走上街头，通过印发宣传资料、设置流动展板、开设咨询平台、播放专题影片、组织有奖问答等方式，让老百姓学习地震科普知识，提高自救互救技能。

（王春光）

社会科学

【概况】 2012年，科研工作组织完成10项市级科研课题。参与了市委、市政府制定"长春市社会管理创新总体规划"、"推进幸福长春建设工作意见"的调研、论证工作。长春市社科联(社科院)所属社团的优秀率为60%，标兵率为20%，长春市法学会、心语志愿者协会等8个社团荣获全国社科类先进社团的光荣称号。吸收两家新的团体会员单位。长春市社科联(社科院)从1 500余项申报成果中评选出260多项优秀成果。

【科研学术】 在科研管理上，确定了文化产业与其他产业融合式发展研究、结构与流动；和谐社会视野下长春市社会阶层现状分析；长春市社会管理工作的经验总结与发展趋势研究；长春市如何进一步推进现代服务业；长春市开放民营经济准入研究—以"温州金融综改试验区"经验为视角；长春市如何加快建立有利于促进就业的大就业格局；长春市县域经济发展与县城及重点城镇建设相结合模式研究；长春市农业结构调整面临的难题和对策研究；长春市科技档案开发与利用研究；长春市发展壮大具有鲜明地域特色的文化产业问题研究等10项课题。其中高校承担7项课题，全部合格结项，这些成果已通过《要报》、《长春社科》等阵地实现转化。

【社团管理】 为推动社团科学化管理，在所属社团中实行制度化管理，下发《长春市社会科学界联合会社团管理办法（暂行）》。继续开展社团联谊(席)活动。4月召开了由长春市珠算协会承办的深入基层社团，交流办会经验座谈会，发挥了标兵社团、排头兵社团的示范带动作用。召开2011年度总结表彰工作会议，部署2012年工作任务。长春财政学会等15家社团被授予排头兵社团称号，长春市城市科学研究会等13家社团被授予标兵社团称号，长春市孔子研究会等29家社团被授予先进社团称号，苑吉林等58人被授予优秀社团工作者称号。吸收"长春海外联谊会医学分会"、"长春市艺术品投资研究会"为团体会员。积极帮助新加入的社团建章建制，做好会员日常管理，督促完成各项工作任务。组织参加全国大中城市社科联第二十三次工作会议暨全国先进学会评选会议。长春市法学会等8家社团获得全国标兵和先进社团称号。2012年长春市社科联(社科院)保持了全国大中城市优秀社科联称号。

【科普工作】 探索新科普方式，特别是积极参与吉林省社科普及周活动。在科普周期间，积极参与省社科联的各项活动。1.与长春电台合作，协办新闻时评，每周2期，主要是邀请专家学者走进直播间，或通过电话联线的方式，对新闻事件进行点评。2. 举办科普进校园活动。2012年11月16日与长春市第四十五中学联合举办讲座。请吉林大学教授李光以"青省年心理修养"为题，进行青春期心理健康教育。4 000多名学生聆听了讲座，师生反响强烈。长春社科联（社科院）还将价值近4千元的最新图书捐赠给四十五中学。3.长春市社科联（社科院）、长春少儿图书馆联合举办"城市热读"系列讲座活动，2012年完成12期。这些讲座围绕"传承文明、服务社会"这一主题，以全面提升长春市广大公众人文社会科学素养为重点，深受小学生们好评。《长春日报》、《长春晚报》等新闻媒体进行了报导。4.编写科普读本。由长春社科联（社科院）所属公关学会编辑了《公关知识与礼仪》一书，对《公务人员文明礼仪》进行了修订。近5年来，长春社科联（社科院）编印发放的科普手册达40册、100多万字，已初步形成系列，有的被中小学列为辅助教材，有的被外地翻印转发。5.与媒体合作，就长春史进行科普式解读，为配合长春文庙建设，与《城市晚报》、《长春晚报》"老长春"栏目合作，由相关专家对长春文庙中的魁星楼的历史进行解读。还就相关问题撰写了5篇文章，发表在《长春晚报》、《议政》、《溥仪研究》、《长春社科》等报刊杂志上。

【第五届长春市社会科学优秀成果评奖】 第五届长春市社会科学优秀成果奖评审工作从2012年5月正式开始。评奖工作历时半年，从1 400余项申报成果中评选出259项优秀成果，在《长春日报》上公示。

【刊物编辑】 2012年，出版的《长春社会科学》在长春市产生一定影响，许多专家学者和实践工作者都通过各种渠道索要杂志。强化《要报》编辑工作。配合长春市中心工作和各个时期的重点进行约稿，为长春市经济发展和社会进步服务提供了智力支持和决策参考，受到长春市领导和有关部门的肯定。其中第9期《关于长春食品安全问题分析》得到市长陈巳签批。有多篇成果被长春市政府综合一处特别推荐，专报市长。出版《盛京时报》长春资料选编(1916～1923)，校对300万字。这一时段的史料，分4卷整理完毕，由长春出版社公开出版。

（刘　薇）

文化

文化产业

【概况】 2012年长春市文化产业发展取得可喜成果。一批重点文化产业园区已形成规模，一批优秀文化企业实现了产业化、集团化发展，一批知名文化品牌脱颖而出，大量的人才和资本强势注入，文化产业增加值与文化企业及从业人员数量逐年递增，实现了经济效益与社会效益的双丰收。

【文化体制改革】 2012年9月末，全市文化体制改革攻坚战各项任务已基本完成。完善内设机构调整及人员安排等后续工作正在稳步推进；"两台合并"工作已全面完成，组建了长春广播电视台；推进了国有文艺院团改革向纵深发展，进一步整合资源，完善运营机制，努力开拓演出市场，并已取得阶段性进展，改制后的演出企业已全面走向市场化经营模式。

【重点园区和项目建设】 东北亚创意产业交易中心、知和国际动漫产业园等一批重点项目和园区建设进展顺利，部分园区建成并投入使用，经济效益初步显现；富士康赛博数码广场等一批重大项目落户长春，提高了整体产业水平，增加了大量从业人员，创造了众多就业机会；成功举办动漫节、文博会、民博会、图书博览会、读书节和东北亚艺术周等节庆会展活动，成功推介长春市文化产业的知名企业和地域品牌；与市人社局合作，成功举办了长春市文化产业跨越式发展高级研修班，进一步营造大发展快发展的浓厚氛围，加强对文化产业的理论指导，并为文化企业与实体资本之间的对接和交流搭建了平台；组织参加了第八届中国（深圳）文博会，成功推介关东文化园、宏骏布艺产品生产基地、中华长春陶瓷文化产业园、吉林省国家级广告产业示范园区、吉美文化创意港、动漫图书技术开发等8个重点项目，实现签约21亿元，实现了长春市文化产业发展"引进来，走出去"的重要战略。

（王　鹏）

文学艺术

【创作出版】 2012年创作出版长篇小说《将进酒》、《桃色》，散文集《时光的化骨绵掌》等文学专著20余部；发表中短篇小说、诗歌、散文、报告文学等各类文艺作品1 000余篇。金仁顺长篇小说《春香》获第十届全国少数民族文学创作"骏马奖"。出版《春风文艺》6期，《开创长春文艺工作新局面》专刊1期。《春风诗人》2期，《汉俳诗刊》3期。继续编辑出版长春作家系列文学丛书以及"当代中青年书画家精品系列"丛书，展示作家、艺术家创作成果。

开展"送文化下乡"活动

【"三下乡"活动】 2012年1月8日，市文联组织30余名文学、书法、美术、摄影等门类的艺术家，配合全省"强机惠民乐农家"启动仪式，到九台市卡伦镇任家村农村文化大院举行"送文化下乡"活动，摄影家为农民家庭拍摄全家福、人像艺术照片；艺术家现场为农民群众书写春联、福字，深受当地群众欢迎和好评。

【第三届长春文学奖评选】 第三届长春文学奖自2011年2月启动以来，收到参评作品135部。2012年5月19日，经终评委最终投票评选，杂文集《岁月留痕话沉浮》、长篇小说《倾斜》、《段落》3部作品获金奖，6部作品获银奖，11部作品获铜奖，另有2部作品获新秀奖。5月22日，在全市文艺界纪念毛泽东《在延安文艺座谈会上的讲话》发表70周年大会上，举行了第三届长春文学奖颁奖仪式，对获奖作者进行表彰奖励。

【评选第2批长春百名文艺新秀】 5月2日，市委宣传部、市人社局、市文广新局、市文联联合举办第2批"长春百名文艺新秀"推荐选拔工作。评选出116名从事文学、戏曲、音乐、舞蹈、美术(动漫)、书法、摄影、电影广播电视、民间文艺等方面，并活跃在第一线的优秀中青年文艺工作者为第2批百名文艺新秀。

【纪念《讲话》发表70周年活动】 5月22日，市委宣传部和市文联联合召开"长春市文艺界纪念毛泽东同志《在延安文艺座谈会上的讲话》发表70周年大会"。对第三届"长春文学奖"获奖者进行表彰，命名了第二届"长春百名文艺新秀"，并启动了首届长春君子兰文艺奖评选。会后，举办了"纪念《讲话》发表70周年，繁荣长春文艺精品创作座谈会"。部分获奖者与文艺工作者畅所欲言，表达了对长春市文艺事业繁荣发展的所想所感。

【展览、笔会活动】 5月26日，王建国油画作品巡展长春收宫展在长春世界雕塑公园艺术馆隆重开幕，展期1个月。本次展出王建国近几年创作的上百幅佳作，为春城人民献上了一场艺术盛宴。与松原市委宣传部联合承办廉世和书法展。此次书法展于4月30日在中国美术馆举行，系统展示了全国著名书法家、吉林省书法家协会顾问廉世和的书法精品。还承办了"王淮百幅扇面作品展"，举办"赵宏书法篆刻展"等。9月，地书协会举办长春地区选拔赛，从百余名地书爱好者中选拔出4名选手参加10月8日在京举办的第十届"陶然杯"地书邀请赛，其中两人获得二等奖2人获得优秀奖，长春赛区荣获集体优秀组织奖。

【第八届中国(长春)国际动漫艺术博览会】 本届动漫艺术博览会由长春市人民政府、中共吉林省委宣传部、吉林省文化厅、ChinaJoy组委会主办，由中共长春市委宣传部、长春市文学艺术界联合会等8家单位承办。于2012年5月30日~6月5日在长春国际会展中心举办。来自五大洲以及全国40余个城市的近千位动漫艺术家和动漫艺术工作者参加了此次盛会。有参展单位近300家，中外客商达1 500余人。组织、实施了2012 ChinaJoy Cosplay嘉年华东北赛区预选赛、展示展销、交流合作、相关活动4个板块的20多项活动内容，总参观人数近66.2万人次。大会签约10余项，总成交额487.1万元。有160支动漫团队、7 000余名Cosplay选手参加了2012 ChinaJoy Cosplay嘉年华东北赛区预选赛，参赛社团和演员创历届之最。在2012 ChinaJoyCosplay嘉年华上海总决赛上，长春动漫画协会选送的4支优秀Cosplay社团一举夺得最佳服装道具奖、最佳剧情奖。标志着长春动漫事业的发展水平位列全国一流城市的行列。

【第七届中国(长春)民间艺术博览会】 2012年8月3日~8日，第七届中国(长春)民间艺术博览会在长春国际会展中心隆重举办。本届民博会展区总占地面积10万平方米，设1 200个展位，展销展位775个，展示展位425个。展会期间，总参观人数110.6万人次；总成交额21 181.5万元人民币，比上届增加三分之一；签约项目12项，达成意向性合作金额17.6亿元，比上届增加近15倍；展出58大类22万种民间艺术品。展会期间，评选出优秀民间艺术奖211件，其中，金奖60件，银奖100件，铜奖51件。其中包含了中国民间文艺的最高奖项山花奖10件。还评选出特殊贡献奖14个单位，贡献奖11个单位。

【发展乡土文化】 2月21日，针对长春市民间文化、草根文化的蓬勃兴起，市委宣传部和市文联及时召开"民间乡土文化现象研讨会"，对这一文化现象进行正确梳理和引导。为了宣传农民工诗人杨成军事迹，促进乡土文化发展，文联领导带领相关人员前赴杨成军所在的德惠市老家，进行深入调查了解，解决创作中遇到的困难，并当场将其吸收为长春作家协会会员。协助出版社为其出版诗集，并购买800册给与支持。还派出著名报告文学作家对杨成军事迹进行深入采访，撰写出表现其事迹的报告文学，分别发表在《当代长春》、《春风文艺》、《农民文学》等刊物上。

【联谊交流活动】 举办"第十七届中韩书法美术交流展"。8月中旬，文联副主席景喜猷带队，率领4名书画家赴韩国蔚山，与蔚山美术协会共同举办"第十七届中韩书法美术交流展"。蔚山市市长、议会议长以及文化界众多官员出席开幕式。本届展览展出中韩书画家作品500余幅，受到当地书画爱好者广泛好评。文联还组织艺术家赴外省市进行多种形式的文化艺术交流。

【举办"中国有座城市叫长春"主题摄影展】 由市委宣传部、市文联主办，市外宣办、市摄影家协会承办的"中国有座城市叫长春"主题摄影展于2012年11月9~28日在长春雕塑公园举办。此次摄影展从近千幅投稿作品中遴选出200幅作品展出。通过摄影者的镜头，以独具魅力的视觉语言和表现形式直观地再现了长春市的发展变化，演绎了人与城市的美好画卷。

【文学艺术进军营、进校园】 2012年元旦前夕，长春市文联与长春市双拥办、长春市精神文明办联合举办"情系子弟兵、文化促双拥"为主题的文化进军营活动。带领20余名作家、艺术家来到驻长65370部队，为部队官兵中讲授文学创作、绘画书法创作、摄影艺术创作，开展书法绘画摄影作品交流、研讨等，受到广大官兵的热烈欢迎。4月13日，长春民间文艺家协会联合吉林大学赛扶团队在吉林大学开展民间手工艺进校园展示活动。通过展示传统文化的魅力，激发了青年学生保护、传承和发展中国民间艺术的热情。5月30～31日，多名书法家组织开展"弘扬艺术瑰宝，书法走进校园"活动，为南关区回族小学、经开区北海小学的学生们现场演示和辅导，弘扬中华优秀传统文化。摄影家协会组织会员开展为老红军拍照活动，发起"我奉献，我快乐"快乐周末"打造文明城市"活动。文联与多家单位联合举办全市青少年书法大赛及获奖作品展。活动收到2 000余件作品，640多件作品最终获奖。11月11日，近300件书法作品在市政府一楼大厅展出，展示了长春市青少年书法作者的风采。硬笔书法家协会举办长春市首届青少年硬笔书法现场书写大赛。约有百余所学校和书法培训机构、近3万名选手参与了整个活动，选拔出300余名选手进入决赛。9月22日，举办了大赛总决赛暨颁奖典礼。

【《意林》杂志社转企改制】 2012年，按照省、市文化体制改革领导小组的部署，作为首批试点单位，《意林》杂志社顺利完成了转企改制工作。成立意林传媒集团，不断拓展业务领域，放大意林品牌效应。2012年4月，《意林》杂志在吉林省第十次期刊等级评定中，被评为一级期刊。

【档案管理和信息报送】 2012年永久立卷149卷，30年立卷16卷，10年立卷2卷。信息报送主动及时，上报各类信息，向市委宣传部等部门上报信息60余件。

（王德田）

2012年长春市文学艺术获奖情况一表览

姓名	时间	作品	奖项	颁奖单位
李发锁	2012年12月	长篇小说《动迁》	一等奖	第三届吉林文学奖
高　君	2012年12月	中篇小说《渐入佳境》	一等奖	第三届吉林文学奖
景凤鸣	2012年12月	中篇小说《天尊院》	一等奖	第三届吉林文学奖
胡西淳	2012年12月	中篇小说《佛手》	一等奖	第三届吉林文学奖
谷长春	2012年12月	散文《少见多怪》	一等奖	第三届吉林文学奖
谢华良	2012年12月	儿童文学《下雪了，天晴了》	一等奖	第三届吉林文学奖
谢颐丰	2012年12月	长篇小说《气血飞扬》	二等奖	第三届吉林文学奖
王怀宇	2012年12月	小说集《都市鸽群》	二等奖	第三届吉林文学奖
于德北	2012年12月	小说集《美丽的梦》	二等奖	第三届吉林文学奖
纪洪平	2012年12月	诗歌《这座城市有一个爱我的女人》	二等奖	第三届吉林文学奖
思　宇	2012年12月	诗歌《中国精神》	二等奖	第三届吉林文学奖
陈久全	2012年12月	散文集《瓜瓞蕃海》	二等奖	第三届吉林文学奖
唐继东	2012年12月	散文集《书女清语》	二等奖	第三届吉林文学奖
纪永亮	2012年12月	散文集《站在大地上》	二等奖	第三届吉林文学奖
王海南	2012年12月	散文集《倾听海的呼吸》	二等奖	第三届吉林文学奖
王东风	2012年11月	小品《天使奇遇》	一等奖	东北三省小品大赛
李大平	2012年8月	砚雕《和谐砚》	金奖	第七届长春民博会组委会
彭　沛	2012年8月	石雕《李广》	金奖	第七届长春民博会组委会
郭玉华	2012年8月	剪工立体画《虎头》	金奖	第七届长春民博会组委会
赵经武	2012年6月	静谧无声	优秀奖	中国美协
	2012年8月	大睿无声	优秀奖	中国美协
	2012年12月	瑞雪	铜奖	中国画学会
马　云	2012年	八荒通神	入选	中国美协
	2012年	深秋山居	入选	中国美协
邹梦德	2012年	梦回家山	入选	中国美协
	2012年	梦回家山	入选	中国国家画院
桑　磊	2012年7月	假日	入选	中国美协
	2012年8月	蓝色畅想	入选	中国美协
梁　博	2002年6月	声乐	金奖	中国好声音
李　杨	2012年	拯救跳楼新娘	三等奖	世界新闻摄影比赛
	2012年	拯救跳楼新娘	三等奖	吉林新闻摄影奖

续表

姓名	时间	作品	奖项	颁奖单位
吴 婷	2012 年	世纪霞光	优秀奖	天景杯“优美吉林·美好环境”摄影大赛
马国有	2012 年	全国第七届楹联书法展	入选	全国第七届楹联书法展组委会
宋旭安	2012 年	第四届中国书法兰亭奖	佳作奖	第四届中国书法兰亭奖组委会
刘福生	2012 年	全国第三届行草书展	优秀奖	全国第三届行草书展

群众文化

【概况】 2012 年,长春市群众艺术馆成功开展了银龙起舞关东年系列活动、长春市 2012 年创建国家公共文化服务体系示范区“唱响长春·共筑家园”主题系列文化活动、群众精品展演、电影歌曲大家唱、喜迎十八大等系列群众文化活动。组织市、区(县)、街道、社区开展演出、辅导、培训、展览等各类活动 3 265 场次(其中,辅导培训 2 112 场次、演出 493 场、展览 560 场),参与群众突破千万人次;加强群众文化活动示范点、活动点的建设工作;全年开展各类公益培训、辅导近 50 万人次。

【关东年系列群众文化活动】 2012 年两节期间,长春市群众艺术馆策划了银龙起舞关东年系列群众文化活动,包括“全家福图片展”、“秧歌大赛”、“送文化下乡”活动。全家福图片展。长春市群众艺术馆与新文化报社联合推出长春市征集百年“全家福图片展”的活动。此次展览征集图片 400 余幅,100 幅参加了展出,在市内 5 个社区进行巡展,有 3 000 余人参观了展览。秧歌大赛。秧歌大赛活动从 2011 年 12 月开始组织策划,有 43 支队伍报名参加,25 支队伍进入复赛,10 支队伍进入决赛,公主岭市金晚霞秧歌队等 10 个队伍分别斩获最佳表演奖、优秀表演奖、最具风采奖等奖项。送文化下乡。长春市群众艺术馆在两节期间联合各市区文化馆,组织了一台精彩纷呈的文艺演出,分别到长春市 8 个行政区的部队、工厂、社区、敬老院、文化站等地进行慰问演出 11 个场次,受到当地群众欢迎。

【电影歌曲大家唱】 按照《第十一届中国长春电影节系列群众文化活动方案》安排,由中共长春市委、长春市政府、长春电影节组委会主办,长春市文化广电新闻出版局、长春电影节办公室承办,长春市群众艺术馆协办的第十一届中国长春电影节“电影歌曲大家唱”活动经历 2 个月的激烈比拼,通过 80 场次社区选拔赛,8 场次复赛,2 场决赛的评比,于 8 月 22 日在长春市电视台圆满落幕。“电影歌曲大家唱”作为电影节系列群众文化活动的重要组成部分,与长春市首届社会文艺团体艺术系列大赛活动相结合,得到了广大群众的积极参与,此次活动参与面覆盖了全市 9 个城区,有143 个社区的 160 余支艺术团参赛,累计 20 万余人次观看了比赛。参加演出的驻街单位有企业、事业、商业单位、学校、幼儿园、各区文化馆等 262 个。

电影歌曲大家唱活动

【迎十八大系列群众文化活动】 长春市群众艺术馆组织开展了“社区展演”、“有奖征文”、“特色画展”及“公益培训”等长春市喜迎“十八大”系列群众文化活动,为党的十八大胜利召开营造了祥和、喜庆的社会氛围。社区展演。由长春市文广新局主办,长春市群众艺术馆承办,各城区所辖街道社区协办的“喜迎十八大 明天更美好”系列社区文艺演出活动,于 9 月 27 日~11 月 7 日分别在二道区东站十委社区、西新区锦城街道新兴社区、财政小区等地进行了 10 场专场演出。有奖征文。7~9 月,开展了以“幸福长春 美丽家园”为主题的长春市首届群众诗歌、散文有奖征文活动。活动期间,收到诗歌、散文千余篇,10 个县(市)区、4 个开发区,有 1 200 余人参加。经专家评委组的认真评审,《长春您好》等 9 篇诗歌作品、《故乡的百合花》等 12 篇散文作品获本届群众散文诗歌征文大赛作品奖;朝阳区文化馆等 9 个单位获得组织奖。特色画展。9 月初,长春市群众艺术馆策划了长春市系列书画、摄影作品展。活动历时 2 个月,分别在九台文化馆、二道区东站十委社区、西新区新兴社区、南关区龙兴社区、朝阳区同德社区东北师范大学等地,举办了长春市首届“黑土奇葩”特色画巡展,有 100 余幅作品参展,举办展览 120 场次。公益培训。根据《2012 年长春市基层群众文化队伍公益培训方案》

的要求，按照具体工作安排，长春市群众艺术馆先后在长春经济技术开发区、长春高新开发区举办了两期基层群众文化队伍骨干培训班。

【第22届青少年艺术系列大赛】 青少年艺术系列大赛包括舞蹈、器乐、声乐、曲艺等比赛项目，大赛分幼儿组、少儿组、青年组，设立一、二、三等奖，以及优秀组织奖、优秀辅导奖。本届大赛有1 216名选手参赛，其中包括242名农民工子弟。

【"春芽"少儿文艺调演】 2012年6月2日，由长春市文广新局主办，长春市群众艺术馆承办的长春市"春芽"少儿文艺调演在文化广场举行。"春芽"少儿文艺演出作为长春市的少儿品牌活动之一，已连续举办25届。本届"春芽"少儿文艺演出的选拔工作，覆盖全市18所幼儿园、25所小学、9所艺术学校和馆办艺术团，选送节目100余个，经过精心评选，选出了11个优秀节目，由艺术馆的专业辅导老师进行统一辅导，参加文艺演出。晚会参演人数500余人，参观人数1万余人。

【公益培训与辅导】 长春市群众艺术馆在国家公共文化服务体系示范区建设中，通过建立培训机制，不断扩大文化志愿者队伍人才储备，使他们成为创建国家公共文化服务体系示范区的一支重要力量。2012年，培训、辅导达50万人次。对馆站院培训。长春市群众艺术馆针对不同对象，举办文化馆（站）业务骨干培训班、社区文艺骨干培训班、文化大院业务骨干培训班、文化志愿者培训班，全年开设12期，培训3万余人次。对基层阵地培训。长春市群众艺术馆以免费开放为契机，以提高长春市业余文艺爱好者的整体水平为目标，面向社会开办以老年、少儿舞蹈和老年、少儿声乐等项目的免费开放公益培训班，第1期开设16个班次，培训7 680人次；第2期班开设18个班次，培训8 640人次。对弱势群体培训、辅导。2012年，长春市群众艺术馆先后在已建立的包括未成年人、外来务工人员、社区、学校示范基地（示范点）组织开展了公益培训、专题辅导、科技讲座等活动，累计培训3万余人次。对文化志愿者培训、辅导。对文化志愿者为主体参与的近500场次演出活动，通过节目筛选、重点节目编排、演出彩排等对演员进行辅导、培训，全年培训辅导30余万人次，有力地提升了长春市群众艺术馆组织、承办的各类活动的质量。对市直机关培训、辅导。为市直机关单位提供培训辅导是长春市群众艺术馆多年来的一项重要工作。长春市群众艺术馆为市财政局组织策划了《腾飞》春节晚会，为省二实验学校组织策划了国家教育部在长春举行的教学示范《成长·岁月·四季合声》演出，对市财政局、市国土资源局、市海关局、省老干部大学、南关区国土局、市人社局进行培训和指导，受到了市直机关的欢迎。

【馆办艺术团】 长春市群众艺术馆将各艺术团作为发展文化志愿者参与长春市公共文化服务主要对象。长春市群众艺术馆在长春市5个城区、4个开发区、2个县（市）、区建立了33个馆办艺术团。对艺术团辅导960课时，辅导人数8万余人次，改编节目90余个，创编节目50余个，开展公益培训12期，各艺术团参加演出900多场次，受到各界好评。

【进京展演】 2012年9月21日晚，由长春市群众艺术馆负责组织、策划了"大地情深"创建国家公共文化示范区群众文化进京展演——《我们在长春相遇》视听音乐会长春专场演出在北京中山音乐堂隆重举行。这是一台集艺术性、群众性、地域性为一体的汇报演出，集中展示长春市公共文化服务体系建设的丰硕成果和精神风貌，赢得了首都各界群众和相关专家的一致好评。

【长春市群众艺术馆网站开通】 为扩大服务覆盖面，提高服务效能，为广大群众提供远程数字化服务，长春市群众艺术馆网站正式开通。网站设立了"公共服务"、"非遗之窗"、"在线服务"、"约定服务"、"免费开放"等栏目，上传信息200余条，12万字。

【非物质文化遗产】 2012年，长春市级非物质文化遗产名录体系建成，共计8大类31项进入长春市非物质文化遗产保护名录。其中，关云德的满族剪纸、郭丽布鞋先后代表吉林省参加了北京奥运会和上海世博会，宇平绢人实现了非物质文化遗产生产性保护，其系列产品出口到世界37个国家和地区，长春市非物质文化遗产成果走向了世界。

【基础设施建设】 2012年6月，为了创建国家公共文化服务体系示范区工作，长春市政府对《关于建设长春市群众艺术馆及相关设施的请示》给予批复，本项目建筑面积25 010平方米，预计2014年7月竣工。2012年6月，东北师范大学民族民俗馆3楼4 000米展区划拨给长春市群众艺术馆，用于长春市非物质文化遗产展览展示，长春市非遗展馆的布展工作筹备当中。

【其他文化活动】 包括社区艺术节、农民文化节已连续举办了5届，长春市群众艺术馆在文化节中为活动的成功开展提供指导和服务。策划组织开展了"农博会艺术节"、"东北亚青少年艺术节"等主题专场演出和群众精品展演，受到广大群众欢迎。

（杜立平）

【朝鲜族群众文化】 2012年长春市朝鲜族群众艺术馆完成全市性规模的群众文化活动8次，参与人数6万多人次，辅导声乐、器乐、舞蹈文艺节目80余个，辅导人数10 000多人次，业务干部接受业务培训10个月，组织参加各种文艺演出30余次，创作文艺作品10个，获国际大奖7个，开展国内外文化交流活动2次。

在2012年元旦、春节、元宵节期间，艺术馆面向全市朝鲜族群众举行了各种群众文化活动。为迎接元旦，艺术馆于2011年12月30日在长春艺术剧场举行了"2012年长春市朝鲜族'迎新年'民族风情专场演出"。长春市朝鲜族群众艺术馆的演出团与长春市朝鲜族中学艺术团、宽城区朝鲜族小学《金达莱》艺术团、绿园区朝鲜族小学《小花朵》艺术团、妇女协会《代理妈妈》艺术团、老年协会《阿里郎》艺术团的240余名演员向长春市的朝鲜族群众献上一台精彩的文艺节目。本次向长春市朝鲜族群众亮相的节目都是各艺术团的精品节目，其中长春市朝鲜族群众艺术馆舞蹈队表演的舞蹈《长白鼓韵》气势恢宏，让人强烈地感受到了生活在长白山脚下的朝鲜族人民庆祝节日的喜庆、欢快和祥和的气氛。舞蹈《融》用欢快、优美的舞曲和大气奔放的舞姿烘托出了一派和谐祥和的气氛，这两个舞蹈节目在云南省、贵州省举行的第九届全国少数民族运动会上分别荣获了二等奖和三等奖。来自长春市内各区的近5 000名朝鲜族群众与省市政府部门领导以及兄弟文化艺术馆的馆长、新闻媒体记者观看了演出。1月13日，艺术馆特别举办“长春市朝鲜族各界人士2012年春节团拜会”。艺术馆邀请省市文化部门、省市民委和省市教委等政府部门领导到会，还邀请了吉林省朝鲜族振兴总会、朝鲜吉林朝鲜文报社、长白山杂志社、长春市关心下一代委员会朝鲜族分会、长春市朝鲜族中学、吉林省朝鲜族企业家协会、长春市朝鲜族妇女协会、老年协会、长春市朝鲜族社会科学家协会等单位和团体的朝鲜族知名人士1 000余名欢聚一堂，长春市朝鲜族群众艺术馆为大会献上了精彩的歌舞节目。除以上群众文化活动外，迎接三八节，艺术馆与朝鲜族妇女协会联合举办了“长春市朝鲜族妇女庆三八节活动”。做为艺术馆一年当中开展的最具规模的群众文化活动，艺术馆于6月23日举行“第二届长春市朝鲜族传统文化体育活动”。经上级主管部门的批准将端午节朝鲜族活动正式命名为“长春市朝鲜族传统文化体育活动”，定于每年6月的端午节期间举行。2012年的端午节活动从规模、形式、内容、影响力等方面都超过了以往任何时候。7月26～27日，艺术馆还与中央民族大学、吉林朝鲜文报社联合举办了全国性规模的“第十七届中国朝鲜族文化事业和文化产业发展研讨会”。艺术馆以“文化自强”为主题为大会演出文艺节目，受到与会人员的欢迎。在研讨会上，与会人员围绕当前中国朝鲜族文化建设中存在的问题、中国朝鲜族文化事业和文化产业发展战略及对策等内容，交流20余篇论文。

积极开展公共文化服务体系示范区创建工作，利用艺术馆现有设施开展公共文化服务设施免费开放活动，设立“未成年人文化艺术培训基地”，免费提供文艺辅导。平时主要为老年协会和妇女协会以及各单位需要文艺辅导的群体提供服务。免费提供服务内容主要有舞蹈、声乐、器乐、民俗礼仪辅导和图书免费阅览等。艺术馆除了继续做好朝鲜族妇女协会和老年协会的常规文艺辅导外，在元旦春节之际，为吉林朝文报社、长春机场、中国大唐集团新能源股份有限公司等单位辅导朝鲜族舞蹈“长鼓舞”、“扇子舞”、“象帽舞”、“袖子舞”、大合唱等节目；4～5月为绿园区朝鲜族小学编排大型集体舞节目，辅导朝鲜族传统民族舞蹈“象帽舞”；为长春朝鲜族中学第二届校园文化艺术节，辅导舞蹈“长鼓舞”和朝鲜族舞蹈基本功，辅导大合唱、象帽舞等，并且在艺术节当天选派器乐、声乐人员到现场协助舞台音响管理，登台演出，使艺术节活动圆满成功，本次艺术节的录像还拿到优酷网上播放，让更多人一睹长春朝中学生们的艺术风采。从5～6月，艺术馆还为举办端午节民俗体育文化活动，选派声乐、器乐、舞蹈辅导员下到市区8个老年协会和朝鲜族妇女协会、朝鲜族中小学辅导集体舞、象帽舞、大合唱等节目。9月份，为宽城区朝鲜族小学成立90周年庆祝活动，艺术馆选派声乐、器乐、舞蹈辅导员，为校庆文艺演出编排、辅导一台节目；10月份，为朝鲜族老年协会成立25周年庆祝活动，艺术馆选派辅导员下到各区老年协会进行声乐、器乐、舞蹈等文艺辅导，并于26日举行的庆祝活动文艺演出之际，艺术馆与老年协会一起登台演出。

艺术馆在国际比赛中获得7项大奖，知名度不断提升。经艺术馆申请和文化局批准，2012年艺术馆邀请5名朝鲜艺术家到艺术馆给业务干部授课。艺术馆的声乐、器乐、舞蹈业务干部免费接受朝鲜艺术家们的艺术指导，业务水平明显得到提高。4月4～21日，长春市朝鲜族群众艺术馆的15名演职人员由馆长黄海月带队，做为驻中国朝鲜人艺术团成员赴朝鲜参加了在朝鲜平壤举行的第28届朝鲜“四月之春”国际艺术节。艺术节期间在平壤各大艺术剧场举行的8场演出场场爆满，观众2 500多人次，演出受到了朝鲜观众的热烈欢迎。这次长春市朝鲜族群众艺术馆带去11个节目参赛，其中，舞蹈《长白的脚步》获得表演金奖；李相浩、李应洙演唱的男声二重唱《我们是吉林人》获银奖；由艺术馆李相浩、李应洙、黄海月和北京东方歌舞团国家一级演员崔敬浩、北京民族歌舞团国家一级演员朴洪哲组合的5名男女声混声合唱《启蒙期歌谣联唱》获银奖；艺术馆黄海月演唱的《想念的将军》获独唱金奖，黄海月个人还获得了艺术节组委会颁发的功劳奖金奖；金基哲创作的舞曲《他乡之春》获得创作金奖。此外，本次艺术节在参赛的32个艺术团体当中评选出了4个团体金奖，艺术馆演职人员参加的驻中国朝鲜人艺术团在本次艺术节上荣获了团体金奖。全年艺术馆还新创作了10个文艺作品，如舞蹈《假面鼓》、《三人鼓舞》、独唱《海棠花》等，并于10月24日举行2012年艺术馆新品汇报演出，为党的十八届代表大会的胜利召开献礼。艺术馆选送的舞蹈《融》作品在群星奖初选中顺利通过，并于11月19日赴青岛参加“群星奖”最终评选。

赵香淑撰写的群众文化论文《长春市朝鲜族群众艺术馆免费开放工作的实践与思考》参加第十七届中国朝鲜族文化事业和文化产业发展研讨会，在大会上宣读交流，并被选入《中国朝鲜族文化事业和文化产业发展论文集》(国家级)。此篇论文还获得省级一等奖和东北三省群众文化论文大赛二等奖，并被选入《东北三省第十五届群众文化学术讨论会获奖论文选编集》(国家级)。

经中共长春市委宣传部、长春市文学艺术界联合会的严格审定，艺术馆副馆长白香春荣获第二届“长春百名文艺新秀”称号。

(赵香淑)

长春报业

【新闻宣传】 2012年，报社所属日报、晚报、长春新闻网、主流网、手机报对重大主题、重要会议、重大活动进行了重点宣传报道。截至11月末，《长春日报》出版310期、3 000多个版面；《长春晚报》出版311期，5 800多个版面；长春新闻网和主流网发布各类新闻稿件30余万篇，开设各类专题126个。特别是在十八大前期、中期的宣传报道中，《长春日报》先后开辟8个专栏，刊发50多块专版。《长春晚报》刊发30多块专版，180多篇稿件。其中，十八大召开当天，《长春晚报》在一版推出《生活在长春很幸福，18个人的18个理由》专版，社会效果良好。《长春日报》年初全新改版，增设了"幸福长春"、"小城万象"、"文化广场"、"大美吉林"、"热点评说"等专版和专栏，通过典型报道、专题报道、评论报道，吸引了不同需求的受众，使报纸的影响力进一步提升，报纸发行量比2011年增长14.3%。《长春晚报》"地瓜爷爷"系列报道因彰显人文情怀，荣获第22届中国好新闻一等奖，这是长春市首次获此殊荣。《长春晚报》先后推出的"扶起你"、"衣+衣"、"让座歌"等多个"暖心闻"报道和活动，在社会上引起强烈反响，受到省委、市委宣传部的多次表扬和肯定。同时，开办微博，拓宽与读者沟通的渠道，拥有读者30余万人，成为晚报信息发布的新型活跃平台。

【制度考评】 报社在考评制度上，对优秀的言论和深度报道给予专项奖励。2012年，仅《长春日报》就有131件作品获奖，如《长春日报》针对报社走转改联系点——净月开发区永兴街道基层党组织服务民生的创举推出的"红细胞在行动"系列报道，已成为全国"创先争优"的典型。在长春市新民大街第4次参加中国历史文化名街评选的过程中，《长春晚报》从报道策划、组织活动，到组织投票，成为媒体助力城市文化发展的又一典型事例。《长春日报》在中国报协组织的"发展创新·经营管理·优秀报纸·快速发展暨优秀社长(总编)"十佳评选中荣获优秀报纸奖。社长张世杰被评为第二届中国地市报十佳社长、总编辑。《长春日报》有39件作品获省级以上新闻奖项，《长春晚报》有25件作品获省级以上新闻奖项。新闻图片"一天到晚乐呵呵"在中宣部"躬行大地"新闻战线走转改大型图片展中展出。报社还有5人被授予长春市第四届"名记者、名编辑"称号。

【对外合作】 新媒体部在缺少资金、技术、人才投入的情况下，积极开展对外合作，借力发展。已与北京网通社、新浪微博、搜房长春网、长春都市音乐广播电台等建立了战略合作伙伴关系，通过共办频道、互换宣传广告、共同举办活动等，提高网站的知名度和影响力。

【收支平衡】 2012年，报社实现收入8 083.7万元（其中主营业务收入6 049万元），总支出8 324万元，到年底实现收入11 598万元，收支基本持平。其中，结合党报特点增设的创新广告项目——政务广告，全年实现收入945万元。

【职工待遇】 继续执行带薪休假，为职工免费体检外，为职工调整提高医保基数，兑现了2006年、2007年的档案工资，为工资不足1 150元的人员上调了工资；为29名困难职工发放了慰问金；为职工联系团购房，有130多人达成购买意向。为678名非事业编人员补办社保的工作也已进入落实阶段。

（朱少波）

文化广电新闻出版

【概况】 长春市文化广电新闻出版局组建于2012年6月26日，加挂长春市文物局、长春市版权局牌子。将市文化局（市文物局）、市广播电影电视局、市新闻出版局（市版权局）的职责，整合划入市文化广电新闻出版局。不再保留市文化局（市文物局）、市广播电影电视局、市新闻出版局（市版权局）。全市文化广电新闻出版事业繁荣发展，公共文化服务体系示范区建设通过国家督导检查；市文广新局被省"扫黄打非"工作领导小组评为先进集体；被省版权局评为版权宣传先进集体；农安县合隆镇谷家岭村农家书屋、九台市卡伦镇任家村农家书屋、榆树市五棵树镇互助村农家书屋等3个农家书屋被国家评为2012年全国示范农家书屋；第十一届中国长春电影节被评为"节庆中华博览会暨第四届节庆中华奖"节庆成就奖、"2012年度中国十大影响节庆活动"；2012长春图书博览会被中国会展行业年会组委会、全国会展评选活动办公室评为"2012年度中国十大优秀特色展会"。

【公共文化服务体系建设】 加强创建示范区工作制度保障，起草并出台相关文件，从制度层面为示范区创建活动提供有力保障。在国家文化部督查组对长春市公共文化服务体系示范区建设及"三馆一站"免费开放情况进行检查的25个指标中，达到优秀标准的有10项、良好标准的12项、中等标准的3项，顺利通过督导检查。完成20个图书馆分馆和10个社区电子阅览室示范点的新建任务。4个街道文化活动中心、5个乡镇综合文化站和66个街道综合文化站、97个乡（镇）综合文化站、1 687个村文化活动室的达标建设工作正按计划推进。启动基层群众文化队伍培训工作，对文化馆（站）业务骨干、社区文艺骨干、文化大院业务骨干、文化志愿者进行培训，培训900人次。重点公共文化设施建设项目孔子文化园区建设工程于9月28日孔子诞辰2 563周年、长春文庙成立140周年之际，举行竣工仪式。开展伪满遗址保护项目国保名单前期的资料收集、整理等准备工作。扶持民办博物馆、展览馆、图书馆、美术馆等各类展馆的政策已经起草完毕并上报。群众文化活动中心项目正进行立项等前期准备工作；市朝鲜族群众艺术馆项目已完成功能设计、立项审批；改建长春图书馆铁南分馆项目已完成整体设计，并通过文物专家论证，正在组织施工图纸的设计；市图书馆、市少儿馆的维修项目有序进行。省图书馆新馆项目及长影老厂区改造项目得到推进。长春周边可建设的行政村有线数字电视网络工程全部完工并开通数字电视信号。打造“欢乐庄稼院”特色文化品牌任务积极推进，新建欢乐庄稼院320个，扶持群众性艺术团、合唱团、秧歌队等社会文化团体30个。加强农家书屋建设工作，在新农村建设中的作用得到提升。广泛开展群众性公益文化活动。举办广场文化活动200场，以弘扬“城市精神”等为主题举办各类讲座80场，开展了“长春市2012年‘迎新春、送祝福’情暖万家系列公益演出”和“千场文艺演出进农家大院”系列文化活动，演出141场，开展艺术精品系列演出7场。成功举办了长春电影节、书博会，开展“书香长春”全民阅读活动，放映公益电影21 992场。利用图书馆、南大营旧址陈列馆等举办各类展览20次。启动“唱响长春·共筑家园”主题文化活动，包括广场文化活动、文化节庆活动、文艺赛事活动、会展文化活动和文化成果展示5个板块、千场精彩文化惠民活动。举办和主办了第十届长春文化艺术周，“迎新年”民族风情专场演出、元宵节新春秧歌大赛，全家福照片展、大学生广场系列演出、长春市第22届青少年艺术系列大赛、长春市第25届“春芽”少儿文艺调演、长春市朝鲜族传统文化体育活动等系列文化活动。

第十一届中国长春电影节开幕式

【第十一届中国长春电影节】 本届电影节来自“两岸四地”180多家电影制片厂商踊跃参与，268部华语电影精品力作在长春电影节亮相，32部优秀华语故事片入围“金鹿奖”，最终评选出“金鹿奖”最佳华语故事片等9项大奖。中国长春电影节已成为世界华语电影界最具影响力和号召力的电影评奖、展映、交流、沟通平台。很多优秀影片进入长春本地院线，从8月15日开始，组委会从125部参展影片中遴选出40部影响广泛、质量上乘的影片在全市16家影院（含双阳区、榆树市、德惠市）集中展映200多场。电影节搭建起来的平台吸引了众多出品商、制片商选择长春作为全国首映之地。影片《暴走妈妈》、《一起飞》、《震撼》、《渔舟唱晚》、《铜雀台》等多部华语新片在长做推介。在长春各县（市）和双阳区开展“农民进影院”观影活动，邀请农民免费或低价观看3D高端电影，2 000多农民兄弟借助电影节之机；近距离体验了高端院线电影魅力；开展“特别的爱给特别的你”免费观影活动，活动惠及3 000多个家庭，上万人受益；开展“共享节日半价观影”活动。在8月20～25日电影节期间，市区所有院线面向全体市民，以一半的票价即可观看所有院线热映的影片，开全国院线半价观影的先河，有70万观众享受到这一优惠。开展送露天电影进农村、进社区、进校园、进军营等“四进”活动。在市内广场、社区、各商业网点等21个放映点和1 000多个行政村放映露天电影1万多场。本届电影节外国电影展映活动在参与国家数量、参展影片质量以及电影文化交流等方面均超过以往。活动吸引了来自德国、法国、俄罗斯、荷兰、韩国、美国等多个国家电影界的目光，经过遴选，最终有8个国家出品的10部影片参加本次组委会组织的“外国电影展映”活动。群众电影文化活动热闹非凡。开展的“电影歌曲大家唱”活动举办了80场选拔赛，4万多选手踊跃参与，现场观众超过20万人次。开展的“电影艺术系列讲座”活动受到在长大学生的欢迎。电影节开幕式、闭幕颁奖典盛况空前，获得业界内外好评。央视电影频道、吉林电视台影视频道和长春电视台娱乐频道对闭幕颁奖典礼进行了直播。

【2012长春图书博览会】 2012长春图书博览会于9月20～26日在长春国际会展中心举办，本届展会展销各类出版物20多万种，销售码洋3 100多万元，参展人数82万人次。展会向城区低保户、城市特困职工、城市农民工、农民工子女、市道德模范、贫困大学生、优秀青年志愿者、新疆班学生等8个群体，发放849万元购书卡，并通过110台POS机，为8.49万持卡受惠群众提供了安全、便捷和高效的刷卡服务。通过在市内4个主要集中场所设置便民直通车，为近万名读者提供了免费交通服务；通过利用4条公交线路，免费向参展读者发放2万张公交车票；通过设置民生服务站，免费向读者发放《长春健康知识读本》等书籍1.3万余册、“长春数字图书馆阅读卡”3万余张。较好地实现了把书博会办成百姓的节日、阅读的盛会、文化的品牌的办会目标。

【文化体制改革】 加大文化体制改革工作的推进力度，成立了长春市文化体制改革工作领导小组，向市文改工作领导小组递交了《关于审批＜长春市直属艺术表演院团改革实施方案＞的请示》，市直文艺院团体制改革工作全面展开。9月，市直文艺院团改革基本完成，长春演艺集团公司注册成立，完成集团董事会、监事会组建；市编办完成注销事业法人、核销事业编制；合同制人员完成社保手续；人员分流工作基本就绪。演艺集团正式运营，努力推进各项文艺创作。完成了文化、广电、新闻出版3局合并的机构设置工作并得到了省编办的批复，市文广新局在新机制下有效运行。文化、广电、新闻出版市场管理资源得到进一步整合，市文化市场综合执法支队正式挂牌成立，全市文化市场综合执法机制得到完善。

【公益电影放映】 完成全年放映公益电影21 992场，其中农村19 992场，城区2 000场。2012年春节前，承担了"千场电影进农家"活动长春地区的放映任务，放映354场。公益电影放映工作的质量得到全面提升。

【文艺创作】 组织创作4部话剧剧本，其中《倔强的山榆》、《大山里的红灯笼》被确定为重要剧目。修改了评剧《小姑不贤》剧本。打造了一台新的杂技综艺晚会。继续实施"经典剧目抢救恢复工程"，复排了经典评剧《秦香莲》、《小姑不贤》等一批评剧经典传统剧目。谋划新的文化艺术品牌"戏剧星期六"——长春青年实验话剧系列演出，陆续演出了《岁月童话》、《徘徊》、《天堂隔壁是疯人院》、《原罪》、《恋爱的犀牛》等5场等精心编排的节目。尝试儿童剧商演模式，以低价惠民的形式加演4场儿童剧，让更多的小观众走进剧场。举办评剧艺术周和儿童剧艺术周公益性演出，在省文化厅举办的"火红的五月——迎接吉林省第十次党代会胜利召开全省优秀舞台艺术作品演出季"的系列演出活动中，推出10台精品剧目。完成群星奖评选作品的推荐工作，市朝鲜族群众艺术馆的群舞《融》，市群众艺术馆的群舞《玉米情韵》和歌曲《唱响吉林》，高国英女子舞蹈团选送的舞蹈《喜悦》等4项通过省里初评，参加由文化部组织的复赛。参加了平壤第28届朝鲜"四月之春"国际艺术节，市朝鲜族群众艺术馆演出8场，获得9个奖项，受到朝鲜观众热烈欢迎。举办长春市未成年人社会主义核心价值体系教育基地首批命名暨"弘扬社会主义核心价值体系——少年阅读大讲堂"启动仪式。开设"弘扬社会主义核心价值体系"专题讲座，加强公共图书馆建设，建立15个图书分馆，开通长春数字图书馆。加强农民工文化建设。出台《关于加强对农民工文化权益保障的通知》，组织开展了农民工专场文艺演出。举办"唱响长春·共筑家园"——庆祝建党91周年农民工文化专场演出。重庆街道北安社区被评为全国农民工文化建设典型。积极开展"打造欢乐庄稼院、先进文化百村行"活动。组织各县（市）、区参加全省欢乐庄稼院展演，有5个节目获奖，市文广新局获得特别组织奖荣誉。

【文化遗产保护】 加强《长春市文物保护条例》宣传和国保宣传工作的筹备工作，通过组织文化遗产日等系列宣传活动，在全社会积极营造文化遗产保护的良好氛围。在中国文化报社和中国文物报社联合开展的中国历史文化名街评选活动中，长春市新民大街正式入选"第四届十大中国历史文化名街"，这是长春市文物保护工作所得到的第一个国家级称号。做好文物修缮审核工作，使之能够真正"修旧如旧"，保护城市文脉，彰显城市文化内涵。完成了第8批市级文物保护单位的"四有"工作，树立了保护标志牌。挖掘《袁喜和鱼皮画》和《满族神鼓制作》等10个非遗项目，举办了非物质文化遗产保护系列活动。

【文化市场管理】 加强广告管理工作，市属广播、电视全面取消了医药医疗专题广告。开展全市各类文化经营场所年度登记和全市游戏游艺娱乐场所重新审核换证工作，摸清了市场底数和经营基本情况。加强无证无照文化经营场所的清理整治，开展文化行业中介组织和文化艺术品类交易场所清理整治，会同工商、公安、消防部门开展联合执法，重点对网吧和娱乐市场进行安全隐患大排查，全市各级文化部门检查网吧2 030家，因安全隐患整改处罚10家，先后出动执法人员3 500人次，车辆750台次，使全市网吧接纳未成年人经营行为比率始终控制在每季度0.1%以内。全年组织全市"扫黄打非"集中行动4次，开展专项行动6个，收缴非法出版物10余万件，鉴定非法音像电子出版物制品6万余张，立案查处74起，移送公安机关涉嫌刑事犯罪的非法经营者108人，批捕9人，5人提起公诉，取缔无证经营游商、摊点100余个，为全市经济社会发展大局营造了良好舆论氛围和文化环境。

【版权管理】 开展版权宣传教育活动，围绕"4·26"世界知识产权日开展版权宣传月活动进行宣传；围绕打击侵权盗版各类专项行动进行重点宣传；围绕版权调解职能作用进行调解宣传。加大版权管理保护力度，依法打击各类侵权盗版行为。开展了打击侵犯知识产权和制售假冒伪劣商品专项行动、打击侵权盗版专项治理行动，分阶段、有重点地推进印刷源头治理、出版物市场监管、打击网络侵权盗版、查处大要案等重点工作，对打击侵权盗版长效工作机制进行完善。开展打击计算机预装盗版软件专项行动，会同省版权局到欧亚科技城、百脑汇、长江科技城与计算机经销商签订预装正版软件协议，长春市软件市场得到进一步规范。政府机关软件正版化工作扎实推进，协调落实了政府机关软件正版化采购资金，正版软件采购工作按程序有条不紊推进。

【文化产业园区建设】 协调指导文化产业园区（基地）发展，吉林东北亚文化创意科技园被命名为国家级文化产业试验园区。积极扶持骨干文化企业，全市新增省级文化产业示范基地、文化产业示范园区各1个。加大项目建设推进力度，一批新的文化产业项目投入使用。主导文化产业稳步发展，吉林省东北风二人转艺术团、中等集团长春光明艺术学校、吉林省宇平工艺品制造有限公司、吉林省禹硕动漫游戏科技股份有限公司等国家级文化产业基地引领长春市文化产业发展，宝凤剪纸、紫玉木兰等品牌进一步彰显。园区功能建设进一步齐全。吉林东北亚文化创意科技园、长春东北亚艺术中心等省级文化产业示范园区内平台建设得到加强，园区内入驻企业数量明显增加。成功举办第 8 届长春(全国)印刷包装机械、器材展销会暨“先进印刷技术、设备现场展示”活动，现场销售额近 4 000 万元，合同销售近亿元。电影票房继续保持迅猛上涨态势，2012 年票房收入 1.8 亿元左右，增长幅度 25%。

（李 镇）

长春出版社

【概况】 2012 年长春出版社出版新书578 种，完成图书发行码洋 2.63 亿元，超额完成全年计划。出版一批优秀图书，如《走世界品文化》、《图本现当代作家传》、《大家书系》、《历史教育硕士丛书》等，其中《图本现当代作家传》被新闻出版总署列入 2012 年“向全国青少年推荐的百种优秀图书”。《全新主题大学英语》系列教材(29 本)荣获全国城市出版社优秀图书一等奖，《中国道教文化》、《跨文化美学：超越中西二元论模式》、《中俄文化关系史稿》等图书荣获全国城市出版社优秀图书二等奖。下半年，在中共中央组织部党员教育中心与新闻出版总署出版管理司、国家图书馆联合举办的“首届全国党员教育培训教材展示交流活动”中，长春出版社出版的《郭明义故事》和《沈浩故事》被评为“精品教材”，《旗帜的力量》被评为“优秀教材”。社长杨德宏荣获第十一届“韬奋出版奖”。

【出版城市发展及党建图书】 出版了《旗帜的力量》、《长春，不能磨灭的记忆》、《吉林省文化产业投融资项目》、《知行集》等多部反映地方政治、经济、文化建设成就方面的图书。出版的《长春世界雕塑公园》画册，具有较高的艺术价值和收藏价值，成为长春市对外交往的名片。

【出版优秀社科文化类图书】 1.出版一批有影响、有品位的社科、历史文化类图书。《图本中国现当代作家传》、《走世界品文化》、《大家书系》、《历史教育硕士丛书》等一批有份量、有品位的图书。其中《图本中国现当代作家传》被新闻出版总署列入 2012 年“向全国青少年推荐的百种优秀图书”。2.以“无障碍阅读”中国古典文学四大名著为代表的“千万元”工程图书继续发挥龙头和带动作用，发行量稳中有升。长春出版社在全国出版界率先开创了“无障碍阅读”的先河，在全国首推“四大古典文学名著无障碍阅读版”，对生僻字、生词随行注音释义，对典故道其原委，形成了独特的、具有“无障碍阅读”特点的品牌图书，并增加了大字版、典藏版等新版本。“无障碍阅读”古典文学名著系列图书销售近 50 万册，发行码洋 1 500 万元。3.《数学绘本》被新闻出版总署列入“向全国青少年推荐的百种优秀图书”，在网络销售、中小学生图书馆馆配中取得较好发行业绩，全年销售 11 万册，发行码洋 1 100 万元。《名侦探柯南》继续保持其在全国童书市场的良好发行势头，全年销售 57.3 万册，实现发行码洋 2 284 万元。

【发行工作】 在做好传统的主渠道和二渠道发行工作的同时，加大“农家书屋”和中小学生馆配图书的招标工作力度。继续巩固原有重点客户，与各省发行集团保持良好合作关系，在全国新华书店系统占有一席之地。在进行信任等级评估的基础上，做好与全国各地知名优秀民营渠道实体合作，大力推介长春版图书。网络发行取得突破，全年网络销售总码洋近 2 000 万，是近年来最好成绩。积极参与国家支持的重点项目，如农家书屋、中小学图书馆装备、社区书屋建设等。在四川、江西、吉林等省的“农家书屋”和中小学生馆配招标中取得较好成绩。加入人民社联合体，提升长春出版社在社科联的知名度，培育发行工作的新的经济增长点。

【教材发行】 2012 年编辑出版图书 442 种（含再版、改版），完成发行码洋 1.1 亿，超额完成任务。教材发行有新突破。加大了单品种开发力度，大力推广发行重点品种，其中《随堂同步练习》、《语文读本》等品种发行量实现了翻番。加大对新地区开发力度，仅通化市 2012 年单季增加码洋就超过 200 万，白山地区增加码洋超过 50 万。尝试与省外地区的合作开发工作。已与内蒙古通辽地区合作开发了《中小学安全教育读本》，取得一定成果。加大项目开发的力度，着力开发幼儿园教育教学资源。长春版中小学语文教材的修订和重新送审工作。长春版语文教材已在吉林省大部分地市及山东青岛、河南商丘等地市使用。2012 年国家正式公布所有学科的新课标，根据教育部的要求，正积极组织专家和教材编写人员认真做好此项工作。做好常规教材培训活动。开展各类教材培训 20 余次，参与并组织大型教研活动 6 次，其中与吉林省教育学院联合举办的“吉林省长春版中学语文教材教学大赛”参加老师超过 1 000 人。

【数字出版】 长春出版社已取得《互联网出版许可证》、《网络文化经营许可证》、《电信增值业务许可证》等资质，是吉林省数字出版资质最全的出版单位。长春出版社已经具有四大网站、一个在线网络游戏，在数字出版上取得了长足进展。创办“68 所名牌学校 100 分试卷网”，实现了产业链的有效拓展和自身产业的一次升级。68 所网站线上资源达 20 294 份，另有 9 000 份备传；浏览总量 1 455 628 次；会员注册 20 622 人；总下载量 135 717 次；百度搜索排名：小学试卷——第 1 页第 4 名，小学试卷网——第 1 页第 3 名，小学教辅——第 1 页第 5 名。每天点击量超过 1 万人次，开始有一定收益。“城市部落”数字娱乐竞技游戏平台项目已初步完成。整合各方资源，打造集竞技、棋牌、休闲、宠物、交友、社区等诸多网游品类于一体的长春“城市部落”数字娱乐竞技平台。“城市部落”棋牌游戏中心已经完成了研发，完成了测试，进入到在线试营运阶段。

【相关项目建设】 《全新主题大学英语》系列教材(29 本)入选“十二五”普通高等教育本科国家级规划教材。国内知名的外语教学专家戴炜栋和刘润清两位教授对该教材给予较高评价，称之为全国“第五代”大学英语教材。已在辽宁省、吉林省19所普通高等学校教学中使用，颇受师生欢迎。在全国众多参评的英语类教材中，入围教育部"十二五普通高等教育本科国家级规划教材"。成为继国标《语文》教材之后的又一国标教材，是长春出版社以至于吉林省出版领域的又一大突破。规划设计的"城市部落"数字传媒产业先导基地项目，被新闻出版总署列为2012年新闻出版改革发展项目库入库项目，在吉林省上报的项目中排在第一位。年初在全国出版社中小学教辅材料出版资质申报过程中，长春出版社取得了除地理、生物以外的7个学科的教辅材料出版资质。编写幼儿园教材项目、与法国那坦(NATHAN)公司合作的幼儿教学教具项目、"新编中国古代文学史"教材等项目取得长足进展。

(李春芳)

电 影

【参加深圳文博会】 由中华人民共和国文化部、中华人民共和国商务部、国家广播电影电视总局、中华人民共和国新闻出版总署、中国国际贸易促进委员会、广东省人民政府和深圳市人民政府联合主办的第8届中国(深圳)国际文化产业博览交易会(简称"文博会")于5月18日在深圳隆重开幕。本届文博会上，长影集团集中展现了在影视、旅游、院线等独特的文化资源和产业项目。长影世纪城电影主题公园一期项目与即将正式营业的长影世纪城二期项目"华夏翱翔"也在本届文博会上通过声光电等高科技手段集中亮相。文博会期间已与广东10家旅行社达到合作协议，为暑期北上打造并启动了一条经典而刺激的电影文化旅游线路。文博会期间，长影重点展示了一批精品之作，如纪念辛亥革命100周年影片《辛亥革命》及建党90周年、纪念汶川地震抗震救灾3周年的电影《大太阳》及长影农村题材电影创作基地的50余部影片。

【参加第15届上海国际电影节】 2012年6月，第15届上海国际电影节开幕。18日，电影节电影交易市场在上海展览中心开幕。长影集团将《索道医生》在展会上给予重点推介。以《大太阳》、《信义兄弟》为主要影片展映，在电影节展映单元中这两部影片备受关注。以《西单女孩》、《信义兄弟》、《辛亥革命》、《九三年的早稻》、《大太阳》为主的影片视频与图片展示，旨在为《西单女孩》发行前进行宣传、为其他影片进行二轮市场发行与版权交易。同时将长影版权影片及农村基地影片以片目及梗概的形式进行全面展示，为海外版权交易及农村流动放映发行拓展渠道。与国际电影制作公司、版权买家如Bliss Media Limited、南南全球技术产权交易所、优酷等电影营销策划推广公司进行沟通，建立联系网；积极参加产权推介、交易活动，如"直面非洲电影"交流会，沟通长影影片及版权交易意向，互相建立业务网络，拓宽渠道；参加电影营销论坛，如"中国电影产业升级未来方向"、"电影与新媒体第二次联姻"等活动。参展期间，主动与25家版权交易商建立联系，接待来访人员800余人次，收集资料300多份，接洽电影剧本及项目约20余项。

【长影3部影片入围第11届长春电影节"金鹿奖"】 第11届长春电影节于2012年8月20～25日在长春举行。长影集团出品的经念辛亥革命100周年影片《辛亥革命》、建党90周年献礼影片《大太阳》及都市爱情喜剧《爱情维修站》3部优秀华语故事片入围第11届长春电影节"金鹿奖"。《辛亥革命》斩获最佳华语故事片奖，并获得最佳男配角提名奖；《大太阳》荣获最佳女主角奖、最佳导演提名奖、最佳女配角提名奖。《辛亥革命》、《大太阳》、《信义兄弟》被评为第十二届精神文明建设"五个一工程"奖。

【开展合作】 在第八届东博会项目签约仪式上，长影集团与中国国家话剧院签署战略合作协议，就共同关注的社会热点影视题材的创作展开合作，在演员基地、演员经纪、演员培训等方面广泛合作，联手打造引领时代风尚的精品力作。双方已对多个项目开展运作，实现强强联合。

【参加中国吉林电影展映活动】 为纪念中韩建交20周年，由中国国务院新闻办公室和吉林省人民政府、中国驻韩国大使馆共同主办，由吉林省政府新闻办、省外办、中韩海外研修院承办的"2012感知中国·韩国行——吉林文化周"9月13日在韩国首尔拉开帷幕。作为"2012感知中国·韩国行——吉林文化周"活动之一，"中国吉林电影展映"活动从12日开始在韩国庆熙大学首尔校区举行。长影精选了《大太阳》、《西单女孩》、《爱情维修站》3部影片参加"中国吉林电影展映活动"。影片分别在韩国庆熙大学首尔校区、水原分校，韩国大真大学和韩国东豆川外语高中放映，受到韩国学生广泛好评。

【长影集团荣登国家文化出口重点企业榜】 商务部、中宣部、财政部、文化部、广电总局、新闻出版总署共同发布了2011～2012年度文化出口重点企业目录。长影集团成功入选"2011-2012年度国家文化出口重点企业。2012年，影片《辛亥革命》海外发行版权卖出近50个国家，以版权卖断、院线发行等多种手段实现海外及香港台湾票房约700万美元。电影《大太阳》则成为第七届中美电影中唯一斩获2项大奖的中国电影。截至2012年10月，商业巨制《铜雀台》国内总票房突破1.1亿元。海外发行屡创佳绩。10月18日在韩国公映，首周末在227块银幕上映，吸引观众39 196人次，远胜同期通过428块银幕动员观众38 805人次的华语片《危险关系》，迅速上榜位列周末票房榜第7位。这是该片陆续在新加坡、马来西亚等国家和地区公映以来，创下的海外发行最新佳绩，截至10月21日，海外票房为118.12万美元。《铜雀台》受邀参加第8届中美电影节，摘得金天使奖优秀影片大奖。

【长影获第8届东博会"最佳布展奖"】 经第8届东北亚博览会组委会评选，长影集团108平特装展位的总体设计方案最终在众多国际、国内、省内参展单位中脱颖而出，获得本届东博会“最佳布展奖”。本届东博会 2 600 家参展单位中，仅有 12 家参展单位获此殊荣。

（赵 乐）

文物保护

【概况】 2012 年初，国家文物局组织专家组对长春市第三次全国文物普查工作进行抽查，专家组一行对长春市区、农安县的三普工作进行了抽查，抽查合格率 100%；6 月 8 日，经第四届中国历史文化名街评选推介委员会评选，并经国家文化部、文物局批准，长春市新民大街成功入围第四届中国历史文化名街，成为吉林省首条中国历史文化名街；6 月，《长春市文物保护条例》颁布实施；9 月，配合吉林省公安厅、吉林省文化厅开展省、市各级文物保护单位安全检查工作；10～11 月，完善长春市市级文物保护单位的“四有建设”，对 20 处文保单位进行了保护标志说明牌制作、安装与修复工作；从 10 月开始，着手开展了第一次全国国有可移动文物普查的前期准备工作。学术研究方面，从 5～10 月，整理吉林省长城资源及中东铁路（长春段）调查资料，组织编写了《唐代老边岗土墙调查报告》及《中东铁路（长春段）调查报告》，同时编辑出版了一期《长春文物》。考古发掘方面，6～7 月长春市文物保护研究所联合双阳区文物管理所对双阳区羊圈顶子墓群进行抢救性考古发掘。

【新民大街正式入选第四届中国历史文化名街】 6 月 8 日，在河南郑州举行的第 7 个中国文化遗产日主会场活动日上，经国家文化部、国家文物局批准，由中国文化报社和中国文物报社主办的“第四届十大中国历史文化名街”正式揭晓，并举行了授牌仪式。新民大街成为吉林省首条“中国历史文化名街”。中国文化传媒集团董事长、中国文化报社社长刘承萱宣读“第四届十大中国历史文化名街”名单，国家文物局副局长董保华等领导为新民大街等当选的“名街”授牌。新民大街两侧所留存的“四部一院一衙”历史遗存，作为当时日伪政权殖民东北的中枢机构，更是不可争议的史实证据，所具备的警示性教育内涵是不可替代的。

【唐代老边岗土墙调查】 2012 年 5～10 月，长春市文物保护研究所开展了吉林省唐代老边岗土墙调查资料整理和报告编写工作，《唐代老边岗土墙调查报告》初稿已报送省文物局。为保护吉林省长城资源，吉林省文物局委托中建集团负责吉林省的长城保护规划编制工作，长春市文物保护研究所于 10 月下旬组织人员，协同中建集团开展了唐代老边岗土墙保护规划编制前期踏查工作，以确保保护规划编制的科学性及可操作性。

【《长春市文物保护条例》正式实施】 《长春市文物保护条例》自 2012 年 6 月 1 日起施行。这是长春市第一部文物法规，为扩大文化遗产知识宣传、普及文物法律法规，自 6 月开始市文物局积极组织筹划《长春市文物保护条例》相关宣传工作，已完成文物法律法规宣传手册制作工作。

【“四有”建设】 2012 年长春市文物保护研究所继续完善长春市市级文物保护单位的“四有建设”（有范围、有档案、有标牌、有组织），继续建立、健全文物保护单位电子档案，并对工人文化宫、吉林省宾馆、方华烈士纪念碑等 20 处文保单位进行了保护标志说明牌制作、安装与修复工作，使文物“四有建设”工作继续走在全省前列。

【长春孔子文化园落成】 长春文庙是吉林省重点文物保护单位，始建于清同治十一年（1872），2012 年是长春文庙建成 140 周年，长春市政府决定再次对文庙进行扩建，在长春文庙原有规模基础上，向东、西两侧进行扩建，构成占地面积 5 万平方米的孔子文化园。建成的孔子文化园分 3 个部分，中部为文物建筑保护区，即长春市文庙博物馆，是整个园区的核心部分，对外展出，“儒圣孔子——孔子圣迹图艺术精品展”、“开科取仕——中国科举文化专题展”和“圣迹儒风——中国文庙历史沿革展”；东部为教育区，即原东二道街小学（简称东二小学），恢复名称为长春文庙小学（又称长春市第三实验小学）；西部为文化活动区，是一处供市民群众休闲娱乐使用的开放式广场。

【羊圈顶子墓群抢救性考古发掘】 羊圈顶子墓群位于长春市双阳区山河街道办事处羊圈村西北，是全国第三次文物普查新发现的一处具有西团山文化类型特点的墓群，墓群所处位置为一向阳缓坡地带，由于长期水土流失和人为取土等原因，羊圈顶子墓群部分石棺墓暴露出来。为了防止墓群遭到进一步破坏，2012 年 6～7 月，长春市文物保护研究所联合长春市双阳区文物管理所对羊圈顶子墓群进行了抢救性考古发掘。此次发掘清理具有西团山文化类型的石棺墓 2 座，并发掘出土大量石器及陶器，为研究长春市西团山文化类型的分布及青铜时期文化提供了重要的实物资料。

（崔殿尧）

图书馆

【概况】 2012 年，长春图书馆经费总投入 3 302 万元，固定资产累计 8 285 万元。长春图书馆文献入藏总量 218 931 种，309 683 册（件）。其中，中文图书 62 244 种，134 520 册；报刊 2 288 种，11 195 份（其中，中文报刊 2 254 种，11 161 份；港台、外文报刊 34 种，34 份）；电子文献 150 018 种，150 018 册（件）；视听文献 4 073 种，4 073 件；地方文献 308 种，441 册（件）；其他 9 436 册（件）。全馆总藏量 2 520 367 册（件）。接待到馆读者 217 万余人次，办理读者证 60 727 个，文献外借 828 968 册次；解答咨询 360 217 条，代检索课题 4 741 项，参考咨询、课题服务 375 项；开展文献宣传活动 104 次，向读者推荐文献 2 666 种、4 540 册（件）；举办各类读者活动 195 次，参与人数 627 086 人次。其中，讲座、培训 101 次，8 092 人次；展览 30 次，412 200 人次；其他活动 64 次，206 794

人次。

长春图书馆“城市热读”公益讲座馆内举办51场,馆外举办11场。“传统文化”、“关东讲坛”、“健康养生”等系列讲座深受广大市民喜爱;“五走进” 系列讲座,还吸引了来自四川、重庆、天津等地的听众。“城市热读”讲座在推动长春市公共文化服务体系建设中发挥出积极作用。

长春图书馆围绕长春市协作图书馆工程、全国文化信息资源共享工程以及公共文化服务体系示范区建设,新建净月开发区玉潭镇林场社区等11个分馆暨共享工程基层服务点,为分馆配送图书35次,配送图书40 682册、期刊9 645册;对长春地区6个城区以及4个开发区街道社区图书室、共享工程基层服务点建设情况进行走访调研,调查308家,撰写《长春市创建公共文化服务体系示范区进展情况调研报告》,为长春市创建国家公共文化服务示范区提供了基础数据。长春图书馆荣获长春市人民政府授予的“2011年度全市文教工作先进单位”称号;被中共长春市委宣传部、长春市文明办、长春市文广新局、长春市教育局联合评为“长春市未成年人社会主义核心价值体系教育基地”。

【配合国家公共文化服务体系示范区创建工作】 2012年,长春图书馆积极配合长春市创建国家公共文化服务体系示范区工作,按照《长春市创建国家公共文化服务体系示范区规划(2011—2012)》中对公共图书馆的创建要求,明确创建目标,细化工作任务,扎实有序地实施好创建中涉及图书馆的各项工作内容。同时还承担创建示范区公共图书馆服务推进小组的主要工作,负责指导全市公共图书馆建设,指导文化资源信息共享工程和各级电子阅览室标准化建设,完成相关的软件建设,并围绕“社会力量参与机制”开展制度设计及课题研究。

【参与起草完成《公共图书馆服务规范》】 2012年,长春图书馆与上海图书馆、浙江图书馆共同起草完成《公共图书馆服务规范》,《规范》于2012年5月1日起正式颁布实施,该标准由文化部牵头制定,是全国第一个规范公共文化的国家级服务标准,也是全国图书馆规范体系中的首个服务类标准。

【总馆馆舍改造工程】 长春图书馆按照《长春市2012年民生行动计划》中关于加强文化基础设施建设的要求和目标,将馆舍装修改造工程作为工作重点,积极推进落实。由于涉及全馆布局的重新规划与调整,长春图书馆采取分区域分阶段进行装修改造。第一阶段已经完成取暖管道、消防改造工程、馆舍房檐维修工程及贵宾区、会议区、院士厅装修工程。正在进行1~2楼大厅、1~4楼北阅览区及综合楼装修改造工程。

【长春数字图书馆开通】 2012年5月31日,长春数字图书馆正式开通。长春数字图书馆揭示长春地区公共图书馆的图书文献信息资源和服务,为用户提供综合开放、技术领先的服务,以此平台为基础,实现与吉林省图书馆联盟、数字图书馆推广工程、全国文化信息资源共享工程、CALIS等系统的资源与服务的整合。开通长春数字图书馆对全面提升长春区域内公共图书馆的文献保障水平和信息服务能力、全面加强公共数字文化制度体系、网络体系、资源体系、管理体系和服务体系建设起到积极作用。

【“书博会”系列文化活动】 2012年,参加长春市图书博览会,举办8项活动。其中长春数字图书馆体验活动、“正大杯”第二届市图少儿故事会优秀精品展演最具特色。在数字图书馆体验活动上,长春图书馆为广大市民免费发放3万张长春数字图书馆阅读卡,使市民们一卡在手,百万册电子图书、万余种电子期刊、千余种电子报纸、百万篇科技论文免费搬回家。“正大杯”第二届市图少儿故事会优秀精品展演有21个节目,35位小朋友参加表演。“城市热读”讲座发展回顾展、长春图书馆个人捐赠文库展、中国文献载体装帧发展史展、长春市少儿阅读活动成果展、长春图书馆馆舍改造后创新服务功能展示等活动也吸引许多观众驻足观赏。

【文化讲堂投入使用】 2012年12月1日,长春图书馆报告厅开始投入使用,并由“院士厅”更名为“文化讲堂”。文化讲堂装修风格大气典雅,建筑面积300平方米,可容纳近200人。

【“爱读书 荐馆藏”亲子阅读团荐购活动】 2012年,在全民读书月活动期间,举办“爱读书 荐馆藏”亲子阅读团荐购活动。活动形式为自愿报名参加的50对大人和孩子形成的组合,在指定书店根据孩子的阅读喜好直接选购图书,由长春图书馆当场采购并列为馆藏,参加活动的组合可将自行选购的图书经登记后直接带回家阅读,读完归还后进入新的流通。活动将读者与最新出版的图书文献零距离接触,激发了青少年的阅读热情,同时直接将阅读喜好接轨到位,使馆藏完全契合读者的阅读需求,最大化地利用了馆藏资源,受到家长和孩子们的欢迎和好评。

【“义务小馆员”活动获文化部表彰】 2012年,“义务小馆员”活动被文化部评选为全国基层文化志愿服务活动优秀项目。“义务小馆员”社会实践活动自2004年开始举办,每年2期,已经进行到第17期。全市累计有500多名“义务小馆员”,“义务小馆员活动”成为长春市颇具影响力的青少年志愿服务活动。

【网上联合参考咨询服务】 长春图书馆荣获2012年“全国联合参考咨询先进单位”称号(180家图书馆中评出12家图书馆),2名咨询馆员荣获“全国优秀咨询员”称号(数百位咨询馆员中评选20人),在7月份举行的第三届全国图书馆联合参考咨询经验交流会上,长春图书馆咨询馆员代表在大会上作“长春图书馆网上参考咨询实践与探索”的经验交流报告,得到与会专家肯定。

(王英华)

卫 生

【概况】 截至2012年末,各级各类医疗卫生机构4 092个,其中,三级甲等医院21所(综合医院6所、中医院2所),三级乙等综合医院2所,疾病控制中心14个,卫生院135所;从业人员48 718人,其中,卫生技术人员42 988人,执业(助理)医师18 505人,房屋建筑面积330.3万平方米,诊疗3 167.35万人次,入院117.79万人次,出院117.65万人次。

【医疗卫生体制改革】 2012年,全市基层卫生组织门诊量首次突破300万人次,比2011年增长13.4%。全市基层卫生组织门诊处方均值为35.3元,医保、新农合报销后,个人花费降到20元以下。榆树市在实施基本药物制度后,综合配套改革及时跟进,基层卫生组织的服务能力和利用率明显提高,乡镇卫生院收入平均达300万元,总收入超过1个亿。绿园区医院收入达5 000万元,11个村卫生所全部实行一体化管理。农安县、双阳区克服困难,主动承担县级公立医院改革试点工作,取得成效。县级公立医院改革全部启动,长春市提前完成了国家确定的基层公立医院改革的目标。

【健康长春行动计划】 通过实施七大工程21个子计划100项活动,从控制健康危险因素、疾病早期筛查、早期治疗,到疾病管理、康复救助等健康促进工作,市民的健康意识普遍提高,危险因素得到有效控制,健康水平明显提升。2012年是第一轮健康长春行动计划的收尾年,开展了健康工作场所创建、无烟城市创建、健康妈妈评选和健康行动成果展等活动,为第一轮健康长春行动划上了圆满句号。

【农村卫生】 2012年是新农合制度实施10周年。参合人数不断增加,达372.7万人,筹集基金10.6亿元。为提高保障水平,长春市对补偿政策进行调整。县、乡报销比例分别提高到75%和85%,恶性肿瘤、心脏病等23种大病市级以上医院报销比例提高到60%,重症精神病患者经常性用药及特殊康复费用报销比例提高到70%,农村妇女两癌、先天性心脏病、白血病报销比例提高到70%,烧冻伤等意外伤害报销比例提高到50%。年度报销封顶线提高到8万元,是2011年长春市农民人均纯收入的10.8倍。创新实施了三险门诊统筹,报销比例提高到50%。同时,加强基金运行监管,推行院内即时报销等便民措施,全年受益人次138.5万,累计报销支出10.2亿元,基金使用率96.1%。九台市农合办被评为全国新农合先进单位。

【中医药工作】 全市基层卫生组织普遍开设中医科、中医馆,中医科成为基层卫生组织中患者最多、效益最好的科室。南站社区卫生服务中心运用中医中药治疗血液病,鸿城国际社区卫生服务中心运用针灸、理疗等中医适宜技术开展社区康复,患者量剧增。全安社区卫生服务中心开发的10个院内制剂品种疗效显著。德惠市为创建基层中医药工作先进市投入专项资金50万元。全市有9个县(市)、区进入全国基层中医药工作先进单位行列。长春市的基层中医药服务体系建设、利用中医药控制重大传染病、发挥中医药在医改中的推动作用,三项经验得到了国家中医药管理局的高度评价,长春市被评为全国基层中医药工作先进单位。

【基本公共卫生服务均等化】 城区公共卫生服务均等化扎实推进。朝阳区成立健康大联盟,利用驻区大型医疗资源集聚的优势,开展"大专家进小社区"活动;南关区结合创建社区管理模式,实施网格化健康管理模式;宽城区健康档案符合率达90%以上;二道区实施了效绩考核的痕迹管理,受到省卫生厅肯定。农村公共卫生均等化以建立计划免疫村管乡种和儿保妇保乡村统筹管理模式为突破,收到显著效果。全市乡镇计划免疫门诊全部达到省里规定的统一标准,计划免疫门诊成为乡镇卫生院的标志和亮点。农安县、双阳区乡镇卫生院接种门诊标准高,并实现县区全覆盖;榆树市每个村都有一名妇保责任医生,农村乡镇健康档案信息化建设迈出新步伐,逐步实现电子档案。孕产妇死亡数首次控制在个位数字,朝阳区已连续3年没有孕产妇死亡,农安、九台、绿园、宽城、双阳等

新建的献血屋

重点区域没有孕产妇死亡。重点传染病得到有效遏制，特别是手足口病得到全面控制，成功处理了炭疽、布病等多起省内外疫情，传染病发病率比2011年下降7%。开展4次较大规模的脊灰、麻疹强化免疫，各地圆满完成了强化免疫任务，长春市已连续两年达到消灭麻疹的控制标准。经开区、净月区探索利用社会医疗机构管理计划免疫的新路。加强监督执法工作，立案查处3 053案件，继续保持无重大公共场所和饮用水安全事件，饮用水监测工作受到卫生部的表扬，朝阳区、宽城区社区卫生监督协管经验在全国交流。

【医疗服务】 吉大一院、二院、三院、省肿瘤、市医院等大型医疗机构的基础设施建设取得突破性进展。市政府全资建设的心理医院投入使用，中医院新建项目正式开工，儿童诊疗中心项目已经批复，新落成的九台市医院建筑面积8万平方米，为全省环境最好、规模最大的县级医疗机构。二道区社区卫生服务中心全部实现独立建制，并全部达到标准化水平。高新北区建设了一个和新区相匹配的医疗中心。引进600万欧元奥地利政府贷款、2 000万美元以色列政府贷款，用于医疗机构先进设备购置的项目得到国家批复。九台市医院、宽城区医院引进的设备都达到国内一流水平。长春市作为区域医疗服务中心的地位和作用逐步显现，医大、市儿童医院、市中医院等拥有国家级重点专科24个，全市门诊量突破2 900万人次，住院量110万人次。市儿童医院与香港大学李嘉诚医学院、市心理医院与荷兰乌特列支大学医疗中心、市传染病医院与美国华盛顿爱因斯坦医学院、市肝胆医院与解放军302医院等内引外联工作取得明显成绩。继续实施基层卫生人才队伍建设工程，全年培训乡镇卫生人员457名，社区卫生服务人员1 075名，村级卫生人员1 679名。加强无偿献血工作，全年采血38吨，保证了临床用血安全。购置4台特种急救车和15台普通救护车，全年接警28万次，有效出车6万次，安全行车90万公里，实现了平均15分钟到达现场的承诺，院前急救工作处于全国领先水平。宽城区被评为全国卫生应急示范区。

【卫生民生】 整合分散救助资源，开展卫生系统大救助活动，全年救助金额超过5 000万元。对患有23种大病的农村群众、困难党员和公安立功人员，在新农合报销比例提高到70%的基础上，再由民政部门救助20%，个人承担比例10%，受益人数近万人。对487名先天性唇腭裂患儿进行全额手术救助，实行了对重症贫困精神病人的特殊医疗报销和医疗照顾政策。对477名白内障患者实施医疗救助，为67名贫困无牙老人免费安装义齿，对农村孕产妇住院分娩实行“有一助一”。南关区与欧盟合作开展的社区精神病管理项目，不仅得到欧盟项目组的高度评价，也得到社区精神病患者和家属的热烈欢迎。延安医院、吉林心脏病医院、长春骨伤医院积极争取国家、省市慈善组织和社会的支持，开展了多层面的医疗慈善工作。

（姜德强）

体　育

【第十二届全国冬季运动会】 2012年1

全国第十二届冬季运动会火炬传递

月3～13日，第十二届全国冬季运动会在长春市举行，有43个代表团的1 067名运动员参加了决赛阶段的比赛。在全部43个代表团中，有16个代表团获得了金牌，28个代表团获得了奖牌，有1人1次创1项全国纪录。长春市代表团参加了十二冬会3大项10分项91小项角逐，夺得金牌29枚、银牌16枚、铜牌20枚、金牌总数列全国第二的优异成绩，取得了运动成绩和精神文明双丰收。本届冬运会长春市投入资金1 000多万元对比赛场馆进行设备更新、维修改造，达到了国家规定标准要求。在火炬传递、场地保障、后勤服务等方面确保了开幕式的成功举办和长春赛区各项比赛的顺利进行。得到了国家体育总局、十二冬会组委会的充分肯定，有35个单位、104人受到十二冬会组委会表彰。

全民健身活动

【全民健身活动】 1.净月潭国家级全民健身户外基地和南湖公园国家级冬泳健身中心得到国家批准和命名。投入资金450万元，为城区安装43套健身路径(超额13套)，为10个乡镇、62个行政村(超额2个)安装健身器材。投资20万元建设了2个健身广场。维护、维修体育健身器材8 000件。2. 以“健康长春——体育伴随你我他”为主题，开展元旦冬泳展示大会、全民健身日、无限极世界行走日、安利万人健康跑、冰雪运动嘉年华等全民健身活动1 000余项次。3.举办社区体育管理员、社会体育指导员、百姓科学行走宣讲、百姓健康知识讲座等科学健身指导培训14期，有各级社会体育指导员8 827人。4.为大型企业、党政机关、事业单位等13 105人进行了体质监测，公布了《长春市民体质状况报告》。

【竞技体育】 加强运动员文化教育和保障工作，市政府印发了《关于进一步加强我市运动员文化教育和运动员保障工作实施意见》。下发了《长春市青少年运动员注册管理暂行办法》等7项训练政策，完成了长春市青少年运动员注册，规范了运动员选拔、培养、招聘和教练员聘任、考核等项工作。完成全市摔跤、举重、柔道、田径、射击、射箭项目二、三线运动员选材测试和大纲考核比赛，以及“花样滑冰、自由式滑雪、单板滑雪少年儿童运动员科学选材指标和标准”3项省级课题，填补了吉林省雪上项目运动员初级选材科研空白。市冬季运动管理中心等12个单位被评为吉林省体育后备人才基地，南岭小学等5个单位被评为吉林省重点项目班。长春市及长春市输送的运动员参加年度国际和全国比赛31项次，获世界系列比赛冠军4个，向国家队(集训队、青年队)输送运动员34人。在伦敦奥运会上，长春市运动员获1金2银。

【体育赛事】 1.成功承办全球华人羽毛球球锦标赛、瓦萨国际越野滑雪赛、世界杯自由式滑雪赛等国际国内大型体育赛事20余项次。2.举办市青少年短道、速滑、篮球等省市各级各类体育赛事220余项次。指导县(市)、区运动会14项次，社区、单位、单项体育协会办赛1 000余项次。3.以培养中青年裁判骨干为重点，举办网球、田径等裁判员学习班20期，培训760人。申报、审批国家级裁判员9人，国家一级裁判员50人、二级裁判员701人。4.组织实施《2012年长春市体育竞赛计划书》，体育竞赛更趋规范化、制度化。

【体育产业和体育法制建设】 开展体彩增机扩点、网点布局、销售安全等项工作，体育彩票销售9.9亿元，占全省销售比例的42.3%。体育系统直属体育场馆盘活资产，不断拓宽经营渠道，达到收支平衡。审核批准体育经营活动场所25家，体育经营场所680余家，经营项目28大项，从业人员13 000余人。吉林省剑鹏马术俱乐部的建立填补了长春市马术运动的空白。开展全市游泳救生员年度审核考核工作，有195名救生员通过审核。依据《全民健身条例》、《长春市体育经营活动管理条例》、GB19079《游泳场所开放条件与技术要求》，集中对全市游泳场所进行专项检查，并通过网站向社会公布。

【奥体公园建设】 奥体公园建设进展顺利，体育场、体育馆完成主体工程，游泳馆完成一层。全民健身中心完成部分基础工程建设，智能化设备及消防、通风、空调设备已完成招标采购。

(孙彩贤)

社　会

城乡人民生活

【概况】 2012年,长春市城市居民人均可支配收入达22 970元, 比2011年增长12.1%,其中,工薪收入增长7.8%,经营净收入增长3.3%, 财产性收入下降16.0%,转移性收入增长22.5%。城市居民人均消费性支出为17 863元,比2011年增长9.4%。城市居民人均住宅建筑面积达34.2平方米。农民家庭人均纯收入为9 064元,比2011年增长14%。农村居民人均生活消费支出5 855元,比2011年增长27%。农村居民人均居住面积达25.8平方米。2012年末城乡居民储蓄存款余额2 790.5亿元, 比年初增长18.3%。

【城市消费水平】 2012年,城市居民人均消费支出17 863元, 比2011年增长9.4%。其中, 食品消费5 295元, 增长5%;衣着消费2 182元,增长12%;家庭设备用品及服务消费1 040元, 下降5%;医疗保健消费2 070元,增长27%;交通和通讯消费2 060元, 下降6%;教育文化娱乐服务消费2 388元, 增长23%;居住消费2 062元,增长17%;杂项商品和服务消费766元,增长4%。

【农村消费水平】 2012年,农村居民人均生活消费支出5 855元,比2011年增长27%。其中,食品消费2 254元,增长28%;衣着消费468元,增长29%;居住消费775元,增长17%;家庭设备用品及服务消费258元,增长22%;交通通讯消费657元,增长19%;教育文化娱乐服务消费531元,增长20%;医疗保健消费729元,增长63%;其他商品和服务消费185元,增长45%。

【消费结构】 2012年,城市居民恩格尔系数为29.6%,下降1.3个百分点;农村居民恩格尔系数为38.5%, 下降0.6个百分点。城市居民消费支出中,衣着消费比重为12.2%; 家庭设备用品及服务消费比重为5.8%; 医疗保健消费比重为11.6%; 交通通讯消费比重为11.5%;娱乐教育文化服务消费比重为13.4%;居住消费比重为11.5%; 杂项商品服务消费比重为4.3%。农村居民人均生活消费支出中,衣着消费比重为8.0%;居住消费比重为13%;家庭设备用品及服务消费比重为4%; 交通通讯消费比重为11.0%; 娱乐教育文化服务消费比重为9.0%;医疗保健消费比重为10.4%;其他商品服务消费比重为3.0%。

【消费特点】 1. 高品质食品消费增加,膳食营养改善。2012年长春市城市居民恩格尔系数29.6%, 比2011年下降1.3个百分点。全年人均食品支出5 039.63元,比2011年增长5.1%,占消费支出的29.6%。其中,粮油类增长9%,干鲜瓜果类增长12%, 糕点、奶及奶制品增长19%,饮食服务下降3%,肉禽蛋水产品类增长6%,蔬菜类增长3.5%。2.衣着消费实现个性化、时尚化。衣着消费向品牌、时尚方向发展,衣着需求的转变,使成衣化倾向成为衣着消费的主流。2012年,人均衣着支出2 181.84元,比2011年增长12%,占消费支出的12%。3.居住条件和居住环境极大改善。人均居住支出2 061.75元,比2011年增长17%,占消费支出的12%。2012年,居住服务费165.12元,增长8%,其中,物业管理费155.58元,增长22%。4.教育文化娱乐服务支出不断上升,文化生活日益丰富。教育文化娱乐人均支出2 387.98元,比2011年增长23%。参观游览人均支出62.91元,增长69%,团体旅游人均支出277.32元,增长51%。5.居民医疗保健意识在增强。医疗保健人均支出2 070.33元,比2011年增长27%,占消费支出的12%。保健器具人均支出增长68%,药品费人均支出增长54%, 滋补保健品人均支出增长23%。6.其他商品和服务支出快速增长。其他商品和服务人均支出766.23元, 比2011年增长4%。其他商品支出470.42元, 增长16%; 人均化妆品支出增长14%。人均旅馆住宿费支出增长79%,理发洗澡费支出增长21%。

（曹军飞）

婚姻家庭

【概况】 2012年,长春市有婚姻登记处14个,其中城区6个、县(市)4个、开发区4个。全市办理结婚登记86 030对,离婚登记 29 915 对。

【结婚登记】 2012 年,长春市各婚姻登记机关严格按照《婚姻法》和《婚姻登记条例》的规定,公开审批程序,认真审核登记手续,全年办理结婚登记 86 030 对。1.开展婚姻登记机关等级评定工作。按照全国开展婚姻登记机关等级评定工作要求,2012 年 4 月,市民政局对全市各婚姻登记机关进行全面自检,将符合条件的登记机关上报给省民政厅。6 月,省民政厅对参评的婚姻登记机关进行抽检。11 月,迎接国家民政部专家组的检查验收,申报的朝阳区、南关区等 7 家婚姻登记机关全部通过检查,获得国家 3A 级婚姻登记机关荣誉称号。2.婚姻登记信息实现全国联网。组织全市各婚姻登记机关参加全省婚姻登记联网设备应用培训班,使婚姻登记员熟悉掌握新系统的操作方法,提高在线登记的工作效率和为百姓服务的能力水平。做好对新系统的在线测试工作。全市各婚姻登记机关进行为期一周的测试操作,将测试中发现的问题及时反馈省民政厅,为后续联网工作的开展奠定基础。做好婚姻登记数据的补录工作。督促各婚姻登记机关将自 1990 年以来的婚姻登记历史数据全部进行补录并上传国家信息系统,补录婚姻登记数据 150 余万条,确保全国婚姻登记数据联网的准确性和完整性。3.有效应对特殊日子的结婚登记工作。针对婚姻当事人在特殊日子,如情人节、10 月 10 日、12 月 12 日等时间集中"扎堆"登记的需求,市民政局指导全市各婚姻登记机关采取调整办公时间、开通预约登记、启动应急预案等措施,有效应对结婚登记高峰。仅 2012 年 12 月 12 日,全市各登记机关为 1 800 多对新人办理结婚登记手续。

【离婚登记】 2012 年,长春市各婚姻登记机关依法对离婚登记手续齐全,尤其是根据离婚协议书的内容,对当事人在子女抚养、财产及债务处理等事项明确的情况下,准予办理协议离婚登记。全年办理离婚登记 29 915 对。

(马 威)

2012 长春市婚姻登记情况统计表

	结婚登记(对)	离婚登记(对)
总 计	86 030	29 915
朝阳区	7 589	2 639
宽城区	4 594	2 222
南关区	5 580	2 142
二道区	4 396	2 014
绿园区	5 422	2 228
双阳区	4 242	1 902
高新区	1 271	417
净月区	1 477	692
经开区	2 514	680
西新区	3 065	1 085
农安县	10 925	3 380
德惠市	10 806	3 358
九台市	10 042	3 079
榆树市	14 107	4 077

计划生育

【概况】 截至 2012 年末,全市总人口为 767.4 万人(含机械变动人口),出生人口 5.29 万人,政策生育率 95.87%,出生率 6.94‰,自增率 1.27‰,出生人口性别比为 109.58:100,全面完成省下达给长春市的人口计划指标。

【基层基础工作】 2012 年组织的基层基础工作调研利用 18 个工作日,深入 11 104 户,调研 35 314 人,形成调研报告,提高了全员人口和全员流动人口信息数据的准确度。为充分调动村(社区)基层人口和计划生育专(兼)职工作人员的积极性,投入 30 万元,组织 155 名优秀村(社区)计生工作人员到北戴河进行了为期一周的免费奖励性休假。双阳区奢岭街道幸福村计生主任张淑芹获得 2012 年度全国"最美在基层—中国人口十佳杰出人物"殊荣。

【免费孕前优生健康检查】 在全国首家免费开展高标准的乙肝病毒母婴阻断项目,继续开展免费孕前优生健康检查。全年全市有 71 011 人(女 35 585 人,男 35 426 人)接受免费优生健康检查,查出高风险人群 7 019 人。在免费健康检查基础上,全市启动了乙肝病毒母婴传播阻断治疗。市政府拨付专项资金 100 万元,率先在全市免费开展高标准的乙肝病毒母婴传播阻断项目和配偶间乙肝的保护性预防工作。乙肝病毒母婴传播阻断疗法首先在南关区试点,随后在全市推广。7 月份开展活动以来,全市查出乙肝病毒携带者2 857人（男性1 615人，女性1 242人），有361名乙肝病毒携带孕妇进入乙肝病毒母婴传播阻断流程，175名新生儿接受阻断疗法，33名女性健康配偶接受乙肝疫苗注射。开展了科研课题研究工作，与国家人口计生委科学技术研究所合作的《长春市孕前－围孕期优生健康监测与妊娠结局随访的试点应用研究》（科技部立项）、与北京大学医学部合作的《乙型肝炎病毒母婴传播阻断新方案研究》（科技部立项）、与吉林大学白求恩医学院医学遗传学系合作的《长春地区遗传因素出生缺陷一级预防的应用与研究》（吉林省科技厅立项）等三项科研课题研究工作进展顺利。2012年，全省孕前优生项目省级试点启动暨现场会在农安县召开。

【创建幸福家庭活动】 全年全市1 376 622户计生家庭中，有755 855户参加了创建幸福家庭活动，占计生家庭总数的55%。长春市的工作得到国家、省人口计生委的高度重视，市政府副秘书长于晶代表长春市政府在全国"幸福家庭"创建工作会议上做了大会发言。国家人口计生委主任王侠、全国政协原副主席、中国人口福利基金会会长王忠禹先后到长春市就创建幸福家庭活动情况进行实地调研，在参观南关区、二道区的工作现场时对网格化管理与社会化管理很好的结合给予充分肯定。

【人口信息化平台建设】 投入110万元建成了全员人口综合管理信息平台，实现了全市全员人口数据的大集中和与省人口计生委综合管理信息平台的实时对接。各县（市）区全员人口信息库的人口信息覆盖率达98.5%以上，数据完整率达95%以上，逻辑关系符合率达99%以上。长春市在全省全员人口信息化建设工作会议上介绍了经验，全委信息化建设工作连续3年被市工信委领导小组评为先进单位。

【流动人口计划生育服务管理】 开展流动人口公共服务均等化试点工作，完成国家流动人口动态监测入户调查任务。市本级投入专项经费160万元，及时为流动人口提供免费技术服务。流动已婚育龄妇女落实节育措施70 895人，占应采取措施人数的92.2%。国家人口计生委流管司对长春市的流动人口计划生育基本公共服务均等化试点工作给予充分肯定，并下拨40万元作为奖励经费。在国家人口计生委举办的南京流动人口动态监测培训班上，长春市做了大会发言。长春市人口计生委还被省人口计生委评为全省流动人口计划生育工作先进集体。

长春市人口计生委全面启动乙肝病毒母婴垂直传播阻断工程

【两项奖扶制度落实】 确保农村部分计划生育家庭奖励扶助、计划生育家庭特别扶助配套资金及时到位。全市有7 249人符合农村部分计划生育家庭奖扶制度，市本级匹配资金77.22万元。有4 514人符合计划生育特别家庭奖扶制度，市本级匹配资金50.54万元。截至12月底全部兑现完毕，兑现率100%。

【"阳光计生""诚信计生"行动】 开展具有长春特色的"创造文明执法示范县、规范执法示范乡、政策服务示范村"三级联创活动。榆树市、农安县、九台市、德惠市被评为全省人口和计划生育依法行政示范县，德惠市布海镇等34个乡镇被评为示范乡镇。计生行政执法工作得到全面规范，落实了抓管理、抓作风、抓征收、抓执法案卷评查、抓服务、抓再生育证明办理等"六抓"内容，保证人口计生系统的和谐稳定。省人口计生委在绿园区召开全省创建人口计生依法行政示范单位工作会议，双阳区作为分会场接受了与会人员对"建龙生育文化园区"的观摩。长春市净月区、绿园区被国家人口计生委评为"全国阳光计生行动示范单位"。

（宋学兵）

民族工作

【概况】 2012年，全市有46个少数民族，人口27.6万人，占全市总人口的3.6%。其中，城市少数民族人口13.8万人，占全市少数民族人口的54.7%；农村少数民族人口11.4万人，占全市少数民族人口的45.3%。满族、回族、朝鲜族、蒙古族、锡伯族5个世居少数民族人口24.8万人，占全市少数民族人口的98.4%。其中，满族15.3万人，占57.6%；朝鲜族5.3万人，占19.9%；回族4.8万人，占17.6%；蒙古族1.3万人，占4.5%；锡伯族1 017人，占0.4%。全市有双阳区双营子回族乡、九台市胡家回族乡、九台市莽卡满族乡和榆树市延和朝鲜族乡4个民族乡，有43个少数民族聚居村，

258个少数民族聚居社，全市有少数民族干部5 837人，占全市干部总数的2.75%。有少数民族社团8个，市级朝鲜族群众艺术馆1所，乡级少数民族文化站4所，民族中、小学26所，民族医院1所，民族乡医院4所，少数民族民族聚居村合作医疗点43个。

【民族团结进步创建活动】 1.组织南关区和朝阳区民族工作部门和部分街道、社区相关人员，先后到吉林市和哈尔滨市学习民族工作进社区、进企业经验，并到县（市）区、开发区开展调研，起草《关于在社区和国有企业开展民族工作的通知》，及时总结南关区清真寺社区和朝阳区普庆社区试点工作经验，报送的《长春市加快推进社区民族工作步伐》信息被国家民委和省民委采用。2.开展少数民族传统节庆活动。5月13日，举办以“文化进节庆、书画赞西迁”为主题的锡伯族纪念西迁248周年活动；6月2日，举办以“健康徒步御花园，畅享主题那达慕”为内容的蒙古族节庆活动；6月23日，举办市朝鲜族传统文化体育活动；6月30日，举办第八届穆斯林“玫瑰之约”联谊活动；8月19日，举办穆斯林开斋节庆祝活动；11月25日，举办“长春第十九届满族颁金节暨满族颁金377周年”庆典活动。全力配合相关部门积极做好筹备参加第六届全省少数民族传统体育运动会运动员的选拔和训练等有关工作，推动市毽球训练场馆基地建设。3.利用“民族团结宣传月”活动，进一步推进民族团结进步创建活动深入开展。把制作的《万象皆春色，温暖宜居城》专题宣传片发放到各县（市）区、开发区民族工作部门，在各民族单位、少数民族社团和部分街道社区播放，组织少数民族群众学习观看。借助长春电视台、长春电台、《新文化报》、《长春日报》、《长春晚报》等新闻媒体，宣传报道各少数民族的传统文化、民族风情的少数民族传统节庆活动30多次。编撰、整理上报各类民族工作信息，向国家、省、市宣传长春市民族工作的重大活动、重要事件等信息，被国家民委网站采用3条，被省民委采用6条，被市委、市政府采用23条。4.2012年1月举行慰问民族宗教界人士团拜会，对民族宗教界代表人士进行慰问。5.参照东北三省、四市的做法，健全和完善市民委委员制及民委委员成员单位工作。

【推进少数民族经济加快发展】 组织人员到少数民族乡村、企业进行调研，重点对九台市莽卡满族乡电灌站干、支渠清淤护堤坝工程、乡卫生院房屋维修项目，双阳区朝鲜族中学购置食堂设备、下水管道维修项目，山河街道隆兴满族村道路、桥涵项目，三专朝鲜族村水渠淤泥清理项目，云山街道永红朝鲜族村老年活动室购置文体器材等民生项目进行调研，进一步掌握民族乡村经济发展、基础设施建设、社会事业发展情况。推进民族乡村新农村建设，重点打造双阳区双营子回族乡新胜朝鲜族民俗特色村寨建设。2012年该项目区的总体规划、控制性规划已编制完毕，建设用地和用地规划已调整完毕，招商引资工作正式启动。5月11日，省民委主任姜光子到新胜民俗特色村寨调研指导，给予充分肯定。陪同省民委到皓月等民族定点生产企业进行调研，为“十二五”重新申报少数民族特需商品定点生产企业做准备，向省民委申报12家定点企业。起草制定《长春市少数民族生产生活补助费使用管理暂行办法》，加强对少数民族生产生活补助费使用和管理情况进行监督检查和审计。争取少数民族发展资金282万元，用于少数民族特色村寨、民族村道路、水稻育秧大棚、种植特种玉米及黄牛育肥等建设项目。

【维护少数民族合法权益】 1.依法加强清真食品管理，加大对重点清真企业包括餐饮企业的联合检查力度。加强日常检查。春节期间，对城区一些大型超市和农贸市场的专柜和摊床进行检查；5月下旬，重点对长伊集团、韩师傅公司等较大清真企业进行检查，并帮助企业在证照办理、税费减免等方面争取给予适当照顾。对群众举报的“清真食品不清真”及时查处。5月份，与朝阳区民族部门对桂林路和重庆路“阿拉伯烤肉”店使用假冒清真标识问题进行查处；8月份，与二道区民族部门对亚泰超市无证销售清真牛肉专柜进行撤柜处理。吉林德大有限公司未经政府审批，擅自生产销售清真食品引发回族群众上访问题，依法妥善处理。会同德惠市民族宗教局对德惠市68家清真企业和业户逐一严格检查，2.认真做好民族成份识别把关和审核工作。做好民族成份变更工作。全年办理变更民族成份审核备案900多件。同时，组织相关人员对探索新时期做好少数民族流动人口服务和管理进行调研，11月29日召开少数民族流动人口情况交流

蒙古族“健康徒步御花园，畅享主题那达慕”活动

会，为加强全市少数民族流动人口服务与管理起到积极作用。3.做好维护民族宗教领域稳定工作。成立长春市民族宗教系统维稳工作领导小组，进一步加强市、县(市)区、乡(镇)街、村(社区)四级工作网络和信息员队伍建设，会同省民委、市委、市政府信息工作部门举办培训3次。加强节日和重大活动期间，特别是党的“十八大”期间的值班工作，每月按时上报维稳和应急工作情况，无漏班、漏报等问题。全年回复投诉电话(主要是回族肉食补贴方面)50多件，答复电话咨询300多个。

【少数民族民生改善】 1.推进市回族福利院开办运营工作。组织有关人员外出学习调研，研究制定相关管理制度、人员聘用、经费请示等相关事宜。推进全面修缮长通路清真寺工程项目的建设。争取建设资金，上报增项工程资金预算和资金请示；协助市土地收储中心完成清真寺门前两户拆迁、土地整理工作；协调清理清真寺门前经营业户占地、私屠滥宰、污染环境卫生等多年存在的脏乱差问题；协调市绿化局、市建委等部门，开斋节前完成长通路清真寺门前公共绿地和寺院内路面及清真寺东胡同道路工程建设。协调推动市朝鲜族群众艺术馆迁建扩建、绿园区朝鲜族小学异地新建及宽城朝小幼儿园建设工作，加强沟通联系，跟踪掌握工程进展情况。2.继续开展“民族情”创业带动就业服务工程。制定下发《2012年长春市“民族情”创业带动就业服务工程实施方案》，督促县(市)区制定具体工作方案，调度民族情创业带动就业工作情况。全年培训少数民族群众约1 550人，435人实现再就业。5月配合市人社局开展第三届中国长春创业促就业博览会工作，制定参展第三届中国长春创业就业博览会实施方案，组织上报宣传材料和展板设计制作，受到展会的好评并争取部分创业资金；6月举办1期有43个民族村党支部书记(村长)参加的少数民族村干部培训班，11月组织部分少数民族乡(镇)长，参加省民委组织的专题培训。3.开展为少数民族群众送温暖活动。春节前，市民委领导对其他城乡少数民族贫困户进行慰问。开展捐资助学活动。组织指导朝鲜族妇女协会开展“捐资助学”、指导朝鲜族关工委开展“青少年教育”活动，全年捐助少数民族学生86名，捐款4.4万元，衣物300多件。组织送医下乡活动。11月组织民族医院医疗人员到九台市莽卡满族乡敬老院开展义诊活动，为50多位满族老人进行身体检查和治疗，免费发放价值5 000多元药品，为老人送去价值6 000多元的棉衣。做好回族等少数民族牛羊肉补贴发放工作。组织相关人员经过市场调研，向市政府呈报《关于为市城区回族等少数民族居民发放牛羊肉补贴的请示》，经与公安、财政等部门的协调，补贴发放工作按程序进行统计、公示，元旦前将补贴发放到少数民族群众手中。4.开展抗灾保粮活动。为了最大限度减少“布拉万”台风灾害造成的影响，市民委组织机关工作人员到双阳区大营子回族乡、九台市胡家回族乡、满卡满族乡等受灾民族乡开展“抗灾保粮”劳动。协调长春市周边朝鲜族村屯为双阳区双营子回族乡解决救灾急需的稻草1 500捆，帮助解决救灾物资困难。组织人员跟踪搞好灾情调研统计工作，及时向市委和市政府、国家民委和省民委，以及工会、民政、财政等相关部门反映受灾情况。协调相关部门为受灾的少数民族乡村群众提供就业培训、创收的渠道，确保少数民族群众生活稳定。调整少数民族生产生活补助费年度补助计划和补助范围，重点向受灾的少数民族乡村群众倾斜，解决受灾群众的生活困难。

【机关建设】 1.开展查找改及软环境建设暨“安全建设年”活动。组织机关全体干部职工及所属事业单位工作人员到市人才市场进行社会实践调研活动；开展以“珍惜机遇、珍惜岗位”为主题的座谈交流。2.做好承办东北三省四城市民族宗教工作联席会议工作。市民委承办东北三省四城市民族宗教工作联席会议，哈尔滨、沈阳、大连和长春等四个城市的民委主任(宗教局长)和相关人员参加会议。会议围绕区域内民族宗教工作重大的、重点的、敏感的问题和进一步推进东北区域内民族宗教工作合作机制的建立和民族宗教工作团结发展、和谐稳定、新思路、新问题进行研讨交流。3.搞好调查研究。由市民委(宗教局)主要领导带队，组成学习调研组，到国家民委、国家宗教局机关及上海、广西等民族宗教部门就今后五年民族宗教工作规划、民族宗教领域重点工作进行学习交流。撰写上报《关于民俗特色村寨建设的调研报告》和《关于加强宗教活动场所财务监督管理的调研报告》两篇调研报告。组织人员对未来五年和明年民族宗教工作进行认真研究，起草上报《关于全市民族工作2013—2017年规划》、《关于全市宗教工作2013-2017年规划》、《关于2013年民族宗教重点工作安排》等材料。

(李保存)

宗教工作

【概况】 2012年，全市现有天主教、基督教、佛教、伊斯兰教、道教5种宗教，信教人数约37.55万人。全市有宗教教职人员549人，批准登记的宗教活动场所431处。全市重点宗教活动场所有5处：东四道街天主教堂、西五马路基督教堂、长春般若寺、长春地藏寺、长通路清真寺。市级宗教团体6个：市天主教爱国会、市天主教教务委员会、市基督教三自爱国运动委员会、市基督教协会、市佛教协会、市伊斯兰教协会。

【宗教事务管理】 1.搞好宗教政策法规宣传教育。重点抓好“宗教政策法规学习月”活动。下发《关于在全市宗教界开展“宗教政策法规学习月”活动实施方案》，为全市宗教团体和各宗教活动场所发放485套必读书籍。指导和协助县(市)区开展宗教政策法规培训工作，在宽城区、南关区做宗教政策法规专题辅导；指导二道区举办宗教活动场所财务管理培训班和财务知识竞赛。2.加强宗教教职人员管理。充实完善电子档案信息库，做好宗教教职人员认定备案前的考核工作。对拟设立的基督教教职人员进行考核，对考取神学院的考生进行考核。认真做好10名穆斯林出国朝觐以及归国后疫情防控工作。3.加强宗教场所财务监督管理。健全财务管理制度，各团体都成立财务工作领导小组，建立财务管理制度；推进宗教活动场所开立单位银行结算账户工作，有100余处场所建立银行账户，有93处场所聘用有资质的财务人员；推行财务分类管理的模式，在规模小、资金收入少的场所推行委托制管理，其中双阳区对全区38处基督教活动场所实行财务委托代理制；进一步加强检查督导，指导县(市)区在完成场所财务工作推广的基础上，进行自检自查，市宗教局对县(市)区的宗教场所财务管理工作进行抽检和验收。4.规范宗教活动场所管理。指导和协助宗教活动场所健全和完善制度建设，依法保证其正常的宗教活动。加强对大型宗教活动和节庆活动的管理，协助做好盂兰盆节、古尔邦节、复活节、圣诞节等大型宗教活动的组织安排工作。活动前认真制定工作预案，协调公安、市容环卫执法局、民政等相关部门，做好防火、防盗、人员疏导等工作，防止发生踩踏等事故，确保节日安全。5.协调处理宗教矛盾纠纷。加强与县(市)区宗教部门和宗教团体的联系，协调处理宗教内部的矛盾纠纷，做好矛盾化解工作，保持宗教领域的稳定。

【引导和服务】 1.指导宗教团体加强对宗教教职人员进行爱国主义教育，特别是加强基督教领域的抵御渗透工作。打击和制止非法宗教活动7起、取缔非法活动点3处。会同统战和公安部门继续开展基督教私设聚会点专项整治、天主教地下势力的综合治理。配合消防部门对全市"清剿火患"工作进行跟踪检查验收，到宗教活动场所认真排查不安全隐患；制定下发《长春市宗教场所"清剿火患"专项治理工作实施方案》，全年没有发生任何不安全事故。指导和协助县(市)区妥善处理城市建设中因拆迁宗教房产引发的矛盾纠纷，协调解决宗教房地产问题6起。落实国家宗教局等部门《关于进一步解决宗教教职人员社会保障问题的通知》精神，协调有关部门，制定《长春市宗教教职人员参加基本养老保险实施方案》、《长春市宗教教职人员参加基本医疗保险实施方案》，积极推进宗教教职人员社会保障工作。2.组织宗教界继续开展创建"和谐寺观教堂"活动。借助市西五马路基督教堂省级爱国主义教育基地启动仪式，组织部分教职人员参观学习，进行爱国主义教育。5月，与市委统战部、市社会主义学院联合举办"长春市宗教界代表人士研修班"，全市有67名宗教代表人士就宗教在贯彻落实宗教政策、法律法规，以及在文化建设中发挥作用的途径和方式进行研讨。支持开展"宗教慈善周"和"一日捐"活动。市天主教"两会"到农安县、朝阳区等地的养老院走访慰问30多位老人，送去价值2万多元的衣物、粮油等生活用品；市基督教"两会"看望1 000多位70岁以上的老人，送去慰问金、米面等约16万元的生活用品。市伊协举行斋月尊老爱老公益慈善活动，筹集善款46 000元，购买面粉、豆油、茶叶和糕点等生活用品，走访慰问全市70多名穆斯林贫困老人；协调全国基督教"两会"为全市300位残疾人捐赠了轮椅。

（李保存）

民政工作

【社会救助】 春节期间，为全市1.6万户"万户特困户结对救助家庭"每户发放500元的米面油，组织各城区为城乡低保人员、分类施保人员发放节日补助1 700万元，困难群众基本生活得到切实保障。大幅调整提高医疗救助比例，将符合医疗救助条件的困难人员，经医保或新农合报销后个人自理费用救助比例由60%提高到70%，年封顶线由1万元提高到1.1万元；对患特殊慢性病的救助对象，年救助封顶线由1.5万元提高到1.6万元，实现了应救尽救；做好与定点医院衔接落实工作，并组织各城区实施。协调财政等部门，完成软件研发及相关信息数据提取工作，居民家庭状况信息比对机制逐步建立。再次提高五保供养标准，五保供养人员生活水平得到明显改善。在全市范围内组织开展全国第四个"防灾减灾日"和防灾减灾宣传周活动，推进救灾物资储备库和应急避难场所建设，严密开展各项防汛救灾工作，防灾减灾能力不断加强。12月3日，国务院参事、国家减灾委专家委员会副主任闪淳昌一行六位专家在对长春市救灾物资储备、综合减灾示范社区创建以及受灾群众生活安置工作进行视察和调研时，对长春市工作给予充分肯定和高度评价。利用5月份长春慈善月和长春慈善日的契机，以展示救助成果、启动救助项目、募集慈善资金、开展义工活动、弘扬微捐理念为主线，开展系列宣传活动，挖掘树立慈善微捐典型夏志国、陈玉珍夫妇，被市政府授予"慈善夫妻"、"长春慈善楷模"荣誉称号，慈善活动社会影响进一步扩大。通过实施31个慈善救助项目，支出善款3 743万元，受益群众达10万人次。全年销售福利彩票9.96亿元，比2011年增长24.79%。

【社会养老】 2012年，长春市集中力量加强养老服务体系建设。制定出台《长春市关于加快推进养老服务业发展的补充意见》，从加大投入、健全制度、完善政策等方面提出11条具有指导性、鼓励性和可操作性的政策措施，鼓励引导社会力量投入到养老服务业中来。制定《长春市养老服务体系建设规划(2012–2015年)》，明确长春市养老服务业发展的主要目标和重点任务。市13届人大五次会议将《关于加强我市养老服务体系建设的议案》列为重点督办，11月15日，市人大部分代表、委员对议案办理情况进行专题视察，对长春市养老服务体系建设给予高度评价。11月23日，召开全市养老服务体系建设推进会议，总结近年来长春市养老服务工作经验，对"十二五"期间养老服务体系建设任务进行安排部署，对55个养老服务工作先进单位和42名先进个人进行表彰。2012年，长春市将市社会福利院供养的350名"三无"人员和市康宁医院供养的355名"三无"精神病患者，供养标准由原来的450元/月提高到900元/月。市儿童福利院的245名集中供养孤残儿童的供养标准为1 000元/月，散居孤儿的生活补助费基本实现社会化发放。提高社会办养老机构运营补贴标准，对经批准的非营利性、福利性社会办养老机构，按自理、半自理、不能自理老人每年每张床位补贴从原来600、700、800元提高至1 000元、1 100元、1 200元。较好落实了老年人各项优惠政策。老龄工作部门协调公交公司为全市70岁以上老人办理乘车卡76 604人次，为90～100岁以上老人发放补贴700余元。全市90～99岁老人高龄津贴标准为每人每月200元，高于全省平均水平，在全国处于领先地位。

【社会事务管理】 在全社会倡导现代殡葬文化理念，举办长春市第二届清明文化活动周，组织全市第三届公益海葬活动。着手对朝阳沟殡仪馆周边环境进行改造，殡葬基础设施建设不断加强。将10个婚姻登记机关申报为国家3A级婚姻登记机关，婚姻登记规范化建设成效初步显现。在全市开展"接送流浪孩子回家"专项行动，帮助流浪未成年人早日回归家庭。8月9日，举行"温情救助、回归家庭暨长春市少年儿童图书馆救助站分馆揭牌仪式"，来自四川、河南、新疆、内蒙等地的13名孩子在工作人员的护送下返回家乡。11月份，召开全市流浪乞讨救助工作会议，对做好冬季期间流浪乞讨人员救助管理工作进行统一部署。加强地名公共服务体系建设，大力实施门牌全覆盖工程，连续两年为"暖房子"住宅楼补设楼门牌，区划地名管理服务功能逐步增强。

【城乡社区建设】 先后到二道、朝阳、绿园等城区实地调研社区建设工作，提出"三化七有"等十个方面的目标任务，即居民自治法治化，公共服务有序化，社会事务管理规范化，有健全的组织体系，有完善的服务体系，有完备的基础设施，有优秀的干部队伍，有优美的生活环境，有丰富的居民活动，有和谐的人际关系。5月25日，市政府召开全市创建幸福社区工作动员会议，副市长桂广礼对这项工作进行动员部署，幸福社区创建工作全面启动。局主要领导主管，抽调三名副局长和十余名骨干力量，分工负责，分片包保，坚持每天到各城区和19个试点社区靠前指导，收到较好成效。9月22日和23日，召开全市幸福社区创建工作推进会和幸福社区建设论坛，国家相关部委、省民政厅、市委、市人大、市政府、市政协、市直相关部门领导及相关领域专家学者参加推进会和论坛，对长春市幸福社区创建工作给予高度评价，国家民政部将长春市确定为社区建设研究基地。10月，长春市分两期对全市380名社区骨干进行幸福社区建设专题培训，取得良好成效。

【社会组织建设】 优化审批流程，实行政务窗口统一受理制度，社会组织登记服务规范化建设取得新进展。全面降低社区社会组织准入门槛，实行社区社会组织登记备案管理制度。2012年，市本级新登记成立社会组织54家，增长率达5%。成立社会组织评估委员会、社会组织评估复核委员会和社会组织评估专家组，制定下发了社会组织评估实施方案和指标细则，社会组织评估工作全面展开。

【双拥工作】 长春市以全省第一位次获全国双拥模范城称号，锦程街道被授予"全国爱国拥军模范单位"荣誉称号，并在全国表彰大会上作为6个单位代表之一，介绍了"三位一体"(部队、家庭、社会)共管共育模式、二十年如一日真情服务官兵的典型经验。以市委、市政府、警备区名义制发了《关于深入推进军民融合式发展若干意见》，促进军地双方在政治、经济、社会、军事、科技、文化、教育等诸多领域的融合。以全市创建全国双拥模范城总结表彰暨争创"八连冠"动员大会为主线，举办"吉林省暨长春市军地共庆建军八十五周年文艺晚会"、慰问部队专场文艺演出等一系列双拥活动，推进军民融合深入发展。中央电视台第7频道以《白山黑水融合情》为题拍摄了四集专题片，其中两集专门宣传长春市军民融合工作事迹。继续推行优抚对象医疗"一站式"服务模式，优抚对象保障水平稳步提高。城区散葬烈士墓全部迁移，提前一年完成省里指标任务，经验全省推广。开展退役士兵培训及自谋职业工作，贯彻落实新《退役士兵安置条例》，做好退役士兵安置工作，符合安置条件的1 250余名退役士兵全部得到工作岗位，实现新老安置制度的平稳过渡。

【民政队伍建设】 2012年，获得国家级荣誉6项，省级荣誉18项，市级荣誉38项，得到上级部门和社会各界的肯定与好评。在全国第十三次民政工作会议上，市救助管理站被国家民政部评为全国民政系统先进集体、国家一级救助管理机构。在全国民政系统窗口单位为民服务创先争优总结暨第二批行风建设示范单位命名大会上，市民政局行政审批办被命名为群众满意窗口、全国民政系统行风建设示范单位，市殡葬服务中心被评为优秀服务品牌。在全省第十七次民政工作会议上，长春市以《坚持民生第一目标，突出基本民生保障，充分发挥民政在民生行动中的骨干作用》为题介绍了经验，市民政局被评为全省民政系统先进集体，局系统14名同志获全省民政系统先进工作者荣誉称号，社会救助处处长董玉杰获得全省民政系统最高荣誉孺子牛奖。切实加强局系统党建工作，市局被评为省级精神文明先进单位、全省2006～2011年普法依法治理先进单位、全市创建文明城先进单位和"建学习型党组织、做学习型党员"活动先进集体，局党委被评为市直机关先进直属党组织，局机关干部刘永彬获得市劳模荣誉称号，陈亚斌获得市"五一劳动奖章"，国延平被评为市级优秀共产党员。在全市政法杰出人才和优秀干警楷模评选活动中，市局5名同志被评为政法系统杰出人才，董玉杰被评为"人民满意政法干警楷模"，救助管理站被评为"人民满意政法标兵单位"。

(李冬岩)

社会保险

【扩面征缴工作】 2012年省里下达的"两金"征缴任务是80.2亿元，长春市超额完成全年征缴任务，"两金"征缴98.3

亿元。1.以市政府名义下发《关于加强社会保险扩面征缴工作的通告》，各县(市)、区政府与市政府签订扩面征缴目标责任状，形成全市一盘棋的扩面格局。2.进一步发挥“两级主导，三制并举，四级联动”扩面机制作用，充分发挥各级政府、职能部门、街道、社区的联动优势。3.通过审计稽核深入挖潜，全面推进社会保险年检工作，进一步扩大缴费基数核查范围，将参保人数50人以上并具有一定规模单位列为重点稽核对象，累计审核参保单位11 769户，审核参保职工501 857人，稽核范围达到登记在册参保人数的78%。4.加强省市联合监察，开展历时9个月的“规范用工保民生、维护权益保稳定”专项执法检查行动，检查企业2 637户，涉及职工112 618人，通过专项检查新增参保4 597人，追缴社会保险费1.78亿元。5.加大宣传工作力度，构建新闻报刊、广播电视、网络传媒立体交叉宣传模式，在全市范围内组织以大市场、大商场为阵地的社会保险宣传周活动，在欧亚等大型商场设立长期宣传咨询台，形成宣传的长效机制，为扩面征缴营造良好的舆论氛围。截至2012年末，城镇企业职工基本养老保险新增参保11.4万人，参保总量比2011年增长3.9%；失业保险增加参保8万人，参保总量比2011年增加3万人，增长3.6%。

市社保局举办“敬老月”专场文艺演出

【社会保险工作】 2012年初顺利完成市本级37.3万名企业退休人员的养老金调整工作，调整后市本级月人均养老金增加193.3元，完成养老金连续八年的调待任务。全年累计为全市50万企业离退休人员发放养老金93亿元；为1.7万名失业人员发放失业保险金2亿元，保障了离退休人员、失业人员的基本生活。

【城乡居民养老保险】 2012年，建立乡镇(社区)–经办银行–社保部门“三位一体”的业务运行模式，方便参保人员参保，实现“统一政策，统一基金管理，统一业务管理”的“三统一”管理。全市范围内开展新型农村和城镇居民社会养老保险试点参保扩面“百日行动”，组织人员深入乡镇、街道、村屯为工作人员讲解政策，组织专门人员对全市10个城区、开发区及四个县(市)的1 200名城乡居民养老保险经办人员进行轮流培训。启用一站式服务的“长春市城乡居民养老保险业务大厅”。截至12月末，全市累计参加新农保186万人，参加城乡居民保险9.07万人，享受城乡居民养老待遇55.9万人，累计发放养老金46 637万元。

【民生工作】 1.拓展社会化管理服务功能。2012年9月，市社保局在全市实行社会化管理服务的退休人员中，深入开展“敬老月”活动。指导和组织各行政区开展老年联欢晚会、歌咏大会、趣味运动会、书画比赛等活动。9月20日，市社保局在南关区和宽城区分别组织两场较大规模的京剧和歌舞专场演出。两节前夕，对全市百岁以上的离退休老人、部分老模范、老党员、特困人员进行走访慰问。2. 提前完成10万退休人员年度托管工作。2012年，市社保局协调省(市)国资委等相关部门了解企业破产工作进展情况，进行多次专题调研，市社保局采取依托大集团公司进行整体操作的办法，以集中统一的形式办理托管服务，取得良好效果。2012年，累计新增托管10万人，累计托管20万人。为各类人员提供代发、代缴业务26.1万人次，代发代缴总额1.97亿元。3.退休人员人事档案实现信息化管理。市社保局对退休人员档案进行扫描，全部实现电子化、影像化。退休人员档案实现信息化管理，同时在局域网开通网上查询系统，在网上直接可以浏览退休人员档案影像信息，实现资源共享。截至2012年末，建立退休人员电子档案近38万卷，扫描社会保险业务档案4万余卷。4.关系转移工作保持顺畅快捷。与各地社保机构建立联系机制，加强沟通协调。全年累计为5 343人办理关系转移业务，对4 693名“五七家属工”做了未参保认定。5.落实好各项惠民政策。市社保局推进解决养老保险参保遗留问题进程，修改完善《遗留问题整合意见》，妥善解决老知青、厂办大集体、五七家属工等特殊群体的参保遗留问题。根据《吉林省人力资源和社会保障厅关于印发全省“五七家属工”漏保人员参保工作实施方案的通知》，于12月中下旬启动“五七家属工”漏保人员参保审核、待遇核定及发放工作。2012年为近4 500名“五七家属工”漏保人员办理参保手续。进一步完善政府助保政策，将距法定退休年龄10年以内与企业解除劳动关系人员及低保人员纳入政府贴息贷款范围，并进一步简化申报审批程序。争取将政府助保列为长春市民生大救助项目。截至12月末，长春市累计办理贷款助保近7 000人，发放贷款6 226万元，政府累计贴息492万元。其中，1 194人开始享受基本养老保险待遇。

【基础工作】 构建多维咨询服务平台。2012年，市社保局依托热线电话、现场解答、网站咨询三种平台，向参保对象提供政策及社会保险业务咨询、查询服务。86012333社会保险咨询服务热线平稳运行两周年，2012年，累计接听电话近144 000人次，网上咨询回复率100%。市社保局组织开展创建"三满意"机关活动和规范服务工作。注重大厅窗口建设，按政务公开及便民要求配齐服务设施设备，组织编制《服务指南》、《新增退休人员养老保险待遇办理流程》、《个体退休申报服务指南》、《社会化管理业务服务指南》、《新农保业务服务指南》等图板张贴到公告栏，为办事人员提供便民服务。研究制定《反腐倡廉制度建设年活动实施方案》，加强软环境政行风、机关文化和应急能力建设。

（白　宇）

老龄工作

【老龄宣传】 通过12期《长春老龄信息》的编辑、报送、交流工作，及时向领导和成员单位宣传长春市老龄工作开展情况。与电视台、报纸、网站的新闻记者保持联系，及时准确地报道全市老龄工作，全年涉及老龄工作的新闻报道上百余条，在《中华老年报》、《吉林老年报》、《民情》《东亚经贸新闻》、《城市晚报》、《长春日报》、《长春晚报》等重要杂志报刊上登载老龄新闻报道80余篇。9月4日《长春晚报》专版发表的6 000余字的"老龄事业稳步发展，工作亮点纷呈—发展中的长春老龄工作"一文和老年艺术节期间的宣传报道"4万老人玩得欢"等在社会上反应良好。10月15日，与长春日报联合在"社会生活"版开辟专栏，在全市开展"孝亲敬老在金秋"—传承中华民族孝亲敬老传统美德，征集10个最温暖敬老故事活动，进一步在全社会营造孝亲敬老的氛围。

【老年民生】 为贯彻落实《关于发放高龄老年人生活津贴的通知》精神，及时下发"关于做好高龄老人生活津贴发放工作的通知"。对高龄老人津贴发放工作情况进行监督检查，确保及时足额发放到位。全年为80～89岁老人发放补贴106万元；为90～99岁老人发放补贴14 138 900元；为100岁以上老人发放补贴638 550元。全市90～99岁老人高龄津贴标准为每人每月200元，大大高于全省平均水平，在全国也处于领先地位。

【农村居家养老大院建设】 农村养老服务大院建设，在县、(市)主推双阳模式。重点探索农村养老服务大院的几种类型，1.村屯连锁型。即在村建立养老服务大院的基础上向较大的自然屯延伸，建立养老服务站(点)实现所需服务互补的连锁服务网络。如绿园的新农家村，双阳的卢家村。2.自愿互助型。即利用村提供的养老服务场所和养老服务人员，并且实行互助服务。低龄老人可为高龄老人照料服务，也可由村雇佣服务人员提供服务。如双阳的庄家村。3.民办公助型。即利用民间资本兴建的养老服务机构，实行综合利用，发挥养老服务大院功能。如双阳的广生村。4.村办共用型。即利用改造村舍的契机，按照大院建设标准兴建养老服务设施。可为"五保"、"三无"、"空巢"、"高龄"等老人或其他老人提供各种类型的多功能养老服务。全市现已建成养老服务大院380个。

【第五届老年文化艺术节】 第五届老年文化艺术节5月份开始启动，通过综合文艺调演、大型广场演出、书画(摄影)展览、服饰模特表演、健身文化展示、旅游文化活动等六大类项目。近百个老年文化活动团体参与本次艺术节活动，举办11场大型的广场演出；展出350幅书画作品，142幅摄影作品；6 000人参加大型广场健身展示和服饰模特表演活动；350多人参加老年文化旅游活动。参与本次文化艺术节活动的老年人达4万多人。9月1日，为庆祝长春市第22个老年节，展示"第五届长春市老年文化艺术节"的丰硕成果，市老龄委在文化广场举办"庆祝长春市老年节暨第五届老年文化艺术节闭幕文艺晚会"。

【"双先""双奖"评比表彰活动】 市老龄办按照国家、省老龄委关于开展"敬老文明号"的通知要求，印发《关于开展"敬老文明号"创建活动的通知》在全市老龄系统开展"老龄工作先进集体、先进个人"评选活动、"敬老文明号"创建和"敬老好儿女"评选活动。评选敬老文明号21家；敬老先进单位54家；敬老好儿女10人；敬老先进个人120人。评出老龄系统先进集体4个、先进个人13个。

【"爱家乡、游长春"活动】 9月18日，市老龄办与市福彩中心共同举办"福彩敬老献爱心，伴你回乡游长春"活动。各县(市)、区基层的老工人、老农民、老军人和老知识分子及社会各界老年人代表500余人参加此次活动。来自朝阳区和宽城区的老年人到农安县观光游览太平池水库、果园；绿园区和二道区老年人到九台市观光游览石头口门水库、朝鲜族村庄；南关区和四个开发区老年人到双阳区观光游览绿宝石山庄、农村养老大院、月牙湖生态农业园。9月21日，来自九台市、农安县、双阳区的老年人到长春市参观游览北湖湿地公园、明珠社区和动植物公园。

【"敬老月"活动】 市老龄办下发关于开展2012年"敬老月"活动的通知。活动主题是"敬老爱老·共建共享"。敬老月期间，市、县(市)区党政领导、市直各委(办)、局，各企、事业单位，社会各界参与其中。8月31日，副市长、市老龄委主任桂广礼探望和慰问家住二道区的百岁老人和特困老人；绿园区区委书记陈克信以"代理儿女"的身份，探望认领的"老父亲"陈四维；副区长高丽丽走访慰问一名百岁老人和一名贫困老人，各送去1 000元慰问金；九台市副市长鲁晓光代表政府探望一名百岁老人和一名特困老人，送去慰问金和慰问品。南关区副区长姜显续给幸福乡八一敬老院送去米面油，与他们共同庆祝"老年节"。9月1日，绿园区人大代表和老年朋友们在区政府聚会，举行绿园区庆祝老年节暨人大代表为“老来乐幸福家园”捐赠室内音响设备，向50个社区、23个村捐赠锣鼓和唢呐。东站街道和爱尔医院联合举办给低视力老人免费赠送助视器活动，使东站街道辖区内的46位老年人接受免费佩戴助视器筛查。工行吉林省分行营业部举办第八届金婚庆典。500余名亲朋好友共同分享26对金婚老人的幸福。市质监局宽城分局组织宽城区食品行业协会到辖区38家养老院，为养老院的老人们送去慰问品。全国劳模、119路公交车驾驶员聂永军，到汽车区锦程街道十三局社区的低保户卢占芹家慰问。南关区人社局在重庆路北社区小广场上进行“敬老月”京剧专场慰问演出。九台农商银行慈善基金出资60万元，为生活在长春市城区和开发区农村社会福利中心的3 208名孤寡老人购买月饼和棉被。解放军装甲兵技术学院装甲连的官兵到同心敬老院看望老人。吉林大学数学学院的50名大学生志愿者到晚祥宁敬老院看望老人。“敬老月”活动期间，累计为老年人做好事、办实事2万余件。

（刘 博）

殡 葬

【殡葬改革】 2011年开始，市民政局开展乡镇骨灰堂建设试点工作，取得较好的效果。2012年，为了鼓励和扶持此项工作，从福彩公益金中列支150万元，对新建成并经检查验收合格的8家乡镇骨灰堂项目实施了资金补贴。截至2012年底，全市建设乡镇骨灰堂23个，公益性墓地2个。推进了殡葬救助政策的实施，继续对全市城乡低保对象、重点优抚对象、农村五保对象及市级以上劳动模范实施殡葬救助。全年救助各类对象858人，减免费用41.93万元。

【清明节安全祭扫】 2012年，市民政局全方位开展清明节期间的文明祭扫、安全保障及文化宣传工作。全市各殡葬服务单位累计接待祭扫群众近56万人次，祭扫车辆14.5万台次。进行周密部署。3月23日，以市政府名义召开全市2012年清明节工作会议，下发《关于做好清明节期间文明祭扫和安全保障工作的通知》，对全市清明节祭扫安全及“禁烧”工作进行全面部署。全市各殡葬服务单位加强了对祭祀服务场所的管理，保证服务人员定岗定责，增设便民服务项目和网点，开通服务监督电话，安排专人受理群众意见。开展文化宣传。市民政局联合市委宣传部、市文明办等部门开展了“第二届清明文化活动周”。围绕“移风易俗、文明祭祀、绿色清明、文化清明”主题，开展“八传—传播理念、传承文化、传书大爱、传递思念、传颂功绩、传载亲情、传习文明、传扬公益”系列活动。举行“长春都市陵园人文游”、“清明祭孔与百姓公祭”、“清明诗会”、“数字陵园开通”、“第三届公益海葬”等活动，30多家媒体报道了长春市清明期间的相关活动。全市各殡葬服务单位通过开展公益信息提示、鲜花换烧纸、祈福条、网络祭祀、代客祭扫等公益活动，引导群众选择树葬、花坛葬、壁葬、海葬等绿色环保的骨灰处理方式，把以往单一的祭扫接待服务转变为清明文化宣传。

（马 威）

县(市)、区概览

农安县

【概况】 农安县位于吉林省中部，松辽平原腹地，东临德惠市，南接省城长春市，西以公主岭市和长岭县为邻，北与松原市接壤。幅员5 400平方公里。其中，耕地面积35.6万公顷，林地面积6.4万公顷，草原面积3.5万公顷，水域面积2.2万公顷。全县辖22个乡镇，377个行政村，2012年全县总人口1 169 106人，比2011年减少1.13%；农业人口930 739人，比2011年增加8.93%；非农业人口238 367人，比2011年减少27.3%。在全省县域综合发展评比中蝉联第一，并跻身全国经济百强县行列；成功创建国家级卫生城、省级文明城和"双拥模范城"，被确定为全国基层组织建设年蹲点县，荣获全国先进基层党委和省、市创先争优先进党委等殊荣。

【国民经济】 实现地区生产总值318.2亿元，比2011年增长14.0%。实现全口径财政收入22.3亿元，增长11%，其中地方级财政收入12.4亿元，增长21.4%。完成全社会固定资产投资160亿元，增长21.9%，其中工业固定资产投资116亿元，增长36.5%。社会消费品零售总额达92.8亿元，增长15.7%。城镇居民可支配收入达17 910元，增长20%。农民人均纯收入达8 910元，增长16.8%。

【招商引资和项目建设】 招商引资和项目建设成效显著。全县新收征土地482公顷，全年引进内资65亿元、外资5 210万美元，分别增长15%和19.4%。4月份集中开工项目130个，全年新建、续建项目175个，当年建成投产110个。旺旺、一汽试车场等大项目成功签约落地，富士康签订意向性协议，新大石油、华润啤酒等骨干税源群体进一步扩能增效。现代服务业和能源产业从无到有快速崛起。成功引进光彩物流、吉刚汽贸、金泰钢材、万隆物流园等大型商贸物流企业，伏龙泉繁华商都全面运行，实现传统商业向现代服务业的转变；龙源风电、华润天然气、华能生物质等一批重点能源项目迅速推进，潜在资源开发取得重大进展。规模以上工业企业达100户，实现产值190亿元，比2011年增长34%。

【开发区和集中区建设】 依托G12高速公路，投资4.5亿元加强园区基础设施建设，把农安镇、合隆镇、烧锅镇、开安镇、华家镇、哈拉海镇等3个省级和3个市级园区连接起来，承载能力明显增强。农安工业集中区、合隆经济开发区晋升为省级强区，烧锅工业区被省政府命名为长春市交通装备制造产业配套园区，列为省级特色园区，开安、华家和哈拉海工业园区建设积极跟进。依托农安工业集中区，带动哈拉海市级工业区，建设全国知名的农畜产品加工园区，打造农安核心工业板块。依靠长春市区辐射，以合隆经济开发区为中心，带动开安、华家园区，引进市内外移物流企业，组团打造南部近郊工业板块，推进南部乡镇与省城经济一体化。强化特色园区规划建设，依托风能、太阳能资源，规划建设伏龙泉新能源产业园；依托天然气资源，规划建设小城子天然气配套产业园；依托丰富的农副产品，利用城乡一体化发展契机，规划隆开(合隆—开安)小型加工业园区。

【民生工作】 2012年，全县民生投入达32亿元，占全年财政总支出的80%。特色文化名县建设顺利推进，辽塔申报"国家级文物保护单位"获得批准，积极开展公共文化服务体系示范区创建工作，文化活动中心开始内外装修，部分主场馆建成使用。22个乡镇中心文化站内部设施建设基本完成，部分文化站已经发挥作用。在建设377个农家书屋的基础上，创建样板书屋35个。新建65个欢乐庄稼院，总数达225个。有效实施文化"三下乡"和"五个一"工程，送戏、送书、送健身器材分别达100场次、5万套和100件套。成功举办第三届全民运动会和第三届黄龙府文化艺术节。实行新农合付费机制改革，参保患者不交押金就可以先住院治疗。推进公立医院改革试点工作，全部实行药品零差率销售和政府补偿机制，最大限度减轻患者就医负担。建立居民健康档案92.87万份，建档率85%，为500名白内障患者免费进行手术，为精神病患者免费送药4 380人次，发放轮椅200辆。免费进行孕前优生健康检查，孕妇产前和新生儿筛查覆盖率达90%，并将先天性遗传性疾病、心脏病和肢体发育障碍纳入筛查项目。“幸福家庭创建”成效显著，83 820个家庭达到幸福家庭标准。建设标准化校舍80 203平方米，校舍标准化率达100%。投入978.5万元建设覆盖全县中小学的信息技术网络。积极开展平安校园达标建设，成立校车管理办公室，购置国标校车166台，统一安装了GPS车辆运行监控系统，解决了15 000名中小学生及幼儿上下学乘车问题，投入504万元对校车进行奖补。全县学前一年入园率达96.8%。义务教育阶段毕业生合格率100%，义务教育完成率达96.8%，高中段入学率达92.9%高考再创佳绩，理科600分以上人数、考取清华北大人数均居外4县(市)区之首，并夺得全市理科状元。职业教育在校生总数达2 800人，对口升学率99%以上，就业率100%，实现各类培训2 000人以上。残疾儿童入学率达99.7%。开展食品药品专项整治行动22项，联合执法检查51次。投入166万元设立28个食品安全检测室，县、乡、村、组4级食品安全网络初步形成。新型农村合作医疗参合率达99.99%，住院报销最高限额提高到8万元。新型农村养老保险21万人，城镇居民养老保险参保人数达9 015人，新农保、城居保参保率分别达91.3%和91.7%；全县城镇低保8 781户、12 965人、月人均补助248元，农村低保23 240户、29 352人、年人均补助1 120元。筹资260万元建设救助管理站及流浪未成年人救助保护中心。全省首家县级爱心超市有效救助城镇10 000户一般低保户和1 000户特困低保户。

【农业农村工作】 全县粮食播种面积36.2万公顷，粮食总产量达62.4亿斤、棚膜蔬菜发展到1万亩，特色经济作物总产达82万吨、农机总动力达163万千瓦，农机保有量达8.5万台，农业综合机械化率达85%，继续保持全省领先水平。畜禽总量达2.4亿头(只)，肉类总产量达78万吨，实现牧业总产值83亿元，牧业人均收入3 700元，牧业小区1 385个、总投资2.65亿元，全面推进松城灌区一、二级泵站更新改造、水库除险加固、江河治理、农村饮水安全等工程，落实膜下滴灌面积4 768公顷。农民专业合作社突破1 200个，小型加工业发展到14 012户。转移农村劳动力35万人次实现劳务收入32亿元，比2011年增长6亿元。农业产业化龙头企业发展到30户，位于外4县(市)第一，投入2 469万元，加快推进37个省级示范村建设。完成造林878公顷。投资1.5亿元，实施农村电网改造。

【城市建设】 完成二道河子、伊通河滨水景观带、仿古一条街修建性详细规划、西部城区控制性详细规划和近期建设规划，将二道河子景观带列入省湿地环保项目。完成主城区城市沙盘制作。完成7个乡镇地形图测绘工作和规划修编前期准备工作。南部新城初具规模，收储土地165公顷，已开发建设140公顷。2012年，完成4期土地收储82.9公顷。启动三中、客运南站、回迁楼、廉租房和二道河景观带工程，开发建设高档住宅小区56万平方米。投资5 200万元修建和改造县城街路11条、7 587米，总铺装面积11.6万平方米。投资1.4亿元实施暖房子改造62万平方米，超出省下达指标32万平方米，撤并改造小锅炉6座，改造陈旧管网25.49公里。住房保障全面落实，“民生家园”一期竣工468套，分配入住232套。新建2栋、151套廉租住房，面积7 400平方米，回购72套。发放保障住房租赁补贴补贴2 310户、资金311万元，改造农村危房1 453户。棚户区改造上年结转5个地块，拆迁408户，建筑面积2.9万平方米，回迁408套，新开工2个地块，拆迁426户，建筑面积3.3万平方米，回迁410套；全县新开发楼房147万平方米。投资6 800万元的净水厂扩建工程陆续安装设备，2013年投入使用。投资5 400万元的垃圾处理场建成使用。投资450万元的粪便处理场土建工程已完成，正在进行设备安装。90%以上的乡镇实现了有下水、有路灯、有绿化、有便利交通的“四有”基础设施，投资1 031万元，在7个乡镇9个村开展农村环境连片整治工作，农村生活污水、生活垃圾和畜禽粪便处理率达80%以上。

【民主法制】 县政府自觉接受县人大、县政协的工作监督和民主监督，认真报告工作和执行各项决议，积极办理议案、提案和建议，办复率达100%，充分发挥了社会各阶层的参政议政作用。深入开展“法律六进”活动，充分发挥法律援助、司法调解和社区矫正作用，全县有社区矫正人员283人，无重新犯罪，在1 118个安置帮教对象中，有794人得到帮教和安置就业。筹办“吉林省暨长春市法制宣传日普法小分队服务基层活动”，省、市、县领导为全县16个普法小分队授旗、赠书。联合妇联、工商局、土地局等部门，开展适用法律法规宣传和维权活动。陈家店村被评为省级“民主法治示范村”，7个乡镇荣获长春市首批“模范法治乡镇”荣誉称号。

（苏　鹏）

2012年农安县国民经济和社会发展主要指标完成情况

指标名称	单位	实际完成	比2011年±%
国内生产总值	亿元	336	5.6
第一产业增加值	亿元	94.1	5.6
第二产业增加值	亿元	98.8	5.5
第三产业增加值	亿元	143.1	5.6

续表

指标名称	单位	实际完成	比 2011 年 ± %
全口径财政收入	亿元	22.3	10.9
财政支出	亿元	36.7	0.8
固定资产投资	亿元	160	28
规模以上工业企业户数	户	84	0
规模以上工业总产值	亿元	192.8	28.8
社会消费品零售总额	亿元	102	20.7
城镇居民人均可支配收入	元	17 910	20.0
农民年均纯收入	元	8 910	10
普通中学	所	47	-0.06
普通小学	所	294	-0.06
卫生机构	所	-	-
教育支出	万元	87 759	8.4
科技三项经费	万元	534	48.3
医疗卫生支出	万元	38 325	13.2
人口自然增长率	‰	1.37	-

榆树市

【概况】 榆树市位于吉林省中北部，幅员 4 712.49 平方公里。耕地 389 633 公顷。其中玉米 289 441 公顷、水稻 72 440 公顷、大豆 6 463 公顷，菜类 9 949 公顷占幅员的 80.5%。林地 47 019 公顷，占幅员的 9.97%。境内有松花江、卡岔河、拉林河 3 大水系。辖 9 个乡、15 个镇、4 个街道，388 个村、12 个社区。有长春五棵树经济开发区、吉林省榆树环城工业集中区。全市总户数 4 424 929 户，总人口 1 304 436 人，其中农业户数 302 185 户，农业人口 1 099 616 人。有满、朝鲜、回、蒙古、哈萨克、藏、苗、彝、壮、侗、瑶、土家、黎、佤、达斡尔、羌、锡伯、白、傣、傈僳 20 个少数民族，人口 20 397 人，占总人口的 1.6%。榆树市是全国重点商品粮基地县（市）之一，连续 9 年夺得全国粮食生产先进县（市）标兵。榆树市连续 6 年跻身全国最具投资潜力中小城市百强，被评为国家级现代农业示范区、国家级生态示范区、全国农产品加工创业基地、全国产业发展能力百强县市、中国 10 大最具幸福感城市（县级市），综合实力跨入全省第 5 名。2012 年，地区生产总值达 340.5 亿元，比 2011 年增长 12.9%；全口径财政收入 15.7 亿元，本级财政收入 12.5 亿元，比 2011 年增长 25%，全社会固定资产投资累计完成 240 亿元，比 2011 年增长 37.3%；城镇居民可支配收入、农民人均纯收入分别达到 16 211 元和 11 936 元，比 2011 年增长 17.7%和 18.1%。

【农业】 2012 年，榆树粮食总产量 32.1 亿公斤。科学调整粮食作物播种 35.3 万公顷，玉米种植面积 29 万公顷，比 2011 年增加 0.67 万公顷。新建标准化水稻育秧大棚 6 267 栋，落实补贴资金 1 728.5 万元。测土配方施肥新化验土样 6 500 个，17.7 万公顷。灭鼠面积 43.96 万公顷，赤眼蜂防螟面积 28 万公顷。落实万亩高产示范方 49 个，保护性耕作 4 万公顷。建立试验、示范、高产攻关田 200.3 万公顷。开展农民科技培训，培训农技人员 200 人次，科技示范户 3 000 户，骨干专业农民 2 000 人次，培训农民 30 万人次。投入 1.4 亿元，落实指针式喷灌机 322 台，覆盖农田 1.3 万公顷。新农村建设，完成 36 个示范村项目建设，争取项目投资 2 490 万元，补助资金 673 万元。完成 36 个示范村水泥路户户通、排水工程、村部广场建设。新修水泥路 38 公里，路边沟 30 公里，广场 17 400 平方米。组织 40 名示范村书记赴河南考察新农村建设工作，参观全国新农村建设典型新乡县七里营镇刘庄村，河南省典型巩义市康店镇庄头村，组织 72 名村书记参加全省村干部培训。农机总动力发展到 110 万千瓦，拖拉机保有量 3.5 万台。固定资产 50 万元的农机大户有 223 个，发展农机合作组织 154 个，全程机械化作业面积 13 万公顷，综合机械化水平达到 81%。全年农机作业日出勤机车 3 万台，旱田深松深翻整地10 万公顷，旱田机械播种 24 万公顷、机械植保 16 000 公顷，水稻机插秧 3 万公顷。生猪、牛、家禽分别发展到 640 万头、169 万头和 4 760 万只，牛、家禽比 2011 年分别增长 2.4%和 0.7%。肉、蛋、奶产量分别达 60 万吨、12 万吨、4 万吨，新建牧业小区 32 个，牧业产值实现 65 亿元。开展猪瘟、禽流感疫苗免疫，五大疫病免疫率 100%。加强基础设施建设，投入资金 517.47 万元，新建畜牧站 7 个，改建畜牧站 5 个。

【民生工作】 1.就业率增加。2012 年事业单位改革 4 066 名待岗人员全部上岗。开发就业岗位 7 017 个，完成任务目标的 140%。城镇新增就业 6 056 人，完成任务目标 137%。城镇失业人员再就业人数 3 018 人。农村劳动力转移就业 50.38 万人，完成长春市任务目标（27 万人）的 187%，完成榆树市任务目标的 115%。劳务经济收入达83 亿元，完成长春市任务目标（27 亿元）的 307%，完成榆树市任务目标的166%，农业政策性保险资金全部拨付。2.社会保险水平提升。城乡居民社会养老保险参保人数 40.6 万人，收缴保险费 9 000 万元。城镇基本医疗保险参保人数 25.45 万人。城镇职工基本医疗保险参保人数 83 225 人，完成任务目标的 104%。职工生育保险参保人数达到 45 108 人，完成任务目标的 125%。工伤保险新增 2 082 人，完成任务目标的 104%。工伤保险参保人数达 1.31 万人，完成任务目标的 119%。提高离退休人员养老金标准，月人均增加 174.13 元，按月足额发放率 100%，社会化发放率 100%。第一批五七家属工参保工作全部结束，受益人数 1 674 人。3.社会救助强化。完善《榆树市城乡居民临时救助实施办法》、《榆树市城市低收入家庭认定实施细则》、《榆树市城乡低保审批评议实施细则》等文件，社会救助制度更加科学规范。城市低保月人均保障标准和补差标准分别由 220 元、180 元提高到 245 元、230 元；农村低保年人均保障标准和补差标准分别由 1 400 元、800 元提高到 1 500 元、1 000 元。五保、优抚和低保对象大病医疗个人承担部分救助比例提高到 70%，住院救助年封顶线 10 000 元，特殊门诊大病年救助封顶线为 15 000 元。筹资 829 万元，资助农村五保、优抚和低保对象 80 963 人参保参合。筹资 2 124 万元，为 6 080 名贫困大病患者提供医疗救助。筹资 41 万元，按每人每月 700 元标准为 294 名孤儿发放了生活费，孤儿福利保障体系基本形成。健全农村残疾人康复服务体系，乡镇街共设置康复室 22 个，设置率达到 80%；村、社区共设置康复室 240 个，设置率 60%。4.推进城市建设。西部新城区 1.28 平方公里区建设全面铺开。三康路等新城区街路建成使用，繁荣大街南段、铁北路、五号路等 3 条新建街路基础完工，新城区集中供热站启动实施。投资 19.4 亿元，新开发建设楼房 81 万平方米。棚户区改造 8.4 万平方米，2 个结转棚改项目开工建设，6 个新区段纳入改造。改造旧楼房供水 20 栋，改造平房枯水区管网 4 处，新增全天供水用户 1.5 万户。改建、扩建供热站 2 座，撤并小锅炉房 16 座，改造老旧供热管网 35 公里，提升集中供热能力。完成 4.5 公顷的立交桥环岛绿化，工农大街、新民大街等 16 条街路及各休闲广场绿化彩化形成一街一品、各具特色的格局。5.教育均衡发展。完成西部新城区义务教育学校开工工作。推进校安工程，投资 1.43 亿元，改造学校 73 所，重建校舍 88 栋。投资 2 700 万元，购置 90 辆标准校车，在全省首推了“政府主导、部门联动、公司运营”管理模式，制定出台《校车安全管理办法》，解决了 13 000 名中小学生上下学的交通问题。高考成绩再创佳绩，600 分以上 77 人，长春地区外 5 县市（区）文科状元在榆树市产生。6.医疗服务保障水平提升。投资 450 万元，41 家预防接种门诊投入使用。新型农村合作医疗参合农民 975 899 人，参合率 97.59%，筹资 2.83 亿元，新农合人均标准提高到 290 元，封顶线提高到 10 万元，慢性病报销病种由 30 个扩大到 39 个。送医药下乡，开展义诊、捐助药品，进行健康知识讲解活动。发放宣传单 5 000 张，宣传手册 1 000 册，义诊 2 100 余人，发放 20 多个种类的药品累计 5.5 万余元。7.城市安全加强。开展安全隐患排查，排查整改安全隐患 786 处。加大信访维稳工作力度，制定实施了《关于进一步加强信访稳定工作的意见》。市长公开电话办理成果显著，对群众的咨询和投诉积极给予解答，或转交相关部门办理。深入开展领导干部大接访和市长（局长）接待日活动，全市信访态势得到有效控制。健全社会治安综合防控体系，扩大城市监控系统工程覆盖范围。全市发生命案 19 起，破获 18 起，破案率 94.7%；抢劫案 128 起，破获 59 起，破案率 46%。对全市 600 余家生产企业进行全面监督检查，查处各类违法案件 76 起。深入开展药品生产流通领域集中整治行动，药品生产经营使用监督覆盖率 100%。开展交通安全秩序专项整治，严惩公路“三超”、酒后驾车、肇事逃逸等交通违法行为，净化了客运市场秩序。8.强化文化基础建设。2012 年，榆树文体活动中心室外场馆免费开放，容纳 4 000 人的健身会馆投入使用。打造省级农村文化大院 68 个，开展全民阅读活动。清理整顿文化市场，加大扫黄打非力度和网络安全监管。演播大厅投入使用，直播和制播能力明显提高。9.改善生产生活环境。启动新城区污水处理厂管网及再生水工程。污水处理厂、垃圾填埋场、医疗垃圾焚烧站平稳运行，老旧小区环境综合整治面积 20 万平方米。排查锅炉 316 台（套）。专项整治市区内餐饮业户原煤散烧违法行为，检查 546 户。市区大气优良级天数连续五年突破 330 天，居长春市之首。开展 2 次饮用水源地保护区专项检查，水源地水质达标率 100%。在 388 个村全面推广实施“分类收集、集中堆肥、统一还田”治理模式，对生活垃圾与畜禽粪便实行转化利用，农村环境持续改善。10. 实施便民惠民措施。新建廉租房 20 437 平方米，发放租赁补贴 4 200 户、710 万元。实施“暖房子”工程 79.6 万平方米，改造旧楼房 153 栋，惠及居民 1 万户。投资 2 亿元，完成科铁西线 15 公里中修工程，建设农村公路 357 公里，改造危桥 12 座。榆树公园通透式景观改造工程全部完工。霸家湖近郊生态公园规划进入专家评审阶段。行政事业单位职工住房公积金，由 50 元 / 月提高到 130 元 / 月。加强项目人员动态管理，优化审批流程，压缩审批时限，政务服务中心标准化和信息化水平得到有效提升。

【林业】 1.集体林权制度改革。在 2010 年林改基础上，逐村逐小班复查外业，严格复查宗地面积、蓄积、株数，宗地权属及宗地边界四至。2.完成造林绿化。开展“绿化美化村屯、创建绿色家园”行动，绿化美化村屯 60 个，有效改善农村脏、乱、差的落后面貌，提高人居环境质量，完成荒山荒地造林 270 公顷。3.落实森林防火。强化措施，严格布防，加强基础建设，投资 46 万元修建瞭望塔一座，添置 20 万元应急储备物资。森林防火工作有备无患，全年没有出现森林火灾火警现象，实现连续 32 年无重大森林火灾发生。4.森林资源保护取得新成果。加大各类林业犯罪的惩处力度，遏止犯罪现象发生，处理各类林业犯罪案件 26 起，处理违法责任人 26 人。5.农防林更新改造。实行市场化运作,确保采伐公平、公正、公开,完成农防林采伐工程 4 万立方米,农防林更新造林 87.45 公顷,134 条林带,覆盖 13 个乡镇。

【城乡建设】 1.房地产业平稳发展。楼房开发建设投资 168 000 万元,在建工程 42 项、129 栋、81 万平方米。棚户区改造投资 3611 万元,建设回迁安置住房 84 095 平方米、1 029 套。廉租房保障投资 5 510 万元,完成龙祥花园小区 20 437.32 平方米、414 套廉租房建设,核准发放租赁补贴 4 200 户、710 万元。2.加快公用基础设施建设。城市供水工程投资 1 117 万元,改造旧楼房供水系统 20 栋、1 125 户。建设 600 立方米二次供水加压泵站 1 处,二次供水并网 9 处,平房枯水区管网 4 处,新打水源深井 4 眼。市政道路建设投资 2 990 万元,完成 8 条道路排水改造工程。“暖房子”二期工程投资 16 897 万元。改造楼房 153 栋、79.6 万平方米,塑钢窗更换 95 480 平方米。民用天然气投资 1 100 万元,完成汽车加气站建设工程,投资 300 万元。污水处理工程投资 1 400 万元,启动污水处理厂配套管网(西部新城区管网)及再生水工程。园林绿化工程投资 2 351 万元,绿化面积约 12.9 公顷。农村危房改造 D 级危房 5 383 户、C 级危房 3 025 户。3.加强城乡规划管理。《榆树市城市总体规划(2006—2020)》重新修编,完成评估工作。全年规划审批 90 项、119 万平方米,完成规划设计 119 项、岩土勘察 89 项、测量任务 192 项。简化审批程序,加强招投标管理,备案建筑工程 42 项、129 栋、81 万平方米。强化质量监督管理,监督建设工程 40 项、947 795 万平方米,查处违法建设 174 件。录入产籍档案 30 万卷,实现产籍档案电子化管理,办理产权登记 3 389 户。

【招商引资】 实际利用内资 28.8 亿元,实际利用外资 5 490 万美元。1.开展招商引资活动。参加中国吉林——美国、加拿大经贸交流会,商务部组织的跨国公司在华投资说明会及海外定向招商经验交流会,“吉林省——新加坡中华总商会合作交流会”,赴台湾开展经贸交流活动,就台湾金门高粱酒项目进行接洽,参加广东商会成立 5 周年庆祝大会,参加第一届中国(北京)国际服务贸易交流会,榆树市委书记李国强随同以省委书记孙政才为团长的吉林省党政经贸代表团赴韩国及东南亚等国经贸交流活动,推进与泰国年产 1 亿只肉鸡生产线屠宰加工项目。市长李洪亮带领“两区”领导赴湖南省考察洽谈项目。在第十一届中国长春国际农业·食品博览(交易)会上,签约两个项目在第八届中国吉林·东北亚投资贸易博览会上,推出对外经济合作重点项目 54 个。与长春恒丰机械制造有限公司、长春隆榆生物科技有限公司等 108 家企业洽谈,签订合作意向 7 份,达成协议 2 份。签约项目有两个,总投资达 53.5 亿元。2.做好项目洽谈。考察北京标准水务公司,洽谈五棵树污水处理场建设项目。与湖北稻花香集团签订投资 3 亿元的白酒项目协议,与云南普尔顿集团、西安皓天生物工程技术有限责任公司、吉林省丰实穗杰农业生态产业有限公司、新奥集团等 15 家洽谈项目。3.在建项目建设推进。全市在建项目 32 个,项目总投资 259.91 亿元。新开工项目 22 个,总投资 124.66 亿元。扩、续建项目 10 个,总投资 135.25 亿元,其中,内资投入 44.75 亿元,外资投入 90.5 亿元。3 000 万元以上项目 10 个,1 亿元以上项目 9 个,10 亿元以上项目 5 个。4.贸易活动加快。举办榆树市第二届消夏节暨国际美食文化节,参展企业 200 家,比第一届增加 30%,展销商品涉及装饰装潢材料、建筑陶瓷、卫生洁具、家俱、日用百货等 2 万余种,参展销售额 1 千万元。

【两区建设】 长春五棵树经济开发区地区生产总值完成 105 亿元,比 2011 年增长 30%;工业总产值完成 97.5 亿元,比 2011 年增长 35%;工业增加值完成 31.2 亿元,比 2011 年增长 28%;一般预算全口径财政收入完成 7 134 万元,比 2011 年增长 20%;固定资产投资完成 73 亿元,比 2011 年增长 35%;基础设施完成 1.4 亿元,比 2011 年增长 12%;招商引资实际利用内资 70 亿元,比 2011 年增长 31%;实际利用外资 1.3 亿美元,比 2011 年增长 35%。在全省 42 个开发区县域综合实力排名中列第四位。招商引资新突破,同 20 个国内知名大集团、大企业开展招商活动。项目建设有新进展,新建和续建项目总投资 120.9 亿元,其中超亿元项目 14 个。续建项目 7 个,新开工项目 7 个。

环城工业集中区生产总值 105 亿元,比 2011 年增长 23%;固定资产投资 37.5 亿元,引进内资 18.6 亿元。开工建设的项目 18 个,其中扩建项目 10 个,新开工项目 8 个。重点续建项目有大连实德集团年产 16 万吨节能建材项目、华泽集团榆树钱酒业新基地项目、京粮集团古船米业 30 万吨稻米加工、仓储、物流基地项目。吉林鑫华裕农业装备有限公司 4YZ-4 型自走式玉米联合收获机生产项目。

【环境保护】 1.加强环境监管整治和审批。清洁生产,推进结构减排,用于减排设施建设和环评费用资金 300 万元。组织环保、工商、公安等部门开展联合执法行动 6 次,集中组织监察执法人员开展专项检查 11 次,突击检查 8 次,检查重点企业和业户 1 035 户。新建项目审批 212 户。环评、“三同时”、验收执行率 100%。为金融部门提供环境违法企业 23 家,提供减排信息 15 条,拒绝授信 6 家。2.深化环境整治。实施“蓝天工程”,检查生产和采暖锅炉 216 台(套),对 12 家废气超标单位进行限期治理,督促 25 家餐饮业安装油烟净化装置,有效遏制油烟污染。对水源地保护区集中检查 4 次,关停违规建设项目 2 个,责令 3 家违法企业限期改正;对城市饮用水源和境内“一江三河”段面开展常规性监测,对全市生产型化工、医疗、屠宰等重点废水治理行业随机跟踪监测,境内“一江三河”流域水质稳中有升,城市集中饮用水质达标率 100%。组织夜查工地 38 次,对 7 家工地进行处罚。开展“绿色护考”行动,为中高考考生营造安静舒适的应试环境。3.推进生态建设。创建榆树市级生态村48个，争取吉林省第2批农村环境连片整治示范项目20个，项目总投资2 514万元，涉及20个乡镇，110个自然屯，受益人口10万人，解决农村生活垃圾、生活污水、饮用水水源地保护，畜禽养殖类便等污染环境问题，改善了农村环境。

（贾淑华）

2012年榆树市国民经济和社会发展主要指标完成情况

指标名称	单位	实际完成	比2011年±%
国内生产总值	万元	3 405 056	12.9
第一产业增加值	万元	962 246	7.1
第二产业增加值	万元	873 814	17
第三产业增加值	万元	1 568 996	13.9
工业总产值	万元	2 877 046	28.1
农业总产值	万元	1 693 004	8.6
全口径财政收入	万元	128 500	27.9
本级财政收入	万元	100 200	33.9
财政支出(一般性预算支出)	万元	405 000	11.2
固定资产投资额	万元	1 978 000	70.6
社会商品零售额	万元	938 000	16.1
新增外商投资企业	个	4	–
新增实际使用外资额	万美元	5 490	–
个体私营企业	个	79 760	–
民营经济增加值	万元	2 831 000	29.9
年末在岗职工人数	人	36 260	–
非私营单位在岗职工年人均工资	元	31 000	–
城市居民人均可支配收入	元	16 200	8.2
农民人均纯收入	元	11 001	29.9
普通中学数	所	56	–
普通小学数	所	320	–
各类医院	所	40	–
教育经费总额	万元	98 000	28.6
科技三项经费	万元	1 099	–4
卫生事业费	万元	9 800	8.2
城区绿化覆盖率	%	24.6	–
人口出生率	‰	6.6	–
计划生育率	%	92.77	–
人均地区生产总值	元	31 126	15.3
城乡居民储蓄存款余额	万元	1 098 000	23

德惠市

【概况】 德惠市南与长春市接壤，北与松原市毗邻，距吉林市110公里。市区距长春龙嘉国际机场80公里。幅员3 435平方公里，辖16个镇、4个街道，总人口100万，其中农村人口75万。有汉、满、蒙、回、朝鲜等15个民族。德惠市资源丰富，是东北最大轻体建材生产基地。耕地面积32.4万公顷，占幅员的62.3%，盛产玉米、大豆、水稻和瓜菜。是全国重点商品粮基地县之一，是著名的中国肉鸡之乡、肉牛之乡。

【国民经济】 全市地区生产总值实现350亿元，比2011年增长16%。一般预算全口径财政收入实现17.5亿元，比2011年增长30.6%。其中，地方级财政收入实现11.4亿元，比2011年增长30.5%。固定资产投资实现190亿元，比2011年增长33.3%。城镇居民人均可支配收入达17 100元，比2011年增长13%。农民人均纯收入达9 160元，比2011年增长13%。

【招商引资】 围绕“五大支柱产业”精心

谋划，以"三区两园"为有效载体，扎实地开展了第五轮"招商引资九个月攻坚"行动，取得了明显效果。全市共引进项目227个，合同引资额272.5亿元，实际到位资金95.5亿元，引进外资6 735万美元，比2011年分别增长5%和19.6%。在开工建设的项目中，投资超亿元的项目31个，超10亿元项目4个。

【工业项目建设】 把50个重点项目落实到10个重大项目推进组全过程跟踪服务。大成公司通过设备更新和技术改造，赖氨酸年产量达30万吨，市场份额占全球三分之二以上，拥有产品国际定价权。20万吨赖氨酸硫酸盐项目生产车间已建成使用。中国航天海鹰集团、长春安可精密电子有限公司、卡尔蔡司夹具系统长春有限公司、长春蓝天高新技术密封材料有限公司的产品广泛用于航天、军工、通信等领域，部分技术达到国际先进水平。

【园区建设】 德惠经济开发区新建、续建工业项目42个，在谈项目12个。入区企业达168户。其中，工业企业115户。米沙子工业集中区完成招商引资28.4亿元，新建项目46个。入区企业达126户。超10亿元的项目8个，超亿元的项目15个。高速公路出口工程主体完工。在全省集中区评比中，综合实力位列第一。长德新区圆满完成了起步区40平方公里，涉及5个村、22个自然屯、2 639户的土地房屋征收工作任务。征收有照房屋29.8万平方米，附属建筑物80万平方米，依法拆除违章建筑60万平方米，发放"两费"补偿和房屋征收款22.7亿元。基础设施建设项目总投资90.19亿元，建设起步区七横五纵主干路网及连接路29条，各道路总长103公里。建设尚德华园回迁小区、长德建投大厦、建设污水处理厂、热电厂、锅炉房一座、换热站两个。引进总投资260亿元的东北亚国际医药港、生命东北金融城、宏展汽车零部件等16个项目已经落位。新签约计划投资610亿元的长春名嘉广场城市商业综合体、长德国际商贸物流城等4个项目。大成(德惠)生化工业区架设了66千伏双回线路，建成了陆港及铁路专用线。朱城子食品加工产业园新拓展2平方公里。总投资6.6亿元的达利休闲食品、饮料扩建项目完成投资6.3亿元，新上休闲食品生产线8条，改造饮料生产线2条。汇商健康产业园和汇商新型建材产业园已有5户企业入驻。万宝化工产业园规划、建设1平方公里，昆仑能源、昆仑利用、珈士濠玄武岩纤维项目已成功签约。

【民营经济】 通过开展"中小企业成长工程"、"民营经济新一轮腾飞"、"乡镇企业创业杯"活动，"牵线搭桥"以"银企对接"、中介担保等方式，帮助企业贷款近15亿元，协助企业向上争取各级、各类专项扶持资金近500万元，企业实现了技术改造或新产品开发，促进企业发展壮大。2012年，全市中小企业主营业务收入实现1 014亿元，实缴税金9亿元，比2011年分别增长30%和52.2%。

【农业】 推进粮油高产创建整体推进县项目，建设粮油高产创建示范片25个，带动面积21.33万公顷。园艺特产业种植面积发展到2.33万公顷，实现产值22.2亿元。粮食总产量21.85亿公斤。牧业生产抵御了市场波动，新建、扩建标准化牧业小区66个，完成9个乡级畜牧站建设任务。2012年末，肉鸡出栏达2.4亿只，规模化饲养蛋鸡达450万只，生猪发展到300万头，牧业产值实现71亿元。连续两年被国家质监总局认定为全国出口禽肉质量安全示范区。农业基础设施完成了塘沽围堤一期度汛工程、重点县尾工工程和伊通河护岸工程，推进了中小河流沐石河治理、塘沽围堤二期工程和松沐灌区节水改造与续建配套工程。植树造林250公顷，50个村屯绿化工作全部通过省里验收。完成深松整地5.33万公顷、保护性耕作1.47万公顷。

【新农村建设】 实施新农村建设示范提升工程，投入4 660万元，重点打造了6个样板村。共完成省级新农村建设项目31个，促进了公共基础设施建设和公共服务向农村延伸，实现了新农村建设重点推进、整体提升。完成31个示范村年度建设任务。新修农村公路水泥路110公里，改造危桥16座，农村公路通村率达99.7%。全面落实各项强农惠农政策，发放各类补贴资金4 855万元，农业保险参保面达5.67万公顷，争取理赔金资金1 700万元。

【城乡建设】 开展城市规划区内土地房屋征收工作，征收有照房屋和附属建筑物8.7万平方米，依法拆除违章建筑1.3

德惠市德大广场

万平方米。投资 6.8 亿元,修建城区道路 31 条,总面积 61.3 万平方米。影响城市发展的 15 个道路重要节点全部打通,“内路成网、外路成环”的路网格局基本形成,通达能力得到全面提升。群众接待服务中心及行政办公中心已经投入使用,4 平方公里的东部新城初具雏形。高铁德惠西站已竣工,高速铁路已试运行,站前广场完成初步建设,3.5 平方公里的西部新城框架已经形成。东部行政、西部商住、南北工业支撑的城市发展框架基本拉开。建设同太、朱城子等变电所 8 座,改造 10 千伏线路 197 公里,新建输电线路 125 公里。

【民主法制】 市政府自觉接受人大法律监督、工作监督和政协民主监督,全年办理人大代表意见、建议 49 件,政协委员提案 40 件,答复率均达 100%。制定和完善了《国有资产处理监督管理办法》、《政府投资基本建设项目评审办法》、《乡镇财政管理体制的意见》、《国有建设用地使用权出让试行办法》等一系列规定,使政府决策有章可循,落实有规可依。加大了财务收支、专项资金和经济责任的审计力度,确保了各项资金安全有效使用。组建了政府法律顾问团,依法行政能力不断增强。事业单位清理规范工作顺利推进。事业单位机构由 589 个减少到 309 个,减少 47.5%。

【民生事业】 2012 年年初制定的 10 大类 100 项民生行动计划任务全部完成,围绕民生工作总投入超过 20 亿元。“十件惠民实事”全部完成年度任务。完成“暖房子”工程 66 万平方米。完成廉租房建设 3 万平方米。农村饮水安全工程铺设管网 80 万米,新解决了 7.4 万农村人口饮水不安全问题。城镇新增就业岗位 6 750 个。职工养老保险、失业保险参保扩面工作均超额完成任务。新型农村社会养老保险达 33.7 万人,参保率位居全省前列。发放城乡低保金 1.15 亿元。在全省率先开展了新的被征地农民养老保险,受益农民近万人。在乡镇卫生院全面实施基本药物制度,药品价格平均下降 20%。新农合基金累计支出 1.9 亿元,使用率达 90%以上。高考一般本科进线率连续六年、重点本科进线率连续两年居长春外县市首位。运行路线覆盖全市的 74 辆校车运营顺利,更新更换出租车 667 台。德惠市被科技部确定为国家知识产权试点县。全国“两会”和“十八大”期间,实现了进京上访零登记、零非正常上访、零越级到省市集体上访的“三无”目标。“天网工程”安装监控探头 3 418 个,城区电子监控覆盖率达 80%以上。公安机关破获各类刑事案件 767 起,抓获网逃 191 人,命案综合破案率达到 100%。开展了“新一轮清剿火患”整治行动,市消防大队被公安部评为“全国清剿火患战役成绩突出公安消防大队”。市长公开电话办结率达 99%以上,成功处置 11 起应急公共突发事件。

(王明祥)

九台市

【概况】 九台市位于吉林省中部,东经 125° 24′ 50″ ~126° 29′ 50″,北纬 43° 50′ 30″ ~44° 31′ 30″,属长白山与松辽平原过渡地带,四季分明。东及东北与舒兰市和榆树市为界;南及东南同永吉县接壤;西与长春市为邻;西南同双阳毗连;北及西北均界德惠市。辖 12 个镇、2 个民族乡、4 个街道,总人口 825 502 人。周边境线 381.5 公里,幅员 3 375.27 平方公里,地表结构为“三山一水六分田”。耕地面积 185 110 公顷,耕地土质肥沃,是国家主要的商品粮生产基地,盛产玉米、水稻、大豆、高粱、谷子,以及油料、甜菜、瓜果、蔬菜等作物,是各种杂粮、杂豆的高产区域,苗木花卉远销全国各地,被称为“北方苗木花卉之乡”。林地面积 56 089 公顷,森林覆盖率 15.67%,林木蓄积量 4 874 235 立方米。水域面积 22 726 公顷,总储水量 8 亿立方米,“一江三河”(松花江、饮马河、雾开河、沐石河)流经域内,坐落在西营城街道和东湖镇之间的石头口门水库是长春市最重要的水源地。煤、沙、矿泉水、沸石、钠基膨润土等矿藏资源丰富,年产 300 万吨优质煤的龙家堡煤田和吉林省单机最大、投资规模最大的华能九台电厂是矿产龙头企业。九台市处于长春市和吉林市之间的交通走廊地带和长吉经济圈的核心位置,九台火车站西距长春市火车站 50 公里,东至吉林市火车站 75 公里。长春龙嘉国际机场坐落境内。长吉高速公路、长吉北线公路、长吉城际高速铁路、长图铁路纵贯境内。长吉城际高速铁路在九台西营城街道设立中间站。被国家评为国土资源节约集约模范县、粮食生产先进县、科技进步先进县,被省政府评为全程农机化示范区工程先进县、第六次人口普查先进县、首批法制县(市)区创建先进单位。

【国民经济】 深入实施“三城并进、二三产业并举”发展战略,促进经济社会持续发展。到 2012 年末,全市地区生产总值 331.99 亿元,比 2011 年增长 13.5%。全口径财政收入 23.32 亿元,其中本级财政收入 15.12 亿元,分别比 2011 年增长 27.9%和 32.3%。工业总产值 481.95 亿元,比 2011 年增长 16.9%,其中规模以上工业总产值 355 亿元,比 2011 年增长 26.6%。固定资产投资 204 亿元,比 2011 年增长 59.61%,其中工业固定资产投资 146.91 亿元,比 2011 年增长 98.54%。社会商品零售额 89.98 亿元,比 2011 年增长 15.53%。城市居民可支配收入实现 16 291 元,比 2011 年增长 9.7%;农民人均纯收入实现 8 885 元,比 2011 年增长 14.8%。第一产业增加值 37.59 亿元,比 2011 年增长 9.0%;第二产业增加值 170.27 亿元,比 2011 年增长 16.5%;第三产业产增加值 124.12 亿元,比 2011 年增长 10.7%,产业比重由 2011 年的 11.3∶51.2∶37.5,调整到 2012 年的 11.3∶51.3∶37.4。累计引进投资 3 000 万元以上的工业项目 450 个,其中投资亿元以上项目 78 个,初步形成了矿产能源、机械加工、农产品加工、建筑材料等主导产业,工业经济主体地位已经确立。

【项目建设】 全市投资 3 000 万元以上的新建、续建项目 126 个,计划总投资 326 亿元。投资 5 亿元的内蒙古伊利冷饮、投资5亿元的香港荣昇杰森石膏板等37个亿元以上项目已经签约；投资4亿元的众翔机械精锻件、投资3.5亿元的银诺克药业等13个项目生产车间主体完工；投资3.2亿元的中财管道、投资1.4亿元的莱德科技等30个项目建成投产；龙嘉煤田保持300万吨产能，宇光能源新矿井开工建设，华能九台电厂实现纳税。

【民营经济】 民营经济实现总营业收入1 127亿元；实现增加值216亿元；上缴税金18.6亿元；企业户数达3 250户；三上企业达248户；个体工商户达70 350户；从业人员达23.5万人。获得了省政府颁发的“吉林省乡镇企业创业杯”荣誉称号。

【镇域经济】 为鼓励镇域经济发展，出台了《关于支持镇域经济发展的若干意见》和《关于加快民族乡经济社会发展的实施意见》，设立支持镇域经济发展专项资金2 000万元，支持两个民族乡经济发展专项资金400万元。镇域经济呈现出竞相发展态势，全年落实5大类57个项目，计划总投资141亿元，实现固投52亿元。其中，投资10亿元的其塔木镇综合商住项目，一期13.4万平方米主体工程完工；投资1.5亿元的东湖镇千亩棚膜蔬菜花卉产业园，建成温室大棚450栋，年增加收入2 600万元，解决1 800人就业；投资30亿元的龙嘉镇年3亿立方米天然气液化项目开工建设；投资10亿元的土们岭镇影视文化城、投资5.2亿元的波泥河镇肉鸡屠宰等一批大项目签约。全市乡镇房地产开发面积64万平方米，完成投资12.25亿元，是2011年的5倍。

【新城建设】 空港新城。城市总体规划获得省政府批复，空港经济开发区经省政府批准成立，空港新城的控详规、产业规划及各专项规划编制完成。总投资30亿元的新城中央大街、龙灵湖拦河闸和滨湖景观大道，完成道路基础、防渗墙施工及部分土方工程；投资22.5亿元的营城煤矿和林业棚户区万户新居工程，一期50万平方米开工建设；投资1.36亿元的站前广场和站北路工程，年内完成硬化和道路基础；投资7 000万元的庙香山休闲旅游度假区中级索道、3条高山雪道及造雪系统建设全部完成；污水厂、净水厂、热源厂、燃气站完成选址。空港新城基本框架已经拉开，为大开发、大建设、大招商奠定了坚实基础。卡伦新城。投资30亿元的吉大一院卡伦湖分院项目正式签约；投资18亿元的吉林工商学院新校区项目破土动工；投资8亿元的长春东北金属交易中心完成部分主体工程；投资1亿元的山水大道工程新城段竣工通车；投资1亿元的工业北区四期基础设施工程通过验收；投资1亿元的雾开河综合防洪项目完成一级钢坝闸和土方工程；投资3亿元的农民回迁楼一、二期工程全部竣工，可安置回迁农民976户。

【农业】 全面落实国家惠农政策，发放各项惠农补贴资金3.46亿元，农户平均获益2 160元。粮食生产战胜罕见的虫灾、洪灾和风灾等自然灾害，产量达到117.75万吨。全市经济作物种植面积达41 800公顷，形成了苗木花卉、粘甜玉米、水果蔬菜、绿色水稻、北虫草种植等特色产业。建成健康牧业小区35个，连续2年获得“国家生猪调出大县”奖励。粮食耕种收综合机械化水平达77.6%。农民合作经济组织发展到1 478家。落实科学储粮仓1.2万套。造林绿化4 267公顷。解决了3.5万人的农村饮水安全问题。投资1.78亿元实施了5座66千伏变电站等8个农村电网改造工程。加强30个省级示范村建设管理，培育了王家、荒山等5个新农村建设典型。培育了蔬菜及香瓜棚室设施种植、林蛙养殖林下经济、虫草特色种植、粘豆包特色加工等32个典型。财政设立农业发展基金300万元，主要用于对地方建设有突出贡献的金融机构实行奖励、农业贷款收益补偿、农村项目贷款风险补偿等。扩大农村有效担保抵押物4个。惠农补贴抵押贷款18 881万元、土地经营权抵押贷款7 035万元、房屋产权抵押贷款563万元、林权抵押贷款8 206万元。培训农民科技骨干3.9万人次，完成计划3万人次的130%。以科技效益年为依托，围绕玉米重点推广“一增六改”技术、水稻重点推广“三推三早一达标”进行科技培训。全年培训3.9万人次。举办电视讲座10余次、科技大集15场次、发放技术资料4万份以上、发放光碟1 000张以上。建设完成农产品质检中心3 600平方米，配置检测仪器设备61台套。以质量安全月、专项整治为重点开展质量安全检测，抽检品种42个，总样品2 890个，检测结果全部合格。全年检测高危品种7个，样品81个，总体合格率99.29%。开展全市利用赤眼蜂防治玉米螟146 667公顷。田间平均防治效果65%以上。挽回玉米产量损失5 500万公斤。在长春地区率先开展农村土地承包经营权确权试点，在土们岭马鞍山村5社，开展省级土地承包经营权确权登记试点，实测耕地面积93.81公顷，比二轮承包72.9公顷多20.91公顷，这项工作被省农委推荐申报国家级试点县。组织24家具有一定知名度的企业参加农博会，突出重点龙头企业，龙头企业占参展的60%以上；突出展示企业形象。在展厅整体布局上，以参展企业为主题，实施统一特装；突出优质农产品地位。清理种子企业11家，查处未审品种7个，查处种子案件9起，结案4起，没收种子6 000公斤，取缔非法经营种子业户5个，挽回经济损失700余万元。加强农药管理，检查农药经营单位95家，农药产品100多种，立案19起，结案19起，罚没累计金额为9 780元。完成肥效对比试验、参数校验试验、有机肥试验、菌剂试验等11个。建设示范区7个。有机质提升项目完成4 000余吨，实施近2 600公顷。土地承包纠纷仲裁24起，调解2起，撤诉11起。

【新农村建设】 在卡伦镇任家村，利用国家土地增减挂钩政策实施“两换两集中”模式建设，通过农民宅基地换房，土地经营权换社会保障和收益；分散居住的人口向城镇化新社区集中，分散的土地经营权向新型农业合作社集中，实现规模经营，建设现代农业，推进城镇化进程。

【林业建设】 开展生态治理攻坚战,清收蚕食林地4 467公顷,完成造林1 000公顷,实现停耕待植34 667公顷,完成总任务的93%。实现造林绿化4 267公顷。实施封山育林2 000公顷,投资300万元完成中日合作造林1 000公顷。受理查处各类涉林案件21起,规范了34个木材经营加工场所。完成无公害森林病虫害防治317公顷,检疫各类苗木473万多株,有效控制栎粉舟蛾等病虫害的发生。组织编撰完成《吉林九台湿地保护区项目可研报告》并经吉林省林业厅及专家评审通过;完成贫困场圃扶贫项目申报并得到省林业厅批复;完成绿化村屯50个的目标任务,并通过验收;争取到国有林场危旧房改造附属配套资金2 052万元;胡家林场的红松改培项目已获批复资金50万元。全年争取到项目资金4 100万元。吉森木业在波泥河栽植100公顷红豆杉并开展灌下造林项目,栽植率和成活率均达90%以上,配套的基础设施建设完成投资700万元。实现连续31年无森林大火,被评为"吉林省森林防火先进市"。

【城乡建设与管理】 3月12日,九台市城市总体规划得到吉林省政府批复;完成老城区排水、供热、燃气等专项规划的编制工作;东湖镇、卡伦湖镇、龙嘉镇的规划行政审批权划回九台市,九台老城实施建设项目35个,计划总投资164 643万元(不含房地产开发项目)。其中,政府投资类项目24个,投资92 143万元(财政投资84 181万元,BT方式融资7 962万元);企业投资类项目5个,投资72 500万元。城区绿化亮化工程总投资3 171万元,其中绿化工程完成投资2 611万元,新增绿地51.3公顷。主要工程有老城区17条街路绿化工程,栽植乔木4 308株,草花34万株;福临小区绿化工程,绿化面积11.7公顷,栽植乔木3 157株及模纹造型2.6万株;溪桥公园整修工程,恢复绿地2 464平方米;南山公园扩建工程,增加绿地5 895平方米,扩建健身广场3 000平方米;新洲公园绿化工程,完成音乐喷泉广场建设,绿化面积2.9公顷,水域面积1.1公顷;教育花园绿化工程,绿化面积2.88公顷,年末完成地形地貌改造和模纹建设。亮化工程,投资560万元,在规划一号路、二号路、前进路及部分巷路安装路灯251盏。2012年,城区路桥建设工程总投资10 153万元。主要工程有西公铁立交桥工程,投资1 830万元,现新建东侧框构桥实现通车;人民医院桥工程,投资1 154万元,长70米,双幅四车道,已通车;二号路桥工程,投资1 531万元,长67米,双幅四车道,已通车;沿河街东段、碧水北和党校北干渠道路工程,投资1 177万元,整体改造道路1 828米,面积2.07万平方米;巷路改造工程,投资2 500万元,改造巷道93条,16.5公里,11.8万平方米;新华大街西段启动工程,完成普查工作,6月底取得省国土厅集体土地预批复,启动拆迁工作;道路维护工程,投资461万元,维护曙光大街等城区道路路面、方砖4.14万平方米。省里下达市暖房子改造任务指标63.6万平方米,九台市实际投资11 500万元,完成改造186栋楼,63.8万平方米,受益居民9 000户,其中营城69栋11.5万平方米,主要工程包括外墙保温及外墙面装饰、屋面防水、门窗更换、楼道粉刷工程,安装热计量面积63.8万平方米,气候补偿器安装5座换热站和1座热源厂。政府负责直接建设的保障房计划总投资21.91亿元,其中2012年完成投资6.71亿元,包括廉租房项目、政府回迁楼项目、煤矿棚户区和林业棚户区改造项目、城市棚户区改造项目、沿河街棚户区改造项目、结核西棚户区改造项目(含文体中心)。全年房地产开发建筑施工116.98万平方米,完成投资22.24亿元,其中城区建筑施工52.98万平方米,完成投资9.99亿元,乡镇建筑施工64万平方米,完成投资12.25亿元,工程质量合格率100%。公益设施项目总投资8.21亿元,其中2012年政府投资8 698万元。包括人防工程项目、民生大厦建设项目、城区供水工程、供热管网改造项目、污水管网项目、天然气进城项目、南部新区商贸城项目。全年维护路灯4 790盏,亮灯率98%以上,维修道路面积39 327平方米,扶正马路边石720米,维修破损方砖2 050平方米;全年收缴维修基金525万元,2 386户,清除楼房脱落点153处,完成福星小区103栋楼屋面维修工作。

【环境综合治理】 清除、清运城乡各类垃圾18 400多吨、建筑残土5 000余立方米;清除背街小巷、城乡结合部、村屯卫生死角1 730多处;九台城区主要街路两侧新增设果皮箱400个,新建水冲式卫生厕所3座,维修破损公厕15座;清除各类野广告20 000余张,清理楼院、楼道堆放物18 000余件;清除街路两侧悬挂物2 100余件;完成49家洗浴锅炉改造任务;城区完成标准化街路牌118块,其中单牌22块,双牌96块,新的街路牌达到了大中城市的标准。完成规划一号路、二号路、前进路和工农大街和其余13条街路绿化。完成绿化面积近24万平方米,栽植行道树2 345株。南山公园整体改造项目启动,完成游泳馆和花窖场地清理和微地形处理工作,新建2个健身场地4 200平方米,全园栽植乔木117株,草花17 000株。完成计划拆除建筑物的前期准备工作。安装路灯251盏。延长交警执勤时间,出动警力6 400多人次,出动警车2 900多台次,处罚交通违法行为25 000余起,行政拘留56人,在城区设置临时执勤点4处,流动巡逻车8辆,安装抓拍设备8处,安装硬隔离栅栏3 500米,对境内国省干线每隔20公里设置电子抓拍设备7处。规范城区道路主要标志标线,对火车站前长途客运车辆实施临时迁址;客运南站开工建设;对站前32辆非法营运客车进行集中整治;城区1 567台出租车计价器全部安装完毕并投入使用;完成西出口6公里、九大公路九台东出口至苇子沟段6.9公里、四舒公路九台出口营城段7.3公里扩建改造工程。对主要街路各种占道经营行为进行了集中整治。西公铁立交桥拓宽工程,完工交付使用。改造巷路93条,改造186栋63.8万平方米,受益居民9 000户。其中营城69栋11.5万平方米,所有工程基本完工。

城区现有弃管楼院175个，改造完成104个，成立业主委员会96个。对党校桥以北干渠进行综合整治，整治面积18 000平方米。拆除师范附近、美食街后巷和火车站广场铁路家属楼后侧等大小违章建筑物37处；拆除福星小区和福临小区内违章建筑117处；会同相关乡镇拆除违建房屋32处；对东三角区28处违章建筑和沿河街15处危房进行了强制拆除。

【环境保护】 污水处理率95%以上。通过采用分批分期承建、半月调度机制，推进规模化养殖场污染治理工程建设。完成华能电厂1号机组烟气脱硝工程；采取“以奖促治”措施，全面完成52家洗浴业锅炉烟尘治理任务，全部更换了环保锅炉；完成11家生产锅炉限期治理。对6家噪声超标排放的歌厅实施限期治理。对石头口门水源保护区周边环境安全隐患进行集中排查。确保了全市集中式饮用水源地水质达标率保持100%。处理环境信访案件128件。环境信访案件处理率100%，结案率100%，满意率98%以上。经省环保厅批复，九台市第一批、第二批农村环境连片整治示范项目有10个乡镇、1个开发区、28个村，项目建设总投资2 380万元。

【民生工作】 本级财政累计投入8.4亿元实施了101项民生工程。1.就业富民。累计开发就业岗位9 868个，城镇新增就业人员5 788人，下岗失业人员再就业4 012人，大龄就业困难对象“4050”人员再就业346人，解决零就业家庭比率100%，城镇登记失业率始终控制在4%以内。灵活就业补贴发放率100%；发放小额担保贷款2 250万元；深入开展职业技能培训工作，下岗失业人员职业技能培训5 512人；农村劳动力转移就业培训16 720人，其中职业技能培训3 855人；创业培训570人，创业成功率55%。职业技能鉴定率96%，鉴定合格率85%。培训科技示范户1 000户，培训农民科技骨干3万人，培训和带动技术明白人16万人次以上。开展以“春风行动”为主题的“送岗到乡”、“送人到岗”招聘活动，全年召开各类招聘会54场次，达成就业意向17 680人。全口径劳务输出30.5万人次，其中农村劳动力输出27.3万人次，农民外出务工总收入23亿元。政府贴息创业贷款惠及小微企业490户，带动就业2 300余人。对符合安置条件的2 018名退役士兵和大中专毕业生全部进行安置。全面推行劳动合同制度，劳动合同签订率90%以上。积极维护农民工合法权益，清欠农民工工资1 200余万元，农民工工资清结率100%。全市农民专业合作社发展到1 300家，全部录入到微机管理系统，完成申评10家长春市级星级示范合作社工作。购置农业机械338台套，完成免耕播种面积12 333公顷。落实科学储粮仓12 000套，粮食产后减损控制在3%以内。投资1 700万元，实施国家新增千亿斤粮食工程，修建机耕路81公里，桥涵闸79座，渠道衬砌11公里，深水机电井30眼。提高了行政事业单位在职及离退休人员津补贴，人均月增长400元。出台《关于加快民族乡经济社会发展的实施意见》，设立支持镇域经济发展专项资金2 000万元，支持两个民族乡经济发展专项资金400万元。2.社保扩面。开展“新农保”、“城居保”参保试点工作，完成参保30万人，全市4.2万人参加基本养老保险，3.2万人参加失业保险，18.6万人参加基本医疗保险，其中城镇职工和城镇居民医疗保险分别达5.4万人和17.6万人，覆盖率分别达98%和95%。工伤保险参保41 436人，生育保险参保39 086人，大病补充医疗保险53 066人。启动了失业保险金发放工作，为6 500名粮食系统下岗职工发放失业金4 500多万元，为2 000名商业系统下岗职工发放失业金1 600万元。全面完成为企业退休人员增加养老金待遇工作。3. 扶弱助困。城乡低保实现应保尽保，城市居民最低生活保障标准达到每人每月225元，农村居民最低生活保障标准最高达每人每年1 400元。农村五保供养对象集中供养标准达每人每年2 700元，分散供养标准达每人每年1 700元。开展了“千户特困户结对救助”活动。对农村五保户、重点优抚对象遗体火化费每具补贴300元。投资360万元建成长春地区环境最好的九台市社会福利中心。601名老兵遗孀全部纳入农村低保范围，每人每年补助1 400元。为不满16周岁的孤儿发放生活补助，每人每月600元。率先在长春地区外县(市)实行临时救助制度，并首次对城市低保户发放冬季取暖补助，使城市低保户安全过冬。设立突发事件应急救助专项基金，对突发性、临时性原因造成基本生活出现暂时困难的家庭给予应急救助。实施“光明工程”，免费为白内障患者实施复明，实现有一助一。在全市范围内开展了农村孕产妇住院分娩补助。对艾滋病患者实行“四免一关怀”政策。实施贫困人员血液透析政府补贴政策，为全市1 306名90岁以上高龄老年人发放生活补贴，救助特困老年人600人。扶持“善满家园”建设，树立先进典型，召开千人参加的胡艳苹先进事迹报告大会，在全市开展学习活动。4.住房保障工作。全力推进安居工程，投资22.5亿元，启动了占地91公顷省内最大的煤矿和林业棚户区改造项目，建成后可实现11 950户近4万人整体搬迁。投资1.1亿元，在九台老城实施廉租房和政府回迁楼建设，666户居民迁至新居。启动了总投资15亿元的铁南沿河街城市棚户区改造项目，一期工程完成征收605户、2.24万平方米。投资2.5亿元，实施政府回迁安置工程，建设面积8.89万平方米、971套。投资4 120万元建设廉租房432套、2.06万平方米。投资11 500万元实施“暖房子”工程，完成改造186栋楼、63.8万平方米，受益居民9 035户。投资4 500万元对367栋总建筑面积182万平方米的严重老化的楼内管网进行了改造。为历史遗留未登记房屋核发房屋产权证5 212本，产权产籍登记备案。5.卫生保障。投资2.4亿元的省内一流的人民医院正式投入使用，设床位966张。投资1 000余万元新建和维修了18家乡镇卫生院，改造和扩建业务用房6 500平方米，全市乡镇卫生院基本达到了国家规定的面积和质量标准。新建九郊和营城两个社区卫生服务中心，社区卫生服务水平显著提高。新农合参合人员59万人，参合率达到常住人口的99%，封顶线达8万元。城镇居民医保最高补偿10万元，城镇职工医保报销最高达93%。投资180万元的鸡鸣山卫生院新建项目二楼主体封顶；投资1 878.87万元新建农村集中供水工程18处，解决2.12万农村居民和1.33万师生的饮水不安全问题。免费为全市符合计划生育政策，计划怀孕的农村夫妇及流动人口进行孕前优生健康检查，检查率达90%以上。6.教育均衡。投资8 000万元，完成16个“一乡一校”寄宿制学校附属工程建设任务。投资1 800万元，完成莽卡中心学校和庆阳中心学校2个“一乡一校” 寄宿制学校建设工程。投资6 000万元建设了新区实验幼儿园，满足南部新城区广大居民子女接受优质幼儿教育的需求。成立春天校车公司，116辆标准校车上线运行，解决了9 120名农村中小学生上下学交通问题。九台市实验高中希望高中班每年招收学生220人，享受“五免一补”待遇，生均年节约费用3 465元。投资3 000万元，为百所农村中小学配备了音体美卫及多媒体器材，装备了理化生等“五室”。职业教育专业设置18个，在校学生总数达3 500人，建成了职教中心校内实习实训基地和26个校企共建实习实训基地，职业教育就业率100%。九台市特殊教育学校和朝鲜族中学建成并投入使用。建成了拥有500G网上优质教育资源的九台市教育城域网，全市所有学校互联互通，实现优质教育资源共享。7.文化繁荣。全年开展群众文体活动18场次以上，成功举办了长春九台农民节和长春市第二届乡村旅游节等文化旅游活动。建设社会文化体育场地40处，投放器材295件。农村文化大院发展到193家，建成了公共图书馆、文化馆、少儿业余体校，并免费对市民开放。全市310个行政村建设了农家书屋，每个农家书屋藏书均超过2 000册。农村有线电视用户达8万户，卫星直播用户发展到14 880户。城区全部实现数字电视整体转换。放映农村数字电影3 720场次。投资83万元为13个文化站、7个社区配备了用于开展工作的设备。九台满族剪纸亮相上海世博会，庙香山休闲旅游度假区和碧水庄园景区被评为国家AAA级景区，九台市国家A级以上景区总量达10家，居长春市各县(市)区之首。加强对文化市场的监管，开展网吧、游戏厅、校园周边环境等专项整治活动，文化市场得到进一步净化。8.公共安全工作。加大了食品药品监督检验力度，对大米、食用油、饮料等15种大宗食品加工企业进行专项检查，监督检查合格率100%；对辖区内829家药品零售企业、28家医疗机构、158家个体诊所进行专项检查，没收各种假劣药品32个品种；严格实行动物检疫，加强肉品、奶品安全监管，销毁不合格畜禽产品，畜禽产品上市合格率100%。高度重视安全生产工作，经常性开展安全生产大检查和安全生产专项整治活动，积极开展隐患排查治理，依法查封取缔非法生产企业，安全生产规划目标基本实现。全力落实社会治安综合治理任务，加强公安“三基”建设，安装视频摄像终端200个。大力开展打黑除恶活动，严厉打击“两抢一盗”、黄赌毒等违法犯罪行为，命案当年破案率100%，社会治安环境持续好转。全力落实“信访积案化解年”活动，信访积案化解率95%。9.环境提升。开展了饮用水源地保护行动，对石头口门饮用水源地一、二级保护区进行全面排查，集中式饮用水源地水质达标率100%。开展了涉水企业排污情况检查行动，对松花江流域的屠宰、酿造、造纸、规模化畜禽养殖等重点排污企业进行专项检查。治理弃管楼院104个，新建营城建材市场。维修工厕40座，新建旱厕4座，建成水冲厕所2座，正在建设渗水井15眼。实施了南山公园、溪桥游园、沿河带状公园等建设工程，大力进行街道、小区绿化，城区新增绿地面积47 000平方米，公共绿化面积316.6万平方米，人均公共绿地面积8.21平方米，绿化覆盖率35.59%。建设便民广告栏50个。投资1.1亿元，建设天然气主管道24.7公里。投资1亿元的民生大厦完成工程主体。开展奋战150天城市环境综合整治行动，取缔占道经营和露天烧烤，规范牌匾广告、车辆停放等行为，依法拆除违章建筑5 460平方米。开展了治理沙场、整治石场和退耕还林“生态环境三项保护工程”，饮马河流域沙场全部关停，取缔非法采沙场30处，整合关闭采石场10家，清收蚕食林地4 467公顷。10.交通畅通。投资1.1亿元，实施了九榆公路九台出口、九舒公路九台出口、九台西出口改造工程，改扩建道路20公里。投资3 677万元，改造巷路93条，全长16.5公里，总面积10.1万平方米，铺设排水管道4.2公里，供水管道3.4公里。投资4 100万元，改造曙光大街排水主管网5 899米。投资2 685万元，实施了东公铁立交桥、二号路桥工程和东大桥改扩建工程，有效缓解交通运输压力。投资5 386.4万元，建设农村公路和乡村水泥路109.3公里。投资780万元，新建桥梁及危桥改造4座、165.16米。投资4 355万元，实施了长石公路黑林子桥至董家村段水毁恢复重建工程。投资2 000万元，启动了九台客运分站建设工程，占地面积15 000平方米，建筑面积4 797平方米，年底完成总工程量的40%。重点工程建设。万户新居工程。将营城煤矿棚户区改造、林业棚户区危旧房改造整合，进行异地新建，计划3年完成。选址在空港新城，项目占地面积110公顷，建筑面积93.5万平方米，总投资22.5亿元，安置煤矿和林业棚户区居民11 000户。2012年，施工图设计工作全部结束，三通一平建设任务已经完成；10月1日开始施工。民生大厦工程。选址位于九舒绕越线以南、长通路以西，建筑面积16 500平方米，总投资1亿元。目前完成总工程量的85%。2012年年底，会议大厅主体封闭，开始内部装饰；办公大厅6层主体完工5层；服务大厅及社保中心年2层主体完成1层。新市医院建设工程。项目总占地面积82 000平方米，建筑面积60 500平方米，总投资2.4亿元，设计病床966张，年门诊接待量50万人次，年接待住院患者5万人次。该项目于2009年6月破土动工，2012年9月28日，市医院全部搬入新楼，投入使用，是省内一流的县级医院。客运南站项目。项目总占地15 000平方米，站舍面积4 800平方米，计划总投资2 000万元。新建客运站按照国家二级标准客运站设计，是集售票、候车、检票、餐饮、住宿、发车场、停车场、车辆技术状况检查站等为一体的多功能客运站。2012年年底主体框架已经完成。实验幼儿园项目。项目选址在南部新城区，主要是满足南部城区居民幼儿教育的需要。项目计划总投资4 000万元，占地25 000平方米。建设幼儿教学楼1栋，面积8 000平方米，24个教学班，计划容纳720名幼儿；新建室外活动场地一个，面积10 000平方米。工程于2012年4月10日开工建设，年底已经竣工，首批36名幼师公开招聘完毕。南部新区市场工程。工程占地面积6.5万平方米，建筑面积17.6万平米，其中住宅9.5万平方米，商业8.1万平方米。规划停车场8 500平方米，公共绿地1万平方米。2012年底商业部分主体完成，正在进行内部装饰，工程预计完成投资3.5亿元。

【民主法制】 健全完善了政府决策和会议制度，出台工作规则、新闻发布等规范性文件19个。加强政府采购和工程招投标管理，严格200万元以上项目的审批程序。全年办理人大意见、建议54件，政协提案20件，办结率和满意率均为100%。强化应急管理，畅通诉求渠道，突发性、临时性事件及群众反映的问题得到及时有效解决。深入推进"六五"普法和"五五"依法治市工作，干部群众的法律观念明显增强。全面开展了创建"三满意机关"、"廉政风险防控"、"四力学习"等活动，软环境工作排名由全省第34位上升至第12位。

（李海英）

2012年九台市国民经济和社会发展主要指标完成情况表

指标名称	单位	实际完成	比2011年±%
国内生产总值(快报数据)	万元	3 319 901	13.5
第一产业增加值	万元	375 945	9.0
第二产业增加值	万元	1 702 746	16.5
第三产业增加值	万元	1 241 210	10.7
工业总产值	万元	4 819 518	16.9
农业总产值	万元	697 384	8.3
全口径财政收入	万元	233 166	27.9
本级财政收入	万元	151 235	32.3
财政支出(一般性预算支出)	万元	381 888	8.6
固定资产投资额	万元	2 046 240	59.61
社会商品零售额	万元	899 838	15.53
城镇非私营单位年末在岗职工人数	人	42 381	-2.1
全部在岗职工年人均工资	元	31 130	29.85
城市人均可支配收入(预计数)	元	16291	9.7
农民人均纯收入(预计数)	元	8 885	14.8
普通中学数	所	35	0
普通小学数	所	200	-9.91
各类医院	所	38	2.7
人口出生率	‰	8.5	0.085
人均地区生产总值(预计数)	元	39 797	14.7
城乡居民储蓄存款余额	万元	1 304 575	27.9

朝阳区

【概况】 朝阳区位于长春市区中南部，是长春市科技、文化、经济、教育、商贸中心城区。下设重庆、永昌、清和、红旗、桂林、湖西、南湖、前进、富锋9个街道，53个社区，2个镇，24个行政村，以及省级开发区——长春朝阳经济开发区。幅员237平方公里，人口69.3万人。

【国民经济】 产业结构不断优化，经济实力明显增强。全区生产总值实现3 509 239万元，比2011年增长12.25%；规模以上工业产值实现115.4亿元，比2011年增长19.5%；全口径财政收入实现50.61亿元；完成固定资产投资（含房地产）187亿元，比2011年增长34.43%。

【项目建设】 项目建设和招商引资再创佳绩。全年有3 000万元以上大项目107个，其中列入全市重点项目15个。年初确定的75个重点项目全部开工。固定资产投资实现187亿元，比2011年增长34.43%。星巴克和绿地集团两个世界500强企业入驻朝阳区，广东大厦等113个项目实现签约。包装地块38个，谋划储备亿元以上项目208个，5亿元以上项目31个。引进内资452亿元、外资7 500万美元，分别增长20%和19%。

【房地产固定资产投资】 成立了朝阳区房地产市场秩序专项整治工作领导小组,对辖区内2003年以后房地产开发项目遗留问题进行了全面的调查摸底,排查出朝阳区被列入市房地局第一批重点督办的棚改项目13个。通过与市、区统计部门的增项协调,与各房地产开发企业沟通协调,把驻区的建筑企业设备购置投资纳入到房地产固定资产投资任务,用以弥补房地产固定资产投资的不足。全年房地产固定资产投资完成44.7亿元。

【现代服务业】 编制完成《朝阳区服务业发展规划》,制订并实施"南下"、"掘金"、"强树"3个计划。向商务部申报了国家级示范中央商务区和国家电子商务示范基地。绿地蓝海大厦、卓展扩建等项目建成开业;凯悦酒店、电影广场、融大天玺等服务业重点项目建设顺利推进;华洋教育产业园正式成立;吉林青年创业园新引进东北主流粮仓网等创意类企业21户;欧亚e购正式开通运营。永春新区产业定位为高端服务业聚集区,为服务业高端化发展提供了有力支撑。加快推进人民大街以西、西安大路以北、康平街以东、北安路以南区域的开发建设,发挥卓展、香格里拉的辐射带动作用,加快长百、国贸的提档升级。着力引进星级酒店、大型购物广场、世界高端品牌,努力将这一区域打造成集高档购物、高档餐饮、高档娱乐于一体、功能齐全的现代商业城。全区社会消费品零售总额实现414.19亿元。

【开发区建设】 推进开发区一、二期规划调整,对102国道沿线1.2平方公里实施"退二进三",加快三期基础设施建设。完成富锋新城A、B地块控详规调整。编制了盛家村控制性详细规划,将4平方公里土地调整为建设用地。提高土地利用率,收回13万平方米批而未建的土地。对开发区发展具有重要意义的西开运街延长线完成立项。丙十七路、丙二十路建设实现突破,带动了福耀玻璃、恒运润滑油等项目顺利开工。开发区年内开工项目34个,一汽四环毯业、一汽四环四维尔等工业项目建成投产。

【永春新区建设】 编制完成永春新区总体规划和控详规,长乐公路完成立项和工程设计论证。永春镇内基本农田指标全部调整为一般耕地。积极谋划大学城建设,6所大学意向进驻。对接了欧亚储备中心、润恒物流、东方时尚汽车售后服务园区等一批大项目。严格按照发展规划,停批停办不符合规划方向的项目。组建城建执法队伍,成立联合工作专案组,先后查办7起违规用地案件,法办和处分16人。在永春镇组织了4次大型集中拆违行动,严厉打击抢栽抢建行为。

【观光农业】 完善乐山千顷蔬菜基地一、二期基础设施建设,完成三期工程设计、环评等前期工作。对蔬菜基地建设和管理模式进行深入探索,争取菜田建设资金5 000万元。新增露地蔬菜200公顷、苗木花卉100公顷。引进观光农业和休闲旅游项目11个,农民专业合作社增加到31家。实施农村土地综合整治,争取国家专项资金10 070万元。开展以观光农业示范区为重点的农村环境连片综合整治,修建乡村道路48公里、生态卫生厕所2 000座、垃圾点250个,打造标准化村屯40个。

【民营经济】 成立中小企业服务联盟,搭建企业融资平台,与光大银行、建设银行签订了合作协议,召开银企对接会,共为企业提供贷款8.2亿元。成立10家小额贷款公司,贷款额度达3亿元。民营企业发展到9 000户,民营经济主营业务收入实现955亿元、税收28.6亿元。2012年,朝阳区被评为"全省民营经济腾飞竞赛活动先进区"。

【城市生态景观建设】 全年共投入园林绿化资金2 250万元,完成城区绿化计划项目12个,其中新建街路4条(含前进大街南区重点工程),新建绿地6处,改造绿地1处,拆违还绿1处,补植街路(绿地)42条(处)。"老旧散"小区共栽植乔木579株,灌木1 255株,模纹2 694平方米,草坪22 652平方米,清理残土3 933立方米,回填种植土3 863立方米。城区种植乔木4 532株、灌木2 250株(丛)、模纹10 821平方米、草坪54 488平方米。清除垃圾4 775立方米,回填种植土11 723立方米。新增绿化面积3.1万平方米,绿化覆盖率达到44.13%。8月28日,在抗击台风"布拉万"期间,共处理倒树212株,扶正树木202株,清理树枝152车。在朝阳公园内开展绿化补植工作,种植云杉、白桦等乔木5个品种383株,补植丁香、金叶榆等模纹3个品种400平方米;补植果树2个品种100株;种花3 500平方米,种植美人蕉500株;安装6块健康知识宣传板,设置安全标语警示牌60块。完成立体彩化街路4条,桥梁2座,广场2座,完成节点彩化25处、大型五色草造型景点4处。组织动员113个沿街单位在24条街路上进行了门庭彩化,种植(摆放)花卉26.1万株。

【市政基础设施建设】 全面实施市政道路管网和街路精细化改造工程。完成了建设街改造工程(西安大路至解放大路),修复网裂1 861平方米、边石砌筑3 500米,新建停车港湾8座、898平方米。完成工农大路、南湖大路、西民主大街等22条街路(4条道路大修、18条道路中修)的维护工作全部完成,共完成维护沥青砼道路1.39万米,总面积16.6万平方米,大中修工程完成率100%。定位为长春"城市会客厅"的重庆路和"城市宴会厅"的建设街完成改造,欧亚卖场南街和飞跃中路北段完成建设立项,54路有轨电车线路改造全面启动。完成全市"两横三纵"、地铁站点29.4万平方米的征收任务。全年完成巷道改造20条,完成沥青道路铺设8 930平方米、方砖步道铺设5 369平方米,完成市建委下达任务的130%。对南湖新村、红旗东兴时代家园、宜家小区等5处弃管小区排水管线进行翻建,翻建污水管线500米,清掏检查井60余座。

【宜居城区打造】 全力开展150天市容环境综合整治行动,加大对违章占道经营行为的清理力度。出动执法人员1 250

人次，执法车辆225台次，组织大型联合执法行动5次，取缔露天烧烤82处，收缴经营工具40余套，清理占道物品8车，露天烧烤得到有效遏制。建设街整体改造工程全面启动。配合规划分局、辖区街道办事处及其他相关部门进行集中整治。大规模拆除了阻碍“两横三纵”工程的违章建筑近万平方米，全年拆除各类违法违章建筑3 309处、70 000平方米。更换人民大街等25条街路的陈旧、破损牌匾，对新疆街等15条二级路户外广告进行整治，拆除牌匾245块。加大对非法广告张贴行为的打击力度，加强夜间巡视，从源头上遏制非法广告张贴行为。投入2万余元对主次干路的非法广告进行清刷覆盖，清除非法广告7 000余条，清除地面涂写非法广告50余条。实施“洁白楼道”工程，完成176栋、18.6万平方米楼道粉刷任务。投资3 860万元更新环卫设施，新建9个垃圾中转站，95条街路实现机械化清扫，机械化清扫率由33%提高到53%。2012年，朝阳区顺利通过国家卫生城复审，被评为“全国爱国卫生先进集体”。

【均衡优质教育】 投入474.8万元，按照一类一级幼儿园的标准，为解放大路小学、白山小学、教师幼儿园分园装备教育教学和生活设施，保证办园需要；完成8所学校建设科技园地的招标和安装前准备工作；完成六十八中学、解放大路小学等6所学校新、老三室改造。开展专题培训活动，打造科研名师和骨干队伍，提高教师科研能力和水平。开展第八届“名师”评选工作，评选出100名朝阳区中小学“学科优秀教师”和50名“名教师”，进一步优化“名师”结构，发挥“名师”辐射带动作用，促进全区教师专业化成长。投入3 700万用于永春镇九年一贯制学校建设，学校建成后，朝阳区乡镇全部实现农村九年一贯制。完成永春镇中心幼儿园新建和北安小学、朝阳实验小学校带幼儿园改造，增加了学前教育网点，缓解了区域内群众对优质学前教育需求。继续开展“百花杯”、“儒雅杯”艺术教育等系列活动，为学生打造自我展示的舞台，促进学生全面发展，落实素质教育。加强校园警务室建设，增添保安器械，对首批十所学校投入80余万安装校园监控设施，达到全覆盖。新增加保安人员18人，为农村小学配备保安员，全区有校园保安108人，经费全部由财政支出。高度重视校车安全工作，为全区校车安装了安全带，配备急救箱、逃生锤，并为农村学校校车安装卫星定位系统。

【健康朝阳】 全区278个网格由98名社区全科医生承担，53 124户家庭签约，全区老年人都有了自己的家庭医生，并在全区开展优秀社区家庭医生和团队评选活动。成立朝阳区健康联盟，驻区的14家三级医疗机构正式与区政府签订了合作协议。妇幼卫生工作稳步推进，取得连续3年孕产妇死亡为“零”的好成绩。“农村孕产妇住院分娩补助”项目补助率达98%以上，补助金额达5.4万元。“预防艾滋病、梅毒和乙肝母婴传播”等项目进展顺利，孕妇产前艾滋病检测率达60%以上，对全区170余名贫困孕产妇进行救助审核，对驻区8家助产机构及一家计划生育单位进行重新审核校验。在2012年全市托幼工作卫生保健现场交流会上，朝阳区作经验交流。为环卫工人免费注射流行性出血热疫苗，240名农民工子女享受到了免费体检政策，减免费用1.15万元。开展孕前优生健康检查624对，为流动人口免费计生服务680人。开展优生优育工程，实施关爱女孩行动，积极遏制出生性别比偏高问题。人口自然增长率稳定在1.81‰，政策生育率达99.3%。2012年，朝阳区被评为“国家级计生优质服务先进区”。

【群众性文体事业】 积极落实国家关于公共图书馆、文化馆(站)免费开放的要求，区图书馆、文化馆和街镇文化站、社区文化活动室全部实施免费开放。组织区各单位体育协会开展朝阳区职工运动会拔河比赛等各种比赛和活动100多场次。3月，朝阳区拉丁舞表演队伍代表吉林省进京参加“全国四进社区体育项目优秀节目展演”获得优胜奖。加强新闻出版市场管理和“扫黄打非”工作，对全区的网吧、歌舞娱乐等经营场所开展安全大检查。加大对侵权盗版影视剧、流行音乐、畅销书、教材教辅等打击力度，彻底清除非法销售危害青少年及未成年人健康成长的卡通画册、不良游戏软件、盗版教材等，出动执法车辆42台次、执法人员90人次，检查文化营业场所243家次，对存在安全隐患的23家场所给予了警告。积极争取省、市体育局利用体彩资金给社区村屯配备健身路径，鼓励社会各界及社区居民捐助、自建健身器材设施。全年新增小区健身路径8条、学校体育健身器材5套，新建南湖公园体育健身园一座。截至年末，全区有体育健身一条街1条，国家级户外健身广场(文化广场、南湖冬泳中心)2个，体育健身公园(朝阳公园、白山公园、御花园、南湖公园)4座，健身路径187条，国民体质监测站(万佳体检中心)1个，门球场地20块，全区提前实现居民出门8分钟便能到达一处健身场所的目标。形成了区、街道、社区三级全民健身组织体系，参加体育健身锻炼的人数日益增加，全区街镇级体育协会发展到74个，各种体育活动小组102个。4月，按全区人口1‰～5‰的比例全面启动了区国民体质测试工作。监测对象分为成年人(20～59岁)、老年人(60～69岁)2个年龄段，完成1 500余人的有效数据体测，超额完成全年计划任务。5月份，启动全区社会体育指导员信息调查工作，完成135人的信息录入，建立了朝阳区国民体质及社会体育指导员信息数据库。

【民生工作】 2012年，朝阳区年初确定的100件民生实事圆满完成。1.富民社保工程。采取灵活方式推进各项培训工作，开发就业岗位1.26万个，城镇新增就业1.08万人；城镇登记失业率控制在4%以内，保持零就业家庭动态为零；发放自谋职业小额担保贷款560万元；完成农村劳动力引导性培训1 300人。培训城镇失业人员2 141人；创业培训587人；劳务输出1 595人次。新创办民营企业894户，个体工商户4 621户，带动就业5 500人。在第三届中国长春创业就业博览会上，朝阳区组织26家优秀企业参展，现场发放宣传册5 000余本，接待参展人员3万余人次，意向成交3 000人，推出10个创业扶持网点，提供327个就业岗位，推介创业项目116个。城镇居民医保参保191 843人，新农合达到应保尽保。城乡居民养老保险参保32 871人，实现医疗保险和养老保险全覆盖。加强劳动用工管理，巡查单位395户；追讨并返回工资31.23万元，补交劳动合同6 485份；受理劳动人事争议案件98起，裁决34件，调解33件，撤诉14件。2.社会救助工程。区“阳光扶贫超市”更名为“幸福超市”，按照全市统一要求，与欧亚超市连锁，为低保户提供便捷服务。开展“爱心献功臣”活动，为265名重点优抚对象发放医疗救助金33.2万元。为61名重点优抚对象发放医疗补助20.28万元，并发放定期补助128.7万元。实施三级应急救助8人次、4 000元。为600户提供“电子保姆”服务费7.2万元。办理残疾等级鉴定459人次，为精神病患者提供免费住院治疗82人次。联合辖区12家知名餐饮单位举办“为企业招工、为农民工送岗位”服务用工招聘会，组织建团90周年“青春领航，幸福成长”团组织服务民生系列帮扶活动。区妇联为乐山蔬菜基地的农村典型妇女提供扶持资金8万元。开展“感受社会关爱，共度幸福童年”为主题的代理妈妈活动，为100名贫困孩子每人发放200元“朝阳长江爱心助学基金”和礼物。为全区13名计划生育绝育手术的农村妇女发放资金13 000元。3.强农惠农工程。投入100万元，成立30个农村农机互助组，解决了残疾人农业生产难题。推广新技术5项、新品种3个。科技培训15次，举办培训班4期，培训农民2 500人。投入400万元，建设40公里乡村道路(含砂石路)，完成1 000座修建改厕任务。4.生态宜居工程。实施网格化管理模式，建立和完善社区网格化信息系统和网络化服务体系。拓展服务项目，将水、电、煤、气、暖等行业服务进社区，并加强对网格人员培训。完成12.38万平方米棚户区改造；粉刷楼道墙面175栋、185 615平方米；推进实施248栋、8 039万平米的“暖房子”改造工程；“四位一体”环卫管理模式初步建立，人员配备基本到位；维护网络，整合功能，设计网格化信息系统；并网改造19座小锅炉房；重点整治20户噪声超标排放单位。5.平安建设工程。开展40天安全生产集中大检查工作，全区共排查安全隐患18 185处。其中，工商贸行业安全隐患101处；建筑工程安全隐患16处；火灾安全隐患215处；道路交通安全违法行为17 853件，为推进平安朝阳建设提供了有效保障。聘请5位专家对60家企业180人进行全案知识培训。接待处理群众集体访266批、3 578人，个体访366批、534人。朝阳公安分局在民生大厦设立外事科窗口，受理出国办证申请工作。全年立刑事案件2 201起，破966起；发命案3起，破3起；夜巡接警3 465起。新增“天网工程”社会监控探头105个；“三访三评”社区恳谈会83场次，收集建议89条，化解纠纷91起。朝阳消防大队检查7 656家，发现火灾隐患65 495处，整改火灾隐患64 846处；下发《责令改正通知书》6 841份，“三停”94家，查封97家，罚款861 500元，拘留12人。朝阳交警大队纠正交通违法行为42 551件；查处酒驾22件，其中醉酒1件；排查客运车辆7 331台次；治理公交车出租车违法行为为380余次；打击摩托车专项行动，拘留8人、查扣车辆60台。

【依法行政】 落实领导干部接访、重大信访问题领导包案、挂单督办和信访联席会议制度，全年化解信访积案60件，化解息访率达98%。深入开展“安全建设年”活动，“平安朝阳”建设取得明显成效。公安、工商、税务、国土、规划、交警、消防、电力、质监、环保、统计和社会经济调查等部门服务区域发展能力持续增强。人民武装、拥军优属、妇女儿童、外事侨务、民族宗教等各项事业都有了新的进展。认真执行区人大及其常委会决议，自觉接受人大及其常委会的依法监督和政协的民主监督，按时完成人大代表议案、建议和政协委员提案办理工作，全年办理区人大代表建议143件、政协提案121件，办复率100%，满意率98%以上。加强政府法制建设。

（孙大勇　袁　源）

2012年朝阳区国民经济和社会发展主要指标完成情况

指标名称	单　位	实际完成	比2011年±%
国内生产总值	亿元	350 923.9	12.25
第二产业增加值	亿元	90 672.4	15.25
第三产业增加值	亿元	258 345.7	11.10
规模以上工业产值	亿元	115 367.9	19.37
全口径财政收入	亿元	58.6	20
本级财政收入	亿元	10.4787	26.68
地方财政支出	亿元	22.4735	12.84
固定资产投资(含房地产)	亿元	187 000	34.44
社会消费品零售额	亿元	414 186.9	-1.39
民营经济主营业务收入	亿元	955	21
农村经济总收入	亿元	18.0256	15

续表

指标名称	单　位	实际完成	比 2011 年 ± %
农民人均收入	元	9 198	15
个体私营企业	户	33 512	6
教育经费总额	万元	63 505	88.69
科技三项经费	万元	2 200	10
卫生事业费	万元	14 389	14.20
人口出生率	‰	5.99	6.34
计划生育率	%	99.3	0.60

南关区

【概况】　南关区是长春市的中心城区，位于长春市市区东南部，是长春市的南大门。辖区东起伊通河与二道区隔河相望，西至人民大街与朝阳区接壤，南起新立城镇、永春乡边界与长春净月潭旅游经济开发区、长春高新技术产业开发区为邻，北至新发路、上海路、光复路与宽城区相接。下辖自强、民康、新春、长通、全安、永吉、南岭、鸿城、明珠、富裕、曙光、桃源 12 街道及幸福乡，7 个行政村，57 个社区，和省级开发区——长春市南部都市经济开发区。幅员 80 平方公里，总人口 47.6 万人。

【国民经济】　全年，地区生产总值实现 198.2 亿元，比 2011 年增长 11.3%；全口径财政收入实现 40 亿元，比 2011 年增长 29%；固定资产投资实现 130 亿元，比 2011 年增长 26.5%；引进资金 30 亿元，比 2011 年增长 20%，利用外资 5 066 万美元。各项指标均完成了年初计划，增幅均高于全市平均水平。大力实施服务业强区战略，三次产业比例调整为 0.1∶9.5∶90.4。全年完成服务业增加值 198.8 亿元，比 2011 年增长 28.3%。传统商贸业规模档次不断提升，社会消费品零售总额比 2011 年增长 16%。现代服务业发展迅速，以金融业为代表的高端业态快速集聚，银行、信托、保险等各类机构入驻达 150 多户；楼宇经济和总部经济不断壮大，已建成达效商务楼宇 35 座，入驻企业 2 300 余户。中小企业发展势头迅猛，总户数已达 9 100 户，全年主营业务收入实现 650 亿元，比 2011 年增长 30%。

【财税增收】　区级税收过百万元企业达 293 户，过千万元企业达 43 户，对财政收入的贡献率达 72.5%。大力实施区街财政体制改革，健全税源信息交流共享机制，形成了全区上下关注税源、培育税源、服务税源的环境氛围。

【南部新区建设】　2012 年，南关区基础设施建设步伐加快，新开工建设道路 7 条，水、电、热、气、通信等配套管网 35.5 公里；新增 2 条公交线路；对 26 条已建成街路进行了命名。强化环境形象打造，完成道路绿化 70 万平方米，对 40 余处工地围挡宣传板进行了更新。全年开工建设项目 37 个，开工面积 234 万平方米，竣工面积 150 万平方米。新增商务（商业）面积 30 万平方米，实现入驻 10 万平方米，招商银行、中东集团、绿地中央广场、红星美凯龙、翠泉源、中小企业总部基地等项目实现定向签约 20 万平方米，新入驻企业 80 余户。6 月 15 日正式晋升为省级开发区，固定资产投资总额已占全区的 70%。

【项目建设】　2012 年，南关区引进落位、开工建设亿元以上项目 65 个，开工面积 300 万平方米，其中，恒和广场等 19 个项目主体竣工，新增优质载体 32.5 万平方米；成基铂寓等 7 个项目投入使用，昆仑能源、国商百货等一批企业总部和高端商业竞相入驻。全年，项目总投资约 1 000 亿元，总建筑面积约 1 700 万平方米，其中商业商务面积约 530 万平方米，住宅面积约 1 000 万平方米，公建及社会事业面积约 170 万平方米。全区综合体项目达到 12 个，钜城国际、源溪冠城等 8 个项目被列为长春市城市综合体项目，占全市认定商业综合体项目的 1/3。

【社会管理】　2012 年，累计投入 5 000 余万元，整合区综治办、应急办、公开电话等 7 个职能部门成立社会服务管理中心，并在全省率先成立社会服务管理局，研发现代化信息数字软件指挥控制系统。从区、街乡、社区 3 个层面着手，自上而下建立组织机构，保障社会服务管理工作顺利推进。把全区 57 个社区、3 个行政村合理划分为 428 个服务管理责任网格，并将辖区 52 个职能部门和水、电、热、气等公共服务企业的 9 大类、118 项工作职责和任务下沉到网格无缝对接，构建了“指挥前移，职能下沉，整合资源、充实力量”的“街区一体化”服务管理工作模式。年内受理群众各类问题 44 962 件，其中 44 355 件得到较好解决，群众满意率达 98.65%，信访总量比 2011 年下降了 18%。“南关模式”得到各级领导和广大群众的一致认可，全年累计承办大型现场会 7 次，接待全国各地调研参观考察近 40 次，中央电视台、《人民日报》、《吉林日报》等中央、省市各级主流媒体先后予以专题报道，为全市乃至全省加强和创新社会管理工作探索积累了宝贵经验。

【城市建设】　投入 8 000 万元，对 7 个夹馅棚户区进行开发改造，精心组织实施 14 块夹馅棚户区的先期规划论证。重点推进大马路、珲春街等片区改造，置换出市区黄金地段建设用地 8.5 万平方米，2 200 多户居民的住房条件得到改善。基础设施不断完善。结合亚泰大街快速路建设,累计完成东天街、长春大街等 14 条段、4.6 万平方米的道路翻建,清明街西胡同、文庙路等 17 条段、4 万平方米的巷道铺装。依法破解征迁难题,推动完成了地铁一号线、“两横三纵”等 17 项市重点工程的国有土地征收;累计完成 583 万平方米集体土地征迁整理,为重点工程建设和项目落位奠定基础。

【市容综合整治】 以“八项整治”为抓手,全年投入 7.7 亿元,提升城市形象,打造了一批景观亮点,城市综合服务功能显著增强。重点整治了繁荣路、东天街等 4 条市政道路,沿线环境全面改善。累计完成了 783 栋,396 万平方米“暖房子”改造工程,惠及居民 20 余万人。加大绿化、美化、彩化和净化力度,新增绿地面积 23.9 公顷;整治老旧散小区 8 个;接管弃管小区保洁 63 个,新增环卫保洁作业面积 354 万平方米。投入 2 000 万元,重点实施了永春商圈改造工程。在全省率先实施了农村环境连片整治工程,将富裕村、八一村、红嘴子村纳入城市保洁体系,实现了城乡保洁一体化全覆盖;新农村建设持续推进,城乡生态环境持续改善。在全市率先开展环卫保洁示范工程,新建、改造升级移动式垃圾中转站 32 座;主次街路机械化作业水平不断提升,环卫作业装备维修保养能力不断提高,一站式为民免费清运建筑垃圾创新模式不断完善。加大行政执法力度,拆除各类违法违章建筑 7.1 万平方米;加强数字化城管平台建设,完善发现、处置、督办、考评和保障五项机制,城管案件的处结率 95%以上,工地围挡不规范、渣土裸运等一批城市管理顽疾得到了及时、有效的解决;严格实行定目标、定标准、定时段、定地域、定人员的“五定”考核管理办法,占道经营、露天烧烤、张贴非法广告等违禁行为得到有效控制。

【民生事业】 始终坚持一手抓发展、一手抓民生。加大投入,年初制定的 82 条民生行动计划得到全面落实,完成率 100%。投入 1.4 亿元,新建 5 万平方米、1 084 套廉租住房。开发就业岗位 14 070 个,新增就业 12 041 人,分别为年计划的 117%和 120%;失业人员技能就业培训 1 820 人,完成计划的 107%,创业促就业培训 330 人,完成计划的 110%,“三失”农民引导性培训 2 000 人,完成计划的 100%;完成养老保险扩面 15 536 人,为年计划的 124%;完成城乡居民失业保险参保 15 117 人,为年计划的 160%;新农合参合人员达到 2 582 人,各项参保指标完成情况均列全市第一。累计发放低保救助资金 4 564 万元,困难群众基本生活得到有效保障;两节“送温暖、献爱心”活动,全区各级党政机关、企事业单位共慰问各类困难户 8 860 户,投入资金 430 余万元,受益群众 3 万余人;投入 129 万元,对低保家庭新升入全日制高校学生给予 1 万元助学补贴;在全市率先设立了 40 万元环卫工人救助基金和 30 万元精神病患者康复托管基金;住院救助困难群众 1 098 人,支出医疗救助款 194.67 万元;门诊救助困难群众 4 100 人,支出救助款 41.6 万元;免费救助尿毒症患者 48 人,支出救助款 120 万元;免费救助肺结核患者 121 人,支出救助款 62 万元;临时医疗救助困难群众 63 人,支出救助款 40.136 万元。开展“扶残助业工程”,投入资金 40 万元,开发残疾人就业岗位 224 个;推进残疾人工作的社会化进程,充分发挥助残志愿者作用,注册助残志愿者 3 000 多人,志愿者助残服务站 18 个,联络站 78 个,2 000 多名残疾人得到“一助一”的长期助残服务;向国家残奥队输送残疾人运动员两名,梁永彬在伦敦残奥会上获得 T37 级 100 米银牌和 200 米第四名。成立食品安全委员会,吸收相关监管部门,深入开展针对非法食品添加剂、豆制品、乳制品、食用油等十余项专项整治行动。

【社区建设】 累计投入 7 800 万元,新建、扩建、购置服务用房 41 个,使 57 个社区用房全部达 500 平方米以上,其中,15 个社区用房面积超过 1 000 平方米,总面积由2.3 万平方米增加到 5.2 万平方米;投入700 万元,更新社区办公设施设备;投入300 万元,对 27 个社区用房实施外立面保温改造。大力推行社区工作准入和权随责走、费随事转制度,为社区工作减负提效。持续加大基层人员的培训力度,开展社区人员专业培训 2 600 余人次,为民服务水平不断提高。

【公共服务】 全年投入 2.1 亿元,改善办学条件。103 中学东湾半岛校区和文庙小学投入使用,育智学校完成整体改造,曙光小学、柳明幼儿园完成主体施工;对 17 所学校场地、消防等基础设施进行标准化改造及维修;深化了“一校一品,各具特色”的办学格局,创建了首批名师工作室,启动了骨干教师“321”工程,构建了“大学区”模式下的“强校引领、资源共享、共同提高”的区域教育发展新体系;开展“好习惯存储行”、“孝道雅行”、“童心向党”和志愿服务等主题教育活动,全市“做有道德的人”活动现场会在南关区举行。建立新农合医疗保障长效机制,实现基本药物制度全覆盖;成功创建国家级慢性非传染性疾病示范区和卫生应急示范区;推行医保特困人群“七免十九减”服务,减免费用 113 万元,31 182 名群众受益;加强手足口病、结核病、艾滋病等传染病防治工作,传染病发病率与 2011 年同期相比下降了 10.05%;开展基本公共卫生服务中医药服务试点项目和中医“治未病”预防保健服务试点工作,建立“治未病”诊室,开展“治未病”预防保健服务和中医药适宜技术,18 969 人次受益;卫生公建项目平稳推进,南城家园预防接种门诊建成投入使用,中西医结合医院主体完工,建设完成 6 个健康小屋。加大文体设施建设力度,新建街道文化站和社区文化室 15 个,有力推动了公共文化服务体系建设。依托打造“伊通河十里文体活动长廊”,新增健身路径 20 套、活动网点 35 处,为推广全民健身活动拓展了新的空间。推出“国学之旅(文庙)”、“历史文化之旅(伪满皇宫博物院、清真寺、沙俄领事馆)”和“都市休闲之旅(鼎丰真、刘老根、东发和)”三条旅游线路,扩大区域影响力。圆满完成《南关区志 1989—2003》的编纂工作。老年人文化活动成果丰硕,老龄工作被评为全市先进单位。顺利通过计生工作国家优质服务先进区回顾性评估，幸福家庭创建工作得到国家、省市充分肯定。

【平安创建】 认真做好矛盾纠纷排查调处工作，落实领导包案和“一岗双责”制度，深化延伸“区长接待日”接访活动，全年接待群众来访738批5 848人次，初访一次性处结率达到90%以上。深入开展“积案化解年”活动，省、市交办案件化解率达到95%以上，一批重大集体访和苗头性问题得到及时妥善解决。大力开展“大排查、大整改、大提升”活动和百日督查专项行动，加强对重点企业、重要领域和关键环节的监管，安全生产事故控制在规定指标范围内。

【依法行政】 自觉接受区人大、区政协的法律监督和民主监督，广泛听取各民主党派、工商联和工青妇等群众团体的意见建议，人大代表建议和政协委员提案办复率达100%。扎实推进“六五”普法工作，广泛开展“法律六进”活动。实行重大项目领导包保和协调代办制，项目落位、审批、建设进程全面加快。开展软环境评议问题大整改，制定95条整改措施全部落实到位。全面推行“五个不直接分管”，坚持用制度管人、管权、管钱、管事。深入推进廉政风险防范管理，加强对重点部门、重要领域的廉政监察和审计监督，确保财政投资重点工程项目规范运行。

（杨　斌）

2012年南关区国民经济和社会发展主要指标完成情况

指标名称	单位	年实际完成	比2011年±%
地区生产总值	亿元	198.2	11.3
第一产业增加值	亿元	0.2	-0.7
第二产业增加值	亿元	24.6	25.5
第三产业增加值	亿元	173.4	9.4
单位面积产出	亿元	2.48	13
全口径财政收入	亿元	40	29
区本级收入	亿元	7.39	33
固定资产投资额	亿元	130	26.5
社会商品零售额	个	101.8	16.3
新增外商投资企业	万美元	4	-
新增实际使用外资	个	5 066.8	-
个体私营企业	亿元	9 100	14
民营经济增加值	元	150	29
农民人均纯收入	个	8 250	10
普通中学数	个	8	-
普通小学数	个	27	-
各类医院	%	32	-
绿化覆盖率	‰	41.53	0.62
人口出生率	%	5.19	-
计划生育率	%	100	-

宽城区

【概况】 宽城区位于长春市区北部，东以102国道为界，与长春经济技术开发区、二道区为邻；西至长沈铁路、铁西街、西环城路，与绿园区、农安县搭界；南起小铁道街、光复路、上海路、新发路，与南关区、朝阳区相接；北与德惠市毗邻。幅员237.99平方公里，辖10个街道、1个镇，有57个社区、20个村，代管长江路经济开发区。全区总人口45万人。

【国民经济】 2012年，全区地区生产总值实现191.7亿元，比2011年增长11.3%；全口径财政收入实现31.3亿元，比2011年增长25%；全社会固定资产投资实现186亿元，比2011年增长30%；实际利用内资44.4亿元，新增实际使用外资5 560万美元，分别比2011年增长7.2%和15.8%。

【项目建设】 2012年，全区有各类项目260个，计划总投资1 090亿元，全年开工项目94个，实现投资180亿元，其中总投资达130亿元的6个大型城市综合体项目的建设加快推进。“住邦城市广场”项目建成并投入运营，“宽城万达广场”商业项目完成主体工程，“鑫生丽水”、“昌盛熙旺中心”和“中东新生活城市广场”3个项目开工建设前的各项准备工作就绪，“红星美凯龙”项目开工建设前的准备工作有序进行。在铁北物流园区区域集中摆放了以“雨润农副产品物流园”、“金达洲汽车贸易园”、“海尔市场创新产业园”等为代表的30个物流项目，形成总面积10平方公里的生产资料物流、能源物流和生活日用品物流集散基地。精心打造轨道交通装备加工制造支柱产业，成立长春装备制造产业开发区，占地98万平方米的“长客装备”二期工程于年内全面开工；占地40万平方米的轨道客车零配件产业园完成大部分建设任务。2012年，全区正在建设的房地产项目有26个，“中冶”、“恒利”、“恒大”等开发建设的优质项目相继开盘。全区项目建设的推进有力带动工业和服务业的发展。2012年，全区有规模以上工业企业34家，实现产值27亿元；有工业项目81个，全年实现投资80.2亿元，比2011年增长43.2%。2012年，全区服务业增加值实现154亿元，比2011年增长23%；社会商品零售额实现190亿元，比2011年增长15.5%。宽城区被确定为省级服务业综合改革试点区。

【农村发展】 2012年，全区实现农业总产值5.95亿元，比2011年增长9%，农民年人均收入6 773元，比2011年增长18.4%。蔬菜商品量达0.65亿公斤，肉类总产量达0.77万吨，蛋类总产量达0.50万吨，奶类总产量达1.0万吨。全区新建、续建农村公路10条14公里，投入资金1 850万元。完成农村造林面积30.9公顷，栽植针叶树、阔叶树12万多株，投入资金440万元。完成镜水河合隆段防洪工程建设任务，投入资金776万元。坚持依靠科技兴农业、促发展，全区引进蔬菜新品种10个、新技术2项，完成玉米、水稻测土配方施肥农业新技术示范及推广的试验项目5项。认真抓好畜禽防疫工作，畜禽免疫率100%，免疫密度达95%以上，长春市畜牧局在宽城区召开现场会，向全市城区推广宽城区畜禽防疫工作的经验。扎实开展农机购置补贴工作，全年申报补贴车辆及农业机械70台，农民享受补贴168.21万元。围绕提高蔬菜种植技术和效益，全年培训农民5 000多人次。全年转移农村剩余劳动力9 000余人。成功引进吉林省和邦农业科技开发有限公司的棚膜蔬菜产业化集群园区项目。

【城区建设】 城市拆迁方面，完成市政工程、基础设施和重点项目建设涉及地块的拆迁任务，拆迁面积170万平方米，完成土地征收面积508万平方米。道路建设方面，全年新建、续建城市道路19条、维修城市道路96条。协助长春市建设的长春火车站立体交通换乘中心竣工使用，地铁一号线、光复路高架桥、台北大街立交桥等工程的建设快速推进。旧城改造方面，铁南区域历史街区改造一期的规划设计方案通过有关专家的论证；上海路北居民回迁房地块建设前的拆迁工作基本结束，北京大街东地块和南京大街三角地块等居民回迁房地块建设前的地上物拆迁工作顺利推进，建设开工前的各项准备工作扎实开展；全年实施棚户区改造项目38个，涉及区域530多万平方米。生态环境改善方面，全年新植街路9条，彩化街路和绿地36处；新建绿地7块，栽植树木4万株、花卉40万株。新增绿地面积70万平方米，全区绿化覆盖率达38%。

【市容环境整治】 全区拆除各类违章建筑2 288处7.98万平方米。对建筑面积101万平方米的167栋老旧楼体进行“暖房子”改造，使1.5万户居民受益。实施“洁白楼道”工程，重点对华侨城、友谊花园、凯旋花园和长山花园等居民小区的楼道进行粉刷，粉刷面积8.95万平方米。完善市容环卫配套设施，投入2 300万元购进挤压箱43个，单臂吊车12台，建设移动式垃圾转运站41处。组织开展对占道经营、露天烧烤、野广告和渣土运输的集中整治。全年出动有关执法人员2 100人次，制止违章占道经营1 600人次，劝导规范商家175户。全年向经营烧烤业户发放有关《宣传手册》620册，与有关业户签订《杜绝违规经营露天烧烤保证书》580份，劝诫业户286户，并在全区设立10处烧烤疏导点，有效控制了露天烧烤现象。全年在辖区的25条主次街路清理覆盖野广告69 856处，各街道办事处组织在辖区清理覆盖野广告16 000余处，覆盖率达98%。全年出动执法人员1 800余人次，出动执法车辆540余台次，检查涉及渣土运输工地20余处，检查渣土运输车辆1 000余辆，查处违规运输车200余辆。区政府投入2 000万元对黑水路商圈实施改造，将悬于空中的有关“线网”迁移地下，督促商家更新牌匾330块。通过对日常环卫管理的强化和集中开展清洁整治行动，全年全区清运生活垃圾142 400余吨，清运建筑垃圾和路面渣土26 150余吨，清运乱倒乱卸垃圾5 190余吨。全年出动清雪人员11 000余人次，出动清雪车辆2 000余台次，清运积雪6 988车104 800余吨。巩固12座水洗公厕“暖厕”改造的成果，并对60座公厕进行升级改造，对125座公厕统一粉刷。

【改善和保障民生】 全年开发就业岗位12 149个，城镇新增就业10 335人，继续巩固“零就业”家庭动态为零的工作成果。2 000余名困难家庭子女义务教育阶段上学“零收费”；为124名升入高中和考入高校的低保家庭学生发放助学补贴122.5万元。对全区60岁以上的老年人配备家庭责任医生。全年为城镇重病住院治疗的困难居民实施救助1 694人，救助金额221万元；门诊救助1 723人，救助金额73万元。全年为农村重病住院治疗的困难农民实施救助121人，救助金额25万元。为2 679名已婚待孕夫妇进行孕前优生健康检查，608名农村孕产妇得到医疗救助。对127名重度精神病患者实行免费治疗，对390名精神病患者免费服药；为151名肢体残疾人员免费配发轮椅，为残疾人提供各类康复服务5 000人次；全年新增残疾人就业297名，开发残疾人个体就业岗位116个，投入扶持资金50多万元。全年为6 703户11 412名城市和农村低保对象发放低保金及补贴4 796万元。全区城乡居民养老保险参保6 591人，实现应保尽保。全年新建保障房5.3万平方米，使1 098户困难群众喜迁新居，建设的79栋37万平方米的农民回迁住宅也具备入住条件。元旦、春节期间，在全区组织开展“寒冬访民情，温暖送万家”大走访活动，为1 003户低保对象发放节日补助金100.3万元，为5 592户困难家庭发放慰问券价值为223.7万元。

【繁荣社会事业】 全区新建朝鲜族幼儿园、宋家小学幼儿园、上台花园幼儿园等3所公办幼儿园；宽城区教师进修学校、宽城区基隆学校新建工程的主体封闭；宽城区天光小学、宽城区宁波小学教学楼的改造工程基本完成，宽城区浙江小学和兰家镇邱家小学教学楼建成并投入使用；宽城区被评为“全国教育督导先进单位”、“吉林省教育工作先进区”。对宽城区中医院、5家社区卫生服务中心和1所乡镇卫生院进行改建扩建；计划免疫、结核病防治、农村医疗卫生体系建设等各项工作在全省处于领先位置；宽城区被评为“国家卫生应急综合示范区”、“国家级中医药综合示范区”。创建“健康城市”的工作取得新成绩。“健康学校”创建的经验在全市推广，宽城区被评为长春市建设“健康城市”工作先进城区、长春市健康教育工作先进城区在边远区域的中小学设立14个图书流通站；按照国家有关标准，在2个街道和兰家镇建立文化站；在33个社区、15个行政村建立文化活动室，并在区域建设11处露天演艺舞台。举办“喜迎十八大，共铸新辉煌”为主题的宽城区心连心艺术团赴社区巡演；“宽天下，铸辉煌”宽城区深入学习贯彻党的十八大精神专场文艺演出；宽城区闹元宵秧歌大赛；宽城区慰问农民工和环卫工人专场文艺演出等多次全区群众性文化活动。宽城区文化馆被评为“国家文化体制改革先进单位”。着眼“15分钟惠民体育健身圈”建设，对全区的101处群众健身路径和89个晨、晚练点的健身器材全面检修。全年为社区居民进行体质监测3 000人次；成功举办宽城区全民健身运动会、宽城区首届风筝大赛、宽城区冰雪趣味运动会等多项群众广泛参与的体育竞赛活动；在吉林省青少年田径锦标赛上，宽城区代表队取得14枚金牌、6枚银牌、5枚铜牌的好成绩，金牌总数、奖牌总数、团体总分三项分别列全省第一名。围绕科技事业发展，宽城区继续保持全国科技进步先进城区荣誉，全年完成国家和省、市、区科技扶持计划35项，有20项科技成果得到推广和应用；宽城区科技馆、宽城区防震减灾科普教育展览馆对外开放，区防震减灾科普教育展览馆被评为“国家防震减灾科普教育基地”。志鉴编纂又有新进展，《宽城年鉴》2011印刷出版；《宽城年鉴》2012编纂定稿；《宽城史话》第二册编纂完成并印刷出版；宽城区方志办被吉林省方志委评为县（市、区）年鉴工作先进单位。宽城区被评为全省创建“文明城市”工作先进城区。

【加强社会管理】 区委、区政府制定下发《关于加强和创新社会管理的实施意见》等8个配套文件，指导全区社会管理工作的开展。区委、区政府还将社会管理的各项任务，落实到各街道（镇）和区直机关有关部门，并严格实施绩效考评，对59个街道（镇）和部门的社会服务管理分中心、70个社区（村）社会服务管理工作站实行垂直管理，进而形成区、街道（镇）、社区（村）三级对社会管理齐抓共管的工作格局。继续坚持“网格区划，整体覆盖，精细管理”的原则，进一步完善从区级到街道（镇），到社区（村），到小区、楼院和街巷的四级729个网格，强化工作力量的配备。区政府下发《街道、镇网格化管理工作制度》，建立政府、社会双向监督的考评机制，加强对每名网格工作人员的月绩效考评，区政府按每月每人300元划拨资金以补贴给在绩效考评中表现突出的网格工作人员，调动其开展工作的积极性。为加强对社会管理工作的统筹，区委、区政府成立宽城区社会服务管理中心，综合协调处理全区社会管理相关的事务，投入300余万元，充分运用地理信息技术、无线通讯、互联网和VDN等技术，研制开发了“宽城区社会服务管理综合信息平台”，全区129个单位和部门共享共用这一平台，累计采集处理各类申办事件8 879件，办结8 873件，办结率99%以上。宽城区加强和创新社会管理工作的经验在吉林省社会管理基层基础工作推进会和在长春市社会管理创新综合试点工作动员大会上进行经验交流。

【“平安宽城”建设】 切实加强信访工作，严格落实信访责任制，健全领导包案制度，全年安排区长接待日66次，全区处级以上党政领导干部参与接访372人次，涉及信访群众3 865人次，接访案件息访率达81.5%，全区重大信访案件办结率达100%。积极推进社会治安防控体系建设，确保为人民群众创造平安和谐的工作和生活环境。全区57名社区民警、100名校园保安人员、251名综治协管员、419名专职治安员、665名治安联防队员、38名综治维稳专干、1 000余名“一岗双责”保洁员、77支969人的义务巡逻队员，组成维护全区稳定的治安防控队伍。全区在70家重点单位安装自动报警系统、在各公安派出所安装自动报警平台，在区域内安装监控探头7 660个、设立监控平台11处，严厉打击犯罪。2012年，全区治安案件和刑事案件比2011年分别下降45.4%和37%。继续抓好“百姓说事点”工作的开展。全区设立的“百姓说事点”由2011年的176个增加到2012年的454个，全年收集群众反映的各类信息2 143件，处理化解2 127件，成功率达99%，吉林省司法厅召开现场会向全省推广宽城区“百姓说事点”工作的经验。围绕保护妇女儿童合法权益，向其宣传法律知识，为其提供法律服务，区妇联和区法院联合在全区开展“妇女儿童法律维权服务直通车”活动，全年接待法律咨询4 000多人次，调解矛盾纠纷270多件，接待来访案件43件，结案率达100%。进一步加强对消防、生产、食品、药品等行业的安全监管，排查各类安全隐患2 376处，整改率为100%，宽城区安全生产工作被评为省级先进单位，被长春市政府评为一等奖。

（毛 彦 张士学）

【长江路开发区】 长春长江路经济开发区（以下简称长江路开发区）位于宽城区境内，辖有宽城区站前、南广、新发、东广、群英5个街道和兰家镇12个村，辖区内户籍人口22.7万余人。1.经济运行。2012年，长江路开发区实现地区生产总值125.88亿元，比2011年增长25.88%；实现社会固定资产投资94.42亿元，比2011年增长2%；实现招商引资到位资金32.33亿元，比2011年增长29%；实现全口径财政收入17亿元，比

2011年增长21%。2.项目建设。2012年,长江路开发区有各类建设项目48个,计划投资总额311.4亿元。其中,新建项目28个,续建项目12个,在谈项目8个。截止到2012年底,长江路开发区北部新区已投产的企业有264家,总投资额62亿元,总占地面积497公顷,年销售额实现47.5亿元,年税收额2亿元。3.招商引资。2012年,长江路开发区引进各类项目10个,签约额20亿元;引进各类总部企业百余家,注册资金15亿元。4.基础设施建设。2012年,长江路开发区先后完成邱家小学新建工程、4条规划路建设工程(总长度3 300米)、邱家小区商业步行街工程、广宁变电站二期工程、北凯旋路两侧绿障工程、军用光缆排迁以及消防站二期增容工程、新农村四期工程等8项工程建设任务,促进了区域内基础设施建设的水平有新的提升。5.土地运营和收储。2012年,长江路开发区征收3个批次76.13公顷土地,涉及"金达洲二期"、"新世纪钢构"等22个项目;全年上报省国土资源厅5个批次106.96公顷土地,其中有4个批次已取得征地批复。全年已进入供地程序的企业22家,土地面积为121.6公顷,供地率达80%。土地收储方面,长江路开发区年内收储三环路以北土地面积161.29万平方米。其中,收储区域内土地7宗,面积92.30万平方米;收储机车轨道园区域土地5宗,面积68.99万平方米。6.拆迁控违。2012年,长江路开发区精心组织和抓好涉及"金达洲汽车物流"、"恒大高压线走廊"等15个新建和续建重点项目开工建设前的有关拆迁工作。坚持开发区、兰家镇和有关村各负其责,协作联动,齐抓共管,使控违工作取得新成果,全年区域内的违建房屋、违建厂房的数量与2011年相比下降68%,违建温室、违建蔬菜大棚的数量与2011年相比下降78%。

(李立权)

2012年宽城区国民经济和社会发展主要指标完成情况统计表

指标名称	单　位	实际完成	比2011年±%
地区生产总值	亿元	191.7	11.3
规模以上工业总产值	亿元	27	-
全口径财政收入	亿元	31.3	25
其中:本级财政收入	亿元	20.7	13.6
财政支出	亿元	18.9	5.7
全社会固定资产投资	亿元	186	30
社会商品零售额	亿元	190	15.5
新增实际使用外资	万美元	5560	15.8
利用内资	亿元	44.4	7.2
农民年均纯收入	元	6 773	18.4
绿化覆盖率	%	38	2.7
普通中学	所	9	-
普通小学	所	27	-
教育经费总额	万元	49 541	33.5
科技三项经费	万元	1 823	21.7
医疗卫生支出	万元	12 376	1.1
人口出生率	‰	8.65	28.5
计划生育率	%	100	0.1

二道区

【概况】 二道区位于长春市区东部,东与吉林市永吉县万昌镇相连,南与经开南区、净月区接壤,西靠伊通河,北与宽城区、高新北区、经开北区、九台市东湖镇相临。全区幅员452平方公里,含2个省级开发区(长春莲花山生态旅游度假区、长春国际物流经济开发区),7街、3镇、1乡,总人口40.2万。其中,二道区直接管辖区域102平方公里,辖1个省级开发区--长春国际物流经济开发区,7街、1镇,共47个社区、8个建制村,总人口36.1万。二道区交通便捷,区内临河街、东盛(远达)大街、东环城路、洋浦大街贯穿南北,自由大路、吉林大路、机场快速路和东荣大路横贯东西,构成了"四纵四横"的城区交通格局;正在建设的轻轨4号线、规划建设的地铁2号线、开通运营的长吉城际高铁穿区而过;哈大、长吉高速等交通干线与该区紧密相连。吉林省唯一的国家级陆路口岸——长春东站坐落在区内,是东北地区3个铁路货运口岸之一,是铁道部确定的大型集装箱办理站,是全国53个集装箱接站点之一,可以直接办理出口货物通关、转关手续,与大连、营口等海港口岸相通,与满洲里、绥芬河、丹东等边境口岸相衔接,承载国际货物和通港运输能力。长春龙嘉国际机场紧邻辖区东部,是由机场进入长春市区的首先区域和必经之地。二道区水源、电力、热力能源供应充足，路网、电网、信息通讯网络和金融网络等基础配套设施齐备，服务功能齐全。

【国民经济】 全年生产总值完成122.5亿元，比2011年增长14%。固定资产投资完成118亿元，比2011年增长31.1%。实际引进内资28.2亿元，实际使用外资4 500万美元。全区全口径财政收入完成24.23亿元，按可比口径增长43.4%，本级财政收入完成5.15亿元，按可比口径增长36.7%，可用财力17.7亿元，按可比口径增长29.5%。

【项目建设】 全年谋划130个项目，其中亿元以上项目84个，57个项目实现顺利开工，13个项目竣工。

【"一业三区"战略】 二道区第四次党代会提出了"一业三区"的战略构想。在产业方向上，集中力量发展现代服务业，聘请中国社会科学院编制了《二道区"十二五"服务业发展规划》，明确了现代物流、商务商贸为二道区两大主导产业，文化创意、新兴金融与科技服务、房地产与社区服务为三大重点产业。在空间格局上，全力打造"三区"，即在二道区四环以内约40平方公里的区域打造"长春东部中央商务区"，重点发展金融商务、总部经济和信息服务等现代服务业；在英俊镇长吉高速以北约25平方公里的区域打造"现代物流中心区"，重点发展现代物流、加工贸易和代理服务等生产性服务业，主动承接四环路内迁出的转移项目，并为周边各开发区提供服务和产业承接，特别是担负起承接兴隆综合保税区和空港经济区的配套作用，推动长东北区域制造业与服务业协调发展；在英俊镇长吉高速以南约35平方公里的区域打造"休闲商务发展区"，重点发展总部经济、商务办公、文化创意、研发设计、高端人居、健身娱乐和现代都市农业，形成与莲花山度假区相互促进、相得益彰的产业体系。

【二道经济开发区】 2012年，二道经济开发区全口径财政收入（不含国税）完成12亿元，比2011年增长120%。固定资产投资完成85亿元，比2011年增长125%。规模企业工业产值完成28亿元，比2011年增长116%。实际利用内资44.6亿元，外资0.23亿美元。全面启动区域内9条道路及水、电、气、热、污水处理等工程。完成东新开河应急渡汛工程，确保743万治理专项资金到位，保证汛期安全渡汛。

【城建工作】 扎实推进城乡基础设施建设和环境整治。完成临河街、乾安路等8条城市道路，公平桥、东荣大桥、惠工路立交桥3座桥梁新建和改造任务。完成主次街路维护、养护80条段，完成道路修补坑槽1.2平方米，方砖新建5 700平方米，复原道路挖掘2万平方米，方砖改造调整2.6万平方米，柏油立面1.3万平方米。完成占地面积115万平方米，建筑面积142万平方米的棚户区改造任务，回迁居民4 510户。"暖房子"改造工程完成271栋老旧楼体改造，建筑面积164.4万平方米，惠及居民3万余户。完成吉盛小区二区、安乐小区等3个"老旧散"小区治理；投入4 445万元，对29座锅炉房进行并网改造，并改造供热管网15公里。完成吉林大路东延长段建设和部分土地收储工作。城乡市容环境综合整治成效显著，围绕150天综合整治和创建全国文明城活动，拆除违章建筑44万平方米，新增绿化面积40万平方米。完成新植街路2条（临河街、吉林大路），改造道路节点绿化2处（东盛大街与自由大路、与吉林大路交会处），新植绿地11块，彩化街路10条，绿化补植街路14条。开展城中村和城乡结合部卫生整治，全面接管三、四环路之间环境卫生管理，扩大清扫保洁面积210万平方米。投资400余万元，新增移动式垃圾转运箱30个。投资40万元，购置10台非法广告痕迹清除机。

【民生工作】 深入实施民生行动计划，全力做好7大类108项民生实事。加大教育投入力度，完成中小学校舍改造9所，幼儿园改（扩）建2所，市十一高分校引入二道区，教育大厦正式启动。优化卫生服务环境，建成大型优抚疗区、爱心透析中心，投入1 500万元，实施基本药物制度改革。投入760万元，新建了2个社区卫生服务中心。投入180万元，更新医疗设备，引进医疗技术人才。开展"幸福家庭"创建活动，人口计生工作得到上级肯定。开展广场文化系列活动，举办了万人红歌会、首届职工运动会和第二届残疾人文化周等活动，丰富干部群众文化生活。贾春红编织、东生泥人、董丛红草编3项非物质文化遗产得到挖掘保护。

长春市二道区东盛路商圈

完善公共服务设施，投入5 000万元，改(扩)建社区24个。投入600万元，进行居家养老服务试点，新增公益养老床位400张。在全省率先开展低保审批流程改革和优抚医疗"一站式"结算服务，发放低保金3 456万元、慈善救助款94万元，为重度残疾人安装"电子保姆"860台。设立了200万元大救助资金，解决突发事件家庭的生活困难问题。深入推进创业就业，开发就业岗位1.2万个，新增就业1万人，失业再就业6 360人，城镇登记失业率控制在4%以内。国家科技进步示范城区通过申报。全区投入5 000万，完成22个社区的基础设施改造提升，超千米社区达到8个，城市社区服务用房平均面积已达720平方米，农村社区用房平均面积为920平方米，辖区内社区办公用房全部达500平方米以上。

【社会事业】 完成第八次社区居委会换届工作，换届率达100%。创新社区管理模式，启动了加强和创新社会管理试点工作，在全市率先实施无线社区建设和网格化管理。信访维稳取得实效，妥善解决了10余件信访稳定难点案件，办理各类调解案件334件，成功率达98%以上。办理法律援助案件42件。进一步强化对刑释解教人员的安置帮教，对精神病等特殊人群的服务管理。加强社会治安综合治理，刑事案件发生率明显下降。以"安全建设年"活动为契机，深入开展危险化学品、打非治违、食品安全、消防安全等专项整治行动，新设地震避难场所5处，全区安全形势总体平稳。

（卢慧茹）

2012年二道区国民经济和社会发展主要指标完成情况

指标名称	单位	实际完成	比2011年±%
国内生产总值	亿元	122.5	14
第二产业增加值	亿元	41.4	16.7
第三产业增加值	亿元	80.6	12.7
全口径财政收入	亿元	32.1	32.3
本级财政收入	亿元	6.8	31.6
固定资产投资	亿元	118	31.1
工业固定资产投资	亿元	10.2	240
社会消费品零售额	亿元	146.5	16.3
实际引进内资	亿元	34.1	21
实际使用外资额	万美元	5 411	19.2
个体工商户	户	16 634	1
私营企业	户	6 217	4
普通中学	所	7	-29
小学	所	15	-27
教育经费总额	万元	48 073	47.8
科技三项经费	万元	2 200	10
卫生事业费	万元	8 504	7.2
人口出生率	‰	5.19	0.13
计划生育率	%	99.9	0.1
建成区绿化覆盖率	%	39	0.1

绿园区

【概况】 绿园区位于长春市区西部，东连朝阳、宽城两区，南接长春汽车经济技术开发区，西邻公主岭市，北依农安县。下辖春城、普阳、正阳、青年路、铁西、同心、林园7个街道办事处，51个居民社区；3个镇，24个行政村；5个开发区(长春轨道交通装备产业开发区、长春绿园西新工业集中区、长春西部新城开发区、长春皓月清真产业园区、长春绿园服务业经济区)。全区总面积216平方公里，总人口60万人。

【国民经济】 2012年地区生产总值完成180.5亿元，比2011年增长12.8%。规模以上工业总产值完成230.1亿元，比2011年增长20.5%。第三产业增加值完成57.5亿元，比2011年增长8.6%。农业总产值完成7.1亿元，比2011年增长21%。全口径财政收入完成36.1亿元，比2011年增长20.2%。本级财政收入6.4亿元，比2011年增长20.4%。

【项目建设和招商引资】 长春绿园经济开发区获批国家新型工业化产业示范基地，长春绿园西新工业集中区顺利通过省级开发区验收。皓月清真产业园区概念性规划获长春市规划委员会审议通过，园区建设正式启动。全年开工项目98个，福伊特城铁变速箱等13个续建项目竣工，汽车冲压件二期等26个新建项目主体完工、年底运营。海吉星农产品物流中心两批次40万平方米土地成功摘牌，车家国际汽车贸易园一期36万平方米土地进入收储程序，中机（长春）物流科技园仓储中心完成基础建设，四季青市场改扩建项目完成土地预审，吴中城市综合体启动建设，“德爱孝敬”村项目编制概念性规划。中海凯旋门、大禹华邦等一批精品楼盘建设进展顺利，开工面积425万平方米。举办长客配套商座谈会、长三角城市综合体专题招商等10次大型招商活动，引进投资亿元以上项目76个，与世界500强绿地集团签署西客站站前核心区投资框架协议，对接宝龙、卓展、红星美凯龙、立天唐人集团等大型服务业和新纪元自动化设备等工业项目，成功引进吉林华讯轨道移动通讯等一批重点项目，预计引进内资93亿元，利用外资5 580万美元。创建了长春同心创业科技园，与北京交通大学、长春工业大学建立了“政产学研”合作联盟。申报科技发展计划项目60个，为中小企业累计融资5亿元，带动企业开发10个系列新产品。

【城市建设】 争取上级和社会投资3.09亿元，区财政投资2.06亿元，实施市容环境综合整治，完成“暖房子”工程572栋、239万平方米，改造雁鸣湖等6个“老旧散”小区，建设春城大街等3条特色街路，新植迎宾路等12块大型街头绿地，新增绿化面积35.4公顷，绿园区连续10年在全市绿化综合评比中位居首位。“两横三纵”快速路绿园段工程过半，新建改造万昌街等14条街路，2.3万平方米巷道改造顺利完成。投资260万元实施“洁白楼道”工程，完成146栋居民楼道的墙体整饰、管道保暖和线路整理。完善网格化管理模式，设置崇文路等4个便民疏导点，环卫保洁机械化清扫率达到50%。完成了景阳大路、长客装备公司等6大项征拆任务。在全市率先探索司法征拆模式，拆除拒不执行法院裁定的11处住宅。全区拆除国有和集体土地上违法建筑2 443处、46.2万平方米。西部新城累计拆迁住宅2 456户、371万平方米。保证哈大客运专线通车和长春西站试运行，完成了新增100户住宅征收任务，组织了“小开元”等拆违、护建集中行动24次，打通了制约站前路、“跨线桥”等重点工程建设的关键节点。投资4 668万元，完成安庆路两侧地上物拆迁、围挡和绿化，实施站前区3 500延长米围挡和绿化工程，绿化9.5公顷辞灵宫旧址。长春轨道客车新城启动建设，完成了路网、给排水、河道、合心湖清淤等工程设计，启动了基础设施、长客配套服务工程的招标和土地挂牌工作。投资1 200万元，完成合心大街等9条村路修建工程，植树造林40公顷，新增3个标准化牧业小区，新建500个户用沼气池、2 000座生态卫生厕所。

【民生工作】 全面完成10大类、110项民生行动计划。拓展城乡居民就业渠道，鼓励创业带动就业，新增就业1.2万人，就业工作在全省县（市、区）级首获国务院表彰。大力推行城镇无保障居民养老保险和新型农村社会养老保险，“新型农村合作医疗”实现即时结算，补偿基金使7 528名农民受益。11栋、990套保障性住房二期住宅工程竣工，完成51户城乡贫困残疾人危房改造，并网改造46个小锅炉房，全区无物业管理居住区和弃管小区实现基本物业管理全覆盖。着力完善社会救助体系，出台10类126项《大救助体系实施细则》，全年发放最低生活保障金3 150万元，向每户特困户发放价值500元生活必需品。开展幸福社区创建试点，启动街道、社区服务功能标准化建设，充实完善312个网格组织和工作力量，投资3 000万元实施27个薄弱社区用房标准化改造，城市社区用房面积全部达500平方米以上。

【社会事业】 万嘉地块九年义务教育学校开工建设，投资3 413万元改造全区中小学综合配套环境，投资500万元改造同心等2所幼儿园，投资900万元用于学校安全建设。补贴500余万元，发放学校公用经费和班主任津贴等补助，农村生均公用经费实现与城市同标，为农村学校租赁24台新标准校车，为重度残疾儿童开设家庭课堂，在全省率先实现基础教育初步均衡目标，荣获全省教育工作先进区。教学质量进一步提高，高中进线率比2011年提高3.2个百分点。巩固医药卫生体制改革成果，基本药物制度顺利实施。投资1 300万元，完善卫生基础设施，完成西新医院建设，城西医院、合心医院、春城社区卫生服务中心、景阳社区卫生服务站、11所村级标准

“老旧散”小区改造后的生物小区

化卫生所等改扩建工程投入使用。投资5 000万元,开展国家公共文化服务体系示范区创建活动,建设各2 000平方米的区文化馆、图书馆,基层文化阵地全部建成启用。顺利通过国家文明城、卫生城复审,组织各类文体活动100余场次,荣获省全民健身活动特色示范区。深入开展"阳光计生行动",符合政策生育率达99.7%,积极推进优生优育促进工程,优生工作列为国家试点。建立了关爱老年人指导服务信息平台,完成10个"老来乐幸福家园"试点建设,以公私共建的形式建立了区养老服务机构,构建了机构、社区、居家多元化养老新格局。"企业一套表"统计方式改革顺利实施。

【民主法制建设】 全年办理人大代表议案、建议81件,办理政协委员提案28件,办复率、满意率均为100%。"六五"普法和"五五"依法治区活动深入实施,依法行政工作稳步推进。推进"创先争优"、"三满意"机关创建活动,规范政务公开,建立政务审批电子监察系统,开展反腐倡廉建设,加大行政监察和审计监督力度,全面完成事业单位清理规范工作,政府系统廉政建设、效能建设和政行风建设工作取得实效。

(景年国)

2012年绿园区国民经济和社会发展主要指标完成情况统计表

指标名称	单位	实际完成	比2011年±%
地区生产总值	亿元	180.5	12.8
第三产业增加值	亿元	57.5	8.6
农业总产值	亿元	7.1	21
规模以上工业总产值	亿元	230.1	20.5
全口径财政收入	亿元	36.1	20.2
本级财政收入	亿元	6.4	20.4
固定资产投资额	亿元	185.2	30.5
工业固定资产投资额	亿元	111.2	43
社会消费品零售额	亿元	79.9	14.2
利用内资	亿元	33.7	20
新增实际使用外资额	万美元	5 580	8.4
普通中学数	所	8	0
普通小学数	所	27	0
城镇居民人均可支配收入	元	22 970	12.1
农民人均纯收入	元	8 516	11.3
各类医院数	所	17	0
教育经费总额	万元	40 923	18.4
科技三项经费	万元	1 000	42.9
卫生事业费	万元	10 798	6.8
绿化覆盖率	%	43	1
人口出生率	‰	4.11	0.32
计划生育率	%	99.81	-0.14

双阳区

【概况】 双阳区位于长春市东南部,东濒饮马河与永吉县相邻,南与磐石市接壤,西邻伊通县,北与南关区、净月开发区相连。全区幅员1 677.42平方公里,占长春市区总面积的46.8%。耕地面积86 695公顷,其中水田面积11 463公顷;森林面积2.85万公顷,森林覆盖率24.7%;已发现各种矿藏34种。全区辖1个乡、3个镇、4个街道。总人口38.32万人,其中,农业人口28.07人。有满族、回族、朝鲜族、蒙古族等20个少数民族。有民族乡1个,民族村17个。

【国民经济】 2012年,全区实现地区生产总值172.1亿元,比2011年增长12.4%。一、二、三产业增加值比2011年分别增长1.2%、14.8%和12.7%,三次产业比重调整到10.4∶47.3∶42.3。全社会固定资产投资完成133.1亿元,增长25.6%。全口径财政收入、本级财政收入分别实现13.0亿元、4.0亿元,分别增长27.9%、21.2%。全口径工业总产值、规上工业产值分别实现206亿元、148亿元,分别增长10.9%、28.7%。第三产业活力增强。举办"2012双阳旅游节",御龙温泉被评为3A旅游景区,月牙湖生态园、绿宝石山庄试营业,各类农家乐、采摘园发展到220家。欧亚城市商业综合体、奥特莱斯、动画学院等重大项目进展顺利。中心城区农副特产交易大市场等项目开工建设，城乡市场体系逐步完善。制定《加快推进现代服务业发展的意见》，双阳被确定为吉林省服务业综合改革试点区。全社会消费品零售总额实现44.6亿元，增长15.9%。农村经济全面发展。有效应对雹灾、虫灾、风灾等自然灾害，粮食产量9.65亿斤。投资9 500万元，实施黑顶子灌区改造、红旗水库除险加固、饮马河水毁修复等一批农田水利基本建设工程，农业抗风险能力不断增强。以奢岭乡村都市等龙头项目为带动，整体推进"四型"农业发展。绿色有机稻米面积发展到6 000公顷。梅花鹿产业"四个一"工程扎实推进。长双鹿宝酒、庆雨有机猪肉被评为全市十大名牌加工农产品。新建特色农牧园20个，棚膜蔬菜面积发展到720公顷。浩鑫农牧循环经济项目开工建设，林下经济种养面积发展到220公顷，稻田养殖、秸秆还田等示范基地面积1 300公顷。完成造林2 000公顷。转移输出农村劳动力11.3万人次，实现劳务经济收入7.3亿元。

【项目建设】 深入开展招商引资攻坚行动，积极参加中国企业500强高峰会等活动。全年引进项目102个，到位内资80亿元，到账外资6 800万美元。开工项目206个，其中超亿元项目12个，超10亿元项目2个。正威集团投资200亿元的汽车零部件和温泉城项目签订框架协议，东南热电厂前期手续快速推进，纳米低碳产业园完成14条生产线建设，吉通机械一期正在安装设备，铸城门业二期、东北坊酒业竣工投产。投资2.4亿元，实施经开区、文开区路桥和污水处理等基础设施建设工程。

【城乡建设】 城市总体规划及重点区域规划进入报批阶段，齐家、太平等乡镇规划通过市政府审批。"浦左"高速前期工作进展顺利，"长春经济圈环线"辅道（"九开"公路双阳段）开始征地拆迁。改造农村公路82公里。中心城区启动实施19项市政路桥建设工程，新增市政道路4.5公里，维修路面19.8万平方米。嵩山路南段完成路基工程，学府路、滨河路竣工通车。投资1.25亿元，实施双阳大街等街路广场大中修工程，市政道路完好率达98%以上。新增绿化面积26万平方米，安装"中华灯"100盏。开工房地产开发面积15.9万平方米。新增集中供热面积10万平方米。乡镇(街)建设与管理试点工作进展顺利。"奋战150天"行动扎实推进。加大小城镇建设力度，编制了发展规划，设立小城镇建设奖补资金。齐家、山河居民住宅楼部分主体封闭，奢岭乡村都市农民新居正在进行内部装饰，鹿乡主街改造、太平街路亮化等工程全面竣工。大力推进新农村建设，投资4 100万元，完成72个村屯基础设施，打造了山河卢家、双营鲁家等一批典型示范村屯。新建农村文化活动场所、农村信息服务站57个，新型农村合作经济组织发展到399个。

双阳区重点招商引资项目集中签约仪式

【社会事业】 国家公共文化服务体系示范区创建工作深入开展，农村(社区)文化活动室覆盖率100%。文化体制改革有序推进，文体活动中心部分场馆投入使用，文化"三下乡"活动扎实开展。新增农村有线电视和卫星接收用户3 600户。引进科技成果5项。投资5 500万元，配备新标准校车100辆，有效地解决了农村学生上下学安全问题。新建改造校舍2.4万平方米，回族中学、154中学新建工程交付使用。率先启动县(区)级医院医疗卫生体制改革试点工作，区医院实行基本药物制度。人口自然增长率控制在2.5‰以内。

【民生工作】 就业和社会保障服务中心即将投入使用。投资2 300万元，新建改建城乡社区18个，博山精品社区投入使用，城市社区公共服务用房面积500平方米。城镇新增就业7 260人，城镇登记失业率控制在3.8%以内。新建科学储粮仓8 000套，发放农机补贴2 190万元。新型农村和城镇居民社会养老保险参保率达98%以上。进一步提高农村五保户、公益单位、干部职工、企业退休人员等群体生活保障和津贴补贴标准。免费为残疾人提供矫正手术和康复训练2 100人（次），农机扶残830户。改造棚户区10万平方米、暖房子18.8万平方米、农村危房481户。城镇居民人均可支配收入、农民人均纯收入分别达17 545元、9 094元，分别增长11.3%、17.2%。积极推进社会管理创新，初步建立以"三级平台、四级管理，一中心带五大厅、一基地"为主要载体的新型社会管理模式。实行副区级领导包片包线包案，实施"百分制"考核，切实筑牢"五道防线"，一批沉积多年的信访案件得到有效化解。持续开展"安全建设年活动"，切实加大煤矿、非煤矿山、建筑交通、食品药品等重点领域隐患排查和整治力度，全区无重大事故和重大疫情发生。

（刘忠庆）

2012 年双阳区国民经济和社会发展主要指标完成情况统计表

指标名称	单位	实际完成	比 2011 年 ± %
地区生产总值	亿元	172.1	12.4
第一产业增加值	亿元	18	1.2
第二产业增加值	亿元	81.4	14.8
第三产业增加值	亿元	72.7	12.7
全口径工业总产值	亿元	206.2	10.9
农业总产值	亿元	29.3	1.2
全口径财政收入	亿元	13.0	27.9
本级财政收入	亿元	4.0	21.2
固定资产投资	亿元	133.1	25.6
社会消费品零售额	亿元	44.6	15.9
实际使用外资	万美元	6 800	9.5
实际利用内资	亿元	80	23
城市人均可支配收入	元	17 545	11.3
农民人均纯收入	元	9 094	17.2
普通中学	所	26	-
普通小学	所	111	-
各类医院	所	18	-
教育经费总额	亿元	4.35	25
科学技术支出	万元	250	22.5
全口径医疗卫生经费	亿元	2.93	80.8
城区绿化覆盖率	%	4.0	-
人口自然增长率	‰	2.5	-

人物

全国三八红旗手

熊　梅　东北师范大学附属小学校长
孙亚娟　吉林省荣发农业开发集团董事长
刘德珍　吉林省省直机关妇委会主任

全国五一劳动奖章

周世君　一汽解放汽车有限公司变速箱分公司工人
李凤军　东北工业集团有限公司总经理助理
孙　辉（女）　长春市第八中学教师
李立夫　伪满皇宫博物院研究员
高海燕（女）　长春市第一〇三中学校教师
万　宇（女）　吉林省孤儿职业学校校长
钟绍春　东北师范大学软件学院教授
程　颖（女）　吉林省肿瘤医院主任医师
朱　杰　长春市十一高中教师
于惠舫（女）　长春欧亚集团股份有限公司副总经理
唐忠民　吉林省农村信用社联合社党委书记、理事长
李学忠　长春轨道客车股份有限公司高速动车组制造中心铝车体二车间
刘桂凤（女）　长春新大石油集团农安石油化工有限公司技术创新办公室
邓志远　吉林省总工会教科文卫体工会
唐国兴　吉林银行

吉林省五一劳动奖章

郭福生　长春公共交通集团有限责任公司
冯　浩　长春旭阳工业（集团）股份有限公司
鲁　贺　吉林省巴黎春天百货有限公司
王树岩　德惠市公路管理段
张桂红（女）　南关区新春街道和平社区
王景耀　长春市绿园区正阳街道办事处
张玉晶　长春市朝阳区南湖街道办事处工会联合会
朱丽红（女）　沈阳铁路局长春站
王长恒　吉林省安全厅九支队
王力波　吉视传媒股份有限公司
王学毅　吉林省省直机关事务管理局
张学君　吉林省融展投资集团
姚　望　长春市烟草专卖局专卖监督管理处
张大志　长春市公安局南关分局桃源路派出所
浦德松　中国电信吉林省电信分公司
史维利　沈铁长春电务段
郭　英　中国电信吉林省公司长春分公司
刘云贵　国电吉林龙华热电公司
刘法富　吉林省富汇文化传媒集团公司
刘中田　榆树市财政局
李　贤（女）　长春市人民检察院
冯延辉　长春市公路客运总站
高　亢　吉林省委党校（省行政学院）
吴晓东　长春东晨实业集团公司
张电达　吉林农业大学发展学院
李铁顺　二道区仙客来幼儿园
任　军　吉林省农科院
冯丽华（女）　吉林大学第一医院
潘福林　长春大学
李险峰　九台市人民医院
张普一　榆树市中医院
徐井士　长春市财政局
董珊梅（女）　长春市总工会
夏延春　吉林省工商行政管理局行政审批办
陶万发　吉林省委党校物业管理处

曹志勇　吉林省林业勘察设计研究院
苏　民　大唐吉林发电有限公司
张金松　吉林省检察院反渎职侵权局
张园果　华能吉林发电有限公司长春热电厂
王启民　长春吉广传媒集团
丁召团　中储粮吉林、辽宁分公司
王胜杰　吉视传媒股份有限公司
张志新　吉林省亚东投资管理有限公司

2012 年长春市五一劳动奖章

仇国栋　东北工业集团大华公司　工程师
王　欣　富奥汽车零部件股份有限公司车间　磨工
王立波　吉林省电力有限公司超高压公司　总经理
张洪军　长春电力集团有限公司　副总经理
高占国　大唐长春第三热电厂纪委　书记
王英彪　长春三鼎变压器有限公司　班长
李　娜　长春师凯科技产业有限责任公司　部长
张学政　长春维鸿东光电子器材有限公司　董事长
王振龙　国电龙华长春热电一厂　厂长
杨晶莹　长春电力建设公司电力勘测设计院　工程师
史连峰　吉林省电力建设总公司高级　工程师
李春哲　长春供电公司二道供电分公司高级　工程师
董连达　大陆汽车电子（长春）有限公司　生产线长
祝仰波　长春机械科学研究院有限公司　工程师
张凤梧　长春市热力（集团）有限责任公司　董事长
马　平　长春水务（集团）有限责任公司鸿兴管道公司　党总支书记
费跃成　吉林省送变电工程公司管道总公司　经理
孙　春　吉林省地质环境监测总站副　总工程师
王新华　长春燃气股份有限公司　总工程师
翟怀宇　吉林亚泰（集团）股份有限公司建材投资公司　经理
李　发　吉林建工集团有限公司审计部　经理
张　洋　长春公共交通集团有限责任公司电车公司　乘务员
金永祥　长春邮区中心局　副局长
高明辉　长春市供热经营有限责任公司　副总经理
白皓明　长春市邮政局函件广告业务局　局长
江　涛　长春市轨道交通集团有限公司工程管理部　部长
屈均政　长春市物业维修资金管理中心　主任
裴毓铁　长春市国土测绘院　院长
柴　琇　广泽乳业有限公司　董事长
王志全　吉林烟草工业有限责任公司长春卷烟厂制丝车间车间　主任
刘亚娟　长春东方纺织集团有限公司前纺车间　技术员
赵士功　长春天然气有限责任公司　高级工程师
胡彦山　长春大成生化饲料开发有限公司　主任
臧家和　吉林省长春皓月清真肉业股份有限公司　车间主任
原德顺　长春欧亚卖场有限责任公司欧亚新发商厦后勤部部长
董晓雨　长春保安集团有限公司　副总经理
张金迪　中国工商银行长春光明路支行网点　负责人
刘金岩　长春市环城供销有限公司　董事长
潘中玉　吉林省投资集团有限公司　董事、总经理
张淑霞　中国人民银行长春中心支行国库处　副处长
张汉壮　吉林大学物理学院　副院长
华树成　吉林大学第一医院　副院长
宋孟林　长春市新华书店　经理
王建辉　东北师范大学　副教授
杨　明　吉林体育学院　教授
刘海涵　长春大学　辅导员
王家青　长春职业技术学校　校长
黄　锐　长春市实验幼儿园　园长
李德胜　长春市第十中学　校长
曹　勋　长春市实验中学　副校长
张桂杰　长春市口腔医院内一　主任
韩利军　长春市传染病医院　医生
张起超　长春市冬季运动管理中心短道速滑队　运动员
董英姿　长春市朝阳区南站社区卫生服务中心　主任
刘大鹏　长春市朝阳区园林管理处　科长
王庭东　长春市九十中学　校长兼党支部书记
邵立杰　长春市振华汽车涂装有限公司　总经理
王淑梅　曙光街道电力社区　书记
张思宏　南关区民康社区卫生服务站　站长
王甫侠　长春市一〇三中学　教师
冯小平　长春市汇通驾校　常务副校长
丁贵清　宽城区医院　院长
张　影　宽城区环境卫生保洁管理处战前分队　分队长
龚　政　长春新月集团　副经理
吴亚芹　团山街道办事处长山社区　书记
金天波　长春市公安局二道区分局刑警大队　副队长
李志兵　长春市第五十二中学　校长
杜森林　长春市二道区中医院　院长
葛艳华　吉林延安医院　院长
李铁顺　长春市仙客来教育幼儿园　园长
张福龙　长春市公安局绿园区分局春城大街派出所　所长
石慧玲　绿园区铁西街道青蒲路社区　书记
田　晓　长春市绿园区总工会　调研员
邢凤梅　长春市绿园区人民医院口腔科　主任
王大力　绿园交警大队二中队　中队长
刘中田　榆树市财政局　科长
张铁民　榆陶公路五棵树收费站　站长
李　恒　榆树市农电有限公司　工程师
马秀玲　榆树市第二实验小学　副校长

姜日红 榆树市地税局 局长
秦雅丽 农安县政府办公室地方志科 科长
孙文生 农安县农安镇百信鞋业总 经理
王士雷 农安县第三初级中学 科长
孟凡林 农安县环卫处 副主任
李韦澄 长春市佳龙农牧业食品发展有限公司 董事长
王 允 中国工商银行股份有限公司德惠支行 行长
曲丽英 德惠市卫生局卫生监督所 书记
侯廷庆 德惠市城市环境卫生管理处 主任
贺连廷 吉林省德莱羽绒有限公司工会 主席
周景彦 天景食品有限公司 工人
张雁峰 九台市人民医院院长 助理
张继山 吉林省嘉鹏建设集团有限公司 总经理
李晓东 双阳区农村信用合作联社 理事长
李兆清 长春永固汽车车桥有限公司 总经理
赵宪成 长春市第七中等专业学校 校长
李栋梁 吉林建龙房地产开发有限公司 工程师
王心宏 中国建设银行长春双阳支行党支部 书记
盛秀梅 长春金赛药业股份有限公司 技术员
刘耀广 福耀集团长春有限公司 技术员
王明光 李尔长春汽车内饰件系统有限公司生产 主管
张站海 长春净月潭旅游发展集团有限公司 董事长兼总经理
王希贵 净月开发区建设发展总公司 总经理
刘洪涛 长春一汽四环发动机制造有限公司项目攻关组 负责人
徐景士 长春市财政局 处长
田 冰 长春市国土资源局办公室 主任
刘明亮 长春市市直机关管理局后勤处 处长
王立旬 长春格兰娜化妆品有限公司 销售经理
黄仁瑞 长春市康洁洗涤有限公司 经理
张惠风 长春市荟林商务咨询有限公司 业务员
刘宏宇 长春市公安局交通警察支队朝阳区大队三中队 民警
史政军 长春市公安局宽城分局南广场派出所 所长
王 灏 长春市公安局巡警支队检查指导科 科长
王善海 长春市公安局控告申诉处 处长
曲宝泽 长春市南关区民生办 主任
郭淑娟 长春市信息中心 处长
刘世英 长春市市容环境卫生管理局 处长
关玉晶 长春市妇产医院 书记
刘 彤 长春市教育局 处长
李志刚 长春市公安局南关区分局 大队长
梁洪胜 长春市宽城区民生办 副主任
李松峰 长春市财政局 处长
由平均 长春市建委维管中心 副主任
李 强 长春市民生工作办公室 副主任科员
姜 辉 长春欧亚集团有限公司营业部 主任
韩东方 长春市蔬菜公司市场业务部 主任
张 旭 长春电力建设监理有限公司 高级工程师
丁 刚 吉林大学 常务副主席
张淑芹 吉林省肝胆医院 医生
王 臣 长春宏达建设有限公司 董事长
郑连国 长春市公安局朝阳分局 中队长
王 伟 吉林省中吉大地燃气集团有限公司 总裁
韩大勇 农安县城市管理行政执法局 副局长
王宏伟 德惠市慈善总会 秘书长
曲玉国 德惠市地方税务局 局长
韩东风 长春供电公司九台供电分公司 站长
李晓波 九台市上河湾林场 技术员
刘保康 华能九台电厂 厂长
魏大庆 双阳区农电有限公司 经理
于复洋 双阳区烧锅林场 厂长
商 薇 长春大学光华学院 教授
吕 恒 长春市市容环卫局 副主任科员
陈亚斌 长春市民政局 处长
龙庆宽 长春市建委建管中心 副主任
曹凤荣 中粮生化能源(榆树)有限公司 部门经理
刘 雨 东北师范大学 教授

长春市特等劳动模范(50名)

(排名按姓氏笔划)

于 涵 长拖农业机械装备集团有限公司总经理
广 舒 长春市朝阳经济开发区管理委员会工会主席
王 臣 长春宏达建设集团有限公司董事长
王 青 长春市绿园区中医院党支部书记、院长
王 辉 德惠市公安局治安管理大队大队长
王云鹏 二道区市容环境卫生管理局副局长
王亚清 德惠市农村信用合作联社理事长
王丽光 长春市国土局土地利用处处长
王茂林 净月公安分局净月大街派出所所长
王继夫 长春中意木业有限责任公司班长
邓 宏 东北师大附属小学副校长
卢西伟 长春轨道客车股份有限公司总经理
朱 杰 长春市十一高中校长
华宝祥 农安县伏龙泉镇奋进村农民
刘玉伟 长春锅炉仪表程控设备股份有限公司董事长兼总经理
池忠田 九台市忠田农业农民专业合作社理事长
孙 琰 长春供电公司主任
孙 辉 吉林大学第三医院科主任
苏志伟 长春经开区临河街道昆山工会联合会主席
杜冠君 榆树农村商业银行董事长
杜景和 长春市第一五一中学副校长
李万君 长春轨道客车股份有限公司工人

李占军 南关区财政局局长
李立新 东北师范大学工会主席
李延生 长春水务(集团)有限责任公司董事长
李淑丽 榆树市第六小学副校长
杨占民 长春高新技术产业(集团)股份有限公司董事长、党委书记
吴亚琴 长春市宽城区团山街道长山花园社区党委书记
沈浩轩 吉林送变电工程公司总经理兼党委副书记
宋今东 绿园区公安分局局长
宋业富 长春市粮食局军粮管理站站长
宋柏林 长春中医药大学副校长
张凤梧 长春市热力(集团)有限责任公司董事长
张玉良 吉林烟草工业有限责任公司长春卷烟厂厂长
张学玉 南关区住房和城乡建设局局长
张晓杰 长春市儿童医院院长
陈学思 长春圣博玛生物材料有限公司研究员
邵立杰 长春市振华汽车涂装有限公司总经理
罗 昕 长春市卫生局保健办主任
金光勇 长春理工大学教师
周世君 一汽解放汽车有限公司变速箱分公司设备工装部维修电工
赵金星 农安县工商行政管理局科员
徐 飞 一汽——大众汽车有限公司轿车厂焊装车间工人
徐子弋 长春大成实业集团营销中心海外事业部部长
徐钟声 吉林省烟草公司长春市公司双阳分公司机关党支部书记
常 健 长春市公安局刑警支队三大队大队长
韩春阳 长春东北输送设备制造有限公司车间主任
程远涛 长春市二道区民政局局长
焦 琳 长春市国土局财务处处长
潘兴东 长春保安集团有限公司董事长

吉林省三八红旗手标兵

吴亚琴 长春市宽城区团山街道长山社区党委书记
刘 敏 吉林省公安厅科技处处长

吉林省三八红旗手

王志敏 吉林省育婴职业培训学校校长
张桂红 长春市新春街道和平社区书记
韩 霜 长春市宽城区人民法院妇女儿童维权法庭负责人
李东辉 长春市绿园区人民法院民二庭庭长
陈玉珍 长春市光复路文化用品个体摊床床主
赵 芳 榆树市第一实验幼儿园园长
刘 平 农安县妇联主席
王 萍 九台市波泥河林场场长兼党支部书记
常秀文 吉林省常铸路桥工程有限公司总经理
李艳华 长春市双阳区妇联主席
王文利 长春国际会展中心有限公司总经理
张桂芝 长春市高新区三佳社区党总支副书记
邹明华 长春净月潭旅游发展集团有限公司工会副主席
李慧欣 长春汽车产业开发区人民法院刑事审判庭庭长
刘奉勤 长春市妇联宣传部部长
李晓玲 长春市财政局副局长
丁 宁 长春日报报业集团副总编
凌 瑶 空军航空大学飞行基础训练基地人文社会科学系人文科学教研室讲师
蔡守琴 吉林省大自然花鸟鱼商城总经理
姜秀娥 中科院长春应化所电分析化学国家重点实验室研究员
宋宝珍 吉林省委党校(省行政学院)后勤处处长
郭安华 中储粮吉林分公司副总经理
陈 洁 吉林省检察院公诉三处处长
刘 红 吉林大学妇委会副主任
陈 宇 吉林大学中日联谊医院教授主任医师

吉林省享受2012年国务院政府特殊津贴专家

丁国君 长春市南关区西五小学特级教师
才 卓 吉林省农业科学院研究员
王隶书 吉林省中医药科学院主任药师
刘 玢 长春电视台主任播音员
孙立巍 长春奥普光电股份有限公司高级技师
孙亚东 吉林省人民医院主任医师
曲 轶 长春理工大学教授
纪景义 吉林省高等级公路建设局正高级工程师
许晓宇 吉林省公安厅物证鉴定中心高级工程师
何青志 吉林省社会科学院研究员
宋玉彬 吉林省文物考古研究所研究馆员
宋柏林 长春中医药大学教授
张志英 吉林省蔬菜花卉科学研究院研究员
张连学 吉林农业大学教授
张国玉 长春理工大学研究员
张忠辉 吉林省林业科学研究院研究员
张树敏 吉林省农业科学院研究员
张晓杰 长春市儿童医院主任医师
李学忠 长春轨道客车股份有限公司高级技师
李晓明 吉林省经济管理干部学院研究员
李新民 吉林日报社高级编辑
孟凡静 长春市绿园区合心镇农业站农业推广研究员

相世和 长春市人民医院主任医师
赵树军 长春市中医院主任医师
赵骥民 长春师范学院教授
高　新 吉林艺术学院教授
高玉才 吉林工商学院高级技师
崔文玉 长春市传染病医院主任医师
董俊祥 吉林亚泰水泥有限公司高级技师
蒙一丁 中共吉林省委党校教授
潘福林 长春大学教授
戴久来 长春市第二中学高级讲师

2012 长春市获得“感动吉林”十大人物

王甦菁 中科院心理研究所博士后研究人员。王甦菁是一位脑瘫患者，右腿、右手基本失去功能，行走要靠助行器，写字、操纵鼠标、敲击键盘只能用左手，但他取得了吉林大学博士学位，发表了30余篇论文，成为2011年国际生物特征识别大会在全球邀请的10位最有培养前途的博士研究生之一。被称为“吉大阿甘”、“中国霍金”。在他的事迹激励下，一位长春脑瘫少年考上重点高中，并在期中考试中，物理得了满分。

王晓玉 吉林省人民医院心脏病中心三病区护士。2012年6月15日，夜班护士王晓玉在巡房时发现一名轻生女子呼救，她双手抓着14楼的窗框，身体已全部悬挂在窗外。危急时刻，王晓玉不顾自身安危，伸出双手紧紧拽住轻生女子。最终，在住院患者两位家属的共同帮助下，轻生女子获救。被誉为救人护士。

常　健 长春市公安局刑警支队三大队代理大队长。作为长春市公安局刑警支队三大队代理大队长，常健率领专案组民警侦破了长春地区一大批有影响的重特大案。22年中他每天起早贪黑工作15、6个小时是常事，最长一次，2个半月没回过家。被誉为铁汉刑警。

祖振荣 榆树市环城乡城子村农民。祖振荣将脑瘫弃婴史莉莉捡回抚养19年，视如己出，让亲生女儿出去打零工，却坚持圆了莉莉的大学梦。如今，莉莉长成了聪明漂亮的大姑娘，曾被医生宣判“无期徒刑”的脑瘫病症几乎痊愈。被誉为大爱养母。

长春市十大优秀农民工

张大千 长春建工集团吉洋盛宇分公司机械工
侯建忠 长春建工集团汇裕公司电焊工
吴　敏(女) 长春建工集团石羽加气混凝土有限公司办公室副主任
徐宝军 长春邮区中心局转运员
魏长明 吉林亚泰建筑工程有限公司钩机司机
刘长久 吉林省邮电工程股份有限公司第七公司光缆技术队队长
郑思辉 吉林建工集团有限公司木工
范庆瑞 长春市轨道交通集团有限公司运营一公司保安队长
王佳丽(女) 长春市轨道交通集团有限公司督导员
曲海平 新星宇建设集团有限公司百巢建设公司分公司经理

（张晓光）

2012 年长春市国民经济和社会发展统计公报

长春市统计局

全市人民在市委、市政府的正确领导下，深入学习实践科学发展观，认真贯彻落实各项宏观调控政策，积极应对复杂多变的国际国内经济环境，扎实推进各项工作，国民经济实现平稳较快增长，各项社会事业全面进步，民生状况不断改善，为全面建成小康社会奠定了良好基础。

一、综合

初步核算，全年实现地区生产总值 4 456.6 亿元，按不变价格计算，比 2011 年增长 12.0%。其中，第一产业增加值 317.1 亿元，比 2011 年增长 4.3%；第二产业增加值 2 291.9 亿元，增长 13.1%；第三产业增加值 1 847.6 亿元，增长 11.8%。三次产业结构为 7.1∶51.4∶41.5。对经济增长的贡献率分别为 2.5%、57.2%和 40.3%。人均生产总值达 58 691 元（按户籍年平均人口数计算），比 2011 年增长 12.1%，折合 9 338 美元。

全市一般预算全口径财政收入 927.7 亿元，增长 15.5%。全市地方财政收入 340.8 亿元，增长 18.1%，其中，税收收入 276.7 亿元，增长 22.0 %。地方财政支出 555.5 亿元，增长

地区生产总值（亿元、当年价）

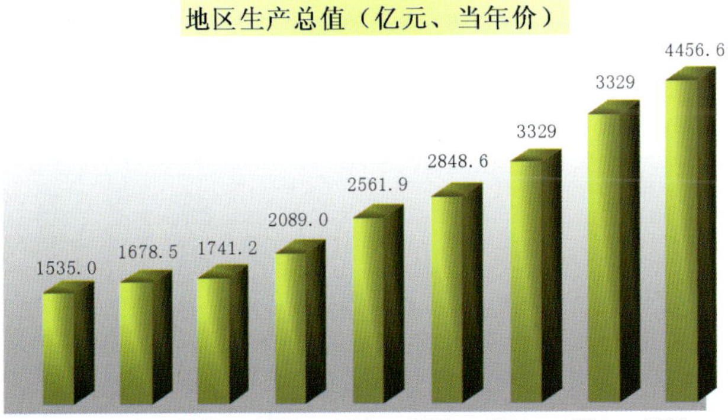

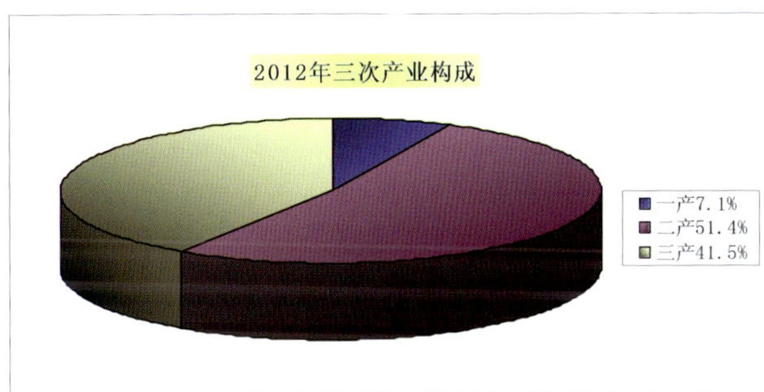

7.1%，其中，教育支出 102.8 亿元，增长 42.5%；社会保障和就业支出 61.7 亿元，下降 10.7%；医疗卫生支出 40.1 亿元，增长 17.5%；交通运输支出 14.2 亿元，下降 29.2%。全口径财政收入占 GDP 的比重为 20.8%，比 2011 年提高 0.7 个百分点。

居民消费价格指数

单位：%

指　标	2011 年	2012 年
居民消费价格总指数	105.5	102.3
服务项目价格指数	104.9	101.3
消费品价格指数	105.7	102.7
食　品	111.7	105.4
烟酒及用品	102.8	101.4
衣　着	103.7	101.1
家庭设备用品及维修服务	101.6	101.2
医疗保健和个人用品	102.2	101.0
交通和通讯	97.9	99.6
娱乐教育文化用品及服务	99.3	101.6
居　住	109.3	100.9
商品零售价格指数	104.8	101.8

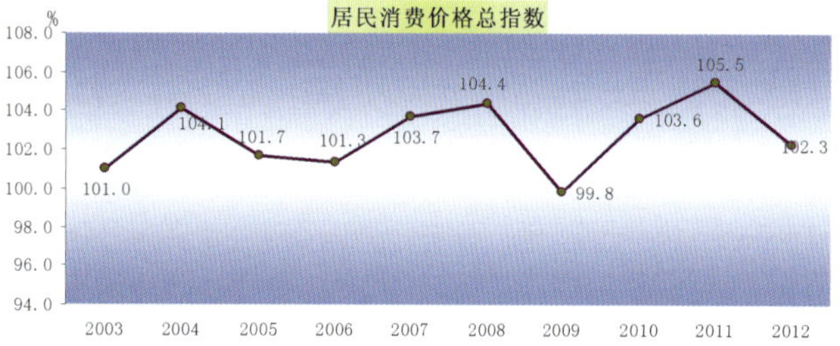

全年居民消费价格总指数为102.3%，增幅比2011年回落3.2个百分点，分八大类看，食品、烟酒及用品、衣着、家庭设备用品及维修服务、医疗保健和个人用品、娱乐教育文化用品及服务、居住价格比2011年有所上涨，交通和通讯价格有所下降。

工业品出厂价格上涨1.8%，其中，生产资料价格上涨2.1%，生活资料价格上涨1.5%。工业生产者购进价格上涨1.5%。

全市从业人员总数已达到386.3万人，增长0.5%。其中，城镇单位从业人员100万人，从事个体劳动的有34.5万人。2012年城镇非私营单位就业人员平均工资46 272元，比2011年增长12.2%。

二、农业

全年完成农林牧渔业总产值562.5亿元，比2011年增长5.4%。其中，种植业产值284.1亿元，增长5.2%；林业产值3.8亿元，增长20.6%；牧业产值255.2亿元，增长5.5%；渔业产值4.2亿元，增长9.0%；农林牧渔服务业产值15.1亿元，增长3.5%。

全年农作物总播种面积134.4万公顷，比2011年增长0.8%。粮食总产量达到911.2万吨，比2011年增加98.7万吨。其中，玉米产量743.4万吨，增长20.1%；水稻产量127.1万吨，减少17.1%。猪出栏602.8万头，增长6.8%，牛出栏122.1万头，增长1.8%，羊出栏35.3万只，增长5.3%，家禽出栏2.6亿只，增长8.3%。肉蛋奶产量分别达到118.6万吨、33.9万吨和6.8万吨，分别增长5.2%、4.6%和7.9%。

主要农副产品产量

指标	单位	2012年	比2011年±%
粮食总产量	万吨	911.2	12.1
蔬菜总产量	万吨	254.1	-8.7
肉类总产量	万吨	118.6	5.2
禽蛋总产量	万吨	33.9	4.6
牛奶总产量	万吨	6.8	7.9
出栏生猪	万头	602.8	6.8
出栏家禽	亿只	2.6	8.3

全年农业机械总动力为500万千瓦，比2011年增长6.8%。

全市蔬菜耕地面积为72 300公顷、蔬菜总产值85.2亿元，分别比2011年增长2.8%和3.9%。全市已认定无公害农产品和绿色食品基地120个，新认证无公害农产品3个，新认证绿色产品10种。全市有效使用绿色食品标志产品162个，有机食品36个，无公害农产品453个，认定无公害农产品基地64个，面积73.7万亩。

全年落实国家粮食直补、农资综合直补、农机购置补贴和重大技术补贴资金共25.3亿元。全市高标准建设省级新农村示范村167个，落实新农村建设项目6大类167项，获得省新农村建设项目补助资金3 157万元；重点打造了合隆镇陈家店村、卡伦镇任家村、龙嘉镇红光村、合心镇新农家村4个新农村建设标杆村和一批样板村群。

全市农产品加工业规上企业产值实现1 360亿元，比2011年增长9.5%。新开工建设3 000万元以上项目105个，完成投资262亿元，增长11%。省级以上和市级龙头企业数量分别发展到90户和122户。

三、工业　建筑业

全年完成规模以上工业增加值1 822.3亿元，比2011年增长11%。规模以上工业企业万元增加值综合能源消耗降低率为6.61%。

全年完成规模以上工业总产值8 263.5亿元，比2011年增长17.4%。汽车制造业累计完成产值4 888.5亿元，增长16.5%，占规模以上工业总产值的59.2%；农副食品加工业完成产值1 251.7亿元，增长27.8%，占规模以上工业总产值的15.1%；生物与医药工业完成产值106.4亿元，增长21.2%，占1.3%；光电子信息工业完成产值102.8亿元，增长15%，占1.2%；建材工业完成产值562.7亿元，增长21.8%，占6.8%；能源工业完成产值566.6亿元，增长15.4%，占6.9%；装备制造业完成产值468亿元，增长7.4%，占5.7%。51户重点工业企业完成工业总产值6 464.4亿元，占规模以上工业总产值的比重达到78.2%。

全年实现主营业务收入8 595.1亿元，比2011年增长11.9%；利税总额1 083.1亿元，增长14.9%；盈亏相抵后实现利润总额623.2亿元，增长10.1%。

全年建筑业完成增加值369.4亿元，比2011年增长18.8%。资质以上建筑业完成总产值971.8亿元，比2011年增长23.4%。实现工程结算收入869亿元，增长9.4%。

规模以上工业总产值（亿元）

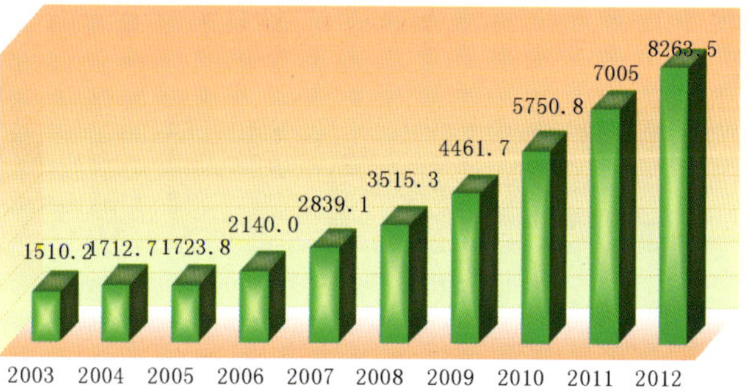

2012 年主要工业产品产量

产品	单位	产量	比 2011 年 ± %
汽车	万辆	186.9	14.5
#轿车	万辆	145.5	22.1
#公路客车	万辆	5.6	-15.5
#载货汽车	万辆	22.1	-15
铁路客车	辆	1891	26.7
变压器	万千伏安	547.7	-1.1
子午线轮胎	万条	390	1.0
电子元件	万只	888	15.9
中小型拖拉机	台	1919	-42.3
工业自动调节仪表与控制系统	台	30	20
金属切削机床	台	266	-52.8
发电量	亿千瓦时	250.9	8.1
水泥	万吨	1 683.4	-17.6
原煤	万吨	600.3	-4.3
焦炭	万吨	52.4	16.0
钢材	万吨	54.4	-9.1
卷烟	万支	1 860 000	8.1
啤酒	万吨	32.8	-14.7
中成药	吨	4 164.4	49.7
饲料	万吨	359.2	44.9
精炼食用植物油	万吨	18.5	50.2
软饮料	万吨	48	4.4
农用塑料薄膜	吨	1.8	36.1
服装	万件	693.2	-12.3

四、固定资产投资

全年完成全社会固定资产投资总额 3 172.9 亿元，比 2011 年增长 30.4%。其中，房地产开发投资 649.7 亿元，下降 2.5%。新增固定资产 2 340.8 亿元。固定资产交付使用率为 75.4%，比 2011 年提高 0.8 个百分点。房屋面积竣工率为 30%，比 2011 年提高 1.1 个百分点。

从各产业完成投资情况看，第一产业投资 32.3 亿元，增长 3.9%；第二产业投资 1 425.2 亿元，增长 26.3%；第三产业投资 1 646.0 亿元，增长 37.0%。从投资主体看，国有经济投资 796.8 亿元，增长 43.2%；非国有经济投资 2 306.8 亿元，增长 27.9%，占全社会固定资产投资的比重为 74.3%。全市工业投资 1 400 亿元，增长 25.2%，对全社会投资增长的贡献率达 37.9%。民间投资 2 147.7 亿元，增长 30.4%。

全市商品房施工面积 5 123.7 万平方米，比 2011 年增长 25.3%。商品房竣工面积 913.9 万平方米，增长 22.2%。商品房销售面积 908.0 万平方米，增长 3.1%。商品房销售额 503 亿元，下降 6.9%。空置面积 320.3 万平方米，增长 32.4%。

2012 年，二手房成交 3.39 万套，成交面积 333.5 万平方米，比 2011 年下降 7.3%；其中，二手住房成交 3.18 万套，成交面积 257.2 万平方米，下降 4.3%。

五、国内贸易

全年实现社会消费品零售总额 1 739.6 亿元，比 2011 年增长 15.0%。分行业看，批发零售贸易业零售额 1 567.3 亿元，增长 14.8%。其中，限额以上批发零售贸易业零售额 720.4 亿元，增长 10.5%；限额以下批发零售贸易业零售额 846.9 亿元，增长 18.2%。住宿和餐饮业零售额 172.3 亿元，增长 17.0%。其中，限额以上住宿餐饮业零售额 26.5 亿元，增长 10.0%；限额以下住宿餐饮业零售额 145.8 亿元，增长 18.0%。

2011 年社会消费品零售额及其增速

单位：亿元

指 标	2012 年	比 2011 年增长%
社会消费品零售总额	1 739.6	15.0
按行业分：		
批发、零售贸易业	1 567.3	14.8
其中：限额以上批发零售贸易业	720.4	10.5
住宿、餐饮业	172.3	17.0

社会消费品零售总额（亿元）

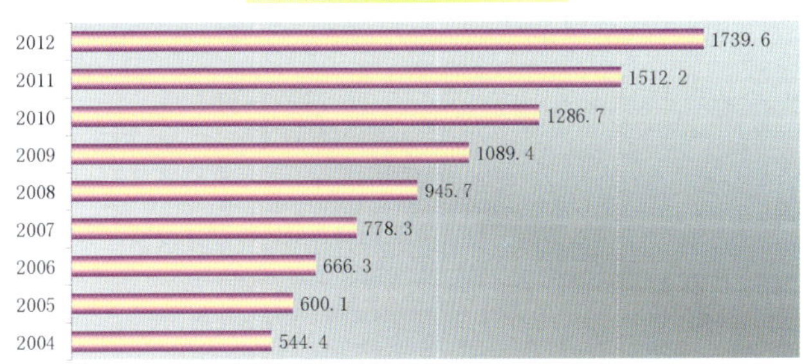

2012 年，长春市限额以上批发和零售企业汽车类零售额 199.2 亿元，增长 3.1%；粮油、食品、饮料、烟酒类零售额 77.2 亿元，增长 24.7%；服装鞋帽针纺织品类零售额 139.3 亿元，增长 11.9%；金银珠宝类零售额 23.6 亿元，增长 26.0%；家用电器和音像器材类零售额 46.5 亿元，增长 5.7%；石油及制品零售额 108.8 亿元，增长 10.7%。

六、对外经济　旅游　会展

全年实现进出口总额 196.8 亿美元，比 2011 年增长 13.4%。其中，进口 167.8 亿美元，增长 11.3%；出口 29.0 亿美元，增长 27.9%。在出口企业中：一般贸易企业出口 20.4 亿美元，增长 24.6%，加工贸易企业出口 8.5 亿美元，增长 43.1%。

全年新批外资项目（企业）42 个，其中投资总额超千万美元项目 10 个。全年实际利用外资 36.8 亿美元，比 2011 年增长 19.6%。其中，直接利用外资 8.5 亿美元，增长 9.9%。

全年来长旅游人数达 3 655.87 万人次，比 2011 年增长 17.4%。其中，接待入境游客 35.66 万人次，比 2011 年增长

对外贸易进出口总额（亿美元）

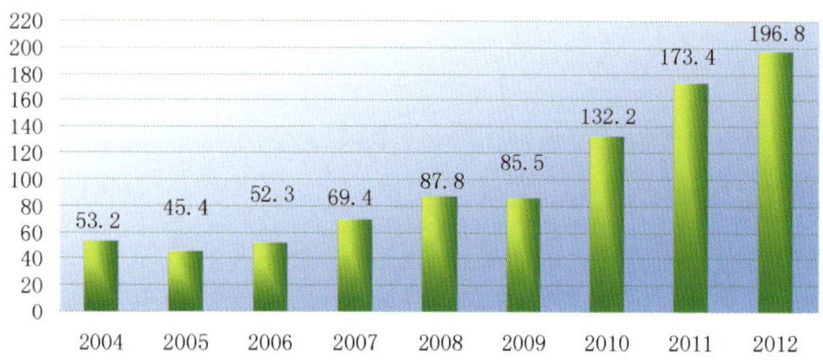

18.2%；接待国内旅游者3 620.21万人次，增长17.4%。全年旅游总收入548.3亿元，增长27.0%。旅游外汇收入22 379.1万美元，增长31.8%。

全市共举办各类会展活动238项，展会直接收入30亿元，带动其他相关产业收入270亿元，分别比2011年增长20%和21%。

七、交通邮电业

全年公路货物周转量312.5亿吨公里，增长22.7%；旅客周转量为50.9亿人公里，增长6.8%。民航完成货邮吞吐量6.6万吨，增长6.4%；完成旅客吞吐量582万人，增长17.1%。2012年末全市民用汽车保有量87.7万辆，增长13.5%。其中，私人汽车保有量70.6万辆，增长17.6%。

2012年完成邮电业务总量143.5亿元，增长6.5%。其中，邮政业务总量4.5亿元，增长5%；电信业务总量139亿元，增长6.5%。全年特快专递完成86万件，下降11%；邮政储蓄平均余额202.5亿元，增长24%。全市市话年末达到156万户，增长9.9%；农话年末达到27万户，下降27%；小灵通电话用户7万户，下降68.2%。移动电话年末达到1 118万户，增长3.7%。互联网用户已经达到640万户，增长23.6%，其中宽带用户92万户，增长4.5%。

八、金融　证券　保险

截至2012年末，全市拥有银行24家，保险公司28家，本地和异地驻长证券公司22家。

金融机构本外币各项存款余额6 643.3亿元，比年初增长18.2 %。其中，单位存款余额3 393.2亿元，增长19.1%；储蓄存款余额2 790.5亿元，增长18.3%。全市金融机构本外币各项贷款余额5 828.3亿元，比年初增长11.0%。

全市证券公司22家，其中本地证券公司2家，异地证券公司20家，拥有股票交易网点47个。A股上市企业19家。股民账户数达130.2万户，比2011年增长1.5%。全市有价证券成交总额3 331.5亿元，比2011年下降11.8%。其中，股票交易成交额2 442.1亿元，下降31.2%；国债成交额740.3亿元，增长5.5倍；基金成交额38.4亿元，下降25.3%。

全市拥有保险公司28家，保险专业中介法人机构34家。全年保费收入89.5亿元，比2011年增长5.9%。其中，财产险保费收入38.92亿元，增长17.9%；人身险保费收入50.6亿元，下降1.8%。全年赔付总金额31.7亿元，增长25.5%。其中，财产险赔付金额20.3亿元，增长35.4%；人身险赔付金额11.4亿元，增长11.1%。

2012年金融机构本外币存贷款及其增长速度

单位：亿元

指　　标	2012年	比年初增长%
各项存款余额	6 643.3	18.2
其中：单位存款	3 393.2	19.1
储蓄存款	2 790.5	18.3
其中：人民币	2 767.4	18.4
各项贷款余额	5 828.3	11.0
其中：短期贷款	1 464.4	11.2
中长期贷款	4 170.5	9.8

九、城建　公用事业

2012年末，全市完成道路新建和扩建长度168.62公里，全市道路总面积6 456.58万平方米，道路长度2 850.24公里，人均道路面积17.89平方米。

2012年，全市水厂日综合生产能力为118.9万立方米/日，城区使用自来水人数达359.92万人。全市人工煤气和天然气供气总量分别达14 641.39和29 974.54万立方米；液化石油气供气总量6.86万吨。城区使用煤气、天然气、石油液化气户数达119.2万户。城区集中供热面积13 305.93万平方米。

到2012年末，全市园林绿地面积9 868公顷，公园绿地面积4 567公顷，建成区绿化覆盖面积11 220公顷，建成区绿化覆盖率41.5%。

十、科技　质量技术监督　教育

全年专利申请量由2011年的5 387件增加到6 165件，增长14.4%。全年通过鉴定、验收和认定的科技成果235项，获得市以上科技进步奖励成果231项。其中，获国家级奖励10项，省级奖励173项。

2012年末，在全市各级各类科技人员中，“两院”院士27人。全市拥有独立科学研究与技术开发机构95个。其中，自然科学和技术领域研究与开发机构60个，社会科学与人文领域研究与开发机14个，科技信息与文献领域机构5个。全市民营科技企业技术合同成交额20.87亿元，累计技术合同成交额219.69亿元。市科技管理部门共投入科技经费7 850万元。全市新认定高新技术企业22户，新认定产值超亿元的高新技术企业10家。

全市有法定产品质量检验机构6个，法定计量技术机构6个。全年共定期监督检验产品1 703批次。受理委托检验17 426批次。国家和省的监督抽查产品质量平均合格率分别达到95.5%和94.2%。

2012年，长春市各级各类教育学校(园)2 533所，其中，在长普通高校37所，成人高校8所，中等职业学校104所，普通高中 65 所,普通初中 265 所,职业初中 3 所,小学 1 349 所,特殊教育 9 所,工读学校 1 所,幼儿园 692 所。

全市各级各类学校(园)招生人数 43.6 万人,其中,在读研究生 1.6 万人,普通本专科 11.1 万人,成人本专科 4.1 万人,中等职业学校 2.7 万人,普通高中招生 4.8 万人,初中阶段招生 6.3 万人,小学招生 7 万人,特殊教育学校招生 139 人,入园儿童 6 万人。

全市各级各类学校在校(园)人数 146.3 万人,其中在读研究生 4.8 万人,普通本专科在校生 38.8 万人,成人本专科生 9.1 万人,中等职业学校在校生 8.1 万人,普通高中在校生 14.5 万人,初中阶段在校生 19.7 万人,小学在校生 40.2 万人,特殊教育在校生 0.12 万人,在园儿童 11 万人。

全市各类教育学校专任教师 9.8 万人。其中,普通高等学校专任教师 2.5 万人,成人高校专任教师 0.14 万人,中等职业学校专任教师 0.57 万人,普通高中专任教师 0.94 万人,初阶段专任教师 1.94 万人,小学专任教师 2.91 万人,特殊教育学校专任教师 326 人,幼儿园专任教师 0.78 万人,小学适龄儿童入学率达 99.98%。

十一、文化 卫生 体育

2012 年全市有文化(文物)事业机构 228 家,其中艺术表演团体 3 家,艺术表演场馆 4 家,公共图书馆 12 家,艺术馆、文化馆 12 家,文化站 161 家,文化艺术科技、科研机构 2 家,文物保护研究机构 1 家,文物保护管理机构 4 家,其他文化事业 6 家,其他文化企业 1 家,博物馆 7 家,文化市场管理机构 15 家。公共图书馆总藏量 401 万册,其中少儿图书馆藏量 75 万册。

全市有国家综合档案馆 11 个,馆藏档案 138.8 万卷、94.3 万件,开放档案 15.2 万卷、6.8 万件。

2012 年,全市有各类文化经营场所 1 440 家,其中互联网上网服务营业场所 827 家(连锁 70 家);文化娱乐场所 327 家;演出场所 31 家;音像制品经营场所 246 家,古玩(美术品)经营店 9 家。其中市区(含开发区)文化经营场所 1 049 家,其中互联网上网服务营业场所 578 家(连锁 69 家);文化娱乐场所 253 家;演出场所 23 家(其中市直 3 家);古玩(美术品)经营店 9 家。

长春电影制片厂全年生产故事片 6 部,科教片 10 部。

2012 年,全市有广播电台 5 座,节目 10 套,中波发射台和转播台 2 座,转播台 7 座,广播人口覆盖率为 100%;电视台 5 座,节目 9 套,电视人口覆盖率为 100%。

2012 年末,全市卫生医疗机构 4 092 个,下降 1.47%。其中,医院、卫生院 302 所,下降 1.31%,拥有医疗、疗养床位 4.23 万张,比 2011 年增长 6.47%。卫生技术人员为 4.3 万人,比 2011 年增长 5.5 %。每千人拥有执业医师和执业助理医师 2.44 人。

2012 年末,市辖区建成社区卫生服务中心 51 家,城区人口覆盖率达到 100%,367 万农民参加了新型合作医疗,参合率达到 99.7%,筹集资金 10.6 亿元,已有 121 万参合农民受益,支付补偿金 10.2 亿元,占筹资总额的 96.2%。

全年成功承办了全球华人羽毛球球锦标赛、瓦萨国际越野滑雪赛、世界杯自由式滑雪赛等国际国内大型体育赛事 20 项次。举办了市青少年短道、速滑、篮球等省市各级各类体育赛事 220 项次。长春市代表团参加了十二届全国冬季运动会 3 大项 10 分项 91 小项角逐,夺得金牌 29 枚、银牌 16 枚、铜牌 20 枚、金牌总数列全国第二的优异成绩,继续保持了长春市冬季项目全国前列位置。

以“健康长春——体育伴随你我他”为主题,开展全民健身活动 1 000 项次,公布了《长春市民体质状况报告》。投入资金 450 万元,为城区安装 43 套健身路径,为 10 个乡镇、62 个行政村安装健身器材。全年体育彩票销售 9.9 亿元,占全省销售比例的 42.3%。

十二、环境保护

2012 年,全市工业废水排放达标率和工业固体废物综合治理率分别达到 97.4%和 100%,重点工业污染源实现全面达标排放。到 2012 年末,全市烟尘控制区面积 327.71 平方公里,环境噪声达标区面积 236.46 平方公里,区域环境噪声平均值控制在 53.6 分贝,道路交通噪声平均值控制在 68.6 分贝,噪声达标区覆盖率 78%以上,达到全国文明城市 A 类标准。

全市开展生态示范区试点面积 1.9 万平方公里,达到了幅员的 91.4%,国家级生态示范区建成率达到 100%。

全年城区空气污染指数(API)为 69;空气环境质量优良级天数 339 天,占总天数的 92.6%,其中,优级天数 78 天,占 21.3%;良级天数 261 天,占 71.3%;空气首要污染物总悬浮颗粒物(PM10)年日均值每立方米 87 微克,比 2011 年上升 4 微克;二氧化硫年日均值每立方米 30 微克,比 2011 年下降 4 微克;二氧化氮年日均值每立方米 44 微克,比 2011 年下降 2 微克;饮用水源水质达标率 100%。

十三、人口 人民生活 社会保障

2012 年末,全市户籍总人口为 756.9 万人。其中,市区人口 363 万人,四县(市)人口 393.9 万人。全市人口出生率为 10.2‰。

2012 年,城市居民人均可支配收入达到 22 969.7 元,比 2011 年增长 12.1%;人均消费性支出 17 863 元,增长 9.4%。城市恩格尔系数为 29.6%。城市居民每百户拥有汽车 21.57 台,拥有彩电 124.84 台,电冰箱及冰柜 97.71 台,洗衣机 97.97 台,拥有家用电脑和移动电话 83.99 台和 237.58 部。城市人均住宅建筑面积由 2011 年的 32.8 平方米增加到 34.2 平方米。农村居民人均纯收入 9 064 元,增长 13.8%。农村人均生活费支出 5 855.3 元,比 2011 年增长 27.4%。农村恩格尔系数为 38.5%。农村居民每百户拥有彩电 120 台,电冰箱 90 台,移动电话 230 部,摩托车 70 辆。农村人均住房面积由 2011 年的 26.91 平方米下降到 25.8 平方米,下降 4.1%。

2012年底，全市城镇企业职工基本养老保险参保人数达177.8万人，比2011年增长6.1%。其中，在职职工126.1万人，增长7.5%；城镇失业保险参保人数达到87万人，增长4.5%。全年征缴养老保险基金88.8亿元，增长21.3%；征缴失业保险基金9.5亿元。全年为51.7万名离退休人员发放养老金91.5亿元，增长19.8%；为2.4万名失业人员发放失业金1.9亿元。城镇医疗保险参保人数达405.8万人，其中城镇职工参保160.6万人。城镇居民基本医疗保险参保总数达245.2万人，工伤和生育保险参保人数分别达111.6万人和111.9万人。

全年开发就业岗位13.9万个，实现城镇新增就业11.3万人，安置下岗失业人员实现在就业5.2万人，其中大龄就业困难对象再就业1.4万人。全市就业困难群体从事公益性岗位人员稳定在2.2万人以上，扶持686户零就业家庭实现就业。创建充分就业社区280个。累计实现农村劳动力转移就业120万人次。到年底，城镇登记失业率3.78%。

截至到年末，全市城市居民有7.66万户、14.14万人享受最低生活保障；农村居民共有10.69万户、15.82万人享受最低生活保障。累计全年发放城乡低保资金5.83亿元。

全市建设保障性住房10 645套、建筑面积58.13万平方米、总投资额223 366万元。其中，建设廉租住房2 845套、建筑面积13.66万平方米、投资额52 108万元；建设公共租赁住房7 800套、建筑面积44.47万平方米、投资额171 258万元。

全市在民政部门注册养老服务机构有191家，总床位数15 043张。其中，国家办养老机构10家，社会力量投资兴办的养老机构181家。农村社会福利服务中心97所。全年销售社会福利彩票9.96亿元。募集善款4 417万元，总支出慈善募捐款3 426万元，受助群众达8万人次。

注：1.本公报各项统计数据为初步统计数。

2.本公报行业数据系有关部门（行业）提供。

3.本公报长春市生产总值、各产业增加值绝对数按现价计算，增长速度按可比价格计算。

2012年主流媒体看长春

媒体	报道题目
人民日报	创新社会服务管理模式 长春依托三化建设幸福城市（2012年10月7日）
	百花齐放长驻—长春市发展文化产业纪实（2012年1月8日）
	长春免费文化大餐庆新春（2012年1月28日）
	让百姓生活更舒适 长春老旧散小区焕发青春（2012年10月8日）
	长春5万低保户获惠民卡（2012年7月2日）
	长春市永兴街道居民受益“红细胞”（2012年6月27日）
	党员本色闯市场—记长春市汇通驾校校长、党委书记王志霞（2012年8月25日）
	做个平凡好人—记长春市公交集团巴士公司驾驶员付秀丽（2012年8月13日）
	办好小事情 实现大管理（2012年10月19日）
新华社	长春“双拉动”战略促城市转型（2012年5月29日）
	整合科技平台 实现创新能力跃升—长春市创新型城市建设调查（2012年8月14日）
	长春探索“网格化”模式强化对基层的社会管理（2012年6月5日）
	冷资源成热产业 白雪变“白金”（2012年1月13日）
	雪落长春温情暖（2012年2月22日）
	长春：新政策好机遇引京沪“孔雀”东北飞（2012年9月10日）
	乡村法官翟树全扎根基层23年树“和谐司法”楷模（2012年9月15日）
	89岁离休干部葛长江十年拾荒助学引发“涟漪效应”（2012年9月6日）
	长春以工业服务业“双拉动”促城市转型（2012年5月26日）
	闪光的5分钟记—“长春最美公交女司机”付秀丽（2012年8月5日）
	沉到底 做到位 交到心—长春市打造“三位一体”基层社会服务管理格局纪实（2012年5月15日）
	长春“请”能人当村支书 带领村民共致富（2012年5月29日）
	长春市“民生大网”越织越细（2012年2月4日）
	吉林长春：“暖房子工程”造福百姓（2012年4月19日）

续表

媒体	报道题目
中央电视台	民生工程为百姓添暖意(2012 年 11 月 4 日)
	长春:改造老旧小区 提供宜居环境(2012 年 10 月 14 日)
	吉林长春保障房:千方百计保安居(2012 年 11 月 1 日)
	吉林长春:女司机途中发病 力保乘客安全(2012 年 6 月 17 日)
	电采暖 新型采暖方式悄然兴起 (2012 年 10 月 22 日)
	夜巡民警:守护百姓平安夜(2012 年 6 月 17 日)
	吉林长春:70 余万人投入“抗灾保粮”(2012 年 9 月 2 日)
	吉林长春:4 000 辆公交换上“暖气装”(2012 年 10 月 22 日)
	“健康小屋”进社区服务居民(2012 年 3 月 8 日)
	长春净月潭瓦萨国际越野滑雪节开幕(2012 年 1 月 2 日)
	东北亚投资贸易博览会开幕(2012 年 9 月 6 日)
光明日报	吉林长春:党日不忘低保群众(2012 年 7 月 2 日)
	长春站 25 年为特困残疾学生送票(2012 年 1 月 8 日)
	胡艳萍:用满满善心建起爱的家园(2012 年 1 月 31 日)
	一分一厘的赚,一车一车的捐—长春市夏志国夫妇为贫困孩子捐赠文具的故事(2012 年 3 月 8 日)
	电影带给城市以繁华—第十一届中国长春电影节回顾(2012 年 8 月 26 日)
	“光影之门”向你敞开—写在第十一届中国长春电影节开幕之际(2012 年 8 月 19 日)
经济日报	稳增长中促转型 长春产业结构呈现新格局(2012 年 6 月 28 日)
	“三化”管理 “三大”落实—长春创新社会管理的生动实践(2012 年 6 月 8 日)
	品牌效应延伸 带动产业发展—看长春如何用好冰雪资源(2012 年 1 月 16 日)
	吉林长春:让群众切实感受社会正义与温暖(2012 年 7 月 5 日)
	吉林长春双轮驱动实现经济振兴(2012 年 7 月 10 日)
	长春打造惠民文化“幸福城”(2012 年 7 月 10 日)
	长春:低碳打造魅力森林城(2012 年 8 月 21 日)
	长春:弹性供热温暖人心(2012 年 11 月 3 日)
中央人民广播电台	长春“暖房子”暖了百姓心(2012 年 1 月 31 日)
	长春一地下民生工程的科学发展观(2012 年 10 月 21 日)
	长春市各级干部下基层解民生难题蔚然成风(2012 年 4 月 2 日)
	“百亿俱乐部”新成员的绿色 GDP 之路(长春篇)(2012 年 3 月 16 日)
	长春 100 辆新标准校车投入使用 7 652 名农村中小学生受益(2012 年 5 月 17 日)
	长春市重拳监管道路客运安全(2012 年 9 月 3 日)
	长春物流经济开发区推行网格化管理模式(2012 年 12 月 26 日)
	长春人连续 10 年享受 340 个蓝天成内陆样板(2012 年 10 月 31 日)
	长春荣获 2011 年全国最佳会展城市管理奖(2012 年 4 月 5 日)
中国新闻社	长春打造东北亚区域性服务业中心城市(2012 年 5 月 3 日)
	中国首个国家级汽车产业开发区将年产 200 万辆整车(2012 年 11 月 5 日)
	长春给万栋老楼“穿棉衣”助市民享暖冬(2012 年 9 月 17 日)
	长春逾万名环卫工日循环清雪 刑警辅助指挥交通(2012 年 11 月 13 日)
	中国玉米主产区扛过“虫灾台风”丰收在望(2012 年 10 月 9 日)
	千名“海归”入驻长春 “人才特区”研发创业(2012 年 3 月 20 日)
	长春面向全球引才 组 6 国专家“智囊团”(2012 年 5 月 26 日)
	中国 35 城市生活质量报告 长春主观指数第一(2012 年 6 月 17 日)

续表

媒体	报道题目
CHINA DAILY	City on the move (2012年9月28日)
	A manmade natural wonder (2012年6月14日)
	Scuipting the perfect city in Changchun (2012年11月6日)
	New bonded drea to revive NE China (2012年3月26日)
	Zone to from longistics hub for Northest Asia(2012年11月6日)
	Ginding to renown with Vasaloppet (2012年1月1日)
	走基层:长春暖房子工程暖人心(2012年10月23日)
	长春:"议价谈判"破解看病贵(2012年8月14日)
	东北亚文化创意科技园打造东北最大高端服务业集聚园区(2012年19月17日)
	栽植树木8.5万株 倾力打造生态宜居城 (2012年7月30日)
文汇报	港商帮扶弱势社群 改造棚户暖人心(2012年9月28日)
	长春市获中国魅力会议目的地殊荣(2012年4月12日)
	长春市14万个体户将减税11.5亿(2012年6月3日)
	长春获首批"全国创业先进城市"殊荣(2012年7月20日)
大公报	普遍提升群众的幸福指数—吉林省委常委、长春市委书记高广滨访谈(2012年2月20日)
	"人才特区"开启国际资源竞争的新纪元—"长白慧谷"构筑吉林全面振兴的新支点(2012年3月26日)
	长春市二道区的现代服务业蝶变(2012年11月15日)
	中国·吉林东北亚文化艺术周将启幕(2012年8月22日)
香港商报	300万辆整车规划引巨头加速布局 长春发酵2000亿大商机(2012年5月30日)
	汽车、农产品加工、轨道客车现集群效应 长春三大产业待掘金(2012年4月13日)
	长春大项目建设提质提速(2012年10月16日)
	大项目成长春转型跨越新引擎(2012年10月16日)
	长春出重拳保障市民的"幸福冬天"(2012年11月1日)
	长东北城市生态湿地公园开园(2012年7月28日)
	长春汽车业催生两千亿零部件蛋糕(2012年5月29日)
凤凰卫视	长春社区创办"道德银行"储存支取"爱心"(2012年3月30日)
	中国规模最大农博会在长春开幕(2012年8月20日)
	吉林长春将推低碳汽博会 突出自主创新 (2012年5月18日)
	第十三届中国长春国际雕塑展揭幕(2012年9月16日)
农民日报	"有了节水灌溉,我们丰收的信心更足了"—探访吉林省农安县春灌现场(2012年5月25日)
	长春农民增收实现多元化(2012年8月14日)
	榆树市做足粮食产业大文章(2012年7月14日)
	任家村的一天(2012年8月1日)
	农民种粮插上科技翅膀(2012年4月21日)
工人日报	打出"组合拳",设立20亿元专项资金 长春"25条"力保经济"稳增长"(2012年8月14日)
	工会服务职工"全体总动员" 长春万名工会干部走访职工5.6万余人(2012年8月1日)
	"党义"后代沐党恩(2012年1月21日)
	公交车上的和谐"催化剂"(2012年10月17日)
	长春吸纳京沪高校近200名选调生(2012年8月10日)
	一位古稀"月光族"的清贫与富足(2012年5月13日)
中国青年报	"每年房租才120元,不用再担心被人赶出去了"盲人夫妇住进廉租房(2012年4月2日)
	寻找最优专业匹配 设定合理服务周期 长春:校地对接实现高校乡镇互利共赢(2012年11月29日)
	吉林榆树:团干部先接地气与新生代农民工"面对面"(2012年3月20日)

续表

媒体	报道题目
中国妇女报	长春:看守所里建起“妇女之家”(2012年5月3日)
	长春市率先设立“维护妇女儿童权益专项组”(2012年2月8日)
	让老人们生活得更有尊严—走进长春绿园区至爱老年护理院(2012年4月12日)
	王志霞:用行动诠释一名共产党员的担当(2012年8月28日)
	构建家庭与社会和谐—长春市评选“和谐家庭”活动受到广泛好评(2012年3月20日)
科技日报	长春高新区培育战略性新兴产业隆起带(2012年2月29日)
	吉林省和长春市命名首批“长白慧谷”英才14人获近千万资金支持(2012年3月22日)
	我国首列高寒地铁车在长春下线(2012年8月29日)
	我国首例100%低地板轻轨车载客运行(2012年10月20日)
中国科学报	长春国家汽车电子 高新技术产业化基地挂牌(2012年10月25日)
	第九届长春国际汽车博览会开幕(2012年7月18日)
	第八届“中国吉林·东北亚投资贸易博览会”在长春举行(2012年9月10日)
	长春光机所成功获得钠激光导星图像(2012年9月5日)
中国经济时报	长春打出组合拳确保经济稳增长(2012年8月8日)
	榆树靠什么成就(天下第一粮仓)——发展现代农业的榆树样本(上)(2012年8月24日)
	土地托管模式探路规模化经营——发展现代农业的榆树样本(下)(2012年8月27日)
中国经济导报	长春市项目建设掀起热潮(2012年11月15日)
	大项目助推长吉一体化(2012年4月24日)
	长春兴隆综合保税区进入封关运营“倒计时”(2012年11月15日)
	让居民生活更加幸福(2012年11月15日)
国际日报	第九届中国长春汽博会盛装启幕(2012年7月25日)
	第三届中国长春·东北亚文化艺术周大幕将启(2012年9月12日)
	第八届东北亚博览会隆重开幕(2012年9月12日)
	东北亚博览会:拓宽多层次宽领域交流合作渠道(2012年9月26日)
欧洲时报	第九届中国长春汽博会盛装启幕(2012年8月3日)
	第八届东北亚博览会隆重开幕(2012年9月22-24日)

“2012长春最具特色十大名牌农产品暨地标性农产品”名单

1.吉林天景食品有限公司生产的天景粘玉米及花丝饮料
2.吉林省长春皓月清真肉业股份有限公司生产的皓月鲜冻分割牛肉
3.吉林华正农牧业开发股份有限公司生产的华正冷鲜肉
4.吉林省榆树钱酒业有限公司生产的榆树钱酒
5.吉林粮食集团米业有限公司生产的吉粮稻花香大米
6.吉林省长双鹿业特产开发集团有限公司生产的“悦宝”鹿宝酒
7.长春骏隆生态养殖有限公司生产的公正骏隆牌特种野猪肉
8.吉林庆雨牧业有限责任公司生产的庆雨牌有机猪肉
9.长春市佳龙农牧食品发展有限公司生产的佳龙熟食
10.长春市紫玉木兰工艺有限公司生产的“紫玉木兰”工艺品

2012年长春市人大常委会通过的地方性法规目录

1.《长春市社会科学优秀成果奖励条例》(修订) (2012年4月27日，长春市十三届人大常委会第三十五次会议表决通过)
2.《长春莲花山生态旅游度假区管理条例》 (2012年6月26日，长春市十三届人大常委会第三十六次会议表决通过)
3.《长春市历史文化街区和历史建筑保护条例》 (2012年8月29日，长春市十三届人大常委会第三十八次会议表决通过)
4.《长春市著名商标认定和保护条例》 (2012年10月26日，长春市十三届人大常委会第三十九次会议表决通过)

2012年长春市人民政府通过的政府规章目录

1.《长春市行政执法责任追究办法》 (2012年5月16日，长春市人民政府第五十次常务会议通过)
2.《长春市规范性文件监督办法》 (2012年5月16日，长春市人民政府第五十次常务会议通过)
3.《长春市城市雕塑管理办法》 (2012年6月1日，长春市人民政府第五十一次常务会议通过)
4.《长春市河道管理办法》 (2012年7月4日，长春市人民政府第五十二次常务会议通过)
5.《长春市庭院绿化管理办法》 (2012年7月4日，长春市人民政府第五十二次常务会议通过)
6.《长春市全民健身条例实施细则》 (2012年8月16日，长春市人民政府第五十三次常务会议通过)
7.《长春市污水处理厂运行监督管理办法》 (2012年11月15日，长春市人民政府第五十五次常务会议通过)
8.《长春市房地产开发项目资本金监督管理办法》 (2012年11月15日，长春市人民政府第五十五次常务会议通过)
9.《长春市商品房预售资金监督管理办法》 (2012年11月15日，长春市人民政府第五十五次常务会议通过)
10.《长春市水资源征收使用管理办法》 (2012年11月29日，长春市人民政府第五十七次常务会议通过)
11.《长春市规范行政处罚自由裁量权实施办法》 (2012年11月29日，长春市人民政府第五十七次常务会议通过)

领导干部名单

（2012年）

中共长春市委员会

书　　记　高广滨
副 书 记　崔　杰（12月免）　姜治莹（12月任）
　　　　　郑文芝（女，5月任）　李树国（1月免）
常　　委　隋忠诚（5月免）　袁玉树　肖万民（5月任）　杨子明
　　　　　吴　兰（女）　王振华　钱万成　孙国武　孙　超
　　　　　史继山　吴德金（1月任）　侯建民（9月任）
　　　　　赵　明（1月任）
秘 书 长　钱万成（11月免）　赵　明（11月任）
副秘书长　刘　波（兼，4月免）　张家祥（11月任）
　　　　　郝肖峰（11月任）

办公厅

主　　任　赵　明（11月免）　郝肖峰（11月任）
副 主 任　孙　宁　王继荣（女）　李　宏（2月任）

组织部

部　　长　杨子明
副 部 长　张毅强（兼）　韩　栗（兼）　邱志方　孟宪新
　　　　　张宝琦　雷　萦　王立学（4月任，兼）

宣传部

部　　长　吴德金
副 部 长　张鸣雨　王　弋（女，6月任）
　　　　　张茂金　于迅来

统战部

部　　长　刘德生
副 部 长　李　瑛（女）　薛文革（兼）
　　　　　张守刚（4月任）

政法委员会

书　　记　王振华
副 书 记　李继元　孙　飞（5月任）　刘际阳（11月任）
　　　　　程伟建（12月免）　隋光伟（11月免）

市委老干部局

局　　长　王立学（11月免）
副 局 长　曹晓辉（女，兼）　魏立斌（5月任）
　　　　　刘玉霞（女，11月免）

市委、市政府政策研究室

主　　任　徐连东（12月免）　姜保忠（12月任）
副 主 任　崔迎和（11月免）　张守刚（4月免）
　　　　　刘际阳（11月免）　邱志华（女，4月任）

市档案局（馆）

局（馆）长　梁　伟
副局（馆）长　赵　欣　韩　东　王海清
党组书记　梁　伟

市委党史研究室

主　　任　张宝琦（兼）
副 主 任　王立祥　孙玉志

市委党校（行政学院）

常务副校（院）长　林　姗（女）
副校（院）长　吴彦杰　宫立武　田长海　邵静野

市保密局

主　　任　刘　徽
副 主 任　田　成

长春日报社

社　　长　张世杰
党委书记　张世杰
总　　编　王　弋（女，6月免）
副总编辑　王艳春　丁　宁（女）
副 社 长　尚洪波　温祝明（女）
纪委书记　何　文

长春出版社

社　　长　杨德宏
副 社 长　王占通（10月免）　郑晓辉
　　　　　庄宝仁（11月任）

长春社科联

院　　长　姜殿军

副主席　李树敏　常　新　孙学亮(11月免)
党组书记　姜殿军

中共长春市直属机关工作委员会
书　　记　赵　明
常务副书记　张知众
副书记　战国立　张佐斌
纪工委书记　文智杰

机构编制委员会办公室
主　　任　韩　栗
副主任　孟凡友　杨敬东(2月任)

长春市人民代表大会常务委员会

主　　任　李树国
副主任　宛祝平(12月免)　龙　华(女)　方曙光(12月免)
　　张树明(12月免)　王　宁　闻　弘
　　陈克信(12月任)　杜　剑(12月任)
秘书长　闻　弘(12月免)　吴　强(12月任)
副秘书长　王慧稳(12月免)　姜振春(12月免)
　　张春林(12月免)　康铁英(12月免)
　　孙　宁(12月任)　崔迎和(12月任)

办公厅
主　　任　张春林(12月免)　孙　宁(12月任)
副主任　宫国英(12月免)　刘希海
　　赵笠村(12月任)　徐高峰(12月任)

内务司法委员会
主任委员　张智勤
副主任委员　孙雁力

财政经济委员会
主任委员　王大伟
副主任委员　刘玉铧

农村与农业委员会
主任委员　李怀生
副主任委员　王小英(12月免)　鞠国斌(12月任)

城乡建设环境保护委员会
主任委员　王慧稳(12月免)　盖国庆(12月任)
副主任委员　盖国庆(12月免)　王小英(12月任)

教育科学文化卫生委员会
主任委员　陈亚群(12月免)　刘　君(12月任)
副主任委员　朱惠民(12月免)

民族侨务外事委员会
主任委员　王浩然(12月免)　李学军(12月任)
副主任委员　李学军(12月免)　吴　忠(12月任)

人事代表选举委员会
主任委员　姜振春(12月免)　陈亚群(12月任)
副主任委员　孟淑云(女，12月免)　崔洪泉

法制委员会
主任委员　刘　君(12月免)　隋光伟(12月任)
副主任委员　乔大勇(12月任)

法制工作委员会
主任委员　刘　君(12月免)　隋光伟(12月任)

研究室
主　　任　宫国英(12月任)
副主任　徐　荣(12月免)

预算工作委员会
主　　任　王大伟
副主任　栾晓虹(女)

机关党委
书　　记　闻　弘(兼)
副书记　吴丽娟(女)

长春市人民政府

市　　长　崔　杰(3月免)　姜治莹(3月任)
副市长　隋忠诚(5月免)　肖万民(5月任)　吴　兰(女)
　　王学战　高学章　滕佳材　陈　巳
　　苏志芳(4月任)　孙亚明(6月任)
　　侯建民(10月任)　桂广礼(11月任)
秘书长　桂广礼(12月免)　贺兴国(12月任)
副秘书长　柳宝祥(兼)　杨俊良(2月免)　杨云超(兼)
　　张发文(兼)　王建华　卢福建　曲庆江(兼)
　　逄吉春　崔国光(兼)　于　晶(女，4月任)
　　冯善国　张忠耀　王慧力　赫晶祥(3月免)
　　邹德东　寇纯福(11月免)　姜保忠　赵　显(兼)

办公厅
主　　任　赵　显
副主任　鲍文明(12月免)　张海治　王首先
　　周俊峰　王　飞(11月任)
党组书记　贺兴国(兼)

市政府政务公开办公室
主　　任　赵　显(兼)
副主任　何　群

市政府督查室
主　　任　李北牧

市政府民生工作办公室
主　　任　赵首沣

地方志编委会
主　　任　崔　杰(兼)
副主任　郑文芝(女，兼，5月免)　吴　兰(女，5月任)
　　韩忠宝　王　磊
　　杨松望

党组书记　韩忠宝

法制办公室

主　　任　刘凤桂

副 主 任　张铁力(12月免)　贾　伟(12月任)　刘铁良(3月任)

党组书记　刘凤桂

老龄工作委员会

主　　任　桂广礼(兼)

副 主 任　周继峰(兼)　张毅强(兼)　张宝琦(兼)　徐连东(兼)

办公室主任　徐连东(兼)

发展和改革委员会

主　　任　王　宁(3月免)　吕　凝(3月任)

副 主 任　吴相道(12月免)　付　臣(12月任)　王希田　宋长者　单　纯(11月任)　王　雷(11月任)

党组书记　王　宁(3月免)　吕　凝(3月任)

价格监督检查局

局　　长　付　臣(12月免)　王俊德(12月任)

工业和信息化局

局　　长　吕　凝(3月免)　郝晶祥(3月任)

副 局 长　刘海军　崔忠诚　杨连仲　车仁义　马长山　戴　君　蒋旭桐

党组书记　吕　凝(3月免)　郝晶祥(3月任)

科学技术局

局　　长　万载斌(12月免)　孙国庆(12月任)

副 局 长　薛春志　魏长平(12月免)　尹伟光　孟繁军

党组书记　万载斌(12月免)　孙国庆(12月任)

商务局

局　　长　唐若迪(12月免)　吴相道(12月任)

副 局 长　李宪忠　任宏雷　刘　铭

党组书记　刘亚群(12月免)　吴相道(12月任)

贸促会

会　　长　宋丽华(女)

副 会 长　林　野　温淞文　周建波(5月任)

城乡建设委员会

主　　任　崔国光(11月免)　朱永坚(11月任)

副 主 任　李　健　俞　生　佟玉堂　李国恒

党委书记　朱永坚(11月任)

党委副书记　刘彦伟(8月任)

纪检委书记　刘彦伟

市政公用局

局　　长　刘东伟

副 局 长　于建新　任晓强

党委书记　刘东伟

党委副书记　冯贵仁

纪委书记　冯贵仁

行政执法局

局　　长　韩志斌

副 局 长　王大和(11月免)　李凤坤　任建军(2月任)

党组书记　韩志斌

统计局

局　　长　张　威

副 局 长　刘　刚　姜　波(女)　谭　英(女)　李亚芹(女)

党组书记　张　威

安全生产监督管理局

局　　长　张中发(12月免)　张意海(12月任)

副 局 长　王忠厚(11月免)　祝云河　都效军　刘胜军

党组书记　张中发(12月免)　张意海(12月任)

食品药品监督管理局

局　　长　李越春(12月免)　唐若迪(12月任)

副 局 长　李云义　邱清扬(女)　张文革　丁甫久

党委书记　李越春(12月免)　唐若迪(12月任)

党委副书记　李振琨

纪委书记　李振琨

交通运输局

局　　长　程　宇

副 局 长　邵永全　张玉新　王　伟　付风潮(兼)

党委书记　程　宇

党委副书记　郝广智(11月免)　王国君(12月任)

纪委书记　郝广智(12月免)　王国君(12月任)

环境保护局

局　　长　闫　文(12月免)　于　春(12月任)

副 局 长　叶春民　王晓东　叶蓬欣

党委书记　闫　文(12月免)　于　春(12月任)

党委副书记　凌正凯

纪委书记　凌正凯

气象局

局　　长　孙　力

副 局 长　尹文斌　杨志东

纪检组长　裴福军

党组书记　孙　力

房地产管理局

局　　长　刘大平

副 局 长　陈济生　黄立新　徐源江　仇凤江　李长城(12月任)

党委书记　刘大平

党委副书记　刘　宏

纪检委书记　刘　宏

规划局

局　　长　王洪顺(12月免)　曲国辉(12月任)

副 局 长　曲国辉　韩守庆　杨少清

赵家辉(12月任)

党委书记　王洪顺(12月免)　曲国辉(12月任)

党委副书记　曾宪智(女)

纪委书记　曾宪智(女)

城市雕塑规划管理办公室

主　　任　刘天府

副 主 任　林　巍

国土资源局

局　　长　朱亚福(12月免)　李成员(12月任)

副 局 长　李东坡　林　松(12月任)　丁万钧

党委书记　朱亚福(12月免)　李成员(12月任)

党委副书记　李贵文

纪委书记　李贵文

农业委员会

主　　任　张德祥(11月免)　王立学(11月任)

副 主 任　宋荫卓(12月免)　杨立华　孙长占

梁继生(12月免)　郭晋巍　李　欣

党委书记　王立学(11月任)

水利局

局　　长　周凌成(11月免)　冯善国(12月任)

副 局 长　刘国君　田志坤　赵宇琦

党委书记　周凌成

党委副书记　李中华

纪委书记　李中华

林业局

局　　长　孙向武

副 局 长　王万成　林崇学

党组书记　孙向武

粮食局

局　　长　武　凌(12月免)

副 局 长　王丽娜(女)

党组书记　武　凌(12月免)

财政局

局　　长　胡延生

副 局 长　王　才(6月免)　李晓玲(女)　唐庆会

刘显军(4月任)　姜兴春(12月任)

刘向国(12月任)

党委书记　胡延生

党委副书记　孙晓梅(女)

纪委书记　孙晓梅(女)

国有资产监督管理委员会

主　　任　董俊杰

副 主 任　林立志　贾贵春　黄永超

党委书记　董俊杰

党委副书记　王　彦(11月免)

纪委书记　王　彦(11月免)

工商行政管理局

局　　长　谢志敏

副 局 长　张意海(12月免)　郑广慧　胡书鹏

姜　辉(2月任)

党委书记　谢志敏

党委副书记　祁丽梅(女)

纪检委书记　祁丽梅(女)

审计局

局　　长　王福财(12月免)　李志刚(12月任)

副 局 长　吴焕军　贾士武　孔维进　赵力彦

孙忠林

党组书记　王福财(12月免)　李志刚(12月任)

国家税务局

局　　长　杜　锋

副 局 长　钱立仁　王铁勇　齐志宏　李　强　徐　伟

局党组书记　杜　锋

局党组副书记　王金祥　钱立仁

纪检组长　潘　晶

地方税务局

局　　长　于海军

副 局 长　裴德民　杨中凤　金光日　文　明

王明明　司立新　李晓黎(女)　李桂林

党组书记　于海军

文化广电新闻出版局

局　　长　于　晶(女，4月免)　崔永泉(7月任)

党委书记　崔永泉(6月任)

党委副书记　于伟民(6月任)　庄　严(11月任)

副 局 长　于显民(8月任)　张清秀(女，8月任)

庄　严(8月任)　王柏秋(女，8月任)

曲　笑(8月任)　刘红宇(8月任)

教育局

局　　长　马　军

副 局 长　周国韬　梁国超　安　军　崔国涛(12月任)

市政府督学　李　敏(女)

党委书记　马　军

党委副书记　李　敏(女)

纪检委书记　李　敏(女)

卫生局

局　　长　齐国华

副 局 长　郗书元　赵福玉　陈明强　罗　昕(12月任)

党委书记　齐国华

党委副书记　杜金华(女)

纪检委书记　杜金华(女)

人口和计划生育委员会

主　　任　马　平

副 主 任　赵　蕾(女，11月免)　刘国瑞

温贵君(6月任)

党组书记　马　平

体育局

局　　长　郭忠君(12月免)　刘海玉(12月任)
副 局 长　赵晓路
党委书记　郭忠君(12月免)　张政明(12月任)
党委副书记　李志坚
纪检委书记　李志坚

人力资源和社会保障局

局　　长　张毅强(12月免)　张宝琦(12月任)
副 局 长　崔英林　纪忠安(11月免)
蔡延斌(11月免)　曲玉业　焦　琊
张宝山(11月任)　孙晓伟(11月任)
党委书记　张宝琦
党委副书记　杨承军
纪委书记　杨承军

社会保险局

局　　长　张发文
副 局 长　张美源(8月免)　杨丽华(女)　刚占彭
朱凤海　林鹏飞
党组书记　张发文
纪检组长　崔　伟

民族事务委员会(宗教事务局)

主任(局长)　尹维生
副主任(副局长)　咸荣日　杨　军(女)
党组书记　赵国民

民政局

局　　长　吴　强(7月任,12月免)　徐连东(12月任)
副 局 长　郑秀梅(女)　许　军　李　明　周玉国
党委书记　王世田(7月免)　吴　强(7月任)
党委副书记　刘　彦　徐连东(12月任)
纪委书记　刘　彦

公安局

局　　长　李　祥
副 局 长　唐庆华　于　英(女)　董世年　梁向东
关连平(9月任)　张玉龙(12月任)
卢　峰(11月免)
政治部主任　公　平
党委书记　李　祥
党委副书记　唐庆华(9月任)
纪检委书记　侯连国(2月免)　姜宏亮(2月任)

司法局

局　　长　李　林(6月免)　张洪彬(6月任)
副 局 长　王承伟　何凤举　李长春　李晓华
党委书记　李　林(6月免)　张洪彬(6月任)
党委副书记　于桂兰(女,6月免)　尹晓民(11月任)
纪检委书记　于桂兰(女,6月免)　尹晓民(11月任)
政治部主任　鲍龙乡

国家安全局

局　　长　曲庆江

市委、市政府信访局

局　　长　张家祥
副 局 长　李伟强　马延政　许晓东
党组书记　张家祥

质量技术监督局

局　　长　沙宪卿
副 局 长　李　纯(女,11月免)　杨润民(11月免)
孔令起
党委书记　沙宪卿
党委副书记　孙合民
纪委书记　孙合民

人防办公室

主　　任　陈亚新(12月免)　曾庆彬(12月任)
副 主 任　刘寿松　贾东来　张文华
党组书记　曾庆彬(12月任)

地震局

局　　长　曾庆彬(12月免)　祖　国(12月任)
副 局 长　李恩泽
党组书记　曾庆彬(12月免)　祖　国(12月任)

外事(侨务)办公室

主　　任　王　宇
副 主 任　富志刚　薄中堂　徐怀武
党组书记　王　宇

园林绿化局

局　　长　邹德东(4月免)　周亚昆(4月任)
副 局 长　李晓晶(女)　徐　林
党委书记　周亚昆
党委副书记　王国辉(11月免)
纪检委书记　王国辉(11月免)

机关事务管理局

局　　长　李志刚(12月免)　武　凌(12月任)
副 局 长　石铁钢　李绍明　隋广权　邴晓君
党委书记　李志刚
党委副书记　刘彦惠
纪检委书记　刘彦惠

伊通河管理委员会

主　　任　娄长兴
副 主 任　张效佐　王成田
党委书记　娄长兴

长春高新技术产业开发区管委会

主　　任　孙亚明
副 主 任　孙　莉(女)　刘成福　石　威　张少军
党工委书记、纪工委书记　杨俊良
党工委副书记　唐继东

经济技术开发区管理委员会
主　　任　张焕秋
副 主 任　赵　旭　孙洪健　王志良　王大鹏
党工委书记　吴德金(2月免)
党工委副书记　张焕秋
长春兴隆综合保税区管委会
副 主 任　曹　臣　华景斌
净月经济开发区管理委员会
主　　任　管树森
副 主 任　鞠　峻　王金玉(援疆)　杨文俊　朱光明
李东光
党工委书记、纪工委书记　刘金生
党工委副书记　刘英华(女)
汽车产业开发区管理委员会
主　　任　李相国(兼,7月免)　李长明(6月任)
副 主 任　曹　伟　祖　国(12月免)　魏朝明
丁文涛(2月任)　孙弘颜(2月任)
党工委书记　孙国武
党工委副书记　李长明　王　哲(11月免)
纪工委书记　王　哲(11月免)
长江路经济开发区管理委员会
主　　任　梁振亚
副 主 任　张绍君　刘成斌
党工委书记　梁振亚
莲花山度假区管委会
主　　任　杨云超
副 主 任　戚　勇　郝忠奇
党工委书记　杜　福
牧业管理局
局　　长　杨泗祖(11月免)　宋荫卓(11月任)
副 局 长　刘　峰(11月免)　朱贵祥(11月免)
富志坚　孙晓晖
畜牧产品加工办公室副主任　孙国海
党组书记　杨泗祖(11月免)　宋荫卓(11月任)
供销合作社联合社
主　　任　张　伟
副 主 任　汪晓炜(11月免)　刘金岩(6月任)
党委书记　张　伟
旅游局
局　　长　郝丽萍(女,12月免)　邵大明(12月任)
副 局 长　王　金(12月免)　秦　岩(2月任)
党组书记　郝丽萍(女,12月免)　邵大明(12月任)
接待办
主　　任　宋长生
商业国有资产经营公司
总 经 理　辛延明
副总经理　杨录奇
党委书记　辛延明

中国人民政治协商会议长春市委员会

主　　席　张元富(12月免)　崔　杰(12月任)
党组副书记　管树森(12月免)　宋　勇(12月免)
万芝兰(女,12月免)　王占石(12月免)
张晓华　孙丰月　张红星　侯治富
刘德生(12月任)　贾丽娜(女,12月任)
崔国光(12月任)　李维斗(12月任)
秘 书 长　唐晓明
副秘书长　李洪禹(3月任)　孙文杰(11月免)
黄　强(6月任)　蔡延斌(11月任)
于桂兰(女,6月任)
办公厅
主　　任　唐晓明(兼,12月免)　蔡延斌(12月任)
副 主 任　高丽筠(女)　马　达(12月任)
提案委员会
主　　任　樊玉桂(女)
副 主 任　(按姓氏笔划排列)
王立学(兼,12月任)　王首先(兼,12月任)
王继荣(女,兼,12月任)
冯正玉(兼,12月任)
孙晓峰(兼,12月免)　许文才
张凤瑛(女,兼,12月任)　李　瑛(女,兼)
陈敏雄(兼,12月任)　赵　显(兼,12月免)
彭向刚(兼,12月免)
文化教育卫生体育委员会
主　　任　张茹华(女,12月免)　赵　蕾(女,12月任)
副 主 任　(按姓氏笔划排列)
于　晶(女,兼,12月免)
王　弋(女,兼,12月任)
李华新(兼,12月免)　汪鹏辉(兼)　杨启新
杨承军(兼)　柳海民(兼,12月免)
赵福玉(兼,12月免)　侯冠森(兼)
姚国华(兼,12月任)　赵　继(兼,12月任)
郭　巍(兼,12月任)
郭敬萍(女,兼,12月任)
文史资料委员会
主　　任　邢　文
副 主 任　(按姓氏笔划排列)
于广先(兼,12月免)　王明时(兼,12月任)
李公君(兼,12月任)　李德山(兼,12月免)

赵继敏(女,兼) 郎宝君(兼,12月免)
高仁立(兼,12月免) 高 峰 景喜猷(兼)

港澳台侨和外事委员会

主 任 张东威(满族)
副主任 (按姓氏笔划排列)
于洪升(兼,12月免)
冷雪洁(女,兼,12月免)
张亚萍(女,兼,12月任) 张鸿飞
张锦基(兼,12月免) 邵大明(兼,12月任)
陈 密(兼,12月任) 陈其镳(兼,12月免)
赵晓光(女,兼,12月免) 唐锡根(兼)
谭国荣(兼) 薄中棠(兼,12月任)

经济科技委员会

主 任 赵 明(女,满族)
副主任 (按姓氏笔划排列)
丁文勇(兼,12月免) 于落川(兼,12月免)
王世超(兼,12月免) 王希庆(兼,12月任)
吕冬雷(女,8月任) 闫 玉(女,兼,12月任)
刘健芝(女,兼,12月免) 刘振江(兼,12月免)
李北伟(兼,12月任) 杨青山(兼,12月任)
吴晓辉(兼,12月免) 金兆怀(兼,12月免)
龚雅军(兼,12月任) 薛春志(兼,12月任)

社会法制民族宗教委员会

主 任 张文海(12月免) 姜保国(12月任)
副主任 (按姓氏笔划排列)
于惠舫(女,兼,12月免) 付 诚(兼)
孙 飞(兼,12月任) 孙 捷(兼,12月任)
杨丽华(女,兼,12月任) 杨盛林(女)
杨 军(女,满族,兼,12月免)
李奎光(朝鲜族,兼,12月免)
郑秀梅(女,兼,12月任)
陆庆华(兼,12月免) 赵国民(兼,12月任)
高俊芳(女,兼,12月免) 韩志斌(兼)

人口资源环境委员会

主 任 沈启天
副主任 (按姓氏笔划排列)
刁绍武(兼,12月免) 王德利(兼)
孙伟凡(兼,12月任) 张越杰(兼,12月任)
李诚固(兼,12月任) 李 英(女)
金兆怀(兼,12月任) 林青远(兼,12月免)
赵勇胜(兼,12月免) 韩星焕(兼,12月任)
景跃军(女,兼,12月免)
窦 森(兼,12月免)

研究室

主 任 黄 强

机关党委

书 记 唐晓明(兼)
副书记 姜保国

中国共产党长春市纪律检查委员会

书 记 史继山
副书记 李家祺 李 刚 胡书君
常 委 雷 萦(2月任) 姜元生 徐玉林
邢铁溢(2月任) 郑玉辉(2月任)
付印红(女,2月任)
秘书长 姜元生(2月免) 郑玉辉(2月任)
办公厅主任 郑玉辉(2月免) 吴海涛(9月任)
纪检监察综合室主任 鞠 崑(女)
调查研究室主任 杨明志
宣传教育室主任 付印红(女,2月免)
政策法规室主任 裴庆镇
党风廉政建设室主任 史延文
纠风室主任 李向阳
执法监察室主任 王德政
信访室主任 卢 飞
纪检监察一室主任 韩 军
纪检监察二室主任 王 滔
纪检监察三室主任 邢铁溢(2月免)
案件监督管理室主任 赵旭明(11月任)
案件审理室主任 王海燕(11月免)
干部管理室主任 苏 荆(女)
机关党委书记 姜元生(3月免) 郑玉辉(3月任)

长春市监察局

局 长 李家祺
副局长 刘海玉(12月免) 姜元生(2月任)
徐玉林(2月任)

中共长春市纪委、长春市监察局直属纪工委、监察分局

第一纪工委书记、监察分局局长 孙德伟
第二纪工委书记、监察分局局长 吴海涛(9月免)
赵英军(12月任)
第三纪工委书记、监察分局局长 刘大革
第四纪工委书记、监察分局局长 尹奎来
第六纪工委书记、监察分局局长 岂振玲(女,9月免)
朱志勇(9月任)
第七纪工委书记、监察分局局长 陈敬民
第八纪工委书记、监察分局局长 常永宽
第九纪工委书记、监察分局局长 李露丹(女)
政法纪工委、监察室 朱智勇(9月免)
第十一纪工委书记、监察分局局长 杜云山
第十二纪工委书记、监察分局局长 梁好云(11月免)

民主党派

中国国民党革命委员会长春市委员会
副主任委员　王英梅
中国民主同盟长春市委员会
主任委员　孙丰月
副主任委员　穆金辉　李德山　欧阳继红(女,满族)　图力古尔(蒙古族)　胡岳岷　冯银江　董　龙
秘 书 长　徐继承
中国民主建国会长春市委员会
主任委员　陈　巳
副主任委员　丁绍伦(女)　张少杰(兼)　胡　伟(兼)　孙忠林(兼)　陈桂芬(女,兼)　布和(兼)
秘 书 长　葛建民
中国民主促进会长春市委员会
主 任 委 员　杜　婕
副主任委员　林　宇　周国韬　窦　森　董玉琦(兼)　禹　平(女)
秘 书 长　黄金和
中国农工民主党长春市委员会
主 任 委 员　侯治富(满)
副主任委员　张慧虹(女)　李守春　苗里宁　赵宏岩(女)　张金权　阴春霞(女)
秘 书 长　张文彬
九三学社长春市委员会
主 任 委 员　张红星
副主任委员　王　进　陈济生　王丽颖(女)　李　铭　王秋丽(女)　张文祥
秘 书 长　顾红艳(女)

人民团体

市总工会
主　　席　袁玉树
副 主 席　董珊梅(女)　王　涛(11月免)　朱　琪　崔维国(12月任)
党组书记　袁玉树
党组副书记　董珊梅(女)
中国共产主义青年团长春市委员会
书　　记　赵心锐
副 书 记　姜晓东
市妇女联合会
主　　席　李炜姝(女)
副 主 席　欧路娜(女)　杜　影(2月任)
党组书记　李炜姝(女)
市工商业联合会
主　　席　李维斗
副 主 席　薛文革　高学文　张光锐　高　岩
党组书记　薛文革
市社会科学界联合会
主　　席　吴德金(11月任,兼)
副 主 席　姜殿军　李树敏　常　新　孙学亮(11月免)
党组书记　姜殿军
市文学艺术界联合会
主　　席　王振华(兼)
副 主 席　吴　强(兼)　龙　华(女,兼)　崔永泉(兼)　韩志晨(兼)　王长元　景喜猷(张守智)
党组书记　张守智
市科学技术协会
主　　席　孙国庆(12月免)　魏长平(12月任)
副 主 席　刘晓明　蔡卓研
党组书记　孙国庆(12月免)　张金超(12月任)
市归国华侨联合会
副 主 席　张尚诚(女)　刘勇兵(兼)　李勉东(兼)　于洪升(兼)　陈　密(兼)　王钲强(兼)
秘 书 长　崔　昕
市台湾同胞联谊会
会　　长　孔令智
副 会 长　吴　音(女)　朱　杰(女)　陶　川　于士利　白建英(女)　李宇波　徐正考　高　歌　路景权
市红十字会
名誉会长　高广滨　崔　杰　郑文芝(女)
会　　长　吴　兰(女)
常务副会长　王大雷
副 会 长　卢福建　张知众　马　军　齐国华　胡延生　吴　强　崔永泉　公　平
市残疾人联合会
理 事 长　甘　琳(女)
副理事长　王贵君　王爱国
党组书记　甘　琳

地方军事

长春警备区
司 令 员　齐安平
政治委员　孙　超
副政治委员　刘宝文(6月免)
参 谋 长　郭华山

政治部主任　马德国
后勤部部长　徐荣海

武警长春市支队
支 队 长　田　政
第一政治委员　李　祥(兼)
政治委员　周　波
副支队长　孔德胜　刘长友(4月免)　王崇伟(4月任)
副政治委员　曲晓伟(4月免)　郭洪石(4月任)

市公安消防支队
支 队 长　王喜春(2月任)
政治委员　赵子魁

政　法

中级人民法院
院　　长　宋利菲(女,8月免)　张德友(8月任)
副 院 长　冯猷强　刘德孝　蔡文凤(女,11月免)
金运珍(女)　肖德馗
党组书记　宋利菲(女,8月免)　张德友(8月任)
党组副书记　冯猷强
政治部主任　马惠明(11月免)
纪检组长　裴　莹
执行局长　蔡文凤(兼,11月免))
审委会专职委员　宋惠生　许　光　刘大伟

人民检察院
检 察 长　张海胜
副检察长　肖春光　马占山　王　禹　孙　飞(5月免)
赵　军(5月任)
党组书记　张海胜
党组副书记　肖春光
纪检组长　李　驳
政治部主任　高林树
反贪污贿赂局局长　李晓明(6月任)
反渎职侵权局局长　聂施恒(6月任)
检察委员会专职委员　赵　军(6月免)
王洪波　王孟达

双重领导局级单位

中国人民银行长春中心支行
行　　长　张启阳
副 行 长　付　裕　董龙训　宋金山　王春生
于桂琴(女)
党委书记　张启阳
纪委书记　张树义

中国工商银行吉林省分行营业部
总 经 理　张晓辛
副总经理　朱　评(12月免)　杨勇革(9月任)
林　红(女)　张　斌(女)　许家业
窦洪涛　李延苗(6月任)
党委书记　张晓辛
纪检委书记　许家业

中国农业银行吉林省分行营业部
总 经 理　姚德东
副总经理　许　波　王铁丰　王晓伟　杨建国　武　瑾
党委书记　姚德东
纪检委书记　王铁丰

吉林银行
董 事 长　唐国兴
行　　长　刘鸿魁
副 行 长　程松彬　王安华　郜　戈
胡　斌　池圣圭
党委书记　唐国兴
党委副书记　刘鸿魁
监 事 长　朱克民
纪检委书记　王　宏

长春海关
关　　长　薛颖超
副 关 长　于　明　胡　薇(女)　孙玉宁　刘琦瑾
党组书记　薛颖超
缉私局局长　刘琦瑾
纪检组长　刘吉林

市烟草专卖局
局　　长　于显峰(3月任)
副 局 长　张建华　张　波　车大光(3月任)　刘　炜
陈　红(女,3月任)
党组书记　于显峰(3月任)

长春供电公司
总 经 理　辛国良
副总经理　李长林　杨伟东　李喜彬　张殿华　李东强
张树东　刘洪涛(12月任)　陈学宇
党委书记　李长林
党委副书记　辛国良
纪检委书记　罗学明(11月任)

邮政局
局　　长　王春岭
副 局 长　霍　建　李宏伟　李远飞　季亚男(女)
党委书记　尹维国

中国联合网络通信有限公司长春市分公司
总 经 理　郭　彤
副总经理　闫明柱　张　珂　宋秋梅　马新宇
王立新　王　为

党委书记 郭 彤

中国移动通信集团吉林有限公司长春分公司

总 经 理 王和俊

副总经理 金 巍 马晓东 蒋文杰 黄 昊 王春亭

党组书记 金 巍

区县(市)

【朝阳区】

中共朝阳区委

书 记 钱万成

副 书 记 祝永安

区委常委 钱万成 祝永安 丛中梅(女) 宋 驰 毕洪鹰 薛春生 陈 杰 谭景凤

区人大常委会

主 任 王庭福

副 主 任 王长林 葛建雄 葛丽萍(女) 韩希光

区人民政府

区 长 祝永安

副 区 长 宋 驰 黄德军 孙东林 丁 佳(女) 陈德智 孙 弘(女)

区政协

主 席 李 军

副 主 席 孙 义 朱春花(女)

区纪律检查委员会

书 记 谭景凤(女)

区法院

院 长 李晓明(6月免) 李缃凡(6月任)

区检察院

检 察 长 徐安怀

【南关区】

中共南关区委

书 记 王铁茗

副 书 记 杨大勇 王 森

常 委 王铁茗 杨大勇 王 森 鲁 月(女) 赵明瑞 许 迪 方述华 李 蕊 赛力克·江索尔坦 岳春胜

区人大常委会

主 任 范传真

副 主 任 孙 宏 柳国栋 马跃峡 李玉林 卢明刚 平玉玺

区人民政府

区 长 杨大勇

副 区 长 赵明瑞 姜显续 袁继业 陈桂林 刘 佳

区政协

主 席 华 岳

副 主 席 郭成尧 刘润滨 任 伟

区纪律检查委员会

书 记 鲁 月

区法院

院 长 赵洪田

区检察院

检察长 张颖彧

【宽城区】

中共宽城区委

书 记 张宝祥

副 书 记 周 贺 殷淑琴(女)

常 委 张宝祥 周 贺 殷淑琴(女) 明 翔 左 毅 徐忠有 杜 志 徐伟民 靳 明 王 林

区人大常委会

主 任 梁振亚

副 主 任 牛连春 田 武 贝世琴(女) 万家坤

区人民政府

区 长 周 贺

副 区 长 左 毅 李维彬 邹 娜(女) 所擎柱 赵庆利

区政协

主 席 严 涛

副 主 席 金 华(女,朝鲜族) 齐树森 王晓君(女)

区纪律检查委员会

书 记 徐伟民

区法院

院 长 齐兆云(女)

区检察院

检 察 长 李崇峰

【二道区】

中共二道区委

书 记 王庭凯

副 书 记 黄宪昱 吕 鑫

常 委 王庭凯 黄宪昱 吕 鑫 孙慧颖 孙爱华 王 吉 张耀国 卢天恒 陈国彦 姚晓东

区人大常委会

主 任 邵玉春(女)

副 主 任 吴树学 李子新 刘 琦(女) 赵金龙

区人民政府

区 长 黄宪昱

副 区 长 王 吉 庞国忠 李永利 刘 嫱

刘占方

区政协

主　　席　曾昭伟

副 主 席　李　韧(女)　王　杨(女)　王怀忠

区纪律检查委员会

书　　记　孙慧颖

区法院

院　　长　胡俊生

区检察院

检 察 长　姜博仁

【绿园区】

中共绿园区委

书　　记　陈克信

副 书 记　孙英利　王丽秀(女)

常　　委　陈克信　孙英利　王丽秀(女)　马国成　陈志勇　曲春雨　高庆福　李　瑞(女)　刘修军

区人大常委会

主　　任　胡云河

副 主 任　李长信　王桂波(女)　付彩霞(女)　杜玉凤(女)

区人民政府

区　　长　孙英利

副 区 长　马国成　杜　剑　高丽丽(女)　刘绍峰

区政协

主　　席　李淑侠(女)

副 主 席　王雅华(女)　刘永久　马　学

区纪律检查委员会

书　　记　陈志勇

区法院

院　　长　林晓光

区检察院

检 察 长　刘志民

【双阳区】

中共双阳区委

书　　记　王明德

副 书 记　贾丽娜(女)　张立新

常　　委　王明德　张立新　唐铁生　朴连玉　刘任远　何学勇　王大军　王天行　姜义书　谷延年

区人大常委会

主　　任　赵　英

副 主 任　徐云丽(女)　丰建春　杨　辉　索若达

区人民政府

区　　长　贾丽娜(女)

副 区 长　唐铁生　刘任远　张艳秋(女)　王　辅　许占有　王醒时

区政协

主　　席　沈洪斌

副 主 席　兰凤霞(女)　李成兴

区纪律检查委员会

书　　记　何学勇

区法院

院　　长　李新生

区检察院

院　　长　杨玉兰(女)

【农安县】

中共农安县委

书　　记　李忠斌

副 书 记　王海英　蔡　光

常　　委　李忠斌　王海英　蔡　光　韩明玉　滕广涛　张　波　朱　俊　高秀忠　徐志成　陶树忠　赵　欣(女)　刘生贵

县人大常委会

主　　任　王　伟

副 主 任　王永林　钟云琴(女)　张淑梅(女)　宗喜洪

县人民政府

县　　长　王海英

副 县 长　韩明玉　高秀忠　贾树飞　徐　宁(女)　于德彬　李凤良

县政协

主　　席　张广君

副 主 席　赵贵君　王德友

县纪律检查委员会

书　　记　朱　俊

县法院

院　　长　尹彦久

县检察院

检 察 长　聂施恒　刑立明

【榆树市】

中共榆树市委

书　　记　李国强

副 书 记　李洪亮　谭景坤

常　　委　李国强　李洪亮　谭景坤　高中会　孙中兴　常　健　程鹏彦　王海瑛(女)　卢　健　李灿明　林小明

副县级员　高洪友

市人大常委会

主　　任　董书勤(女)

副 主 任　李荣武　郭景君　韩　利　王百陆

市人民政府

市　　长　李洪亮
副 市 长　高中会　孙忠兴　王是非
　　　　　王立春(女)　马　光　赵国军

市政协

主　　席　张树国
副 主 席　张　媛(女)　王伟成　邱立东

市纪律检查委员会

书　　记　卢　健

市法院

院　　长　潘长文

市检察院

检 察 长　卢　炬

【德惠市】

中共德惠市委

书　　记　张德祥
副 书 记　刘长春　林英昌
常　　委　张德祥　刘长春　林英昌　赫　哲
　　　　　赵文波　王　涛　杨树峰　王克瑜
　　　　　刘　宏　张胜利　王　莹(女)

市人大常委会

主　　任　李志斌
副 主 任　贲云峰　韩国明　张国东

市政府

市　　长　刘长春
副 市 长　赫　哲　王　涛　南振波　白松巍
　　　　　宋云官　王华安　鄂秀丽

市政协

主　　席　于树军
副 主 席　禹希军　李岱林　王志华

市纪律检查委员会

书　　记　赵文波

市法院

院　　长　徐相国

市检察院

检 察 长　李忆农

【九台市】

中共九台市委

书　　记　何泉秀
副 书 记　史长友　陈亦鸣
常　　委　何泉秀　史长友　陈亦鸣　王树民
　　　　　宋　超　于海山　王大宏　李国辉
　　　　　孔庆丰　杨丽敏(女)　祁桂东

市人大常委会

主　　任　林荣效
副 主 任　曹　义　李元君　安秀芝(女)　张　进
　　　　　杨国奇(4月免)

市人民政府

市　　长　史长友
副 市 长　宋　超　于海山　逯占元　肖志华
　　　　　李树国　鲁晓光(女)　鲍　刚
　　　　　应华君

市政协

主　　席　关　星
副 主 席　李德军　王德远

市纪律检查委员会

书　　记　王树民

市法院

院　　长　李缃凡(5月免)　徐建侠(5月任)

市检察院

检 察 长　焦成千

主 题 索 引

说 明

1.本索引采取主题抽取法，以主题词首字按拼音顺序排列为序，首字相同，以第二个字按拼音顺序排列为序，以此类推。

2.索引的主题词后面的数字表示内容所在页码，数字后面的英文字母（a、b、c）表示该页自左至右的栏别，无英文字母的表示当页各栏都有该主题词。

3.主题词按汉语拼音排列顺序排列。

D

E

F

G

H

J

K

L

M

N

P

Q

R

S

T

W

X